VERTIEFT –
DAS SEMINAR
ZUR ZÜRCHER BIBEL

IMPRESSUM

Herausgeber
Ein Projekt des «Hauses am Lindentor»,
eines Gesamtkirchlichen Dienstes
der Evangelisch-reformierten Landeskirche
des Kantons Zürich.
vertieft ist eines von vier Modulen
des Programms bibel(plus).

Redaktion
Matthias Krieg

Lektorat
Marianne Stauffacher

Graphik
Kaspar Thalmann, CH-Uster
Sandra Binder, CH-Lausanne

Druck
Westermann Druck Zwickau GmbH, D–Zwickau

Bilder
Henriette von Bodecker, D-Berlin

Dank
Die Evangelisch-reformierten Landeskirchen
der deutschen Schweiz und
die Schweizerische Reformationsstiftung
haben dieses Buch mit namhaften Beiträgen
unterstützt.

© 2006 Theologischer Verlag Zürich

ISBN 978-3-290-17397-5

Die deutsche Bibliothek – CIP-Einheitsaufnahme
Die Deutsche Bibliothek verzeichnet diese
Publikation in der Deutschen Nationalbibliographie;
detaillierte bibliographische Daten sind im Internet
über http://dnb.ddb.de abrufbar

VERTIEFT –
DAS SEMINAR
ZUR ZÜRCHER BIBEL

WEIL WIR JA MÜSSEN GEDANCKEN UND BILDER FASSEN DES,
DAS UNS JNN WORTEN FÜRGETRAGEN WIRD,
UND NICHTS ON BILDE VERSTEHEN NOCH DENCKEN KÖNNEN ...

MARTIN LUTHER

INHALT

DU SOLLST DIR KEIN GOTTESBILD MACHEN.
DIE EINLEITUNG

_ GEFRAGT

Gründe

Religion ist gefragt wie lange nicht mehr. Leitfiguren mit grenzüberschreitender Ausstrahlung und Symbolanlässe mit grossen Gefühlen ziehen an wie noch nie. Rituale und Liturgien, Pilgerorte und Wallfahrten haben einen Zulauf, den die Nüchternheit modernen Geschäftslebens und die Funktionalität gegenwärtiger Lebensführung eigentlich nicht erahnen lassen. Es sei denn zum Ausgleich: Weil der Mensch vom Brot, das er sich mit manchen Härten verdienen muss, allein nicht lebt. Weil die exakte Welt der Pläne und Funktionen, in der er selbst auch nur eine mehr oder weniger ersetzbare Funktion ausübt, nicht die Welt des ganzen Lebens sein kann. Weil in ihm eine tiefe Sehnsucht nach Herzenswärme und Verlässlichkeit ist, ein täglicher Hunger nach Geborgenheit und Orientierung, den die mathematisierte und ökonomisierte Postmoderne nicht stillen kann, auch nicht mit dem Überangebot an religiösen Ersatzleistungen, die man sich überall billig oder teuer beschaffen kann.

Dass der aufgeklärte Mensch irgendwann religionslos würde und in seiner Freiheit von jeder selbstverschuldeten Unmündigkeit dann so säkular wäre wie der religionsneutrale Staat, war ein Irrtum der Moderne. Nicht Gott ist tot, sondern die Idee der Gottlosigkeit. Auch die Aufgeklärten haben Sinn und Geschmack fürs Unendliche, wie der reformierte Theologe Friedrich Schleiermacher Religion definiert hat (1799). Aufgeklärt zu sein und religiösen Geschmack zu haben, ist kein Widerspruch, im Gegenteil: Erst seit Freiheit von klerikaler Bevormundung erreicht ist, kann die Bibel für alle sprechen und allen hörbar werden, kann der Sinn ihrer vielen Gottesbilder erkennbar und bedacht werden, kann sich der persönliche religiöse Geschmack an den Worten der Bibel bilden und durch sie kultivieren lassen. Erst in der Freiheit aufgeklärten Denkens leuchten die Landschaften der Bibel in ihrem jeweils eigenen Licht und gewinnen die Gottesbilder ihre jeweils eigenen Farben. Ohne aufgeklärtes Nachdenken bleibt der religiöse Geschmack roh und unkultiviert. Der mit dem weltweiten Hunger nach Religion ebenso weltweit aufkommende religiöse Fundamentalismus zeigt es jeden Tag. Die Bildung des religiösen Geschmacks ist gefragt.

Dafür gibt es die kirchliche Erwachsenenbildung: Erstens das Lesen und Verstehen der überlieferten Bibel, zweitens das Formen und Bedenken des eigenen Glaubens, drittens das Ausrichten und Üben der persönlichen Lebenshaltung, viertens das Erinnern und Fortführen der gemeinsamen Geschichte: Das sind die vier biblisch bedingten Grundlagenbereiche der Exegese, Dogmatik, Ethik und Kirchengeschichte. Sie zu pflegen und zu vermitteln, sie in der Sprache und im Kontext der Gegenwart zu formulieren, sie unter Erwachsenen auch auf erwachsene Weise ins Gespräch zu bringen: Das sind Aufgaben,

die seit der Reformation zum Bildungsauftrag der nach Gottes Wort reformierten Kirche gehören. Die Reformatoren hatten die Laien buchstäblich alphabetisiert, damit sie erstmals selbst die ganze Bibel in ihrer eigenen Sprache lesen konnten. Verstehen und Denken, Üben und Anwenden sollten nicht mehr Privilegien eines Klerikerstandes sein, der dies stellvertretend für die Unmündigen tut. Alphabetisierung im Sinne des Mündigmachens ist seither eine elementare Aufgabe jeder Gemeinde, ist nach wie vor ihre Grundlagenarbeit, ohne die sie zu einer Kirche der Professionellen verkommen würde, ist ihre bleibende Mission, mit der sie sich bewegt und verändert, mit der sie wächst.

Die Grundlagen für diese Mission bilden zusammen daher so etwas wie das «Alphabetisierungsprogramm» der Reformierten Kirchen, für sich selbst zuerst, aber auch für alle anderen, die ihren religiösen Geschmack bilden und pflegen wollen. Darin gibt es für den Grundlagenbereich der Exegese das Bibelseminar für die Gemeinde (1982–85): Es ist vergriffen und wird mit bibel(plus), darin insbesondere mit dem vorliegenden Seminar zur Zürcher Bibel, ersetzt. Weiterhin greifbar sind: für den Grundlagenbereich der Dogmatik das Glaubensseminar für die Gemeinde (1992); für den Grundlagenbereich der Ethik die Lebenskunst-Stücke für jeden Tag (1999); und für den Grundlagenbereich der Kirchengeschichte Die Reformierten. Suchbilder einer Identität (2002). Das Seminar trägt zur laufenden Erneuerung der Grundlagen bei.

Die vergangenen fünfzig Jahre brachten ein erhöhtes Bewusstsein dafür, dass die reformierte Landeskirche zwar auf den Kirchgemeinden aufbaut, als Kirche Jesu Christi insgesamt aber mehr ist als die Summe ihrer Gemeinden. Lokale Verankerung war die traditionelle Stärke der Reformierten. Nun wurde sie ausbalanciert durch regionale Zweckverbände und kantonale Dienste. Einführung war Aufgabe der Katechetik, Vertiefung war Aufgabe der Erwachsenenbildung. «Was Hänschen nicht lernt, lernt Hans nimmermehr», das alte Sprichwort war zwar nicht gerade handlungsleitend, stand aber doch im Hintergrund. Die Erwachsenenbildung setzte voraus, dass Menschen ab dreissig in den vier Bereichen Bibel, Dogmatik, Ethik und Geschichte etwas mitbrachten, mit dem sie in ihrer Kindheit und Jugend vertraut gemacht worden waren und das nun vertieft werden konnte. Heute ist dies immer seltener der Fall. Die meisten Dreissigjährigen sind mit dem christlichen «Alphabet» nicht vertraut.

Das hat Folgen für die Bildungsarbeit mit Erwachsenen: Ein Seminar zur Vertiefung greift nicht, wenn keine Einführung vorausgegangen ist, die eine Basis gelegt hat. Katechetik ist zur Aufgabe auch der Erwachsenenbildung geworden. So steht heute im Bereich der Glaubenslehre am Anfang Glauben12 – Das reformierte Einmaleins (2005), die Einführung in den Glauben, und ihr folgt das Glaubensseminar für die Gemeinde (1992), die Vertiefung im Glauben. In gleicher Weise steht im Bereich der

tip
Mittel:
alle Texte der 25 Einheiten als Lesung auf der CD V/1–25; Überblick zur Geschichte der Bibel im Reiseführer

Besuch:
im Bündner Dorf Zillis die romanische Kassettendecke der Kirche Sankt Martin mit 153 Bildern zur Geschichte der Menschwerdung Gottes (Schweiz 1100–1150); im elsässischen Mulhouse die gut einsehbaren Glasfenster vom Vorgängerbau der Stadtkirche St. Etienne zur Zusammenschau alt- und neutestamentlicher Motive nach dem Speculum humanae salvationis (Heilsspiegel), einem illustrierten Volksbuch (Frankreich 1324 bzw. 1330–60); in Zürich das Hauptportal zum Grossmünster mit der Bibeltür von Otto Münch (Schweiz 1950)

Buch:
Rainer Maria Rilke, Geschichten vom lieben Gott (Erzählungen, Österreich 1899); Max Frisch, Andorra (Theaterstück, Schweiz 1961); Leszek Kolakowski, Der Himmelsschlüssel. Erbauliche Geschichten (Kurzgeschichten, Polen 1964)

Pop:
Bettina Wegner, Mach dir kein Bild, in: Wenn meine Lieder nicht mehr stimmen (Chanson, Deutschland 1971); Bruce Low, Das Kartenspiel (Schlager, Niederlanden 1974)

Bibelkunde am Anfang *besichtigt – der Reiseführer zur Zürcher Bibel*, die Einführung ins Lesen der Bibel, und ihr folgt *vertieft – das Seminar zur Zürcher Bibel*, die Vertiefung im Verstehen der Bibel. Beide gehören zum vierteiligen Programm bibel(plus).

Anlässe

Theophil Vogt, der Pionier der kirchlichen Erwachsenenbildung in Zürich, hatte in den Jahren 1982–85 das dreibändige *Bibelseminar für die Gemeinde* herausgegeben. Zu seinem Erfolg trug das für die Siebziger- und Achtzigerjahre typische Interesse vieler Christen bei, Überlieferungen der Vergangenheit und Zustände der Gegenwart kritisch zu hinterfragen. Dem kam das Bibelseminar entgegen, indem es erstmals vollständig und überall die historisch-kritische Methode der modernen Bibelwissenschaften voraussetzte. Sie war für die Gemeindearbeit nicht mehr nur eine Möglichkeit, an biblische Texte heranzugehen, sondern wurde zum Regelfall, ohne den die Bibel nicht angemessen betrachtet werden kann. Das alte Seminar ist vergriffen. Ein neues Seminar ist gefragt. Huldrych Zwingli, der Zürcher Reformator, wäre 1984 fünfhundert Jahre alt geworden. Vom Zürcher Kirchenrat erhielt er zum Geburtstag das Versprechen, eine Neuübersetzung der Zürcher Bibel erarbeiten zu lassen. Nun ist sie erstellt. Die einzige reformierte Übersetzung der ganzen Bibel in deutscher Sprache verdient ein reformiertes Begleitwerk für die Bildungsarbeit. Darin ist auch ein neues Seminar gefragt.

Ziele

besichtigt – der Reiseführer zur Zürcher Bibel ist das erste Teilprojekt von bibel(plus): eine Lesehilfe zur Einführung ins Lesen der Bibel. Sie setzt nichts voraus ausser Neugier und Entdeckerlust, wie sie jeder kennt, der gerne reist und Neuland erkundet. Die Lesehilfe ist als Reiseführer in die unbekannte Welt der Bibel konzipiert. Wer ihn benutzt, um die reichhaltigen und überraschenden Landschaften der Bibel zu bereisen, lernt sie zwar flächendeckend kennen, bleibt aber auch weitgehend an der Oberfläche. – Sind zuerst religiöse Mündigkeit, dann reformierte Identität und schliesslich theologische Urteilskraft die drei gestuften Ziele der reformierten Bildungsarbeit, so soll der Reiseführer das erste erreichen und auf dem Weg zum zweiten sein: Wer mit ihm gereist ist, kann in biblischen Dingen mitreden und ahnt die Bedeutung der Bibel fürs Reformiertsein.

vertieft – das Seminar zur Zürcher Bibel ist das zweite Teilprojekt von bibel(plus): die Grundlage zur Vertiefung im Verstehen der Bibel. Sie setzt Oberflächenkenntnisse voraus und ist wie ein Lehrplan konzipiert, der zwar einen überlegten Ablauf aufweist, aber auch modular abgewandelt werden kann. Wer ein vollständiges Seminar besucht, um die rund 1400 Jahre biblischen Denkens von Gott und vom Leben zu verstehen, dazu dessen

Vor- und Nachgeschichte, lernt die Bibel in 25 exemplarischen Tiefenschnitten kennen. – Von den drei Zielen soll das Seminar das erste voraussetzen, den Weg zum zweiten vollenden und vor allem das dritte erreichen: Wer dabei war, weiss, was er am Reformiertsein hat und kann sich eigene theologische Urteile erarbeiten und sie plausibel begründen.

mitgehört – der Originalton zur Zürcher Bibel ist das dritte Teilprojekt von bibel(plus): die Lesungen aus der Neuübersetzung zur Begleitung der Einführung ins Lesen und der Vertiefung im Verstehen. Die Lesungen setzen nichts voraus ausser der Begeisterung für professionell eingespielte Hörbücher. Zwei jüngere und zwei ältere Stimmen, zwei weibliche und zwei männliche, lesen grössere Textpassagen aus beiden Testamenten, eine Bereicherung für die Benutzer des Reiseführers (CDs I–IV), und alle 25 Mustertexte des Seminars, ein zusätzliches Medium für die Kursarbeit (CD V). – Von den drei Zielen sollen die Lesungen nur das erste erreichen: Wer in die Bibel hineingehört hat, kann sich auch zu den unterschiedlichen Stimmungen und Tonlagen ihrer verschiedenen Textbereiche äussern.

erklärt – der Kommentar zur Zürcher Bibel ist das vierte Teilprojekt von bibel(plus): ein dreibändiger Kommentar aller Texte der Bibel zur Begleitung des Lesens und Verstehens. Überwiegend reformierte Fachleute der alt- und neutestamentlichen Auslegungswissenschaft erklären in allgemein verständlicher Sprache den im selben Band auch abgedruckten Bibeltext. Auch der Kommentar setzt nichts voraus. Je nach Gangart des Erstlesenden wird er bereits ihm zur willkommenen Hilfe werden, gewiss aber ein wertvoller Begleiter von Seminargruppen, Hauskreisen und Behörden. – Der Kommentar soll auf seine Art alle drei Ziele erreichen: Wer sich in ihm kundig macht, kann mitreden, gewinnt reformiertes Profil und findet Gründe für theologische Beurteilungen.

Zielgruppen

Die Säkularisierung hat Menschen zwar unkirchlich, aber nicht unreligiös gemacht. Die Bibel wird gelesen, aber nicht mehr sie allein. Es wird gebetet, aber nicht zuerst an kirchlichen Orten und zu kirchlichen Zeiten. Über den Glauben wird nachgedacht, aber vornehmlich im Bereich des Privaten. Dem trägt bibel(plus) Rechnung.

Das erste Zielpublikum sind alle, die erstmals und für sich in der Bibel lesen. Der Reiseführer, die Lesungen und der Kommentar: Drei der vier Teile eignen sich für die persönliche Annäherung an die Bibel. Dem gängigen Slogan, Religion sei Privatsache, wird damit nicht entsprochen, aber auch nicht widersprochen. Vielmehr wird darauf vertraut, dass, wer sich richtig in die Bibel einarbeitet, dabei sehr wohl entdeckt, wie unangemessen der populäre Slogan eigentlich ist. Wer dies bemerkt, wird von selbst das Gespräch suchen, und hoffentlich wird er es in einer lebendigen und vielseitigen Kirchgemeinde finden.

Das zweite Zielpublikum sind Lerngruppen. Das Seminar ist die Arbeitsgrundlage für eine geleitete Bildungsgruppe in der Kirchgemeinde. Aber nicht nur der eigens ausgeschriebene Kurs bildet eine Lerngruppe. Auch bereits bestehende Gruppen, vorab die Hauskreise, können auf Zeit zu einer Lerngruppe werden. Der Reiseführer und das Seminar können in ihnen zum Kursmaterial werden, die Lesungen und der Kommentar zu Arbeitshilfen.

Verantwortliche in der Kirche bilden das dritte Zielpublikum. Wer sich in eine Behörde wählen lässt und dabei in der Regel keine theologische Vorbildung mitbringt, stellt bald einmal Bedarf nach weitergehenden und vertiefenden Informationen fest. bibel(plus) kann insgesamt zum nützlichen Nachschlagewerk für Ehrenamtliche, Freiwillige und Professionelle werden.

_ AUSGEBRÜTET

Modell

Die Idee, die Geschichte Israels darzustellen als Geschichte der Gottesbilder in Israels Bibel, stammt von Hans Heinrich Schmid, dem Zürcher Alttestamentler und Bibelübersetzer. Damit würden Zeitgeschichte und Sozialgeschichte nicht zu einem Selbstzweck der Darstellung, die bald einmal in irgendwelchen staubigen Details vertrocknen müsste, sondern sie würden den notwendigen Boden eines Lebensraums bieten, aus dem sich das Erleben Gottes und das Denken des Glaubens wie selbstverständlich so und nicht anders entwickeln müssten. Zudem würde sich zeigen, dass Einsichten des Glaubens und Ansichten über Gott nicht mirakulös aus dem Nebel auftauchen oder senkrecht vom Himmel herabfallen, sondern sich wie andere Phänomene des Lebens verändern und verwandeln, mehr noch, dass das Besondere und Unteilbare, das Individuelle eben, immer aus dem Allgemeinen und Geteilten, dem Partizipierten, hervorgehen.

Verwirklicht wurde dieser genetische Ansatz erstmals 1985 in jener Unterlage des «Evangelischen Theologiekurses», die einen Überblick über das Alte Testament gibt, bevor dann in fünfzehn Lektionen einzelne Texte betrachtet werden. Zwanzig Jahre guter Kurserfahrungen mit diesem Ansatz, bei Teilnehmenden ebenso wie bei Leitenden, ermutigten dazu, ihn auch dem neuen Seminar zugrunde zu legen. Dabei wurde er ausgedehnt: zunächst natürlich ins Neue Testament, dann aber auch in die Vor- und Nachgeschichte der Bibel.

Nun sind es dreizehn Einheiten zu alttestamentlichen (4–16) und sechs zu neutestamentlichen Gottesbildern (17–22). Vorgeschaltet sind drei Einheiten zur altorientalischen Vorgeschichte der Bibel (1–3), nachgeschaltet drei Einheiten zur spätantiken Nachgeschichte der Bibel (23–25). Die neunzehn biblischen Einheiten decken einen Zeitraum von 1400 Jahren ab (1200v–200n), die ausserbiblischen zusammen einen weiteren von 1800

Jahren. Von Gilgameshs Epos bis Benedikts Regel vergingen somit rund 3200 Jahre (2600v–600n). Es liegt im Wesen der Überlieferung, dass nicht jeder Text, der von einer Zeit erzählt, auch aus diese Zeit stammt. Wie sonst in der Literatur, am deutlichsten im sogenannten historischen Roman, sind die erzählte Zeit, die quasi objektiviert auftritt, und die erzählende Zeit, die subjektiv den Blickwinkel des Erzählers miterzählt, sorgfältig zu unterscheiden. Das ist nicht immer einfach und stellt niemals die Autorität eines Textes in Frage. Im Gegenteil, wenn die Schwierigkeit erkannt ist, gewinnt der Text an Tiefe.

Besonderheiten

Die erste Besonderheit liegt in der Überschreitung der kanonischen Aussengrenzen der Bibel. Sie stellt die historische Kanonisierung, die ein pragmatischer Akt von grosser Weisheit war, nicht in Frage, macht aber deutlich, dass die Bibel damit kein Museumsstück der Kulturgeschichte ist. Das Seminar versteht die Bibel als ein nach hinten und nach vorn offenes Buch. Bevor Schrift und Papier erfunden waren und Menschen schreiben und lesen konnten, haben bereits Generationen an der Bibel «geschrieben», indem sie Stoffe weitererzählt und dabei gestaltet haben. Und obwohl sie seit rund 1800 Jahren einen abgeschlossenen Bestand aufweist, ist sie durch alle Zeiten der Kirchengeschichte «fortgeschrieben» worden, indem viele Generationen von ihr inspiriert wurden und so ihre eigene Zeit gestaltet haben. Wer sie liest und meditiert, wer sich von ihren Texten bewegen und verändern lässt, wer seine Welt und sein Leben mit ihr deutet, schreibt an ihr weiter. Die Bibel lebt.

Die zweite Besonderheit liegt in der Aufhebung der kanonischen Binnengrenze zwischen «Altem und Neuem» oder «Erstem und Zweitem» Testament. Es kommt weniger darauf an, welche Adjektive man den beiden Testamenten zuspricht. Wesentlich ist, dass keine biblische Theologie an einer innerbiblischen Kanonsgrenze haltmachen kann. Es gibt sie nicht. Nichts im Neuen ist ohne das Alte zu verstehen, und nichts im Alten ist ohne das Neue ausgedacht. Alle alten Gottesbilder bleiben, wenn neue hinzukommen. Neues und Altes sind für den christlichen Glauben schicksalhaft aufeinander angewiesen. Die Bibel ist Eine.

Eine dritte Besonderheit des Seminars liegt im Ineinander von Glaubensgeschichte, Profangeschichte und Literaturgeschichte. Was Menschen von Gott denken können, denken sie unter den geographischen und sozialen, wirtschaftlichen und politischen Bedingungen ihrer jeweiligen Welt. Ist ihre Welt von Bergen und Tälern, Fruchtland und Wüste geprägt, wie könnte man enttäuscht sein, dass sie keine Seefahrergeschichten hinterlassen haben? Ist ihre Welt durch und durch patriarchal, wie kann ihnen jemand ernsthaft vorwerfen, ein patriarchal beeinflusstes Gottesbild zu haben? Der Vorwurf wäre nur dann gerechtfertigt, wenn sie die jeweiligen Bedingungen unkritisch hingenommen hätten. Das ist nicht der Fall. Das Ineinander von Gegebenheit, Geschehen und Glaube ist stets prekär. Es wird in den meisten biblischen Texten ebenso vorausgesetzt wie in Frage gestellt.

Die erste Spalte des nachfolgenden Überblicks enthält die einzige durchlaufende Nummerierung des Seminars. Die 25 Einheiten sind auch daran erkennbar, dass jede mit einer ganzseitigen Graphik beginnt und deren dominante Farbe die jeweilige Einheit kennzeichnet. In der zweiten Spalte ist beim Neuen Testament zu beachten, dass drei Gottesbilder jene des Menschen Jesus von Gott sind (Einheiten 17–19), während drei weitere Gottesbilder jene der frühen Christengemeinden sind, die sie aus der Anschauung Christi von Gott gewonnen haben (Einheiten 20–22). Die vierte Spalte gibt grobe Zeiträume an und zeigt die Überlappungen unter den Einheiten. Die fünfte Spalte zeigt Textbereiche und Literaturen, eine Auswahl, die der Vielfalt nicht gerecht wird, dafür der exemplarischen Beschränkung.

	GOTTESBILD	BEISPIELTEXT	ZEITRAUM	LITERATURGESCHICHTE
	Alter Orient			
1	Der Götterkönig	Gilgamesh-Epos	2600–1100	Mesopotamische Epen
2	Die Sonne	Echnaton-Hymnus	1500–1200	Ägyptische Tagzeitenlyrik
3	Das Paar	Inschriften Kanaans	1400–900	Kanaanäische Inschriften
	Altes Testament			
4	Der Hirt	Psalm 23	1500–1100	Mündliche Sippenerzählungen
5	Der Retter	5. Mose 26,1–11	1300–1200	Mündliche Auszugsüberlieferung
6	Der Donnerer	2. Mose 19,16–19	1300–1000	Mündliche Theophanietradition
7	Der Eroberer	Psalm 132	1200–1000	Mündliche Landnahmegeschichten
8	Der Richter	Psalm 82	1100–900	Weisheit, Hofliteratur, Königspsalm
9	Der Anwalt	Micha 3,9–12	950–700	Königskritik, frühe Prophetie
10	Der Zerstörer	Amos 4,4–13	920–700	Vorexilische Schriftprophetie
11	Der Gläubiger	Jeremia 3,19–4,2	700–580	Prophetie, Deuteronomium
12	Der Gesetzgeber	5. Mose 6,1–9	600–510	Geschichtswerke, Gesetzessammlungen
13	Der Schöpfer	Jesaja 40,12–17	580–480	Jahwist, Priesterschrift
14	Die Mutter	Jesaja 66,7–13	540–400	Deuterojesaja, Tritojesaja
15	Der Träumer	Jesaja 9,1–6	520–300	Haggai, Sacharja, Chronik, Psalter
16	Der Allmächtige	Daniel 12,1–4	400–100	Hiob, Kohelet, Apokalyptik
	Neues Testament			
17	Der Vater	Römer 8,12–17	0–60	Jesus, Paulusbriefe
18	Der Heiland	Markus 5,21–43	60–80	Jesusüberlieferung, Evangelien
19	Die Überraschung	Lukas 15,3–10	70–90	Textsorten der Evangelien
20	Der Gekreuzigte	1. Korinther 1,17–25	30–100	Christologische Textsorten
21	Das Wort	Johannes 1,1–18	60–90	Johanneischer Kreis
22	Die Liebe	1. Johannes 4,7–21	70–150	Nachpaulinische Briefliteratur
	Späte Antike			
23	Der Erlöser	Nag Hammadi	100–300	Gnosis
24	Die Trinität	Credo von Nicäa	250–450	Konziliare Bekenntnisse
25	Die Geliebte	Benediktregel	300–600	Regeln, Klosterliteratur

Titel

Am Anfang der Erarbeitung stand die Liste der Gottesbilder, männlicher vor allem, einiger weiblicher, auch sächlicher. Ein Artikel und ein Substantiv, das war der ganze Titel. Von ihm hat sich die Künstlerin inspirieren lassen. Im Verlauf der Diskussionen wurde aus dem einen Titel der Untertitel, weil den sprachlichen Bildern dasselbe zustossen kann wie den künstlerischen: Das Bild steht in Gefahr, zum Begriff zu werden, als könne es Gott fixieren und zementieren, und den Schein des Objektiven anzunehmen, als sei mit der Benennung auch schon alles hinreichend ausgesagt und von allen als Aussage auch geteilt. Die Gefahr des Objektivierten und Abgeschlossenen tritt immer ein, wenn aus Bildern, die eigentlich auf Geschichten verweisen und zu Geschichten befreien, Begriffe werden, die das viele Mögliche auf den einen Punkt bringen und definieren, was wörtlich ein Abschliessen meint und gedanklich den Eindruck des Erledigtseins verbreitet. Das aber wäre nicht im Geist und Sinn der Bibel, die ihren Kanonsgrenzen zum Trotz ein offenes Buch bleibt.

Dem kommen die Obertitel entgegen: Stets nennen sie Gott als Subjekt eines ganzen Satzes, der sein Handeln erzählt. Gott steht am Anfang und ist Herr der Aussage. Er handelt auf eine spezifische Art und tut dies unabgeschlossen. Damit soll der offene Fluss der Gottesbilder ebenso zum Ausdruck kommen wie die Souveränität eines Gottes, dem auch die Bilder und Geschichten des Glaubens immer nur nahe kommen können, ohne ins letztendliche Schauen umzukippen. Aus der Summe der Obertitel und Untertitel lässt sich keine Dogmatik zimmern, die Gott ins System bringen kann, wohl aber eine, der das dynamische Wechselspiel des Inspirierens und Imaginierens, die Bewegung der Bilder und Geschichten ein Herzensanliegen ist.

Abschnitte

gesehen könnte regelmässig beim Abschnitt ohne Text stehen. Die Graphiken sind eigenständige Beiträge, Pinselmeditationen einer jungen Frau von heute zu den jeweils genannten Gottesbildern. Im Verlauf eines Kursabends können sie verschiedene Orte haben: zu Beginn als stille oder gemeinsame Bildbetrachtung, in der Mitte als sinnliche Pause beim Diskutieren, zum Schluss als Grundlage einer Meditation.

geschrieben heisst der Abschnitt mit dem Grundlagentext. Es handelt sich bei den Bibeltexten um die Neuübersetzung der Zürcher Bibel. Bei der Auswahl von Texten ist nicht immer eine zeitliche Identität von Buchstabe und Aussage möglich: Was eine Stelle als Gedanke aussagt, gehört in jedem Fall in die entsprechende geschichtliche Periode. Wann sie als Text entstanden ist, bleibt eine andere Frage. Die Darstellung der Texte orientiert sich bei Lyrik an der Zeilenstruktur und bei Prosa an der Aussa-

genstruktur. Durchschüsse signalisieren gedankliche Abschnitte oder textgeschichtliches Wachstum. Am linken Rand ist eine nur hier verwendete Zählung nach Zeilen angegeben, die bei der Besprechung des Textes präzise Verweise ermöglicht. Am rechten Rand ist die gewohnte Zählung nach Versen zu finden.

erlebt signalisiert einen fiktiven Teil, dessen Sprache individuell und persönlich gehalten ist. Immer sind Kursphasen dargestellt, meistens in Form eines Augenzeugenberichts. In ihnen geht es darum, persönlich wahrzunehmen und beteiligt zu sein, nicht nur intellektuell, sondern mit vielen Sinnen, darum, betroffen zu sein und angesprochen zu werden von etwas, das im Grundlagentext der Einheit von zentraler Bedeutung ist. Ein Zugang zum Text und seiner Gedankenwelt wird berichtet, der den Weg freimacht, dem Text erwachsen und offen, frei und motiviert zu begegnen, damit zugleich eine Anregung für Kursleitungen.

verortet geht ohne Schnörkel über zur sachlichen Darstellung der Geschichte: Diejenige Periode politischer und sozialer Geschichte wird in grossen Zügen überflogen, in der das jeweilige Gottesbild seine Prägung erfahren hat. Zwischen den 25 Einheiten sind die Schnittstellen nicht hart. Immer überlappen sich die Darstellungen ein wenig.

eingereiht folgt als sachliche Darstellung der Literaturgeschichte während derselben Periode. Auch sie geschieht aus der Adlerperspektive. Das kann schon deshalb nicht anders sein, weil die Forschung bei vielen Entscheidungen nur auf gut begründeten Annahmen beruht, nicht aber auf exakten Beweisen, auf variablen Denkmodellen, nicht auf unumstösslichen Fakten.

ausgelegt heisst der Versuch, den Grundlagentext aufgrund methodischer Schritte zu interpretieren. In diesem Abschnitt verweisen eingeklammerte Zahlen auf die Zeilenzählung des Textes.

verehrt ist ein weiterer Abschnitt der Interpretation: Nun geht es darum, die erarbeiteten Aussagen als Züge einer bestimmten Gottesbildes zusammenzusetzen. Die 25 Gottesbilder sind allesamt willentliche Konstruktionen. Nicht dass die Menschen der entsprechenden Periode dieses Gottesbild nicht entwickelt und gehabt hätten, sie haben es aber nicht unbedingt mit dem hier verwendeten Wort benannt. Da die 25 Titel, die hier dem Wahrnehmen und Bedenken Gottes zugeteilt werden, weder alles erfassen, was der Text vermittelt, noch die vielen besonderen Gottesbilder, von denen die Bibel geradezu überquillt, gibt jeweils ein Randverweis einiges vom Nichterfassten an.

nachgefragt beschliesst den produktiven Teil jeder Einheit. Die Fragen sind grundsätzlich offen formuliert, gelegentlich ein wenig augenzwinkernd. Sie kommen vom Text her und zielen auf das Gottesbild hin.

gelesen trägt der Erarbeitung Rechnung. Vom Erreichbaren ist nur die Literatur angegeben, die bei der Erarbeitung eine Rolle spielte, in der Regel wissenschaftliche Sekundärliteratur, bei nichtbiblischen Texten auch Primärliteratur zum Nachweis der Fundstelle. Zitate, die vorher kursiv hervorgehoben wurden, stammen aus den hier angegebenen Büchern.

Nutzungsmöglichkeiten

Drei subjektive Zugänge zu den alten Texten werden in allen 25 Einheiten konsequent begangen: der erste über die Graphiken, die eigens für dieses Seminar geschaffen und daher noch nie betrachtet worden sind (gesehen); der zweite über die Lesungen, die problemlos eingespielt werden können (CD V/1–25); der dritte über die kreative Idee, die jeweils nach dem abgedruckten Text einen Weg zu ihm geht (erlebt). Damit liegen drei Zugänge vor, die einen Text und seine Aussagen zuerst als Herausforderung fürs Erleben erkennbar machen, als Subjekt eines anderen Willens, als selbst redendes Individuum auf Augenhöhe.

Erst dann soll der alte Text zum Dokument der Betrachtung werden, zum zeitbedingten Objekt einer bestimmten Periode, zum textarchäologischen Befund. Darüber sind regelmässig zwei Informationseinheiten vorbereitet: Stoff zu einem historischen Referat liefern die Abschnitte zur Zeit- und Literaturgeschichte (verortet/eingereiht), Stoff zu einem theologischen Referat die Abschnitte zur Exegese und Interpretation (ausgelegt/verehrt). Das Material ist durch die Fachliteratur und deren Thesenbildung problemlos und beliebig vermehrbar. Was im Seminar vorliegt, sollte für eine offene, ebenso teilnehmer- wie stofforientierte Kursarbeit in der Regel genügen.

Nach dem Erleben und Betrachten ist das Austauschen der dritte wesentliche Schritt in Bildungsgruppen. Die offene Fragenreihe (nachgefragt) ist so angelegt, dass sich eine Menge weiterer Fragen, offene oder suggestive, sachliche oder emotionale, von selbst anschliessen.

Methoden

Unterlagen aus der Pionierzeit der modernen kirchlichen Erwachsenenbildung weisen regelmässig eine Verlaufsskizze auf, die einen bestimmten Ablauf empfiehlt, zeitlich berechnet und materiell ausstattet. Heute werden sie sehr verschieden verwendet, in direkter Umsetzung, als Anregung, es anders zu machen, als Ideenbörse für eigene Ausgestaltungen. Das ist auch legitim, vor allem weil Bildungsarbeit mit Erwachsenen nicht die Schule wiederholen oder ergänzen und wie sie mit Lehrplan, Lernziel und Erfolgskontrolle arbeiten kann. Deshalb versteht sich das Seminar im Blick auf die Methoden als Ideenbörse. Es bietet einen offenen Baukasten statt einer fixen Verlaufsskizze. Die Nutzungsmöglichkeiten sind genannt, die Ausnutzung kann sich nur vor Ort ergeben.

Dasselbe gilt für die Gesamtmenge der Kursanlässe. Jede der 25 Einheiten kann für sich stehen, keine ist notwendig auf das Netz der anderen angewiesen. So ergeben sich Möglichkeiten der Auswahl und Kombination. Was in welcher Menge für wen zum Einsatz kommen soll, kann nur vor Ort entschieden werden, weil jeder Ort seine eigenen Bedingungen hat.

Seit der Pionierzeit hat sich der methodische Werkzeugkasten der Bildungsarbeit enorm verfeinert. Jedes neue technische Medium wurde genutzt, jede neue psychologische Einsicht verwendet. Dabei zeigte sich auch, dass Lernen mehr über Persönlichkeiten als über Lehrmeinungen geschieht. Deshalb setzt das Seminar voraus, dass «die letzte Meile» zu den real existierenden Menschen einer Lerngruppe nur vom Leitungsteam des Kurses gegangen werden kann. Kein Rezept führt zu den Menschen, nur die Person kann zu ihnen gehen. Im Team wird jeweils beraten werden, was «an der Zeit» ist: welche der hier vorliegenden Möglichkeiten genutzt werden sollen oder womit sie allenfalls ergänzt werden müssen.

_ GEGLAUBT

Bilderverbot

Ist das ganze «Seminar zur Zürcher Bibel» von Anfang an eine Übertretung des Ersten Gebots? Heisst es im Dekalog der Zehn Gebote nicht ausdrücklich: *Du sollst dir kein Gottesbild machen, noch irgendein Abbild von etwas, was oben im Himmel, was unten auf der Erde oder was im Wasser unter der Erde ist. Du sollst dich nicht niederwerfen vor ihnen und ihnen nicht dienen, denn ich, der Herr, dein Gott, bin ein eifersüchtiger Gott, der die Schuld der Vorfahren heimsucht an den Nachkommen bis in die dritte und vierte Generation, bei denen, die mich hassen, der aber Gnade erweist tausenden, bei denen, die mich lieben und meine Gebote halten.* (Ex 20,4–6) Kann eine Anweisung eindeutiger sein als diese! Waren es nicht gerade die Reformierten, die das Bilderverbot bis zum Exzess des Bildersturms betonten, so sehr und so nachhaltig, dass sie bis heute ein eher unklares Verhältnis zur Kunst und ihrer Sinnlichkeit haben? Was nun?

Das Bilderverbot ist ein fundamentales und elementares Stück biblischer Religionskritik, und zwar mit zwei Seiten. Zur einen, der unmittelbaren, sichtbaren und vordergründigen Seite sagt es, dass Gott nicht stofflich ist: Einen Gott, den es stofflich und sinnlich «gibt», gibt es nicht. Der ist in jedem Fall ein Götze. Götzen aber gibt es jede Menge zu jeder Zeit. Sie werden gemacht. Das ist die negative, die verbietende und unterbindende Seite des Ersten Gebotes. Zur anderen, der hintergründigen, unsichtbaren und mittelbaren Seite sagt es, dass Gott im Verzicht begegnet: In der Reduktion des vielen tritt der Eine an den Menschen heran. Darin ist Gott souverän. Gottesbegegnungen sind nicht machbar. Das ist die positive, die setzende und entbindende Seite des Ersten Gebots. Oder noch mal anders: Gott will nicht betastet, sondern geglaubt werden. Er lässt sich nicht domestizieren, sondern begegnet von sich aus. Gott will seine Souveränität gewahrt und respektiert wissen.

Die eine Seite zeigt den Vordergrund und betrifft die sichtbare Ausübung der Religion, ihre Bräuche und Riten. Bildwerke, Statuen und Stelen, alle Arten von Gemälden und Zeichnungen, die Gott ganz oder teilweise darstellen, sind untersagt. Damit ist ein weltweit und in allen Religionen üblicher Teil, seinen Glauben sichtbar zu zeigen, vollständig ausgeschlossen. Diese Kritik der Bibel an der Religiosität ist hart. Der Mensch hat Religion, wie er Libido hat. Er kann gar nicht «unreligiös» oder «atheistisch» sein wollen, so wenig wie er sein Sexualverlangen, seinen Hunger oder sein Schlafbedürfnis einfach abstellen kann. Sein religiöses Bedürfnis sucht sich immer wieder, auch in scheinbar «unreligiösen» oder «atheistischen» Ausprägungen, die Vergegenwärtigung des Heiligen, die greifbare Präsenz des Göttlichen, die sinnliche Nähe des Ewigen. Er will es riechen und räuchert ihm mit Kerzen und Stäbchen. Er will es berühren und legt seine Finger auf alte Ikonen und seine Hände auf heilige Steine. Er will es hören und schlägt auf Glocken, Trommeln und Klangschalen. Im Vollzug dringt er ins Heilige ein und das Heilige in ihn. Der religiöse Mensch lädt sich an heiligen Orten und zu heiligen Zeiten mit heiliger Energie auf, um heil und gesund zu werden, auch um Anteil am Ewigen und seiner Energie zu gewinnen, letztlich um selbst heilig zu werden und ins Ewige zu gelangen.

Hier sagt das Gebot ein hartes Nein. Gott lässt sich nicht verstofflichen, durch keine Mittel herbeizwingen, auf keine Art domestizieren. Er ist in keiner Kerze, keinem Bildwerk, keinem Tempel einfach «da», dass man ihn berühren, ihm auf religiöse Weise mit Devotionalien oder mit Wortmaterial «dienen» könnte. Gott entzieht sich jedem religiösen Kult.

Die andere Seite der Religionskritik ist hintergründig, aber ebenso bedeutsam. Der Gott, der sich dem Kult um ihn entzieht, kommt dem Menschen von selbst entgegen. Er ist entgegenkommend und begegnet. Gott steht im Zeichen des unaufhörlichen Advents. Aber er begegnet, wann und wo er will. Biblische Gottesbegegnungen finden häufig in der Wüste statt, dort also, wo die äussere Sinnlichkeit reduziert und so die innere Empfänglichkeit erhöht ist. Ein Paradox, dass dort, wo die Gebirge in völliger Erosion sind, nur noch sehr wenige Pflanzen und Tiere leben, Töne und Farben auf ein Minimum reduziert sind und der Mensch nur total bei sich oder ausser sich sein kann, dass angesichts des Nichts also Gott sich zeigt. In der Leere der Welt kommt die Fülle Gottes zur Erscheinung. Gott erscheint, indem er sich entzieht. Er ist unnahbar wie Stacheln und Feuer, unvergänglich wie Wüstenhitze und Karstgebirge.

Hier sagt das Gebot ein paradoxes Ja. Gott gibt sich zu erkennen und hinterlässt im Menschen eine Vorstellung. Nur der Mensch, der ganz bei sich ist, kann auch ganz aus sich heraustreten, um, blind für alles, den Einen zu

sehen. Die positive Seite des Gebotes ist der Gedanke der Reduktion.

Der Herr, das ist gewissermassen das Gottesbild über allen Gottesbildern, in der Übersetzung der hebräischen Bibel zugleich die Übersetzung des Wortes für Gebieter (773mal) und des Tetragramms JHWH als Eigennamens für den Unaussprechlichen (6828mal), in der griechischen Bibel die Übersetzung von Kyrios, der ehrerbietenden Anrede, die Griechinnen und Griechen noch heute verwenden. Gewiss steckt in Herr eine Erinnerung an patriarchale oder matriarchale Zeiten, als ein Herr oder eine Herrin das Kommando hatte und die Grundform der Begegnung das Herrschen war. Wichtiger aber ist den Texten der Bibel nahezu überall, wo Gott als der Herr begegnet, der Gedanke seiner Souveränität. Gott lässt sich nicht fassen. Mit keinem religiösen Mittel kann der Mensch seiner Herr werden. Kein Mensch kann sein Herrsein beanspruchen. Darstellungen von Gott vertreiben den Dargestellten, der sich nicht verstofflichen lässt. Vorstellungen von Gott aber sind das, was aus einer Begegnung bleibt. Verboten sind religiöse Darstellungen von Gott, geboten sind theologische Vorstellungen von Gott.

Religionskritik

Nach der biblischen Religionskritik erübrigt sich die philosophische Religionskritik. Wer sagt, Menschen formten sich Gott sowieso nur nach ihrem eigenen Bild, und damit meint, jeder mache sich den Gott, den er gerade eben brauche, der unterschätzt das kritische Potenzial, das die Bibel selbst gegenüber dem religiösen Verlangen des Menschen entwickelt hat. Zugleich überschätzt er das eigene Vermögen, wenn er sagt, mit dem Verzicht auf Gottesbilder solle man am besten gleich auch auf Gott verzichten, und damit meint, der Mensch könne nicht nur «atheistisch» sondern auch «unreligiös» sein. Diese Fehleinschätzungen haben gewöhnlich nur zur Folge, dass der Mensch seine religiösen Bedürfnisse anderswo auslebt, die einen beim Sport und seinen Ritualen, die anderen in der Kunst und ihren Tempeln, die Dritten an der Börse und ihren Orakeln. Dabei kommen die vorn mit scheinbar aufgeklärter Geste vertriebenen Götzen hinten schnell wieder grinsend herein.

Nein, der Mensch ist immer ein religiöses Wesen, der *homo religiosus*. Aber er ist immer auch ein denkendes Wesen, das *animal rationale*. Religiös, wie er ist, braucht er theologische Kritik, wie das Gebot sie übt, um sich zu kultivieren. Auch der grundlegende Lebensbereich des Religiösen bedarf der Kulturpflege, wenn er nicht verwildern soll. Wie die Libido gepflegt werden muss, um geniessbar und schön zu sein, braucht die Religion dieses transzendierende Element, das bei ihr seit alters «Theologie» genannt wird: die kritische Reflexion des religiösen Tuns. Sie macht die Religion nicht kaputt, sondern veredelt sie. Dann wird klar, dass Gott auch mit Gottesbildern nicht eingefangen werden kann, und das, was uns unbedingt angeht, auch mit Theologie nicht endgültig erfasst werden kann. Klar wird aber zugleich, dass wir ohne Bilder nichts verstehen noch denken können, wie Luther, der andere Bibelübersetzer, es aus der Bibel gelernt hat.

Gottesbilder

Manche Einheiten tragen Titel wie *der Hirte* oder *die Sonne,* die das Bildfeld klar bezeichnen und unmittelbar einleuchten. Andere Einheiten wie *der Donnerer* oder *der Träumer* haben Titel, die befremden mögen und der Erklärung bedürfen. Wieder andere wie *das Wort* oder *die Liebe* wirken eher abstrakt. Auch mag bei der Verteilung der Artikel überraschen, dass «Gott» nicht immer «männlich» daherkommt. Schliesslich werden Kennerinnen und Kenner der Bibel viele Titel vermissen, ganz abgesehen davon, dass sie ohnehin andere gewählt hätten.

Die Wahl der 25 Titel ist eine willentliche Reduktion auf 25 Bildfelder. Die Titel sind zwar selbst meistens auch Bilder, stehen hier aber für eine ganze Vielfalt einzelner Bilder, die sich unter sie sortieren und gruppieren lassen. Die Gruppierung ist nicht willkürlich, sondern orientiert sich an den Aussagen der Texte in ihren Kontexten. Gegen Ende jeder Einheit werden weitere Gottesbilder aufgelistet, die im behandelten Text angeklungen sind, und nochmal andere, die im Umfeld des Textes liegen (beide mit Bibelstellen). Dennoch bleiben viele Bildelemente unbesprochen, vor allem solche, die noch nicht eigentlich ein Gottesbild sind, aber bereits mit seinem Handeln in Verbindung gebracht werden.

Nichts kann ohne Bilder vorgestellt und verstanden werden. Wie alles sind auch sie vergänglich. Solange Christinnen und Christen aber nicht im Schauen leben, womit Paulus das unmittelbare Sehen Gottes meint, das Wahrnehmen von Angesicht zu Angesicht, so lange leben sie im Glauben, erzählen von Gott mittels Bildern, bedenken und verstehen ihn durch das sprachliche und wortgemässe Mittel der Gottesbilder. Es nicht anders zu können, wertet die Bilder nicht ab: Kein gutes Bild ist nur ein Bild! Im Gegenteil: Die Gottesbilder der biblischen und nachbiblischen Vorfahren ermöglichen, davon zu reden, wovon die mathematisierte und ökonomisierte Sprache allein nur schweigen kann: von Gott, der den Menschen zu allen Zeiten unbedingt angeht.

_ EMPFOHLEN

_ Etienne Charpentier, Führer durch das Alte Testament; Düsseldorf 1984.

_ Etienne Charpentier, Führer durch das Neue Testament; Düsseldorf 1983.

_ Walter Dietrich / Christian Link, Die dunklen Seiten Gottes I–II; Neukirchen 1995.

_ Bettina Eltrop / Anneliese Hecht / Hedwig Lamberty-Zielinski / Gabriela Theuer (ed.), Frauen-Gottesbilder (Frauenbibelarbeit 5); Stuttgart 2001.

_ Kurt Galling (ed.), Textbuch zur Geschichte Israels; Tübingen 1979.

_ Gesangbuch der Evangelisch-reformierten Kirchen der deutschsprachigen Schweiz (RG); Basel/Zürich 1998

_ Klaus-Peter Jörns, Die neuen Gesichter Gottes. Was die Menschen heute wirklich glauben; München 1997.

_ Othmar Keel, Die Welt der altorientalischen Bildsymbolik und das Alte Testament; Zürich 1972.

_ Othmar Keel / Max Küchler (ed.), Herders Grosser Bibelatlas; Freiburg i.B. 1989.

_ Hans G. Kippenberg / Gerd A. Wewers (ed.), Textbuch zur neutestamentlichen Zeitgeschichte; Göttingen 1979.

_ Matthias Krieg / Martin Rüsch / Johannes Stückelberger / Matthias Zeindler (ed.), Das unsichtbare Bild. Die Ästhetik des Bilderverbots; Zürich 2005.

_ Bernhard Lang, Jahwe, der biblische Gott. Ein Porträt; München 2002.

_ Jack Miles, Gott. Eine Biographie; München 1996.

_ Felix Senn (ed.), Welcher Gott? Eine Disputation mit Thomas Ruster; Luzern 2004.

_ Thomas Staubli, Begleiter durch das Erste Testament; Düsseldorf 1997.

_ Gianni Vattimo, Jenseits des Christentums. Gibt es eine Welt ohne Gott?; München 2004.

_ Roland de Vaux, Das Alte Testament und seine Lebensordnungen I–II; Freiburg i.B. 1960.

_ Zürcher Bibel; Zürich 2007

_ MITGEARBEITET

Henriette von Bodecker

1977 geboren; aufgewachsen in Berlin (DDR) und in der Uckermark; Studium der Graphik und Buchkunst an der Kunsthochschule Leipzig; ausgedehnte Studienreisen in Asien; seit 2002 freischaffende Graphikerin in Berlin-Mitte; 2004 Gastdozentin am International Art College in Zhengzhou (Volksrepublik China); 2005 Gruppenausstellung in Berlin.

Henriette von Bodecker hat als Kunstauftrag die 25 Graphiken geschaffen, die unter dem Titel «gesehen» jede der 25 Einheiten eröffnen, keine Illustrationen, sondern eigenständige Aussagen zum jeweiligen Gottesbild.

Matthias Krieg

1955 geboren; aufgewachsen in einer Freikirche, 1980 konvertiert zu den Reformierten; Studium der Theologie, Germanistik und Kunstgeschichte in Tübingen und Zürich; Promotionen über den Tod im Alten Testament und die Lyrik von Nelly Sachs, Habilitation über Maleachi; 1980 ordiniert, 1988 Leiter des Instituts für Erwachsenenbildung, 1996 Leiter der Bildungsabteilung der Evangelisch-reformierten Landeskirche des Kantons Zürich; Bildungsreisen nach Amerika, Afrika und Asien; Mitverfasser und Herausgeber diverser Arbeitshilfen für die Erwachsenenbildung.

Matthias Krieg ist der Verantwortliche für bibel(plus) und als solcher der Leiter des Teilprojekts «Seminar». Er hat die Einheiten 1–2, 9–12 und 25 verfasst, dazu die Einleitung.

Hans-Adam Ritter

1940 geboren; Studium der Theologie in Basel, Bern und Göttingen; 1965 ordiniert, 1965 ökumenischer Mitarbeiter in Berlin, 1967 Pfarrer in Gent, 1970 Studentenpfarrer in Zürich, 1979 an der Pauluskirche in Basel, 1993 Studienleiter im «Forum für Zeitfragen», einem gesamtkirchlichen Dienst der baselstädtischen Kirche, 2005 pensioniert; langjähriger Sprecher «Zum neuen Tag» im Radio DRS und langjähriges Mitglied der Redaktionskommission der Zeitschrift «Neue Wege»; Weiterbildung in Bibliodrama.

Hans-Adam Ritter hat die Einheiten 5, 7–8, 15 und 18–19 geschrieben.

Brigitte Schäfer

1957 geboren; Studien der Theologie in Zürich, Wien und Marburg, der Pädagogik und Sozialwissenschaften in Zürich und der Erwachsenenbildung in Kaiserslautern; 1983 ordiniert und Pfarrerin in der Kirchgemeinde Zürich-Altstetten; 1984 Assistenz am Zürcher Lehrstuhl für Religionsgeschichte; 1993 Leiterin der Kontaktstelle für Erwachsenenbildung in der Kirche des Kantons Luzern, 1996 Fachmitarbeiterin der Bildungsabteilung bei den Gesamtkirchlichen Diensten der Evangelisch-reformierten Landeskirche des Kantons Zürich, dort zuständig für Erwachsenenbildung in den Bereichen Bibelarbeit und Lebensfragen; Weiterbildungen in Themenzentrierter Interaktion, Bibliodrama und Telelearning; Mitverfasserin und Mitherausgeberin der Buchreihe «WerkstattBibel».

Brigitte Schäfer hat die Einheiten 3–4, 13, 16 und 22–23 verfasst.

Kaspar Thalmann

1968 geboren; Studium der Architektur an der Eidgenössischen Technischen Hochschule in Zürich; Abschluss mit einer Arbeit über den Schweizer Bauhaus-Künstler Max Bill; seit 1996 Graphiker beim Kirchlichen Informationsdienst der Evangelisch-reformierten Landeskirche des Kantons Zürich, seit 1995 freischaffender Architekt; Gestaltung der von der Bildungsabteilung verantworteten Bücher «Lebenskunst-Stücke für jeden Tag» (1999), «Krethi & Plethi» (2000), «Die Reformierten» (2002) und «Das unsichtbare Bild» (2005).

Kaspar Thalmann hat zusammen mit Sandra Binder das Layout aller vier Teile von bibel(plus) entworfen, die Drucklegung und den Andruck besorgt, die Kontakte zu Henriette von Bodecker und dem Verlag sichergestellt.

Angela Wäffler-Boveland

1957 geboren; aufgewachsen in der Lutherischen Kirche; Studium der Theologie in Hamburg und Zürich; 1987 ordiniert, 1988 Pfarrerin der Kirchgemeinde Oberwinterthur, 1989 der Kirchgemeinde Zürich-Höngg, 2001 Fachmitarbeiterin der Bildungsabteilung bei den Gesamtkirchlichen Diensten der Evangelisch-reformierten Landeskirche des Kantons Zürich, dort zuständig für die interkantonal getragenen Theologiekurse; Weiterbildung zur eidgenössischen Erwachsenenbildnerin SVEB; Herausgeberin und Mitverfasserin von Theologiekursunterlagen, Mitverfasserin von «Sehnsucht nach Gerechtigkeit» (WerkstattBibel 3), Herausgeberin und Verfasserin von «Passagen. Bildbetrachtungen zu den sieben Worten Jesu am Kreuz».

Angela Wäffler-Boveland verantwortet die Einheiten 6, 14, 17, 20–21 und 24. Als Mitglied der feministischen Lesegruppe ist sie an der Übersetzung der Zürcher Bibel beteiligt.

GOTT HÄLT HOF.
DER GÖTTERKÖNIG

GOTT HÄLT HOF.
DER GÖTTERKÖNIG

1	Ein Verborgenes, Gilgamesh, will ich dir eröffnen,	9
2	Und der Götter Geheimnis will ich dir sagen.	10
3	Shurippak – eine Stadt, die du kennst,	11
4	Die am Ufer des Eufrats liegt –,	12
5	Diese Stadt war schon alt und die Götter darinnen,	13
6	Eine Sintflut zu machen, entbrannte das Herz den grossen Göttern.	14
7	Miteinander berieten sich ihr Vater *Anu*,	15
8	*Enlil*, der Held, der sie berät,	16
9	Ihr Minister *Ninurta*,	17
10	ihr Deichgraf *Ennugi*,	18
11	Ninshiku-*Ea* hatte mit unter ihnen gesessen.	19
12	Ihre Rede gab einem Rohrhaus er wieder:	20
13	«Rohrhaus, Rohrhaus! Wand, Wand!	21
14	Rohrhaus, höre, Wand, begreife!	22
15	Mann von Shurippak, Sohn Ubar-Tutus!	23
16	Reiss ab das Haus, erbau ein Schiff,	24
17	Lass fahren Reichtum, dem Leben jag nach!	25
18	Besitz gib auf, der Seele erhalt das Leben!	26
19	Heb hinein allerlei beseelten Samen ins Schiff!	27
20	Das Schiff, welches du erbauen sollst,	28
21	Dessen Masse sollen abgemessen sein,	29
22	Gleich gemessen seien ihm Breite und Länge;	30
23	Du sollst es wie das Apsû bedachen.»	31
24	Da ich's verstanden, sprach ich zu *Ea*, meinem Herrn:	32
25	«Das Geheiss, Herr, das du mir gegeben,	33
26	Ich achtete wohl darauf und werde danach tun.	34
27	Wie antwort ich aber der Stadt, der Bürgerschaft und den Ältesten?»	35
28	*Ea* tat zum Reden den Mund auf	36
29	Und sprach zu mir, seinem Knecht:	37
30	«Du Mann, zu ihnen sollst du also reden:	38
31	,Mir scheint, dass *Enlil* nichts mehr von mir wissen will.	39
32	Da darf ich in eurer Stadt nicht mehr wohnen,	40
33	Darf auf *Enlils* Boden meine Füsse nimmer setzen.	41
34	So will ich steigen hinab zum Apsû.	42
35	Dann wohn ich bei meinem Herren *Ea*.	42
36	Auf euch aber lässt er dann Überfluss regnen,	43
37	Sammlung der Vögel, auch Bergung der Fische!	44
38	Schenken wird er euch Reichtum und Ernte.	45
39	Am Morgen wird er Linsen,	46
40	Am Abend auf euch einen Weizenregen niedergehen lassen!'»	47
41	Kaum dass ein Schimmer des Morgens graute,	48
42	Versammelte zu mir sich das Land.	49
43	Der Zimmermann brachte die Holzpfosten,	50
44	Der Bootsbauer brachte die Klammern (...)	51
45	Das Schiff war fertig am siebenten Tag bei Sonnenuntergang (...)	76
46	Was immer ich hatte, lud ich darein:	80
47	Was immer ich hatte, lud ich darein an Silber,	81
48	Was immer ich hatte, lud ich darein an Gold,	82
49	Was immer ich hatte, lud ich darein an allerlei Lebenssamen:	83
50	Steigen liess ich ins Schiff all mein Geschlecht und Sippe,	84
51	Wild des Feldes, Getier des Feldes,	85
52	Alle die Meistersöhne habe ich hineinsteigen lassen.	85

53	Die Frist hatte *Shamash* mir so angesetzt:	86
54	«Am Morgen werde ich Linsen, am Abend einen Weizenregen niedergehen lassen.	87
55	Dann tritt hinein ins Schiff und verschliess dein Tor!»	88
56	Diese Frist kam herbei:	89
57	Am Morgen gingen Linsen nieder, am Abend ein Weizenregen.	90
58	Des Wetters Aussehen betrachtete ich.	91
59	Das Wetter war fürchterlich anzusehn.	92
60	Ich trat hinein ins Schiff und verschloss mein Tor.	93
61	Dem Schiffer Pusur-Amurri, dem Verpicher des Schiffes,	94
62	Übergab den Palast ich samt seiner Habe.	95
63	Kaum dass ein Schimmer des Morgens graute,	96
64	Stieg schon auf von der Himmelsgründung schwarzes Gewölk.	97
65	In ihm donnert *Adad*,	98
66	Vor ihm her ziehen Shullat und Chanish.	99
67	Über Berg und Land als Herolde ziehen sie.	100
68	*Eragal* reisst den Schiffspfahl heraus,	101
69	*Ninurta* geht, lässt das Wasserbecken ausströmen,	102
70	Die *Anunnaki* hoben Fackeln empor,	103
71	Mit ihrem grausen Glanz das Land zu entflammen.	104
72	Die Himmel überfiel wegen *Adad* Beklommenheit,	105
73	Jegliches Helle in Düster verwandelnd;	106
74	Das Land, das weite, zerbrach wie ein Topf.	107
75	Einen Tag lang wehte der Südsturm,	108
76	Eilte dreinzublasen, die Berge ins Wasser zu tauchen,	109
77	Wie ein Kampf zu überkommen die Menschen.	110
78	Nicht sieht einer den andern,	111
79	Nicht sind die Menschen erkennbar im Himmel.	112
80	Vor dieser Sintflut erschraken die Götter,	113
81	Sie entwichen hinauf zum Himmel des *Anu*.	114
82	Die Götter kauern wie Hunde, sie lagern draussen!	115
83	Es schreit *Ishtar* wie eine Gebärende,	116
84	Es jammert die Herrin der Götter, die schönstimmige:	117
85	«Wäre doch jener Tag zu Lehm geworden,	118
86	Da ich in der Schar der Götter Schlimmes geboten!	119
87	Wie konnte in der Schar der Götter ich Schlimmes gebieten,	120
88	Den Kampf zur Vernichtung meiner Menschen gebieten!	121
89	Erst gebäre ich meine lieben Menschen,	122
90	Dann erfüllen sie wie Fischbrut das Meer!»	123
91	Die *Anunnaki*-Götter klagen mit ihr,	124
92	Die Götter ... sitzen in Klagen,	125
93	Mit verdorrten Lippen ...	126
94	Sechs Tage und sieben Nächte	127
95	Geht weiter der Wind, die Sintflut,	128
96	Ebnet der Südsturm das Land ein.	128
97	Wie nun der siebente Tag herbeikam,	129
98	Schlug nieder der Südsturm die Sintflut, den Kampf,	129
99	Nachdem wie eine Gebärende sie um sich geschlagen.	130
100	Ruhig und still ward das Meer,	131
101	Der Orkan war aus und die Sintflut.	131
102	Nach dem Festland hielt ich Ausschau: Schweigen ringsum,	132
103	Und das Menschengeschlecht ganz zu Erde geworden!	133
104	Gleichmässig war wie ein Dach die Aue.	134
105	Da tat ich eine Luke auf, Sonnenglut fiel aufs Antlitz mir.	135

106 Da kniete ich nieder, am Boden weinend,   136

107 Über mein Antlitz flossen die Tränen   137

108 Nach Ufern hielt ich Ausschau in des Meeres Bereich: 138

109 Auf zwölfmal zwölf Ellen stieg auf eine Insel.   139

110 Zum Berg Nissir trieb heran das Schiff.   140

111 Der Berg Nissir erfasste das Schiff und liess es nicht wanken (...)   141

112 Wie nun der siebente Tag herbeikam,   145

113 Liess ich eine Taube hinaus.   146

114 Die Taube machte sich fort – und kam wieder: 147

115 Kein Ruheplatz fiel ihr ins Auge, da kehrte sie um.   148

116 Eine Schwalbe liess ich hinaus.   149

117 Die Schwalbe machte sich fort – und kam wieder: 150

118 Kein Ruheplatz fiel ihr ins Auge, da kehrte sie um.   151

119 Einen Raben liess ich hinaus.   152

120 Auch der Rabe machte sich fort; da sah er, wie das Wasser sich verlief.   153

121 Frass er, scharrte, wippte – und kehrte nicht um.   154

122 Da liess ich hinausgehn nach den vier Winden; ich brachte ein Opfer dar,   155

123 Ein Schüttopfer spendete ich auf dem Gipfel des Berges: 156

124 Sieben und abermals sieben Räuchergefässe stellte ich hin.   157

125 In ihre Schalen schüttete ich Süssrohl, Zedernholz und Myrte.   158

126 Die Götter rochen den Duft,   159

127 Die Götter rochen den wohlgefälligen Duft.   160

128 Die Götter scharten wie Fliegen sich um den Opferer.   161

129 Sobald wie die *Mach* herzugekommen,   162

130 Hob sie die grossen Fliegengeschmeide empor,   163

131 Die *Anu* ihr zum Vergnügen gemacht: 163

132 «Ihr Götter hier, so wahr des Lasuramuletts   164

133 An meinem Hals ich nicht vergesse,   164

134 Will ich die Tage hier, fürwahr, mir merken,   165

135 Dass ewig ihrer ich nicht vergesse!   165

136 Die Götter mögen nur kommen zum Schüttopfer!   166

137 Doch *Enlil* soll nicht kommen zum Schüttopfer,   167

138 Weil er unüberlegt die Sintflut machte   168

139 Und meine Menschen dem Verderben anheimgab!»   169

140 Sobald wie *Enlil* herzugekommen,   170

141 Sah das Schiff und ergrimmte *Enlil*.   171

142 Voller Zorn war er über die *Igigi*-Götter: 172

143 «Eine Seele wäre entronnen?   173

144 Überleben sollte niemand das Verderben!»   173

145 *Ninurta* tat zum Reden den Mund auf   174

146 Und sprach zu *Enlil*, dem Helden: 174

147 «Wer bringt denn etwas hervor ausser *Ea*?   175

148 Auch kennt ja *Ea* jedwede Verrichtung!»   176

149 Ea tat zum Reden den Mund auf   177

150 Und sprach zu *Enlil*, dem Helden: 177

151 «O Held, du klügster unter den Göttern!   178

152 Ach, wie machtest du unüberlegt die Sintflut!»   179

BABYLON:
GILGAMESH-EPOS
(GILG 11,9–51.76.
80–141.145–179)

Das Hörspiel

Einen Text würden wir jetzt lesen und hören, der zu den ältesten der Menschheit zähle. Ich konnte spüren, wie nervös die Kursleiterin war, als sie diese Ankündigung machte. Die Gruppe war neu. Es war unser erster Kursabend. Alle waren wir gespannt. Und dann gleich ein so langer Text. Wir würden ihn langsam und in verteilten Rollen lesen. Einiges komme uns gewiss bekannt vor. Anderes bleibe sicher vorläufig fremd. Das mache nichts. Bei allen Texten, auch bei den jüngsten der Menschheit, sei das so. Deshalb würden wir in einem solchen Seminar über Texte auch reden, gemeinsam versuchen, sie zu verstehen, mit vereinten Beobachtungen und Kräften. Doch das komme später. Jetzt brauche es ein paar Mutige für das Hörspiel.

Mutig meldete ich mich für die Rolle des Ea (13–23.30– 40.151–152), denn der Name Ea gefiel mir, kurz und fremd, wie er ist. Utnapishtim, den Erzähler des Ganzen, übernahm ein Mann, ein anderer den kleinen Part des Shamash (54–55), ein dritter den unangenehmen des Enlil (143–144), ein vierter den ebenso kurzen wie listigen des Ninurta (147–148). Eine Kollegin war bereit, die heftig bewegten Worte der Ishtar (85–90.132–139) zu sagen. Sechs von uns lasen also den Text. Dabei dachte ich aber auch, wie es wohl wäre, wenn Frauen Männerrollen läsen und umgekehrt.

Den anderen der Gruppe gab die Kursleiterin geschliffene Wassergläser in die Hand. Sie hatten verschiedene Grössen und wurden auch unterschiedlich hoch mit Wasser aufgefüllt. Während des Berichts sollten sie zum Klingen gebracht werden, um das Geschehen dramatisch zu untermalen. Der Erzähler durfte dann ruhig mal schweigen, damit auch alle hören könnten, wie Wind und Wetter, Wolken und Wasser das Geschehen bestimmten. Während der drei Götterberatungen sollten die Gläser aber schweigen (3–11.80–93.129–152).

Das Gespräch

Die Nervosität hatte sich gelegt. Alle waren ein wenig erschöpft, aber ganz mit sich zufrieden. Auch die Kursleiterin, die nur zugehört hatte, schien zufrieden zu sein. Unsere Aufführung war auch umwerfend gewesen. Der lange Text war nun nicht mehr lang, manch Fremdes an ihm nicht mehr fremd. Wir hatten uns auch Zeit gelassen. So kamen die wechselnden Geräuschkulissen gut zur Geltung: das Dräuen des Unwetters, das Brodeln des Wassers, das Schlagen der Blitze, das Krachen des Donners. Sogar das Aufkommen und Abschwellen der Gefahr war uns gut gelungen. Ein gelungener Start!

Doch nun galt es, darüber zu reden. Utnapishtim sollte berichten, wie er sich in seiner Haut gefühlt habe, er mit dem grössten Part. Privilegiert habe er sich gefühlt, auserwählt. Immerhin habe ein Gott ihn ins Vertrauen gezogen, genau genommen: ihm Geheimnisse des Himmels verraten. Und ein zweiter habe ihm den Tipp für den richtigen Zeitpunkt gegeben. Ob die beiden angesprochenen Götter, Ea und Shamash, darauf reagieren könnten, fragte die Leiterin. Ob sie sich als Ausplauderer von Betriebsgeheimnissen vorgekommen seien? Nein, eher nicht, meinte der Sprecher des Shamash. Er habe nur eine kleine Rolle gespielt, und dabei ja auch nur getan, was er regelmässig tue, höchstens mit Zeichen ein wenig nachgeholfen. Beim Sprecher des Ea lag die Sache anders. Er hatte einiges zu sagen. Einerseits waren es Schlauheiten, Sprüche übers Leben, wie man sie überall zu hören bekommt. Und andererseits waren es Weisungen, ganz praktische Bedienungsanleitungen, um etwas aufzubauen oder zu erreichen. Wie ein Ingeneur oder Diplomat sei er sich dabei vorgekommen, wie einer, der genauer als andere weiss, wie es geht. Am meisten habe ihn aber verwirrt, dass er von Utnapishtim als «Herr» wahrgenommen worden sei.

Dies nahm die Gesprächsleiterin als Stichwort auf. Da habe es ja auch noch eine «Herrin» gegeben, die energische und verletzliche Ishtar. Wie es der denn ergangen sei? Durchwachsen! Sie habe sich als Anwältin verstanden, als Ombudsfrau der Menschen bei den Göttern. Entsprechend sei es ihr erst schlecht gegangen, dann aber habe sie eine Wut gespürt. Die habe sie zunehmend stark gemacht. Dem blöden Enlil habe sie eins ausgewischt. Zumal er ständig als «Held» tituliert worden sei. Held ohne Hirn. Man kenne das aus Rambofilmen. Bevor die Rollen mit den Sprechern machen konnten, was sie wollten, gab die Kursleiterin Ninurta das Wort. Der fand seine Anspielung auf Eas Wesen als Gott der Weisheit und des Süsswassers ironisch und geistreich, überhaupt habe der eine originelle Kombination von Aufgaben.

Dann hielt die Kursleiterin inne, um noch die Musikantinnen und Musikanten zu hören. Denen hatte das Hörspiel einen wahren «Höllenspass» gemacht. Die Dissonanzen waren erlaubter Ausdruck erlaubter Aggressionen. Sie hätten gespürt, dass im Unwetter dämonische Kräfte entfesselt würden. Etwas von der Urgewalt des «Chaos» sei ihnen in die Finger gefahren, als sie immer heftiger die nasse Kante ihrer Gläser gerieben hätten. Und dass man Gläser, die einst wertvoll waren und jetzt billig in der Brockenstube zu haben sind, so traktieren dürfe, sei auch schon eine wahre Lust.

Das Rollenspiel

Weil uns noch Zeit blieb, bauten wir das Hörspiel aus und um: Anlass dazu war für die Kursleiterin, dass Anu, der Götterkönig, zwar der Chef des Pantheons ist, aber im Gilgamesh-Text schweigt. Nun sollte er zu Wort kommen.

Die Spielanlage war einfach. Wir befanden uns wieder in der Gegenwart: Treibhausgase bedrohen das Ökosystem der ganzen Erde. Das ultimative Unwetter und die ultimative Flut sind denkbar geworden. Im Himmel tritt

tip
Mittel:
Lesung des Textes auf CD V/1; im Reiseführer der Ausflug Macht

Lied:
RG 161,1–2

Buch:
Pedro Calderón de la Barca, El gran teatro del mundo (Theaterstück, Spanien 1645); Hugo von Hofmannsthal, Das Salzburger Grosse Welttheater (Theaterstück, Österreich 1922); Karel Capek, Das Absolutum oder Die Gottesfabrik (Roman, Tschechien 1922); Gottfried Benn, Leid der Götter (Gedicht, Deutschland 1933); Alejo Carpentier, Die Berufenen (Erzählung, Cuba 1970); Lars Gustafsson, Als Gott erwachte, in: Der Tod eines Bienenzüchters (Romankapitel, Schweden 1978)

Klassik:
Camille Saint-Saens, Le Déluge (Symphonische Dichtung, Frankreich 1875); Willy Burkhard, Die Sintflut (Oratorium, Schweiz 1955)

Pop:
Mani Matter, Dr Noah (Chanson, Schweiz 1969)

auf Geheiss von Anu, dem Götterkönig und Himmelsgott, das Pantheon mit folgenden Zuständigkeiten zusammen: Shamash für die Sonne, Sin für den Mond, Adad für das Wetter, Ennugi für die Deiche und den Zivilschutz, Ea für die Weisheit und das Süsswasser, Ishtar für die Menschen und die Liebe, Enlil für die Länderinteressen, Ninurta für die Jagd und den Krieg, Eragal für die Unterwelt. Ziel der Sitzung ist, die Zerstörung des Ökosystems Erde zu verhindern. Die Aufgabe ist, aus allen Ressorts geeignete Massnahmen zu erhalten. Anu solle erst seine Minister um deren Vorschläge bitten. Dann habe er eine Diskussion über die Vorschläge zu leiten. Ein Ergebnis müsse die Versammlung der zehn mesopotamischen Götter nicht haben.

Unmöglich wäre es, hier wiedergeben zu wollen, was Anu an Vorschlägen aus den Ressorts unterbreitet wurde. Manchen hörte man die Eigeninteressen auf Anhieb an, andere kamen kompromissbereit daher, wenige waren eindeutig. Ein Ende fand das Gespräch nicht. Die Kursleiterin brach, als die eingeplante Zeit verronnen war, einfach ab. Anu erhielt Gelegenheit, aus der Rolle herauszutreten und zu berichten, wie er sich als Götterkönig erlebt hatte. Es waren vor allem die vielen verschiedenen, an ihn gerichteten Erwartungen, die ihm aufgefallen waren, und diese wiederum angesichts der einen übermenschlichen, von ihm zu tragenden Verantwortung. Lieber kein Gott sein, bemerkte dazu mein Sitznachbar. Alle anderen konnten sich dazu äussern, wie ihnen Anu vorgekommen sei. Die Antworten waren eindeutig: Viel Macht bedeute viel Verantwortung, nicht umgekehrt.

_ VERORTET

Länder

Zweistromland, Mesopotamien, Gebiet zwischen den Flüssen: Das riesige Tal der beiden Flüsse Eufrat und Tigris gilt als Mutterland der semitischen Kulturen. Eigentlich ist es voll von bereits ausgegrabenen oder immer noch verborgenen Kunstschätzen. Wie anders die Bilder der Gegenwart. Heute streiten sich dort die Weltmächte um die Vorherrschaft über Öl und Wasser, oberflächlich unter dem Vorwand einer neuen Weltordnung. Ausgerechnet dort! In Mesopotamien waren einst Hochkulturen lebendig, denen die ersten bekannten Vorstellungen der Menschheit von Gerechtigkeit und Weltordnung zu verdanken sind: die Reiche von Sumer und Akkad, Assur und Babylon.

Babylonien erstreckte sich vom Persischen Golf bis zur engsten Annäherung der beiden Flüsse, heute das Gebiet zwischen Kuwait und Bagdad, damals ein fruchtbares Schwemmland mit Dattelpalmwäldern zum Schutz gegen die Wüste und mit Städten aus Lehmziegeln. König Sanherib (705–681 im Amt) zählte allein 75 Städte. Bedeutend von ihnen waren Babylon, Sippar, Borsippa

und Nippur. Assyrien lag nördlich vom Oberlauf des Tigris. Es wies ein rauheres Klima auf, hatte aber die stabileren Bauten aus Kalkstein. Vor allem in den Städten Assur, Arbela, Kalach und Ninive war dies zu sehen.

Völker

Die Geschichte Mesopotamiens beginnt allerdings viel früher mit dem Reich Sumer. Die Sumerer waren keine Semiten und sind vermutlich nach 4000 in den Süden des späteren Babylonien eingewandert. Die bedeutsamen Städte Eridu, Shurripak, Lagash, Uruk und Ur sind sumerischen Ursprungs. Unter dem legendären König Sargon begann die Blütezeit (2425–2245). Den Sumerern verdankt die Menschheit ihre erste Schrift: Bildzeichen, die sich zur Silbenschrift entwickelten und weiter so stilisiert wurden, dass sie wie ein Bild aus Keilen aussahen: die sogenannte Keilschrift, die durch Eindrücken in feuchten Ton entstand. Später wurde sie von den Assyrern und Babyloniern übernommen, die über die Schrift auch wissenschaftlich und religiös in manchem von den Sumerern profitierten.

Babylonier und Assyrer sind aus semitischen Stämmen hervorgegangen, die in einer Völkerwanderung das Innere der arabischen Halbinsel (heute Saudi-Arabien) verlassen haben, um im Kulturland Mesopotamiens bessere Lebensbedingungen zu finden. Erste Staaten mit semitischen Königsdynastien waren Mari am mittleren Eufrat (ab 2600) und Akkad auf der Landenge zwischen den Mittelläufen der Flüsse (ab 2400). Ihre gemeinsame semitische Sprache nannten sie Akkadisch. Vom Altakkadischen sind das spätere Babylonisch und Assyrisch zwei eng verwandte Zweige. Die Sumerer sind mit der Zeit in den Babyloniern und Assyrern aufgegangen, ihre Sprache ist verschwunden.

Die nördlichen Nachbarn der Semiten, die im Gebirge lebten, waren Indogermanen. Von Bedeutung sind die Staaten Urartu (ab 1900) und Mitanni (ab 1550) sowie die Völker der Hetiter (ab 1600) und Perser (ab 900). Insbesondere die Perser übten nachhaltigen Einfluss aus auf das kleine Palästina (vgl. Einheiten 14–15).

Reiche

Babylonier und Assyrer wechselten sich zweimal in der Vorherrschaft über Mesopotamien ab: Das Altassyrische Reich (etwa 2000–1800) erstreckte sich von Mari bis zum Libanon. Das Altbabylonische Reich (etwa 1800–1600) begann zwar mit König Hammurapi, der für die Rechtsgeschichte von grosser Bedeutung wurde (vgl. Einheit 12), währte aber nur rund zweihundert Jahre. Dem Neuassyrischen Reich hingegen war Dauer beschieden (1380–626), von der in Palästina der Nordstaat Israel besonders betroffen war: Die Assyrer haben ihn ausgelöscht (722). Das Neubabylonische Reich war wieder wesentlich kürzer (626–539), brachte aber den grossen Nebukadnezzar hervor und mit ihm den Südstaat Juda zu

Fall (587). Die Exilierung der israelitischen Oberschicht in babylonische Städte (587–520) brachte Israel in nächsten Kontakt mit den Kulturen Mesopotamiens. Viele Anspielungen alttestamentlicher Texte auf Mythen und Kulte des Zweistromlandes werden auf dieses unmittelbare Erleben zurückgehen (vgl. Einheiten 13–15).

_ EINGEREIHT

Historischer Hintergrund

Möglicherweise hat ein König namens Gilgamesh wirklich gelebt. Ausgrabungen ab 1913 haben die grossen Stadtmauern der sumerischen Stadt Uruk freigelegt. In der Bibel heisst sie Erech, im heutigen Arabisch Warka, und der moderne Staat Irak entlehnt ihr seinen Namen. Dort könnte Gilgamesh zwischen 2750 und 2600 als mächtiger Stadtkönig regiert haben. Sicher ist jedenfalls, dass er früh vergöttlicht worden ist, denn die Legendenbildung über ihn brachte die reichste literarische Überlieferung des Alten Orients hervor.

Die Forschung rechnet damit, dass um 2100, als Sumer eine letzte Renaissance seiner Kultur erlebte, der mythische Erzählkranz um Gilgamesh die Gestalt gefunden hat, die in den späteren Abschriften (ab 1700) erhalten ist. Die Akkader übernahmen (ab 2000) mit der sumerischen Kultur auch deren Mythen. So kommen zu den sumerischen Textzeugnissen des Epos die altbabylonischen (ab 1800) hinzu. Sogar die Hetiter aus Chatti und die Hurriter aus Urartu, Indogermanen also im Osten der heutigen Türkei, beteiligten sich an der textlichen Überlieferung. Das Gilgamesh-Epos ist damit wohl der erste interkulturelle und interreligiöse Stoff der Menschheit.

Textliche Vereinheitlichung

Kein Sumerer hatte je aus den verschiedenen Erzählungen und Traditionen um Gilgamesh ein zusammenhängendes Epos gemacht. Dies tat um 1150, also tausend Jahre später, jemand, den noch einmal viel jüngere Überlieferungen *Sin-leqe-unnini* aus Uruk nennen. Aus der viersprachigen und variantenreichen Textgeschichte kompilierte er das eine akkadische Gilgamesh-Epos auf zwölf Tafeln. Davon stammt der grösste Teil des erhaltenen, aber lückenreichen Textes aus der riesigen Bibliothek von Tontafeln, die der neuassyrische König Assurbanipal (669–627 im Amt) in Ninive erstellen liess, kurz vor dem Untergang seines Reiches und dem Auftreten Nebukadnezzars und Jeremias.

Was heute als Epos zu lesen ist, stellt wiederum eine «Gilgamesch-Harmonie» dar (Schott), den Versuch also, die verschiedenen Textzeugen zu einer lesbaren Geschichte zusammenzufügen. Lücken im akkadischen Text wurden in moderner Zeit mit sumerischen und hethitischen Fragmenten aufgefüllt. Vor allem wurden alle bekannten Bruchstücke miteinander abgeglichen. Durch Ausgrabungen kommen laufend neue Textzeugen hinzu, eine textarchäologische Sisyphosarbeit, aber auch eine geradezu kriminalistische Recherchearbeit der Literaturgeschichte. Einen Urtext gibt es nicht. Nur die vollständigste aller denkbaren Varianten der uralten Geschichte kann erreicht werden.

Zwölf Tafeln

Tafel 1: Gilgamesh, der König von Uruk, ist zu zwei Dritteln Gott und zu einem Drittel Mensch. Grossgewachsen ist er und schön, ein faszinierender Despot, der die Jungmannen zur Fron verpflichtet und die Jungfrauen nachts im Palast empfängt. So gewaltsam herrscht er, dass die Stadtbewohner sich um Hilfe an die Götter wenden. Auf Geheiss des Himmelsgottes Anu erschafft die Göttin Aruru einen Helden, der Gilgamesh ebenbürtig ist und an dem er seinen Mutwillen abreagieren kann: Enkidu heisst er, ein völlig behaarter Hüne mit langem Haupthaar, der in Felle gekleidet ist und bei den Wildtieren lebt. Ein Jäger entdeckt ihn und macht dem Palast Meldung. Gilgamesh träumt von ihm, und seine Mutter, die Göttin Ninsun, deutet den Traum als Ankündigung der Freundschaft zwischen beiden. Der Jäger lockt Enkidu mithilfe einer Dirne aus der Wildnis in die Stadt.

Tafeln 2–3: Gerade findet ein Fest statt. Enkidu verwickelt Gilgamesh in einen Ringkampf, bei dem keiner gewinnt. So beginnt die Freundschaft. Zur Vergrösserung ihres Ruhms wollen beide in den Zedernwald ziehen und Chumbaba, einen feuerspeienden Drachen, töten. Die Stadträte raten ab, doch die beiden rüsten zur Ausfahrt und bitten den Sonnengott Shamash um Beistand.

Tafeln 4–5: Sie wandern lange, erschlagen einen Wachtposten und gelangen zum Zedernberg, dem Wohnsitz des Drachen. Drei Tage des Aufstiegs werden von drei Träumen unterstützt. Die Tötung des Drachen gelingt dank Shamash, der acht starke Winde zur Unterstützung schickt.

Tafel 6: Der Ruhm der beiden Helden ist so gross, dass sich die Liebesgöttin Ishtar in Gilgamesh verliebt. Der aber lehnt ihren Antrag ab, indem er auf ihre zahllosen Liebschaften und das Unglück der jeweils Betrogenen verweist. Die zornige Göttin stürmt zu ihrem Vater Anu. Er solle ihr den Himmelsstier zu Gilgameshs Vernichtung ausleihen. Erst als sie droht, die Pforten zur Unterwelt zu zerschlagen und die Toten freizulassen, gewährt er ihr den Wunsch. Doch die beiden Helden erschlagen auch den Stier.

Tafeln 7–9: Schwere Träume kündigen Enkidu den Tod an, weil er den Drachen und den Stier getötet habe. Er stirbt alsbald an einer Krankheit. Gilgamesh klagt sieben Tage lang, bevor er den Leichnam zur Bestattung freigibt. Von Trauer und Todesangst geplagt, zieht er los, um die Unsterblichkeit zu finden. Von Utnapishtim, seinem Urahn, der die Urflut überlebt hat, erwartet er Hilfe. Durch Steppen und Gebirge zieht er und wird von Löwen bedroht. Ein paar Skorpionmenschen helfen ihm im Gebirge, wo Oberwelt und Unterwelt aneinander grenzen. Nach zwölf Stunden der Finsternis gelangt er in einen Wundergarten, wo Edelsteine auf Bäumen wachsen.

Tafel 10: Am Ufer des Weltmeers trifft er eine Wirtin, die ihm rät, lieber die Freuden des Erdenlebens zu geniessen, als die Gefahren zu riskieren, die bis zur Erlangung der Unsterblichkeit auf ihn lauern. Doch Gilgamesh will unsterblich werden und bricht mit Utnapishtims Fährmann zu den Gewässern des Todes auf. Sie finden den Urahn, doch der weicht aus und sagt, die Götter hätten jedem sein eigenes Schicksal bestimmt.

Tafel 11: Als Gilgamesh auf der Auskunft besteht, erzählt ihm Utnapishtim die Flutgeschichte, ein eigenes Stück im Epos: Enlil, Sohn des Anu und Gott der Länder, wollte die Menschen ausrotten, weil er wütend auf sie war. So trat der Rat der Götter zusammen, Anus Pantheon. Ea jedoch, Gott der Weisheit und Freund der Menschen, verriet den Plan und warnte Utnapishtim durch einen Traum. Diesem folgend baute Utnapishtim ein Schiff, sammelte von allen Arten der Lebewesen je ein Paar und überlebte das siebentägige Unwetter. Sein Dankopfer nahmen die Götter wohlwollend entgegen, bis auf Enlil, den Ea aber beruhigen konnte. Utnapishtim und seine Frau erhielten unsterblichen Götterstatus. – Nach der Erzählung gibt der Urahn Gilgamesh einen ersten Rat: sieben Tage lang zu wachen; doch er schläft ein. Dann einen zweiten: auf dem Meeresgrund das Kraut der ewigen Jugend zu pflücken; doch als er es tatsächlich geholt hat und auf dem Heimweg ein Bad nimmt, frisst eine Schlange das Kraut am Ufer auf. Gilgamesh kehrt unverrichteter Dinge nach Uruk zurück.

Tafel 12: Die letzte Tafel ist ein Epilog, in dem Enkidu nochmals auftaucht, allerdings als Totengeist aus der Unterwelt, der den Lebenden über die traurigen Verhältnisse dort berichtet.

_AUSGELEGT

Eine Fluterzählung

Der ausgewählte Abschnitt stammt aus der elften Tafel und ist eine geschlossene, nun aber ins Epos eingegliederte Erzählung, eine Geschichte in der Geschichte, wie es in Epen häufig vorkommt. Utnapishtim ist ihr Erzähler. Er ist ein Königssohn aus der sumerischen Stadt Shurripak, dreissig Kilometer nordwestlich von Uruk. Er wird Gilgamesh von der Flut berichten. In der Perspektive der Staatssicherheit ist sein Bericht eigentlich ein Geheimnisverrat, in der Perspektive der Staatsreligion aber eine Einweihung in die Hintergründe des götterbestimmten Weltgeschehens (1–2). Gilgamesh wird zum Mitwisser der Götter. Was Menschen immer schon wollten und die Bibel für Menschen immer wieder ausschliesst, nämlich Anteil zu haben an göttlicher Weisheit und himmlischem Ratschluss (Hiob 11,7–8; 28,12–27; Jes 40,13–14; Röm 11,33–36), das wird Gilgamesh durch Utnapishtim möglich: Er hört nicht nur, was geschehen ist, sondern durchschaut auch, wieso es geschehen ist.

Utnapishtim kann Gilgamesh nur deshalb einweihen, weil auch einer aus dem Rat der Götter nicht dichtgehalten hat: Ea verrät Utnapishtim den Beschluss des Ministerrats, eine Urflut zu schicken, und rät ihm zugleich, eine Arche zu bauen (12–23). Utnapishtim ist willig, dem Rat zu folgen, und erfährt im Dialog mit Ea, wie er die Stadt Shurripak orientieren soll (24–40), nämlich durch Vorgaukeln eines segensreichen Regens, während er sich zu Ea flüchten werde. Der «Apsû» ist das würfelförmige Riesenbehältnis des Süsswassers (23.34). Auf die gelungene Irreführung der Stadt folgen der Bau (41–45) und die Beladung des Schiffs (46–52), hier leicht gekürzt.

Mit Shamash, dem Sonnengott, der Tag und Nacht bestimmt, ist das geheime Zeichen des Aufbruchs vereinbart (53–62). Dann kommt das Unwetter (63–79), und in ihm werden diverse Ressorts des Pantheons aktiv: natürlich Adad, der Wettergott, und seine Herolde, die als Vorboten des Unwetters vorausziehen, aber auch Eragal, Gott der Unterwelt, und Ninurta, Gott des Krieges, die gewissermassen die Stöpsel aus dem Himmelsgewölbe ziehen. Die niedere Götterklasse der namenlosen Annunaki verbreitet Blitze allüberall.

Die eingeschobene Götterszene markiert den Höhepunkt des Wütens. Nach ihr berichtet Utnapishtim vom Abflauen des Unwetters (94–101) und vom Ablaufen der Flut (102–109), vom Stranden des Schiffs auf dem kurdischen Berg Nissir und den Testflügen der Vögel (110–121). Schliesslich erzählt er, der Überlebende der Flut, von seinem Dankopfer (122–128). Viele Details seiner Schilderungen lassen Kennerinnen und Kenner der biblischen Flutgeschichte (Gen 6–9) ahnen, was alles ihre Verfasser im Babylonischen Exil aufgenommen haben (vgl. Einheiten 12–13).

Drei Götterversammlungen

Zur Vorgeschichte der Flut gehört die erste Versammlung der Götter (3–11). Im Text dieser Einheit sind die *fremden* Eigennamen der Götter *kursiv* gesetzt, um deren verwirrliche Menge ein wenig überschaubar zu machen: Anu, der Götterkönig und zuständig für den Himmel, Enlil, zuständig für die Länder, Ninurta, zuständig für Jagd und Krieg, Ennugi, zuständig für die Deiche, und Ea, zuständig für Weisheit und Süsswasser, werden hier namentlich genannt. Man ist erhitzt (6). In seiner ersten Sitzung, einer offenbar freiwillig einberufenen, beschliesst das Pantheon die Flut.

So heftig und vernichtend ist das Unwetter, dass sogar die Götter erschrecken: In einer Zwischenszene (80–93) flüchten sich die eben noch so kampfeslustigen Minister wie Buben, die vor dem eigenen Mut erschrocken sind, zum Anführer. Besonders betroffen ist Ishtar, die das «Familienministerium» leitet und nun den Untergang ihrer Menschen ansehen muss. Die Göttin klagt wie Hiob (85 wie Hiob 3,3–5). Orientalisches Klagen bricht aus (91–93 wie Hiob 2,8). Man ist erschrocken (80). In der zweiten Sitzung, einer notfallmässig anberaumten, erkennt sich das Pantheon als Opfer des eigenen Beschlusses.

Die Zwischenszene hat die dritte Szene im Pantheon vorbereitet (129–152): Man kommt zusammen, um die Übung auszuwerten. Der Rat der Götter zieht zerstritten und ernüchtert Bilanz. Die Darstellung offenbart, wie es in einem Ministerrat zugeht: Ishtar, die auf Sumerisch «Mach» genannt wird, klagt an. Enlil aber, der Angeklagte, hört gar nicht hin, sondern ist wütend über Eas Verrat und klagt seinerseits die oberen Götter an (142). Ninurta schliesslich wird ironisch, macht mit Eas Titel des Hervorbringers von Weisheit und Regen ein Wortspiel (147) und verrät so den Verräter. Das letzte Wort hat der Gott der Weisheit (151–152), und ihm ähneln die Bilanzen von beiden biblischen Erzählern der Flutgeschichte doch sehr (Gen 8,21–22; 9,11). Ea ist die undichte Stelle im Pantheon. Der Gott der Weisheit verrät den Menschen das Geheimnis der Götter. In der Weisheit kommt dem Menschen Götterwissen zu.

Die göttliche Weisheit hat den göttlichen Zorn überwunden. Ea hat Enlil besiegt.

_ VEREHRT

Menschen und Stoffe

Die Schriften des Alten Testaments setzen in aller Selbstverständlichkeit die mesopotamische Nachbarschaft im Osten und Norden voraus. Alle Handelswege von Afrika nach Asien gehen durch Palästina. Wer vom Nil zum Tigris reisen will, von Theben nach Ninive oder von Alexandrien nach Aleppo, der kreuzt israelitische Stammesgebiete. Man kennt sich und treibt Handel miteinander. Man hasst sich und führt Krieg gegeneinander. Mit beidem ziehen fremde Menschen durchs palästinische Land und bringen fremde Stoffe mit. Sie erfüllen nicht nur Aufträge, sondern erzählen auch Geschichten. Man tauschte nicht nur Waren und Kenntnisse aus, sondern teilte auch Mythen und Legenden.

Handelswege können auch zu Migrationsrouten werden. Die Sippe mit dem bedeutenden Sippenchef Abraham kommt aus dem vormalig sumerischen Ur im Zweistromland und zieht bis in den Süden Palästinas, eines der biblischen Zeugnisse von den grossen Migrationen des Orients, ohne die es keine Geschichten über die wandernden Voreltern des späteren Israel gäbe (Gen 11,27–12,9).

Texte und Anspielungen

So setzen viele Texte im Alten Testament auch mesopotamische Mythen wie selbstverständlich voraus, überliefern Fragmente fremdländischen Denkens, die ins eigene Erzählen und Argumentieren eingebaut werden, oft so gut anverwandelt an die eigenen Traditionen, dass man genauer hinsehen muss, um die Spuren aus den Zweistromländern zu erkennen.

Zum Beispiel die Urgeschichten (Gen 1–11): Tiamat heisst in der babylonischen Schopfungsgeschichte der Chaosdrache, an den in der biblischen Schöpfungsliturgie Tehom, die Urflut, erinnert (Gen 1,2). Eufrat und Tigris sind zwei der vier Flüsse im Paradies (Gen 2,10–14). Noahs Arche strandet auf den Bergen von Ararat (Gen 8,4), dem Hochland beim Vansee, das in assyrischen Texten Urartu heisst. Die Völkertafel, in der die damals bekannte Welt als Nachkommenschaft Noahs vereint ist, nennt aus dem Gebiet Mesopotamiens den mythischen Herrscher und Jäger Nimrod und die Völker der Akkader, Babylonier und Assyrer als dessen Nachkommen (Gen 10,8–12). Das Gleichnis vom Turm zu Babel setzt die Kenntnis der Ziqqurats, der enorm grossen und hohen, der heiligen Stufentürme Babylons, voraus (Gen 11,1–11).

Oder die Welt der Götter: Das Kommen Gottes im Unwetter, die Theophanie (vgl. Einheit 6), bedient sich der Vorstellungen rund um den babylonischen Wettergott Adad (Hab 3,3–15). Einige Lieder sprechen der Morgenröte Wimpern (Hiob 3,9) oder Flügel zu (Ps 139,9), was an die Göttin Ishtar erinnert. Mot, Gott des Todes und Herr einer Vielzahl dämonischer Schrecken, wäre an einigen Stellen besser erkennbar, würde er nicht mit Tod übersetzt und damit entmythologisiert (Ps 55,5). Vielleicht ist das hebräische Wort *Zebaoth*, das als Attribut JHWHs häufig vorkommt und mit *Herr der Heerscharen* übertragen wird, die energetische Zusammenfassung aller Götter und Dämonen Mesopotamiens. Sie würden auf diese Weise wie ein Mann, in corpore, dem einen israelitischen JHWH, dem neuen und einzigen Götterchef, unterstellt. Sie würden damit namenlos gemacht und zugleich entmachtet. Niemand kann sie mehr herbeirufen (vgl. Einheit 2). Zebaoth wäre dann die indirekte, religionsgeschichtliche Erinnerung an das mesopotamische Pantheon.

Bilder und Häuser

Die Götter Mesopotamiens haben in Israel noch lange ihre sichtbaren und greifbaren Filialen. Als Joschija, der König des Südstaats Juda, seine religiöse Reform durchsetzt, lässt er die Pferde und Wagen des babylonisch-assyrischen Sonnengottes Shamash, Bildwerke am Eingang des Tempels, entfernen. Das Tophet, den Kultort im Jerusalemer Hinnomtal, an dem für einen fremden Gott Kinder verbrannt werden, lässt er schleifen (2Kön 23,10–11); vermutlich verbirgt sich hinter dem hebräischen Decknamen Moloch der assyrische Wettergott Adad. Jeremia meint die assyrische Göttin Ishtar, deren Zeichen der Stern ist, wenn er die Frauen Jerusalems anklagt, Küchlein in Sternform zu backen (Jer 7,18). Der Zweite Jesaja verspottet die Götter Bel und Nebo, deren Standbilder zusammenbrechen (Jes 46,1).

Acht vollplastische Metallfiguren eines jugendlichen Gottes, der über dem Kopf eine Waffe schwingt, sind bis jetzt in Palästina ausgegraben worden, vermutlich Darstellungen des Wettergottes Adad (1500–1000 entstanden). Bronzefigurinen einer unbekleideten Göttin aus den palästinischen Städten Geser, Naharija und Taanach deuten auf Ishtar. Auch der hebräische Ortsname Aschtarot-Karnajim (Gen 14,5) enthält den Namen der Göttin, und in Aschkelon steht ein Tempel der Astarte-Ishtar (1Sam 31,10). Ein Rollsiegel aus Bet-El (um 1300) zeigt und nennt Ishtar, ihr gegenüber vermutlich Adad.

Städte wie Bet-Schean haben ihr eigenes, den östlichen Nachbarn nachgebildetes Pantheon. Vorisraelitische Tempelbauten in Palästina folgen architektonisch mesopotamischen Haustypen: entweder den Grundrissen des assyrischen Herdhauses (Tempel in Lachisch, Naharija) oder des babylonischen Hofhauses (Tempel in En-Gedi, Megiddo, Ai, Arad). Beim Hofhaustyp aus Babylon bildet der quergestellte Tempel mit seiner breiten Seite gleichzeitig die breiteste Seite des Tempelhofs, und der Eingang befindet sich genau in der Mitte seiner Breitseite und unmittelbar der Gottheit gegenüber. Der Herdhaustyp aus Assur hat den Eingang nicht in der Mitte, so dass man sich nach Betreten des Tempels noch nach rechts wenden muss, um der Gottheit zu begegnen.

Stimmen und Szenen

Sogar der Originalton des mesopotamischen Hochgotts ist in der Bibel zu hören, wenn man genau hinhört: *Lasst uns Menschen machen als unser Bild, zu unserem Abbild!* So zitiert ihn die Schöpfungsliturgie, wie er den Tagesbefehl für das Werk des sechsten Tages ausgibt (Gen 1,26), doch zu wem redet er da, wenn nicht zum Pantheon? *Ich habe gesprochen: Götter seid ihr und Söhne des Höchsten allesamt.* So redet der Götterkönig (Ps 82,6), und der Anfang des Psalms nennt die Szene eindeutig eine Götterversammlung (vgl. Einheit 8). Im erzählenden Rahmen des Hiobbuchs dient die mythologische Szenerie der kunstvollen Komposition einer Lehrerzählung: Zweimal werden die Götter zum Ministerrat einberufen, und der Götterkönig verlangt von Satan, dem Chef des Geheimdienstes, zweimal einen Bericht: *Hast du auf meinen Diener Hiob geachtet?* (Hiob 1,6–12; 2,1–7a).

Auch die Berufungsvision Jesajas (Jes 6) und das Lied der Theophanie (Ps 29) setzen die Szenerie der Götterversammlung und Auftragserteilung voraus. Andere Stellen heben mit der Stimme des Herolds oder Protokollchefs den Götterkönig lobend aus der Menge der versammelten Götter heraus (Ex 15,11; Ps 86,8; 95,3; 96,4; 97,7–9; 103,19–22; 135,5).

Alteingesessene und Neusiedler

Wo Gott Hof hält, hat er einen Palast. Wer einen Palast hat, herrscht als König. Wer König ist, steht einem Staat sesshafter Menschen, mindestens einer grossen Stadt,

vor. Das Pantheon, der himmlische Ministerrat mit einem Götterkönig an der Spitze, ist eine typische Vorstellung sesshafter Völker. Hierarchie und Arbeitsteilung, Zentralismus und Funktionalität sind dafür die Voraussetzungen. Die grossen Städte des Zweistromlandes, die Länder und Völker am Eufrat und Tigris hatten lange vor Israel sesshafte Kulturen gebildet, Städte gebaut, Schriften entwickelt und Mythen aufgeschrieben.

Die religionsgeschichtlichen Wurzeln des späteren Israel liegen aber ganz woanders: in der nomadischen Lebensweise. Nomadische und beduinische Kulturen unterscheiden sich erheblich von denen der Sesshaften. Die soziologische Struktur der Nomaden und Beduinen ist familial, die Hierarchie flach. Der «Chief» und seine Frau stehen einer Grossfamilie vor. Die Arbeitsteilung ist nicht verfeinert und strikt, sondern alle helfen allen, wenn es nötig ist. Die Beziehung zum Boden und zum Besitz ist vom Unterwegssein bestimmt. Haltungen und Werte sehen anders aus, wenn man keine Bleibe hat. Die Lebensart prägt die Denkart. Israels religiöse Wurzeln kennen daher kein Pantheon, sondern die Monolatrie. Damit ist die Verehrung des einen und jeweiligen Sippengottes gemeint. Er zieht mit und prägt die Grossfamilie, die Sippe oder den Stamm. Andere haben einen anderen Familiengott, Sippengott oder Stammesgott. Uralte Bezeichnungen *wie der Gott Abrahams, der Gott Isaaks* oder *der Gott Jakobs* spiegeln dies noch in späterer Zeit (vgl. Einheit 4).

Erst in der Zeit der Sesshaftwerdung, als mit seinen Verehrern auch der Sippengott sesshaft wurde, stand das Pantheon als Gottesbild derer, die schon sesshaft waren, zur Diskussion. Sollte man bei der eigenen Denkform der Monolatrie bleiben? Sollte man die fremde Denkform des Pantheons übernehmen? Durch diese Fragen brachen tiefe religiöse Probleme auf: Der eine, alte Sippengott der Nomaden konnte nicht die ganze, junge Arbeitsteilung des Pantheons abdecken. So blieben einzelne Ministerien lange verwaist, besonders jene Ressorts, über die Nomaden traditionell ganz anders dachten als Sesshafte. Dazu gehörten die Fruchtbarkeit des Bodens (Baal) und der Frau (Ashera-Ishtar) oder die Bedeutung von Unwetter (Adad) und Tod (Mot), nicht zuletzt der Bereich des Salzwassers (Jam), wo noch das junge Buch Jona JHWH nicht vermutet. Mit der Unschlüssigkeit tat sich plötzlich ein religiöses Niemandsland auf, in das die vielgeschmähten fremden Götter eindrangen. Fremd waren sie allerdings nur fürs neue Israel, fürs alte Palästina hingegen waren sie sehr alte Bekannte.

Das erklärt, wieso bis zur Zeit des Exils die Erinnerung an die Götter des kanaanäischen Pantheons lebendig blieb: JHWH beantwortete dem nomadisch geprägten Glauben nicht alle Fragen des sesshaft gewordenen Lebens. Israel hielt JHWH die Treue und war gezwungen, im Glauben neue Lebenserfahrungen zu verarbeiten. Dabei blieben die Gottesvorstellungen nicht dieselben. Der eine JHWH wurde ein anderer, weil er anders erfahren wurde.

_ NACHGEFRAGT

Vom Text her

_ Wo erkennen Sie Ironie und Distanz im alten Epos?
Wo hat die mythologische Vorstellung vom Pantheon
ihren Ernst?

_ Wie menschlich kommen Ihnen die Götter vor? Was
an ihnen ist übermenschlich? Oder sehen Sie die Behauptung bestätigt, die Götter seien auch nur Menschen?

_ Welche Erinnerungen an die biblische Flutgeschichte
sind Ihnen aufgestiegen? Was ist anders?

_ Wie denken Sie über den Geheimnisverrat? Den Utnapishtims an Gilgamesh? Den Eas an Utnapishtim? Was
bedeutet es, dass ein Gott das Geheimnis der Götter
ausplaudert?

_ Wie verstehen Sie die Zuordnung, dass Ea zugleich
die Ressorts der Weisheit und des Süsswassers inne-
hat? Welchen Rang erhält die Weisheit hier und in der
Bibel?

_ Was wissen Sie über die Rolle der Weisheit in den Religionen? Inwiefern könnte die gemeinsame Weisheit
der religiösen Weisheitstraditionen heute (wie damals)
eine Basis für das interreligiöse Gespräch sein?

Zum Gottesbild hin

_ Haben Sie manchmal Lust auf Vielgötterei? Wodurch
wird sie genährt?

_ Was spricht in Ihren Augen dafür oder dagegen, die
vielen Aspekte des Göttlichen auf viele Götter zu ver-
teilen? Was wäre damit leichter oder schwieriger?

_ Wie verstehen Sie von der Vorstellung des Pantheons
aus die Vorstellungen von Engeln und Teufeln, Geni-
en und Dämonen, guten und bösen Geistern? Wie den
niemals abreissenden Bedarf des Menschen nach Heiligen und Unheiligen?
Was spricht dafür, was dagegen, die nachbiblische
Gottesvorstellung von der Trinität als Vielgötterei zu
bezeichnen?

_ Was macht es Ihnen schwer oder leicht, gedanklich
und gefühlsmässig bei dem Einen zu bleiben?

_ GELESEN

_ Othmar Keel (ed.), Monotheismus im Alten Israel und
seiner Umwelt; Fribourg 1980.

_ Albert Schott (trad.) / Wolfram von Soden (ed.). Das
Gilgamesch-Epos; Stuttgart 1980; Seiten 86–93
(Text).

_ Johann Jakob Stamm, Babylon und Assur; Zürich
1944.

_ Fritz Stolz, Strukturen und Figuren im Kult von Jerusalem; Berlin 1970.

GOTT ERLEUCHTET
TÄGLICH DEN ERDKREIS.
DIE SONNE

GOTT ERLEUCHTET
TÄGLICH DEN ERDKREIS.
DIE SONNE

1 Du erscheinst schön

2 im Lichtland des Himmels,

3 du lebende Sonne, die Leben zuweist!

4 Du bist aufgegangen im östlichen Lichtland,

5 du hast jedes Land erfüllt mit deiner Schönheit.

6 Du bist schön, gewaltig und funkelnd,

7 du bist hoch über jedem Land.

8 Deine Strahlen, sie umfassen die Länder bis ans Ende deiner ganzen Schöpfung,

9 als Re dringst du an ihre Grenzen

10 und unterwirfst sie deinem geliebten Sohn.

11 Du bist fern, aber deine Strahlen sind auf Erden,

12 du bist in ihrem Angesicht, aber man kann deinen Gang nicht erkennen.

13 Gehst du unter im westlichen Lichtland,

14 ist die Erde in Finsternis,

15 in der Verfassung des Todes.

16 Die Schläfer schlafen in der Kammer, verhüllt sind ihre Köpfe,

17 kein Auge sieht das andere.

18 Ihre Habe wird ihnen unter den Köpfen weggestohlen, und sie merken es nicht.

19 Jedes Raubtier ist aus seiner Höhle herausgekommen,

20 alles Gewürm sticht.

21 Die Finsternis ist ein Grab,

22 die Erde liegt in Schweigen:

23 Ihr Schöpfer ist untergegangen in seinem Lichtland.

24 Am Morgen bist du aufgegangen im Lichtland

25 und bist strahlend als Sonne des Tages.

26 Du vertreibst die Finsternis, du gibst deine Strahlen,

27 die beiden Länder sind täglich im Fest.

28 Was auf Füssen steht, erwacht: Du hast sie aufgerichtet,

29 sie reinigen ihre Körper und ziehen Leinengewänder an;

30 ihre Arme sind in Lobgebärden bei deinem Erscheinen,

31 das ganze Land tut seine Arbeit.

32 Alles Vieh befriedigt sich an seinen Kräutern,

33 Bäume und Pflanzen wachsen.

34 Die Vögel fliegen auf aus ihren Nestern,

35 ihre Flügel in Lobgebärden für deinen Ka.

36 Alles Wild tanzt auf seinen Füssen,

37 alles, was auffliegt und sich niederlässt,

38 sie leben, wenn du für sie aufgehst.

39 Die Schiffe fahren stromab

40 und stromauf in gleicher Weise.

41 Jeder Weg ist geöffnet durch dein Erscheinen.

42 Die Fische im Fluss

43 hüpfen vor deinem Angesicht;

44 deine Strahlen sind im Innern des Ozeans.

45 Der den Samen sich entwickeln lässt in den Frauen,

46 der Wasser zu Menschen macht;

47 der den Sohn am Leben erhält im Leib seiner Mutter

48 und ihn beruhigt, indem er seine Tränen stillt;

49 Amme im Mutterleib,

50 der Luft gibt, um alles zu beleben, was er geschaffen hat.

51 Wenn er herabkommt aus dem Leib,

52 um zu atmen am Tag seiner Geburt,

53 dann öffnest du seinen Mund zum Sprechen und sorgst für seinen Bedarf.

54 Wenn das Küken im Ei

55 redet in der Schale,

56 dann gibst du ihm Luft darinnen, um es zu beleben;

57 du hast ihm seine Frist gesetzt,

58 um sie zu zerbrechen im Ei:

59 es kommt heraus aus dem Ei,

60 um zu sprechen zu seiner Frist;

61 es läuft auf seinen Füssen, wenn es aus ihm herauskommt.

62 Wie viel ist, was du geschaffen hast,

63 indem es dem Angesicht verborgen ist!

64 Du einer Gott, dessengleichen es nicht gibt!

65 Du hast die Erde erschaffen nach deinem Herzen, der du allein warst,

66 mit Menschen, Herden und jeglichem Wild,

67 allem, was auf Erden ist und auf seinen Füssen läuft,

68 allem, was in der Luft ist und mit seinen Flügeln auffliegt.

69 Die Fremdländer von Syrien und Nubien

70 und das Land Ägypten:

71 Du stellst jedermann an seinen Platz und schaffst ihren Bedarf,

72 jeder Einzelne hat zu essen, seine Lebenszeit ist festgesetzt.

73 Die Zungen sind verschieden im Sprechen,

74 ihre Eigenschaften desgleichen;

75 ihre Hautfarbe ist unterschieden, denn du unterscheidest die Fremdländer.

76 Du machst den Nil in der Unterwelt

77 und bringst ihn herauf nach deinem Belieben,

78 um die Menschheit am Leben zu erhalten, wie du sie geschaffen hast.

79 du bist ihrer aller Herr, der sich abmüht mit ihnen

80 Du Herr eines jeden Landes, der aufgeht für sie,

81 Du Sonne des Tages, gewaltig an Höheit!

82 Alle fernen Länder, du schaffst ihren Lebensunterhalt:

83 Du hast einen Nil an den Himmel gesetzt, dass er herabsteige zu ihnen,

84 er schlägt Wellen auf den Bergen wie der Ozean,

85 ihre Äcker sind trunken in ihren Ortschaften.

86 Wie wirkungsvoll sind deine Pläne, du Herr der unendlichen Zeit!

87 Der Nil am Himmel, du gibst ihn den Fremdvölkern

88 und den Wildtieren eines jeden Berglandes, die auf ihren Füssen laufen.

89 Der eigentliche Nil, er kommt

90 aus der Unterwelt nach Ägypten.

91   Deine Strahlen säugen alle Wesen;

92   wenn du aufgehst, leben sie und wachsen um deinetwillen.

93   Du erschaffst die Jahreszeiten, um sich entwickeln zu lassen, was alles du schaffst,

94   den Winter, sie zu kühlen,

95   die Hitze, damit sie dich spüren.

96   Du hast den Himmel fern gemacht, um an ihm aufzugehen,

97   um alles zu sehen, was du erschaffst, indem du allein bist.

98   Du bist aufgegangen in deiner Verkörperung als lebende Sonne,

99   du bist erschienen und strahlend,

100 du bist fern und nah zugleich.

101 Du schaffst Millionen Verkörperungen aus dir, dem Einen,

102 Städte und Dörfer,

ÄGYPTEN: 103 Äcker, Weg und Fluss.

DER GROSSE SONNEN-   104 Alle Augen sehen dich ihnen gegenüber,

GESANG VON AMARNA   105 indem du als Sonne des Tages über der Erde bist.

Die Sonne hören

Zuerst las sie uns den Text vor, unsere Kursleiterin. Sie las langsam und mit Pausen. Der Text sei ein Gedicht, und Gedichte brauchten Zeit. Wir waren gebeten, mit geschlossenen Augen zuzuhören und unsere eigenen Bilder zu sehen, ganz so wie sie beim Hören des Textes vor uns aufstiegen. Die Bilder kamen und gingen, während ich dem Sonnengesang lauschte. Bilder vom Aufgehen der Sonne waren es, von der Finsternis der Nacht und immer wieder von der Majestät der morgendlichen Sonne im Osten der Welt. Ich hielt die Worte nicht fest, auch nicht die Bilder. Ich gab mich der Bewegung hin, die vom uralten Text ausging. Sie erfasste mich und nahm mich mit. Ein sanfter Wirbel aus Bild und Ton trug mich fort.

Dann kündigte sie eine Musik an: den Schlusschor aus den «Gurreliedern» von Arnold Schönberg. Auf den Text käme es nicht so an, meinte die Leiterin. Nachdem wir gerade «von der Sonne gehört» hätten, eine Wortmalerei aus dem alten Ägypten, würden wir nun «die Sonne selbst hören», eine Tonmalerei aus der Zeit des Jugendstils. Schönberg beschreibe mit seiner Musik den Aufgang der Sonne. Da sei er noch spätromantisch und tonal, also noch nicht zwölftonig und schräg.

Ich konnte diese Musik gut hören: Sie begann leise mit einem einzigen, hochgehaltenen Ton. Er lag wie ein erster Lichtstreif der Dämmerung über dem nachtstillen Orchester. Allmählich fielen andere Instrumente ein, das sanfte Rauschen von Harfen wie Morgenwind in Gräsern, allmählich aufsteigende Geigen wie Nebelfetzen über Morgenwiesen, Musik, als ob sich die Natur reckte und streckte, das Morgenlicht als langsames Erwachen des riesigen Orchesters. Ein Sprecher las einen Morgentext. Aus dem verhaltenen Ton wie von einem Kammerorchester brach es nun deutlicher hervor, das Morgenlicht. Und mit dem Einsatz des Chores kam sie endlich über den Horizont, die Sonne. Sie war als aufgehendes Licht zu hören im rasch lauter werdenden Gesang, der sich bis zur Achtstimmigkeit entfaltete, war in ihrer Wirkung auf die Welt zu hören im Orchester, dessen volle Besetzung nun gehörig zu tun bekam. Das Stück endete schliesslich in einer gewaltigen Apotheose auf die Sonne, mit ihrer Heiligsprechung und Vergötterung im Rausch der Klänge. Ihr brachte der Sopran seine allerhöchsten singbaren Töne dar. Dann wurde es still. In mir klang dieser mächtige Schluss auch mächtig nach.

Von der Sonne erzählen

Möglicherweise hätten einzelne von uns Bilder aus eigenen Erlebnissen gesehen oder seien Geschichten aus ihrer Vergangenheit begegnet. Dann falle uns die kleine Übung nicht schwer, die nun folge: Jede Teilnehmerin und jeder Teilnehmer solle sich eine Begebenheit überlegen, die in der persönlichen Erinnerung fest mit einem Sonnenaufgang verbunden sei. Die Begebenheit dürfe kürzer oder länger sein, ein stehendes Bild oder eine kleine Geschichte, heiter oder traurig, alltäglich oder aussergewöhnlich, das sei alles gut. Nur zwei Bedingungen seien zu beachten: Sie müsse für uns von nachhaltiger Bedeutung sein, und andere sollten sie hören dürfen. Nach einer Zeit stillen Nachsinnens erzählten wir einander sehr persönliche Bilder und Geschichten. Alle machten mit. Wer zu erzählen begann, erhielt von der Leiterin eine Kerze, und wer seine Erzählung gerade abgeschlossen hatte, zündete die nächste an.

Die Vielfalt der Bilder war ungeheuer: Jemand wusste von einer Nacht, die er als kleiner Junge im Luftschutzkeller verbracht hatte, und von der Sonne, die über den Ruinen seiner zerbombten Strasse aufging. Eine andere berichtete vom langen winterlichen Schulweg, der mit Angst verbunden war, und von der Dämmerung, in der sich das Unheimliche verflüchtigte. Ein Mann erzählte vom angespannten Warten auf das erste Kind, von der durchwachten Nacht und der Geburt am frühen Morgen. Für eine Kollegin war der Morgen der Moment, da ihr alter Vater endlich sterben durfte. Früh aufstehen und verreisen war für einige die wichtige Erinnerung, meistens mit dem Beginn von Ferien verbunden. Jemand mit depressiven Erfahrungen berichtete von fehlender Energie, von der Mühe des Aufstehens, vom angestrengten Schritthalten mit den Forderungen des Tages. Und immer wieder die Arbeiten der Frühe, das Anzünden des Feuers, das Melken der Kühe, das Kochen des Kaffees.

Was mir einfiel, ging weit zurück: Eines meiner frühesten Erlebnisse hängt mit der Adventszeit zusammen. Meine Grossmutter pflegte für Weihnachten Stollen zu machen, und die mussten gebacken werden, waren aber für den heimischen Backofen zu gross. Also fuhr man traditionellerweise mit einem kleinen Leiterwagen zum Bäcker. Das war Ende November und irgendwann nach fünf Uhr am Morgen. Einmal durfte ich mit. Es war mein erstes derart frühes Aufstehen, und ich war entsprechend aufgeregt. Auf dem Leiterwagen lagen fünf Stollen, ich hatte gerade noch Platz. Meine Mutter zog ihn. Über Nacht hatte es ein wenig geschneit. Die Strassen lagen noch stockfinster in der Nacht. Unter den eisenbeschlagenen Holzrädern knirschte frischer Schnee. Endlich waren wir beim Bäcker. In der Backstube war es angenehm warm. Mit den Brötchen war er gerade fertig geworden. Nun war der Ofen frei für unsere Stollen. Ich erinnere mich gut an sein feuriges Maul und die Hitze, die ihm entströmte. Dahinein schob der Bäcker unsere fünf Stollen. Als alles fertig war und wir mit den duftigen Laibern heimwärts fuhren, war es bereits hell. Die Stollen wurden vorsichtig ins Haus getragen und weggeschlossen. An Weihnachten würden wir den ersten anschneiden. Das alles geschah, während die Sonne über dem ersten eisigen Tag des Winters aufging. Die hinuntergefallenen Krümel durfte ich aufs Fensterbrett legen. Hinter der Scheibe schaute

tip
Mittel:
Lesung des Textes auf CD V/2

Besuch:
im Pergamon-Museum in Berlin die Nofretete

Lied:
RG 402,3

Buch:
Franz von Assisi, Sonnengesang (Gedicht, Italien 1224)

Klassik:
Arnold Schönberg, Gune-Lieder (Orchesterlieder, Österreich 1900–1911); Lili Boulanger, Hymne au Soleil (Kantate, Frankreich 1912); Hermann Suter, Le laudi di San Francesco d'Assisi (Oratorium, Schweiz 1923)

ich den Dompfaffen und Blaumeisen zu, die sich um sie stritten, ihr Frühstück, dachte ich mir und war ein wenig eifersüchtig, weil ich nichts vom Stollen bekam.

Von Gott wissen

Bilder, die wir erinnern, seien manchmal auch voll Wissen über Gott, meinte die Kursleiterin, auch Bilder der Sonne. Nicht dass Gott in ihnen zu greifen wäre, aber die Bedeutungen, die wir dem Erleben abgewännen, und die Beschreibungen, die uns die Bilder übermittelten, liessen sich manchmal parallelisieren mit Erfahrungen von Gott. Wie erlebe ich die Sonne? Was bedeuten mir ihre Eigenschaften? Worauf verweisen die Sonnenbilder? So machten wir uns daran, gemeinsam Beschreibungen und Bedeutungen zu sammeln: Ich begann mit der Unbesiegbarkeit der Sonne, andere fuhren mit ihrer Zuverlässigkeit fort. Wohlige Wärme gehe von ihr aus, auch unbarmherzige Hitze. Kein Leben und Wachstum gebe es ohne sie, durch sie aber auch Dürre und Tod. Die Liste auf dem Flipchart wurde lang und länger.

Am Schluss stand die Einsicht, dass wir nicht nur unser eigenes Erleben beschrieben und gedeutet, sondern auch eine ganze Menge bildhafter Aussagen über Gott gesammelt und geordnet hatten. Viele unserer Aussagen fänden sich in theologischen Texten des Alten Orients und des Alten Testaments wieder, aber auch in den Gedichten aller Völker und Zeiten, wurde uns gesagt. Bei allem, was an Beschreibung und Bedeutung möglich wäre, gebe es für uns Christinnen und Christen nur eine Einschränkung: die Bibel und ihre Gottesbilder. Was für sie nicht denkbar sei, müsse kritisch betrachtet werden. Doch wenn man genauer hinsehe, verwende auch die Bibel immer wieder Bilder der Sonne, um Erfahrungen mit Gott zu beschreiben, auch im Neuen Testament: Bevor Jesus zum Christus wird, heisst es in der Passionsgeschichte, es habe drei Stunden lang eine Sonnenfinsternis gegeben, in der Jesus geschrien habe: *Mein Gott, mein Gott, warum hast du mich verlassen?* (Mt 27,45–46). Und bevor Saulus zum Paulus wird, heisst es in der Apostelgeschichte: *Plötzlich umstrahlte ihn ein Licht vom Himmel; er stürzte zu Boden*, und er sei drei Tage lang geblendet geblieben (Apg 9,3–9). Wenn das keine Gottesbilder sind!

_ VERORTET

Die ägyptischen Zeitalter

Die Wissenschaft unterscheidet drei Zeitalter der ägyptischen Kultur: das alte, mittlere und neue Reich. Die Epoche des Sonnengesangs gehört bereits ins Neue Reich, das dem Alten Reich der 3.–10. Dynastie (2778–2040) und dem «Mittleren Reich» der 11.–17. Dynastie (2040–1552) folgte. Das Neue Reich umfasste die 18.–30. Dynastie und endete mit der Eroberung Ägyptens durch Alexander den Grossen (332).

Die Epoche des Sonnengesangs fällt in die 18. Dynastie (1552–1306), deren 250 Jahre zur Glanzzeit Ägyptens gehörten und so grosse Pharaonen wie Ahmose und Haremhab, die verschiedenen Amenophis und Thutmosis, Frauen wie Hatschepsut und Nofretete, insbesondere aber Echnaton (1364–1347 im Amt) und Tutanchamun (1347–1338 im Amt) hervorbrachten. Echnaton ist der Verfasser des Sonnengesangs. Doch warum figuriert dieser ägyptische Text in einem Bibelseminar?

«Israel» in Ägypten

In die 120 Jahre der 19. Dynastie (1306–1186) fallen die ersten historisch sicheren Daten der Anfänge «Israels»: Pharao Ramses II. (1290–1224 im Amt) war es, der sich in seinen ersten Regierungsjahren eine Residenz im östlichen Nildelta bauen liess und ihr seinen Namen gab. Zum Bau solcher Regierungsbauten wurden Migranten zwangsverpflichtet, die in Ägypten unterwegs waren: einerseits Nomaden aus den Steppen und Wüsten, die für ihre Schafe und Ziegen Wasser suchten und von den Ägyptern *shasu* genannt wurden, andererseits Wurzellose von überallher, die als soziale Outlaws in den Kulturzentren Ägyptens ihr Glück suchten und überall im Orient als *apiru* bezeichnet wurden. Beiden Gruppierungen, den nomadisierenden *shasu* und den asozialen *apiru*, wurde von den Sesshaften und Mächtigen Ägyptens gelegentlich eine Fron auferlegt, nicht unüblich, aber gewöhnlich befristet. Man nutzte die rechtlosen Fremden aus. Die beiden Vorratsstädte Pitom und Ramses, zu deren Bau nach biblischer Überlieferung die Israeliten in Fron genommen wurden (Ex 1,11), sind identisch mit dem ausgegrabenen Tell Retabe im Wadi Tumelat und der Residenz Ramses im Delta. Mit Sicherheit war Ramses II. der *Pharao der Bedrückung*, von dem die Moseerzählungen berichten. Sein Nachfolger, Pharao Merenptah (1224–1204 im Amt), liess sich 1219 eine Siegessäule errichten, auf der seine militärischen Erfolge besungen sind und zum allerersten Mal überhaupt das Wort Israel vorkommt. War die Fron jener Migrantengruppe, die sich selbst *Israel* nannte, irgendwann zwischen 1280–1250, sicher unter Ramses II., so deren wunderbare Befreiung und Flucht irgendwann zwischen 1250–1210, unter Ramses II. oder Merenptah.

Die konsonantischen Buchstaben des Sozialbegriffs *apiru* dürften mit denen von *ibri* zu tun haben, die mit *Hebräer* wiedergegeben werden, was aber in der frühen Zeit und im Unterschied zu Israel sicher kein Volksbegriff war. Welches Verhältnis besteht also zwischen dem Text des Pharao und dem Gottesbild des Volkes Israel?

Vom «Sonnengesang» Echnatons (1364–1347) bis zum «Auszug Israels» aus Ägypten (1250–1210) waren es rund einhundert Jahre, vom Höhepunkt ägyptischer Staatlichkeit unter der 18. Dynastie (1552–1306) bis zum Beginn israelitischer Staatlichkeit unter Saul und David (um 1000) rund vierhundert Jahre. Während dieser

Zeitspanne hat das «jüngere Israel» vom «älteren Ägypten» nicht nur historische Verwundungen empfangen, von denen die Auszugsgeschichten erzählen (Ex 1–15), sondern auch einige Segnungen, die zur Konsolidierung der neuen Staatlichkeit unter König Salomo (965–926 im Amt) gehörten: Der Aufbau einer Infrastruktur mit öffentlichen Bauten und Strassen, die Einführung einer Beamtenklasse mit Zuständigkeiten für die ganze neue Infrastruktur, die Schaffung eines Bildungswesens mit Forschung (Weisheit) und Lehre (Schule) zur Ausbildung von Beamten, all dies brauchte Kenntnisse, und die holte sich Salomo aus Ägypten (1 Kön 4–10): in Gestalt von Personen, die als Instruktoren Entwicklungshilfe leisteten, aber auch in Gestalt von Wissen, das mit ägyptischen Texten kam und auf israelitische Texte einwirkte. Dass er dann sogar die Fron Ägyptens kopierte, gehörte bereits zum Niedergang der ersten Blüte Israels (1 Kön 12,1–11). Ein mit Sicherheit wirksamer Text war der «Sonnengesang» des Echnaton. Wie aber war es zu diesem Text gekommen?

Von Amenophis zu Echnaton

Echnaton hatte sein Amt als Amenophis IV. angetreten. Das ganze Programm dieses ungewöhnlichen Menschen stand und fiel mit der Namensänderung. Im alten Namen steckt der Göttername Amun, im neuen der Gottesname Aton.

Ägyptologen vermuten im Vorfeld der Namensänderung drei folgenreiche Entwicklungen: Erstens blieben die Pharaonen der 18. Dynastie immer weniger die unpersönlichen Gottkönige, wie es ihnen von der alten Theologie und Dogmatik vorgeschrieben war, sondern sie entwickelten sich immer mehr zu irdischen Persönlichkeiten im Sinne einer neuen Individualität und Unterscheidbarkeit. Sie verloren also an dogmatischer Göttlichkeit und gewannen an menschlicher Persönlichkeit. Zweitens waren damit wachsende Spannungen verbunden zwischen der konservativen Amunspriesterschaft, die um ihre Mitsprachen und Privilegien bangte, und dem modernen Selbstbewusstsein der Pharaonen, die nicht mehr Spielball von Dogmatik und Priesterschaft sein wollten. Die klerikale Entourage des alten Gottkönigtums verlor also an Einfluss und war entsprechend alarmiert. Drittens hatte Aton, die Sonnenscheibe, wie andere Gottheiten, die Ägypten aus anderen orientalischen Kulturen übernommen hatte, schon lange vor Echnaton Verehrung gefunden. Der junge Pharao machte sich also die zunehmende Verehrung einer fremden und jungen, damit auch einer attraktiven Gottheit zunutze. Was hat er geleistet?

Echnaton wuchs im Luxus des Pharaonenhofes von Theben auf, war aber von kränklicher Natur, unschöner Statur und despotischem Charakter. In Karnak, am Ort der grössten Amunverehrung, wurde er gekrönt. Bereits dort setzte er in der darstellenden Kunst seine individualisierenden Prinzipien durch, jene beinahe karikierenden Züge

der Kopfhaltung und des Gesichtsausdrucks, die man relativ gut identifizieren kann, so auch beim berühmten Kopf der Nofretete. Bereits in Karnak begann er auch mit dem Bau eines Atontempels. 1359, im fünften Jahr seiner Regierung, kam der revolutionäre Bruch: Amenophis, *Amun ist zufrieden*, nannte sich nun Echnaton, *Aton will es*. Er verliess den Hof von Theben und gründete irgendwo im mittelägyptischen Niemandsland, das keinem König gehörte und keinem Gott geweiht war, die neue Residenz Achetaton, *Lichtort des Aton*. Heute heisst der Ort El Amarna, und in der Forschung heisst die Epoche Echnatons die «Amarnazeit».

Den alten Hofstaat liess er hinter sich und sammelte eine völlig neue Entourage um sich. Der einzige Tempel der Stadt war natürlich Aton geweiht, hatte aber eine offene Architektur wie die alten Sonnenheiligtümer. Die Anlage der Stadt war modern, luxuriös und allein dem König und seinem Gefolge vorbehalten. Aus der Bibliothek stammt die umfangreiche Korrespondenz mit dem Vorderen Orient, Tontafeln, die man heute die «Amarnabriefe» nennt. Aus der Bildhauerwerkstatt, die Echnatons Darstellungsprinzipien umsetzte, stammen die bekannten Kunstwerke der Amarnazeit mit den sonst in Ägypten nie gezeigten Szenen aus dem königlichen Privatleben. Aus den Schreibstuben Amarnas schliesslich stammt das Mittelägyptische, das Echnaton als gesprochene Sprache auch für die Inschriften durchsetzte. Was wurde daraus?

Fünfzig Jahre Amarnazeit

Die Folgen dieser Kulturrevolution müssen enorm gewesen sein: Andere Götter, vorab Amun, wurden regelrecht verfolgt. Deren Tempel und Priesterschaften verloren die staatlichen Zuwendungen. Bisher herrschende Schichten fielen in Armut. Die Verwaltung geriet in Verwahrlosung. Die Wirtschaft des Landes erlebte einen Niedergang. Eine Aussenpolitik gab es kaum noch. Ägypten war in seinem Bestand gefährdet.

Doch nicht nur das ganze Land, auch Amarna und Echnaton erlebten ihren Niedergang, denn alle Gottverehrung war durch Echnatons Despotismus befohlen und hing daher ausschliesslich an ihm. Zudem konnte die einseitige Verehrung des Lichtes den dunklen Erfahrungen des Lebens nicht gerecht werden. Die fünfzigjährige Epoche der Amarnazeit endete mit der Trennung Echnatons von seiner Frau Nofretete, mit dem historischen Dunkel seines Ablebens, mit der Thronbesteigung seines Schwiegersohns. Der aber verliess Amarna und kehrte nach Theben zurück. Dort änderte er seinen Namen von Tut-anch-aton in Tut-anch-amun. Echnaton wurde hinfort als *jener Ketzer von Achet-aton* kolportiert, Amarna aber wurde nie wieder besiedelt. Was heute einen Glücksfall für die Archäologie bedeutet ...

Nomen est Omen

Wie redet man mit einem Gott? Was passiert, wenn man ihn anruft? Die Alten hatten davon eine intensivere Vorstellung als die Gegenwart. Die Nennung eines Namens geschah nicht leichthin, weil sie immer Folgen hatte, schon bei Menschennamen, erst recht aber bei Götternamen. Name war nicht Schall und Rauch! Menschen alter Kulturen hatten eine magische Vorstellung vom Namen: Den Namen eines Gottes zu nennen, bedeutete, ihn zu rufen. Namensnennung war Herbeirufung. Der Genannte und Gerufene, der durch Nennung Belebte war dann mit seiner vollen Energie da und mit seinem vollständigen Wesen präsent. Erst recht, wenn er ein Gott war. Das dritte der Zehn Gebote, das den Missbrauch des Gottesnamens sanktioniert, spiegelt diese alte, diese magisch-religiöse Vorstellung (Ex 20,7). Nomen est omen!

Umgekehrt ist das Aussprechen des Gottesnamens, das Nennen, die ursprünglichste Form des Gebets, auch heute noch im sogenannten Stossgebet, das nur aus der Anrufung *Jesus!* oder *Mein Gott!* besteht. Im alten Ägypten sind *Nennen* und *Verklären* die Grundformen der Gebetsdichtung. Das Gebet ist im Nennen des Gottesnamens *Epiklese*, Herbeirufung, wobei die angerufene Gottheit nicht allein erkannt, sondern bereits auch vergegenwärtigt wird. Nennen ruft sie ins Dasein. Und im Verklären des Gottesnamens ist das Gebet «Hymnus», Verherrlichung, wobei nicht nur die Präsenz der Gottheit gelobt, sondern auch ihr Handeln beschworen wird. Verklären preist ihr Sosein. Ein ägyptisches Sprichwort lehrt: *Ein Mann lebt, wenn sein Name genannt wird.* Wird sein Name nicht mehr genannt oder gar vergessen, so ist er ein zweites Mal gestorben. Dasselbe in der negativen Version drückt das biblische Sprichwort aus: *Was fehlt, kann man nicht zählen.* (Koh 1,15b) Das gilt mit allen Folgen auch für die Gottheit und vom Gebet, heute wie im alten Ägypten. Gott nennen, ihn anrufen, sein Wesen verklären, d.h. zu Gott beten: Das ist eine Grundform des Glaubens zu allen Zeiten.

Anfänge des Betens und Dichtens

Nach dem heutigen Stand des Wissens ist das «Tagzeitenlied», das den Sonnengott anredet und im Tempelkult verwendet worden ist, später auch im Totenkult, die älteste Gebetsdichtung überhaupt. Die Sammlung des Ägyptologen Jan Assmann führt allein 20 Texte für die Zeit vor dem Neuen Reich auf (vor 1552) und weitere 51 für das Neue Reich vor Echnaton (1552–1364).

Aus dem Totentempel der Hatschepsut (1490–68 im Amt) in Der el-Bahri, mehrfach auch aus anderen Tempeln, ist ein ganzes Stundenritual erhalten, das aus zwölf Tagzeitenliedern besteht, jeweils gefolgt von zwölf Hymnen an den Sonnengott, für jede Stunde des Tages also ein Textpaar. Damit werden die drei Zeiten des Tages und die drei Gestalten der Sonne besungen: Zuerst geht es um die Zeit des Morgens und Aufgangs, wenn der Gott entsprechend als Morgensonne mit dem Namen Chepre und in Gestalt eines Mistkäfers (Skarabäus) angerufen wird. Dann kommt die Zeit des Mittags und der Himmelsüberfahrt, wenn der Gott entsprechend als Mittagssonne mit dem Namen Re und in Gestalt eines falkenköpfigen Mannes angerufen wird. Schliesslich folgt die Zeit des Abends und der Landung, wenn der Gott entsprechend als Nachtsonne mit dem Namen Atum und in Gestalt eines Mannes mit Doppelkrone oder Widderkopf angerufen wird. Immer ist es aber der eine Sonnengott in seinen drei Tagesgestalten (vgl. Einheit 24).

Stets haben die drei Aussagen über die Sonne vier Bedeutungen. Zwei davon sind kosmisch und betreffen die geschaffene Welt: nämlich erstens die Bewegung der Sonne, die morgens aufgeht, mittags den Himmel quert und abends untergeht; und zweitens das Licht der Sonne, das morgens erscheint, mittags brennt und abends in der Unterwelt verschwindet. Zwei weitere Bedeutungen sind mythisch und betreffen das göttliche Wirken: nämlich drittens das Leben der Sonne, die morgens geboren wird, mittags den Beistand anderer Götter braucht und abends zum Ursprung zurückkehrt; und viertens die Herrschaft der Sonne, die morgens ihr Königtum antritt, mittags siegreich ihr Gebiet durchfährt und abends die Toten richtet. Auf diese Weise strukturiert das Tagzeitenlied den Alltag des Ägypters kosmisch und mythisch, indem sich alles an der Sonne «orientiert».

Auf dem Weg zum Monotheismus

Aus der Amarnazeit (1364–47) gibt Assmanns Sammlung sieben mehrheitlich lange Texte wieder, darunter die beiden berühmten, die *Der kleine Hymnus* und *Der grosse Hymnus* genannt werden und mit Sicherheit von Echnaton selbst verfasst worden sind. In ihnen setzt sich Echnatons Vereinheitlichungswille, sein Monismus, als Kennzeichen durch. Dabei bildet er erstmals in der bekannten Religionsgeschichte eine frühe Form des Monotheismus aus: Wie die Sonne die Eine ist, ist auch der Gott der Eine, um es in der modernen Weise des Erkennens, nämlich aufgeklärt und konstruktivistisch, zu sagen. Der Mensch konstruiert sich Gott nach dem Bild der Sonne, denn die kann er beobachten. So denkt die Gegenwart. Hingegen: Wie Gott der Eine ist, ist auch die Sonne die Eine, um es in der mythischen Weise des Erkennens, nämlich religiös und deduktionistisch, zu sagen. Gott gibt sich im Bild seiner Sonne zu erkennen, denn sie ist sein Gebilde. So dachte das Altertum. Wer die Alten verstehen will, ob sie in Ägypten, Mesopotamien oder Palästina gelebt haben, ist dabei egal, der muss diesen Perspektivenwechsel machen wollen. Das gilt für alles Denken in Bildern! Gebet und Gedicht sind sich darin sehr nahe.

Echnatons Monismus muss zwangsläufig einiges ausblenden. Nun fällt weg, dass der Sonnengott nur dank des harmonischen Zusammenwirkens aller Götter in seiner Bewegung ist und sein Licht spendet: eben seine beiden kosmischen Bedeutungen. Nun fällt ebenso weg, dass er nur aus der Vielfalt des Göttlichen sein Leben hat und gibt sowie seine Herrschaft ausübt und reguliert: eben seine beiden mythischen Bedeutungen. Dieser bisherige innere Zusammenhang der drei täglichen Aussagen über die Sonne, gewissermassen die Göttergeselligkeit der vorgegebenen Theologie, kann bei Echnaton keine Bedeutung mehr haben. Sein einer Gott ist die Sonne, und die Nacht ist folglich die Zeit von Gottes Abwesenheit. Damit ändert sich das Schema des alten Tageszeitenlieds: Der dritte Tagesteil wird umgestaltet, und das Leben des Gottes verläuft ohne Zutun anderer Götter. Nun ist Gott stets allein und regelmässig abwesend. Echnatons Sonne wird einsam.

Der Glaube des Volkes allerdings verweigerte der neuen Dogmatik seines Pharao die Gefolgschaft. Hier fanden sich nicht die vielen verschiedenen Erfahrungen des Lebens und Glaubens einer ganzen Epoche zu einem neuen Gottesbild zusammen. Nein, der individuelle und wohl auch wahnhafte Gestaltungswille eines einzelnen Ausnahmemenschen entwarf eine einzigartige Vorstellung, sozusagen ein theokratisches Design, dem die Basis einer Glaubensgemeinschaft, eine tragende Gemeinde, völlig fehlte.

_ AUSGELEGT

Die Gliederung

Wiedergegeben ist vom *Grossen Hymnus* der grösste Teil. Es fehlen nur 14 einleitende Zeilen über den Pharao, der, sobald er seinen Mund öffnet, den hier abgedruckten Text aufsagt (1–105), und es fehlen weitere 22 Zeilen am Ende des Hymnus, die von der nächtlichen Abwesenheit des Gottes handeln. Damit wird eine grobe Gliederung ersichtlich: Der Hymnus besingt genau zweimal den Tageslauf der Sonne, in einer kurzen (bis 23) und einer langen Variante (ab 24).

Die kurze Variante (1–23) nennt klar erkennbar erst den Aufgang am Morgen (1–5), dann mit Verweis auf Re (9) den horizontüberspannenden Mittagslauf (6–12), schliesslich den Untergang am Abend (13–23). Vom östlichen (4) zum westlichen Lichtland (13) geht der Gang Atons, wobei sich der Ägypter unter dem *Lichtland* vermutlich die sogenannten *Horizontberge* vorstellte, die beidseits des breiten und fruchtbaren Niltals die bewohnbare Welt begrenzen und morgens wie abends die Silhouette des Geschehens bilden.

Die lange Variante (24–105) belegt vier Fünftel des Raums. Sie beginnt ebenso mit dem Aufgang der Sonne (24–31) und endet ebenso mit ihrem Untergang (nicht abgedruckt), lässt aber ihrem Tageslauf den grössten Raum (32–105). In ihm kommen das Entstehen von Mensch (45–53) und Tier (54–61) sowie die Erhaltung des Entstandenen durch das Wasser des Nils (76–90) und das Strahlen der Sonne (91–100) zur Sprache. Nach der Beschreibung des Entstehens (45–61) wird die Vielheit gepriesen, die durch den Einen entstanden ist (62–75); nach der Beschreibung des Erhaltens (76–100) wird die Einheit gepriesen, durch die die Vielheit immer wieder entsteht (101–105). Allem vorgeschaltet ist die Beschreibung der Vielfalt des Lebendigen (22–44).

Hat die erste und kürzere Variante die einfache Struktur Morgen-Mittag-Abend (A-B-C), so bleiben davon bei der zweiten und längeren Variante der Morgen (A) und der Abend (C) zwar ähnlich lang (5 und 8 Zeilen für A, 11 und 22 für C), aber der Mittag (B), die Beschreibung der Himmelsüberquerung, wird sehr verbreitet (7 und 74 für B). Sie erhält eine sechsteilige Untergliederung im Rhythmus 2+1/2+1 (Zeilen 45–53/54–61+62–75 und Zeilen 76–90/91–100+101–105), davor eine Einleitung (32–44). Nähme man von der längeren Variante den Morgen (8 Zeilen) und Abend (22 Zeilen), vom Mittag aber nur die Einleitung (13 Zeilen), so wäre auch hier die einfache Struktur A-B-C gegeben und die zweite Variante nur eine knappe Verdoppelung (8+13+22=43) der ersten (5+7+11=23). Nun aber liegt ein besonderes Gewicht auf der Erweiterung des Mittags (32–44) um 61 Zeilen (45–105). Der Eine ist Schöpfer des Vielen, und das Viele hat seinen Erhalter im Einen. Die Sonne ist nun die Amme alles Werdenden im Sinne des ständigen Entstehens (49 im ersten Dreierteil 45–75) und die Amme alles Gewordenen im Sinne des ständigen Erhaltens (91 im zweiten Dreierteil 76–105).

Der Strahlenaton

Obwohl das «Verklären» völlig überwiegt, sind vom «Nennen», der ältesten Weise des Betens, noch bedeutsame Reste zu erkennen: *Du lebende Sonne, die Leben zuweist* (3) gibt gleich zu Beginn der kurzen Variante das Thema an! *Amme im Mutterleib* (49) setzt gleich zu Beginn der Erweiterung das entscheidende Bild. Gerade in der Erweiterung finden sich vermehrt die Nennungen Atons, die Echnatons Theologie herausstreichen: *Indem du allein bist* (97.65) nennt die Einzigkeit Atons. *Du einer Gott, dessengleichen es nicht gibt* (64) nennt die Unvergleichlichkeit des Einzigen. *Du Herr der unendlichen Zeit* (86) und *Du Herr eines jeden Landes* (80) nennen die Allgegenwart Gottes. *Du Sonne des Tages* (81.105) fasst Echnatons Gottesvorstellung zusammen. Deren Schwäche ist die Nacht.

Auf vielen Reliefs der Amarnakunst kommt es fast stereotyp vor: das Bild des «Strahlenatons», jener neuen Sonnenscheibe Echnatons, deren viele Strahlen in viele Hände auslaufen, von denen jede das *anch*, das Lebenszeichen, bereithält. Im Hymnus bilden die Strahlen so etwas wie den sicheren Grundton, den *cantus firmus*. Sie sichern die Ubiquität des Einen, sein zeitliches und räumliches Überallsein: zeitlich am Morgen (25–26) wie am Mittag (8.11.44.91.99), nicht aber am Abend; und räumlich als Schöpfer der ganzen Welt und aller Länder (8.44.91) sowie als Brücke vom fernen Gott zu seiner nahen Wirkung (11.99–100). Die Strahlen des Aton machen alles Geschaffene zu einer «Verkörperung» des Einen (101). Das Niltal ist so etwas wie der Nabel der Welt (89–90), doch der eine Schöpfer der ganzen Welt ist über ihr (105).

_ VEREHRT

Aton statt Amun

Aus den zwölf Jahrhunderten des Alten und Mittleren Reiches war Echnatons Zeit ein Gottesglaube überkommen, in dem Amun als ägyptischer Nationalgott verehrt wurde. Aton hingegen, der «neue Gott», sollte ein globaler Weltgott sein. Herr allen Lebens sollte er sein, nicht nur Reichsgott innerhalb der Grenzen Ägyptens. Eine Dogmatik war Echnaton zugekommen, die Amuns Möglichkeiten festgeschrieben hatte. Aton aber sollte davon unbelastet sein, frei für eine neue Zeit.

Nicht alles an Aton war neu. Echnaton hatte Züge des uralten Sonnengottes Re aus dem unterägyptischen Heliopolis, der *Sonnenstadt*, für seinen Aton übernommen (9), und für sich selbst hatte er den heliopolitanischen Priestertitel *Grösster der Schauenden* reklamiert. Neu ist hingegen, dass der schaffende Sonnengott nicht zuerst Ägypten erschafft, sondern Schöpfer der ganzen Welt ist (69–70), Erschaffer aller Völker und Sprachen (62–68). Neu ist auch die Darstellung des Gottes: nun nicht mehr als die geflügelte Sonnenscheibe, die weit über der Erde schwebend zu sehen ist und ihr fern bleibt, sondern als Sonnenscheibe, deren Strahlen nach allen Seiten hin die Verbindung zum Geschaffenen suchen, um den Kreaturen das Leben stets neu zu gewähren. Die beiden Grundgedanken Echnatons, der von der Sonne als einzigem Schöpfergott und der von der Unmittelbarkeit seines Geschöpfes zu ihm, wurden in Amarna konsequent verwirklicht.

Im Unterschied zur deutschen Sprache ist die Sonne in den meisten antiken Kulturen männlichen Geschlechts. Amun und Aton sind männlich vorgestellte Gottheiten wie der griechische Helios und der römische Sol. Merkwürdigerweise schwankt das Geschlecht der Sonne bei den Semiten: Älteste Belege der konsonantischen Wortwurzel sind klar weiblich. Der kanaanäische Stadtstaat Ugarit an der syrischen Küste verehrte unter andern Göttern die Sonnengöttin Shapash. In Briefen, die zwischen Echnatons Amarna und semitischen Stadtfürsten Palästinas ausgetauscht wurden, ist Shaemaesh, die Sonne, weiblich. In der Bibel ist beides möglich, sogar in denselben Texten. Psalm 104 etwa kennt die altsemitische weibliche Variante (Vers 22) neben der umweltbeeinflussten männlichen (Vers 19). Der Sonnengott Shamash Meso-

potamiens ist immer männlich. Hingegen kehren die Texte der konservativen Gruppe von Qumran nach Jahrhunderten maskuliner Verwendung zur altsemitischen femininen Auffassung zurück. Das Gesamtbild ist demnach dies: Inmitten einer mächtigen Umwelt, der die Sonne klar männlich war, blieb die ursprüngliche Vorstellung einer weiblichen Sonne hinter mannigfachen männlichen Übermalungen stets erhalten. Echnatons männlicher Aton, der seine «Gender-Problematik» nicht mit Unterstützung einer Vielzahl von Göttern relativieren konnte, erhält offenbar mit dem Bild der Amme, die hebt (49–53) und stillt (91–95), ein klares Pendant (vgl. Einheit 14).

Was hat die Bibel mit Echnaton zu schaffen? Die gedankliche Struktur des Monismus und das mythische Bild der Sonne hatten Folgen, gewiss metaphorische und vermutlich sogar textgeschichtliche: Alttestamentler halten es für möglich, dass mit Psalm 104 eine direkte Wirkung von Echnatons Sonnengesang vorliegt, manche sehen in Ps 104,20–30 nahezu eine hebräische Abschrift des ägyptischen Textes. Wie dem auch sei, die Nähe von V29 zu Z13–15.21–23 oder von V20–21 zu Z19–20 oder von V22–23 zu Z24–31 oder von V25 zu Z42–44 ist verblüffend. Dass mit dem Handel die Korrespondenz einhergegangen ist und mit dem Austausch von Briefen die Beeinflussung der Vorstellungen, ist allerdings auch zu erwarten. Zudem dürfte die Erinnerung der palästinischen Bevölkerung an ihre eigene Sonnengöttin Shaemeash zur Amarnazeit noch lebendig gewesen sein, obwohl es einen entsprechenden Kult dann wohl nicht mehr gab. Jedenfalls zeugen alte Ortsnamen wie Bet-Schemesch (Haus), En-Schemesch (Quell) und Ir-Schemesch (Stadt) vom ehemaligen Vorhandensein eines eigenen kanaanäischen Sonnentempels, was Jeremia dann auch ermöglichte, den Sonnentempel des ägyptischen Heliopolis *Beth-Schemesch* zu nennen (Jer 43,13). Das seltene Bild vom Feuerwagen und den Feuerpferden Elijas (2Kön 2,11–12), das jenen Sonnenpferden und Sonnenwagen ähnelt, die König Joschija später bei seiner Reinigung des Kultes verbrennen liess, dürfte auf das Vorhandensein eines assyrischen Shamash-Tempels verweisen. Dass in der Schöpfungsliturgie die bekannten Götternamen von Sonne und Mond, Shamash und Sin, vermieden werden (Gen 1,16), lässt vermuten, dass deren Verehrung zumindest noch nicht lange vorüber war. Ob eigene Göttin, assyrische Gottheit oder ägyptischer Text: Die Vorstellung von der Göttlichkeit der Sonne war auch in Palästina so präsent, dass ein damit verbundener Kult extra verboten werden musste (Dtn 17,3). Was es nicht gibt, muss man nicht verbieten.

Doch nochmals: Was sucht der ägyptische Sonnengesang im biblischen Seminar? Nicht im praktizierten Kult ist die Bedeutung der Sonne geblieben, nicht in ihrer Auffassung als Göttin oder Gott, sehr wohl aber in der bildhaften Vorstellung von Gott. Die Sonne der Bibel ist nicht Schöpfer(in), sondern selbst Geschöpf (Gen 1,14–18). Sie

Andere Gottesbilder
im Text
_ Der Einzige
(64–65.79–81.101–105):
Jes 44,6; 45,5–6; 46,9
_ Die Amme
(48–49.91–95):
Hos 11,3–4
_ Der Schöpfer
(8.23.45–46.62.65–
68.78.82.96–97):
vgl. Einheit 13
_ Der Regelmässige
(26–27.54–61.76–77.83–
86):
Hiob 38–39

Andere Gottesbilder
im Umfeld
_ Der Herr:
vgl. Einleitung
_ Der Stern:
Mt 2,1–12
_ Das Licht:
Joh 8,12

ist Gott untertan. Aber Gottes Kommen ist wie der Aufgang der Sonne (Dtn 33,2) und sein Aufmarsch wie der Triumphzug eines Sonnengottes (Hab 3,3–6). Die Hoffnung Israels richtet sich auf den Osten, von wo Gottes Herrlichkeit erwartet wird (Jes 59,19–20), ja, der kommende Gott Israels (Jes 60) wird Sonne und Mond, seine Geschöpfe, durch sich selbst, ihren Schöpfer, ersetzen, wird selbst des wahren Israels (Jes 60,19–20) und wahren Gottesvolkes ewiges Licht (Offb 22,5), wird selbst die nie mehr untergehende Sonne sein.

Wie stark diese Vorstellung gewirkt hat, ist auch daran erkennbar, dass die Ostung der Tempel und der Landkarten über Jahrtausende die Orientierung ermöglicht und bestimmt hat. Lateinisch *oriri* heisst *aufgehen*: Ezechiel verhiess den Einzug der Herrlichkeit Gottes durch das Ostportal des endzeitlichen Tempels (Ez 43,2–4). Alle christlichen Kirchen waren nach Osten ausgerichtet. *Ex oriente lux, aus dem Osten das Licht,* war die kulturelle Devise des Mittelalters. *Aufklärung, The Enlightenment, siècle des lumières, Siglo de las Luces* heisst die Epoche der philosophischen Neuausrichtung des Menschen, dann aber ohne klerikales Denkdiktat. Orientierung heisst noch heute, wonach sich Menschen richten.

Sogar der fiktive Geburtstermin dessen, der von sich gesagt haben soll, er sei *das Licht der Welt* (Joh 8,12), hat mit einem Sonnengott zu tun: Der Weihnachtstermin am 24. Dezember ist nicht das Geburtsdatum Jesu. Der ist nicht überliefert, niemand weiss ihn. Der Zeitpunkt von Weihnachten hängt an der Wintersonnenwende, am *solstitium* des Winters: Das ist der Tag, an dem *die Sonne* scheinbar *stehen bleibt* und die Tage nicht mehr kürzer sondern wieder länger werden. An ihm haben die Römer ein Fest zu Ehren des *Sol invictus, der unbesiegbaren Sonne,* gefeiert. Später haben die Christen diesen Termin «christianisiert» und an ihm ihren Jesus, ihr zunehmendes und unbesiegbares Licht der Welt, erwartet, alle Jahre wieder (mit oder ohne Christstollen).

_ NACHGEFRAGT

Vom Text her

_ Was ist seit Echnatons Gedicht gleich geblieben? Was hat sich gründlich geändert?

_ Welches Nennen Echnatons, welches Verklären verstehen Sie?

_ Wo setzen Sie der Idylle eine Grenze? Und der Realität? Wann denken Sie, die Frommen seien unverbesserliche Romantiker?

_ Wann wärmt und nährt, wann brennt und sticht Sie die Sonne? Haben Sie die Sonne immer gern, oder wünschen Sie sie gelegentlich zum Teufel?

_ Wann haben Sie die Sonne letztmals als Macht und Gewalt erlebt? Hat das Ehrfurcht in Ihnen erzeugt? Inwiefern ist die Sonne einzigartig?

_ Was fasziniert sie an Savannen und Wüsten? Was ärgert Sie am Hochnebel? Würden Sie klimatisch etwas ändern, wenn Sie könnten?

_ Beunruhigt Sie der Trockengürtel der Sahelzone? Denken Sie beim Duschen manchmal, wie wohl Waschen ohne Wasser wäre? Singen Sie dennoch gern von der *Sonne der Gerechtigkeit?*

_ Was geht in Ihnen vor, wenn Sie erfahren, dass Psalm 104,20–30 aus Echnatons Hymnus stammen soll?

Zum Gottesbild hin

_ Sind Ihnen Verbindungen von «Gott» und «Sonne» geläufig? Gehören Lichtbilder in Ihre Glaubenssprache?

_ Was sind Ihre persönlichen «Nennungen» der Sonne? Was Ihre «Verklärungen»?

_ Was geht Ihnen auf, wenn Ihnen «ein Licht aufgeht»?

_ Erinnern Sie sich an den Kerzenstreit in reformierten Kirchen? Lieben Sie das Kerzengeflacker in katholischen Kirchen? Was bedeuten Ihnen Kerzen in Kirchen?

_ Kennen Sie die Lichtfeste anderer Religionen: das Gauri Puja der Hindus, das Deepavali der Buddhisten, das Loy Krathong der Tibeter, das Eid al-Fitr der Moslems, das Newroz der zoroastrischen Kurden, das Chanukka der Juden?

_ Macht die Lichtorientierung der Religionen alles einerlei, oder warum suchen Sie nach Unterschieden?

_ Was gibt Ihnen die Lichtmetaphorik bei Jesu Geburt und die Finsternismetaphorik bei Jesu Tod zu denken?

_ Wie sehen Sie den Zusammenhang von Dichten und Beten, Denken und Glauben? Gibt es «Aufklärung» und «Orientierung», als gäbe es keinen Gott?

_ GELESEN

- Jan Assmann (ed.), Ägyptische Hymnen und Gebete (Bibliothek der Alten Welt); Zürich 1975, Seiten 216–220 (Textausschnitt) bzw. 215–221 (ganzer Hymnus); ferner Einführung und Kommentar.

- Frank Crüsemann, Studien zur Formgeschichte von Hymnus und Danklied in Israel (Wissenschaftliche Monographien zum Alten und Neuen Testament 32); Neukirchen 1969.

- Erik Hornung, Echnaton. Die Religion des Lichts; Düsseldorf 1995.

- E. Lipinski, Artikel shämäsh; in: Heinz-Josef Fabry / Helmer Ringgren (ed.), Theologisches Wörterbuch zum Alten Testament (ThWAT 8); Stuttgart 1994; Spalten 306–314.

- Eberhard Otto, Ägypten – der Weg des Pharaonenreiches; Stuttgart 1953.

- Heinrich Schäfer, Amarna in Religion und Kunst (Denkschrift der Deutschen Orient-Gesellschaft 7); Berlin 1931 (darin 64 gute Bildtafeln).

GOTT SEGNET DURCH
SEINE PARTNERIN.
DAS PAAR

1   Ich segne euch durch JHWH von Samaria   Text A

2   und durch seine Aschera.

3   Amarju sagte zu seinem Herrn ...   Text B

4   mögest du gesegnet sein durch JHWH von Teman

5   und seine Aschera. JHWH segne dich

6   und erhalte dich und sei mit dir.

    ...

7   ... durch JHWH von Teman und seine Aschera ...

8   Was immer er von jemandem erbitten wird,

9   er gewährt es...

10 und JHWH gibt ihm nach seiner Absicht ...

11 Urjahu, der Reiche, hat dies schreiben lassen.   Text C

12 Gesegnet sei Urjahu durch JHWH,

KANAAN: 13 denn von seinen Feinden hat er ihn

DREI INSCHRIFTEN   14 durch seine Aschera gerettet.

42

_ ERLEBT

Hat denn Gott keine Frau?

Nie hätte ich gedacht, dass dieses Bibelseminar, das ich seit kurzem in der Gemeinde besuche, schlussendlich von mir handelt. Ich komme doch in der Bibel nicht vor, diesem alten Buch. Ich habe nicht einmal einen biblischen Namen wie die meisten meines Alters. So speziell, muss ich gestehen, interessiert mich die Bibel nicht einmal, obwohl ich natürlich schon zur Kirche gehöre. Angemeldet habe ich mich nur, weil meine Nachbarin gemeint hat, es würde mir gut tun, jetzt, nach einem Jahr des Alleinseins, wieder etwas unter die Leute zu kommen. Da hat sie recht. Ich bin bis jetzt jeden Abend gerne gekommen und habe einige nette Menschen kennengelernt.

Heute hätte ich schon bei der ersten Aufgabenstellung innerlich aufhorchen müssen, als es hiess, wir sollten uns paarweise zusammenfinden. Da kam mir nämlich unweigerlich die Arche Noah in den Sinn, das heisst genauer, dieses Bilderbuch dazu, das ich kürzlich mit meinem Enkel Marco betrachtet hatte. Wunderschön waren da all die Tiere gemalt, wie sie paarweise in die Arche spazierten – seltsamerweise bei schönstem Wetter, aber das irritierte Marco gar nicht. Wir haben sie alle zusammen benannt: Elefanten, Hasen, Eidechsen und Ameisenbären, immer Mann und Frau. Gott war natürlich nicht abgebildet in diesem modernen Buch, aber ich habe beim Erzählen gewiss erwähnt, dass er es war, der Noah zum Bauen dieses Schiffes aufgefordert hatte und ihn neben seiner Familie die Tiere mitnehmen liess – paarweise, eben. Und da kam sie, diese Frage, wie nur ein Kind sie stellen kann: ... *und Gott selbst, hat er denn keine Frau?* Die Frage machte mich etwas verlegen. Ich weiss noch, wie ich schnell umblätterte und auf die Schmetterlinge zeigte, die auch noch paarweise in die Arche flatterten.

Nein, Gott hat natürlich keine Frau, hätte ich sagen sollen. So viel weiss ich dann doch noch von meinem Religionsunterricht her. Marco hätte dann gefragt, warum – das tut er jetzt ausdauernd –, und ich hätte gesagt, *weil er eben Gott ist.* Und das Kind hätte dann vielleicht nicht diesen Bogen geschlagen zu mir und gemeint: *Gell, wie du, Grossmutter. Du hast ja jetzt auch keinen Mann mehr.*

Partnerschaft

Ich selber wäre ja nie auf die Idee gekommen, einen Zusammenhang zu sehen zwischen dem paarweisen Zug der Tiere, der Frage nach Gottes Frau und meiner jetzigen Lebenssituation. Wie klug Kinder manchmal sind, nur weil ihr Denken nicht in festgelegten Bahnen verläuft.

Heute habe ich gelernt, dass Gott auch einmal eine Frau hatte. Das hat ganz schön für Aufregung gesorgt bei den Teilnehmerinnen und Teilnehmern dieses Bibelseminars. Ich war durch die Sache mit Marco schon etwas vorbereitet auf den Gedanken – und auch darauf, dass mich das Thema Paar und Partnerschaft im Moment absolut nicht kalt lassen kann. Ich habe mich darum auch ganz gut auf die Partnerübungen einlassen können, die wir zu Beginn gemacht haben. Einige habe ich sogar sehr genossen, zum Beispiel mit geschlossenen Augen von einem Partner durch den Raum geführt zu werden. Oder sich zu zweit durch den Raum zu bewegen, mit beiden rechten Mittelfingern einen Bambusstab zu halten und ihn nicht zu Boden fallen zu lassen. Das hat richtig Spass gemacht, und mit der Zeit kamen wir bei der beschwingten Musik sogar ins Tanzen. Bei der Vorstellung, ich wäre mit meinem verstorbenen Mann in diesem Kurs und würde solche Übungen mit ihm machen, musste ich lächeln.

Zu denken gegeben hat mir dann die letzte dieser Partnerübungen. Auch sie klang zunächst einfach: ganz langsam nebeneinander hergehen, aber gleichzeitig Beine und Arme bewegen, wie zwei Synchronschwimmerinnen, ohne dass eine der beiden Partnerinnen wirklich die Führung übernimmt. Aber versuch das einmal! Einfacher geht es auf jeden Fall, wenn klar ist, wer das Tempo angibt. Ich habe nach einigen Partnerwechseln in dieser Übung gemerkt, dass es Menschen gibt, die einfach ungefragt die Führung übernehmen und andere – zu denen gehöre ich –, die sich sofort nach dem richten, was die Partner vorgeben. Dann jedoch, mit dieser einen, eher stillen Frau, deren Namen ich nicht mal weiss, als Partnerin, ist es mir für kurze Zeit gelungen, wirklich im inneren Einklang als Paar einige langsame Schritte zu gehen. Das war ein sehr schöner Moment. Und ich habe natürlich daran denken müssen, wie ich all die Jahre mit meinem Mann durch das Leben gegangen bin. Einige solche Momente fraglosen Zusammengehens kamen mir in den Sinn. Hätten es mehr sein können?

Wie ging es wohl dieser Göttin Aschera an Jahwes Seite? Die Texte, die wir gelesen haben – sie stehen nicht in der Bibel, sondern auf irgendwelchen Krügen, die man in Ruinen gefunden hat – deuten meiner Meinung nach eher darauf hin, dass er in dieser Beziehung den Ton angab und seine Partnerin ausführte, was er meinte. Allerdings haben Männer diese Sprüche auf die Krüge gemalt. Sie haben ja noch ihre Namen dazugeschrieben. Ihre Frauen hätten vielleicht *Aschera* zuerst genannt, sie um Segen gebeten und dann vielleicht noch hinzugefügt: ... *und durch ihren Jahwe*!

Gott hat seine Partnerin dann im Lauf der Geschichte tatsächlich verloren. Theologisch gibt es dazu sicher noch viel zu sagen. Seltsamerweise fühle ich mich ihm näher, jetzt, da ich weiss, dass er auch einmal zu zweit war.

_ VERORTET

Kanaan und die Kanaanäer

Der Begriff Kanaan wird seit dem dritten vorchristlichen Jahrtausend als Bezeichnung für wechselnde geographische Räume verwendet. In den Amarna-Briefen (vgl. Ein-

tip
Mittel:
Lesung des Textes auf
CD V/3; im Reiseführer der
Ausflug Lust

Besuch:
in der Universität Fribourg
die archäologischen Sammlungen Bibel+Orient

Buch:
Bertolt Brecht, Baal
(Theaterstück, Deutschland
1919); Ernesto Cardenal,
Gebet für Marilyn Monroe
(Gedicht, Nicaragua 1965)

heiten 2 und 4) beispielsweise bezeichnet *Kinahna* ganz allgemein die Gegend in Syrien-Palästina. In anderen Texten kann es Gebiete in einem Raum bezeichnen, der von Ägypten oder in römischer Zeit sogar von Libyen bis in die heutige Türkei reicht. Die Kanaanäer sind dann jeweils die Menschen, die in diesem Gebiet wohnen. Auffallenderweise gibt es keine Texte, in denen sich jemand selbst als Kanaanäer bezeichnet, die Kanaanäer sind immer «die andern». Die Kanaanäer bildeten also weder ein einheitliches Volk noch einen einheitlichen Staat, und das Gebiet mit dem Namen *Kanaan* hatte keine festen Grenzen. Am ehesten muss man sich darunter ein relativ dichtes Netz von Stadtstaaten mit Stadtkönigen vorstellen. Eine gemeinsame Sprache verband sie.

Aufgrund archäologischer Forschungsergebnisse geht man heute davon aus, dass Israel nicht als ganzes Volk in dieses Gebiet eingewandert, sondern grösstenteils als Befreiungsbewegung der Unterschicht im Land Kanaan selbst entstanden ist. Die Kanaanäer werden einer Semitenwelle zugerechnet, die etwa seit dem Jahr 2000 im Vorderen Orient fassbar wird. Aus diesen entwickelten sich dann die Phönikier und wahrscheinlich ebenfalls zum Grossteil die Israeliten, deren Sprache, das Hebräische, ebenso wie das Phönikische direkt vom Kanaanäischen abzuleiten ist. Historisch gesehen, gehören Israeliten und Kanaanäer viel näher zusammen, als dies die biblischen Texte aus der späteren Exilszeit suggerieren.

Israel in Kanaan

Das Alte Testament ist geprägt von Auseinandersetzungen der JHWH-gläubigen Israeliten mit Volksgruppen, die das Wohngebiet – *das Land Kanaan*, wie es in der Bibel heisst – mit ihnen teilen und eine verwandte Sprache sprechen. Die Auseinandersetzungen, d. h. die Abgrenzungsbemühungen der Israeliten gegenüber diesen Kanaanäern, die aus den biblischen Texten deutlich sprechen (etwa Ex 34,14–15), richten sich gegen deren Glauben an verschiedene Götter und Göttinnen und gegen die damit verbundenen religiösen Praktiken, die dem einen Gott Israels, JHWH, *ein Greuel* sind. Die biblischen Texte vermitteln dabei das Bild, der JHWH-Glaube sei dem aus Ägypten flüchtenden Volk Israel am Sinai offenbart und dann ins versprochene Land Kanaan hinein mitgenommen worden. Dort hätte die ansässige Bevölkerung mit ihrer polytheistischen Religion die Israeliten immer wieder dazu verführt, vom Glauben an JHWH als einzigen Gott abzuweichen, während einzelne Männer immer wieder versucht hätten, das Volk und seine Könige zu JHWH zurückzuführen. Die Übernahme fremder religiöser Elemente sei jeweils auch verantwortlich gewesen für negative historische Ereignisse bis hin zum Untergang der beiden Staaten Israel und Juda.

Dieses Bild der eigenen Geschichte entwickelten jüdische Theologen erst im Rückblick während der Zeit des Babylonischen Exils. Was man aus dem Alten Testament über die Kultur und Religion der Kanaanäer weiss, ist durch diese Brille eines streng monotheistischen JHWH-Glaubens verzerrt wiedergegeben. Allzu viel weiss man jedoch auch aus ausserbiblischen Quellen nicht über diese Menschen und ihre Lebensweise. Die wenigen Texte und schwer deutbaren archäologischen Funde geben nur ein sehr bruchstückhaftes Bild der kanaanäischen Kultur, werfen aber zugleich ein neues Licht auf die vorexilische Religion Israels und auf den Gott JHWH.

_ EINGEREIHT

Ugarit

Lange war ausser einigen Anspielungen nur das Alte Testament mit seiner polemischen Sichtweise als Quelle für die Religion der Umwelt Israels vorhanden. Einen ausführlicheren Einblick in die Götterwelt der Kanaanäer brachten erst die Ausgrabungen verschiedener Bibliotheken der altsyrischen Hafenstadt Ugarit. Nachdem ein Bauer 1928 zufällig beim Pflügen den Eingang zu einer Grabkammer entdeckt hatte, wurde von französischen Archäologen in den folgenden Jahrzehnten eine ganze Stadt samt Königspalast ausgegraben. Aus den dabei gefundenen Texten wurde klar, dass es sich um die in den Amarna-Briefen und anderen Zeitdokumenten erwähnte Stadt Ugarit handelte. Deren damalige Bevölkerungszahl wird auf 6000–8000 Personen geschätzt – eine für die damalige Zeit recht grosse Stadt. Nach den archäologischen Befunden ging die seit dem 7. Jahrtausend besiedelte Stadt etwa um 1200 plötzlich unter, vermutlich infolge eines Erdbebens.

Dass die Kanaanäer und Phönikier eine umfangreiche Literatur besessen hatten, war aus antiken Quellen bekannt. Der damals auch in dieser Region benützte Papyrus vermochte jedoch anders als im ägyptischen Wüstenklima, nicht zu überdauern. Daher waren ausser kurzen Inschriften keine Texte bekannt, die Auskunft über die religiöse Vorstellungswelt der Bevölkerung Kanaans hätten geben können. Dies sollte sich mit der Entdeckung Ugarits ändern. In verschiedenen Gebäuden der Stadt wurden zahlreiche Tontafeln entdeckt, die mit einem unbekannten Keilschrift-Alphabet beschrieben sind und neben Wirtschafts- und Verwaltungsdokumenten auch religiöse Texte beinhalten. Sie stammen aus dem 14.–13. Jahrhundert. Die Entzifferung der 26 verwendeten Schriftzeichen bereitete keine grossen Schwierigkeiten, sie gelang einem Forscher innerhalb einer einzigen Woche. Die gefundenen Texte konnten bald veröffentlicht werden und stiessen auch in der Bibelwissenschaft auf grosses Interesse, weil sie aus ausserbiblischer Sicht ein Licht auf religiöse Traditionen warfen, von denen sich biblische Texte unter dem Stichwort *kanaanäisch* abzugrenzen suchten. Dabei zeigten sich aber auch die Ähnlichkeiten zwischen der israelitischen und der kanaanäischen Kultur.

Ugarits Kultur ist zwar nicht einfach mit der kanaanäischen gleichzusetzen, steht ihr jedoch nahe. «Die von den Ugaritern aus ihrer früheren Heimat mitgebrachte Sprache und ihr Keilalphabet zeigen, dass sie von den Kanaanäern zwar verschieden sind, aber doch mit ihnen in Symbiose gelebt haben. Sie dürften aus dem Süden eingewandert sein und allmählich oder auf überraschende Weise in Ugarit die Macht erlangt haben. Sie verstanden es, ihre Sprache und Schrift neben dem bereits fest verankerten kanaanäisch-phönikischen Idiom durchzusetzen. Wenn es somit einerseits kaum zulässig ist, die Ugariter ohne Einschränkung zu den Kanaanäern zu zählen, so steht andererseits wiederum fest, dass wir durch ihre Literatur und Religion eine Tradition kennen lernen, die in ganz Kanaan verbreitet war und die wir in einem gewissen Sinn zugleich auch als Vorläuferin der biblischen Literatur anzusehen haben.» (Loretz 1990, 16–17)

Das Pantheon

Die in Ugarit gefundenen Mythen geben Einblick in die religiöse Vorstellungswelt der Region während der Bronzezeit (3000–1200) und der beginnenden Eisenzeit (ab 1200). Die Namen dieser Götter und Göttinnen sind auch aus anderen Texten (etwa durch Ausgrabungen in Ebla, Mari oder Amarna) oder aus Personen- und Ortsnamen bekannt und kommen teilweise auch in der Bibel vor. Ähnlich wie die andern antiken Religionen des Vorderen Orients und des ganzen Mittelmeerraumes treffen wir in Ugarit auf eine Götterversammlung, ein Pantheon, das aus verschiedenen Göttergenerationen besteht.

Die Gottesvorstellungen im Polytheismus sind in erster Linie durch Arbeitsteilung, dann auch durch Verwandtschaft geprägt. Die Götter und Göttinnen haben ihre funktionalen Zuständigkeitsbereiche und sind durch familiale Strukturen verbunden. Die wichtigsten sollen genannt und ihr Bezug zu biblischen Texten erwähnt werden.

El, der Göttervater

El ist Vater der Götter und der Menschen. Er steht der Götterversammlung vor und lädt die anderen Götter zum Festmahl ein (vgl. Einheit 1). Die Vorstellung von der Götterversammlung steht auch hinter verschiedenen biblischen Texten (vgl. Einheit 8), in denen JHWH die Stellung Els einnimmt (etwa Ps 82,1; 1Kön 22,19 oder zu Beginn der Hiobnovelle Hiob 1,6; dann wieder in der apokalyptischen Literatur Dan 7,9–10 und Offb 4). Die kanaanäische Götterversammlung wird in der Bibel zu einem Bild für die umfassende Macht JHWHs, die anderen Götter werden zu seinem Heer, seinen Boten (Engeln). Die in der Bibel häufige Gottesbezeichnung JHWH Zebaoth, Herr der Heerscharen, weist auf die Bemühung hin, die verschiedenen Götter Kanaans dem einen Gott Israels zu unterstellen.

El ist der Schöpfergott. Er wird als weiser und freundlicher, aber ferner Gott beschrieben, der dort zu Hause ist,

wo sich die himmlischen und die unterirdischen Wasser treffen: am Rand der bewohnbaren Erde oder – an anderen Stellen – auf dem kosmischen Götterberg im Norden. In den ugaritischen Epen wirkt er wie JHWH in den Vätergeschichten (vgl. Einheit 4) als Segenspender für die Nachkommenschaft. In den ugaritischen Texten hat El neben seiner Frau Aschirat auch Beziehungen zu anderen Göttinnen.

Die israelitische Polemik der Exilszeit gegen die kanaanäischen Götter und ihre Verehrung richtete sich erstaunlicherweise nicht gegen El. In der Bibel hat JHWH nicht nur die Eigenschaften Els übernommen, sondern der Göttername El wird generell zum hebräischen Wort für Gott. So finden sich nebeneinander Eigennamen mit kanaanäischem -el (z.B. Samuel) und solche mit israelitischem -ja (z.B. Jesaja) oder mit beiden Elementen (z.B. Elija). JHWH und El bezeichnen je länger desto klarer denselben Gott.

Baal, der junge Held

Der als junge Gestalt dargestellte Wettergott Baal dagegen wird in der Bibel zu JHWHs Konkurrent, etwa in den Elija-Geschichten (1Kön 18). Von seinem Regen hängt in dieser wasserarmen Region das Wohlergehen des Volkes ab. Ihm ist es zu verdanken, wenn im Land Milch und Honig fliessen, er ist in mageren Jahren vermehrt anzurufen. Der JHWH-Prophet Elija, der gegen die Verehrung Baals auftritt, wird darum während der Hungersnot in Samarien als einer bezeichnet, der Israel ins Unglück stürzt (1Kön 18,17). In der Bibel wird der Kampf der Propheten um die Treue des Volkes und der Könige zu JHWH zum grossen Teil als Kampf gegen Baal bzw. die verschiedenen lokalen Baale geschildert. Die Anrufung und Verehrung dieses Gottes soll vollkommen eliminiert werden (Hos 2,17). JHWH trägt auch Züge dieses Gottes, etwa wenn er in Wetterphänomenen erscheint (etwa Ps 29) oder den Titel Wolkenreiter trägt, der eigentlich Baal zukommt (Ps 68,5 Einheitsübersetzung; vgl. Einheit 6).

Göttinnen

Baals Gefährtin und Geliebte ist in den ugaritischen Texten die kriegerische Göttin Anat. Sie verkörpert Fruchtbarkeit für alle Lebensbereiche und kämpft in den Mythen erfolgreich gegen den Todesgott Mot. In der Bibel kommt Anat nicht vor, dagegen wird Baal dort zusammen mit der Göttin Aschera genannt, die der ugaritischen Aschirat entspricht. Diese ist als Gattin Els die oberste Göttin und Mutter der anderen Götter. Sie gilt als Göttin der Liebe und der Fruchtbarkeit und steht in Verbindung mit heiligen Bäumen.

In der Bibel sind in späterer Zeit offenbar Züge verschiedener Göttinnen, auch solche der babylonischen Himmelsgöttin Ishtar und der kanaanäischen Liebes- und Kriegsgöttin Astarte (etwa Ri 2,13) zu einer Göttin zusammengeflossen und diese, manchmal als Aschera, manchmal als Astarte, dem Fruchtbarkeitsgott Baal zugeordnet worden. Die Vielfalt wirkt verwirrlich, ist aber eine Folge davon, dass es im Alten Orient zwar durchaus gemeinsame Vorstellungen gegeben hat, aber immer nur in lokalen und regionalen Ausprägungen, niemals wie in der Moderne als eine davon abgehobene und über allem schwebende Lehre.

Mittlerfiguren

Das Pantheon der ugaritischen Texte enthält eine Anzahl weiterer Götter und Göttinnen, deren Spuren sich teilweise auch in der Bibel wieder finden, zum Beispiel den Getreidegott Dagon, den Todesgott Mot oder den Meeresgott Jam. Als Mittler zwischen Göttern und Menschen spielten Ahnen, Götterboten oder auch Heroen eine Rolle. Alte Geister von Quellen oder Flüssen, Steinen oder Bergen waren den Menschen oft näher als die hohen Götter. Mit einem solchen Flussgott namens Jabbok kämpft nach der biblischen Geschichte Jakob an der Furt des Jabbokflusses (Gen 32,22–32). Auch für Ugarit war die Wüste ein Ort der Dämonen, die als Verursacher von Krankheiten angesehen wurden. Unter den Tontafeln wurden Beschwörungstexte gefunden, die ihre Macht einschränken sollten.

Die Funde aus Ugarit haben die Kenntnis der Umwelt Israels gewaltig erweitert und das Verständnis für die Entwicklung des JHWH-Glaubens aus den Traditionen des Alten Orients heraus wesentlich verbessert. Was Israel von seiner Mitwelt unterscheidet, entwickelt sich allmählich in generationenlanger Auseinandersetzung mit ihr.

_ AUSGELEGT

Vorratskrüge

1975 wurde auf der alten Handelsroute zwischen dem Golf von Akaba und Gaza eine Karawanserei aus dem 8. vorchristlichen Jahrhundert ausgegraben (Kuntilet Ajrud). Dies war die Zeit, als die beiden Königreiche Israel und Juda nebeneinander bestanden und Propheten wie Amos oder Hosea auftraten. Auf zwei grossen Vorratskrügen aus den Gebäuden der Karawanserei fanden sich neben Malereien kurze Inschriften mit Segenssprüchen.

Der eine Krug befand sich in einem kleinen Vorraum gleich neben dem Eingang des Hauses. Auf ihm sind rote Strichmalereien verschiedener Tiere erkennbar: Pferde, Löwen, ein Eber, Ziegen, die Blätter eines stilisierten Baumes fressen, eine Kuh mit Kalb. Daneben sind eine auf einem Stuhl sitzende Harfenspielerin und zwei menschengestaltige Schutz-Dämonen gemalt. Quer durch den Kopfschmuck einer dieser Gestalten hindurch geschrieben, findet sich ein Segensspruch, dessen zweiter Teil lesbar ist (Zeilen 1–2).

Der andere Krug stand im Hof. Er ist mit schwarz-roten Strichmalereien von Tieren und fünf im Profil dargestellten Menschen mit erhobenen Armen versehen. Hinter

diesen verläuft in einer schmalen Kolumne ein Segensspruch, dessen erster Teil einigermassen lesbar ist (3–6). Diese Inschrift ist teilweise mit einzelnen Buchstaben und offenbar zusammenhangslosen Wörtern überschrieben, zudem aber auch mit einer zweiten Inschrift, die wie ein Kommentar zum Segensspruch wirkt (7–10).

Eine ähnliche Inschrift wie auf diesen Vorratskrügen, aber einige Jahrzehnte jünger, findet sich auf der Innenwand eines Grabes in der Nähe von Hebron (Chirbet el-Qom), das 1967 entdeckt wurde. Sie steht über einer offenen, mit den Fingern nach unten weisenden Hand und ist wegen Sprüngen im Stein und Überschreibungen schwierig zu lesen (11–14).

Segensworte

Die Kruginschriften weisen Ähnlichkeiten mit Briefeinleitungen auf, wie sie in privaten und geschäftlichen Briefen aus dieser Zeit gefunden wurden. Hier aber, auf den Krügen, wurde der von *JHWH und seiner Aschera* erbetene Segen für Menschen, die in der Karawanserei stationiert waren oder dort durchreisten, öffentlich bekanntgemacht.

Die Inschrift auf dem einen Krug (1–2) nennt *JHWH von Samaria und seine Aschera*. Samaria war die Hauptstadt des Nordreiches Israel, und die Erwähnung eines *JHWH von Samaria* legt nahe, dass JHWH zu dieser Zeit in der Hauptstadt einen Tempel hatte. In 1Kön 16,32 wird von Ahab, der in der ersten Hälfte des 9. Jahrhunderts König von Israel war, berichtet, er habe in Samaria einen Baaltempel und eine Aschere, das heisst ein der Göttin Aschera zugeordnetes Kultsymbol in Gestalt eines Baumes, aufgestellt. Nach 2Kön 13,6 stand diese Aschere fünfzig Jahre später immer noch, war also von der Vernichtung des Baalstempels unter König Jehu (2Kön 10,27) nicht betroffen. Möglicherweise stand dieses Kultsymbol einige Jahrzehnte später, zur Zeit, als die Karawanserei in Betrieb war, immer noch, so dass die Menschen, die in dieser Inschrift von *JHWH aus Samaria und seiner Aschera* lasen, auch dieses Kultsymbol im Auge hatten.

Auf dem zweiten Krug ist zwei mal *JHWH von Teman und seine Aschera* (4–5.7) genannt. Teman war eine Region oder Stadt im südöstlichen Negev, wo offenbar auch ein JHWH-Heiligtum stand. In dieser abgelegenen Durchgangsstation trafen sich also Menschen, die sich einem lokalen *JHWH und seiner Aschera* aus dem Süden und solche, die sich einem lokalen *JHWH und seiner Aschera* aus dem Norden verbunden fühlten. Mit den Inschriften wurde ein Stück Präsenz dieser unterschiedlichen JHWHs und Ascheras in einen abgelegenen Ort und auf einen weiten Weg geholt.

Zum genauen Bezug zwischen JHWH und seiner Aschera gibt es verschiedene Vermutungen. Durch die Brille der alttestamentlichen Texte aus der Exilszeit gelesen wäre eine Verbindung zwischen Israels Gott und der kanaanäischen, für alles Unglück verantwortlich gemachten Göttin ja überhaupt nicht vorstellbar. Liest man die Inschriften aber, als ob es sich um irgendwelche Gottheiten handelte, ist klar, dass hier von einem festen Götterpaar die Rede ist. Die Verbindung von Götternamen durch Possessivpronomina ist sonst nicht üblich. Der männliche Gott JHWH wird jeweils zuerst genannt, die weibliche Göttin Aschera ihm zugeordnet. Der Segen wird zunächst vom Gott erbeten, die Göttin erscheint als eine mithandelnde oder ausführende Begleiterin. Mehr lässt sich von diesen Inschriften her über die Beziehung zwischen JHWH und Aschera jedoch nicht sagen.

_ VEREHRT

Auf dem Weg zum Monotheismus

Die Inschriften zeigen gegenüber dem JHWH-Bild des Alten Testaments zwei Besonderheiten der JHWH-Verehrung im Israel und Juda der Königszeit: JHWH war erstens lokal bestimmt, d. h. mit einem Tempel oder Heiligtum an einem bestimmten Ort verbunden, zu dem sich die entsprechenden Menschen offenbar zugehörig fühlten. Und JHWH war zweitens nicht allein, sondern hatte eine Begleiterin, die offenbar seine beschützende und segensvolle Macht unterstützte. Beides sind Merkmale auf dem Weg einer über die Jahrhunderte entstehenden universalen und monotheistischen JHWH-Religion, auf einem Weg, der, auch wenn er eine spezielle und bis heute für die drei monotheistischen Weltreligionen bedeutsame Entwicklung darstellt, in seinem zeitgeschichtlichen Kontext betrachtet werden muss. In diese Entwicklung gehört auch die Phase der sogenannten Monolatrie, der Verehrung eines einzigen Gottes im Bewusstsein, dass andere Gruppen und Völker andere Götter haben. JHWH gewann sein Profil in den Auseinandersetzungen mit Göttern und Göttinnen vor und neben ihm. Diese Auseinandersetzung war sowohl von Ablehnungen wie auch von Auf- und Übernahmen gekennzeichnet. Die Ausprägungen religiöser Vorstellungswelten spiegeln auch die Lebensweisen und Herrschaftsverhältnisse der betreffenden Gesellschaften wider. Um die JHWH Vorstellung dieser Zeit zu verstehen, ist deshalb ein Blick in die religiöse Welt dieser Region angezeigt.

Vom Götterpaar zum Pantheon

In frühester Zeit und später noch in ländlichen Gegenden wurde oft nur ein Götterpaar verehrt, grob gesagt, Mutter Erde und Vater Himmel, aus deren Beziehung der Regen hervorgeht. Manchmal war es eine Art göttlicher Kernfamilie, etwa der alte Gott El, seine Frau Aschera und der jugendliche Sohn Baal. Je differenzierter die Gesellschaft, etwa in einer grösseren Stadt mit zahlreichen Aussenbeziehungen, desto umfangreicher gestaltete sich auch die Götterwelt. Diese bildete sowohl Familie wie Staat ab. Die Mythen erzählten von den Beziehungen und Macht-

verhältnissen unter den Göttern und Göttinnen und liessen es damit auch als plausibel erscheinen, dass einzelne Götter nur beschränkte Wirkungsmacht gegenüber ihren Verehrern hatten.

«Die erweiterte Götterfamilie bewohnte den Himmel über den Metropolen des 2. und frühen 1. Jahrtausends: Ugarit, Tyrus und Sidon, auch Byblos und Jerusalem. In der Kleinstadt, gar im Dorf waren die Verhältnisse einfacher, manchmal gab es nur ein Götterpaar, manchmal eine Trias, selten mehr. In Jerusalem mochte man theologisch über die Verwandtschaft zwischen Jahwe, El und den anderen Göttern spekulieren, in einem Dorf bei Hebron genügte es, dass Jahwe Judas Stammesgott und für den Regen zuständig war und Aschera seine Frau, die er von El geerbt hatte.» (Knauf 247) Je kleiner das Pantheon, desto mehr Funktionen kommen dem einzelnen Gott oder der einzelnen Göttin zu. So ist es nicht ungewöhnlich, dass lokale Gottheiten Züge anderer Gottheiten übernehmen oder verschiedene Götter oder Göttinnen miteinander verschmelzen. Dies macht die Übersicht über die damalige Götterwelt ungeheuer schwierig. Es erklärt auch, warum derselbe Gott an verschiedenen Orten eben nicht ganz derselbe ist und die Verfasser der Krug-inschriften nicht einfach von JHWH, sondern von *ihrem* JHWH Segen erhoffen. Auf diese, in der Wissenschaft als Polyjahwismus bezeichnete Form der Verehrung verschiedener lokal gebundener JHWH-Götter antworten in der Bibel später dann Texte wie Dtn 6,4: *Höre, Israel, JHWH unser Gott ist einer.* (vgl. Einheit 12)

Wie kam JHWH zu einer Partnerin?

Darüber lassen sich nur Vermutungen anstellen. Über die Herkunft des Gottes JHWH weiss man nichts Sicheres. Die biblischen Texte, die sein Erscheinen schildern, zeigen ihn als Wetter- und Berggott. Wenn von seinem Kommen die Rede ist, tritt er aus dem Süden des palästinischen Kulturlandes auf (Ri 5,4–5), wo die erwähnte Stadt Teman lag (4.7). Dort wird wohl auch sein ursprünglicher Berg gelegen haben, der möglicherweise seinen Namen trug, später jedoch mit dem heutigen Djebel Musa im Süden der Sinaihalbinsel als dem Berg Sinai identifiziert wurde (Ex 3,1–18). Seine Erscheinungsweise in Feuer und Rauch (Ex 13,21–22;19,18) könnte auch auf einen Vulkan deuten (vgl. Einheit 6). Als nordarabischer Berggott war er wohl ursprünglich ein Single, wie andere, ähnliche Götter.

Aschera war in Kanaan die Frau Els, der vermutlich wie in Ugarit so auch in den kanaanäischen Städten Palästinas der oberste Gott des Pantheons war. Aschera ist also keine fremde Göttin im Gebiet Israels, sondern eine einheimische. JHWH, den wohl eine einwandernde Volksgruppe nach Kanaan mitbrachte, ist dort mit El verschmolzen worden und hat so Aschera als Frau übernommen. Er ist dann zum Nationalgott Israels geworden, das ja nicht JHWH, sondern El in seinem Namen führt, was darauf hinweist, dass zunächst El der Gott Israels war. «Wir haben uns den historischen Ablauf damit wahrscheinlich so vorzustellen, dass sich der Emanzipationsprozess der ländlichen Unterschicht der kanaanäischen Gesellschaft in einer ersten Phase noch unter Berufung auf den Gott El vollzog und erst in einer zweiten Phase die Exodusgruppe von Osten her in das mittelpalästinische Bergland einströmte und dem Stämmeverband ihren Gott Jahwe vermittelte» (Albertz 119). JHWH eignete sich als «Einzelgott der südlichen Wüstenregion» besser für eine sich aus vorhandenen Machtverhältnissen befreiende Bevölkerungsgruppe als der im Land als Götterkönig etablierte El.

Auch dieser neue Gott JHWH wurde in Heiligtümern verehrt, wohl zunächst einfach in den bereits vorhandenen. Verbreiteter als geschlossene Tempel, wie es sie in den kanaanäischen Städten gab und wie ein erhaltenes JHWH-Heiligtum in Arad zeigt, waren im Bergland offene Kultstätten, die Kulthöhen oder Höhenheiligtümer, zu denen zumindest ein Opferaltar sowie zwei alte Fruchbarkeitssymbole gehörten: ein Stein als Symbol für die männliche sowie ein Baum als Symbol für die weibliche göttliche Präsenz. Die Verehrung JHWHs geschah offenbar ohne grössere Probleme in diesen traditionellen Kultformen. Damit gehörte der Baum oder Holzpfahl, der in der Bibel den Namen der Göttin Aschera trägt, selbstverständlich mit zum JHWH-Kult.

Populärer Göttinnenkult

Dass für die Königszeit Israels und Judas nicht von einem Monotheismus ausgegangen werden kann, zeigen auch die Texte des Alten Testaments. Nach 1Kön 18,19 gab es um 860, zur Zeit des Königs Ahab, 400 Ascherapriester neben 450 Baalspriestern. «Die Popularität, welche die Verehrung einer Göttin an der Seite Jahwes die ganze vorexilische Zeit über hatte, ist kaum zu überschätzen.» (Albertz 133) Dies gilt vor allem für die private Frömmigkeit, wie zahlreiche Funde von weiblichen Figurinen in Privathäusern in Palästina aus allen Jahrhunderten zeigen. Aber den alttestamentlichen Texten kann sogar entnommen werden, dass der Aschera-Kult zu gewissen Zeiten von höchster Stelle aus religionspolitisch aufgewertet wurde, so unter König Manasse (um 650), der eine Aschere anfertigen und im Tempel in Jerusalem aufstellen liess (2Kön 21,7). Das bedeutet, dass der Aschera-Kult offiziell mehr oder weniger zum JHWH-Kult gehören konnte, ohne eine selbständige Bedeutung zu erlangen. Aschera hatte, wie sich aus Dtn 16,21 erschliessen lässt, keinen eigenen Tempel und keinen eigenen Altar im Jerusalemer Tempel, sondern ihr Symbol stand neben JHWHs Opferaltar. Vor der Reform des Königs Joschija (um 620–610) wurde dort offenbar neben Baal und verschiedenen Astralgöttern auch Aschera verehrt (2Kön 23,4–7).

Welche Rolle Aschera in der Privatfrömmigkeit spielte, ist nicht genauer bekannt. Die Inschriften in Kuntilet Ajrud

und Chirbet-el-Qom deuten darauf hin, dass sie als bewahrende und segnende Kraft neben JHWH eine Bedeutung hatte. Wie weit die zahlreichen archäologischen Funde, die eine Frau oder Göttin abbilden, etwas mit Aschera zu tun haben, ist schwer zu sagen. Aus biblischen Texten ergibt sich kein Hinweis auf die Funktionen der Göttin Aschera. Ebenso wenig weiss man Genaueres über die Kultsymbolik, nicht einmal, wie eine Aschere wirklich ausgesehen hat – nur dass sie aus Holz war und darum die Jahrhunderte auch nicht überdauern konnte. Die Verbindung zwischen der Gottheit und ihrem Kultbild hat sich im Lauf der Zeit sicher verändert. Das Kultbild bedeutete jedenfalls nicht einfach, wie die spätere biblische Polemik behauptete, die Gottheit selbst, sondern war vor allem das Zeichen ihrer Präsenz am Kultort.

Verbindungen zwischen Baum und Göttin sind in den Religionen des Alten Orients verbreitet, ohne dass der Bezug zu der in den hier behandelten Texten erwähnten Aschera einlinig zu ziehen ist. Archäologische Funde zeigen für die Bronzezeit (3000–1200) in Palästina eine enge Verbindung von Bäumen oder Zweigen mit einer nackt dargestellten Göttin. Das hebräische Wort für Göttin – Elah, die weibliche Form von El – bedeutet zugleich Baum. Ab der Mitte des zweiten Jahrtausends wird an Stelle der Göttin oft nur noch der Baum dargestellt. Das in Gen 30,37–41 erzählte Fruchtbarkeitsritual Jakobs mit den Zweigen weist auf die Bedeutung der Baumgöttin für die Fruchtbarkeit der Herde hin.

Verbot der Göttinnenverehrung

Der Widerstand gegen den Ascherakult begann erst im 7. Jahrhundert unter den deuteronomischen Theologen. Noch hundert Jahre zuvor bei Hosea war die Einzigkeit JHWHs nur gegen männliche Konkurrenten verteidigt worden, eine Göttin an JHWHs Seite tangierte seine Einzigkeit offenbar nicht. Vielleicht reagierten die Theologen aber auch auf die staatliche Aufwertung der Göttin unter Manasse. Zunächst ging es nicht um ein Verbot, sondern um eine Marginalisierung Ascheras in der offiziellen Religion. Gleichzeitig wurde der JHWH-Kult zentralisiert und damit der Polyjahwismus aufgehoben. Im Zusammenhang mit den Reformen unter König Joschija wurde dann der Ascherakult aus dem nationalen offiziellen Kult entfernt (2Kön 23,6). Wie sich dies auf die Religiosität im Land auswirkte, ist nicht bekannt (vgl. Einheiten 11–12). Erst im Exil wurde Aschera dann vollständig von JHWH getrennt, mit negativen Wertungen belegt, dem zuvor schon bekämpften Baal als Gefährtin beigesellt (ein solches Paar Baal und Aschera gibt es ausserhalb der Bibel nicht) und für den Untergang der beiden Staaten Israel und Juda mit verantwortlich gemacht. In der Abwertung wird Aschera nicht einmal mehr als Göttin, sondern nur noch als Kultobjekt verstanden. In manchen biblischen Texten gilt sie nur noch als Chiffre für die Untreue des Volkes gegenüber seinem Gott JHWH. Der Kampf gegen

Andere Gottesbilder
im Text
_ Die Aschera (2.5.7.14):
Ex 34,13; Ri 6,25-32;
2Kön 21,2-7; Am 8,14
_ Die Segenspenderin
(1-2.4-5):
Ps 147,8
_ Die Retterin (14):
vgl. Einheit 5

Andere Gottesbilder
im Umfeld
_ Der Baum:
1Kön 14,23; Jer 3,13;
Ez 6,13; 20,28
_ Die Astarte:
Ri 2,13; 1Sam 7,3; 12,10;
31,10; 1Kön 11,5.33
_ Die Urmutter:
Gen 3,20

die Verehrung der Göttin in Israel war jedoch offenbar keine einfache Sache, und inwieweit er wirklich gelang, ist nicht bekannt. Auch nach dem Exil ging die Abwertung der Aschera und ihres Kultes im Judentum weiter. Ob dies zur Verarbeitung der Vergangenheit zu zählen ist oder vielleicht sogar darauf hindeutet, dass die Ascherafrömmigkeit in nachexilischer Zeit wieder auflebte, lässt sich nicht mehr feststellen. Die endgültige Überwindung der Aschera und ihres Kults ist nach dem Jesajabuch jedenfalls erst ein Zeichen der Endzeit (Jes 27,9).

Die Integration männlicher und weiblicher Seiten in ein einziges Gottesbild gelang in der Entwicklung der jüdischen und später auch der christlichen Religion offenbar immer nur ansatzweise. Aschera als einstige Partnerin Gottes hinterliess eine Leerstelle, die heute insbesondere von feministisch-theologischer Seite benannt wird. In der christlichen Religion wurde sie im Lauf der Geschichte mit weiblichen Heiligenfiguren, in erster Linie durch die Marienverehrung, aber auch durch die mystische Frömmigkeit ausgefüllt (vgl. Einheit 25).

_ NACHGEFRAGT

Vom Text her

_ Welche Rolle spielen Segenssprüche für Ihren Glauben und ihre religiöse Praxis? Bei welchen Gelegenheiten hören oder sprechen Sie Segenssprüche?

_ Hat für Sie Gott in irgendeiner Weise eine Partnerin? Was löst dieser Gedanke bei Ihnen aus?

_ Gibt es Lebensbereiche, in denen für Sie Gott nicht zuständig ist? Ist dort eine andere Instanz zuständig? Wer oder was?

_ Wenn Sie lesen, dass es früher einmal verschiedene JHWHs gab, die dann zum einen Gott Israels wurden, was schliessen Sie daraus für die Verständigung unter den Weltreligionen heute?

Zum Gottesbild hin

Welche Beziehung haben Sie zu Bäumen? Hatten Sie in der Kindheit oder Jugend einen bestimmten Baum, der Ihnen etwas Spezielles bedeutete? Was? Gibt es heute für Sie so einen Baum?

_ Wer ist für Sie Maria? Was bedeutet sie für ihren Glauben?

_ Vermissen Sie weibliche Elemente im christlichen Gottesbild? Wie füllen Sie für sich diese Lücke?

_ Gilt der Satz aus der Schöpfungsgeschichte *Es ist nicht gut, dass der Mensch allein ist* auch für Gott?

_ Denken Sie, dass Frauen andere religiöse Formen und Vorstellungen brauchen als Männer? Wo sehen Sie mögliche Unterschiede?

_ GELESEN

_ Rainer Albertz, Religionsgeschichte Israels in alttestamentlicher Zeit 1; Göttingen 1992.

_ Tilde Binger, Asherah. Godesses in Ugarit, Israel and the Old Testament; Sheffield 1997.

_ Christian Frevel, Aschera und der Ausschliesslichkeitsanspruch JHWHs; Weinheim 1995.

_ Otto Kaiser, Jahwe, der Gott Israels, Schöpfer der Welt und des Menschen (Theologie des Alten Testaments 2); Göttingen 1998.

_ Othmar Keel / Christoph Uehlinger, Göttinnen, Götter und Gottessymbole; Freiburg 1992; Seiten 239, 241, 243 (Abbildungen auf den beiden Krügen), 269 (in der Grabkammer), 257 (Text B).

_ Othmar Keel / Silvia Schroer, Schöpfung. Biblische Theologien im Kontext altorientalischer Religionen; Göttingen 2002.

_ Ernst Axel Knauf, Die Umwelt des Alten Testaments; Stuttgart 1994.

_ Oswald Loretz, Die Einzigkeit eines Gottes im Polytheismus von Ugarit; in: Manfred Krebernik / Jürgen van Oorschot (ed.), Polytheismus und Monotheismus in den Religionen des Vorderen Orients; Münster 2002.

_ Oswald Loretz, Ugarit und die Bibel. Kanaanäische Götter und Religionen im Alten Testament; Darmstadt 1990; Seiten 71–72 (Texte A–C).

_ Fritz Stolz, Artikel Kanaan in TRE, 539–556.

_ Wolfgang Zwickel, Der Tempelkult in Kanaan und Israel; Tübingen 1994.

GOTT SORGT FÜR
DIE SEINEN.
DER HIRT

GOTT SORGT FÜR
DIE SEINEN.
DER HIRT

_ GESCHRIEBEN

1 Der Herr ist mein Hirt, mir mangelt nichts.
2 Er weidet mich auf grünen Auen.   2
3 Zur Ruhe am Wasser führt er mich
4 neues Leben gibt er mir.   3
5 Er leitet mich auf Pfaden der Gerechtigkeit
6 um seines Namens willen.

7 Wandere ich auch im finstern Tal,   4
8 fürchte ich kein Unheil,
9 denn du bist bei mir,
10 dein Stecken und dein Stab,
11 sie trösten mich.

12 Du deckst mir den Tisch   5
13 im Angesicht meiner Feinde.
14 Du salbst mein Haupt mit Öl,
15 übervoll ist mein Becher.

16 Güte und Gnade werden mir folgen   6
17 alle meine Tage,
18 und ich werde zurückkehren ins Haus des Herrn
PSALM 23   19 mein Leben lang.

_ GESCHRIEBEN

1 Der Herr ist mein Hirt, mir mangelt nichts.
2 Er weidet mich auf grünen Auen.
3 Zur Ruhe am Wasser führt er mich,
4 neues Leben gibt er mir.
5 Er leitet mich auf Pfaden der Gerechtigkeit
6 um seines Namens willen.

52

_ ERLEBT

Einstimmung

Die einführenden Worte unserer Kursleiterin klangen verheissungsvoll.

Ich möchte Dich zu einer Phantasiereise durch die Landschaften dieses Psalms einladen. Mach Dir's bequem, Du kannst Dich gerne hinlegen. Vielleicht möchtest Du die Augen schliessen. Du kannst Dich auf dieser Reise durch meine Worte führen lassen, aber Du kannst Dich auch selbst entscheiden. Vielleicht willst Du andere Wege gehen, vielleicht siehst Du andere Bilder. Du kannst nichts falsch machen. Lass die Bilder in Deinem Innern aufsteigen und schau einfach, was dir begegnet! Willst Du Dich auf diese Reise einlassen? Bist Du bereit?

Ja, ich versuche es mal. Ich bin gespannt, wohin mich die Reise führen wird.

Dann nimm Dir noch einen Moment Zeit, um Dich ganz zu entspannen. Spüre die Fläche, auf der Du liegst, und lass Dich ganz hineinsinken. Horch auf Deinen Atem.

Wiese und Bach

Stelle Dir nun vor, du liegst auf einer Wiese …

… eine Wiese … ja, ich sehe die Wolken über mir, wenn ich meine Augen einen Spalt öffne … die Sonne blendet … das Gras steht hoch, es riecht nach Honig … Insekten summen … wie friedlich! …

Du spürst das Gras unter Dir …

… ich liege weich, eingeschlossen vom hohen Gras … hier sieht mich niemand …

Du schaust Dich um …

… ah, nun muss ich mich aber aufrichten … wo bin ich eigentlich? … das scheint eine Waldlichtung zu sein, ringsherum stehen Bäume … sonst ist nichts zu sehen, kein Tier, kein Mensch, kein Haus …

… nimmst Dir Zeit und spürst, wie es Dir hier geht.

… jetzt fühle ich mich plötzlich etwas einsam … die Sonne brennt senkrecht vom Himmel … was mache ich eigentlich hier? …

In der Nähe rauscht ein Bach. Hörst Du ihn?

Nein, ich höre nichts … ich habe Durst … da soll ein Bach sein? … ich gehe am besten mal Richtung Waldrand …

Du gehst hin, um Dich zu erfrischen.

Ich gehe ja schon. Wo ist nun dieser Bach? … Ich finde keinen, dafür fängt es an zu regnen … es tropft von den Bäumen … ich schaue nach oben, schliesse die Augen und öffne meinen Mund … Regentropfen trinken, das macht Spass …

Jetzt schaust Du auf und siehst einen Weg, der langsam ansteigt.

Schon sehe ich mich auf diesem Weg bergan steigen. Woher kommt plötzlich der Wanderstab in meiner rechten Hand? Ich kann ihn gut gebrauchen, der Weg ist nicht sehr gut ausgebaut … Plötzlich habe ich das Gefühl, ich müsste mich beeilen … Ich keuche beim Weitergehen.

Schlucht und Weite

Du gehst dem Weg nach, er führt in eine Schlucht mit hohen Felswänden.

Jetzt erst blicke ich nach rechts und nach links: Stein auf beiden Seiten … der Weg steigt nicht mehr so steil an, aber er wird immer schmaler …

Es wird immer dunkler.

Jetzt renne ich beinahe … es ist ungemütlich, ich möchte von hier weg …

Du schaust nach oben, zum Licht.

Soll ich? Da muss ich aber stehen bleiben, kurz wenigstens … tatsächlich, ganz weit oben sehe ich einen Streifen blauen Himmel … plötzlich scheinen die Felswände zur Seite zu rücken. Auf einer breiten Strasse gehe ich weiter …

Du gehst weiter bis zum Ende der Schlucht. Es wird wieder heller.

Ich bin schon draussen. Die Sonne scheint wieder durch die Bäume, gleich werde ich oben sein, ich sehe schon den Horizont …

Hütte und Tisch

Du trittst aus der Schlucht hinaus und stehst oben auf dem Berg. Da steht eine Hütte mit einem Tisch davor.

Eine kleine Alphütte steht da, mit rot karierten Vorhängen an den winzigen Fenstern. Tisch und Bank sind aus Stein. Aus dem Kamin steigt Rauch, offenbar ist jemand da …

Auf dem Tisch steht Essen für Dich.

Wie im Märchen «Tischlein-deck-dich» steht plötzlich alles Mögliche auf dem Tisch.

Du kannst Dich setzen. Du kannst hier bleiben.

Ich setze mich auf die Steinbank und lasse meine Augen über den gedeckten Tisch schweifen. Damit habe ich nicht gerechnet, habe nicht gedacht, dass ich hier erwartet werde. Ein gutes Gefühl. Ich ergreife den Krug und schenke mir ein …

Wenn Du Dich gestärkt hast, nimmst Du Abschied von der Hütte und kommst langsam wieder hier an. Öffne Deine Augen, strecke Dich und schau Dich hier in der Gegenwart um.

Es dauerte eine Weile, bis ich mich innerlich von meiner Reise gelöst hatte und wieder in den Kursraum zurückgekommen war. Überrascht erfuhr ich im anschliessenden Austausch, dass die anderen Teilnehmerinnen und Teilnehmer ganz anderes erlebt hatten. Seltsam, sie hatten doch die gleichen Worte gehört wie ich!

_ VERORTET

Ferne Erinnerung

Das Bild des Hirten stammt aus der Lebenswelt der Nomaden, die mit ihren Tieren auf der Suche nach Wasser und Weide unterwegs sind. Im Alten Testament selbst beginnt die Geschichte JHWHs mit seinem Volk in solchen

tip
Mittel:
Lesung des Textes auf CD V/4

Besuch:
in der Kirche San Vitale von Ravenna das Abraham-Mosaik (Italien 548)

Buch:
Tschingis Aitmatow, Abschied von Gülsary (Roman, Kirgisien 1967); Gavino Ledda, Padre Padrone (Roman, Italien 1975); Tschingis Aitmatow, Der Junge und das Meer (Erzählung, Kirgisien 1977); Gavino Ledda, Die Sprache der Sichel (Roman, Italien 1977)

Klassik:
Johann Sebastian Bach, Der Herr ist mein getreuer Hirt (Kantate, Deutschland 1731); Franz Schubert, Psalm 23 (Kantate, Österreich 1822); Franz Liszt, Mein Gott der ist mein Hirt (Kantate, Ungarn 1859); Antonin Dvorak, Zehn Biblische Lieder Nr. 4 (Lied, Tschechien 1894); Leonard Bernstein, Chichester Psalms Nr. 2 (Kantate, USA 1965); Peter Roth, Toggenburger Passion Nr. 4 (Oratorium, Schweiz 1996)

Film:
Paolo Taviani / Vittorio Taviani, Padre Padrone (Italien 1977); Joseph Sargent, Die Bibel. Abraham (Deutschland/Italien/USA 1993)

Lebensformen. Die Familiengeschichten am Anfang der Bibel erzählen vom Beginn der JHWH-Religion bei umherziehenden Hirtenstämmen. Textzeugnisse, die wirklich aus dieser Zeit stammen, fehlen jedoch, denn nomadische Kulturen sind immer mündliche Kulturen. Sie fassen ihre Erfahrungen in Geschichten. Ein Grundbestand solcher Geschichten wird von einer Generation der anderen weitererzählt und trägt mit dazu bei, dass die entsprechende Gruppe ihre eigene Identität findet. Die Geschichten um Abraham und Sara, Isaak und Rebekka, Jakob, Lea und Rahel, die in der Bibel stehen, sind also aus einer zeitlichen Distanz von mehreren Jahrhunderten aufgeschrieben worden.

Was weiss man heute über die Zeit, als die Vorfahren des späteren Volkes Israel noch nicht dauerhaft im Land wohnten? Um dieser Frage unvoreingenommen nachzugehen, muss man sich ein Stück weit von der Geschichte Israels, wie sie später in eine zeitliche Abfolge gebracht und in den Texten des Alten Testaments niedergeschrieben wurde, verabschieden. In diesen Texten sind vielmehr Erfahrungen verschiedener kleiner Gruppen enthalten, die zunächst unabhängig voneinander lebten und unterwegs waren. Später wuchsen die Erzählungen zu einer Geschichte zusammen, mit der sich ein Volk als ganzes identifizierte. So entstand aus vielen Sippenlegenden allmählich eine umfassende Familiengeschichte.

Wie bei Morgarten

Diesen Prozess kann man sich gut an der Art verdeutlichen, wie in der Schweiz traditionellerweise die Entstehungs- und Befreiungsgeschichte gesehen wird. Wenn 1291 allenfalls die drei Urkantone auf dem Rütli vertreten waren und die Aargauer bei der Schlacht von Morgarten 1315 noch auf der falschen Seite standen, so kann doch heute auch eine Genferin oder ein Bündner – beide Kantone kamen erst im 19. Jahrhundert zur Eidgenossenschaft – davon reden, *wie wir Schweizer damals auf dem Rütli und in Morgarten* ... Auf ähnliche Weise identifizierten sich beispielsweise später die Israeliten, die nicht zu den Nachkommen derjenigen gehörten, die aus Ägypten gezogen waren, mit dem Heilsgeschehen rund um den Exodus.

Nomaden werden sesshaft

Soweit man aufgrund archäologischer und kulturhistorischer Quellen die Prozesse, die unter dem Stichwort Landnahme zusammengefasst werden, rekonstruieren kann, zeigt sich in der Zeit zwischen 1500 und 1200 ein Bild langsamer und mehrheitlich friedlicher Ansiedlung der Menschen, die später die Stämme des Volkes Israel bildeten. Dabei handelte es sich wahrscheinlich um Ziehbauern und Kleinviehnomaden aus der Syrisch-Arabischen Wüste und aus dem Süden, die sich vorerst im unbewirtschafteten Bergland Palästinas niederliessen. In seinen Briefen an den Pharao Echnaton in Amarna (vgl.

Einheit 2) beklagt sich der Jerusalemer Vasallenkönig Abdi-Kheba über Personengruppen, die er mit dem Wort *apiru* bezeichnet, das dieselben Konsonanten enthält wie *ibri*, das Wort für die *Hebräer*. Diese Bezeichnung bezieht sich aber nicht auf ein bestimmtes Volk, sondern auf soziale Gruppen, die ausserhalb der kanaanäischen Stadtstaaten, doch in engem kulturellem Kontakt mit diesen lebten. Mit dem allmählichen Zerfall der kanaanäischen Städte am Ende der Bronzezeit (1200) gewannen diese Bevölkerungsgruppen an Einfluss. Sie wuchsen mit der Zeit zu einer Einheit zusammen, die sich dann als *Israel* bezeichnete. Dieser Vorgang ist im Einzelnen nicht mehr rekonstruierbar (vgl. Einheit 7), sondern beruht auf Vermutungen. Die Bibel bewahrt jedoch neben dem Bild einer kriegerischen «Landnahme» auch Erinnerungen an diesen friedlichen Prozess: *Und ich gab euch ein Land, um das du dich nicht abgemüht hattest, und Städte, die ihr nicht gebaut hattet und in denen ihr euch doch niedergelassen habt; ihr esst von Weinbergen und Ölbäumen, die ihr nicht gepflanzt habt.* (Jos 24,13)

Im Gegensatz zu den Gebieten der altorientalischen Grossreiche Ägypten und Mesopotamien längs der grossen Flüsse Nil, Eufrat und Tigris, in denen mit ausgereifter Bewässerungstechnik eine relativ konstante Fruchtbarkeit gewährleistet werden konnte, war die Region von Libanon und Palästina vom Regen abhängig. Die Sommer waren trocken, nur in den Wintermonaten regnete es vom Mittelmeer her. Die Gebiete, in denen die «ersten» Familien der Bibel umherzogen, waren zu trocken für Ackerbau, jedoch geeignet für Kleinviehhaltung.

Sie waren also keine Vollnomaden im Wüstengebiet, sondern Halbnomaden: Im Winter, wenn es regnete, zogen sie mit ihren Herden in die Wüstengebiete, die dann ergrünten. Im Sommer mussten sie diese wegen der Trockenheit verlassen und zurück in die Nähe des Kulturlandes wandern, wo sie auch Ackerbau betreiben konnten – ähnlich wie die Bauern in den Alpen, die im Sommer mit Vieh und Habe auf die Berge ziehen und im Herbst, wenn der Schnee kommt, wieder ins Tal zurückkehren. Sie waren also je nach Saison eher Bauern oder eher Hirten.

Familiale Gemeinschaftsstrukturen

Wie waren diese Menschen organisiert? Die sogenannten Erzelterngeschichten im Buch Genesis berichten von Sippen- und Grossfamilienstrukturen. Kulturhistorisch geht man für Gruppen, die ihre Nahrung umherstreifend suchen, von einer idealen Grösse von etwa 10–30 Personen aus. Jahrtausende lang hatten Menschen als Jäger und Sammler so gelebt. Im Vorderen Orient bildeten sich aus solchen Menschengruppen allmählich streng verwandtschaftlich und patriarchalisch organisierte Sippen oder Grossfamilien heraus. Das Sippenoberhaupt entschied als Richter bei Streitigkeiten. Die Familien lebten als wirtschaftliche Einheit relativ autonom, teilten Besitz und Erwerb und bildeten eigene religiöse Vorstellungen aus, die um ihr Wohlergehen kreisten. Priesterliche Funktionen übernahm ebenfalls das Sippenoberhaupt.

Auch wenn das spätere Israel als Stämmegemeinschaft und Königtum andere religiöse Vorstellungen und Formen entwickelte, blieb diese ursprüngliche familiale Religion als Basis durch die weitere Geschichte hindurch erhalten und gewann schliesslich mit der Zerstörung nationaler Strukturen in der Exilszeit wieder neue Bedeutung. Familiale Strukturen prägten schliesslich auch die Gemeinschaft der Leute um Jesus, die sich als Jünger um einen Meister (Rabbi) scharten. In der späteren Entwicklung des Christentums sind es die Hauskirchen und dann die Orden, die von einem Vater, dem Abt, geleitet werden (vgl. Einheit 25). Heute sind freikirchliche Gemeinden und Hauskreise in der Regel familial strukturiert.

_ EINGEREIHT

Familiensagen

Die Familiengeschichten (Gen 12–35), die in einer Welt umherziehender Nomadengruppen spielen, wurden ursprünglich von den einzelnen Familien als ihre Tradition mündlich weitererzählt. Sie sind an bestimmte Orte gebunden und enthalten typische Erzählmotive aus volkstümlichen Sagen. Die kulturellen und politischen Grossereignisse jener Zeit spiegeln sich kaum darin. Dennoch handelt es sich nicht um private Familiengeschichten oder um Biographien einzelner Personen. Sie dienten von Beginn an dazu, einer Grossfamilie, einer Sippe, einem Stamm und später dem ganzen Volk die eigene Herkunft zu erklären und sie in ihrer eigenen Identität zu bestärken. In diesem Sinn sind es politische Erzählungen.

Literarisch gesehen sind die Familiengeschichten Sagen. Sie handeln von Personen, die eine geschichtliche Bedeutung erlangt haben, und unterscheiden sich dadurch von Mythen, die in vorgeschichtlicher Zeit spielen. Sagen haben einen historischen Kern und spielen an bestimmten Orten zu bestimmten – wenn auch nicht im wissenschaftlichen Sinn datierbaren – Zeiten. Dadurch wiederum unterscheiden sie sich von Geschichtsschreibung. Die biblischen Familiensagen überliefern Erinnerungen aus der vorstaatlichen Zeit Israels. Ob Abraham und Sara, Isaak und Rebekka, Jakob, Lea und Rahel und die anderen Figuren, die darin vorkommen, wirklich historische Personen waren, kann man heute nicht mehr wissen. Sie verkörpern Erfahrungen der Sippen und Stämme, die sich diese Geschichten erzählten, weil sie für sie bedeutsam waren.

Familiensagen halten verwandtschaftliche Beziehungen fest. Sippen, die zu gross wurden, teilten sich auf, blieben einander jedoch freundschaftlich verbunden. Gemeinsame Familiengeschichten, die von Generation zu Generation weitergegeben wurden, garantierten das friedliche Zusammenleben auch auf Distanz. Stammbäume, oft in

Erzählungen gekleidet, gehören darum auch zu diesen Sagen. Schlossen sich Sippen zu grösseren sozialen Gebilden zusammen, wurden die einzelnen Familiensagen verbunden: Der Stammvater der einen Sippe, Abraham, wurde zum Vater des Stammvaters einer anderen Sippe, Isaak, und diesem wurde, als Sohn, der Stammvater der nächsten Sippe, Jakob, zugesellt. So kamen verschiedene soziale Einheiten zu einer einzigen Vorgeschichte, die sie miteinander verband. Auch von den heutigen arabischen Beduinen ist bekannt, dass Stammbäume bei ihnen eine ähnliche Bedeutung und Funktion haben. Sie bieten Orientierung unter Menschen, die nicht (immer) an festen Orten wohnen, und legen Nähe und Distanz zwischen den einzelnen Gruppen fest. Dies hat ganz praktische Auswirkungen auf das Zusammenleben: Es regelt die gegenseitige Hilfe, aber auch die Zuständigkeiten bei Meinungsverschiedenheiten.

Familiale Moral und Religion

Die Familiengeschichten enthalten zahlreiche Ursprungslegenden (Ätiologien). Auffällige landschaftliche Gegebenheiten, Eigennamen, heilige Orte oder andere Merkwürdigkeiten werden beiläufig erklärt. Solche Ursprungslegenden gibt es nicht nur in der Bibel, sondern in allen Kulturen. Oft werden diese Erzählungen ähnlich wie die Märchen mit einer *Moral aus der Geschichte* verbunden. Ein merkwürdiger Salzstein am Toten Meer, in dem fast eine Menschengestalt zu erkennen ist, kann so zum Haftpunkt der Erzählung von Lots Frau werden (Gen 19,24–26): Sie erstarrte, weil sie sich auf dem Weg der Rettung verbotenerweise umgewandt hatte.

Ursprünglich hatte jede dieser Sippen ihren eigenen familialen Gott, der sie auf ihren Wanderungen begleitete. In den Familiensagen der Bibel begegnet er als *der Gott deines / meines / unseres Vaters Abraham / Isaak / Jakob* (etwa Gen 26,24; 28,13). Kamen verschiedene Familien in feindlicher oder freundlicher Absicht miteinander in Kontakt, so waren auch ihre Götter herausgefordert. So heisst es beim Vertragsabschluss zwischen Jakob und Laban *Der Gott Abrahams und der Gott Nachors, sie mögen zwischen uns richten!* (Gen 31,53). Später wurden diese Erzväter zu den Urahnen Israels und zu den ersten Besitzern von Kulturland, das auf ihre zahlreiche Nachkommenschaft überging. Ihre Familiengötter wurden mit Israels einzigem Gott JHWH identifiziert. Das Bild des begleitenden Gottes, der wie ein Hirt für die Seinen sorgt, hat sich über die Zeit der umherziehenden Nomadenfamilien hinaus gehalten und begegnet beispielsweise im 23. Psalm, der selbst aus späterer Zeit stammt. In ihm ist die Erinnerung der Familien lebendig und bedeutsam.

Psalmen

Wie sind die Psalmen entstanden? Wer hat sie verfasst? Wozu und für wen? Welche konkreten Erfahrungen und Situationen stehen hinter dem Klagen und Jubeln? Diese

Fragen beschäftigen nicht nur die exegetische Wissenschaft, sondern regen auch die Phantasien der Leserinnen und Leser an. Vieles lässt sich hineindenken, denn so plastisch und lebensnah Not und Befreiung, Klage und Jubel einem entgegenkommen, so allgemein bleiben sie, wenn man genauer fragt, was denn gemeint ist. Wer sind etwa die immer wieder genannten Feinde, vor denen der Betende gerettet werden will? Sind es böse Nachbarn? Andere Völker? Politische Unterdrücker? Oder sind es widrige Umstände? Feindselige Lebenssituationen? Oder gar innere Stimmen? Negative Stimmungen? Weil dies alles im Unklaren bleibt, erscheinen die Psalmen zeitlos und für unterschiedliche Situationen passend und hilfreich. Und das ist wohl auch die Absicht. Die Psalmisten wollen nicht erzählen, wie es einmal war, sondern formulieren, wie es immer wieder sein könnte, damit Menschen aller Zeiten mit ihren Lebenssituationen in diese Texte hineinschlüpfen können wie in ein Kleid aus Sprache.

Psalmen sind schwer datierbar. Ihre Ursprungssituationen liegen im Dunkeln, ihre wirklichen Verfasser sind unbekannt. Ihre Verwendung ist ihnen wichtiger als ihre Entstehung. Sie wurden gesammelt, gebetet, gesungen. Ihr Sinn ist nicht an der Ursprungssituation festgemacht, sondern bleibt offen für andere Erfahrungen, mit denen sie gelesen werden. Sie sind nicht als Bekenntnisse einzelner Menschen geschrieben, sondern als Gebrauchstexte für viele, um Ängsten und Hoffnungen eine Sprache zu geben. Die Wissenschaft spricht vom *transparenten Ich*, das sich in den Psalmen ausdrückt. Damit ist nicht ein bestimmter Mensch gemeint, sondern immer gerade derjenige, der den Psalm liest, singt oder betet.

Obwohl als Gebrauchstexte für viele verfasst, sind zwei Drittel der Psalmen einzelnen Verfassern und damit teilweise auch bestimmten Situationen zugeordnet worden. Etwa für die Hälfte ist es der König David, dem in alten Erzählungen ja musiktherapeutische Fähigkeiten zugeschrieben werden (1Sam 16,23) und der bis heute oft mit einem Musikinstrument im Arm dargestellt wird. An besonderen Figuren aus der Geschichte Israels sind noch Moses und der König Salomo unter den Psalmdichtern genannt, die übrigen Namen gehören zu den Sängerfamilien am salomonischen Tempel. Dadurch entsteht der Eindruck, die Psalmen seien alt und gehörten in die Blütezeit des israelitischen Königtums. Die Forschung geht davon aus, dass die Psalmen zumindest in ihrer heutigen, schriftlichen Form um einiges jünger sind, wobei über das genauere Alter unter den Forschern grosse Differenzen bestehen. Über ihr mündliches Vorleben lässt sich kaum etwas Sicheres sagen, nur dass es sie gibt, seit es den Tempel gibt, denn dort werden sie gesprochen.

Klagen und Loben

Aus Beobachtungen zur sprachlichen Form und Struktur wurden Psalmgattungen konstruiert: als Hauptgattungen Klagepsalmen und Lobpsalmen, diese wiederum unterteilt in Bittgebete und Danklieder. Quer dazu verläuft die Unterscheidung nach den Sprechenden: sind es Einzelne (Ich-Form) oder ist es ein Kollektiv (Wir-Form)?. Die Formelemente finden sich ähnlich auch in anderen altorientalischen Gebeten. Sie sind sozusagen die «Bausteine», aus denen die Psalmen als Gebrauchstexte für alle möglichen Situationen gebaut wurden. Dabei können einzelne Bauelemente verdoppelt werden oder ausfallen.

Demnach weist der durchschnittliche Klagepsalm die folgenden Formelemente auf: die Anrufung Gottes, die Beschreibung der Not, die Bitte um Hilfe, das Beteuern der eigenen Unschuld, die Äusserung des Vertrauens, ein Versprechen für den Fall der Rettung und der Dank für die erfolgte Rettung. Und die Formelemente des durchschnittlichen Lobpsalms sind: die Aufforderung zum Lob Gottes, die Angabe des Grundes zum Lob, eine Aufforderung zum Einstimmen, der Rückblick auf die Not, der Bericht von der Rettung und das Versprechen zu loben.

Die poetische Sprache der Psalmen

Die übliche Hauptunterteilung in Klage- und Lobpsalmen verleitet zu einem Entweder-Oder-Denken, das den Psalmen nicht angemessen ist. Zu unterscheiden ist vielmehr die zeitliche Perspektive, aus der das Geschehen betrachtet wird: Mit Lob beginnt, wer die Not schon hinter sich hat und im Rückblick nochmals davon redet. Mit Klagen beginnt, wer Gefahr befürchtet oder mitten in der Not steckt. Kein Psalm bleibt jedoch in der Klage stecken, kein Psalm lobt ohne den Hintergrund der Erfahrung von Gottes Hilfe und Güte in schweren Zeiten. Klage und Lob, so gegensätzlich sie scheinen mögen, sind die beiden Pole der einen Bewegung vom Tod zum Leben. Nur wenige Psalmen sind ohne diese Bewegung (Ps 55; 77; 88).

Psalmen sind «gedichtete Sprache», Poesie. Das bedeutet, dass mit Stilelementen zu rechnen ist, die unserem linearen Denken als Brüche, Wiederholungen und Widersprüche erscheinen. Auch die Zeit erscheint in manchen Psalmen verdichtet zu sein. Ein innerer Umschwung vom tiefverzweifelten *Mein Gott, warum hast du mich verlassen* zum begeisterten *In der Versammlung will ich dich loben* (Ps 22) wird meist längere Zeit beanspruchen, als benötigt wird, um den Psalm zu lesen. Schritte vom Tod zum Leben, wie sie die Psalmen zum Ausdruck bringen, brauchen in Wirklichkeit manchmal Jahre.

Die Sprache der Psalmen drückt sich in Bildern aus. Sie stammen aus der Natur (Meer, Berg, Tiere usw.), der damaligen sozialen Lebenswelt (Hirt, Zelt, König, Burg, Bauer usw.) und der religiösen Vorstellungswelt (z.B. aus dem altorientalischen Mythos des Chaos-Drachen-Kampfes). Manche dieser Bilder haben, auch wenn ihnen in der heutigen Lebenswelt kaum mehr reale Bedeutung zukommt, symbolische und archetypische Kraft. Sie lösen auch bei heutigen Leserinnen und Lesern eigene, innere Bilder aus und öffnen ihren Sprachraum für eigene Erfahrungen. Selbst wenn niemand mehr Schafe hütet, verstehen die meisten die Bilder des Psalms 23. Die Bildsprache der Psalmen ist fähig zu integrieren.

Semitische Poesie hat die Eigenheit, kurze Gedanken nebeneinander zu stellen, allenfalls mit einem *und* verbunden. Zwei oder manchmal drei solcher Sätze bilden zusammen einen Vers. Sie können dabei in verschiedenen Beziehungen zueinander stehen. Entweder: Der zweite Satz drückt den gleichen Gedanken in anderen Worten und Bildern aus – das gibt dem Leser die Möglichkeit, die Sache aus einer anderen Perspektive nochmals zu betrachten. Man sieht ja auch erst mit beiden Augen die perspektivische Tiefe, die sich aus den beiden leicht unterschiedlichen Bildern ergibt, die die Augen ans Hirn senden (1–2). Oder: Der zweite Satz ergänzt den ersten, fügt ihm einen weiteren Aspekt hinzu (12–15) bzw. steigert ihn (16–19). Oder: Der zweite Satz verdeutlicht den ersten, indem er den Gegensatz ausmalt (Ps 30,6). Oder: Der eine Satz enthält die Bildhälfte, der andere die Sachhälfte eines Vergleichs (3–4). Die Wiederholung eines früheren Verses schliesslich bündelt manchmal in der Art eines Refrains mehrere Verse zu einer Strophe.

Manche Unterscheidungen, die wir in unserer Sprache und unserem Denken gewöhnlich machen, sind den Psalmen fremd. Sie reden ganzheitlicher und können dadurch anregen, manches wieder zusammenzudenken: Schöpfung und Geschichte sind in gleicher Weise Werke Gottes. Leiden wie Wohlergehen der Menschen werden, wie man heute sagen würde, psychosomatisch betrachtet. Denken und Fühlen sind noch beisammen. Nichts Menschliches wird aus den Gebeten ausgeschlossen, weil es zu profan oder zu gewöhnlich wäre. Die Menschen reden mit Gott wie mit ihresgleichen. Was sie von ihm erbitten und ihm verdanken, sind konkrete Dinge des Lebens, nicht etwa nur geistige Güter: Nahrung und Kleidung, Sicherheit und Gesundheit, Wohlstand und Glück in der Familie und im ganzen Volk.

_ AUCCELECT

Aufbau

Psalmen führen durch ihre Struktur die betende Person durch verschiedene innere Haltungen gegenüber Gott und geben ihr auf diese Weise die Möglichkeit, die ihr im Moment entsprechende Haltung zu finden, sie aber auch im Beten zu verändern. Psalm 23 beginnt mit einer bekenntnisartigen Vertrauensäusserung (1–6), wechselt dann zur direkten Anrede Gottes (7–15), um wieder mit einer Vertrauensäusserung abzuschliessen (16–19). Die Haltung des Betenden wechselt ebenfalls zwischen passivem Vorsorgen- und Führenlassen (1–6 und 12–15) und aktivem Unterwegssein (7–11 und 16–19). Die Motive, Gottesbilder und Themen bilden eine sich überkreuzende Struktur, die dem Text eine spiralförmig fortschreitende Dynamik verleiht.

Zeilen	Rede	Haltung	Motiv	Gottesbild	Thema	Weg
1–6	Vertrauensäusserung: er–ich	Passiv	Ruhe	Hirt	Essen und Trinken	Sicher unterwegs
7–11	direkte Anrede: ich–du	Aktiv	Gefährdung	Hirt	Schutz	Gefährdet unterwegs
12–15	direkte Anrede: du–ich	Passiv	Gefährdung	Gastgeber	Schutz	Ankunft
16–19	Vertrauensäusserung: ich–er	Aktiv	Ruhe	Gastgeber	Essen und Trinken	Bleiben

Im hier individuell gezeichneten Weg lassen sich auch die Stationen der Heilsgeschichte Israels erkennen: Der Weg durch die Wüste nach dem Auszug aus Ägypten (1–6), die Ansiedlung im verheissenen Land (7–11), der durch die Propheten angekündigte zweite Auszug aus dem babylonischen Exil (12–15) und der Neubau des Tempels (16–19). Sind dies bewusste Anspielungen auf die Geschichte, so dürfte der Psalm erst in der Zeit nach dem Exil entstanden sein.

Bildmotive um den Hirten

Die Erfahrungen mit Gott werden in Bildmotiven ausgedrückt: Der Hirt führt seine Tiere so, dass sie genügend Nahrung finden, und beschützt sie vor allen möglichen Gefahren. Im Alten Orient wurde der König als Hirt seines Volkes gesehen. So trug der babylonische König etwa den Titel *Hirt der Schwarzköpfigen*. Im Bild des Hirten sind Schutz und Sorge ausgedrückt, aber auch leitende Macht, wie sie in den beiden Wörtern *Stecken und Stab* (10) enthalten ist: Der eine dient zur Abwehr wilder Tiere und feindlich gesonnener Menschen, der andere zur Führung der Herde auf dem rechten Weg. Das Zepter des Königs ist aus dem Stab des Hirten entwickelt.

Gott als Hirt gibt neues Leben. Das hebräische Wort meint die Lebenskraft, die Vitalität des Menschen. Der hebräische Ausdruck, den Luther mit *er erquicket meine Seele* umschreibt (4), bedeutet wörtlich übersetzt *er lässt meine Lebenskraft zurückkehren*. Damit ist nicht nur ein Ausruhen gemeint, wie manche es vielleicht in einem wohlverdienten Urlaub nach einer von Stress geprägten Arbeitsphase erleben. Hier sind todesähnliche Erfahrungen angesprochen, wie die Psalmen sie in unterschiedlichen Bildern beschreiben: bedroht von wilden Tieren, versinkend im tiefen Schlamm, ausgeschüttet wie Wasser usw. Auch das *finstere Tal* (7), wörtlich übersetzt *die Schlucht des Todesschattens*, meint einen solchen Raum, in dem der Mensch seine Lebenskraft vermisst.

In modernen, von Autobahnen und asphaltierten Strassen durchzogenen Ländern, verlieren die Bilder von Weg und Strasse ihre Aussagekraft. Man muss sich die Beschwerlichkeit eines Fussmarsches durch einige steinige und dornige Landschaften zuerst vor Augen halten, um sie zu verstehen. Der *Pfad der Gerechtigkeit* (5) oder, anders übersetzt, *die rechte Strasse* ist ein Bild für die richtige Lebensführung in Beziehung zu Gott, für das Leben innerhalb der von Gott gegebenen Lebensordnungen.

Der reale Hirt hat ein Interesse, die Tiere gut zu führen und für sie zu sorgen: Sie sind sein Kapital, er lebt davon. Gott dagegen tut dies alles *um seines Namens willen* (6). Wie ist das zu verstehen? Der Name Gottes, den er dem Nomadenführer Mose im brennenden Dornbusch preisgibt (Ex 3), kann übersetzt werden mit *Ich bin*, ist aber nicht als abstrakte philosophische Formel zu verstehen, sondern als Zusage *Ich bin da, ich bin bei dir*. Um diese Zusage wahr zu machen, tut Gott, was der Betende zu Beginn des Psalms von ihm bekennt. Und dann wandelt er diese Zusage selbst in eine Vertrauensaussage um: *denn du bist bei mir* (9), selbst in der Schlucht des Todesschattens. Dieses Vertrauen speist sich aus den zahlreichen Erfahrungen Einzelner und des ganzen Volkes, dass Gott immer wieder gerettet, bewahrt und geholfen hat.

Bildmotive um den Gastgeber

Im zweiten Teil des Psalms wechselt das Bild zum Gastgeber, der zu einem reichlichen Essen einlädt. Der Abschnitt (12–19) enthält einige schwer zu verstehende Elemente, die in der Wissenschaft zu Vermutungen über eine mögliche Ursprungssituation geführt haben. Mit dem Haus Gottes (18) ist zunächst der Tempel gemeint. Man hat sich die Szene also im Tempel von Jerusalem vorgestellt. Die Feinde, die offenbar anwesend sind und mitbekommen, dass der Beter hier zum Mahl geladen ist (12–13), also unter Gottes besonderem Schutz steht und sein Wohlwollen hat, wurden zu Gerichtsgegnern, deren Beschuldigungen sich im Gottesgericht als ungerechtfertigt erwiesen haben. Das Mahl wurde zum Opfermahl, mit dem der gerettete Beschuldigte seinen Dank bezeugte. Für die Salbung des Hauptes (14) wird auf Darstellungen aus der ägyptischen Kultur verwiesen, die mit wohlriechenden Salbkegeln geschmückte Köpfe von Gästen beim Festmahl zeigen. Wer seinen Gast mit parfümiertem Öl salbt, erweist ihm eine besondere Ehre. Das *Zurückkehren ins Haus des Herrn* schliesslich (18) wurde als Gelübde eines Priesters verstanden, der nun den Tempeldienst aufnimmt.

Auch wenn es über die Ursprungssituation nur Vermutungen gibt, könnte man aus den Motiven schliessen, dass der Psalm in die Zeit des Ersten Tempels, also zwischen Salomo (um 960–926 im Amt) und dem Babylonischen Exil (597–520) gehört und gleichzeitig die Erinnerung an frühere Nomadenzeiten wachhält. Ohne eine bestimmte Ursprungssituation annehmen zu müssen, kann man sagen, dass hier aus Bausteinen von Szenen, wie sie im Tempel und bei anderen Festgelegenheiten vorgekommen sind, das Bild eines grosszügigen Gastgebers gezeichnet wird, das Gottes Güte illustriert.

Auch im Bild des Gastgebers sind Schutz und Sorge wesentlich. Der übervolle Weinbecher (15) zeigt die Grosszügigkeit des Gastgebers, spielt aber auch auf die Geschichte Israels an, in der es nicht immer selbstverständlich war, dass Gott sein Volk nährt. *Kann Gott einen Tisch in der Wüste decken?* (Ps 78,19). Diese Frage haben sich Einzelne immer wieder gestellt: Kann Gott mir alles geben, was ich von ihm erhoffe, erbitte, erwarte?

Viele Psalmen sprechen davon, wie der Beter von Feinden oder wilden Tieren verfolgt wird. Hier wird dieser Ausdruck umgekehrt: *Güte und Gnade Gottes verfolgen* ihn in Zukunft. Er wird sein Leben in Gemeinschaft mit Gott verbringen (16–19).

Die beiden Bilder von Gott als Hirt und als Gastgeber beinhalten beide als zentrale Elemente Schutz und Sorge. Für die Betenden bedeuten sie dagegen zwei Pole des Lebens: das Unterwegssein und das Daheimsein. Dazwischen liegt die Schlucht des Todesschattens. Hier werden die Betenden nicht geführt, sie gehen selbst hindurch. Aber sie spüren die Gegenwart Gottes auch hier.

_ VEREHRT

Gott als Begleiter

Die Familie als einzige, später immer noch vorrangige, soziale Einheit sorgt für die Erfüllung der Grundbedürfnisse wie Nahrung, Kleidung, Wohnung, Gesundheit, Sicherheit. Sie bildet eine Güter- und Arbeitsgemeinschaft, in der alle Mitglieder gemeinsam das Ziel des Überlebens und Wohlergehens jedes Einzelnen und der ganzen Gemeinschaft verfolgen. Die Mitglieder der Familie fühlen sich verbunden mit ihrer Gottheit, die mit ihnen die Sorge um ihr Wohlergehen teilt. Bilder für diese Gottheit drücken Schutz, Geborgenheit, Bedürfniserfüllung und Nähe aus. Was die Familie selbst ihren Mitgliedern bietet, spiegelt sich in ihren religiösen Vorstellungen.

Elemente, die dann in anderen gesellschaftlichen Strukturen Bedeutung erlangen, fehlen in diesem Gottesbild noch: Es hat nichts Kriegerisches, denn eine Familie kann nicht Krieg führen. Recht und Gesetz sind innerhalb der Sippe nicht zentral, da im Normalfall Konflikte intern gelöst werden. Schriftlichkeit hat in diesem Lebenskontext ebenso wenig Bedeutung wie geschichtliche Ereignisse. Öffentliches Repräsentieren spielt keine Rolle.

So ist die Gottheit eine nahe Macht, die den Menschen in ihren Beziehungen zugewandt ist und die Erfüllung ihrer ureigensten Bedürfnisse garantiert. Sie wird direkt vom einzelnen Menschen angerufen und um Schutz, Heilung und Hilfe gebeten. Ihr werden die aktuellen Lebensumstände und Probleme erzählt oder Notsituationen geklagt. Ihre Zuwendung erkennen die Menschen, wenn ein Kind in Not gerettet (Gen 21,16–19), eine Frau vor sexuellen Übergriffen geschützt wird (Gen 12,10–20) oder wider Erwarten ein Kind bekommt (Gen 18,9–16).

Gott beschützte die Familien bei Gefahren unterwegs. Zum Zeichen dafür errichteten die Familien auf ihren Wanderungen Steinmale und Brunnen oder pflanzten Bäume, die sie im Jahr darauf wieder besuchten. Diese heiligen Stätten brauchten keine aufwendigen Kulte,

Andere Gottesbilder im Text
_ Der Gastgeber (12–15): Ps 61,5; Mt 22,1–14
_ Der Führer (5–6): Ex 13,21; Ps 25,17; 31,4
_ Der Begleiter (7–9): Ps 25,5
_ Der Tröster (11): Ps 71,21; Mt 5,4; vgl. Einheit 14

Andere Gottesbilder im Umfeld
_ Der Familienfreund: Gen 12–25
_ Der Hörende: Ex 3,7
_ Der Ich bin da: Ex 3,14
_ Der Helfer: Ps 54,6; Ps 140,8; Ps 36,7
_ Der Immanuel: Jes 8,8; 8,10; Mt 1,23
_ Der Beschirmer: Ps 17,8; 57,2; Mt 23,37

sondern versicherten den wandernden Menschen, dass ihr Gott *mit ihnen* war. Sie sind vergleichbar mit heutigen Wegkapellen und Bildstöcken in katholischen Berggebieten, die manchmal auch an wunderbare Errettungen von Gefahren erinnern. *Dann tat Jakob ein Gelübde und sprach: Wenn Gott mit mir ist und mich auf diesem Weg, den ich jetzt gehe, behütet, wenn er mir Brot zu essen und Kleider anzuziehen gibt und wenn ich wohlbehalten in das Haus meines Vaters zurückkehre, so soll der Herr mein Gott sein. Und dieser Stein, den ich als Mazzebe aufgerichtet habe, soll ein Gotteshaus werden, und alles, was du mir geben wirst, will ich dir getreulich verzehnten.* (Gen 28,20–22)

Religion in der Familie

Familiengottheiten hatten in den Wohnungen der Menschen ihren Hausaltar, wo sie zu Hause waren und verehrt wurden. Archäologische Ausgrabungen zeigen, in welcher Formenvielfalt solche Hauskulte vorhanden waren. Gottheiten männlicher und vor allem weiblicher Gestalt wurden in grosser Zahl gefunden. Manche biblischen Eigennamen zeigen den engen Bezug einer Person zu ihrer Gottheit. Im Alten Testament begegnen viele Spuren solch familialer Gottesbeziehungen, auch in den Psalmen. Sie sind im Lauf der Zeit in die JHWH-Religion integriert worden und bereichern die Vorstellungen von diesem später dann einzigen Gott Israels.

Die familiale Religiosität wurde durch die Erfahrungen des späteren Israel und die Verbreitung des JHWH-Glaubens nicht überholt und verdrängt, sondern bestand als Untergrund und Basis durch die ganze Geschichte weiter. Gewiss war das Verhältnis dieser privaten und stark von Frauen geprägten Frömmigkeit zum offiziellen JHWH-Glauben des späteren Tempels oder der Prophetie nicht spannungsfrei. Sie trug aber im Lauf der Geschichte immer wieder zur Erhaltung und Erneuerung der Religion Israels, später des Christentums, bei.

Das Verhältnis zur Gottheit der Familie prägt die alttestamentlichen Gottesbilder wesentlich mit und steuert drei Aspekte bei, die im Verlauf der theologischen Weiterentwicklung (bis heute) immer wieder in anderer Form wichtig werden: Gott ist erstens personal und darum vom Menschen direkt ansprechbar. Die Beziehung zwischen ihm und den Menschen ist wie die Beziehungen in der Familie grundsätzlich von Vertrauen und Solidarität geprägt, aber auch fragil und letztlich nicht berechenbar. Die Beziehung zu Gott ist zweitens im Alltag und in der konkreten Lebenssituation verankert. Seine Hilfe wird praktisch erfahren. Er ist der *Immanu-El*, der *Gott möge bei uns sein*. Gott ist drittens der eigene Gott, aber deswegen nicht automatisch auch derjenige der andern. Kontakte mit anderen Familien, die eine andere Gottheit verehren, sind möglich, gut und notwendig. Sie tangieren die eigene Gottesbeziehung nicht direkt. Familiale Religiosität beinhaltet den unkriegerischen Aspekt der Toleranz.

_ NACHGEFRAGT

Vom Text her

_ Wann sind Sie zum letzten Mal einem Hirten begegnet? Was hat die Begegnung in Ihnen ausgelöst?

_ *Gott ist mein Hirt*: Würden Sie das für sich auch sagen? Oder welches andere Bild liegt Ihnen näher?

_ Wie sieht Ihr *Pfad des Heils* aus? Wo führt er hin?

_ Fühlen Sie sich von Gott genährt? Womit?

_ Gibt es in Ihrer Familie Geschichten, die immer wieder erzählt werden? Was bedeuten Sie Ihnen?

Zum Gottesbild hin

_ Wenn Sie unterwegs oder in der Fremde sind, nehmen Sie etwas «Religiöses» mit? Was tun Sie damit? Was bedeutet es Ihnen?

_ Besuchen Sie auf Reisen gerne religiöse Orte? Was suchen und was finden Sie dort?

_ Haben Sie auf der Welt einen Ort, der nur für Sie oder Ihnen Nahestehende eine religiöse Bedeutung hat? Wann suchen Sie den Ort auf? Was erwarten sie dort?

_ Gibt es Menschen, die manchmal für Sie sorgen? Wie fühlen Sie sich dabei?

_ Wann lassen Sie sich gerne führen? Von wem?

_ Haben Sie Feinde? Was tut Gott in ihrer Vorstellung mit ihnen?

_ Was fehlt Ihnen in Ihrem Leben? Warum? Was können Sie daran ändern?

_ Wie gestalten Sie Religion in Ihrer Familie?

_ GELESEN

_ Rainer Albertz, Religionsgeschichte Israels in alttestamentlicher Zeit 1; Göttingen 1992.

_ Ingo Baldermann, Ich werde nicht sterben sondern leben. Psalmen als Gebrauchstexte, Neukirchen 1999.

_ Dieter Bauer / Christa Breiing / Peter Zurn, Auf krummen und geraden Wegen; Stuttgart 2005.

_ Erhard S. Gerstenberger, Theologien im Alten Testament; Stuttgart 2001.

_ Frank-Lothar Hossfeld / Erich Zenger, Die Psalmen I. Psalm 1–50; Würzburg 1993.

_ Dirk Kinet, Geschichte Israels; Würzburg 2001.

_ Hans-Joachim Kraus, Psalmen; Neukirchen 1961–79.

_ Niels Peter Lemche, Die Vorgeschichte Israels; Stuttgart 1996.

_ Kurt Marti, Die Psalmen Davids; Stuttgart 1991.

_ Manfred Oeming, Das Buch der Psalmen. Psalm 1–41; Stuttgart 2000.

_ Claus Westermann, Das Beten der Psalmen und unser Beten; in: Eschbacher Bilderpsalter 1; Eschbach 1990; Seiten 5–9.

_ Erich Zenger, Die Nacht wird leuchten wie der Tag; Freiburg 1997.

GOTT BEFREIT
VON ANFANG AN.
DER RETTER

1	Wenn du in das Land kommst,	1
2	das dir der Herr, dein Gott, als Erbbesitz gibt,	
3	und wenn du es in Besitz nimmst und dich darin niederlässt,	
4	dann sollst du etwas von der ersten Ernte aller Früchte des Bodens nehmen,	2
5	die du einbringen wirst von deinem Land,	
6	das der Herr, dein Gott, dir gibt,	
7	und du sollst sie in einen Korb legen,	
8	und du sollst an die Stätte gehen,	
9	die der Herr, dein Gott, erwählen wird,	
10	um seinen Namen dort wohnen zu lassen.	
11	Und du sollst zu dem Priester gehen,	3
12	der zu jener Zeit dort sein wird, und zu ihm sprechen:	

13 *Ich bezeuge heute dem Herrn, deinem Gott,*
14 *dass ich in das Land gekommen bin,*
15 *das uns zu geben der Herr unseren Vorfahren geschworen hat.*

16	Und der Priester soll den Korb aus deiner Hand nehmen	4
17	und ihn vor den Altar des Herrn, deines Gottes, stellen.	
18	Dann sollst du bekennen und vor dem Herrn, deinem Gott, sprechen:	5

19 *Ein verlorener Aramäer war mein Vater,*
20 *und er zog hinab nach Ägypten*
21 *und blieb dort als Fremder mit wenigen Leuten,*
22 *und dort wurde er zu einer grossen, starken und zahlreichen Nation.*

23 *Die Ägypter aber behandelten uns schlecht und unterdrückten uns*   6
24 *und auferlegten uns harte Arbeit.*
25 *Da schrien wir zum Herrn, dem Gott unserer Vorfahren,*   7
26 *und der Herr hörte unser Schreien*
27 *und sah unsere Unterdrückung, unsere Mühsal und unsere Bedrängnis.*
28 *Und der Herr führte uns heraus aus Ägypten*   8
29 *mit starker Hand und ausgestrecktem Arm,*
30 *mit grossen und furchtbaren Taten,*
31 *mit Zeichen und Wundern,*
32 *und er brachte uns an diesen Ort*   9
33 *und gab uns dieses Land,*
34 *ein Land, in dem Milch und Honig fliessen.*

35 *Und nun sieh, ich bringe die erste Ernte von den Früchten des Bodens,*   10
36 *den du, Herr, mir gegeben hast. –*

37	Und du sollst sie vor den Herrn, deinen Gott,	
38	legen und dich niederwerfen vor dem Herrn, deinem Gott,	
39	und sollst dich freuen über all das Gute,	11
40	das der Herr, dein Gott, dir und deinem Haus gegeben hat,	
41	du und der Levit und der Fremde bei dir.	

5. MOSE 26,1–11

Nabelschau

Aus was für einer Familie stammst du? Kennst du deine Familiengeschichte? Bist du stolz darauf? Oder distanzierst du dich davon? Gibt es dunkle Stellen: Vorfälle, von denen man bei dir nicht gerne redet oder die man nicht mehr recht weiss, weil sie vermutlich belastend waren? Die Fragen des Kursleiters kamen langsam, mit Pausen dazwischen. Aber es blieben bedrängende Fragen. Die Geister der Vergangenheit wurden geweckt. Wir sahen bei diesen Fragen in die Ferne, jede in ihre eigene.

Vielleicht notiert ihr etwas, aber nur, um das Erinnerungsvermögen zu stimulieren. Diese Familiengeschichten bleiben bei euch. Ich werde nur darum bitten, dass ihr euch mit einer andern Person aus der Gruppe nachher darüber unterhaltet, ob euch diese Familiengeschichten irgendwie leiten, oder ob ihr euch eher davon abgesetzt habt. Ob es für euch Geschichten sind wie andere, die ihr kennt, oder was da mitschwingt, sagte der Leiter und liess so jeden Kursteilnehmer für sich allein den Anfang machen.

Rückflug

Beim Thema Familie werde ich immer weggetragen, das ist ein so reicher Stoff. Als erstes fällt mir der wiederholte Ausspruch meiner sehr alten Mutter ein, es ginge doch nichts über die Familie! Ich glaube, sie tröstet sich mit diesem Gedanken über den Verlust ihrer Freundinnen von früher. Sie ist die einzige noch Überlebende. Die letzte Freundin war vor zwei Jahren gestorben, das bedeutete für sie einen schmerzhaften Einschnitt. Jetzt ist sie gebrechlich geworden. Oder hat der Ausspruch damit zu tun, dass sie als junge Frau nicht daran dachte, einmal Kinder zu haben? Ihre Schülerliebe war vorbei, sie war schon Ende zwanzig, als sich der frühere Freund meldete und sie, offenbar ziemlich umstandslos, wenn ich das recht verstanden habe, bat, seine Frau zu werden.

Da mein späterer Vater in Nordafrika arbeitete, gab es eine Verlobung auf Distanz. Mein Grossvater kaufte den Verlobungsring, schrieb dazu ein Kärtchen mit der Anrede *Sehr geehrtes Fräulein*. Zur Hochzeit kam mein Vater in Uniform, es war September 1939. Aber später im Jahr wurden die Auslandschweizer beurlaubt, das Paar verreiste nach Nordafrika. Dort kam ich ein Jahr später auf die Welt. Mein Vater erkrankte ganz kurz danach und starb nach drei Wochen. Mama kehrte mit mir zurück, auf dem Landweg über Syrien und die Türkei, wegen des Krieges fuhren keine Schiffe. Drei Jahre später verheiratete sie sich mit einem Cousin. Ich nannte ihn *Cousin-Papa*, aber natürlich nicht mit dem eigentlich erforderlichen Nasallaut der Franzosen. Und wieder später bekam ich noch zwei Geschwister.

Ich wusste also von meinem Vater nichts, aber meine Mutter schickte mich jeden Mittwochnachmittag zu meiner Grossmutter väterlicherseits. Sie setzte mir jedesmal mein Lieblingsgericht vor, Kartoffelstock mit Bratwurst, und erzählte mir Geschichten. Wenn sie das nicht tat, bat ich sie: *Erzähl von früher!* Damals war mein Grossvater auch schon gestorben, aber ein bisschen erinnerte ich mich noch an ihn, und die Grossmutter erwähnte ihn hie und da, sie nannte ihn immer *den lieben Vati*, wie sie das gegenüber ihren Kindern getan hat. Er war Bahnhofvorstand gewesen. Und ich bekam eine rote Bahnhofvorstandsmütze zum Spielen und eine Signalkelle, um den Zügen zur Abfahrt zu winken. Viel später interessierte mich, dass er 1918 den Generalstreik mitgemacht und die Grossmutter deswegen tausend Ängste ausgestanden hatte. Beide Grosseltern waren im Baselbiet aufgewachsen und erst durch den Beruf meines Grossvaters auf die andere Seite des Juras gekommen. Bei ihm, im Baselbieter Dorf, nannte man ihn einen *Edelsozialisten*, weil er zwar kein Sozialdemokrat, aber doch ein Gewerkschafter geworden war.

Als kleiner Bub war mir beim Abendgebet irgendwie bewusst, dass ich ein gerettetes Kind war, aus Afrika heimgebracht in die friedliche Schweiz, als ringsumher die schwersten Konflikte ausgebrochen waren. Ich betete: *Lieber Heiland, schau zur Erde, schau zu allen armen Kindern, die im Unglück sind.*

Geschichten

Inzwischen war die eingeräumte Zeit für die Familienerinnerungen schon lange um. Wir sollten uns jetzt einen Gesprächspartner suchen und uns zehn Minuten lang darüber austauschen, welcher Art die aufgetauchten Gefühle waren, ob wir uns an den Erinnerungen freuen konnten oder ob sie uns eher schwermütig machten, an Kämpfe erinnerten und an Ablösung. Ich ergriff die Gelegenheit, mich an einen etwas jüngeren Mann zu wenden, mit dem ich von Anfang an gern ins Gespräch gekommen ware.

Er erzählte, dass er ein Bauernsohn sei. Ich wusste schon, dass er für die Basler Agrochemie forschte. Mein Partner deutete an, wie schwer es junge Menschen ankommen kann, wenn sie durch den Gang der Ausbildung das Milieu ihrer Eltern verlassen. Das hatte ihn auch in religiöse Schwierigkeiten versetzt. Er war von der dörflichen Jugendgruppe eine pietistische Frömmigkeit gewöhnt. Und während eines Auslandsemesters wurde er in der fremden Stadt durch einen profilierten Geistlichen merkwürdigerweise darin noch bestärkt, bis ihm kurz darauf das alles zusammen brach. Von heute aus gesehen verstehe er das als eine schwierige Befreiung und nicht als Verlust.

Ich weiss gar nicht mehr, wie er später dazu kam, sich besonders für das Judentum, seine Geschichte und seine Gegenwart zu interessieren. Er nimmt heute im jü-

tip
Mittel:
Lesung des Textes auf CD V/5; im Reiseführer die Ausflüge Wunder und Garten

Besuch:
in der Sixtinischen Kapelle im Vatikan der Mosezyklus von Cosimo Rosselli (Fresken, Italien 1482); in der Città Alta von Bergamo die Kirche Santa Maria Maggiore und am Chor das Renaissancegestühl von Gianfranco Capoferro (Intarsie, Italien 1522)

Bild:
Willi Dirx, Durchzug durch das Rote Meer (Holzschnitt, Deutschland 1961)

Buch:
Karel Capek, Hordubal (Roman, Tschechien 1933); Leon Uris, Exodus (Roman, Israel 1958); Guillermo Cabrera Infante, Ansicht der Tropen im Morgengrauen (Roman, Cuba 1974); Plinio Martini, Nicht Anfang und nicht Ende. Roman einer Rückkehr (Roman, Schweiz 1974); Miguel Barnet, Alle träumten von Cuba (Roman, Cuba 1981); Eveline Hasler, Ibicaba. Das Paradies in den Köpfen (Roman, Schweiz 1985); Aharon Appelfeld, Tzili / Für alle Sünden / Geschichte eines Lebens (Kurzromane, Israel 1983/1989/1999)

Klassik:
Georg Friedrich Händel, Israel in Ägypten (Oratorium, England 1739); Carl Philipp Emanuel Bach, Die Israeliten in der Wüste (Oratorium, Deutschland 1769); Gioacchino Rossini, Moses in Ägypten (Oper, Italien 1818); Arnold Schönberg, Moses und Aron (Oper, Österreich 1932)

Pop:
When Israel was in Egypt's Land / Sometimes I feel like a motherless child / Oh, Mary, don't you weep (Spirituals, USA)

dischen Gemeindehaus Unterricht im modernen Hebräisch und hat es damit schon ziemlich weit gebracht. Seinem Schwiegervater hilft er jedes Jahr einmal, einen Baum zu fällen und daraus Brennholz zu hacken.

Da griff der Leiter wieder ein, ich konnte mir nur noch vornehmen, die neue Bekanntschaft weiterzuführen. Wir wurden aufgefordert, zum Abschluss dieser persönlichen Einstiegsrunde für uns selbst ein paar Stichworte aufzuzeichnen, mit denen wir unsere Einstellung zur familiären Vergangenheit bezeichnen sollten. Ich notierte: *Dankbarkeit – ich bin von weit her, obwohl ich in einer kleinen Stadt aufgewachsen bin – mein Kleineleute-Reichtum – es ist schön, Geschichten zu kennen – verstehe ich mich selbst damit besser?*

_ VERORTET

Israel in Ägypten

Vom Aufenthalt vorisraelitischer Sippen in Ägypten und von deren Auszug berichtet das deshalb so bezeichnete Buch Exodus (Ex 1–15). Die Darstellung macht stärker als die vorangegangenen Erzählungen von den Erzvätern und Erzmüttern (Gen 12–35) den Eindruck einer zusammenhängenden Geschichtserzählung. Trotzdem ist auch sie das Ergebnis eines langen, teils mündlichen, teils schriftlichen Werdegangs und Kompositionsprozesses. Die Erzählung liegt in einer generalisierten und, wenn man so sagen darf, in einer nationalisierten Gestalt vor, die ihr das spätere Israel gegeben hat. Im Folgenden wird skizziert, wie die Historiker den Ablauf rekonstruieren: ein Stand des Wissens, bei dem biblische Aussagen und ausserbiblische Zeugnisse (*external evidence*) zusammenspielen.

Um aus Ägypten ausziehen zu können, muss man erst einmal eingewandert sein. Also sind Vorläufer des späteren Israel lange vor ihrer palästinischen Landnahme nach Ägypten gekommen. Diese Vorläufer waren Nomaden. Das befindet sich ja auch in Übereinstimmung mit der Tradition der Erzvätergeschichten (Gen 12,10–20). Die Gründe für Wanderungen von Nomaden nach Ägypten sind unterschiedlicher Art: die Nötigung, Feinden auszuweichen, die Lebensweise, unterwegs zu sein, vor allem aber fehlende Niederschläge und der Zwang, für die Schafe und Ziegen Nahrung zu finden. Wenn die Regenmenge geringer war als sonst, konnten die Nomaden in ernste Schwierigkeiten geraten, und zwar umso mehr, je weiter sie von den Gebirgen wegzogen und je weiter draussen sie sich in den Steppen und Wüsten aufhielten. Der Mangel an Nahrung für Mensch und Vieh konnte sie veranlassen, ins ewig grüne Nildelta zu ziehen.

Man hat sich bemüht, im ägyptischen Schrifttum Spuren dieser Einwanderung der nachmaligen Israeliten zu finden. Die Suche konnte darum keinen Erfolg haben, weil Israel erst nach der Landnahme entstanden ist. Aber für die Ägypter war das Problem des nomadischen Zuzugs von Osten stets aktuell. Die Grenzen auf der Ostseite des Deltas mussten abgesichert werden. Befestigungen und Militärposten wurden errichtet, um die Nomadenbewegungen unter Kontrolle zu halten. Bereits im Reisebericht des Ägypters Sinuhe unter Pharao Amenemhet I. (1991–1962 im Amt) liest man: *Ich erreichte die Mauern des Herrschers, die gemacht worden sind, um die Nomaden abzuwehren.* Im Falle einer friedlichen Zuwanderung waren die Ägypter aber im Allgemeinen tolerant und bereit, nach gehöriger Kontrolle solche Nomaden einzulassen. Es gibt den Brief eines ägyptischen Grenzbeamten aus der Zeit Sethos II. (1200–1194 im Amt), der eine Vorstellung davon gibt: *Wir sind damit fertig geworden, die Shasu-Stämme von Edom durch die Festung des Merenptah in Tkw passieren zu lassen, bis zu den Teichen von Pitom des Merneptah in Tkw, um sie und ihr Vieh durch den guten Willen des Pharao, der guten Sonne eines jeden Landes, am Leben zu erhalten.* Darauf folgt die Datierung des Vorfalls. Der Brief ist jünger als der Zeitraum, der für den Auszug in Frage kommt (etwa 1250–1210). Er betrifft Shasu-Nomaden aus Edom, der Gegend südöstlich vom Toten Meer, die aus dem Alten Testament gut bekannt ist. Mit Shasu werden in ägyptischen Texten Deklassierte oder Fremde bezeichnet, Asylsuchende, die infiltriert und registriert sind. Die geographischen Namen *Pitom* und *Tkw* weisen ins Ostdelta. Der Brief ist also kein Zeugnis für die Einwanderung von Israeliten, aber er zeigt, dass es solche nomadischen Einwanderer gab.

Die Einwanderer, die später die Exodusgruppe bildeten, sind nicht vom Kulturland aufgesogen worden, trotz dem Menschenhunger, der für Ägypten lange Zeit noch charakteristisch war. Vielleicht erschwerte die soziale Struktur eines Nomadenverbands ihre Ägyptisierung. Dass Nomaden, die in einer bäuerlichen Gesellschaft nicht nützlich sind, im Sinne einer Gegenleistung für die Weideerlaubnis als ungelernte Arbeiter für Bauvorhaben beigezogen wurden, war nicht ungewöhnlich. Die Bibel berichtet, die Gruppe sei für die Errichtung oder den Ausbau zweier Vorratsstädte verpflichtet worden, deren Namen *Pitom* und *Ramses* lauten (Ex 1,11). Ramses war die Deltaresidenz der 19.–20. Dynastie. Auch Pitom, dem griechischen Historiker Herodot (484–424) als *Patoumos* bekannt, ist lokalisiert. Man weiss, dass Ramses II. (1290–1224 im Amt) in seinen ersten Regierungsjahren eine Residenzstadt im östlichen Nildelta zu bauen begann. Diese Ramsesstadt ist in der ägyptischen Literatur hymnisch gepriesen worden. Es ist sicher, dass die Exodusgruppe unter Ramses II. von Fronvögten unter Kontrolle genommen wurde und die biblisch wie ägyptisch bezeugte Bautätigkeit in die erste Hälfte des 13. Jahrhunderts fiel (etwa 1280–1250). Die «ägyptischen Anfänge Israels» sind mit der

Geschichte des ägyptischen Neuen Reiches erkennbar verbunden. So gelingt es erstmals, einen Teil des späteren Israel in grössere Zusammenhänge hineinzustellen und zuverlässig zu datieren. Der Pharao der Unterdrückung war Ramses II., der Pharao des Auszugs entweder er oder sein Nachfolger Merenptah.

Die Exodusgruppe

Es ist anzunehmen, dass die Ausziehenden semitische Nomaden nach der Art der *Shasu* waren, aus Not Eingewanderte und regulär Registrierte, die im Osten des Nildeltas in die Mühle der ägyptischen Frondienstpraxis geraten waren. Auf eine andere Möglichkeit weist die Bemerkung hin, wonach allerlei zugelaufene Leute zusammen mit Israel auszogen (Ex 12,38). Das könnte eine Erinnerung sein an die ethnische Uneinheitlichkeit der Exodusgruppe. Es hätte sich dann um *Apiru*, eine gemischte Arbeitergruppe gehandelt, die sich der ägyptischen Fron entzog.

Die Exodusgruppe ist während der Landnahme mit anderen Gruppen friedlich zum erst später so genannten *Israel* zusammengewachsen (etwa 1200–1100). Die systematische Eroberung des Landes unter Josua ist eine spätere Fiktion (vgl. Einheit 7). Die verschiedenen Geschichten dieser Gruppen wurden erst in dieser sich bildenden ländlichen Gesellschaft zu einer Abfolge verbunden, die sich nun wie eine einzige grosse Verwandtschaftsgeschichte liest, tatsächlich aber aus sehr vielen, verschieden grossen und voneinander unabhängigen Geschichten von Familien, Sippen und Stämmen besteht. Abraham und Sara stehen wie Josef und seine Brüder und Mose und seine Gegenspieler für die halbnomadische Bevölkerung Palästinas während eines grossen Zeitraums (etwa 1500–1100).

Der Verfall der kanaanäischen Stadtstaaten (vgl. Einheit 7), der parallel zur Landnahme (etwa 1300–1100) einsetzte, bot der Unterschicht die Möglichkeit, wegzuziehen und in die Existenz als freie, kleine Bauern zu wechseln. Dasselbe gilt für Kriegsgefangene in ägyptischer Fron, denen es unter günstigen Verhältnissen gelang, sich zu befreien und in Palästina oder anderswo einen neuen Anfang zu machen. In ägyptischen und vorderasiatischen Schriften werden solche verarmten Gruppen, denen eine neue Existenz hingegen nicht gelang, *Apiru* genannt. Wie der Begriff *Shasu* ist auch dieser Begriff nicht ethnischer, sondern sozialer Art. Apiru waren die Entwurzelten und Streunenden, die *outlaws* und *outcasts* der altorientalischen Städte, die als Wegelagerer gewöhnlich unbedeutend waren, sich aber auch zu Banden, manchmal sogar zu paramilitärisch organisierten Machtfaktoren entwickeln konnten, die als Freibeuter den ganzen *Fruchtbaren Halbmond* unsicher machten. Die Bezeichnung *apiru* passt zum auffälligen Befund, dass im Buch Exodus nicht nur von *Israeliten* die Rede ist, sondern häufig von *Hebräern*: Die Bezeich-

nung *ibri* weist denselben Konsonantenbestand auf wie der Begriff *apiru* in den ägyptischen und vorderasiatischen Schriften.

Israel war also zumindest in den Anteilen, die auf *shasu* und *apiru* zurückgehen, ursprünglich gar keine ethnische Grösse, sondern verdankte sich einer gemeinsamen Erfahrung: dem Wunder einer gemeinsamen sozialen Befreiung. Das allerdings ist den biblischen Auszugstexten deutlich zu entnehmen. Auch andere Kleingruppen konnten sich das Muster der Exodusgruppe zu eigen machen, weil auch sie sich einer sozialen Emanzipation verdanken. Am Anfang war nicht das gemeinsame Blut, am Anfang war die Erfahrung der Befreiung.

_ EINGEREIHT

Erzählkränze

Erzählende Literatur war zuerst immer eine Literatur, die über Generationen mündlich weitergegeben worden war. Die Märchen zum Beispiel wurden in Deutschland lange Zeit erzählt, bevor die Brüder Grimm sie sammelten und dabei neu formulierten. Für die Schweizer Sagen gilt dasselbe. Auch die echten Volkslieder existierten über Jahrhunderte, bevor Forscher sie sammelten wie beispielsweise Johann Gottfried Herder in seinem Band «Stimmen der Völker». Bis vor hundert Jahren gab es in Irland noch professionelle Erzähler und Erzählerinnen, die in den Wintermonaten von Hof zu Hof zogen. In Nordafrika und Schwarzafrika kann man ihnen noch heute zuhören. So darf man sich das von den Geschichten über die Bedrückung im Nildelta, den Auszug aus Ägypten und die Wanderung in der Wüste auch vorstellen. Einzelgeschichten reihten sich auf verschiedenen Themenfäden aneinander, wie Perlen auf einer Schnur. Kränze der immergleichen Geschichten entstanden. Beim Erzählen war nicht das Neue in Differenz zum Alten das Wesentliche, sondern die Variation in Differenz zum Selben: Man verlangte immer nach derselben Geschichte, aus der man seine Identität bezog, aber die kleine Variation, mit der die alte Identität auf die jeweils gegenwärtige Situation reagierte, war das Entscheidende. Mit ihr konnte man sich auch unter veränderten Umständen vergewissern, selbst derselbe zu sein.

Einzelteile

Der Höhepunkt des Erzählkranzes von der Befreiung ist die Geschichte vom Durchzug durchs Meer (Ex 14–15). Sie liegt in vier Varianten vor: in zwei ineinander verschlungenen Geschichten (Ex 14) und zwei ineinander gefügten Liedern (Ex 15). Die verwickelte Erzählweise gab zusammen mit andern Erzählungen, vor allem mit der ähnlich verschlungenen Flutgeschichte (Gen 6–9), das Beweisstück für die literarkritische Hypothese, die man in der Exegese die Quellenscheidung nennt. Sie wurde im Lauf des 19. Jahrhunderts entwickelt und verstand die fünf Mosebücher, den Pentateuch, als Zusammenführung von vier ursprünglich voneinander unabhängigen Quellenschriften. Heute rechnet man weniger mit fertigen Schriften, die für sich Bestand hatten, sondern eher mit einem dreifachen Grundbestand, der über viele Generationen durch sukzessive Anreicherung und Bearbeitung gewachsen ist: Deuteronomium, Jahwist und Priesterschrift (vgl. Einheiten 11–13). Aber es ist einleuchtend geblieben, den Bericht vom Durchzug durchs Meer wie die Flutgeschichte auf zwei Erzählvarianten zurückzuführen, die je vollständig und in sich stimmig sind.

Für den Durchzug ergibt das die eine Geschichte, in der erzählt wird, wie der Wind einen flachen Meeresarm trocken bläst, die Israeliten über die entstandene Furt entkommen und danach das Wasser ganz natürlich zurückströmt und den ägyptischen Streitwagen zum Verhängnis wird (die jahwistische Version), während in der anderen Geschichte Mose die Hand ausstreckt wie in einem Ritual und das Wasser mit Wunderkräften teilt, so dass die Israeliten zwischen hohen Wasserwänden heil hindurchziehen können, bevor sie über dem nachrückenden ägyptischen Heer zusammenstürzen (die priesterliche Variante).

Diese Doppelerzählung ist begleitet von einem Doppellied, das dasselbe Ereignis besingt: Der erste und der letzte Satz lauten gleich (Ex 15,1b wie 15,21b), aber der erste ist Mose in den Mund gelegt, der letzte hingegen einer Prophetin: *Mirjam sang ihnen vor.* Auf sie geht das Lied zurück. Das sehr kurze Gedicht: *Singt dem Herrn, / denn hoch hat er sich erhoben, / Pferd und Reiter / hat er ins Meer geschleudert!*, das nun am Ende des ganzen Ägyptenteils steht (Ex 1–15), ist wohl der Kern der Exodustradition, ihr mutmasslich ältester Text, aus dem auch das späte, nun voranstehende Moselied entwickelt wurde, dessen Abfassung in der Zeit nach dem Exil anzusetzen ist. Das Mirjamlied aber (Ex 15,21b) kann man zusammen mit dem Deboralied (Ri 5) als die ältesten erhaltenen Gedichte der Bibel betrachten. Beide stammen aus der Vorstellung vom JHWH-Krieg, zu dem es gehört, dass die Frauen ihre heimkehrenden Männer mit einem Siegeslied empfangen, das JHWH als den eigentlichen Krieger und Sieger besingt. Die ältesten verdichteten Bibelworte gehen auf Frauen zurück!

Prophetenworte

Mirjam wird von den Überlieferern nicht umsonst eine *Prophetin* genannt (Ex 15,20a): Ebenfalls älter als der doppelte Prosabericht (Ex 14) sind drei Hinweise auf die Exodustradition in Prophetenbüchern. Die ersten Schriftpropheten Amos und Hosea (ab 760) kennen die Exodustradition, erinnern an sie und berufen sich auf sie (Am 2,10; 3,1–2; 9,7; Hos 11,1; 12,14). Beide Propheten begründen mit ihr das Gottesverhältnis Israels,

am eindringlichsten dort, wo von der Liebe die Rede ist, mit der sich Gott bereits in Ägypten dem Volk zugewendet habe: *Als Israel jung war, habe ich es geliebt, und ich rief meinen Sohn aus Ägypten.* (Hos 11,1) Der Prophet Micha spielt auf die gleiche Erzählung an, wenn er von Gott her sagt: *Ich habe dich doch heraufgeführt aus dem Land Ägypten und dich erlöst aus einem Sklavenhaus! Und vor dir her habe ich Mose, Aaron und Mirjam gesandt.* (Mi 6,4)

Zusammen mit Mose und Aaron gehört Mirjam zu den grossen Gestalten der Befreiungsgeschichte JHWHs. Die beiden Männer wurden zu Patronen des Rechts und des Kultes in Israel. Auch Mirjam wird als Vertreterin eines ganzen Standes zu denken sein, vielleicht wie Hulda der Prophetie, die mit ihrer Erinnerung den Exodus nicht glorifiziert, sondern ganz im Gegenteil mahnt: Wer in der Gegenwart die geschenkte Freiheit nicht bewahrt, muss zurück nach Ägypten.

Der Auszug aus Ägypten ist ein begründendes Ereignis der israelitischen Geschichte geworden, das sich im historischen Sinn zwar nicht dingfest machen lässt wie später die Exilierung (597–587), umgekehrt aber auch nicht zu bestreiten ist. Er wird zum bestimmenden Symbol des Sieges der Wenigen, der Habenichtse, der Unterdrückten gegenüber den Vielen, den Hochgerüsteten, den Herrschenden, zur Kraft der Kleinen über die Grossen, kurz, zum Zeichen der Befreiung. Die andauernde Ausgestaltung der Auszugstradition hat immer mehr die Aktivität Gottes betont und wies deshalb Israel immer mehr die Zuschauerrolle zu. Man kann das eine zunehmende *Theologisierung* nennen, aber es wird damit auch verdeutlicht, dass dem Volk Israel ein anderer Weg bestimmt ist, als mit dem eigenen militärischen Potential zu siegen. Das Mirjamlied weist wie die späteren Ausgestaltungen auch auf die Einsicht hin, dass Gott nicht mit den stärkeren Bataillonen ist, sondern mit denen, die er liebt, und die ihn lieben. Die rettet er *mit Zeichen und Wundern* (Zeile 31).

_ AUSGELEGT

Der Kontext

Die Juden nennen das letzte Mosebuch *Debarím*, nach dem Anfang: *Dies sind die Worte, die Mose zu ganz Israel gesprochen hat.* Sein anderer Name lautet *Deuteronomium.* Der Begriff stammt aus der Septuaginta, der griechischen Übersetzung des Alten Testaments. Im Königsgesetz heisst es, der König solle sich bei der Thronbesteigung von dieser Weisung, eben von diesem ganzen Buch, eine Abschrift oder Zweitschrift anfertigen lassen (Dtn 17,18). Das ist das Deuteronomium, das *zweite Gesetzbuch.* Nach seiner äusseren Gestalt ist es eine lange Rede des Mose. Er hält sie in Moab vor seinem Tod, und bevor Israel den Jordan gen Westen überschreitet. Sie schliesst mit Segen und Fluch: Israel soll, bevor es das Lehnsland JHWHs betritt, wählen zwischen Leben und Tod (Dtn 30,15–16). Darauf setzt Mose seinen Nachfolger Josua ein. Die eigentliche Rechtsbelehrung umfasst die Kapitel 12–25. Nach dem Abschluss dieser Tora folgt der hier interessierende Abschnitt (vgl. Einheit 12).

Er besteht aus einem erzählenden Rahmen (1–18.37–41), der sich um ein Bekenntnis legt (19–36). Im Rahmen wird ein einfaches und eindruckvolles Ritual beschrieben. So umfasst der Text drei Teile, nämlich die erzählende Einleitung (1–18), das Bekenntnis (19–36) und die Regel (37–41). Das Ritual soll in Jerusalem begangen werden. Das Deuteronomium setzt voraus, wofür es gleichzeitig eintritt: den einen zentralen Kult am Jerusalemer Tempel, den es frühestens seit König Joschija gab (ab 622). Was der Text berichtet, die erzählte Zeit, liegt also sechshundert Jahre vor der Zeit, in der er es berichtet, der Zeit des Erzählens.

Die Erzählung

Für eine Familie in Israel gilt die Vorschrift, sich nach der ersten Ernte im Jahr in Jerusalem einzufinden. Sie legt vom ersten Korn etwas in einen Korb und übergibt diesen dem Priester, eine symbolische Gabe, die nicht dem Unterhalt der Priesterschaft dient. Das Gewicht liegt auf den Worten, dem Bekenntnis, das der Geber für sich und seine Familie bekräftigt.

Vor dem Bekenntnis, das die Erinnerung enthält und zur ständigen Erinnerung der jüdischen Gemeinde aufgegeben ist, steht in der erzählerischen Fiktion der Ausblick in das Land, das vom Gottesvolk nach dem Tod des Mose erst betreten wird (1): Die typische Sprache der Deuteronomisten hämmert geradezu ein, dass dieses Land nicht wirklich Israels Besitz ist, sondern JHWHs Lehnsgabe (2.6.15.36), ein Lehnsbesitz, bei dem JHWH Lehnsherr ist und der Bauer sein Lehnsmann. Ebenfalls zur typisch deuteronomistischen Sprache und ihrer Neigung zu stereotypen Wendungen gehört die Umschreibung des Ersten Tempels (8–10): Gott erwählt den Zion als Berg seiner Niederlassung, aber im Tempel, der dort steht und zu dem man pilgern soll (8.17.37), wird er nicht zu sehen sein, wie die Götter Ägyptens oder Mesopotamiens zu sehen sind, nämlich in monumentaler Grösse und als Kultbilder, die man anbetet. Nur *seinen Namen* wird er *daselbst wohnen lassen*, eine theologisierende Auflösung der religiösen Bildhaftigkeit, die für die Bibel typisch wird (vgl. Einheit 7). JHWHs Name genügt (vgl. Einheit 2).

Das Bekenntnis

Ein verlorener Aramäer war mein Vater (19): Im Hebräischen sind das drei Worte zum Auswendiglernen, ein Stabreim, da alle drei mit dem hebräischen Buchstaben Aleph beginnen. In der Übersetzung von Martin Buber

wird das auf Deutsch nachgeahmt: *Abgeschweifter Aramäer mein Ahnvater*. Diese Selbstbezeichnung als Aramäer überrascht. Im biblischen Zusammenhang zählen die Aramäer mit ihrem Zentrum in Damaskus zu den Feinden Israels. Die Erklärung wird darin liegen, dass der Expansion der Assyrer nicht nur das Nordreich Israel mit seiner Hauptstadt Samaria zum Opfer gefallen war, sondern zehn Jahre vor ihm auch der Aramäerstaat. Bei beiden ging nicht nur die Eigenstaatlichkeit verloren, sondern durch die grossangelegten Deportationen wurden die Bevölkerungen vermischt. Merkwürdigerweise schadete das der Sprache, dem Aramäischen, nicht, sie wurde im Gegenteil während des Exils durch die Perser zur Verkehrssprache im Alten Orient aufgewertet. Nach dem Exil übernahmen auch die Juden das Aramäische als Alltagssprache, während das Hebräische zur Sprache der Bibel und der Schriftgelehrten wurde. So stellten die Aramäer den Urtyp des Vertriebenen, des Heimatlosen dar. In diesen Sätzen beziehen sich die Sprechenden auf ein Geschick, das über das eigene Volk hinausgeht. Wieder kann man sagen, dass statt der nationalen Komponente eine soziale oder politische Schicksalsgemeinschaft zum Ausdruck kommt. Der Beginn sah chancenlos aus.

Um Schreien, Klagen oder Stöhnen zu bezeichnen, stehen im Hebräischen mehr als zwanzig Wörter zur Verfügung, wenn auch manche von ihnen nur selten vorkommen. Das hier gebrauchte Schreien (25) kommt häufig vor (128 Belege) und bedeutet, in einer Notlage laut um Hilfe zu rufen. In fast der Hälfte der Fälle richtet sich der Schrei an Gott. Zu Gott zu schreien ist von allen Ausdrücken des Betens der gefühlsstärkste, gehört aber von Hause aus nicht zur religiösen Sprache. Zwischen einem gewöhnlichen Notschrei und der Bitte um göttliches Eingreifen besteht also kein Unterschied, die Klage im Alltag und die Klage vor Gott ergehen in derselben Sprache.

Dass Gott als der Retter erfahren wurde, gründet sich auf die drei Aussagen, dass er das Schreien auch vernahm, das Elend erkannte und die Unterdrückten befreite (26–28). Gott hört, sieht und handelt. Das ist der Kern des Bekenntnisses und des JHWH-Glaubens. Die Herausführung aus Ägypten bildet das Urbekenntnis Israels. Und in dieser Formel schwingt immer die Vorstellung einer Befreiung mit, wie denn oft ausdrücklich dazugesetzt wird: aus dem Sklavenhaus, so, um die prominenteste Stelle zu nennen, in der Selbstvorstellung Gottes zu Beginn der Zehn Gebote (Dtn 5,6). Weil Gott rettet, gebietet er.

Der stereotype Ausdruck *mit starker Hand und ausgestrecktem Arm* (29) beschränkt sich auf das Deuteronomium und die von ihm beeinflusste Literatur und bezieht sich immer auf die Herausführung aus der ägyptischen Sklaverei. Das Bild des hoch erhobenen und zuschlagenden Armes wurde sonst im Alten Orient immer mit einem starken und erfolgreichen König verbunden. An vielen ägyptischen Tempelwänden ist der Pharao in monumentaler Grösse dargestellt, wie er mit seiner Linken ein ganzes Bündel von Feinden am Haarschopf packt und mit der Rechten einen Schlagstock erhebt, der auf sie niedersausen wird. Auch auf Felsen an den Grenzen des Reichs wurde diese Szene eingemeisselt, um möglichen Feinden den Plan eines Überfalls auszutreiben. Zu gewissen Zeiten wurde dieses Motiv auch in Palästina gern in Amulette eingeritzt, die den Träger der zuschlagenden göttlichen Macht versicherten. So fand das Motiv Eingang in die Bibel, aber nie als Symbol eigener menschlicher Stärke. Dieses Bild vom starken Arm taucht noch einmal beim zweiten Exodus auf, bei der Rückführung aus dem Babylonischen Exil (so Jes 62,8). Sichtbar symbolisiert sich die göttliche Kraft für die Befreiung aus Ägypten in der ausgereckten Hand des Mose, der seinen Leuten den Durchgang durchs Wasser auftut. Zur gleichen Formel gehört die Wendung *mit Zeichen und Wundern* (31). Sie umfassen nicht allein die Plagen, sondern die ganze Herausführung aus dem Land und die Rettung am Schilfmeer.

Ein Land, in dem Milch und Honig fliessen (34): Dieser geprägte Ausdruck beschreibt (18mal) das versprochene und ersehnte Land für die Augen von Menschen, die noch nicht sesshaft und noch keine Landbesitzer sind. Palästina erscheint wie ein Garten. Man kann nicht entscheiden, ob an Wildhonig gedacht ist oder an den Ertrag von Bienenzucht, letzteres ist wahrscheinlicher angesichts des hohen Standards der Landwirtschaft in Palästina und Syrien. Ein Zeugnis dafür ist der Reisebericht des Ägypters Sinuhe (1962v): *Es gab dort Feigen und Weintrauben; es hatte mehr Wein als Wasser, besass viel Honig und reichlich Öl. Allerlei Früchte waren auf seinen Bäumen, es gab Gerste und Emmer und allerlei Vieh ohne Zahl.* Was im alten ägyptischen Reisebericht nach Schlaraffenland klingt und in der meteorologischen und geologischen Realität Ernüchterung bewirken musste, hat hier die Funktion, den unermesslichen Wert der Gottesgabe zu beschreiben. Der Lehnsherr gibt ein Lehen, zu dem Segen und Leben gehören. Milch und Honig sind verbunden mit dem Blick zurück in die Zeit unmittelbar vor der Landnahme, zu den Anfängen des realen Israel. Im Traum der messianischen Weissagung (vgl. Einheit 15) finden die Anfänge ihre Entsprechung, dann allerdings verbunden mit dem Blick voraus, in die Zeit des heiligen Landes, zu den Anfängen des idealen Gottesvolkes: *Und ein jeder wird unter seinem Weinstock sitzen und unter seinem Feigenbaum, und da wird keiner sein, der sie aufschreckt.* (Mi 4,4) Das ideale Volk im idealen Land lebt wie die ersten Menschen in der friedlichen Idylle eines naturnahen Gartens.

Das Bekenntnis hat eine Dreigliederung, die den Kern des Glaubens in die Mitte rückt: Die Vorgeschichte der

Andere Gottesbilder
im Text
_ Der Lehnsherr
(2–3.6.15.33.36):
Lev 25,23; Jos 22,19;
23,4; 24,13
_ Der Erwählende (9):
Dtn 7,6; Am 3,1–2;
Joh 15,9; Röm 8,28–30
_ Der Segnende
(22.34–35.39–40):
Gen 2,3; 12,2–3; Num
6,22–27: Lk 24,50–51;
Gal 3,8–9
_ Der Starke (29):
Hi 40,3–4; Ps 71,18;
98,1–2; Offb 4
_ Der Krieger (29–31):
Dtn 1,30; 3,22; 7,21; 9,3;
20,4; 23,15; 31,3.8

Andere Gottesbilder
im Umfeld
_ Der Hörende:
Ex 3,7–12
_ Der Gnädige:
Ps 136,10–24
_ Der Löser:
Mi 6,4

Zeit in Ägypten (19–22) und die Nachgeschichte der Zeit der Landnahme in Palästina (35–36) rahmen das Wesentliche ein (23–34): Es steht in jenen zwölf Zeilen des Glaubens, in denen JHWHs Hören, Sehen und Handeln den Kern ausmachen (26–28).

Die Regel

Der Sprecherwechsel führt zurück zum Gesetzgeber (37–41). Ursprünglich wurde damit aufgefordert und übergeleitet zu einem gemeinsamen Fest. In der vorliegenden Fassung ist dies verallgemeinert. Es gilt immer. Das Sein vor Gott soll ein Leben in Freude sein. Gottesdienst (38) und Lebensfeier (39) gehen nahtlos ineinander über. Aber auch hier beharren die Deuteronomisten auf dem normativen Wert der Erinnerung: Die Grossfamilie feiert mit Knechten und Mägden, mit den Leviten und den Fremden (41). Alle haben sie Anteil am Ertrag des Landes. Die neuen Nutzniesser des Segens sollen der Ausgebeuteten von ehedem gedenken. Aus den Opfern von gestern sollen nicht die Täter von Morgen werden. Wie in der Begründung des Sabbatgebots wird auch hier die Erinnerung in die Regel integriert (Dtn 5,12–15).

_ VEREHRT

Urbekenntnis

Die Sätze des Bekenntnisses beziehen sich auf eine Geschichte, von der man, wenn man alles ganz knapp zusammenfasst, sagen kann: Da hat sich Gott als der Befreier, als der Retter erwiesen. Gott befreit und rettet, indem er selbst in den Verlauf der Geschichte eingreift. Der Kern der Erzählung (19–36) gehört zu den ältesten Bekenntnistexten beider Religionen: des Judentums wie des Christentums. Lange trug der Text in der Exegese den Titel das *Kleine geschichtliche Credo* (Gerhard von Rad). Er zeigt, dass es typologisch zwei Anlässe gibt, ein Bekenntnis zu verfassen, zwei Typen des *status confessionis*, jener Situation, in der Gläubige genötigt sind, ihren Glauben zu formulieren: Die Gemeinde der Gläubigen steht entweder unter einem äusseren Druck, einer politischen und manifesten Bedrohung, die sie zwingt, ihren Glauben zu bekennen und einen Irrglauben abzuwehren; oder sie steht unter einem inneren Druck, einer mentalen und latenten Bedrohung, die sie zwingt, sich ihres Glaubens zu vergewissern und die eigene Identität zu formulieren.

Der erste Fall führt zu einem Kampfbekenntnis, mit dem nach aussen eine Irrlehre oder ein Fremdglaube abgewehrt wird, der zweite zu einem Identitätsbekenntnis, mit dem nach innen eine Identität geschaffen und gepflegt wird. Hier ist historisch beides der Fall: Das Kleine geschichtliche Credo diente der Abwehr vielfältiger Fremdkulte und der Vereinheitlichung des israelitischen

Kultus, und es diente zugleich der Schaffung einer gemeinsamen Identität unter den verschiedenen Gruppen des Landes und der Städte. Woran glauben wir, und wer sind wir? Diese beiden Fragen beantwortet es: Wir sind Gerettete und glauben an unseren Retter.

Pessach

Das in diesem Text beschriebene Ritual vergegenwärtigt den ersten Auszug. Dieselbe Vergegenwärtigung ist der Inhalt der jährlichen Pessachfeier. Und die gleichen Bilder kommen auch in andern Texten vor, vor allem im Psalter: etwa in Psalm 136, den die Juden den *Grossen Lobgesang* nennen (136,11–15). Ihn beten sie ebenso an Pessach wie an jedem Sabbatmorgen. Das gibt dem Bewusstsein der Rettung und Befreiung ein beständiges Echo, einen cantus firmus des Lebens.

In der Pessach-Erzählung wird fremden Ohren besonders auch die Inbrunst auffallen, mit der als Konkretion für die *starke Hand* und den *ausgestreckten Arm*, für die *grossen und furchtbaren Taten*, für die *Zeichen und Wunder* (29–31) die Zehn Plagen aufgezählt werden. Das Schicksal der feindlichen und gestraften Ägypter wurde in der jüdischen Tradition aber ebenso bedacht. Darum sei hier aus der Sammlung der jüdischen Sagen zitiert, die Micha Josef Bin Gorion (1865–1921) dem rabbinischen Schrifttum entnahm: *Dem Herrn ist es nicht lieb, wenn man jubelt, wenn der Feind fällt. In jener Stunde, als die Ägypter ertranken, wollten die Engel Gott ein Loblied singen. Er rief aber: Menschen, von mir geschaffen, gehen unter im Meer, und ihr wollt jauchzen?*

Theologie der Hoffnung

Es liegt nahe, das Gottesbild vom Retter und Befreier mit der Theologie der Befreiung Lateinamerikas in Zusammenhang zu bringen. Es ist aber auch sinnvoll, zeitlich noch etwas weiter zurückzugehen und Ernst Bloch (1885–1977) zu Wort kommen zu lassen. Der marxistische Philosoph kommt im Schlussteil seines Hauptwerkes, *Das Prinzip Hoffnung*, auch auf die Religion zu sprechen: *Mit Moses geschah ein Sprung im religiösen Bewusstsein, und er ward durch ein Ereignis vorbereitet, das den bisherigen Religionen der Weltfrömmigkeit oder des astralmythischen Schicksals das entgegengesetzteste ist: durch Rebellion, durch den Auszug aus Ägypten ... Ein versklavtes Volk, das ist hier die Not, die beten lehrt. Und ein Stifter eben erscheint, der damit beginnt, dass er einen Fronvogt erschlägt. So stehen hier Leid und Empörung am Anfang, sie machen zum vornherein den Glauben zu einem Weg ins Freie.* Nicht dass der Marxist auf einmal fromm geworden wäre und die Religion nicht mehr verdächtigte, ein Beruhigungsmittel zu sein, Opium, mit dem sich die Geplagten trösten. Aber in der biblischen Religion steckt für Bloch etwas anderes und mehr, als zu den bestehenden Verhältnissen bloss Ja und Amen zu sagen. Bloch weiss, dass das Besondere der Bibel zwar eingebettet ist *in die altorientalische Welt, in die vorgefundene ... Baalsreligion Kanaans* aber, wie er schreibt, *ein anderes Wesen* eingedrungen ist und *trotz aller Rezeptionen nie völlig kapituliert* hat.

Er macht dies fest an der Figur des Nasiräers. In einem altertümlich wirkenden Gesetz ist festgeschrieben, wer ein *Nasiräer* ist (Num 6,1–21): eine Person, die sich auf besondere Weise Gott weiht. Sie verpflichtet sich, keinen Wein zu trinken, sich die Haare nicht zu schneiden und sich von Toten fernzuhalten. Das macht einen Menschen zum Aussenseiter auf Zeit, der quer zu seiner Gemeinschaft steht. Die markigen Simsongeschichten (Ri 14–16) zeigen durch das vorgeschaltete Kapitel (Ri 13) Simson in diesem Licht eines heiligen Mannes: Seine Eltern müssen ihren spät geborenen Sohn einen *Nasiräer* werden lassen, so wie mehr als tausend Jahre später der Täufer in der Wüste unausgesprochen dieses Bild verkörpert. Bloch nimmt den Ausdruck metaphorisch für alle in Anspruch, die in der alttestamentlichen Tradition das Widerständige und Utopische vertreten. *Die Nasiräer von Samuel bis Johannes dem Täufer, im härenen Nomadenhabit, die mit ihnen eng verbundenen Propheten, mit dem Blick auf die Wüstenzeit als die «Brautzeit Israels» als die Zeit, «da Israel jung war» (Hos 11,1), haben ihre Erinnerungen wie ihre Kraft von der Moses-Stiftung her, von Dekalog und Exodus-Gott. Ohne Moses wären die Propheten ohne Boden, auch die noch so erhabene und universalistisch werdende Prophetenmoral zeigt den fortwirkenden Impuls des Exodusführers und seiner Idee des heiligen Volks. Durch den Einsatz Mosis hat sich der Heilsinhalt geändert, der den heidnischen Religionen, besonders den astral-mythischen, ihr völlig fertig-äusseres Ziel ausgemacht hatte. Statt des fertigen Ziels erscheint nun ein verheissenes, das erst erworben werden muss; statt des sichtbaren Naturgottes erscheint ein unsichtbarer der Gerechtigkeit und des Reichs der Gerechtigkeit.*

Natürlich geht es dem Philosophen nicht darum, die eine Religion vor der andern als die bessere zu erweisen. Er zeigt aber gegenüber der klassischen Religionskritik, welche die Religion absterben lassen will, weil sie der Befreiung im Wege stehe und den Blick trübe, dass die Religion zwei Seiten hat: die eine als Narkotikum, das nur ruhig stellt, aber auch die andere, die Exodusreligion, welche die Verhältnisse aufbricht. Bloch kann von der zentralen Utopie der Religionen selbst sprechen und meint damit nicht einen Himmel, den man lieber *den Spatzen überlassen* sollte (Heinrich Heine), sondern einen Zustand, der zwar weit über das Vorhandene hinausgeht und gegenwärtig noch keinen Ort hat, aber auf diese Weise das Vorhandene kritisiert, als überholbar erweist und also überwinden hilft: als Exodus eben, der das Kommende auf revolutionäre Weise vorwegnimmt.

Israel verdankt sich einer Befreiung durch Gott, weder einer Heldentat noch einer Machtentfaltung durch Menschen: *Der Herr erhörte unser Schreien* (26), dort liegt der Anfang. Darauf lässt sich keine Machtpolitik begründen. Das wird einen vor dem Utopismus der Machbarkeit bewahren und lässt doch an der andern Utopie festhalten, wonach das Schreien über eine Unterdrückung gestillt werden kann, weil es einmal nicht mehr nötig sein wird.

_ NACHGEFRAGT

Vom Text her

_ Sind Sie stolz auf Ihre Heimat? Ist sie Ihnen wichtig?

_ Wenn ja, kommt das bei Ihnen irgendwie zum Ausdruck? Wann und wo? Auch am Nationalfeiertag? Wenn Sie Ihren Pass vorweisen?

_ Wenn nein, woran liegt das?

_ Sehen Sie Gemeinsamkeiten zwischen der Geschichte vom Auszug und anderen Ursprungsgeschichten? Wie verstehen Sie die schweizerischen Gründungssagen? Und wo sehen Sie Unterschiede?

_ Für Schweizerinnen und Schweizer: Was wissen Sie von der Schweiz im Zweiten Weltkrieg? Berührt es Sie, dass die nachträglichen Beurteilungen so weit auseinander gehen, von der Verklärung bis zur Verurteilung? Haben Sie an solchen Auseinandersetzungen schon irgendwie teilgenommen? Kennen Sie Menschen aus der Generation des Aktivdienstes?

_ Für Deutschsprachige sonst: Wissen Sie, wie man den 8. Mai 1945 in Ihrer Familie erlebt hat? Wie man damals dachte? Und wie eine Generation später? Sind Sie davon geprägt oder gar nicht betroffen?

_ Neigen Sie, wenn Sie im Ausland von sich selber reden, eher zu selbstbewussten Auftritten? Oder machen Sie sich kleiner, als Sie sind? Haben Sie ein gutes heimatbewusstes Selbstvertrauen?

Zum Gottesbild hin

_ Was sagt es Ihnen, dass «Israels Geschichte» nicht im gemeinsamen Blut gründet, sondern in einer gemeinsamen Erfahrung?

_ Welche Gründungslegenden sind Ihnen lieber, solche mit Gott oder solche ohne Gott?

_ Wie beschreiben Sie die Erfahrung von Freiheit? Welche Bedingungen hat sie? Spielt Gott für Sie dabei eine Rolle? Welche? Und Sie selbst?

_ Legendäre Retter gibt es jede Menge: Welche sind Ihnen (nicht) sympathisch? Was bedeutet es für Sie, dass beim Auszug Gott der Retter ist? Wäre Ihnen eine Heldin oder ein Held lieber?

_ Sind Sie ein dankbarer Mensch? Woran erkennen Sie, wie dankbar Sie sind? Woran erkennen andere, wie Sie dankbar sind?

_ Kennen Sie auch Menschen, die sich selbst zu viel zutrauen? Wie kommen Sie mit ihnen aus?

_ *Stille Nacht, heilige Nacht! / Hirten erst kundgemacht, / durch der Engel Halleluja / tönt es laut von fern und nah: / Christ, der Retter, ist da*! Woran denken Sie, wenn Sie in der Weihnacht diese zweite Strophe mitsingen?

_ Brauchen Sie gelegentlich Rettung? Wovor und woraus? Woher kommt Sie?

_ GELESEN

_ Rainer Albertz, Religionsgeschichte Israels in
alttestamentlicher Zeit 1; Göttingen 1992.

_ Micha Josef Bin Gorion, Die Sagen der Juden;
Frankfurt 1962; Seite 464 (Zitat).

_ Ernst Bloch, Das Prinzip Hoffnung; Frankfurt 1959;
Seite 1453 (Zitat).

_ Martin Buber / Franz Rosenzweig, Die Schrift;
Heidelberg, 1976.

_ Herbert Donner, Geschichte des Volkes Israel und seiner Nachbarn in Grundzügen 1; Göttingen 1995.

_ Jürgen Ebach, Das Erbe der Gewalt; Gütersloh 1980.

_ Kurt Galling (ed.), Textbuch zur Geschichte Israels;
Tübingen 19/9; Seiten 4.40 (Zitate).

_ W. Heidenheim, Die Pessach-Hagada;
Basel 1985 (Neudruck).

_ Ernst Jenni / Claus Westermann, Theologisches
Handwörterbuch zum Alten Testament; München
1971.

_ Othmar Keel / Max Küchler / Christoph Uehlinger,
Orte und Landschaften der Bibel 1; Zürich 1984.

_ Gerhard von Rad, Theologie des Alten Testaments 1;
München 1961.

_ Rolf Rendtorff, Das Alte Testament. Eine Einführung,
Neukirchen 1988.

_ Martin Rose, 5. Mose (Zürcher Bibelkommentare);
Zürich 1994.

_ Silvia Schroer / Thomas Staubli, Die Körpersymbolik
der Bibel; Darmstadt 1998.

_ Thomas Staubli, Begleiter durch das Erste Testament;
Düsseldorf 1997.

_ Ina Willi-Plein, Das Buch vom Auszug;
Neukirchen 1988.

GOTT WETTERT GEWALTIG.
DER DONNERER

GOTT WETTERT GEWALTIG.
DER DONNERER

1   Am dritten Tag aber,   16

2   als es Morgen wurde,

3   begann es zu donnern und zu blitzen,

4   und eine schwere Wolke lag auf dem Berg,

5   und es ertönte mächtiger Hörnerschall.

6   Und das ganze Volk, das im Lager war, erzitterte.

7   Da führte Mose das Volk aus dem Lager hinaus,   17

8   Gott entgegen,

9   und sie stellten sich auf am Fuss des Berges.

10   Der Berg Sinai aber war ganz in Rauch gehüllt,   18

11   weil der Herr im Feuer auf ihn herabgestiegen war.

12   Und sein Rauch stieg auf

13   wie der Rauch des Schmelzofens,

14   und der ganze Berg erzitterte heftig.

15   Und der Hörnerschall wurde immer stärker.   19

16   Mose redete,

2. MOSE 19,16–19   17   und Gott antwortete ihm im Donner.

_ ERLEBT

Einstimmung

Ich liebe Sturm, besonders im November, wenn er mir den Atem verschlägt und ich mich gegen ihn stemmen muss, um nicht umgepustet zu werden, wenn er Regenschirme umklappen lässt und die letzten Blätter von den Bäumen fegt. Aber Erdbeben, Vulkanausbrüche und sogar Gewitter finde ich beunruhigend. Sie machen mir Angst. Und nun soll Gott solch ambivalente Züge eines Wettergottes tragen? Das ist eine Vorstellung, die mir gar nicht behagt. Ja, ich kann mir knapp noch vorstellen, dass es viele Menschen gibt, die in der Natur zur Ruhe und Einkehr kommen und darum eher im Freien mit Gott reden können. Ich kann auch nachvollziehen, dass ein besonderer Sonnenuntergang, eine spektakuläre Landschaft oder sogar das Betrachten einer einzelnen Blüte einem Menschen das Herz so weit werden lassen kann, dass eine urtümliche Ahnung von Gottes Schöpfermacht dabei aufkommt. Aber in Erdbeben, Vulkanausbruch und Gewitter würde ich Gott nicht suchen. So war ich besonders gespannt auf den Abend zu Gott, der sich im Wetter zeigt.

Annäherung

Nach der Einstimmung, in der wir mit Bewegungen und Tönen Wetterlagen nachempfinden und darstellen sollten, sammelten wir in einem *brainstorming* möglichst viele Naturereignisse, in denen Gott zu den Menschen kommen kann. Mich überraschte nicht, wie viele Sturm- und Windbilder aufkamen. Vielleicht war ich ja nicht die Einzige, die grellen Blitzen und heisser Lava lieber ausweicht? Einer trug zwar keine Worte bei, erheiterte uns aber dadurch, dass er mit den Fingern das Geräusch von Regentropfen imitierte, ein wenig später knatternde Windgeräusche mit einem Plastikmäppli erzeugte, und schliesslich pantomimisch imaginäre Fenster schloss. Immer mehr erlebte ich das inszenierte Unwetter mit, und nicht nur meine Phantasie wurde auf diese Weise angeheizt.

Redewendungen

Als die Ideen sich von der eigentlichen Aufgabe entfernten, forderte die Kursleitung uns auf, in Gruppen nach Redewendungen und Sprichwörtern zu suchen, die sich auf Naturgewalten beziehen. Wir hielten sie fest, indem wir jedes Sprichwort auf ein Blatt schrieben, und mit verdeckten Ergebnissen kamen wir in den Kreis zurück. Nun sollten die Gruppen gegeneinander einen Wettbewerb im Raten austragen. «Entscheidet Euch gemeinsam für eine der Redensarten und für eine zweite als Reserve, falls Eure erste Wahl auch von einer anderen Gruppe getroffen worden ist,» lautete die Anweisung an jede Gruppe. «Wählt eine Person aus Eurer Gruppe, die Strichzeichnungen anfertigen kann: eine Gruppe zeichnet eine Redensart, alle anderen raten.» Ich fühlte mich an die Fernsehsendung mit den *Montagsmalern* erinnert.

Die Mutigste aus einer anderen Gruppe malte ein Herz und drum herum ein Looping, und noch eins. Mir kam in den Sinn, dass das Herz einen Purzelbaum macht, aber weil das nichts mit Naturgewalten zu tun hat, sagte ich nichts. Auch die anderen waren erst ziemlich stumm, aber dann riefen alle irgendetwas: *Herzensstürme, stürmische Liebe* oder *Herzklopfen*. Da malte die Zeichnerin noch einen Pfeil mitten durchs Herz und jemand rief: *ein Herz im Sturm erobern!* Das war der gesuchte Begriff.

Die Zeichnerin der nächsten Gruppe skizzierte ein Skelett, dessen Beinknochen und Wirbelsäule offensichtlich zitterten, denn in der Weise von Comics zeichnete sie mehrere Wellenlinien daneben und auf den Boden, der sichtlich bebte. *Ich schlottere vor Angst* fiel mir ein oder *Ich habe keinen festen Boden mehr* oder *Erdbeben* oder *Mir schwankt der Boden unter den Füssen.* Mit Erschütterung oder *weltbewegend* fielen andere so schnell ein, dass das Nicken der Zeichnerin beim Wort *Erschütterung* fast unbemerkt blieb. *Bis ins Knochenmark erschüttert?* Dass diese Antwort richtig sein sollte, löste eine kurze Diskussion in der Gruppe aus. Die einen fanden, das habe nicht genug mit Naturereignissen zu tun, Andere verteidigten aber die Angemessenheit des Begriffs.

Der folgende Begriff war schon schwerer zu raten: Die Zeichnerin malte sanfte Wellenlinien, die sich verflachten, bis nur noch ein Strich stehen blieb, und aus dem Strich entstand plötzlich eine steile, enge Zickzacklinie mit spitzen Höhen und Tiefen. Wir rieten wieder: *Herzstillstand* oder *Sturm auf die Börse* oder *rasende Geschwindigkeit eines Notfallwagens* oder *Da bahnt sich ein Sturm an* oder *Stürme des Lebens*, aber auch das rieten wir erst, als die Zeichnerin energisch noch einmal die gerade Linie unterstrich, eine Pause machte und dann die Ausschläge noch extremer zeichnete: *Ruhe vor dem Sturm!*

Der Vierte malte einen Kegel mit offener, abgeflachter Spitze. Im unteren Teil waren Flammen zu erkennen. Dass es sich um einen Vulkan kurz vor dem Ausbruch handeln musste, begriff ich schnell. Aber was taten all die Strichmännchen auf dem Rand des Kraters? Sie machten die verrücktesten Verrenkungen und hielten sich an den Händen, als ob sie tanzten. Tanz? Klar: *Tanz auf dem Vulkan!* rief ich. Der Punkt ging an unsere Gruppe.

Auch der nächste Begriff hatte mit Feuer zu tun. So viel war schnell klar. Aber das gezeichnete Feuer nützte nichts. Auch die energische Wiederholung einer einzelnen Flammenform half nicht weiter. Erst als ein Strichmännchen ins Feuer gezeichnet wurde, kam unsere Phantasie in Gang: *Hexenfeuer, Höllenfeuer, lichterloh brennen, in Brand geraten sein, Tut nichts, der Ketzer wird verbrannt* oder *Mein Herz brennt für dich.* Endlich fiel *Feuer und Flamme sein.* Auch dieser Punkt war vergeben.

Ein Strichmenschlein, das mit einer Hand eine Schürze wie eine Tasche vor sich hielt und mit der anderen Hand Körner mit Fähnchen aussäte, war die nächste Herausforderung. Wir schrien *säen* oder *Vom Winde verweht* oder

tip
Mittel:
Lesung des Textes auf CD V/6; im Reiseführer die Ausflüge Berg und Macht

Lied:
RG 44,1; 162,4; 659

Bild:
Oskar Kokoschka, O Ewigkeit, du Donnerwort (Lithographien, Deutschland 1916)

Buch:
Friedrich Schiller, Hymne an den Unendlichen (Gedicht, Deutschland 1782)

Klassik:
Johann Sebastian Bach, Oh Ewigkeit du Donnerwort (Kantate, Deutschland 1724); Franz Schubert, Hymne an den Unendlichen / Gott im Ungewitter (Chorlieder, Österreich 1815/1827); Felix Mendelssohn Bartoldy, Nr. 34 aus Elia (Oratorium, Deutschland 1847)

Wüsten füllt die erzählte Zeit, in der Mose die Hauptrolle spielt. Die Erinnerung bildet eine Überlieferungstradition, die mündlich weitergegeben wird und dabei auch Entwicklungen erfährt. Die Verschriftung des Textes erfolgt während des Babylonischen Exils (vgl. Einheiten 12–13), die Überarbeitung des schriftlichen Textes bildet ebenso einen jahrhundertelangen Prozess. Die Wahrnehmung der eigenen Gegenwart als eines Wüstendaseins wird in der Auseinandersetzung mit Erfahrungen, die in den alten Texten begegnen, verarbeitet. Die Erinnerung an vorvergangene Zeiten des Volkes lohnt sich für die Bewältigung des eigenen Lebens. Der Vorgang der Erinnerung und Bewältigung prägt die erzählende Zeit. So muss von der angenommenen Lebenszeit von Mose bis zur Entstehung des vorliegenden Textes mit einer Zeitdifferenz von rund 700 Jahren gerechnet werden.

Übergabe der Bundesregeln als Kernstück der Identität

Die Erinnerung an frühe Erfahrungen mit Gott wird episch breit angelegt. Dabei zeigt sich, dass nicht ein einziger Autor die mündlichen Traditionen gesammelt und redigiert hat. Zu unterschiedlich ist das Bild, das von Mose gezeichnet wird, zu deutlich erweist sich, dass verschiedene Absichten hinter den Erzählungen stehen. Gemeinsam ist der grössere Zusammenhang, nämlich die Übermittlung der Bundessätze als ethisch-moralischer Grundlage der Gottesbeziehung anstelle eines Kultes.

Im engeren Sinn geht es im ausgewählten Textstück um den Gottesberg, der so heissen kann, weil Gott hier erscheint. Die Erscheinung Gottes vor dem Volk zielt auf den Bundesschluss in Ex 24, der mit der Übergabe der Bundesregeln und der Besiegelung durch Blut abgeschlossen wird. Er ist das Kernstück der gesamten Auszugstradition. Hier geschieht Überwältigendes, das die gesamte Schöpfung ins Wanken bringt, ja, fast wie das Chaos vor einer Neuschöpfung erscheint, denn es geht um die gesellschaftliche und staatliche Verfassung Israels.

Bundesschluss als Anlass der Gotteserscheinung

Dem ausgewählten Text geht die Anordnung zur Vorbereitung auf dieses gewaltige Ereignis voraus. Wer Gott begegnen will, muss sich darauf vorbereiten. Das äussere Zeichen dafür ist die Reinigung der Kleider (Ex 19,10.14). Diese Anweisung Gottes erweitert Mose ohne göttlichen Auftrag eigenmächtig um die Aufforderung zur sexuellen Enthaltsamkeit (Ex 19,15). Ist dies eine augenzwinkernde Einlage des Autors, als ob es nicht Gott wäre, der sexuelle Enthaltsamkeit für einen Akt der Heiligung (Ex 19,10) hält, sondern nur Mose? Will der Autor darauf hinweisen, dass von Gott her Sexualität ebenfalls zu den Naturgewalten gehört, in denen er selbst sich dem Volk offenbart?

Die Heiligung des Volkes ist das Ziel dieser Vorbereitung, wobei Heiligung durchaus verstanden werden kann als das rituelle Bewusstmachen der Zugehörigkeit zu Gott. Wer Gott begegnet und sich ihm zugehörig weiss, braucht

ihm nicht mit so grossem Schrecken zu begegnen wie jemand, der unvorbereitet von Gott überrascht wird. Doch auch hier bleibt der Abstand gewahrt, deklariert Gott eine Tabuzone, die von niemandem ungestraft betreten werden darf (Ex 19,12–13). Das ist wohl das wichtigste Indiz dafür, wie eng Gottes Erscheinen am Berg und der Bundesschluss miteinander verbunden sind.

Israel als Volk Gottes

Die Zusage, Gottes heiliges Volk zu sein, wird hier als ein Faktum erlebbar und ist für Israel davon abhängig, dass es den Bund hält (Ex 19,5). Der Autor blickt aus seiner Perspektive auf den Beginn der Bundesgeschichte zwischen Gott und Menschen zurück: Was zunächst eine Gabe Gottes gewesen ist, hat sich im Lauf der Geschichte zur Verheissung entwickelt, dass Gott seinem Volk auch dann treu bleibt, wenn es den Bund bricht, die Bedingungen nicht einhalten kann und somit scheitert. Es ist die gleiche fassungslos-dankbare Perspektive, mit der neutestamentliche Autoren von Ostern her die Passion Jesu beschreiben und erzählen (vgl. Einheit 20).

Die Gotteserscheinung am Berg dient also der Vorbereitung der Gesetzesübermittlung, zielt darauf ab und ist nur in diesem Kontext von Bedeutung. Das lässt sich auch aus der vermehrt vorkommenden Zahl Drei ableiten (Ex 19,1.11.15–16): Drei ist nicht erst in christlicher Zeit die Zahl Gottes, mit der Gott sich selbst zu erkennen gibt, das Symbol «spiritueller Universalität». Gott offenbart sich vollständig in seiner gewaltigen, erschreckenden Grösse und ist so auch der vertrauenswürdige, verlässliche Bundespartner. Das gewaltig fordernde Bundesbuch bezieht sich auf die gewaltige Gotteserfahrung am heiligen Berg. Das Gesetz ist für die Erzähler dabei wichtiger als die Gotteserscheinung, die vergleichsweise vage bleibt, während das Bundesbuch mit allen damit verbundenen Weisungen sehr konkret ist. Die Gotteserscheinung soll das Wesentliche, den Bundesschluss Gottes mit dem Volk in Szene setzen. Ziel und Höhepunkt ist die Übermittlung der Rechtssätze, während die existentielle Gotteserfahrung für das Volk eigentümlich blass und folgenlos bleibt.

_ AUSGELEGT

Gott erscheint dem Volk

Die Gotteserscheinung wirkt wie der Rahmen für die Übergabe des Gesetzes, das als Regelung des Bundes unbedingt nötig ist. Damit gehören Gotteserscheinung und Bundesproklamation mit Gesetzesübermittlung aufs Engste zusammen. Neben den staatsgründenden Dimensionen dieses Ereignisses geht es den Autoren theologisch dabei um die Vermittlung der Erkenntnis, dass das Volk Israel Gott ohne Heiligtum und ohne Priester, also auch weitab von Tempel und Kult, begegnen kann. Das zeigt die Gotteserscheinung anschaulich und zugleich programmatisch. Damit liegt auf der Hand, dass die Erzählabsicht für diesen Textabschnitt in der erlebten Gegenwart der Verfasser liegt: Das Volk braucht im Exil neue Anhaltspunkte und neue Zuversichten, um am Gottesglauben festhalten zu können. Diese werden ihm zum einen mit dem Bundesschluss und dem Dekalog (Zehn Gebote) und andererseits mit der tempelunabhängigen Theophanie (Gotteserscheinung) angeboten, wobei die Theophanie die Gebotsbefolgung vorbereiten soll.

Mose wird im selben Atemzug als der von Gott legitimierte und autorisierte Bote und Vermittler ausgewiesen, indem er das Gespräch mit Gott beginnt, auf das Gott für das ganze Volk hörbar antwortet (Zeilen 16–17). Er führt das Volk aus dem Lager (7) an den Fuss des Berges (9) und damit in den Bannbereich des Heiligen, dem Gott zu (8), der seinerseits die Weisungen (Tora) an den Berg bringt, wo Mose sie auf zwei Steintafeln gravieren wird. Damit führt er das Volk auch zur Tora. Das Volk betritt als Ganzes den Tabubereich (Ex 19,21), der nur ausgewählten Personen, nämlich in der Regel der Priesterschaft, zugänglich war (Ex 19,22). Das ist das Symbol dafür, dass es keinen Raum gibt, der Mittlerpersonen zwischen Gott und Mensch vorbehalten wäre. Jedes Mitglied des Volkes nimmt selbst an der Gotteserscheinung teil, aber jedes Mitglied ist auch selbst für die Einhaltung des Bundes verantwortlich und kann das rechte Leben nicht an andere delegieren. Mose führt das Volk aus dem Lager hinaus (7) zum Berg der Gotteserscheinung. So kommt das Volk Gott näher (8), überwindet die physische wie psychische Distanz zu Gott (9) und stellt sich damit auf die zu erwartende Begegnung mit Gott (11) ein. Auch Gott nähert sich (Ex 19,20), kommt dem Volk entgegen, überwindet seinerseits, was trennend zwischen ihnen ist: Die Begegnung wird immer distanzloser, das Volk ist Gott intensiv ausgesetzt, aber ebenso setzt sich Gott dem Volk aus. Damit wird der Bundesschluss unter ebenbürtigen Partnern bereits eingeleitet: Keine der beiden Parteien kommt als Bittstellerin zur anderen, sondern sie nähern sich einander, ebenbürtig gegenseitig, paritätisch.

Kreatur und Kultur

Dies kommt noch in einem weiteren Detail zum Ausdruck, das beim sorgfältigen Lesen auf den ersten Blick irritiert, dann aber folgerichtig ist: Die Sinneseindrücke, die mit der Gotteserscheinung verbunden sind, werden zugleich natürlich und kulturell erzeugt: natürlich mit den Phänomenen eines Vulkanausbruchs, mit Donner und Blitz (3), einer Rauchwolke (4.10.12–13), Feuer (11.13) und Erdbeben (14), kulturell mit dem Widderhorn, dem *Schofar* (5.15). Dabei weist das Natürlich-Kreatürliche den Bereich Gottes aus, während das Kulturell-Menschliche den Bereich des Menschen ausweist.

Der *Schofar* ist ein Blasinstrument, das liturgische wie profane Ereignisse einleitet. Es bildet rituell-kultisch den Ton Gottes nach und erklingt zu besonderen Anlässen

und auf Geheiss Gottes (Jos 6). So kündigt es die Ankunft des Königs an und gibt das Signal für den Beginn besonderer, auch kriegerischer Handlungen. Hier markiert der Schofar die Erlaubnis und Aufforderung, den Berg zu besteigen und Gott zu begegnen. Dies geschieht doppelt und bewusst (5.15), womit auch dem menschlichen Bereich, dem Gott sich aussetzt, Gewicht verliehen wird. So werden alle Sinne angesprochen: Blitz, Feuer und Wolke sind zu sehen, Donner und Schofar zu hören. Der Rauch wird vom Geruchssinn wahrgenommen, und das Beben erreicht die Tastsinne. Gott hat viele, verschiedene und ausserordentliche Ausdrucksmöglichkeiten, während der Mensch mit dem Schofar seine ihm angemessene und ordentliche Ausdrucksmöglichkeit ergreift.

Neuschöpfung in der Begegnung

Die Beobachtung der Annäherung zwischen Gott und Volk eröffnet etwas Neues, das als solches angekündigt wird: Wie mit jedem Morgen (2) ein neuer Tag beginnt, so kündigt sich auch mit diesem etwas Überraschendes und durchaus auch Beängstigendes an, das das Volk zum Erschrecken bringt. Und wenn dieser neue Morgen auch noch am dritten Tag stattfindet, am Tag Gottes, beginnt damit eine neue Dimension des Lebens, ein Stück Neuschöpfung, die theologisch nicht erklärt und gedeutet werden muss, sondern in unüberschaubaren Hinweisen vermittelt wird. Die Zahl Drei erscheint im Alten Testament immer wieder als Symbol für Gottes Offenbarung (Gen 18,2; Ez 14,14; Dan 3,23; Dan 6,11; Jona 2,1). So auch im Neuen Testament an zentralen Stellen (Mt 12,40; 17,4; 26,61; Lk 2,46; Apg 9,9).

Die Erscheinung Gottes am Gottesberg, die mit der Übergabe der Bundessätze verbunden ist, leitet ein neues Leben ein. Während die individuellen Gotteserscheinungen, wie Abraham (Gen 15), Mose (Ex 3; 33), Elija (1 Kön 19) oder Ezechiel (Ez 1,13) sie erlebt haben, die bereits bestehende Wirklichkeit abbilden, hat die Gotteserscheinung vor dem ganzen Volk eine Wirklichkeit stiftende Dimension, die erst dann erfüllt und verwirklicht ist, wenn sich das Volk seinerseits an die Bundessätze hält. Die Theophanie leitet ihre Bilder von natürlichen Phänomenen ab und untermalt mit ihnen die Dringlichkeit.

Die Komposition der Szene

Wie eng in dieser kleinen Szene die drei Akteure Mose, Gott und Volk aufeinander bezogen und miteinander verbunden sind, zeigt die Komposition der Szene: In ihrer Mitte stehen sich Gott und Mose (7–8) gegenüber, am Berg (4.14), der mehr ist als nur eine Kulisse für die Szene, nämlich Ausdruck für die erschütternde Nähe Gottes. Um Gott und Mose im Zentrum gruppiert sich das Volk (6.9), das ebenso bebt wie der Berg (6.14). Der Schofar kündigt Gottes Gegenwart an (5.15), ist selbst aber auch Antwort auf die Stimme Gottes, die sich naturgewaltig erhebt (3.17) und die ganze Szene einrahmt.

Damit liegt eine zentralsymmetrische Komposition vor, die den Blick auf Mose und Gott lenkt (7–8), im ersten Ring das Volk sehen (6.9) und im zweiten Ring den Schofar am Berg hören lässt (5.15). Die Symmetrie wird durch spätere Redaktoren einmal gestört (10–13), weil sie im Hinblick auf den Berg das Feuer eingefügen, und einmal ergänzt (16–17), indem der Donner als Gottes Stimme nun den dritten Ring bilden (3.17).

Mose und Gott sind die Akteure, während das Volk zu Statisten gemacht wird, zu Zuhörenden beim Gespräch zwischen Gott und Mose. War das Volk zunächst noch als Gesprächspartner Gottes gedacht (Ex 19,8.11), das sich souverän und ohne einen Mittler auf Gott vorbereiten konnte, so wurde später die Position des Mose gestärkt: Er allein wurde von Gott auf den Berg berufen (Ex 19,20) und bekam dadurch eine Mittlerrolle zugewiesen. Die Autorität liegt dabei nicht etwa, wie zu erwarten wäre, bei Mose, der das Volk führt (7) und zu Gott spricht (16), sondern allein bei Gott, der so laut spricht (17), dass das Volk ohne Moses Vermittlung hören kann, was Gott sagt.

Gottes Geschöpfe sind seine Ebenbilder

Noch eine Entdeckung tut sich auf: Der Berg wird als ein lebendiges Wesen in Entsprechung zum Volk gezeichnet. Volk und Berg erzittern (6.14). Gott kündigt sein Erscheinen mit Donner und Blitzen an (3), darauf reagiert die Menschenwelt mit dem Schofarschall (5), und die Natur antwortet durch den Berg mit Rauch (10–13) auf das göttliche Erscheinen. Nicht die Alltagswelt wird hier herbeigezogen, sondern der Kulturraum des Menschen, repräsentiert durch den Schofar. Dieser Raum öffnet sich mitten in der Wüste durch die rituelle Begleitung des Gottesereignisses. Der von Menschen geschaffene und gepflegte, die Welt deutende Kulturraum gehört ebenso wie die Natur zu Gottes Schöpfung.

Indem die Menschen Möglichkeiten gefunden und entwickelt haben, die Welt und die Gottesbegegnungen zu deuten, werden sie zu Mitschöpfern der Welt. Darin erweist sich ihre Gottebenbildlichkeit, die sie als Volk zu ebenbürtigen Bundespartnern Gottes macht. Nicht allein mit Mose schliesst Gott seinen Bund, sondern mit dem ganzen Volk. Darum reagieren beide, Natur und Kultur in vergleichbarer Weise auf die Gotteserscheinung.

_ VEREHRT

Gott erscheint in Naturereignissen

Dass Gott erscheint, legt die einfache Beobachtung nahe, dass er nicht als ständig anwesend erlebt wird. Vielmehr erleben die Menschen im Exil Gott als fern und unerreichbar. Mit einer bildhaften Gotteserscheinung lässt sich die Nähe Gottes einleuchtender darstellen als mit einem Argumentarium, das Glaubenssätze formuliert. Darum wird Gottes Erscheinen, seine Selbstoffenbarung am Berg, er-

Anderes Gottesbild
im Text
_ Der Berggott
(4.10–11.14):
Ex 3,12; Dtn 5,22; 33,2;
Ri 5,4; 1Kön 19,11–13;
Ps 24,3; 121,1

Andere Gottesbilder
im Umfeld
_ Die Geistkraft:
Gen 2,7; Hiob 27,3
_ Der Herr der Elemente:
Mk 4,41; Joh 3,8; Apg 2,2

zählt, und jede Zuhörerin kann sie nachvollziehen: Wer in Palästina hat nicht schon die Erde beben erlebt und ist darüber erschrocken, wer hat sich vor Blitz und Donner nicht schon gefürchtet, vor allem am Wasser oder in den Bergen, wo es keinen geeigneten Unterschlupf gibt? Archaische Kuluren erkennen in den bedrohlichen wie tröstlichen Naturereignissen ihre Gottheiten. Auch Israel kennt diese Tradition von ferne, wenn es die Geschichte von Sintflut und Regenbogen erzählt, vom brennenden Dornbusch oder von Sodom und Gomorra. Die Vorstellung, dass Gottheiten sich in Naturgewalten zeigen, mit Aufwand und Getöse erscheinen und die Menschen in Angst und Schrecken versetzen, haben die Israeliten spätestens im Babylonischen Exil durch den Wettergott Hadad oder den Ländergott Enlil kennen gelernt (vgl. Einheit 1). Nun werden Hadads Züge auf die Gotteserfahrungen in der Wüste übertragen, und von JHWH wird in denselben Bildern gesprochen. Oft haben die Israeliten Züge fremder Gottheiten für JHWH übernommen (vgl. Einheit 3), weil Gott ein unsichtbarer, dafür aber umso wirkmächtigerer Gott ist. Auch im Volk Israel ist die Sehnsucht vorhanden, Gott schauen zu dürfen (Ex 33,18).

Die Vorstellung der Theophanie, der Erscheinung Gottes in Wetter und Naturgewalt, hat Israel als relativ fixen Komplex aus Naturbildern zwar von der kulturellen Mitwelt Mesopotamiens und Kanaans übernommen und im eigenen Schrifttum vielfältig eingesetzt, in Kurzformen (Ri 5,4–5; Ps 68,8–9; Mi 1,3–4; Am 1,2; Ps 46,7; Jes 19,1) und in Langformen (Ps 77,17–20; 97,2–5; 29,3–9; Nah 1,2–6; Ps 18,8–16; Hab 3,3–15; Jes 30,27–33). Die der Theophanie zugrunde liegenden Erfahrungen mit der Natur aber haben die Vorfahren Israels selbst gemacht und auch deren Verknüpfung mit dem Erscheinen Gottes bereits selbst vollzogen. Gott am Sinai war nach der Flucht aus Ägypten das zweite religiöse Urerlebnis Israels.

Gott ist mit dem Volk unterwegs

Bei aller Ähnlichkeit mit den Gottheiten anderer Völker ist JHWH auch ganz anders: Mag Gott sich auch am Berg der Offenbarung dem Volk zeigen, so wohnt er doch nicht auf diesem Berg, wie andere Gottheiten ihren Wohnsitz auf einem Berg haben, sondern ist mit seinem Volk in Feuer und Wolke (Ex 13,21) unterwegs. Mag Gott sein Erscheinen auch mit Phänomenen wie einem Vulkanausbruch ankündigen, so ist er selbst doch nicht in diesem Naturereignis, sondern folgt diesen Herolden nach (Ex 19,20). Dieser Gott JHWH ist weder von einem Berg noch von einem ausserordentlichen Naturereignis abhängig, sondern beherrscht sie, denn sie sind Teil seiner Schöpfung. Mag Gott mit dieser für das Volk neuen Begegnung auch erschreckend und beunruhigend sein: Sein Eingreifen in die Welt will Leben in Fülle ermöglichen.

Das ist der Kern seiner Erscheinung: Gott nimmt handelnd Anteil und wirkt damit heilvoll. Er geht mit. Darum kann von einer Naturkatastrophe, auf die keine Gotteserscheinung folgt, auch nicht auf eine Gottesoffenbarung geschlossen werden. Nicht das Naturereignis ist das Ziel der Gottesoffenbarung, sondern Gottes Absicht, den Menschen zu begegnen, mit ihnen in Beziehung zu stehen und sich ihnen heilvoll zuzuwenden. Dazu kann er sich der Naturereignisse bedienen. Hatte Gott im Auszug aus der Sklaverei die Feinde ertrinken lassen und sein Volk gerettet (Ex 15,21), so erlebt das Volk nun, dass Gott unverfügbar bleibt und den Seinen Wüstenerfahrungen zumutet. Er lässt sich erweichen und bleibt doch hart. Der Donnerer ist der Befreier (vgl. Einheit 5).

Gott kommt entgegen

Eine Gotteserscheinung ist nie Selbstzweck, sondern Beginn einer neuen Beziehungsebene. Sie ist der eigentlichen Absicht Gottes untergeordnet und dient dieser zur Verdeutlichung. Hier geht es um den Bundesschluss zwischen Gott und Volk Israel, und dafür erscheint Gott, um ein personales Gegenüber, ein ebenbürtiger Partner für das Volk zu sein. Damit soll das Verhältnis zwischen Volk und Gott gestärkt, erneuert und bekräftigt werden, und dieses Verhältnis ist nicht abstrakt, nicht philosophisch und nicht allgemein natürlich, sondern eindeutig und personal. Gott ist seinem Volk ein Gegenüber, und das Volk kann Gott in der Begegnung erfahren.

Das ist in der Tat etwas Neues, dass Gott nicht nur einzelnen Menschen ein Gegenüber und Gesprächspartner ist, sondern dem Volk als kollektivem Ganzen, dass er keine Vermittler einsetzt, die an Stelle des Kollektivs mit Gott reden, selbst da, wo sie selbst es wünschen (Ex 20,19). Dass Gott das Volk auf dessen Odyssee durch die Wüste begleitet und mit ihm in Bewegung ist, weist darauf hin, auch dass Gott seinem Volk auf dem Berg entgegenkommt, wie es ihm entgegengeführt wird. Dieses Bild des Einander-Entgegengehens lässt an die Brautlyrik denken, in der Gott als Bräutigam seinem Volk als Braut entgegengeht, ein Bild, das nicht nur in der Prophetie vorkommt (Jes 62,5), sondern auch im Evangelium aufgegriffen wird (Mt 25,1–12). Eine Beziehung, die auf Begegnung beruht, ist nicht statisch, nicht verharrend und ewig gleich, sondern ist Beziehung in Bewegung.

Doch bleibt bei aller neu entstandenen Nähe ein Rest Distanz: Gott ist auf dem Gipfel, während das Volk am Fuss des Berges bleibt. Die Wolke verhüllt Gottes Gegenwart, wie überhaupt alle Signale und Phänomene der Gotteserscheinung gleichzeitig verhüllen und Beziehung ermöglichen. Gott bleibt der ganz Andere, dem die Naturgewalten ebenso zum Gesicht werden können, wie die Kulturerrungenschaften der Menschen. Alle dienen dazu, Gottes Erscheinen anschaulich werden zu lassen. Dessen tieferer Sinn verlangt nach einer Antwort der Menschen: Gottes Erscheinen ist nicht Selbstzweck, sondern zielt auf das Gespräch mit den Menschen, die nicht nur angeredet werden, sondern auch antworten sollen. Die Antwort besteht hier aus einem entsprechenden Tun im alltäglichen Lebensvollzug, aus der Einhaltung der Bundessätze, die das Volk heiligt und zu Gott gehörig macht.

Um die Bundessätze einhalten zu können, ist generationenlange Einübung nötig: Erfahrungen, die das Volk seit den Wüstenjahren hat sammeln können, kommen ihm nun in der Zeit des Exils zugute. Wie damals Gott mit seinem Volk sprach, so tut er es auch in der Gegenwart.

_ NACHGEFRAGT

Vom Text her

_ Woran denken Sie bei Vulkanausbrüchen, Gewittern und Sturmfluten, bei Tsunamis und Hurricans?

_ Kennen Sie die Faszination des Chaotischen?

_ Haben Sie die Bundessätze mit Gott ausgehandelt? Halten Sie sich daran? Und Gott?

_ Moderne «Hexen» beschwören die vier Elemente: Welches Element hat für Sie am meisten göttliche Kraft?

_ Was löst die Entdeckung bei Ihnen aus, dass Gott in Naturphänomenen, in denen sich der Mensch klein fühlt, den Menschen zum Bundespartner macht?

Zum Gottesbild hin

_ Welche Naturereignisse erinnern Sie an Gottes Gegenwart?

_ Kennen Sie Menschen, die Gott ausschliesslich in der Natur suchen? Wie erleben Sie Gott?

_ Ist Gott Ihnen schon einmal erschienen? Woran haben Sie das erkannt? Wünschen Sie sich das?

_ Können Sie sich Gott als gleichberechtigten Partner vorstellen? Was fasziniert Sie an dieser Vorstellung?

_ Bei Elija (1Kön 19) ist es kein Sturm, kein Vulkan, kein Unwetter, sondern ein sanfter Hauch, in dem Gott begegnet: Was fangen Sie mit dieser Vorstellung an?

_ Der stürmische oder der sanfte Gott: Womit kommt Gott Ihnen nahe? Leuchtet er erst ein, wenn er gewaltig kommt? Oder gerade dann nicht?

_ Was beschäftigt Sie beim Gedanken, dass Gott in seinem Erscheinen souverän bleibt? Ist das eher tröstlich für Sie? Oder weckt es Ihren Widerstand?

_ GELESEN

_ Hartmut Gese, Zur Lage des Zion; in: Vom Sinai zum Zion; München 1984.

_ Cornelis Hartman, Historical Commentary on the Old Testament. Exodus 2; Kampen 1996.

_ Benno Jacobs, Das Buch Exodus; Stuttgart 1997.

_ Jörg Jeremias, Theophanie; Neukirchen 1977.

_ The JPS Torah Commentary. Exodus; Philadelphia 1991.

_ Wolfgang Oswald, Israel am Gottesberg; Fribourg 1998.

_ Erich Zenger, Am Fuss des Sinai; Düsseldorf 1998.

GOTT SUCHT SICH
EINEN ORT.
DER EROBERER

GOTT SUCHT SICH
EINEN ORT.
DER EROBERER

1	Rechne, Herr, dem David	1
2	alle seine Entbehrungen an,	
3	da er dem Herrn schwor,	2
4	dem Starken Jakobs gelobte:	
5	*Ich will das Zelt meines Hauses nicht betreten,*	3
6	*will mich nicht zur Ruhe legen,*	
7	*ich will meinen Augen keinen Schlaf gönnen,*	4
8	*meinen Wimpern keinen Schlummer,*	
9	*bis ich eine Stätte finde für den Herrn,*	5
10	*eine Wohnung für den Starken Jakobs.*	
11	Seht, wir hörten von ihr in Efrata,	6
12	fanden sie in den Gefilden von Jaar.	
13	Lasst uns einziehen in seine Wohnung,	7
14	uns niederwerfen vor dem Schemel seiner Füsse.	
15	*Steh auf, Herr, von deiner Ruhestatt,*	8
16	*du und deine machtvolle Lade.*	
17	*Deine Priester sollen sich in Gerechtigkeit kleiden,*	9
18	*jubeln sollen deine Getreuen.*	
19	*Um Davids, deines Dieners, willen*	10
20	*weise deinen Gesalbten nicht ab.*	
21	Der Herr hat David geschworen,	11
22	gewiss rückt er davon nicht ab:	
23	Einen Spross aus deinem Geschlecht	
24	*will ich auf deinen Thron setzen.*	
25	*Wenn deine Söhne meinen Bund halten*	12
26	*und mein Gesetz, das ich sie lehre,*	
27	*sollen auch ihre Söhne für immer*	
28	*auf deinem Thron sitzen.*	
29	Denn der Herr hat den Zion erwählt,	13
30	ihn zu seinem Wohnsitz erkoren:	
31	*Dies ist meine Ruhestatt für immer,*	14
32	*hier will ich wohnen, denn ich habe sie erkoren.*	
33	*Mit Nahrung will ich sie reichlich segnen,*	15
34	*ihre Armen sättigen mit Brot.*	
35	*Und ihre Priester will ich mit Heil bekleiden,*	16
36	*und laut sollen ihre Getreuen jubeln.*	
37	*Dort will ich David ein Horn sprossen lassen,*	17
38	*für meinen Gesalbten halte ich eine Leuchte bereit.*	
39	*Seine Feinde will ich in Schande kleiden,*	18
40	*doch ihm soll auf dem Haupt sein Diadem erglänzen.*	

PSALM 132

_ ERLEBT

Die Kisten

Die Kursleiterin hatte drei Kisten mitgebracht, dazu einen Stoss bunter Tücher und einen Sack mit Bauklotzen, grösseren hölzernen Klötzen. Die Kisten kannte ich schon. Sie verwahrt darin Muscheln aller Art, bunte Steine, Knöpfe. Warum ich das schon wusste? Ich hatte dreimal hintereinander mit ihr an einer meditativen Silvesterfeier in der spätgotischen Stadtkirche teilgenommen, die ich so liebe. Nicht bloss teilgenommen, ich hatte zweimal zur Vorbereitungsgruppe gehört. Für uns fing das, neben dem Aufsetzen der Suppe, die in der Nacht ausgegeben würde, mit dem Auslegen eines Labyrinths an. Dafür brachte sie ihre drei Kisten mit, während ich im winterlichen Garten Efeu abgeschnitten und andere im Wald Zapfen, Rindenstücke, dürre Äste und Tannengrün gesucht hatten.

All das fiel mir ein, als ich die Kisten sah. Heute nun bekamen wir die Aufgabe, ein Gebilde zusammenzustellen, ein Legebild zusammenzufügen oder etwas zu bauen zum Thema: mein Ort, meine Heimat oder: *My home is my castle*!

Die Erinnerung

Vor lauter Spielfreude wusste ich nicht recht wie anfangen. Sollte ich ein Kissen suchen und mit Tüchern belegen, eine Juralandschaft kreieren und dort eine kleine Hütte draufbauen, weil mich immer, wenn ich eine Jurahöhenlinie sehe, das Gefühl von Heimatlichkeit streift? Oder einen Bahnhof errichten, dessen blaues Schild mir Schweiz bedeutet? Mein Grossvater war Bahnhofvorstand gewesen, und Papa führte uns an Festtagen gelegentlich zum Essen ins Bahnhofbuffet aus. Die aus- und einfahrenden Züge bringen Fernweh und das Gefühl von Zuhausesein zusammen, heute noch. Oder sollte ich einfach schöne Steine auswählen aus den bewussten Kisten, Muschelschalen mit schimmernden Innenseiten, also nicht eine Vorstellung illustrieren, sondern etwas kombinieren und sehen, was sich ergäbe?

Ich vergass prompt alles um mich herum, bis die Leiterin zum Abschliessen mahnte. Mir hatte das Wählen, Zusammenstellen, Bauen grosses Vergnügen gemacht. Wir wurden eingeladen, uns umzuschauen und dann zu einem Werk oder Bild zu gehen, das dem eignen möglichst unähnlich wäre. Es folgte ein gegenseitiger Austausch. Der Betrachter sagte der Erbauerin, was er sah, Fremdes oder Vertrautes. Mit Zurückhaltung, die hatte uns die Leiterin anbefohlen! Mit Zurückhaltung durften wir auch eine Mutmassung anstellen, ob wir im Bau, im Bild etwas von dem erkennen konnten, wie wir im bisherigen Kurs die Erbauerin oder den Architekten erlebt hatten. Dann nahm der Partner Stellung dazu. Und darauf ging man mit ihm zum eigenen Werk.

Das Ergebnis

Im Gruppenraum standen mehrere kapellenartige Bauten, was ja dann gut passte zum Psalm. Ich selber war von meiner Berghütte im Jura wieder abgekommen, es wären zwar Kissen vorhanden gewesen, aber ich sah Probleme voraus mit dem Fundament, mit der Stabilität des Untergrunds. Schienen und Bahnsteigdächer hätten mein technisches Geschick ebenfalls überfordert, aber ich war doch beim Vorhaben geblieben, Geschlossenheit und Offenheit zu verbinden, eben bei dieser Vorstellung, die mir Bahnhöfe manchmal vermitteln.

Wir sassen zum Schluss in einer Runde zusammen und tauschten uns darüber aus, was es bei uns ausmache, dass wir in einem Bau ein Gefühl von Zuhause, von Heimat, von Geborgenheit empfänden. Und die vielen Kapellen führten uns bald dazu, mehr von Kirchenbauten zu reden, von Mario Bottas Kapelle im Tessiner Maggiatal, von einer Autobahnkirche, von den romanischen Kirchen in Romainmôtier und Payerne, vom Strassburger Münster. Und daher verpasste ich die Gelegenheit, die hinreissende alte Sandsteinhalle des Zürcher Hauptbahnhofs zu würdigen.

_ VERORTET

Veränderungen in Vorderasien

In der Zeit zwischen 1300 und 1100 löste sich das bestehende politische und wirtschaftliche System im Mittelmeerraum allmählich auf. Vorher hatte im Vorderen Orient so etwas wie ein Gleichgewicht der Kräfte geherrscht. Die grossen Mächte waren Ägypten, dann in Mesopotamien die Hurriter und in Kleinasien die Hetiter (vgl. Einheit 1).

In Ugarit, einer Hafenstadt am Mittelmeer (heute in Syrien), sind Briefe des Königs von Zypern vom Ende des 14. Jahrhunderts gefunden worden, in denen er der Stadt Unheil ankündet und dazu rät, sich gegen Angriffe von See her zu rüsten! Zugleich kam es im Hetiterreich durch innere Unruhen, eine Dürre und den beginnenden Zusammenbruch des Abgabensystems zu Hungersnöten. Der ägyptische Pharao Merenptah sah sich veranlasst, dem machtpolitischen Konkurrenten durch Lieferung von Getreide auszuhelfen! Die öffentlichen Gebäude in Chattusha, der Hauptstadt der Hetiter (heute in der Mitte der Türkei), wurden durch Brand zerstört. Darum setzen dort die Schriftzeugnisse aus. Dasselbe Schicksal traf die Archive von Ugarit. Die Hafenstadt wurde durch fremde Truppen erobert und zerstört.

Möglicherweise hingen verschiedene Ereignisse voneinander ab, während andere zufällig hinzukamen: Die bekannte Insel Santorin in der griechischen Ägäis ist das Überbleibsel eines enormen Vulkanausbruchs (um 1645). Er musste einen ebenso enormen Tsunami ausgelöst haben. Die Flutwelle wird nicht nur die gesamte Inselwelt

tip
Mittel:
Lesung des Textes auf CD V/7; integrale Lesung aller Wallfahrtspsalmen auf CD III/1–15; im Reiseführer die Ausflüge Erwählung und Berg, Salbung und Macht

Besuch:
im Wallis der Stationenweg von Saas-Grund nach Saas-Fee; im Baselbiet der Stationenweg von Leymen nach Mariastein; die Labyrinthe in der Kathedrale von Chartres, im Tagungshaus Boldern bei Zürich oder auf dem Leonhardskirchplatz in Basel

Buch:
Amos Oz, Eine Geschichte von Liebe und Finsternis (Roman, Israel 2002)

Klassik:
Heinrich Schütz, Eins bitte ich vom Herrn (Geistliches Konzert, Deutschland 1636); Georg Friedrich Händel, Deborah / Samson / Josua / Jephtha (Oratorien, England 1733/43/47/52)

überrollt und die kykladische Kultur ausgelöscht, sondern auch fernere Küsten zerstört haben. Das rätselhafte Verschwinden weiterer vorgriechischer Kulturen, insbesondere der minoischen Kultur Kretas und der mykenischen Kultur der Peloponnes (etwa 1300–1200), könnte eine Langzeitwirkung des Ausbruchs und der Welle gewesen sein, weil durch sie die Sozialstruktur der Ägäis grossflächig zerstört oder mindestens nachhaltig beeinflusst worden war. Das Vakuum nach ihrer Zerstörung werden jene Menschen gefüllt haben, vor denen verschiedene erhaltene Schriftzeugnisse warnen und die von den Ägyptern *Seevölker* genannt wurden. Ob eine Art von Völkerwanderung oder doch eher Beutezüge von Piratengruppen, der *Seevölkersturm* fand statt. Er gab (um 1200) diversen älteren Kulturen den Rest und brachte die Philister nach Palästina.

Mehr noch als die Seevölker haben zu Land die Aramäer zu Veränderungen beigetragen: Sie drangen aus den Randgebieten der syrischen Wüstensteppe in die Kulturländer des *Fruchtbaren Halbmondes*, also auf die Landbrücke zwischen Kleinasien und Ägypten, vor und prägten danach das Bild des ersten Jahrtausends. Die semitischsprachigen Aramäer erschienen bereits in der zweiten Hälfte des zweiten Jahrtausends im Grenzbereich zwischen Wüste und Kulturland, mit dessen Bewohnern sie auch verwandt waren. Neben Naturkatastrophen und Migrationen hatten allerdings auch regelmässige Dürreperioden dazu beigetragen, dass diese Stämme zunehmend ihren angestammten Platz verliessen.

Etwa gleichzeitig setzte eine wichtige technische Veränderung ein: Im östlichen Mittelmeerraum ging die späte Bronzezeit zu Ende (1550–1200). Man wusste zunehmend, wie Eisen zu bearbeiten und zu verwenden ist. Die Eisenzeit, in Palästina zeitgleich mit der vorexilischen Zeit, begann (1200–586). Das wirkte sich in den militärischen Konflikten aus, aber durch den Einsatz eiserner Pflüge auch bei der Erzeugung des Lebensunterhalts. Eine andere Neuerung war die Verwendung des Kamels als Last- und Reittier. Es gibt für die Jahrtausendwende Hinweise auf die Domestikation dieses Wildtieres, nämlich erste Reliefbilder, die Kamele als Reittiere zeigen.

Folgen für Palästina

An der Küste siedelten sich Gruppen der Seevölker an. Sie werden in der Bibel *Philister* genannt. Von ihnen leitet sich immerhin die geographische Bezeichnung *Palästina* her. In der minutiösen Schilderung der kunstreichen Rüstung Goliats spiegelt sich der Respekt für die überlegene handwerkliche Technik dieser Nachbarn (1Sam 17,4–7). Der Zusammenbruch des vorherigen Gleichgewichts schränkte zunächst den Handel ein. Die kanaanäischen Stadtstaaten verloren viel von ihrer Bedeutung. Im Bergland Palästinas trat eine Art Machtvakuum ein, das neue lokale Entwicklungen zuliess. Es kam zu einem Verschmelzungsprozess verschiedener Gruppen. Eine neue Gesellschaft formte sich, die sich in einem Stämmebund namens *Israel* organisierte. Dieser Name *Israel* wird auf einer Stele des Pharao Merenptah erstmals genannt (1208). Auf einem Kriegszug in Vorderasien seien alle Gegner Ägyptens besiegt worden, darunter auch Israel: *Israel liegt brach und hat keinen Samen*. Die gegnerische Meldung einer Niederlage wird zum ersten Lebenszeichen Israels. Allerdings bedeutet der Name nicht die Gesamtheit eines Volkes *Israel*, sondern es handelt sich um eine Sippe, einen Stamm, von später aus gesehen also um eine Teilgrösse.

Das Buch Josua stellt die Landnahme als in einem Zug erfolgte Eroberung Palästinas durch Israel dar. Diese Vorstellung ist eine erst aus dem Rückblick gewonnene Konzeption. Auf dem Weg des jahreszeitlichen Weidewechsels kamen die vorisraelitischen Sippen regelmässig in das Innere Palästinas auf ihre Sommerweiden und wurden hier allmählich sesshaft (vgl. Einheit 4). Dieser Prozess vollzog sich abseits der Ebenen und also abseits der kanaanäischen Stadtstaaten. Er betraf die dünn besiedelten und politisch kaum organisierten gebirgigen Gebiete im Landesinneren, die von den Stadtstaaten nicht besetzt und von der ägyptischen Oberherrschaft wenig oder gar nicht erfasst wurden. Auf diese fast durchweg friedliche Landnahme folgte eine Phase des Gebietsausbaus. Die im Bergland ansässig gewordenen Sippen und Stämme drängten in die Täler und Ebenen hinaus. Dabei kamen sie zunehmend in Berührung mit den kanaanäischen Städten, die anfingen, sich gegen die Bedrohung ihrer landwirtschaftlichen Fluren zur Wehr zu setzen. Bei kriegerischen Konflikten, die sich sekundär nun doch gelegentlich entwickelten, gelang den Neusiedlern ab und zu die Einnahme einer Stadt, meist durch Kriegslist oder durch Verrat.

Es gab auch die Möglichkeit der Ansiedlung in einem von den Stadtstaaten kontrollierten Gebiet, aber um den Preis der Unterordnung. Das traf beispielsweise auf den Stamm Issachar in der Jesreel-Ebene zu. Dem Stammesspruch im Jakobssegen ist dies zu entnehmen (Gen 49,15). Ähnlich erging es noch anderen Stämmen im Norden.

Der Prozess der Landnahme spielte sich hauptsächlich während zwei Jahrhunderten ab (etwa 1300–1100). Im elften Jahrhundert war er beendet; jedoch war damit noch keine volle Sesshaftigkeit erreicht. Die am Rand des Landes im Süden und Osten lebenden Stämme und Gruppen hielten noch lang an der überkommenen halbnomadischen oder halbsesshaften Lebensweise fest. Von den fruchtbaren Ebenen waren die Israeliten, von einigen Ausnahmen abgesehen, ebenso ausgeschlossen wie von den grossen Handelsrouten. Auch der Zugang zum Meer blieb ihnen versagt. Der Ackerbau war die Hauptwirtschaftsweise geworden, und immer noch spielte die Viehzucht eine Rolle. Handwerk übten sie fast nur für den eigenen Bedarf aus.

Juda und Israel

Das Siedlungsgebiet war in nordsüdlicher Richtung durch den Jordangraben und in westöstlicher durch zwei Ketten kanaanäischer Städte im Norden und Süden untergliedert. So zerfiel es in vier Teile, nämlich in das ostjordanische, das galiläische, das mittelpalästinische und das judäische Gebiet. Für das nachmalige Königtum Israel als das Gebiet der zehn nördlichen Stämme hat sich für die Königszeit die Bezeichnung *Nordreich* eingebürgert (926–722), für das nachmalige Königtum Juda als Gebiet der zwei südlichen Stämme die Bezeichnung *Südreich* (926–587).

Die Entfaltung von Macht und Pracht, die der biblischen Darstellung der Zeit Davids und Salomos zu entnehmen ist, gehört zu einem guten Teil zur Perspektive derer, welche die Erinnerungen Jahrhunderte später verschrifteten. Die Archäologie hat bisher an verschiedenen Orten eine Vielzahl salomonischer Bauten zutage gefördert. Saul, David und Salomo, auch die beiden Reihen der Könige nach ihnen, müssen dennoch eher als einflussreiche Häuptlinge angesehen werden, afrikanischen *chiefs* von heute vergleichbar, die sich auch *kings* nennen, ein eigentliches Staatswesen aber noch nicht aufgebaut haben, sondern in Stammesstrukturen leben. Erst ab Rehabeam von Juda (926–910) und Jerobeam von Israel (926–907) können die späteren biblischen Autoren auf schriftliche Quellen zurückgreifen, nach denen die Regierungsjahre bestimmt werden.

Die sesshaft gewordenen Israeliten wirtschafteten in der ersten Zeit auf der Grundlage des Gemeineigentums und der periodischen Umverteilung des anbaufähigen Landes durch ein Losverfahren. Erst die Aneignung intensiverer landwirtschaftlicher und gartenbaulicher Techniken ermöglichte eine Produktion, mit der die Selbstversorgung der Einzelfamilien erreicht wurde und die einen Übergang zu Privatbesitz erlaubte. Diese Änderung der Besitzverhältnisse wurde durch die Verknappung des Bodens ausgelöst, als die Bevölkerungszahl zunahm. Die Umwandlung des Gemeineigentums in Privatbesitz fand schon vor der Einrichtung einer Zentralinstanz statt, wurde dann aber vor allem durch sie betrieben, weil man verdiente Beamte und Militärs mit Gütern abfand. Auf dem Land aber erfolgte auch unter den neuen Verhältnissen die Versorgung im Rahmen der familialen Produktion.

Gott und Land

Was die Religionsformen angeht, so spricht man für die nomadische und vorstaatliche Zeit von der *Väterreligion*. Der Ausdruck ist abgeleitet von den Gottesbezeichnungen in den Vätergeschichten des Buches Genesis: *Gott Abrahams* heisst dort einer, ein anderer *Schrecken Isaaks*, vom *Starken Jakobs* liest man (wie Zeilen 4.10), vom *Gott deines Vaters*, vom *El-Schaddai* oder *El-Roi*. Man verstand diese Religion lange als Vorform der JHWH-Religion. Die Vorstellung eines zeitlichen Nacheinanders muss aber aufgegeben werden. Die Texte reichen nicht in die vorstaatliche Zeit zurück. Die Geschichten der Väter und des Exodus enthalten alle die Gründungstraditionen von verschiedenen Gruppierungen, die zunächst für lange Zeit nebeneinander existierten. Die Väter-Religion und die JHWH-Religion stellen also nicht verschiedene Stufen einer Entwicklung dar, sondern sind verschiedene Aspekte derselben Glaubensgeschichte.

Die Erzähler der Geschichten im Buch Genesis (Gen 12–50) berichten von der Religiosität diverser Kleingruppen in verschiedenen Wanderungs- und Siedlungsgebieten. Die Väterreligion lässt sich als eine Form der persönlichen Frömmigkeit innerhalb derselben Sippe verstehen. Wenn die Tradenten von religiösen Vorgängen in den Familien ihrer Ahnen erzählen, orientieren sie sich zunächst an dem, was sie an familialer Frömmigkeit ihrer Zeit kannten. Darüber hinaus werden sie durchaus auch zutreffende Kenntnisse darüber haben, was für Familien der vorstaatlichen Zeit typisch war. Der Glaube der meisten Sippen war der Form nach und religionsgeschichtlich gesagt eine Monolatrie: Jede Sippe verehrte ihren einen Gott, und dessen Einflussbereich deckte sich mit dem der Sippe. Wechselte man den Einflussbereich, so wechselte man auch den des Gottes (Gen 31,43–54). JHWH ist zunächst wie andere ein solcher Sippengott, vermutlich einer Stammesgruppe aus dem Süden und mit Gruppen des Auszugs nach Norden gezogen. Was von ihm berichtet wurde, gewann zunehmend an Bedeutung. Die allmählich entstehende JHWH-Religion bezog sich so immer mehr auf die Grossgruppe des Stammesverbandes, auf die Koalition mehrerer Stämme und dann auf das entstehende Volk Israel. Wie sein «Volk» wurde auch der «Gott des Volkes» allmählich sesshaft.

Symbol und Ort des Gottes, der mit seiner Sippe unterwegs ist, war die Lade. Symbol ihrer Niederlassung wurde die Überführung nach Jerusalem. David hatte zwar noch nicht den Tempel gebaut, aber in einem Akt religionspolitischer Klugheit die Lade nach Jerusalem, der gerade erst eroberten und zur Stadt Davids umbenannten Zentrale seiner Macht überführt. Er suchte das Gleichgewicht der massgeblichen Kräfte, denn die Einheit des neuen Gebildes war labil und prekär. Da war es ein geradezu genialer Schachzug, das Symbol der beiden dominanten Traditionen, nämlich des Auszugs und der Wüste, an den neuen Nabel der Welt zu stellen. So demonstrierte David das Gleichbleibende, das Kontinuum zwischen Herkunft und Etablierung, und stiftete zugleich das Einende, das Tertium zwischen den vielen Verschiedenen, die Identität und Solidarität des immer noch werdenden Volkes. Gott wohnt, wo sein Volk wohnt. Und der Gemeinsame seines Volkes ist JHWH. Das ist die Botschaft der Ladeüberführung.

Josua und die Richter

Der Landnahme ist ein ganzes Buch gewidmet, das Buch Josua. Ein erster Teil berichtet darin von der Eroberung des Westjordanlandes (Jos 2–11), der zweite ordnet die Verteilung des Landes an (Jos 13–22). Die Anordnung und Gestaltung geht auf die deuteronomistische Redaktion zurück, die den Eindruck einer planmässigen kriegerischen Eroberung erweckt. Dieses Bild steht einigermassen in Widerspruch zu den Verhältnissen, welche die Geschichten im nachfolgenden Richterbuch voraussetzen. Zwar ist die redaktionelle Gestaltung auch im Richterbuch deutlich sichtbar, sie versieht die einzelnen Geschichten mit dem immer gleichen Schema, wonach ein Richter regierte, Israel aber wieder in Ungehorsam verfiel, weswegen sich eine fremde Herrschaft im Lande etablieren konnte, bis wieder eine charismatische Richtergestalt auftauchte und die Befreiung erstritt. Aber die einzelnen Geschichten sind älter als das Schema, sie handeln noch nicht von Israel, sondern immer noch von einzelnen Sippen und Stämmen.

Diese Geschichten passen in das oben entworfene Bild der Zeit. Die durchgängige Eroberung in einem Zug ist eine Fiktion der deuteronomistischen Redaktoren. Sie sind inspiriert von den assyrischen und babylonischen Feldzügen, mit denen Grossreiche errichtet wurden. Sie machen für die Frühzeit Israels aus Josua einen General und Eroberer dieses Zuschnitts. Die berühmte Geschichte von der Eroberung Jerichos (Jos 6), die nun freilich gerade nicht eine Waffenüberlegenheit feiert, ist kein historischer Bericht, sondern eine Ätiologie, also eine Sage, die erzählt, warum Jerichos Mauern zerstört wurden und was es mit dem Hause Rahabs und ihrer Familie auf sich hat. Sie fügt sich gut in die Befunde der Archäologie, die zwar an vielen Orten der Landnahmegeschichten Brandschichten freigelegt hat, doch selten passt die Zeit der Brandschicht zur Zeit der Erzählung. Die aggressive Expansion Israels auf Kosten der Ureinwohner Palästinas hat so nicht stattgefunden. Das bedeutet nicht, dass es nicht immer wieder auch kriegerische Verwicklungen gegeben hätte, wie die Geschichten über Richter wie Debora und Gideon, Jefta und, auf spezielle Weise, Simson anklingen lassen: All dies erstreckte sich aber über einen Zeitraum von etwa zweihundert Jahren.

Die Ladeerzählung

In den Kriegen mit den Philistern spielte ein transportierbares Heiligtum eine besondere Rolle: die Bundeslade, die im Heiligtum in Schilo stationiert war (1Sam 4–6; 2Sam 6). Als die Philister die Übermacht zu erringen schienen, wurde die Lade zur Verstärkung, zur Sicherung der göttlichen Gegenwart im Kampf, ins Lager gebracht, doch der Kampf verlief trotzdem weiterhin unglücklich. Die Philister trugen den Sieg davon und nahmen die Lade mit, was ihnen aber schlecht bekam. Nachdem sie sie in Aschdod in den Dagontempel verbracht hatten, zerbrach das Götterbild in der Nacht und lag am Morgen in Trümmern vor der Lade. Der unheimliche Behälter wurde zunächst nach Gat und von dort nach Ekron verfrachtet, aber jedesmal mit unglücklichen Auswirkungen, so dass die Philister dieses Beutestück wieder loswerden wollten und es nach Israel zurückschickten. Dahinter werden historische Vorgänge erkennbar, die auf ein Wanderheiligtum schliessen lassen, wie es bei manchen arabischen Beduinen noch bis vor kurzem zu beobachten war: Jede Sippe hatte ihren Sippengott dabei, aber in den Händen der falschen Sippe konnte die magische Energie der Gottheit natürlich nicht zum Guten wirken.

Wesentlich jünger sind allerdings die Anweisungen zum Bau des Wanderheiligtums (Ex 25–31) und der Report über die entsprechenden Ausführungen (Ex 35–40). Die Schrift der Priester konstruiert in einer Zeit, in der man weder Stiftshütte noch Tempel hatte, ein mobiles Heiligtum, so gut man sich noch erinnerte, um den Generationen im Exil zu zeigen, wie man auch ohne Tempel aus Stein seinem Gott treu bleiben kann. Das Zeltheiligtum mit der Lade, der ganze Schmuck der Stiftshütte und der Priesterschaft, die rituellen Vorschriften und Handlungen werden ausführlich beschrieben. Das ist ein später Widerschein der gleichen Traditionen, aber in der ständischen Perspektive längst sesshaft gewesener Priester. Da wird in späterer Zeit, als der Tempel zerstört lag, eindrücklich daran erinnert, dass es vor dem Tempel ein mobiles Heiligtum gab: Gott ist nicht ortsgebunden, eine wichtige Beruhigung für die Exilierten, deren wunderbare und heilige Immobilie in Trümmer gelegt worden war.

David hatte seinerzeit eine starke symbolische Aktion unternommen, indem er die Lade in einem festlichen Zug in die neu erworbene Hauptstadt Jerusalem holen liess (2Sam 6). Nach Abschluss der lange dauernden Landnahme und der allmählichen Staatenbildung hatte mit der Lade also auch Gott einen Ort in Israel, eine feste Stätte in seiner Mitte. Die Sesshaftwerdung Gottes bedeutete auch einen Akt der Legitimation für das Königtum. Der neue Platz war aber vorher nicht leer, sondern von kanaanäischen Traditionen des Hochgottes El belegt, samt priesterlichem Wissen, wie anzunehmen ist, auf das man sich auch unter den neuen Bedingungen stützte. Die Lade wurde nach wie vor verstanden als Thron der Gottheit. JHWH wurde El (vgl. Einheit 3).

Die zweite Überführung

Das historische Ereignis, das sich im Psalm spiegelt, erfuhr später eine Art Wiederholung durch den Propheten Haggai. Er trat nach dem tempellosen Exil auf (520). Obwohl das Exil seit langem offiziell beendet (538) und eine Rückkehr nach Palästina möglich war, zogen sich die Wiederherstellungsarbeiten im Lande und in Jerusalem nur schleppend hin. Der persische Statthalter Serubbabel, ein Jude aus der königlichen Familie der Davididen, ging endlich an den Wiederaufbau des Tempels. Haggai unterstützte dieses Projekt auf seine Art sehr wirksam. Er legte dar, dass ein Aufschwung im Lande erst möglich werde, wenn Gott seinen Ort wieder mitten unter seinem Volk einnehmen könne.

Der Prophet vertrat dabei ein eher restauratives Projekt, denn er hatte die Wiederherstellung der alten vorexilischen Zustände im Blick, eine Stadt mit Tempel und Königshaus. Das liess sich aber so nicht umsetzen. Zwar wurde der Zweite Tempel gebaut, aber ungleich einfacher und bescheidener als der erste. Zwar blieb die Königshoffnung bestehen, aber sie wurde zur messianischen Hoffnung auf eine ganz andere Qualität der Zeit (vgl. Einheit 15).

Die Wallfahrtspsalmen

Unter den Teilsammlungen des Psalters gibt es eine mit einem Thema: die Wallfahrt hinauf nach Jerusalem und zum Tempel auf dem Zion (Ps 120–134). Die fünfzehn Psalmen der Sammlung sind überschrieben mit *Wallfahrtslied*, wörtlich *Lied der Aufstiege*. Gleich wie hoch der reale Berg in Höhenmetern tatsächlich ist, ein Tempel liegt immer auf einem idealen Berg. Die Sammlung der Wallfahrtspsalmen muss selbständig bestanden haben und ist bei der Zusammenstellung des Psalters fast unverändert aufgenommen worden. Die meisten dieser Psalmen sind auffallend kurz, in populärer Sprache, wahrscheinlich von Laien verfasst, im Tempel deponiert und dort zusammengestellt und herausgegeben worden. Sie wurden gewiss besonders häufig verwendet, sowohl in der jüdischen wie dann auch in der christlichen Tradition. Die Redaktoren von damals haben sie als eine Art Wegbegleiter, ein Vademecum für Festpilger geschaffen. Psalm 132 bildet darin den Höhepunkt. Er dürfte allerdings der einzige Psalm im *Vademecum* sein, der nicht von Laien verfasst war und bereits eine längere Geschichte hinter sich hatte, bevor er nach dem Exil auf den Zweck der Wallfahrt zugeschnitten wurde.

Heiligtumsbesuche und Wallfahrten bestimmten das gottesdienstliche und persönliche Leben der Israeliten tief. Es muss eine ständige Bewegung grossen Ausmasses zum Kultort hin und zurück gegeben haben, dies insbesondere infolge der Abschaffung aller JHWH-Tempel ausserhalb Jerusalems (vgl. Einheiten 11–12). Dass gerade bei solchen festlichen Zügen, Einzelbegehungen und gemeinsamen Feiern gedichtet und erzählt, gesungen und gebetet, bekannt und geklagt wurde, *getreu dem Gesetz für Israel, den Namen des Herrn zu preisen* (Ps 122,4), kann man sich leicht vorstellen. Das ist der Ursprungsort dieser Psalmen. Anreise, Ankunft und Eintritt ins Heiligtum kommen vor, dann die Segensgrüsse oder Glückwunschformeln. Kollektive Gebete und Liturgien folgen. Sie machen zusammen diese Liedsammlung aus. Ein Ton von festlicher Gestimmtheit zeichnet sie aus.

Die Lieder stehen in drei Gruppen in einer bestimmten Abfolge. Die erste bezieht sich auf die Hinreise (Ps 120–122), die mittlere auf den Gottesberg Zion (Ps 123–132), die dritte auf Abschied und Segen (133–134). Im Ganzen sind es fünfzehn Lieder. Der Psalm in der Mitte wird Salomo zugeschrieben, der den Ersten Tempel hat errichten lassen. Diesem Psalm 127 gehen sieben Lieder voraus, und wieder sieben folgen ihm. Die Anordnung der Psalmen zeichnet die Wallfahrt nach; und die individuellen oder gemeinsamen Wallfahrten werden zugleich Bild und Vorbild für die Heimkehr Israels aus dem Exil. Am einzelnen Text wie in der ganzen Sammlung wird die gleiche Zionstheologie erkennbar. Alle Wallfahrer, woher sie auch kommen, werden Teil des Gottesvolkes Israel, wenn sie diese Psalmen rezitieren und sich zu eigen machen. JHWH führt ganz Israel aus der Diaspora zurück nach Jerusalem und hinauf zum Zion, ganz wie er selbst einst aus der Wüste gekommen ist und auf dem Zion Heimat gefunden hat.

_ AUSGELEGT

Werdegang des Psalms

Es handelt sich um ein kleines Drama mit verschiedenen Sprechern (wie Ps 2). Vier Strophen sind erkennbar, die alle aus einer kürzeren Einleitung (1–4.11–14.21–22.29–30) und einem längeren Zitat bestehen (5–10.15–20.23–28.31–40 in kursiver Setzung). Vielleicht wechselten die Sprechenden beim Vortrag einander ab: in der ersten und dritten Strophe ein Priester, in der zweiten und vierten die Gemeinde, wobei die erste Hälfte des Gedichts die Niederlassung Gottes auf dem Zion betrifft (1–20), die zweite das Königtum Davids vom Zion aus (21–40).

Ein erstes dramatisches Gedicht (3–18.21–22.37–40) geht wohl zurück auf die Zeit vor dem Exil. Es ist die poetische Version der Ladeerzählung (1Sam 4–6; 2Sam 6). Das Gedicht bekam in einem weiteren Schritt eine Rahmung (1.2.19–20.23–28). Dieser Rahmen macht es zum Königspsalm. In der Exilszeit wurde die Verheissung an David wiederholt, aber im kritischen Rückblick auf die Erfahrungen der Königszeit nicht mehr bedingungslos ausgesprochen, sondern verbunden mit der Bedingung, die Tora einzuhalten. In einem dritten Schritt wurde der Text nach dem Exil nochmals ergänzt (29–36) und zum Zionslied gemacht. Zuletzt banden es die Redaktoren der Wallfahrtslieder durch die Überschrift *Ein Wallfahrtslied* in ihre Sammlung ein (Ps 120–134).

Dies ist eine mutmassliche Rekonstruktion, keine Beweisführung. Immerhin zeigt sie, welche theologische und liturgische Bedeutung dem Psalm über Generationen eingeräumt worden ist. Der Psalm enthält eine Theologie der Hoffnung für den Zion (29–30), er feiert diese Hoffnung, indem er das Zionsthema mit der Geschichte der

Lade und des Tempels sowie der Verheissung für David und sein Haus verbindet, d. h. er vereinigt drei ursprünglich getrennte Traditionen. Er zählt zu den Königspsalmen, zu jenen Liedern, in denen der König die Hauptfigur ist (Ps 2; 18; 20; 45; 72; 89; 101; 110; 144), aber eingereiht wird er unter die Wallfahrtslieder (Ps 120–134). Ausserdem verwendet er zweimal die sehr alte Gottesbezeichnung *Der Starke Jakobs* (5.11). Die unterschiedlichen Fäden sind trotz Wachstum souverän zu einem schönen Ganzen verknüpft.

Davids Gelübde

Die erste Strophe (1–10) setzt mit einer Bitte ein (1–2): Mit den *Entbehrungen* Davids ist der Inhalt des berichteten Gelübdes gemeint, aber auch konkret die Einholung der Lade. Man vermutet, dass die Zeilen zum Rahmen gehören (1–2.19–20), der in der Exilszeit das alte Lied zu einem Königspsalm machte. Das bedeutet, dass, was damals begonnen hatte, weitergehen oder wiederhergestellt werden möge in einer Zeit ohne König. Es wird an der Kontinuität mit dem Hause Davids festgehalten. Das ist anders bei prophetischen Stimmen, die den erträumten Hoffnungsträger nicht als realen Davidabkömmling, sondern als idealen Gegentypus sehen (vgl. Einheit 15).

Im Gelübde fällt die Unermüdlichkeit auf, die David an den Tag zu legen verspricht, bis endlich auch JHWH sesshaft werden kann. Vierfach gelobt er einen Verzicht (5–8), bis endlich auch Gott in seinem Land heimisch wird. Das mag zum Prunkstil höfischer Selbstdarstellung gehören, einer hyperbolischen Rhetorik, könnte aber auch die historische Merkwürdigkeit verschleiern, dass nach ihrer Versorgung im Allerheiligsten des Ersten Tempels nichts mehr über die Lade gesagt wird, nicht einmal über ihre mutmassliche Zerstörung beim Brand Jerusalems (587). Das Wanderheiligtum der Wüstenzeit war angekommen, hatte seinen Zweck erfüllt und wurde vergessen. Mit seiner Überführung war ein Epochenwechsel geschehen.

Der *Starke Jakobs* (4.10) ist eine auffällige, archaisch wirkende Gottesbezeichnung. Der Starke, immer substantivisch gebraucht, kommt im Alten Testament 23mal vor und bezeichnet Helden oder Tyrannen, entsprechend auch zuweilen das Pferd oder den Stier. Fünfmal ist *Der Starke Jakobs* oder *Der Starke Israels* ein Gott. Diese Bezeichnung gehört zu den Namen der Vätergottepoche. Die Bezeichnung wird vom Zweiten und Dritten Jesaja aufgenommen, also in exilischer und nachexilischer Zeit. Diese Aufnahme eines archaischen Elementes in der späteren Zeit erklärt sich daraus, dass die Exilierten bei den Vätern und Müttern vor der Landnahme ein Lebensmodell und eine Frömmigkeit entdecken konnten, die ihrer eigenen Situation entsprach. Damals und jetzt führten sie in einem Land, das anderen gehörte, ein gläubiges Leben ohne eigene staatliche Ordnung und ohne Tempel. Die Zeit dazwischen aber, die Zeit der eigenen Staatlichkeit, war mit der Zerstörung Jerusalems desavouiert.

Gottes Weg

Der Neueinsatz zur zweiten Strophe (11–20) ist markiert durch das liturgische *Seht!* des Chors (11). Der Abschnitt weist Dramatik auf, da man nur die Stimmen der Handelnden vernimmt. Man kann zuerst noch nicht recht wissen, wer oder was das ist, den oder wovon *wir hörten* (11). Erst mit dem Zitat (15–20) wird klar, dass es um die Bundeslade geht, vorgestellt als Kerubenthron: ein Paar geflügelter Mischwesen mit Menschenköpfen und Katzenkörpern, wobei Gott auf den beiden mittleren Flügeln sitzt und den Thronschemel für seine Füsse vor sich hat. Die *machtvolle Lade* (16) deutet die magische Präsenz des Göttlichen an, die durch die beiden kanaanäisch-phönizischen Mischwesen bildhaft unterstrichen wird.

Die Lade war während der Landnahmezeit vor allem militärisch von Bedeutung, denn im JHWH-Krieg signalisierte sie die Gegenwart JHWHs und seiner Kraft. Deshalb wurde sie in die Philisterkriege mitgenommen. Aber die siegreichen Feinde bemächtigten sich ihrer damals und führten sie in ihre Stadt Aschdod. Dort verbreitete sie Unheil. Das wiederholte sich in anderen Städten der Philister, bis sie sie zurückgaben. Nach der Überführung der Lade in den Tempel trat der kriegerische Aspekt zurück, die Lade wurde verstanden als Ort der Gegenwart Gottes.

Eine Gruppe von Suchenden hörte von ihr in *Efrata* bei Betlehem und fand sie *in den Gefilden von Jaar* (11–12), damit muss Kirjat Jearim gemeint sein (1Sam 7,1). Dann spricht ein einzelner: *Steh auf, Herr.* (15) Das nimmt die Notiz aus der Zeit der Wüstenwanderung auf (Num 10,35–36), wonach Mose immer so gesprochen habe, bei jedem Aufbruch auf der Strecke vom Sinai bis zum Jordan. In der Zürcher Bibel wird übersetzt *von deiner Ruhestatt* (15), in den Kommentaren liest man hingegen *zu deiner Ruhestatt*. Die erste Übersetzung hält sich an das Vorbild der Wüstenwanderung, die zweite an den Kontext des Psalms: Gott möge in Jerusalem seinen Ort finden (wie 2Chr 6,41). Am neuen Ort werden die Priester ihren Dienst gut versehen. *Sich in Gerechtigkeit kleiden* hat konkrete und liturgische Bedeutung: Die Priester werden ordiniert und in ihr Amt eingesetzt, ein Vorgang der *Investitur*, bei dem noch heute Priester und Mönche, aber auch Richter oder Professoren einen Ornat, eine Robe, mindestens einen Hut erhalten. Mit dieser Tracht weisen sie sich über die Rechtmässigkeit ihres Amtes aus. Tun sie das, so können sich die Frommen im Tempel freuen (17–18). Das ging durch den Bau des Salomonischen Tempels in Erfüllung. Aber die Wendung *jubeln sollen deine Getreuen* (18) schafft auch die Verbindung bis zu jenen Frommen, die diesen Psalm auf der Wallfahrt zum Zweiten Tempel beten.

Gottes Gelübde

In der dritten Strophe (21–28) geht es um die Verheissung für das Haus Davids, die Dynastie, die Nachkommen Davids. Es wird erinnert an die Verheissung, die der Prophet Natan aussprach (2Sam 7). David hatte für die Lade Gottes ein Haus bauen wollen, nachdem er selber in einem Haus aus Zedernholz residierte. Natan hiess das zunächst gut, empfing dann aber in der Nacht eine andere Weisung. Er richtete David aus, dass umgekehrt Gott ihm ein Haus bauen werde, und dieses Haus Davids werde fortdauernden Bestand haben: Ein leiblicher Sohn werde seinen Thron besteigen, und dieser erst würde ihm, Gott, dann auch ein Haus bauen.

Die Änderung, die der Psalm anbringt, besteht in der Bedingung für diesen fortdauernden Bestand: *wenn deine Söhne meinen Bund halten* (25). Das setzt mindestens die Zeit der deuteronomischen Bearbeitungen der staatlichen Geschichte voraus, in der notorisch festgestellt wird, dass fast keiner dies getan und die Bedingung erfüllt habe (vgl. Einheit 12). Von der menschlichen Seite aus ist der Bruch eingetreten, daher hat das davidische Königtum faktisch nicht Bestand gehabt. Das ist die Einsicht des Deuteronomistischen Geschichtswerks. Hier wird trotzdem an die alte Verheissung erinnert, weil es von der andern Seite aus doch noch einen Neubeginn geben wird. Davon handelt die vierte Strophe.

Gottes Ruhe

Andeutungsweise war bisher die Rede *von der Stätte* (9) oder der *Ruhestatt* (15), jetzt ist klar aus dem Munde des Liturgen zu hören: *Der Herr hat den Zion erwählt* (29–30), und dann sogar direkt mit der Stimme Gottes: *Dies ist meine Ruhestatt für immer* (31). Die vierte und letzte Strophe (29–40) verherrlicht den Zion als Berg Gottes und Nabel der Welt. Darum wird er auch der Ort reichen Segens: Die Pilger werden mit Nahrung versorgt, und die Armen können auf Hilfe zählen (33–34). Der Priesterstand prosperiert (35 wie 17), und die Frommen dürfen einmal mehr jubeln (36 wie 18). Der Zion hat dreierlei Funktion: Er ist Gottes Berg und Thron in der Mitte seiner Schöpfung (29–32); er ist das Zentrum seines Kultes und Heils (33–36); und er ist Ort seines Statthalters und Königshauses (37–40). Der Psalm gipfelt am Schluss in der Verheissung für das Königtum, den Gesalbten, den Messias: Das Horn versinnbildlicht seine Macht, die Leuchte seine Fortdauer (1Kön 11,36), das Diadem sein Königtum. Die Feinde werden besiegt und beschämt sein. Der Zionssegen entfaltet sich jetzt, die Hoffnung auf ein erneuertes Königtum ist in die Zukunft gerückt.

Ausgehend von der Erinnerung an David und das von ihm repräsentierte Königtum der vorexilischen Zeit, wird jetzt die Hoffnung neu geweckt: Dort (37), auf dem Zion, ist Gottes Gesalbter. Die verschiedenen Hoffnungstraditionen verstärken einander. Man hat die Schlusssätze des Psalms eine protomessianische Grammatik genannt, mit der hier auf den Gesalbten JHWHs geblickt wird. Der Psalm spannt die Brücke zwischen der Landnahmezeit, der vorexilischen Königsideologie, dem gescheiterten Königtum und den späteren Erwartungen einer königlichen

Heilsgestalt. Nicht lange nach seiner Endfassung konnte der ganze Psalm auch wie eine messianische Weissagung gelesen werden (vgl. Einheit 15).

_ VEREHRT

Unterwegs oder etabliert?

Das Pilgern wurde in jüngerer Zeit neu entdeckt. Flurbegehungen, an Fronleichnam etwa, gab es immer schon. Alte Labyrinthe werden wieder aufgesucht und neue eingerichtet. Man nimmt vermehrt an Wallfahrten teil. Zu Kirchentagen und Jugendtreffen machen sich Scharen auf den Weg. Alles das sind rituelle Formen des religiösen Unterwegsseins. Man erinnert sich heute wie damals daran, dass man nicht immer sesshaft war und dass Sesshaftigkeit auch nicht alles ist.

Zur Heilsbedeutung des Tempels gibt es neben diesem Psalm andere bedeutende Stimmen, vielleicht allen voran diejenige Jeremias, der sich in der berühmten Tempelrede (Jer 7,1–15) schneidend gegen das selbstsichere Vertrauen auf die göttliche Gegenwart im Tempel wendet. Nicht dass er die Gottesgegenwart grundsätzlich abstritte, aber er bindet sie an das Tun des Rechten: *Wenn ihr wirklich Recht schafft untereinander und den Fremden, die Waise und die Witwe nicht unterdrückt - und kein unschuldiges Blut an dieser Stätte vergiesst ..., dann werde ich euch wohnen lassen an dieser Stätte, in dem Land, das ich euren Vorfahren gegeben habe, von Ewigkeit zu Ewigkeit* (Jer 7,5b–6b 7). Den offenbar gängigen Slogan *Der Tempel des Herrn, der Tempel des Herrn, der Tempel des Herrn ist hier!* (Jer 7,4b) entlarvt er als religiöse Phrase, mit der man meint, JHWH auf sicher zu haben, als sei er im Allerheiligsten versorgt und seine Kraft stünde zur freien Verfügung. Gott lässt sich nicht einsperren, und seine ethischen Forderungen setzt er auch ohne Tempel durch. Gott bleibt mobil.

In Ezechiels barock anmutenden Visionen findet sich Ähnliches: Er sah Gottes Gegenwart, seine Herrlichkeit – das entsprechende hebräische Wort wird sonst noch mit Ehre übersetzt oder auch mit Gewicht – aus dem Tempel ausziehen und vom Tempel wegziehen (Ez 10,18–22). Am Ende wird er sie zum neuen Tempel wieder heranziehen sehen (Ez 43,1–2). Die göttliche Erscheinung benutzt einen Wagen mit vier Rädern, einen Feuerwagen, auf dem vier Wesen mitfahren: das eine wie ein Mensch, das andere wie ein Löwe, das dritte wie ein Stier, das vierte wie ein Adler. Der göttliche Feuerwagen hat die Bundeslade ersetzt, von der es im Exil keine Nachrichten mehr gibt. Gottes Herrlichkeit kehrt erst dann wieder aus dem Exil zurück, wenn ein neuer Tempel mit einer neuen Ordnung bereitsteht. Dann darf wieder mit seiner Gegenwart gerechnet werden. Der neue Zustand wird in der grossen Vision vom Heiligen Land geschildert (Ez 40–48): Es wird dort nicht bloss eine ideale Raumplanung und Architektur bis ins Einzelne ausgemalt, sondern auch eine neue gesellschaftliche Ordnung gesetzt. Sie würde den Priestern zwar durchaus Vorteile verschaffen, aber keineswegs eine Priesterherrschaft einsetzen. Ezechiel sieht an der Spitze einen Fürsten stehen und nimmt eine ausdrückliche Trennung zwischen dem Politischen und Priesterlichen vor, damit die Priester nicht mehr zu Handlangern eines Staatskultes degradiert werden. Dazu gehört wie einst bei der Landnahme eine Verteilung des Grundbesitzes, doch nun bekommt jeder Stamm einen gleich grossen Anteil. Die Utopie orientiert sich am Zustand Israels in der vorstaatlichen Zeit, an seiner segmentären und egalitären Gesellschaftsordnung.

Der Bericht von der Einweihung des Ersten Tempels (1Kön 8) macht den Anschein, als hätten sich dort eindrückliche Spuren prophetischer Tempelkritik erhalten, denn in der Erzählung vom Bau des Tempels und seiner Einweihung ist keine religiöse Besitzsicherheit auszumachen. In Salomos Gebet heisst es *Aber sollte Gott wirklich auf der Erde wohnen? Sieh, der Himmel, der höchste Himmel kann dich nicht fassen, wie viel weniger dann dieses Haus, das ich gebaut habe!* Und: *Und erhöre das Flehen deines Dieners und deines Volkes Israel, mit dem sie zu dieser Stätte hin beten; erhöre es an der Stätte, wo du wohnst, im Himmel, erhöre es und vergib!* (1Kön 8,27.30) In einer starken dichterischen Formulierung ist der erstaunliche Satz zu lesen: *Damals sprach Salomo: Der Herr hat gesagt, dass er wohnen will im Wolkendunkel.* (1Kön 8,12) Dieser Satz schiebt der möglichen Anmassung, die Gottheit im Tempel instrumentalisieren zu können, ebenfalls einen Riegel vor. JHWH ist weder der Sonnengott der Ägypter oder Babylonier (vgl. Einheiten 1–2) noch ein stummes Möbel im Allerheiligsten. Das Dunkel verunmöglicht den Zugriff. Es umschreibt bildhaft die Geheimnishaftigkeit und Unberechenbarkeit Gottes.

Gott findet seinen Ort

Die Vorstellungswelt von Psalm 132 ist weit abgerückt. Darum folgt hier der Versuch zu beschreiben, wie denn seine Thematik heute formuliert würde. Dies in der Annahme, im Psalm und an den andern eben angeführten Stellen werde etwas meditiert, was auch heute wichtig, aber strittig ist: Wie und wo kann jemand Gott begegnen, wie und wo stellt sich jemand auf das Göttliche ein?

Eine Antwort, die viele Anhänger findet, ist der mystische Weg. Das Diktum Karl Rahners, wonach das *Christentum der Zukunft mystisch sein oder nicht mehr sein* werde, kann man immer wieder hören und lesen. Mystik ist Transzendenzerfahrung, Erfahrung des göttlichen Seins- und Sinngrundes. Gotteserkenntnis wird nicht nur intellektuell über den Verstand vermittelt und auch nicht allein über das Tun des Rechten, sondern wesentlich über das Innewerden der Gegenwart Gottes. Mit dieser Betonung der Erfahrung und der Innerlichkeit war und ist der mystische Weg für viele eine attraktive Alternative zu einer veräus-

Andere Gottesbilder im Text
_ Der Vätergott (4.10): Gen 31,5; 31,42; 17,1; 28,13; Ex 15,2; 1Chr 28,9; 29,10
_ Der Allmächtige (14): Ps 47; 99,5; Kgl 2,1; vgl. Einheiten 1 und 16
_ Der Gesetzgeber (26): Dtn 6,1–9; Ps 19,8–15; 119; vgl. Einheit 12

Andere Gottesbilder im Umfeld
_ Der Messias: Ps 2; 21; 110; Jes 11,1–9; 45,1; vgl. Einheit 15
_ Der Zionsherr: Jes 2,1–5; 14,32; 28,16; Ps 46; 48; 137,1–3

serlichten, in Institutionen und Hierarchien, Ämtern und Riten, kirchenrechtlichen Vorschriften und Dogmen erstarrten Religion. – Freilich hat die Mystik eine Tendenz zum Heilsindividualismus, manchmal sogar zum Heilsegoismus, zur Vereinzelung und Privatisierung, die religiöse Gemeinschaftsformen entwertet, eine Neigung zu Geschichtslosigkeit und Gegenwartsnarzissmus, die gesellschaftliche Verantwortung übergeht. Mystik strebt nach einer Unmittelbarkeit zwischen Gott und Mensch. Die christliche Tradition lehrt aber aufgrund der Bibel, dass Gott sich nicht ungeschichtlich vergegenwärtigt (wie eine platonische Idee), sondern durch geschöpfliche und historische Wirklichkeiten.

Die *Light-Version* der Mystik bilden die esoterischen Bewegungen, die unbefangen von *Gottes Sein in uns* reden und allerlei Zugänge schaffen zur tieferen Wahrheit des Lebens. Zu den sympathischen Seiten dieses Zeitgeistes gehört eine neue Sensibilität für Räume, die Pilgerfahrten zu kleinen und grossen romanischen Kirchen, die Hingabe bei der Restauration alter Kirchen, bei der Wiedererrichtung der Dresdner Frauenkirche etwa, oder die Begeisterung für herausragende Beispiele modernen Kirchenbaus, etwa für Ronchamp von Le Corbusier oder für die Felsenkirche von Timo und Tuomo Suomalainen in Helsinki oder die Scheiben von Henri Matisse in Vence oder von Marc Chagall im Zürcher Fraumünster. Der grosse Vorzug der gegenwärtigen esoterischen Strömung besteht darin, dass viele Menschen sich für Religion interessieren und sich Gespräche über Sinnfragen darum viel unbefangener gestalten, als vorher lebende Generationen dies erlebt haben, als Religion blosse Folklore war.

Ein Kapitel Chassidismus

Martin Buber und andere jüdische Denker haben im 20. Jahrhundert die jüdische Mystik und die volkstümliche mystische Lebensform im Ostjudentum, den Chassidismus, neu entdeckt und zugänglich gemacht. Die jüdische Aufklärung und die chassidische Frömmigkeit gehören in die Zeit, in der der Protestantismus von der Aufklärung und vom Pietismus geprägt wurde. Hier zwei chassidische Geschichten zur Frage, wie Gott einen Ort unter und in den Menschen finden kann.

Von Menachem Mendel von Kozk (1859 gestorben) ist der folgende Dialog überliefert: «Wo wohnt Gott?» Mit dieser Frage überraschte der Kozker einige gelehrte Männer, die bei ihm zu Gast waren. Sie lachten über ihn. «Wie redet Ihr! Ist doch die Erde seiner Herrlichkeit voll!» Er aber beantwortete die eigene Frage. «Gott wohnt, wo man ihn einlässt.» – Jizchak Meïr von Ger (19. Jh.) beschäftigte dieselbe Frage: *Wo wohnt Gott? Als Rabbi Jizchak Meïr ein kleiner Junge war, brachte ihn seine Mutter einmal zum Maggid von Kosnitz. Da fragte ihn jemand: «Jizchak Meïr, ich gebe dir einen Gulden, wenn du mir sagst, wo Gott wohnt.» Er antwortete: «Und ich gebe dir zwei Gulden, wenn du mir sagst, wo er nicht wohnt.»*

Beide Dialoge zeigen eine neuzeitliche Prägung! Der Ort wird vom Kozker Rabbi gleichsam inividualisiert, verinnerlicht, während der junge Meïr das Örtliche auflöst ins Universale. Das hat damit zu tun, dass das Judentum seit der Zerstörung auch des Zweiten Tempels (70n) ohne diesen festen Ort auskommen musste. An diesem Punkt kommen sich jüdisches und protestantisches Empfinden nahe: In beiden findet sich Gott im Wort (vgl. Einheit 21).

Heute gelten Worte manchmal wenig. Wenn ein Politiker eine Rede hält, ihm aber die Realisierung seiner Sätze nicht zugetraut wird, sagt man gern, er halte Sonntagspredigten. In anderen Fällen heisst es misstrauisch, es sei leicht predigen. Besonders, wenn jemand Wasser predigt und selber Wein trinkt, glaubt man mit Recht kein Wort. Wo bei den Reformatoren die ganze Leidenschaftlichkeit bei der *rechten Predigt des Wortes* lag, herrscht heute Misstrauen gegenüber Worten. Trotzdem geschieht es, dass ein Wort jemanden anrührt und er das Gefühl bekommt, das Leben würde, plötzlich oder allmählich, erhellt durch eine Erkenntnis oder einen Zuspruch. Das kann auch heute noch in einer Predigt passieren! Es kann bei einer Bibelarbeit geschehen, auf dem Kirchentag beispielsweise oder in einem Kurs oder Hauskreis. Einigen erschliesst sich diese Erfahrung im Bibliodrama. Dasselbe kann bei einer Lektüre eintreten oder im Theater oder in einem Gespräch, wenn es nur ein wenig über das Alltägliche hinausgeht. Das Religiöse lässt sich dabei nicht abgrenzen vom Profanen, es geht einfach darum, dass jemand erlebt, wie ihm die Wahrheit begegnet. Mit «der Wahrheit» im Unterschied zu irgendeiner Wahrheit, die es ja auch gibt, ist nicht etwas Fixiertes gemeint, sondern die Tatsache, dass sie einen Menschen ausfüllt und ausrichtet. Das gliche dann dem, was am Schluss von Psalm 132 dem Messias zugesprochen wird: Die Leuchte (38) und das Diadem (40) schmücken ihn, stellen ihn ins Licht. Das Leben einer Frau oder eines Mannes ist erhellt, wird transparent, ein Glanz und eine Würde sind ihnen eigen, das ist ihnen zugesprochen, zugeeignet. Sie sind Gott begegnet. Er hat sich bei ihnen niedergelassen. Wie ein Liebender hat er sie erobert.

_ NACHGEFRAGT

Vom Text her
_ Was ist Ihr Ort? Wie stehen Sie zum Wohnort? Kennen Sie Ihren Heimatort oder Ihren Geburtsort? Haben Sie einen besonderen Ort, der Ihnen viel bedeutet? Wie ist das mit dem Quartier Ihrer Kindheit? Waren Sie wieder einmal in Ihrer Hochzeitskirche?
_ Pilgern, Wallfahren ist in jüngerer Zeit wieder in Schwang gekommen: Sind Sie schon gepilgert? Und was waren Ihre Ziele? Rom oder Santiago di Compostela? Die Museen von Paris? Die Rütliwiese?

Le Mans? Pilgern Sie zu romanischen Kirchen? Zu Restaurants mit Michelin-Sternen? Oder am Ende gar nach Weimar?
_ Wie fixiert ist Ihr Gottesbild, wie beweglich, wie mobil?
_ Wo erkennen Sie Versuche, Gott zu domestizieren? Bei sich oder bei anderen? In der Tradition? Gibt es das auch bei Modernisierungsversuchen?
_ Lieben Sie katholischen Barock? Weihrauch? Schätzen Sie die protestantische Nüchternheit? Wechseln Sie gerne zwischen beidem ab?

Zum Gottesbild hin
_ Wo ist für Sie Gott? Gibt es Orte, wo Sie Gott finden? Wo finden Sie am leichtesten Zugang, um dem Göttlichen zu begegnen?
_ Wie stellen Sie sich einen Menschen vor, von dem man sagt, er wisse, *wo Gott hockt*?
_ Fühlen Sie sich vor dem Göttlichen klein? Oder weit oder gross? Armselig oder wie mit einer Krone auf dem Kopf?
_ Erinnern Sie sich, von einem Wort einmal besonders berührt worden zu sein? Von einem Zuspruch?
_ Finden Sie eine innere Bekräftigung und Ausweitung eher in der Musik? Bei Bach oder Haydn? In der Rasta-Musik? Oder bei einer Brass-Band? Oder in der Stille auf einem hohen Berg? Bei der Brandung am Meer?

_ GELESEN

_ Rainer Albertz, Religionsgeschichte Israels in alttestamentlicher Zeit 1–2; Göttingen, 1992.
_ Martin Buber, Die Erzählungen der Chassidim; Zürich 1949; Seiten 784–785 und 821 (Zitate).
_ Horst Klengel; in: Welt- und Kulturgeschichte 2; Hamburg 2006.
_ Rainer Neu, Von der Anarchie zum Staat; Neukirchen 1992.
_ Rolf Rendtorff, Das Alte Testament. Eine Einführung; Neukirchen 1988.
_ Markus Saur, Die Königspsalmen; Berlin 2004.
_ Klaus Seybold, Die Psalmen, Tübingen 1996.
_ Klaus Seybold, Die Wallfahrtspsalmen; Neukirchen 1978.
_ Rudolf Smend, Entstehung des Alten Testaments; Stuttgart 1989.
_ Thomas Staubli, Begleiter durch das Erste Testament; Düsseldorf 1997.
_ Winfried Thiel, Die soziale Entwicklung Israels in vorstaatlicher Zeit; Berlin 1980.
_ Erich Zenger, Einleitung in das Alte Testament, Stuttgart 1995.

GOTT IST DIE
LETZTE INSTANZ.
DER RICHTER

1	Gott steht in der Gottesversammlung,	1
2	inmitten der Götter hält er Gericht:	
3	*Wie lange wollt ihr ungerecht richten*	2
4	*und die Frevler begünstigen?*	
5	*Schafft Recht dem Geringen und der Waise,*	3
6	*dem Elenden und Bedürftigen verhelft zum Recht.*	
7	*Rettet den Geringen und den Armen,*	4
8	*befreit ihn aus der Hand der Frevler.*	
9	Sie wissen nichts und verstehen nichts,	5
10	im Finstern tappen sie umher,	
11	es wanken alle Grundfesten der Erde.	
12	*Ich habe gesprochen:*	6
13	*Götter seid ihr*	
14	*und Söhne des Höchsten allesamt.*	
15	*Doch fürwahr,*	7
16	*wie Menschen sollt ihr sterben*	
17	*und wie einer der Fürsten fallen.*	
18	Steh auf, Gott,	8
19	richte die Erde,	
20	denn dein Eigentum sind die Nationen alle.	

PSALM 82

Erste Eindrücke

Hier spricht ein Kursleiter, ein nicht wenig überraschter: Als ich den Psalm 82 zum ersten Mal las – das liegt noch nicht so weit zurück, will ich gestehen –, da war ich erstaunt, dass solche Sätze in meiner Bibel stehen. Entsprechend neugierig war ich auf die Reaktion der Männer und Frauen im Kurs, ob sie wohl mein Erstaunen teilen würden, ob sie ähnliche biblische Aussagen schon kennen? Im Prolog zu Hiob kommt ebenfalls eine Götterversammlung vor, fiel mir ein. Dort liest sich das wie ein Vorspiel auf dem Theater, also zum Vornherein als literarische Inszenierung.

Im Psalm könnten wir das Gefühl bekommen, ganz dicht dran zu sein beim Zuhören. Als könnten wir gleichsam der Entstehung des Monotheismus zuschauen. Die Schule kam mir in den Sinn: Für den Biologieunterricht gibt es Filmaufnahmen im Zeitraffer, wo man das Wachstum eines Organismus verfolgen kann. Hier hat sich Gott, schien mir, gerade eben an die Spitze gesetzt und macht sich jetzt daran, die andern Götter ihrer Macht zu entkleiden. Und dabei sind dies nicht etwa Aufnahmen von der Geburt eines Weltanschauungs-Monotheismus, es handelt sich nicht um eine neutrale Aufklärung oder um die Bereitstellung eines besser einleuchtenden Weltbildes im Zuge des Fortschritts. Nein, die Stimmung kam mir ganz anders vor: Da ist eine Leidenschaft am Werk, empfand ich, eine Empörung über die Ungerechtigkeit, ein Verlangen nach einer besseren Gerechtigkeit für die Geringen, die Waisen, die Elenden und Bedürftigen: Diese Leidenschaft, spürte ich, ist der Motor dieser Umwälzung im Himmel.

Die Einheit des nächsten Kursabends, den ich vorbereitete, ist überschrieben mit *Der Richter*. Gott beseitigt die Zwischeninstanzen, die unfähig sind, den Benachteiligten zum Recht zu helfen. Von aussen gesehen handelt es sich um die Degradierung der Götter. Im Innern jedoch geht es um die Forderung nach Gerechtigkeit. Und das Ganze ist ein kurzer, einfach gegliederter Psalm. Es handelt sich also um Poesie, um ein Gedicht, ein dramatisches Gedicht, balladenhaft. Oder um ein Lied?

Ein Lied

Das brachte mich auf die Idee, meiner Gruppe zur Einstimmung zwei Gedichte auszuteilen. Die eine Hälfte der Gruppe sollte ein bekanntes Gedicht von Bert Brecht bekommen: Es gehört zu einem Theaterstück, zu *Schweyk im Zweiten Weltkrieg*, geschrieben 1941–44, ein Lied, das von der Wirtin beim Gläserspülen gesungen wird. Die andere Hälfte sollte ein Gedicht von Pablo Neruda erhalten, aus seiner späten Zeit. Beide Gedichte begleiteten mich seit längerer Zeit, und ich war gespannt, wie es den Leuten im Kurs mit den Texten gehen würde. Für mich haben beide einen Psalmenton, etwas von weither,

fremd, alt, anrührend wie manche alten Choräle. Oder ist das eine Verbindung, die nur ich zwischen dem Bibelklang und dem Pathos zweier alter kommunistischer Poeten ziehe?

Das Lied von Bert Brecht passt zur populären Melodie von Smetanas *Moldau: Am Grunde der Moldau wandern die Steine, / Es liegen drei Kaiser begraben in Prag. / Das Grosse bleibt gross nicht und klein nicht das Kleine. / Die Nacht hat zwölf Stunden, dann kommt schon der Tag.* Und die zweite Strophe mit der Verallgemeinerung: *Es wechseln die Zeiten. Die riesigen Pläne / Der Mächtigen kommen am Ende zum halt. / Und gehn sie einher auch wie blutige Hähne, / Es wechseln die Zeiten, da hilft kein Gewalt.*

Und da ein paar Echos: Das Stück hatte niemand gegenwärtig, aber Schweyk als melancholischer Held war bekannt. Das Volkslied könne trösten, denn es bleibe nicht immer Nacht. Das Wandern der Steine könne einen weiten Atem geben, wo man sonst nur noch von Tag zu Tag lebe. Zwar wechselten die Zeiten auch für die Glücklichen, der Wechsel schmecke auch nicht immer gleich gut, aber in einer Zeit der Unterdrückung könne uns das durchtragen, dass noch so mächtige Kaiser auch sterben müssten und ihre riesigen Pläne nicht vollendet würden, sondern scheiterten. Einer in der Gruppe stammt ursprünglich aus Ostdeutschland, er lebt schon lange hier, hat aber noch Verbindungen zu Verwandten und Bekannten, und von einer Reise damals gleich nach der Wende hat er ein Stück Berliner Mauer nach Hause gebracht. Das war ihm eingefallen, davon erzählte er: ein nutzlos gewordenes Bruchstück eines riesigen Plans. Ich selber habe das Schweyk-Stück in Ostberlin gesehen. Ich höre noch die rauchige Stimme der Gisela May, die die Frau Kopecka spielte, die Wirtin im *Kelch*, die als singende Prophetin das Ende des Dritten Reiches ansagt. *Das Grosse blieb gross nicht*, das Dritte Reich ging unter, und das in Ostberlin etablierte Regime, das seine Legitimation aus diesem Untergang bezog, brach auch zusammen. Die Steine rollen.

Noch ein Lied

Die andere Hälfte der Gruppe erhielt das Gedicht von Pablo Neruda, dem Chilenen. Es wurde 1974 veröffentlicht, also im Jahr nach seinem Tod, nach Salvador Allendes Tod, nach dem Ende einer Hoffnung auf Gerechtigkeit. Am Anfang heisst es: *Die Namen Gottes ... man hat sie gebraucht, verbraucht und liegen lassen.* Die Überschrift lautet: *Gautama Christus*. Das hat die andere Halbgruppe veranlasst, sich zunächst über die Anziehung auszutauschen, die der Buddhismus auf viele ausübt. Drei von ihnen waren in Ostasien gereist, und die meisten hatten einen lebendigen Eindruck von buddhistischer Kunst, sei es von Reisen oder von Bildern oder auch vom Zürcher *Rietberg-Museum*. Sie fühlten sich zu den schönen fernöstlichen Darstellungen hingezogen. Jemand sei Mitglied in

tip
Mittel:
Lesung des Textes auf CD V/8; im Reiseführer die Ausflüge Salbung, Gerechtigkeit und Macht

Besuch:
im Louvre von Paris die Stele des Hammurapi
Lied: RG 867

Bild:
Peter Paul Rubens, Engelsturz (Ölgemälde, Belgien 1620)

Buch:
Conrad Ferdinand Meyer, Die Richterin (Novelle, Schweiz 1885); Thomas Mofolo, Chaka Zulu (Roman, Lesotho 1925); Werner Bergengruen, Der Grosstyrann und das Gericht / Dies Irae (Roman/Gedichtzyklus, Deutschland 1935/1946); Bertolt Brecht, Der unaufhaltsame Aufstieg des Arturo Ui (Theaterstück, Deutschland 1941); Friedrich Dürrenmatt, Der Richter und sein Henker / Der Auftrag (Roman/Novelle, Schweiz 1955/1986)

einer Meditationsgruppe, in deren Raum ein kleiner hölzerner Buddha sitze. Alle kannten Menschen, denen Religion nichts bedeute, weder die christliche noch eine andere. Eine Frau zeigte sich betroffen von den Neruda-Sätzen, denn sie fühle, wie sie sagte, genau so, wie es im Gedicht ausgedrückt sei, eine Sehnsucht nach der vergangenen Schönheit und einen tiefen Respekt für die Religion, aber alles sei unterlegt vom Gefühl: *Das ist vorbei.* Hier die zweite Hälfte des Gedichts, die ich im Wortlaut verteilte: *Während immer weniger, immer winzigere Spuren des Göttlichen am Strand zu finden waren, / begannen die Menschen die Farben zu studieren, / die Zukunft des Honigs, das Zeichen des Urans, / verzweifelt und hoffnungsvoll suchten sie nach Möglichkeiten, / sich zu töten und sich nicht zu töten, sich in Reihen zu organisieren, / weiterzukommen, rastlos die eigene Begrenztheit zu überwinden. / Wir, die wir diese Zeiten durchquerten, mit dem Geschmack von Blut auf den Lippen, / von Trümmerrauch, von toter Asche, / und nicht fähig waren, den Blick zu verlieren, / wir hielten oftmals inne vor den Namen Gottes, / hoben sie auf mit Zärtlichkeit, weil sie uns gemahnten / an die Vorfahren, an die Ersten, an die, welche fragten, / an die, welche den Hymnus fanden, der sie verband im Unglück, / und jetzt, die hohlen Scherben vor Augen, Bruchstücke, ehemals bewohnt von jenen Namen, / fühlen wir diese linden Substanzen, / verbraucht, vertan, von der Güte und von der Bosheit.*

Respekt für die Religion, ja, ein liebevoller und wehmütiger Blick zurück, ja, aber *diese linden Substanzen*, diese *suaves sustancias*, sie sind *verbraucht und vertan*. Das Gedicht nehme eine ferne Erinnerung auf, wusste jemand aus der Gruppe: Der junge Neruda sei Ende der Zwanzigerjahre zum Konsul seines Landes in Burma ernannt worden. Er nenne daher die Zeugnisse des dort erlebten Buddhismus zusammen mit den Trümmern der abgelebten katholischen Religion seiner Herkunft. Die alten Namen seien bloss noch wie Muschelschalen, meinte eine Frau, zerbrochen, nur auf der Innenseite noch ein Widerschein: *eine Regenbogenspur, die zitternd erschimmert im Licht.* Das sei für Neruda vergangen, die Menschen seien weiter: *verzweifelt und hoffnungsvoll suchten sie nach Möglichkeiten, / weiterzukommen, rastlos die eigene Begrenztheit zu überwinden.* Dabei blickten sie aber doch auch zurück, war man sich in der Gruppe einig: Sie empfänden eine Verwandtschaft mit den früher Aufgebrochenen. Die Schalen seien zwar zerbrochen, aber der Weg sei keine Sackgasse, die Menschen seien weitergegangen.

Sind sie wirklich weitergekommen? fragte die Frau, die vom Verlustgefühl sprach. Es folgten, mit Pausen, ein paar nachdenkliche Sätze in der ganzen Gruppe zu der Kraft, der Wartekraft, der Kraft weiterzukommen, der Kraft, Grenzen zu überwinden, von der beide Gedichte sprechen.

_ VERORTET

Voraussetzungen im Psalm

Wie jeder Text ist auch dieser archaisch wirkende Psalm von historischen Bedingungen gezeichnet, die Aussagen über die Lebensverhältnisse derer machen, die ihn verfasst haben und für die er gedacht ist: Man hat bereits Erfahrungen mit der staatlichen Hierarchie. Es gibt einen *Höchsten* (Zeile 14) und unter ihm Hohe (2), die ihrerseits für Untere verantwortlich wären, sie aber begünstigen (4), statt sie zu kontrollieren, so dass diese ungestraft freveln können, indem sie die Abhängigen und Niedrigen, die randständig und zuunterst leben (5–7), ausbeuten und versklaven (8). Man weiss aber auch schon, dass hohe Beamte in der Hierarchie plötzlich zu Fall kommen können (17). Man verfügt inzwischen über ein staatliches Gerichtswesen, in dem Hohe richten (5), selbst aber vom Höchsten zur Verantwortung gezogen und gerichtet werden können (2). Man versteht sich offenbar als Volk unter Völkern (20). – All das klingt wie Stadtstaat und Königtum: Das Volk befindet sich jedenfalls im Land und versteht sich wohl auch als Israel. Die vielen Einzelschicksale der Grossfamilien, Sippen und Stämme sind in einem Schmelzprozess verschwunden, aus dem eine gemeinsame Gesellschaftsform mit gemeinsamer Staatlichkeit und Regierung, Gerichtsbarkeit und Moral hervorgegangen ist. Man ist sesshaft und etabliert.

Der Höchste ist aber ein Gott, und die Hohen, die er als Verantwortliche nun zur Verantwortung zieht wie ein Kanzler seine Minister, sind Götter. Die Szenerie ist eine Götterversammlung, ein Pantheon (1–2), in dem der Hochgott seinen Untergöttern den Tarif erklärt, wie ein Premier im Kabinett den politischen Kurs vorgibt, einfordert und korrigiert. Psalm 82 greift mythische Vorstellungen aus der kanaanäischen, aber auch aus der sonstigen Umwelt Israels auf und gestaltet mit ihnen eine eigene israelitische Dichtung (vgl. Einheiten 1–3). Zu diesen Vorstellungen gehört die Götterversammlung. Die Gottheiten sind zuständig für einzelne Ressorts. Sie sollen in ihnen regieren und für die Menschen sorgen. Ebenfalls in der Umwelt ist zu beobachten, wie eine Gottheit an die Spitze des Pantheons aufsteigt. In Babylon war es Marduk, in Amarna war es Aton, in Kanaan war es El. Im Gericht nimmt der *Gott* (1), der *Der Höchste* ist (14), verschiedene Rollen zugleich wahr, weil keiner über ihm ist, und zwar so, wie in nomadischer Zeit der Stammeshäuptling, der Sippenchef oder der Grossfamilienvater es getan hat: Wie ein Patriarch ist er zugleich Ankläger, der die Anklagepunkte vorträgt (3–8), und Richter, der das Urteil verkündet (15–17). – All das klingt wie Religionskontakt und Synkretismus. Das gesellschaftliche Sein der Sesshaftigkeit bestimmt das religiöse Bewusstsein der Gottesvorstellung. Auch JHWH ist sesshaft geworden. Man hat ihn zwar mit El gleichgesetzt, doch El kennt sich mit den Bedingungen im Lande noch besser aus.

Die Götter haben auf der irdisch-politischen Ebene versagt. Die für Höchstes geboren waren 12–14), müssen am tiefsten stürzen (15–17). Nun müssen sie aber nicht nur *fallen* (17), wie es allzu Ehrgeizigen und Karrieregeilen zu geschehen pflegt, nein, sie müssen *sterben* (16). Ihre Göttlichkeit wird ihnen genommen. Sie werden Menschen (16), so dass von den Göttern nur einer bleibt. Dieser Eine und Höchste wird dann im einzigen Abschnitt, der nach gottesdienstlicher Gemeinde klingt (18–20), von der befreiten Menge gebeten, so nicht nur in Palästina zu handeln, sondern seine Gerechtigkeit global walten zu lassen. – Diese beiden Gedanken, dass erstens nur ein Gott für Gerechtigkeit sorgen kann, weil Könige versagen, der ältere Gedanke, und dass er dies zweitens weltweit tun möge, weil überall Unrecht herrscht, der jüngere Gedanke, diese beiden klingen nun nicht mehr nach gefälliger und unbeholfener Übernahme kanaanäischer Mythen. Das tönt eher nach erstem prophetischem Dreinreden von unten her. Wie der Prophet sich, um seine Kritik mitzuteilen, stets irgendeine geeignete Verkleidung überzieht und die passende Maske anlegt (vgl. Einheiten 9–10), so nimmt der Psalmist hier Mythenfragmente der Einheimischen und inszeniert eine Götterszene im Pantheon, um die Königsbegeisterung der Neusiedler und Staatengründer zu kritisieren. Der Psalm klingt wie prophetische Königskritik. Wie alt er wirklich ist, weiss niemand. In jedem Fall spiegelt er gesellschaftliche Probleme und theologische Antworten der frühen Königszeit.

Davids Aufstieg

David kam wahrscheinlich als Waffenträger an Sauls Hof. In den Auseinandersetzungen mit den Philistern war er so erfolgreich, dass er für Saul zu stark und darum bedrohlich wurde. Trotz den familiären Verbindungen, der engen Freundschaft mit seinem Sohn Jonatan und der Ehe mit seiner Tochter Michal, entzog er ihm sein Vertrauen. David setzte sich ab. Mit ausserordentlichem Geschick machte er sich daran, seinen Weg zur Macht auszubauen.

Er sammelte eine Schar von *apiru* um sich, Deklassierte und Fremdenlegionäre, und wurde ein Guerillaführer. Er bekämpfte räuberische Nomaden, die vom Süden immer wieder ins Land einfielen, und sicherte auf diese Weise das Leben der Hirten in der Gegend. Als Gegenleistung wurde von den lokalen Potentaten erwartet, dass sie für den Lebensunterhalt von Davids Truppe aufkamen. Im Weiteren trat er schliesslich in den Dienst eines Philisterfürsten, der ihn mit der Ortschaft Ziklag im südlichen Teil des Gebirges Juda belehnte. Von dieser Basis aus unternahm er Kriegszüge gegen die Amalekiter und andere Nomaden. An seinen Erfolgen liess er die südlichen Städte Judas teilhaben.

Als Saul und seine Söhne den Philistern unterlagen, stand David als Thronanwärter bereit. Die Philister liessen zu, dass ihr Vasall in Hebron zum König von Juda

gewählt wurde. Das geschah um die Jahrtausendwende. Nach bürgerkriegsartigen Auseinandersetzungen zwischen Juda und den Stämmen im Norden wurde David per Vertrag auch König von Israel. Die Personalunion, in der David König der Südstämme und der Nordstämme war, wurde gefestigt durch die geschickte Wahl der neuen Hauptstadt: Jerusalem, eine jebusitische Stadt, die weder Juda noch Israel zugehört hatte. Damit setzte David die Hauptstadt, seine Stadt auf neutralen, fremden Boden zwischen die beiden Reichsteile. Er verschaffte den geeinten Stämmen Sicherheit gegen aussen und konsolidierte den inneren Zusammenhalt. Er holte Sauls Enkel, Jonatans Sohn Meribaal, zurück an seinen Hof. Damit war der Kampf der beiden Familien um die Vorherrschaft beendet, die unterlegene Linie Sauls war rehabilitiert, eingebunden und unter Kontrolle gebracht.

Salomos Tempel

Erst Davids Sohn und Nachfolger Salomo errichtete den Tempel. Dieser salomonische Bau war vermutlich keine Neugründung, sondern ein Umbau der bestehenden Anlage und ein Ausbau zum prächtigen Heiligtum des Königreichs. Der Vorgängerbau und seine Traditionen wurden nicht vernichtet, sondern eingebaut und umgewidmet. Im jebusitischen Tempel wurde der *El Eljon* verehrt, der höchste El, der *Höchste Gott* (1.14). Die Vorstellung von den himmlischen Heerscharen, den *Zebaot*, wird auch von da stammen.

Davids geniale Massnahme hatte darin bestanden, dass er die Lade, welche die vorstaatliche religiöse Überlieferung verkörperte, aus Schilo nach Jerusalem geholt hatte (vgl. Einheit 7). Die Lade war transportierbar gewesen, ein Wanderheiligtum. Sie bekam jetzt durch Salomo ihre feste Wohnstatt im kanaanäischen Heiligtum derer, die schon lange ansässig waren. JHWH und El Eljon konnten gleichgesetzt werden. So wird überhaupt vorstellbar, dass JHWH in einen Götterkreis tritt und ihm vorsteht wie ein König seinem Hofstaat.

Die soziale Dynamik

Zu den grössten Veränderungen in der frühen Königszeit gehörten die aussenpolitischen Erfolge. Die kanaanäischen Stadtstaaten wurden erobert und die ostjordanischen Nachbarstaaten dem entstehenden grossen Reich angegliedert. Damit kam ein grösserer nicht-israelitischer Bevölkerungsteil hinzu, der kulturell und religiös integriert werden musste. Die Kontrolle über die vorderorientalischen Handelswege und die eingeforderten Tribute liessen reiche Güter nach Jerusalem fliessen, die den steilen wirtschaftlichen und kulturellen Aufstieg erst möglich machten. Die neuen Verhältnisse verlangten nach einem zentralen Beamtenapparat zur militärischen und zivilen Verwaltung des Landes und der Krongüter. David und Salomo griffen dafür auf Fachleute aus den ehemaligen kanaanäischen Städten und aus dem ägyptischen Ausland zurück. Tempel und Palast in Jerusalem erstrahlten im Glanz phönizischer Architektur (1Kön 5,15–32). Im Austausch mit Ägypten wurde höfische Weisheit entwickelt, und mit Diplomatie, wovon der Besuch der Königin von Saba zeugt (1Kön 10,1–13), wurde die Königsstrasse zu den Gewürzen und Düften Arabiens gesichert.

Es entstand eine neue Schicht von Beamten, Offizieren und Kaufleuten mit königlichen Privilegien. Sie lief den bisherigen Entscheidungsträgern der Stämme den Rang ab. Der Hof und die zentrale Verwaltung machten ein System von Abgaben und Steuern nötig. Verdiente Beamte wurden mit Landschenkungen entschädigt und versorgt. Dabei wird es sich häufig um eroberte Gebiete gehandelt haben. Dieser Besitz und die entstehenden königlichen Domänen wurden für den kleinbäuerlichen Erbbesitz zur Bedrohung. Für die vorstaatliche Zeit waren eine Stadtflucht und die Ausdehnung der ländlichen Siedlungsgebiete kennzeichnend gewesen. Mit der Königszeit begann eine neue Urbanisierung: Die Städte wuchsen, neue wurden gegründet, Siedlungen befestigt.

Die gross angelegte Bautätigkeit wurde möglich durch die Einführung staatlicher Fronarbeit. Am Anfang wurden Kriegsgefangene eingesetzt, aber Salomo dehnte die Fronarbeitsverpflichtung auf die israelitische Bevölkerung aus. Diese umfassende Entwicklung führte zur Aushöhlung des vorherigen egalitären Gesellschaftsaufbaus. Eine gesellschaftliche Umstrukturierung, spürbar für jeden Israeliten, trat in ausserordentlich kurzer Zeit ein, in dem halben Jahrhundert zwischen Saul und Salomo. Die sozialen Spannungen wurden nicht zuletzt im Justizwesen greifbar, wo die ausgeglichenen Rechte der ursprünglichen Gesellschaft hätten gewahrt werden müssen, die wirtschaftlich starken Kräfte aber ihre eigenen partikularen Interessen durchzubringen versuchten.

Durch die Annexion der kanaanäischen Gebiete hatte David eine soziale Dynamik in Gang gesetzt, die mit Austausch, Konflikt, Anpassung und Abstossung vorangetrieben wurde, noch verstärkt in der Zeit Salomos. Eine besondere Rolle spielte die vom Hof betriebene Urbanisierung, die königliche Dienstleute in alle Teile des Landes brachte. Dadurch wurden die Rechtsverhältnisse verwirrt und traditionelle Verhaltensweisen ausgehöhlt. An der zentralistischen Politik Salomos, an seinen Eingriffen in die Rechte der Stämme, an den der Bevölkerung auferlegten Lasten, an den Abgaben und Dienstarbeiten ist das allein durch die Person des Herrschers geeinte Reich nach seinem Tod wieder auseinander gebrochen. Die Vertreter der Nordstämme forderten Erleichterung der Abgaben und Arbeitslasten. Wenigstens im Nordreich trat dies ein, aber die Zerklüftung der Gesellschaft blieb bestehen. Zwar integrierten sich die Kanaanäer und Ausländer rasch, aber ihre religiösen, rechtlichen und gesellschaftlichen Traditionen blieben bestehen, sie befanden sich doch in guter Übereinstimmung mit der Institution des Königtums.

_ EINGEREIHT

Höfische Literatur

Die frühe Königszeit ist einsehbar in den beiden Samuelbüchern und dem ersten Königsbuch. Sie sind Teil eines ersten grossen Beispiels von israelitischer Geschichtsschreibung: des *Deuteronomistischen Geschichtswerks*, das mit dem Buch Deuteronomium beginnt und die Bücher bis zum Ende des zweiten Königsbuches umfasst. Vom Vorspann und Nachspann abgesehen, geht es aus von der Verlesung des Gesetzes durch Mose (Dtn 12–25), kurz bevor «Israel» den Jordan überschreitet und das gottgebene Land übernimmt, und endet mit der Auffindung desselben Gesetzestextes unter König Joschija (2Kön 22), kurz bevor Israel ins Babylonische Exil geht und das gottgegebene Land wieder verliert (vgl. Einheit 12).

Diese fast fünfhundert Jahre werden aus der Perspektive des Verlusts gesehen. Das ist wie jede Geschichtsschreibung zu jeder Zeit eine Konstruktion. Anders ist der Stoff auch nicht zu gliedern. Die Fragen derer, die sich heute mit ihr beschäftigen, lauten daher: Für wen ist dieses enorme Werk zusammengestellt worden? Antwort: für alle, die im Exil verstehen wollten, wieso alles so kommen musste und inwiefern es anders hätte kommen können. Woher wussten die Deuteronomisten das alles? Antwort: aus einer Vielzahl mündlicher und schriftlicher Überlieferungen, darunter Chroniken und Listen, höfische Literatur und Prophetenerzählungen. Woran orientierten sie sich am meisten? Antwort: an der Theologie des Urdeuteronomiums (Dtn 12–25). Gibt es einen Tenor in der Vielzahl der zusammengestellten und verbundenen Schriften? Antwort: das prophetische und königskritische Element, das offen oder zwischen den Zeilen spürbar ist.

Höfische Literatur liegt in drei Erzählkomplexen vor, die ihrerseits aus einer Vielzahl von Episoden bestehen und gewiss ein je eigenes Wachstum aufweisen: die Geschichte vom Aufstieg Davids (1Sam 16 – 2Sam 5), die Geschichte von der Überführung der Lade (1Sam 4-6; 2Sam 6) und die Geschichte von der Thronnachfolge Davids (2Sam 9 – 1Kön 2). Die in ihnen erkennbare *Fähigkeit, mit weiträumigen geschichtlichen Zusammenhängen umzugehen – also nicht nur mit episodischen –, muss als einer der folgenreichsten Vorstösse im menschlichen Daseinsverständnis angesehen werden, denn seine Auswirkungen auf die Geistesgeschichte des ganzen Abendlandes sind nicht abzuschätzen.* (von Rad 1961). Im Unterschied zu nahezu sämtlicher Hofliteratur im Alten Orient, die im ideologischen Auftrag die Wirklichkeit in der Regel so glättet, dass der Glanz des Königs ungehindert sein Land überstrahlen kann, enthalten diese drei Erzählkomplexe vom König nicht nur die wirkungsorientierte Sonnenseite sondern auch eine Menge dunkler Widersprüche. Erst das *Chronistische Geschichtswerk* bringt ein nur noch positives Bild Davids (vgl. Einheit 15).

Im Buch der Richter sind beide Perspektiven vertreten. Zunächst der königkritische Höhepunkt der Gideongeschichte: Dieser Richter und Befreier hatte die Selbständigkeit der Stämme wiederhergestellt. Nun wollte man ihm die Krone antragen. Er quittierte das Angebot mit dem grossen Satz: *Aber Gideon sprach zu ihnen: Nicht ich werde über euch herrschen, und auch mein Sohn wird nicht über euch herrschen. Der Herr soll über euch herrschen.* (Ri 8,23) Später fand sein Sohn Abimelech die Königswürde dann doch attraktiv und bemühte sich um sie.

Das kommentierte Jotam böse und mit prophetischer Schärfe in der Fabel von den Bäumen (Ri 9,8–15): Die wollen einen König haben, aber aufgabenbewusste und wertvolle Bäume wie der Ölbaum, der Feigenbaum und der Weinstock haben dafür keine Zeit, weil sie ihre ganze Kraft für ihre Frucht einsetzen müssen. Nur der stachlige und spärlich beblätterte Dornbusch, ein Bewohner von Steppen und Wüsten, nimmt die Krone grossspurig an und sagt lächerlicherweise noch, was schon physisch nur für Ungeziefer geht: *Sucht Zuflucht in meinem Schatten!* Seine Anwendung höfischer Ausdrucksweise und Symbolik wird erst recht lächerlich, als er bereits machtbewusst droht, wenn sie nicht wollten, dann würde von ihm *Feuer ausgehen* und die *Zedern des Libanon verzehren.* Das ist schon deshalb komisch, weil von den Wüsten und Steppen ohnehin der Chamsin, der glühende Feuerwind, ausgeht. Dafür braucht der Dornbusch keine Krone. Das Königtum könnte heftiger kaum in Frage gestellt werden: Es ist nicht nur nutzlos und teuer, sondern auch hohlphrasig und gefährlich.

Die Zustände der Richterzeit stellen mehr vor als bloss ein Übergangsstadium zum Königtum. Es gibt auch anderswo, etwa in Schwarzafrika, übergreifende gesellschaftliche Organisationen, die als Verband von Sippen oder Stämmen ohne Zentralinstanz auskommen. Der Begriff der *segmentären Gesellschaft* stammt aus solchen Beobachtungen: In diesen Gesellschaften bestehen zwischen den einzelnen Segmenten beträchtliche Unterschiede im Besitz. Das zeigt sich an der Grösse der Herden wie an der Grösse der Familien. Die Verschiedenheit der Sprache oder des Dialekts bedeutet auch kulturelle Unterschiede (Ri 12,4–6). Werden sie nun durch einen gemeinsamen Feind bedroht oder winkt ihnen ein gemeinsamer Gewinn, so tun sie sich auf Zeit zusammen, bestimmen einen Anführer und ziehen gemeinsam aus, um nach Erfüllung des gemeinsamen Plans aber wieder auseinander zu gehen. Auch die staatlichen Frühphasen der Schweiz kannten solche Zweckbündnisse zwischen Talschaften und sogar Sprachregionen. Dabei sind die Segmente, egal wie potent sie sind, einander grundsätzlich gleich. Ebenso ist ihnen die *akephale* Einstellung zur Macht gemeinsam: Einen Kopf (kephale), der andere überragt, brauchen sie nur für den Notfall, und gewiss

muss er, wenn die Not vorbei ist, wieder ins Glied zurücktreten (1Sam 9,1–2). Diese Formation kann als Modell für eine eher egalitäre Gesellschaft gelten. Darum konnte bei den zunehmenden sozialen Gegensätzen der Königszeit die Kritik auf diese Erinnerungen zurückgreifen.

Am Schluss des Richterbuches kommt die entgegengesetzte Tendenz zur Geltung: *In jenen Tagen gab es keinen König in Israel; jeder tat, was in seinen Augen recht schien.* (Ri 17,6; ähnlich 18,1; 19,1) Da werden fürchterliche Geschichten von Anarchie und Gewalt erzählt, die anzeigen, dass eine ordnende königliche Hand fehlt. Der Anfang des Ersten Samuel berichtet von Missbräuchen am Heiligtum in Schilo. Da wird der junge Samuel berufen. Das Priestertum wird von Eli und dessen Söhnen auf ihn übergehen. Er wird zwei Könige salben, zuerst Saul, dann David, allerdings nicht, ohne den Monarchisten vorher wie ein Prophet die Liste des möglichen königlichen Machtmissbrauchs verlesen zu haben (1Sam 8,11–18).

Höfische Weisheit

Die neuen Verhältnisse unter David und seinen Nachfolgern erforderten eine Ausbildung von Hofleuten und Beamten. Sie war an ägyptischen Vorbildern orientiert. Der Königshof ist im alten Orient der zentrale Ort, an dem die Weisheit gepflegt wird, das Ineinander von Faktenwissen und Lebensdeutung, das weltweit am Anfang der Wissenschaft steht. Die Sprüche Salomos haben solchen Schulzwecken gedient. Man hat erkannt, dass dafür sogar ein ganzer Abschnitt im Sprüchebuch aus dem Ägyptischen übertragen ist (22,17–23,11). Von dort hatte Salomo ja auch die Instruktoren geholt.

Aber andererseits ist das Sprüchebuch insgesamt kein Erzeugnis nur des höfischen Wissens, sondern wie andere biblische Bücher über lange Zeit gewachsen. Sentenzen, die sich inhaltlich mit dem König und den hohen Beamten befassen, sind eher spärlich vertreten. Da wurde auf Initiative des Hofes offensichtlich eine viel breitere Lebensweisheit zusammengetragen. Im Ameisenspruch allerdings kann man eine königskritische Stimme hören, die zu den zentralen Instanzen auf Distanz geht: *Geh zur Ameise, du Fauler, / sieh dir ihre Wege an, und werde weise. / Obwohl sie keinen Anführer hat, / keinen Aufseher und Herrscher, / sorgt sie im Sommer für ihr Futter, / sammelt sie in der Erntezeit ihre Nahrung.* (Spr 6,6–8)

Die Königspsalmen

So wird von der Exegese eine thematische Gruppe von Psalmen genannt, die ein grossartiges Bild vom Königsamt in Jerusalem entwerfen (Ps 2; 18; 20–21; 45; 72; 89; 101; 110; 132; 144). Was sich in ihnen ausdrückt, kann man im positiven Sinn die altorientalische Königsideologie nennen, Vorstellungen also, die aus Ägypten, von den kanaanäischen Stadtstaaten oder auch aus Mesopotamien übernommen worden sind und mit ihnen auch weitgehend geteilt wurden (1Sam 8,5b).

Die Psalmdichter teilen allerdings die altorientalische Auffassung vom Gottkönigtum nicht: In Jerusalem residierte kein Pharao, der seinem Gott nicht nur gleich, sondern selbst auch ein Gott wäre. Sie sind im Gegenteil der Überzeugung, dass der wahre Gott im Himmel sitzt und über das Machtaufgebot der Könige Ägyptens oder Assurs lacht (Ps 2,4). Dennoch ist der Davidide Gott näher als andere Menschen. Der Spitzensatz dazu rechnet mit einer Adoption des Königs durch Gott im Moment seiner Investitur: *Ich selbst habe meinen König eingesetzt / auf Zion, meinem heiligen Berg.* Dies verbunden mit dem autorisierenden Satz: *Mein Sohn bist du, / ich habe dich heute gezeugt.* (Ps 2,6–7). Auf diesen Spitzensatz spielt die Parodie im vorliegenden Text an (12–14). Der Gesalbte Gottes auf dem Thron Davids war für die Psalmdichter ein utopisches Gegenbild zu den Königen, unter denen Palästina, eingeklemmt zwischen den Grossreichen, litt. Sie projizierten in ihn den idealen Herrscher, der sich für Gerechtigkeit einsetzt. Nach dem Untergang auch des judäischen Königtums ging der Titel König endgültig auf JHWH über, der in königskritischen Kreisen schon immer als der eigentliche Herrscher betrachtet worden war.

Man kann den Psalm 72 als Pflichtenheft des Königs lesen und so als hebräisches Gegenstück zur Hammurapi-Stele. Der altbabylonische König Hammurapi (1792–1750) war wie alle Könige der Garant des Rechts gewesen. Er hatte vor allem durch die Gesetzessammlung Ruhm erlangt, die auf einer Stele aus schwarzem Stein, heute im Louvre von Paris, überliefert ist. Auf ihr sind 282 Rechtssätze eingemeisselt, die das soziale Leben in seiner ganzen Breite ordnen: Hammurapi kümmerte sich um wirtschaftliche Fragen und soziale Probleme und kontrollierte seine Beamten, sogar der Bierpreis und die Bierzuteilung finden sich staatlich geregelt. Die positive Königsideologie steht in der Präambel, unmittelbar unter dem Bild, das zeigt, wie der König vor dem Thron des Hochgotts Shamash (Sonne) steht und aus dessen Händen die Insignien der Macht empfängt (Investitur). Psalm 72 ist keine Parallele zum Gesetz des Hammurapi, teilt aber die Grundgedanken der Präambel. Auch der König in Jerusalem ist prinzipiell ein Vermittler der sozialen Gerechtigkeit und des göttlichen Segens: *Er schaffe Recht den Elenden des Volkes, / helfe den Armen / und zermalme die Unterdrücker.* (72,4) Und *Er komme herab wie Regen auf die gemähte Flur, / wie Regengüsse, die die Erde tränken.* (72,6) Der Segen in der Natur folgt aus dem Einsatz des Königs für die ausgeglichene soziale Ordnung. Beide Teilordnungen, der Gesellschaft und der Natur, bilden mit weiteren Teilordnungen, der Rechtsprechung, des Kultes, des Krieges und der Weisheit, die eine göttlich gegebene Weltordnung Gottes. Sein König ist sein Statthalter und der Weltordnung verpflichtet.

_ AUSGELEGT

Das Spiel

Was für ein Psalm! Was für ein Auftritt! Auf der Himmelsbühne geht der Vorhang auf: *Gott steht in der Gottesversammlung* und hält Gericht. Elohim tritt in den El-Rat (1–2). Der Psalmist evoziert einen Auftritt im Himmel wie im Hiobprolog (Hi 1,6), in der Jesajaberufung (Jes 6,1–8) oder vor der Menschenschöpfung (Gen 1,26). Die Mitglieder des Kabinetts werden im Hiobbuch *Gottessöhne* genannt, deren einer der Satan ist, den Gott befragt, woher er komme und ob er *auf seinen Diener Hiob geachtet* habe. Es wird an beiden Stellen fast gleich formuliert. Wer den Psalm rezitiert oder hört, wohnt diesem Spiel und diesem Auftritt bei. Der Psalm versetzt eher ins Theater als in eine Synagoge oder Kirche.

Schrill, anklagend und ungeduldig ist der Ruf zu vernehmen: *Wie lange?* (3) Das vorwurfsvolle und gequälte *Wie lange?* und *Warum?* kommt im Psalter oft vor, im Klagelied des Einzelnen (Ps 6,4; 119,82.84), in der Volksklage (Ps 74,10; 80,5). *Das Warum?* im Klagelied wirkt noch abgründiger (Ps 22,2; 42,10; 79,10; 115, 2; Hi 3,11–12.20). Hier bringt Gott die drängende Anfrage vor, weil die Götter nicht tun, was zu tun ihnen aufgetragen war, den Geringen und Bedürftigen beizustehen (5–8). Denn das wäre, was ein Richter tun müsste: Wem Unrecht geschah, zum Recht zu verhelfen, die Schutzlosen zu schützen, die krude Macht der mächtigen Frevler einzugrenzen. Aber, nein, das tun sie nicht! Im Gegenteil, sie begünstigen die Verantwortungslosen, was im Hebräischen wörtlich und anschaulich heisst: *das Antlitz der Frevler erheben* (4), dass die stolz in die Runde blicken dürfen …

Die Götterdämmerung

Was sonst ein bedrängter Beter vor Gott bringt, ihm klagt und ungeduldig vorwirft, das nimmt Gott auf und schleudert es den Göttern entgegen. Es herrscht Götterfinsternis (9–11). Das fatale Nichtwissen und Unverständnis machen, dass sie weder Stand haben noch eine Richtung einschlagen können. Sie tappen herum, der Boden wird ihnen unsicher und beginnt zu schwanken, doch das ist nichts anderes und Zusätzliches, sondern die Frucht des verkehrten Urteils: Die Falschen triumphieren. Wie im Königspsalm sind die Teilordnungen voneinander abhängig. Wenn im Bereich der Sozialordnung die Frevler Oberhand haben, kommt es im Bereich der Naturordnung zum Erdbeben, das alles zum Einsturz bringt. Sogar noch die Darstellung des Todes Jesu durch Matthäus zehrt von dieser alten königsideologischen Vorstellung, dass die Erde bebt, wenn der Gerechte stirbt (Mt 27,51–52). Um dem Zusammenbruch zu steuern, hilft nur noch der Sturz dieser schlechten Götter, die Entmachtung der Gottessöhne, der Höllensturz der Himmelsfürsten: Sie müssen *sterben und wie einer der Fürsten fallen!* (16–17) Wenn in der frühen Königszeit ein friedlicher Synkretismus entstanden ist, ein machtkonformer Staatskult, der Israel ja auch bereichert und befruchtet hat, so wird diese Symbiose jetzt zerrissen: Eine Gottesbildrevolution, eine Götterdämmerung tritt ein. Aber sie geschieht nicht in Gestalt einer blossen Machtablösung, so dass ein Caudillo den andern ersetzte oder ein Diktator die Oligarchie wegfegte. Sondern sie ist festgemacht an der Frage der Gerechtigkeit für die Armen und Bedrängten, und die klare Antwort darauf ist, dass Gerechtigkeit die eine Sache des einen Gottes bleibt, während sie von Königen, die einander folgen, nur bedingt realisiert wird.

Der Psalm spiegelt einen zweifachen Kulturclash: Der erste und religiöse betrifft den Ein-Gott-Glauben der Neusiedler, der dem Pantheon der Einheimischen gegenübersteht, und in ihm siegt JHWH, denn die Götter treten ab und sterben. Der zweite und politische betrifft die segmentär-horizontale Machterfahrung der Neusiedler, die auf die hierarchisch-vertikale Machterfahrung der Einheimischen prallt, und in ihm siegt zwar das Königtum, aber im Sinne der ideologischen Erwartung und daher mit heftigster Kritik der Realität.

Frevel und Gericht

Das Wort *Frevler* hat durch den vielfachen Gebrauch etwas unangenehm Klischeehaftes an sich. Das Wort kommt im Alten Testament 263mal vor, davon zu je einem Drittel in den Psalmen und in den Sprüchen, in Ps 82 zweimal an hervorgehobener Stelle (4.8). Es handelt sich dabei nicht um ein willkürliches Schimpfwort, das auf ein schematisches Schwarz-Weiss-Denken zurückzuführen wäre, sondern es ist der polemische Ausdruck der verarmenden Schichten, mit dem sie sich stark machen gegen den ungerechten Erfolg und die kalte Arroganz der neuen Oberschichten. Denn diese hatten von der gesellschaftlichen Entwicklung profitiert und liessen sich nicht mehr von den Idealen der egalitären Gesellschaft leiten. Deren Abschied von der Solidarität nannten die vom Abstieg Betroffenen einen *Frevel*.

Das eigentliche Leitwort des Psalms ist das Wort *richten*. Das Wort kommt im Psalm viermal vor (2–3.6.19). Im ganzen Alten Testament taucht das Verb richten 144mal, das Substantiv Richter 58mal auf, das damit verbundene Recht gar 422mal. Stets geht es um ein Handeln, das die gestörte Ordnung einer Rechtsgemeinschaft wieder herstellt. Zwei Menschen oder zwei Gruppen, deren Verhältnis zueinander nicht intakt ist, werden durch das Richten eines Dritten wieder in den Zustand des *Schalom* gebracht. *Steh auf, Gott, richte die Erde!* (18–19) Wenn die unfähigen Götter abtreten und der neue Gott als einziger dasteht, dann ist vielleicht der Monotheismus realisiert, aber der Weltzustand noch nicht geändert. Gott muss sich jetzt bewahrheiten. Jetzt fängt die Sache erst wirklich an: *Steh auf, Gott!* Das ist auch das Wort, das für Ostern, für die *Auferstehung* gebraucht werden wird. Bist du, Gott, Gott, oder wirst auch du sterben?

In dem kleinen Land Israel stiessen zwei Kulturen aufeinander. In einem raschen und grossartigen Prozess versuchte man, sie zu vereinen. Das erzeugte grosse Verwerfungen, die wieder zu neuen Revisionen zwangen. Alles dauerte wesentlich länger, als es den Hofideologen lieb war. So ging es dem kleinen Schwellenland Israel immer mehr auch um das Ganze, um alle Menschen. *Dein Eigentum sind die Nationen alle* (20): Die sich herausbildende Religion wies zunehmend einen Zug ins Universale auf. Dazu gehört die späte Verwendung des Psalms im nachexilischen Gottesdienst der Synagoge. Möglicherweise las man ihn mit verteilten Rollen: ein Liturg den szenenhaften Rahmen (1–2.9–11), ein Priester die Rolle Gottes (3–8.12–17), die Gemeinde responsorisch die Aktualisierung (18–20). Natürlich sah man dann nicht mehr eigene Könige vor sich, sondern dachte insgeheim an die Grosskönige der Perser, Griechen und Römer. Der alte Psalm bewahrte seine Brisanz.

_ VEREHRT

Jüdische Tradition

Die Rabbinen legten das Gewicht ihrer Auslegung ganz auf das Richten und Zurechtbringen. Die Gottesversammlung und die Götter wurden natürlich nicht religionsgeschichtlich betrachtet, sondern mit Hilfe einer Stelle im Bundesbuch (Ex 22,7–8) als von Gott beauftragte Richter verstanden. Dort ist der Fall dargelegt, dass jemand sein Gut einem Dritten zur Verwahrung anvertraut. Wenn das Gut bei diesem verschwindet und der Dieb nicht gefunden wird, *so soll der Besitzer des Hauses vor Gott treten*, denn es muss geprüft werden, ob es sich um eine Unterschlagung handelt. Die genauere Übersetzung wäre aber: *vor die Götter treten, vor die Elohim*. Es handelt sich offenbar um die Übernahme eines vorisraelitischen Gesetzes! Im Verständnis der jüdischen Tradition sind nach dieser Stelle die Richter Elohim, nämlich engelgleich wie himmlische Wesen. Dementsprechend lesen die Rabbinen *inmitten der Richter*, die himmlischen Wesen sind, *hält er Gericht* (2). Die Verwirklichung sahen sie so, dass Gottes Geist tief in die Mitte der Richter, in ihr Herz eindringt. Wenn also die menschlichen Richter im Rahmen der Tora verbleiben, sorgt Gott dafür, dass die Naturgewalten und Naturmächte ebenfalls in ihren Grenzen verharren.

Der Psalm wurde im Talmud als Tagespsalm für den dritten Schöpfungstag bezeichnet, denn da scheidet Gott das Wasser und das Trockene, und so entstehen das Meer und die Erde. Wie an diesem Tag aus der Erde das Gras spriesst, so müssen auf der Erde für den guten Fortbestand auch Gerechtigkeit, Wahrheit und Friede wachsen. Denn, so heisst es in den Sprüchen der Väter: *Auf drei Dingen besteht die Welt, auf Wahrheit, auf Gerechtigkeit und auf Frieden.* (Pirqe Abot 1,18). Das gibt einigen

Kommentatoren Gelegenheit zu einem Buchstabenspiel: Gerechtigkeit *din* fängt an mit Daleth, Friede *schalom* beginnt mit einem Schin, und Wahrheit *aemaet* beginnt mit einem Aleph: Daleth-Schin-Aleph ergibt zusammen *daeschae*, das Gras, das am dritten Tag aus der Erde Gras spriesst, gedeihliches Wachstum für die Gesellschaft.

Christliche Tradition

Martin Luther erklärte Ps 82 ausführlich (1530) und entwickelte daraus eine kleine, eindringliche Staatskunde, in der er sich gegen die von der Tyrannei des geistlichen Standes befreiten Fürsten und Adligen wendet: *Nu kehrt sich das Spiel fast um*, sagt er. *Und das kitzle diese Junkerlein so sehr, dass sie nu schier nicht wissen, wie mutwillig sie solche Gnade und Freiheit missbrauchen wollen. – Merke, dass er, Gott, alle Gemeinen oder ordentlichen Versammlungen «Gottes Gemeine» nennt. Es sei nicht aufrührerisch, die Obrigkeit zu strafen, wenn es nach der hier beschriebenen Weise geschieht, d. h. in göttlich befohlenem Amt und durch Gottes Wort frei öffentlich und redlich, sondern es ist eine löbliche edle seltene Tugend und ein besonders grosser Gottesdienst, wie der Psalm hier beweist. Es wäre viel mehr aufrührerisch, wenn ein Prediger die Laster der Obrigkeit nicht strafte. Zur Tugend der Obrigkeit gehöre, dass sie den Elenden Waisen und Witwen zum Recht helfen und ihre Sache fördern. Diese Tugend umfasst alle Werke der Gerechtigkeit, d. h. dass ein Fürst und Herr oder eine Stadt gute Rechte und Sitten hat und alles fein ordentlich verfasst ist und drüber gehalten wird in allen Ständen Händeln Geschäften Diensten Werken, auf dass es nicht heisse: ein Volk ohne Recht. Denn wo keine Rechte sind, da geht's über arme Leute Witwen und Waisen her, ... und dann gilt bei Kaufen Verkaufen Erben Leihen Bezahlen Borgen und dergleichen nichts anders als, wer den andern übers Seil werfen, rauben stehlen und berücken kann. Und das alles geht über die Armen, über Witwen und Waisen am meisten ... Diese folgenden drei Verse (Zeilen 3–8), ja den ganzen Psalm, sollt ein jeder Fürst in seine Kammer, ans Bett, auf den Tisch und auch an seine Kleider malen lassen ... Denn es ist, dasselbe Werk und dieselbe Tugend und dasselbe Almosen, wenn man einem hilft, dass er nicht Bettler werden muss, wie wenn man dem gibt und hilft, der ein Bettler geworden ist.*

Was heute beeindrucken kann an der traditionellen jüdischen Auslegung, an die sich Luthers Darlegung fast nahtlos anschliesst, ist das Gewicht, das die lebensfördernde Kraft des Rechts bekommt, zusammengefasst im eindringlichen Bild vom aufsprossenden Gras am dritten Schöpfungstag: Die Kräfte der Natur und der sozialen Gerechtigkeit entsprechen einander.

Die ausstehende Antwort

Uns heute spricht vielleicht am meisten an, wie der Psalm die Gottesfrage angesichts der Ungerechtigkeit der Welt stellt. Gott protestiert gegen die Ohnmacht der Götter, gegen die Ungerechtigkeit auf der Erde. Was geschieht jetzt? Der Ausgang ist offen. Dieser Schluss unterscheidet den Psalm von den meisten andern, die mit einer Sentenz (Ps 1,6), einer Seligpreisung (Ps 2,12b), einer Segensformel (Ps 3,9b), mit Fazit und Antwort (Ps 4,9), einem Schlussbekenntnis (Ps 5,13) oder einem Refrain (Ps 8,2.10) schliessen. Hier bleibt nur die leidenschaftliche Bitte der versammelten Gemeinde (18–20).

Der Gottesname JHWH kommt im Psalm nicht vor, viermal heisst es Elohim. Das Wort hat es in sich. Man könnte von einem Wortspiel sprechen, wenn der Auftritt nicht derart dramatisch wäre. Elohim ist eine Pluralform und kann daher übersetzt werden mit *Götter*. Es ist aber auch der abstrakte Ausdruck für Gott (1.18): Wenn die Götter nun keine Elohim mehr sind, wird dann wenigstens Elohim Gott sein? Oder auch nur ein Götze? Wird sich der *Höchste* (14) als der Eine und Gerechte erweisen? Der Evangelist Lukas bringt das Unterwegssein und Ankommen Jesu in die gleiche Perspektive, wenn er die schwangere Maria, in ihrem Lobgesang, dem Magnificat, singen lässt: *Gewaltiges hat er vollbracht mit seinem Arm, / zerstreut hat er, die hochmütig sind in ihrem Herzen, / Mächtige hat er vom Thron gestürzt / und Niedrige erhöht, / Hungrige hat er gesättigt mit Gutem / und Reiche leer ausgehen lassen.* (Lk 1,51–53). Die grammatische Form dieser Tätigkeitswörter bedeutet nicht, dass nun alles besorgt wäre, sondern Maria und Lukas preisen und beschreiben Gott in seinem Tun. Die Bewahrheitung hat begonnen, aber sie ist keineswegs zu Ende gebracht. Nach wie vor ist sie *eine Regenbogenspur, die zitternd erschimmert im Licht* (Neruda).

Andere Gottesbilder
im Text
_ Der Götterkönig
(1–2.13–14):
vgl. Einheit 1
_ Der Anwalt (3–8):
vgl. Einheit 9
_ Der Retter (8):
vgl. Einheit 5
_ Das Licht (10):
Ps 27,1; 43,3; 56,14;
89,16; Jes 60,1–3;
Hab 3,4; Joh 1,4–9; 8,12
_ Der Höchste (14):
Gen 14,20; Ps 97,9;
Lk 1,35–36; 6,35; Apg
7,48; Rö 11,33–36
_ Der Schöpfer (20):
vgl. Einheit 13

Andere Gottesbilder
im Umfeld
_ Der Starke:
Hi 40,3–4; Ps 71,18;
98,1–2; Offb 4
_ Der Rächer:
Dtn 32, 34–35.41–42;
1Sam 5,11; Hi 19,21–22;
Jes 34,8; Hebr 10,30–31
_ Der Allmächtige:
vgl. Einheit 16

_ NACHGEFRAGT

Vom Text her

_ Welche Gefühle weckt das Wort *Gerechtigkeit* bei Ihnen? Ist es ein Leitwort für Sie, ein herzerwärmendes Wort? Oder winken Sie eher ab, weil es Sie an Gleichmacherei erinnert? An linke Propaganda?

_ Was empfinden Sie, wenn Sie in Bern vor dem *Gerechtigkeitsbrunnen* stehen? Oder anderswo die allegorische Figur der *Justitia* mit Waage und Augenbinde anschauen?

_ Sie stehen mit einem Kind unter dem Hauptportal des Freiburger Münsters und blicken auf das *Jüngste Gericht:* Wie erklären Sie dem Kind das Gewimmel und die vielen liebevoll gestalteten Einzelheiten? Und das Furchtbare dabei? Was denken Sie selbst?

_ Beim Fünffrankenstück ist auf dem Münzenrand *Dominus providebit* zu lesen (*Der Herr wird vorsorgen*): Was sagt Ihnen die Glaubensaussage? Was bedeutet für Sie, dass der Satz auf dem grössten Geldstück zu lesen ist? Würden Sie etwas anderes auf den Rand gravieren?

_ Das Münzbild zeigt Wilhelm Tell in der Sennenkutte. Nach Schiller hat er gemeint: *Der Starke ist am mächtigsten allein.* Was finden Sie dazu? Welche Ethik hören Sie daraus sprechen? Fällt Ihnen ein alternatives Münzbild ein?

_ Wurden Sie schon einmal vorgeladen aufs Gericht? Wie wäre das für Sie?

_ Finden Sie es gut, dass in der Schweiz die Richter durch Volkswahl zu ihrem Amt kommen?

Zum Gottesbild hin

_ *Im Namen Gottes, des Allmächtigen:* Kann so die Verfassung eines Landes beginnen? Soll sie sich in ihrer Präambel auf Gott beziehen? Was ist Ihre Meinung zur umstrittenen Frage, ob das Gesetz des Staates eine theologische oder philosophische Selbstbegrenzung formulieren soll?

_ Könnten Sie den Psalm 82 beten? Oder beten Sie nur in eigenen, persönlichen Worten? Sind diese manchmal dem Psalm verwandt? Oder klingen sie ganz anders? Wie?

_ Oder wenn Sie nicht beten: Gehen Ihre Gedanken und Wünsche manchmal in eine ähnliche Richtung? Sogar oft?

_ Kennen Sie in Ihrem Leben atheistische Phasen? Manchmal? Ein bisschen?

_ *Ich bete an die Macht der Liebe:* Ziehen Sie dieses Gottesbild vor? Wann sind Ihnen harte Gottesbilder lieber als weiche? Wann umgekehrt? Wie verhalten sich Gerechtigkeit und Liebe zueinander?

_ GELESEN

_ Rainer Albertz, Religionsgeschichte Israels in alttestamentlicher Zeit; Göttingen 1992.

_ Bertolt Brecht, Gesammelte Werke 5; Frankfurt 1967; Seite 1968 (Zitat).

_ Frank Crüsemann, Der Widerstand gegen das Königtum; Neukirchen 1978.

_ Avrohom Chaim Feuer, Tehillim. A new Translation with a Commentary. Anthologized from Talmudic, Midrashic and Rabbinic Sources; Brooklyn 1991.

_ Hermann Gunkel, Die Psalmen; Göttingen 1968.

_ Ernst Jenni / Claus Westermann, Theologisches Handwörterbuch zum Alten Testament; Zürich 1976.

_ Hans-Joachim Kraus, Psalmen 2 (Biblischer Kommentar); Neukirchen 1961.

_ Erwin Mühlhaupt (ed.), Martin Luthers Psalmen-Auslegung; Göttingen 1962.

_ Pablo Neruda, Letzte Gedichte; Darmstadt 1975; Seiten 55–56 (Zitat).

_ Gerhard von Rad, Theologie des Alten Testamentes 1; München 1961.

_ Gerhard von Rad, Weisheit in Israel; Neukirchen 1982.

_ Silvia Schroer, Die Samuelbücher; Stuttgart 1992.

_ Klaus Seybold, Die Psalmen; Tübingen 1996.

_ Thomas Staubli, Begleiter durch das Erste Testament; Düsseldorf 1997.

_ Winfried Thiel, Soziale Auswirkungen der Herrschaft Salomos, in: Trutz Rendtorff, Charisma und Institution; Gütersloh 1985.

_ Claus Westermann, Das Buch Jesaja. Kapitel 40 – 66; Göttingen 1966.

_ Erich Zenger, Die Psalmen 51–100 (Die neue Echter Bibel); Würzburg 2002.

GOTT SPRICHT FÜR
DIE ENTMÜNDIGTEN.
DER ANWALT

_ GESCHRIEBEN

1	Hört doch dies,	9
2	ihr Häupter des Hauses Jakob	
3	und ihr Oberen des Hauses Israel,	

4	die ihr das Recht verabscheut	
5	und alles, was gerade ist, verdreht,	
6	wer Zion baut mit vergossenem Blut	10
7	und Jerusalem mit Unrecht!	
8	Seine Häupter sprechen Recht für Bestechung,	11
9	und seine Priester unterweisen für Geld,	
10	und seine Propheten wahrsagen für Silber!	

11	Sie aber verlassen sich auf den Herrn und sagen:	
12	Ist nicht der Herr in unserer Mitte?	
13	Es wird kein Unheil über uns kommen!	

14	Darum wird euretwegen	12
15	der Zion umgepflügt zum Feld,	
16	und Jerusalem wird zu Trümmerhaufen	

MICHA 3,9–12

| 17 | und der Tempelberg zu überwucherten Höhen! | |

_ GESCHRIEBEN

1 Hört doch dies,

2 ihr Häupter des Hauses Jakob

3 und ihr Oberen des Hauses Israel,

4 die ihr das Recht verabscheut

5 und alles, was gerade ist, verdreht,

6 wer Zion baut mit vergossenem Blut

Haupt sein

Sie las den Text, unsere Kursleiterin, las ihn langsam und mit Pausen. Dann war es still. In unser Schweigen hinein nannte sie noch einmal die Titel der Notabeln: *Haupt des Hauses Jakobs* und *Oberer des Hauses Israel*, dann nochmal *Haupt* und *Priester* und *Prophet*. Mit den Titeln seien Rollen verbunden, hohe, wichtige, einflussreiche Funktionen in der Gemeinschaft. Micha stelle sie nicht in Frage. Ihm gehe es um die jeweiligen Inhaber. *Haupt des Hauses Jakobs* oder *Prophet am Zion* oder *Priester im Tempel des Herrn*. Micha gehe es darum, die Möglichkeiten der Rolle zu erkennen.

Ob wir uns einen solchen Titel zulegen möchten, vorübergehend. Ob ich in die Person des Titels hineinschlüpfen möchte, fragte sie Ihre Möglichkeiten von Innen spüren? Wer das nicht wolle, möge einfach draussen bleiben, wo er gerade stehe oder sitze. Die aber Trägerinnen und Träger eines Titels seien, sollten sich eine Bewegung suchen, die zu ihnen passe.

Ich war ein Haupt. Einige Minuten lang schloss ich die Augen. Ich wollte mir vorstellen, ganz und gar Haupt zu sein. Nichts sonst. Füsse, Arme, der Rumpf, alles fiel von mir ab und war weg. Ich war jetzt nur noch das Haupt. Da wusste ich, dass ich sitzen musste. Sitzen wäre angemessen, thronen, residieren, hofhalten. Ich spürte, dass ich am Hinterkopf wie aufgehängt war. Meine Wirbelsäule streckte sich. Wie der König des Puppentheaters hatte ich hinten, kurz unter dem höchsten Punkt des Schädels einen Haken, und durch den ging der Faden nach oben. So fühlte ich mich sehr aufrecht und gehalten. Mein Amt hielt mich hoch. Ich war das Haupt, sonst nichts, das aber ganz.

Als ich die Augen wieder offen hatte, sah ich die anderen unserer Gruppe. Manche schritten einher, andere stolzierten. Die einen schienen eine Parade abzunehmen, die anderen sich in einer Sänfte tragen zu lassen. Ich ahnte Kutten, Roben, Ornate, sah Schärpen und Orden. Einige standen oder sassen wie vorher. Unwillkürlich dachte ich bei ihnen an das «Volk». Bald jedoch schloss ich wieder die Augen, um nur bei mir zu sein, dem Haupt.

Einfälle haben

Ob wir unsere Gefühle spüren und bezeichnen könnten, ihnen einen Namen geben, ein Adjektiv oder ein Substantiv, fragte die Kursleiterin. Wie es so einem Verwalter oder Priester gehe, wie ihm zumute sei, wie er sich vorkomme. Wir sollten unseren Gedanken und Bildern freien Zugang gewähren. Ich sollte sehen, was das Haupt aus mir mache.

Zuerst kam mir Christus in den Sinn. *Ich bin das Haupt, ihr seid die Glieder* oder so. Doch verwarf ich diesen Einfall sofort. Wäre wohl Gotteslästerung, Blasphemie. Ein Anspruch, den nur einer, eben Er, erfüllen kann und den sonst keiner, nicht einmal im Spiel, erheben darf, dachte ich. Meine innere Schere schnitt den Gedanken deshalb aus, aber die Lücke, die er im Band meiner Einfälle und Bilder hinterliess, blieb fortan spürbar.

Eine ganze Kette von Wortverbindungen bedrängte mich: Ein Mann müsse *sich behaupten*, hörte ich meinen Vater mahnen. Die *Enthauptung des Johannes* las ich in irgendeinem Museum. *Überhaupt* sei ein scheinbar nebensächliches, in Wirklichkeit aber nachhaltiges Füllwort, rief mir mein alter Lingustikprofessor in Erinnerung. *Hauptsache, du bist wieder da*, tröstete mich plötzlich meine Mutter, nachdem ich mich verirrt hatte. – Da hielt ich mich auf einmal für genau das schlaue Kerlchen, das Mutter, Vater und Lehrer immer gerne in mir sahen. Ich hatte mich abgelenkt von meinen Gefühlen und war leistungsbeflissen der deutschen Wurzel haupt- nachgelaufen.

Gefühle zulassen

Was ich als Haupt fühlte? Allmacht! Ich war oben, zuoberst, während die anderen unter mir standen. Ich schaute top-down hinab in die Welt. Das machte mich stark. Wenn ich gewollt hätte, hätte ich vieles können. Wollte aber nicht. Wollte ich wirklich, so fühlte ich mich wohl überlegen, aber auch unnahbar; allwissend, aber auch einsam. *Zynismus der Macht* kam mir in den Sinn, Macchiavelli und die Übertölpelung des anerzogenen Gewissens. Kalt war es da oben. Es zog. Bergspitzen, *Top of Switzerland* las ich auf einem Plakat, die *Majestät der Alpen* kam mir in den Sinn. Glasklar und weitsichtig, aber unwirtlich.

Eigentlich will ich nicht Haupt sein, merkte ich, doch manchmal bin ich's einfach, muss rein in die Rolle, die mir zugeschrieben wird. Muss Haupt sein, ob ich will oder nicht. Familienoberhaupt, Abteilungsleiter, Kadermann, Vereinspräsident. Muss Mann sein. Häupter sind männlich. Sind sie das? Wollen Sie überhaupt führen?, hatte mich mal ein Berater ungeduldig gefragt, damals in der Weiterbildung. Hatte mich ziemlich verwirrt. Nein, ein *Führer* will ich gewiss nicht sein.

Da unterbrach die Leiterin meine Gedanken. Ob wir allmählich zurückkommen könnten, rausgehen aus unseren Häuptern und in die Runde zurückkehren. Ich brauchte nicht lange dafür. Nachdem wir alle sassen, beschrieben uns zuerst diejenigen, die als «Volk» zugeschaut hatten. Dann teilten all die «Oberen» ihre Adjektive und Substantive mit. Meine «Christuslücke» kam zur Sprache. An ihr sahen wir, dass Göttlichkeit oder Gottähnlichkeit, mindestens als Verwechselbarkeit von Menschlichem und Göttlichem, in diesem Text eine Rolle spielt. Wobei ich einwendete, es müsste sich dann aber doch um die Verwechselbarkeit eines amtlichen Menschen mit einem altorientalischen Gott handeln. Die Versuchung der Macht hatten fast alle gespürt, aber auch die Angst vor ihr und die Einsamkeit, wenn man sie mal hat und nicht mehr abgeben kann.

tip
Mittel:
Lesung des Textes auf CD V/9; im Reiseführer die Ausflüge Berg und Stadt, Geld und Gerechtigkeit

Bild:
Honoré Daumier, Das Parlament der Juli-Monarchie (Bronzeplastiken, Frankreich 1832–36); Otto Dix, Grossstadt (Triptychon, Deutschland 1927–28)

Buch:
Heinrich von Kleist, Der zerbrochene Krug (Theaterstück, Deutschland 1806); Georg Büchner, Der Hessische Landbote (Streitschrift, Deutschland 1834); Harriet Beecher-Stowe, Onkel Toms Hütte (Roman, USA 1851–52); Henrik Ibsen, Stützen der Gesellschaft (Schauspiel, Norwegen 1877)

Pop:
Gerhard Schöne, Der Laden (Chanson, Deutschland 1992)

Verdreht werden

Die Leiterin regte noch eine zweite Runde an, einen Seitenwechsel gewissermassen. Nochmals las sie den Text.
Dabei betonte sie die Zeilen, in denen das Tun der Oberen in merkwürdigen Bildern beschrieben wird: das Recht
verabscheuen, alles Gerade *verdrehen*, den heiligen Berg
mit Blut bauen und Jerusalem *mit Unrecht*. Die vorher
das «Volk» waren, wurden nun eingeladen, die ehemals
Oberen als Gegenstände zu betrachten. Und wir ehemals
Oberen wurden gefragt, ob wir es mit uns geschehen lassen wollten. Die meisten waren einverstanden, auch ich.
Eine Kollegin führte mich an einen freien Platz. Ich war
gefragt, mich auf den Boden zu legen. Erst streckte sie
mich, bis ich kerzengerade lag. Meine Handspitzen und
Fussspitzen stachen geradeaus. Ich fühlte mich länger als
sonst. Dann verbog und verkrümmte und verdrehte sie
mich, dass ich schier nicht mehr wusste, was hinten war
und was vorn. Nur noch ein verqueres Bündel war ich, ein
Stück Sperrmüll. So liess sie mich.

Allmählich taten mir die Knochen weh. Da kam eine andere Kollegin und passte mich in eine «Mauer» ein. Aus
Bänken und Stühlen hatte sie mit anderen der Gruppe ein
Gestell gebaut. Wie andere wurde ich nun eingesetzt. Sie
hatten einen Plan. Ich wurde verwertet und konnte noch
nützlich sein. Beamtenrecycling. Schneller als bei der ersten Runde brach die Leiterin ab. Es war auch gar zu unbe-
quem für alle, die als Baumaterial zu dienen hatten.

Mit erlösten Mienen und befreitem Lächeln kehrten wir
zu unseren Plätzen zurück. Wie sich ohne viel Anleitung
zum Gespräch zeigte, hatten alle ihre Knochen oder ihren Atem gespürt. Allen war weh und eng geworden.
Alle hatten gespürt, wie Rebellion in ihnen wuchs. Menschen sind kein Material, darin waren wir uns schnell einig. Aber müssen wir uns nicht doch ganz oft «zur Verfügung» halten, als Mutter für die Kinder, als Vater für den
Chef, als Kind für die Lehrerin, als Christ für den Heiland,
als Soldat fürs Militär? Dieser Einwand eines Kollegen ergab eine spannungsvolle Diskussion. Sie erinnerte mich
an die erste Runde: Wer sagt denn, dass alle Oberen gern
Obere sind? Wenn auch sicher ist, dass viele Obere sich
nur zu gern wie Götter aufführen. Und wohin käme eine
Gesellschaft, in der sich keiner mehr «zur Verfügung halten» wollte? Doch ist auch da klar, dass eine Gesellschaft
aus vielen Ohnmächtigen und wenigen Allmächtigen
des Teufels ist. Wie ist dieses «Ja-Aber» zu lösen? Unser
Texterleben endete mit offenen Fragen.

_ VERORTET

Der Preis der Pracht

Saul war um 1000 Israels erster König, doch die Dynastie der Sauliden unterlag der Modernität und dem Macht-
willen der Davididen. David war ein typischer Militärkö-
nig (2Sam 23,8–39). Er band die verschiedenen Teile Palästinas äusserlich zu einem Gemeinwesen zusammen,
nicht nur mit Macht und Geschick, auch mit Intrige und
Kalkül. Salomo hingegen war ein typischer Kulturkönig.
Er baute den neuen Staat innerlich nach dem Vorbild altorientalischer Königreiche aus, durch Bautätigkeit (1Kön
6–7) und Handelskontakte (1Kön 9,26–28), durch die
Einrichtung des Beamtenapparats (1Kön 4) und des Bildungswesens. Israels Königszeit begann (1000–587).
Der neue Staat und seine neue Pracht kosteten Aufwand
und verbrauchten Ressourcen. Zur Finanzierung der Infrastruktur, deren die Monarchie und ihr Zentralstaat notwendig bedurften, schuf Salomo eine neue Zwangsstruk-
tur: ein Abgabensystem mit Naturalien als Ressource und
ein Fronsystem mit Arbeitskräften als Ressource, beide
offenbar mit altorientalischer Härte. Tempel und Paläste
mussten gebaut (1Kön 9,15–21), der Hof und seine Entourage ernährt werden (1Kön 5,2–8). Dabei entstand
ziemlich rasch auch eine neue soziale Ordnung. Sie war
nun städtisch ausgerichtet, mit einem Gefälle von der
Stadt zum Land. Und sie war ständisch geschichtet, mit
einem Gefälle von Privilegierten zu Rechtlosen.

Die Kritik der Macht

Im Volk waren die Erinnerungen an die vorstaatliche Zeit
und ihre Ordnungen noch lebendig. Die mündlichen Erzähltraditionen berichteten über die Zeit des halbnomadischen Lebens (vor 1200) und der Niederlassung (vor
1000). So erinnerte man sich. Auch damals gab es Tribut
und Fron, doch hatte man Ernte und Arbeit fremden Tyrannen zu liefern, etwa den ägyptischen Pharaonen. Jedenfalls war es für Halbnomaden und Niedergelassene
ein tödliches Unglück, in solche Abhängigkeiten zu geraten. Unter fremde Hierarchien und ausländische Ober-
herren ging niemand freiwillig. Das war halbe oder volle
Sklaverei. Genau die hatte man nun im eigenen Land.
Auch die alte Kritik am Königswunsch, endlich so zu
sein wie die altorientalischen Königreiche ringsum, war
nie ganz verstummt. Nun aber, als sich immer deutlicher
eine vertikale gesellschaftliche Schichtung einstellte,
eine Struktur top-down: mit einem stehenden Heer, das
nicht mehr verschwand, wenn kein Krieg war; mit Beamten aller Art, die als des Königs lange Arme bis in ferne
Regionen fuchtelten; mit Adelsdynastien, die sich in ihren
Palästen edle Genüsse, teure Pferdeställe, ja sogar üppi-
ge Harems leisteten (1Kön 10,14–11,3); – nun wurde sie
wieder laut, die alte Königskritik.

Deren Quellen speisten sich aus den Erfahrungen des frei-
en Nomadentums mit wechselnden Weidegründen: der
regelmässigen Transhumanz, wie es Schweizer Bergbau-
ern, die jährlich mehrfach die Weiden und Höhen wechseln, auch kennen. Sie speisten sich auch aus den Erfahrungen des freien Neusiedlertums auf dem von Gott ver-
liehenen Boden, der ausserordentlichen Transmigration,
wie es ehemalige Wirtschaftsflüchtlinge, die aus nackter
Überlebensnot ihren Lebensraum wechseln, auch ken-

nen. Das horizontale Gemeinwesen der Gleichen, die segmentäre Gesellschaft, die familial geleitet war: mit Gott als eigentlichem Oberhaupt und den Eltern und Ältesten als natürlichen Autoriäten (Ri 8,22-23) – dieses einfach gegliederte System musste nun einem vertikalen Gemeinwesen aus Schichten weichen, einem komplexen System, an dessen Spitze erbdynastisch Privilegierte herrschten, zur Not auch mit Gewalt (Ri 9,7-15).

Die Schicht der Armen

Parallel zu den Schichten der Überprivilegierten aus Adel, Militär und Beamtenschaft entstand eine neue Schicht von Unterprivilegierten: Wenn ein Bauer seine Abgaben, die er vom Ertrag seines Feldes nahm, nicht im vorgeschriebenen Umfang liefern konnte, so musste er Fron leisten, Abgaben in Gestalt körperlicher Arbeit. War dies fortgesetzt der Fall, bedingt durch wiederholte Dürren oder ständig steigende Steuerlast, so kam er aus dem Schuldendienst nicht mehr heraus und musste sich zuletzt selbst abliefern. Er fiel in sogenannte «Schuldsklaverei» und seine Familie mit ihm (Am 2,6-7).

Nach den aus vorstaatlicher Zeit bekannten Gruppen der Rechtlosen, den *apiru* und *shasu* (1500-1300) und den *Krethi und Plethi* (1000-950), und neben den stets vorhandenen Gruppen der Besitzlosen, den *Witwen, Waisen und Fremden*, kamen nun die *Armen* auf. Sie waren nun die *outlaws* und *outcasts* einer neuen Armut. Offenbar gab es auch nicht wenige, die Haus und Hof durch den staatlichen Bedarf nach Ländereien verloren (1Kön 21; Mi 2,1-2). Der Adel brauchte Staatsdomänen für seine wachsenden Familien, und er belohnte verdiente Beamte und Militärs mit fetten Pfründen. Persönliche Siegel von hohen Beamten, die inzwischen ausgegraben worden sind, zeigen brüllende Löwen oder angreifende Kampfhähne. Offensichtlich sassen die Hofschranzen sicher im Sattel und waren stolz auf ihre Macht.

So drohte ausgerechnet jener Kreis von Familien zu zerfallen, der im Vorgang der Sesshaftwerdung die neuen Gemeinwesen allererst geschaffen und getragen hatte: der Kreis der freien Kleinbauern, die ihren Boden als Gottes Lehen und Gott als ihren Lehnsherrn verstanden hatten. Deren Grundwert war die Freiheit, nicht der Besitz. Sie gingen nun ihrer vier fundamentalen Rechte verlustig: der Rechte zur Eheschliessung, zur Kultteilnahme, zur Verteidigung und zur Rechtsprechung. Ausgerechnet sie, welche die neuen Gemeinwesen gegründet hatten, wurden faktisch zunehmend von ihnen ausgeschlossen.

Der Keim des Zerfalls

Als Salomos Sohn Rehabeam die Fron nicht etwa erleichterte, worum der Norden ihn bat, sondern sie gar noch verschärfte, soll es nach Auskunft der Hofchronisten (1Kön 12,1-15) zur Reichsteilung gekommen sein (926): Der Norden unter Jerobeam trennte sich vom Süden unter Rehabeam. Fortan bestanden zwei palästinische Kö-

nigreiche nebeneinander: das Nordreich namens Israel (926-722), ein unübersichtliches Gebiet, bewohnt von rivalisierenden Clans, mit wechselnden Zentren, prekären Herrschaftsverhältnissen und unruhigen Religionsbedingungen; und das Südreich namens Juda (926-587), eine klare Einflusszone mit Jerusalem als Zentrum, den Davididen als Königsdynastie und dem Tempel als religiösem Mittelpunkt.

Kleinere Philisterscharmützel, ein Pharaonenfeldzug (920), lange Aramäerkriege (850-800) und die stets wachsende Assyrergefahr (750-630) bedrohten beide Staaten, brachten sie aber nicht wieder zusammen. Das Nordreich Israel verlor Gebiete an Assur (732) und wurde tributpflichtig, bis die Hauptstadt Samaria von Tiglatpileser III. (745-727 im Amt) erobert wurde und dieser Staat für immer verschwand (722). Gleichzeitig geriet das Südreich Juda unter assyrische Vorherrschaft.

Der erste Versuch einer Koalition der Kleinen, Ägypten für einen Befreiungsschlag gegen Assur zu gewinnen, scheiterte. Der zweite Versuch König Hiskijas rief den assyrischen Grosskönig Sanherib (704-681 im Amt) bis nach Jerusalem. Die Stadt wurde belagert (701). Zwar zog Sanherib aus bislang ungeklärten Gründen wieder ab, Hiskija und seine Nachfolger aber wurden tributpflichtige Vasallen Assurs (2Kön 18,13-16). Möglicherweise hat Micha die Belagerung Jerusalems erlebt, nicht aber Sanheribs kampflosen Abzug (Mi 1,8-16)

_ EINGEREIHT

Über Propheten und von Propheten

Mit den Königen kamen die Propheten. Die früheren Propheten sind aus den Königsbüchern bekannt, dort vor allem durch Berichte über sie. Es handelt sich dabei meistens um die Textsorte der Prophetenlegende, ein erzählendes Genre in der Sprachform der Prosa. Die späteren Propheten hingegen sind aus eigenen Büchern bekannt. Es handelt sich im Kern meist um Aussagen von ihnen, um diverse eigene Textsorten und in der Sprachform der Lyrik.

Ob Texte über sie oder von ihnen, sehr viele von ihnen haben eine lange und verwirrliche Textgeschichte. Sie wurden von Anhängern nach Themen oder Textsorten zu Zyklen zusammengestellt, manchmal mit Nachträgen und Umstellungen versehen, manchmal noch Jahrhunderte später anderswo eingepasst. Alle Prophetenbücher haben komplizierte und noch lange nicht geklärte Verschriftungsgeschichten. Sie zeigen allerdings, wie wirkungsvoll das Prophetenwort über Jahrhunderte war.

Propheten im Allgemeinen und Besonderen

Das Phänomen der Prophetie in einem weiten und umfassenden Sinn ist altorientalisch und längst nicht auf die Bibel beschränkt (1Kön 18). Von der Bibel aus gesehen, lassen sich grob die drei grossen Phasen des Vorprophetischen (vor 920), der klassischen Prophetie (etwa 920–520) und des Nachprophetischen (nach 520) unterscheiden (vgl. Einheit 10).

Das Vorprophetische verliert sich im Dunkel der Frühgeschichte und gehört vom Erscheinungsbild her eher in die allgemeine Religionsgeschichte. Es war durch Anonymität, Masse und Magie charakterisiert. «Propheten» hatten keine individuellen Namen, traten in Mengen auf und bedienten sich der weltweit üblichen Mittel religiöser Magie. Dazu gehörten die Erteilung von Orakeln unter Trance, das Deuten von Vorzeichen aus Eingeweiden (omen) oder das Erleben von Träumen in rauschhafter Ekstase. Aus diesem allgemeinen Phänomen entwickelte sich seit der Zeit Samuels die Prophetie, die so nur das Alte Testament der Königszeit kennt: namentlich bekannte und aufs Wort konzentrierte Einzelpropheten als profilierte Individuen, die ihrem König entgegentreten.

Der erste dieser frühklassischen Einzelpropheten war Natan, der vor David trat (2Sam 7; 12; 1Kön 1), ebenso Gad, der zweite (2Sam 24,11–25). Ahija von Schilo, der dritte, trat König Jerobeam I. von Israel entgegen (1Kön 11,29–39; 14,1–18) und Jehu ben Hanani, der vierte, König Baescha von Israel (1Kön 16,1–14). Umfangreich ist die erzählende Überlieferung über die klassischen Drei Israels: Elija, der zu Ahab ging (1Kön 17–19; 2Kön 1); Micha ben Jimla, der vermutlich zu Joram ging (1Kön 22,1–28); und Elischa, der zu Joasch und Jehu ging (2Kön 2–8; 13). Als die Stoffe der Samuelbücher und Königsbücher zusammengestellt wurden, bildeten diese Prophetenlegenden eine bedeutsame königskritische Schicht (vgl. Einheit 12).

Schriftprophetie

Nach den buchlosen sieben waren Amos und Hosea, die ebenfalls im Norden wirkten, die ersten Schriftpropheten. Jesaja und Micha wirkten im Süden, beide zur Regierungszeit der Könige Jotam (756–741), Ahas (742–725) und Hiskija (725–696). Zwischen dem Abgang Michas und dem Auftritt Nahums liegen die fünf dunklen Jahrzehnte des bis heute nicht erklärten «Prophetenschweigens», eine Phase ohne irgendeine Nachricht.

Mit der Schriftprophetie des achten Jahrhunderts erweiterte und verschärfte sich die Urteilskraft der Prophetie: Der Prophet trat nun nicht mehr direkt vor historische Einzelpersonen, sondern stellte sich gegen das System. Die Angeredeten repräsentierten einen Kontext, in dessen Struktur fundamentale Fehler steckten. Die Prophetie übte Gesellschaftskritik, die von einer modernen Warte aus unterscheidbar ist als Ideologiekritik und als Religionskritik.

Der ausgewählte Text steht stellvertretend für eine ganze Reihe kritischer Texte, aus denen sich das Krisengesicht einer Epoche ergibt. Zwar sind verschiedene Brennpunkte dieser Texte erkennbar, Kultkritik an gottesdienstlicher Schlamperei (Hos 7,13–16; 8,4–6; Jes 1,10–17) und Sozialkritik an zügellosem Luxusleben (Am 6,1–6; Jes 3,16–26) bei gleichzeitiger sozialer Ungerechtigkeit (Am 5,10–13; Hos 5,10–12), doch im Kern haben sie dieselbe Pointe: Das real existierende Gottesvolk ist den Bedingungen seiner Existenz untreu geworden und handelt nach eigenmächtigen Kriterien. Der Gottesgedanke ist entweder im System domestiziert oder ganz aus dem Denken verschwunden. Die Freiheit von der Sklaverei, die Gott seinem Volk einst im Exodus geschenkt hat, ist im Kampf um den Boden, den er ihm nicht als Besitz sondern zu Lehen gegeben hat, verdunkelt und zerstört. Was Gott gegeben hat, ist respektlos verachtet, was er nicht gegeben hat, ist widerrechtlich angeeignet. Das ideologiekritische und religionskritische Potential der Prophetie richtet sich gegen derart verkehrte Verhältnisse.

_ AUSGELEGT

Micha

Mit dem Schlüsseltext der Einheit ist die Zeit der frühen Schriftprophetie erreicht, das Jahrhundert der Propheten Amos und Hosea, die etwa 760–725 im Nordreich Israel unterwegs waren, und der Propheten Jesaja (Jes 1–39) und Micha, die etwa 740–700 im Südreich Juda auftraten. Es ist dies auch die Zeit der mutmasslich ältesten aller schriftlich erhaltenen Texte der Bibel, und im Fall des Schlüsseltextes sind die Zeit des Berichteten und die Zeit des Berichtens nun erstmals identisch: Das neue Gottesbild der Zeit zeigt sich in einem aktuellen Text der Zeit (vgl. Einleitung).

Vom historischen Micha weiss man nichts, ausser dass er aus dem Dorf Moreschet-Gat im judäischen Hügelland stammte. Im Unterschied zu Jesaja, der zur Jerusalemer Oberschicht gehörte, war Micha ein Mann vom Land. Dafür ist hundert Jahre später über die Wirkung genau dieses hier wiedergegebenen Gerichtswortes von Micha in einem anderen Prophetenbuch eine Notiz zu finden (Jer 26,17–19): Nachdem auch das Südreich Juda zusammengebrochen war (587), wurden prophetisch orientierte Kreise aktiv, um die Geschichte zu beurteilen. Sie stellten unter anderem die Worte Jeremias zusammen. Dabei wollten sie zeigen, wie vergeblich der Prophet gewarnt hatte. Die Oberen hatten zwar sehr wohl gewusst, was angesagt war, aber sie hatten nicht danach gehandelt und so den Zusammenbruch riskiert. Jeremia hatte also umsonst gewarnt. Als Gegenbeispiel wird Micha genannt: König Hiskija hatte hundert Jahre früher auf Micha gehört und sich eines Besseren besonnen. Michas Wort hatte also Erfolg gehabt. Hiskija wurde von den prophetisch orientierten Kreisen deshalb gut beurteilt.

Gericht

Formal ist der Text ein typisches Gerichtswort. Es besteht aus den drei Teilen der Adresse, der Anklage und des Urteils. In der Adresse (1–3) werden die angeredet, für die das Wort gedacht ist: Repräsentanten der Gesellschaft, Verantwortliche des Gemeinwesens, Männer in Schlüsselpositionen. In der Anklage (4–13) werden die Beschuldigungen aufgelistet, hier mit einem Zitat zur Beweisführung (12–13). Im Urteil schliesslich (14–17) wird eine Vorhersage gegeben, die mit der Anklage korrespondiert.

Natürlich ist der Prophet nicht Gerichtsdiener, Ankläger und Richter in einer Person. Die Prophetie bedient sich immer bereits vorhandener Textsorten aus anderen Bereichen. Seltener stammen sie aus der Kultlyrik, die eigentlich in den Gottesdienst des Tempels gehört, öfter schon aus der Weisheit, die ihren Ort im Unterricht von Elternhaus oder Schule hat. Am häufigsten aber kommen sie aus der Rechtsprechung, die eigentlich beim Gericht im Stadttor anzutreffen ist.

Der Prophet schlüpft also in eine bekannte Rolle, greift sich geläufige Textsorten und führt öffentlich ein kleines Strassentheater auf. In der Regel sind aber nur die Worte überliefert, selten einmal etwas von den Handlungen, die sie begleiten (1Kön 11,29–31; Jes 20). Die Worte sind dem Propheten aufgegeben, denn er ist Mann und Bote Gottes (Jes 6). Was er sprachlich inszeniert, ist keine Selbstdarstellung und kein Stück von ihm (Mi 3,8). Gewöhnlich leidet der Prophet selbst als Erster unter den schlechten Nachrichten, die er darzustellen und zu übermitteln hat (Mi 1,8). Wahrscheinlich waren die wirklich Angesprochenen meistens auch gar nicht zugegen. Der Prophet konnte aber sicher sein, dass ihnen das Gesagte zugetragen wurde. Er rechnete damit.

Wort

Micha bittet öffentlich um Aufmerksamkeit (1) und richtet sein Wort mit dem Sammelbegriff *Häupter* (2) generell an die Stützen der Gesellschaft und mit dem Amtstitel *Verwalter* (3) speziell an die Königsbeamten der Davididen, die mit militärischen (Jes 22,3) und zivilen Kompetenzen (Jes 3,6–7) ausgestattet sind.

Die Anklage (4–13) ist dreigliedrig: Sie haben sich von der alten Gerechtigkeit, die dem Gemeinwesen zugrundegelegt war, entfernt (4–5). So errichten sie die Mitte der neuen Gesellschaft auf der Basis der Rechtlosigkeit (6–7). Und folgerichtig ist der courant normal unter den orientierenden Berufen von Bestechlichkeit und Gefälligkeit gekennzeichnet (8–10). Anstelle der alten Ordnung macht sich neue Korruption breit. Die Gerechtigkeit als Basis des Zusammenlebens ist pervertiert. Sie ist käuflich, wie alles käuflich geworden ist.

Zum Beweis der ideologischen Selbsterhaltungskraft und der religiösen Selbstgewissheit, die allen Systemen eigen ist, zitiert der Prophet ein Motto, mit dem sich die Vertreter des Systems stets gegen jegliche Kritik zu immunisieren wissen (12–13). Man weiss Gott auf seiner Seite. Thron und Altar arbeiten Hand in Hand. Die Institutionenfolge ist gesichert und sichert so auch den Bestand der Sonderrechte und Vergünstigungen.

Das Urteil entspricht umgekehrt proportional dem, was geschieht (15–16 zu 6–7), und dem, was man sagt (17 zu 12–13): Die Mitte der neuen Gesellschaft wird dem Erdboden gleichgemacht, und der Tempel als Nabel der neuen Monarchie verschwindet. Micha kündigt ein Zurückbuchstabieren an. Die Orientierung ist verloren. Wie beim Leiterspiel wird das Haus Jakob noch mal von vorn anfangen müssen. Es muss rekapituliert werden.

Tat

Dass eine solche Drohung nicht weltfern war, belegen die Berichte Tiglatpilesers III. über seine Feldzüge im phönizisch-palästinischen Raum. Aus einem phönizischen Stadtstaat am Mittelmeer hat er im Jahr 734 *Elfenbein und Ebenholz, eingelegt mit Edelsteinen und Gold abgeführt, dazu gutes Öl, Spezereien aller Art und grosse Pferde aus Ägypten.* Beim Fall von Samaria im Jahr 722 erbeutete Sargon II. *27 280 Leute samt ihren Kriegswagen.* Weil er Hiskija und Jerusalem im Jahr 701 verschont hatte, erhielt Sanherib von ihm *30 Talente Gold, 800 Talente Silber, erlesenes Antimon* (ein Metall), dazu *elfenbeinerne Betten, elfenbeinerne Lehnsessel, Elefantenhaut, Elfenbein, Ebenholz* und manches mehr, was zugleich den Luxus des Jerusalemer Adels und den Umfang der Tributpflicht bezeugt.

Wie mit Gras füllte ich die Gefilde mit den Leichnamen ihrer Krieger, notieren die Annalen Tiglatpilesers, und die Sanheribs halten fest: *Luli, den König von Sidon, warf die Furcht vor dem Glanz meiner Herrschaft nieder, er floh in die Ferne, mitten ins Meer, und verschwand von der Bildfläche.* Sic transit gloria mundi! So vergeht der Glanz der Welt! Was Micha für Jerusalem voraussieht, haben andere Städte bereits erlebt (vgl. Einheit 12).

Berufsethik

Es überrascht, dass zu den angeklagten Oberen, die Micha in seinem Auftritt vorführt, auch Propheten gehören (10): Offenbar gibt es neben dem freischaffenden Propheten der Gasse auch den angestellten bei Hofe. Dort gehört er zu den orientierenden Berufen. So steht hier Prophet gegen Prophet. Das stellt die Frage nach wahrer und falscher Prophetie. Der Gegensatz spitzt sich in der Frage zu, ob Prophetie ein Beruf oder eine Berufung sei. Wer sagt hier Wahres, und woran ist dies zu erkennen?

Der Richter orientiert durch seine Urteilsfindung im Bereich des Rechts (8), der Priester durch seine ethischen und liturgischen Weisungen im Bereich des Kultes (9). Die Aufgabe der angestellten Propheten lag im Bereich der Verkündigung: Sie hatten allen, die in ihrem Leben verunsichert waren und guten Grund zur Klage hatten, jenes Heil (shalóm) zu verkündigen, das Gott auf dem Zion unverrückbar angesiedelt hatte. Micha bestreitet ihnen daher auch weder ihre Aufgabe noch ihre Fähigkeiten.

Nur dass sie es gegen Silber tun (10), dass sie auf persönliche Vorteile aus und also bestechlich sind, dass sie nur scheinbar dem Geist des Ortes entsprechen, in Wahrheit aber dem Bedarf des Geldbeutels, das wirft er ihnen vor. Sie missbrauchen ihre Fähigkeiten und instrumentalisieren ihre Aufgabe. Sie sind religiöse Funktionäre eines Systems, nicht theologische Künder Gottes. Sie stabilisieren ein Unrechtssystem, indem sie ihm die religiöse Legitimation verschaffen. Thron und Altar sind sich unheimlich einig.

_ VEREHRT

Gott und Volk

Erstmals ergreift Gott Partei. Erstmals ist er nicht mehr der Gott einer Sippe, eines Stammes, eines Volkes, nicht mehr der Gott von Verwandten und Verschwägerten, nicht mehr territorialer oder familialer Gott, sondern Anwalt von Unterdrückten und Ausgebeuteten, von Geschädigten und Benachteiligten, und zwar unabhängig von Boden und Rasse. Erstmals sagt er Ja zum einen Teil seines Volkes und Nein zum anderen. Das heisst aber nicht, dass ihn das Heil seines Volkes insgesamt nicht mehr interessieren würde. Im Gegenteil: Gerade weil es ihn interessiert wie ehedem, unterscheidet er jetzt zwischen Volk und Volk. Er ist so für das Heil seines ganzen Volkes, dass er sich auf die Seite derer stellt, deren gesellschaftliches Wohl beeinträchtigt ist durch die Partikularinteressen weniger Mächtiger.

Damit bahnt sich auch eine wesentliche Änderung im biblischen Volksbegriff an: Die Bedeutung seiner physischen Wirklichkeit, die familial durch Blut und territorial durch Boden bestimmt ist, nimmt ab. Die Bedeutung seiner metaphorischen Wahrheit, die theologisch durch Glauben und ethisch durch Verantwortung bestimmt ist, nimmt zu. «Volk» wird immer mehr zu einem Bild, das die Menge derer zeigt, deren Kriterien für Glauben und Leben sich an Gott orientieren. Volk wird Gottesvolk, *familia Dei* statt Ethnie.

Gott und Tempel

Niemand hat Gott nur deshalb auf seiner Seite, weil der Tempel nun schon seit Generationen seine Präsenz markiert. Mit dem Markieren von Präsenz ist religiös zwar viel getan, theologisch aber noch nichts erreicht. Der Tempel zieht die religiösen Gefühle des ganzen Volkes auf sich und strahlt religiöse Symbolik ins ganze Land aus. Das ist gut so. Doch *die Kirche im Dorf* erübrigt nicht den Glauben und nicht die Ethik. Sie ist nur das religiöse Erscheinungsbild. Theologische Wahrheit ist, dass der Zion keine Selbstdarstellung der Monarchie sein kann, weil er nämlich Schöpfungswerk Gottes ist. Das *Bauen des Zion* (6) ist Sache jenes Gottes, der mit den Seinen sesshaft geworden ist (Ps 78,67–72). Er hat auf dem Zion den Grundstein einer Weltordnung gelegt, deren Kennwörter *Gerechtigkeit* (zedaqá) und *Heil* (shalóm) sind. Die Köni-

ge sollten deren Diener sein. Doch das Gegenteil ist der Fall: Sie bauen den Zion aus eigenen Interessen, erhalten den religiösen Schein und pervertieren den theologischen Sinn.

Der Gott aber, dem Israel seine Existenz verdankt, dessen Wirken den Auszug aus Ägypten, den Zug durch die Wüste, die Verteilung des Landes ermöglichte, lässt sich nicht im Tempel einsperren, damit die neuen Herren sich draussen ungestört bereichern können. Der Lehnsherr Israels ist kein Tempelgötze. Der zitierte Slogan (12), eine rhetorisch-suggestive Frage, im Hebräischen drei einfache Wörter (haló JHWH beqirbénu), macht das religiöse Erscheinungsbild für Gott zum goldenen Käfig und für die Herrschenden zur generellen Absolution (13). Wie hundert Jahre später bei Jeremia (Jer 7,4–7) pervertiert ein ideologisch gesteuerter Slogan die ehemals tragende theologische Wahrheit zum nützlichen religiösen Schein. Wirkung besiegt Inhalt. Glaube und Ethik bleiben auf der Strecke.

Gott und Land

Der Gott des Micha ist ein Lehnsherr. Einst hatte er den sesshaft werdenden Halbnomaden das Land im Losverfahren zugeteilt. Gott blieb Lehnsherr und Besitzer des Landes, das nur deshalb «heiliges Land» genannt werden darf. Der Bauer blieb Lehnsmann und Nutzniesser des Landes, an dem seine vier Freiheiten hingen.

Entsprechend droht Micha (in Mi 2,1–4) den Neureichen Jerusalems, die sich durch Enteignung und Schuldsklaverei an Gottes eigenem Land vergreifen und seinen freien Bauern wirtschaftlich vernichten, mit einer Neuverteilung des Landes wie zur Zeit der Landnahme (vgl. Jos 13–22). Deshalb verheisst der Schlüsseltext eine Rückkehr zum Ausgangspunkt, denn die Bilder, die er verwendet, entsprechen genau den Einstandsbedingungen, als Jakob sesshaft wurde: Äcker mussten gepflügt (15), auf den Trümmern kanaanäischer Städte neue Siedlungen gebaut (16), ein Ort für die Landnahme JHWHs gefunden werden (17). Michas Gott besteht auf seinem Plan.

Gott und System

Die Schriftprophetie des achten Jahrhunderts erarbeitet mit ihrer Ideologiekritik und Religionskritik neue Bedingungen der Gotteserkenntnis: Wer, ob zwanghaft oder freiwillig, nur innerhalb des gegebenen Systems denken kann, wird Gott in seiner Wahrheit nicht erkennen, ja, er bemerkt als Funktionär des Systems, ob autoritär oder sanft, nicht einmal, wie aus dem ehemals wahren Gottesbild inzwischen eine nützliche Einbildung geworden ist. Für die theologische Wahrnehmung Gottes ist es also notwendig, aus dem System hinauszutreten und es von aussen zu betrachten. Gott in seiner Wahrheit sehen kann nur, wer den eigenen systemisch bedingten Standort verlässt und die Perspektive wechselt. Gott in seiner Souveränität ist nicht systematisch und systemisch zu domestizieren. Wo man dies will, entsteht nur ein religiöser Popanz, mit dem Gott nichts zu tun hat, mit dem er aber auch, wie Micha deutlich sagt, nicht verwechselt werden will. Ideologisch gesteuerte Gottesbilder, und seien es solche von religiösen Systemen, sind theologisch zu entlarven. Das ist die Botschaft der Propheten.

Das Gottesbild der prophetischen Gesellschaftskritik ist zu einer starken Linie im Ensemble biblischer Gottesbilder geworden: Die Apokalyptiker der Epoche «zwischen» den Testamenten (etwa 200v–100n) haben die Ideologiekritik und Religionskritik radikalisiert, bis sie sich überschlug und die Hoffnung aus der vorfindlichen Welt hinauskatapultierte (vgl. Einheit 16). Jesus forderte in den Gleichnissen und in der Bergpredigt, in seinen Speisungswundern und in seiner Gerichtsvorstellung den Vorrang der Orientierung am Menschen vor der Orientierung an Systemen. Das Mönchtum lebte den Gedanken der Armut und Stellvertretung (vgl. Einheit 25). Die moderne *Option für die Armen* stützt sich auf die Sozialkritik der Propheten und wird in manchen gesellschaftlichen Kontexten, besonders denen Lateinamerikas, intensiv diskutiert.

Durch die Reformation und den Humanismus sind viele dieser Vorstellungen ins moderne Rechtsdenken und Demokratieverständnis eingegangen. Manche soziale, rechtliche und politische Selbstverständlichkeit der Gegenwart hat ihre Wurzeln unter anderem auch in der Prophetie des achten vorchristlichen Jahrhunderts.

_ NACHGEFRAGT

Vom Text her

_ Möchten Sie persönlich gerne ganz nach oben? Womit lockt Sie (manchmal) die Macht?

_ Wie würden Sie hier und heute Ihr Verhältnis zur Macht beschreiben? Was sollte schlecht daran sein, eine Karrierefrau zu sein?

_ Haben Sie gerne Leute unter sich? Welche Bilder leiten Sie, wenn Sie an *Führung* denken? Führen Sie überhaupt gerne? Oder lassen Sie sich lieber führen?

_ Sind sie stolz, *ein Mann des Volkes* zu sein? (Geht das auch als Frau?) Oder gehören Sie eigentlich gar nicht dazu? Sind Sie (wie alle) ein Sonderfall?

_ Wären Sie gern im Kader, wenn man Sie nur liesse, und warum? Was denken Sie über Trendsetter? Plagt Sie manchmal die Angst, da etwas zu verpassen? Macht Sie das alt?

_ Wie erleben Sie den Seitenwechsel vom Machthaben zum Ohnmächtigsein? Gibt es Leute, denen Sie den Seitenwechsel am liebsten einmal verschreiben würden?

_ Was sagt Ihnen der Begriff «neue Armut»? Gehört das Wort «Sozialromantik» zu Ihrem Wortschatz?

_ Wie müsste ein Mächtiger sein, dass Sie ihn sich gefallen liessen?

Zum Gottesbild hin

_ Wann fühlen Sie sich sicher in Ihrer Welt? Was tun Sie für Ihre Sicherheit? Geben Ihnen Systeme Sicherheit?

_ *In God we trust* auf dem Kleingeld, ist das o.k.? *Die Kirche im Dorf*, genügt Ihnen das? Die Verfassung *im Namen des Allmächtigen*, was meinen Sie dazu?

_ Wann wissen Sie Gott auf Ihrer Seite? Reicht es Ihnen, wenn Kirchenobere Gott «im Griff» haben?

_ Wo lassen Sie über Gott nachdenken? Oder denken Sie selber? Wohin delegieren Sie Ihren Glauben, und wohin würden Sie ihn niemals delegieren?

_ Was ist der Unterschied zwischen den Abfolgen «Recht und Ordnung» und «Ordnung und Recht»? Kommt Ihnen das «sophisticated» vor, oder hat es Bedeutung für Sie?

_ Was würden Sie Micha gerne fragen? Was möchten Sie von ihm wissen über seine Gottesbilder?

_ Gibt es heute noch Propheten? Woran erkennen Sie heute prophetisches Denken? Kommen Sie sich selber gelegentlich prophetisch vor?

_ Gab es Momente in ihrem Leben, da Ihnen ein Micha begegnet ist? Haben sich Ihre Vorstellungen von Gott dabei verändert?

_ Können Sie Standorte wechseln? Wann ist Ihnen der Perspektivenwechsel letztmals gut gelungen? Hat er etwas bewirkt? Für wen?

_ Sind Sie mit dem Religiösen, das Ihnen begegnet, zufrieden? Brauchen Sie (nicht) mehr davon? Wann treibt Sie Bedarf nach theologischem Denken um?

_ Vertragen Sie Kritik an liebgewordenem Religiösem? Welche religiösen Gegenstände und Rituale brauchen Sie? Von welchen haben Sie sich verabschiedet?

_ GELESEN

_ Kurt Galling (ed.), Textbuch zur Geschichte Israels; Tübingen 1979; Seiten 56–58 (Texte 25–26); Seiten 60–61 (Text 30); Seiten 67–69 (Text 39).

_ E. Hammershaimb, Einige Hauptgedanken in der Schrift des Propheten Micha, in: Studia Theologica 15; Aarhus 1961; Seiten 11–34.

_ Karl Jaros (ed.), Hundert Inschriften aus Kanaan und Israel; Einsiedeln 1982; Seiten 41–50 (Inschrift der Mescha-Stele); Seite 58 (Ministerialsiegel aus Megiddo); Seite 81 (Ministerialsiegel aus Mizpa).

_ Klaus Koch, Die Entstehung der sozialen Kritik bei den Profeten; in: Spuren des hebräischen Denkens (Gesammelte Aufsätze 1); Neukirchen 1991; Seiten 146–166.

_ Fritz Stolz, Der Streit um die Wirklichkeit in der Südreichsprophetie des 8. Jahrhunderts; in: Wort und Dienst 12; Bethel 1973; S. 9–30.

_ Helmut Utzschneider, Micha (Zürcher Bibelkommentare 24.1); Zürich 2005.

GOTT NIMMT SEINEN
SEGEN WEG.
DER ZERSTÖRER

1	*Kommt nach Bet-El und vergeht euch,*	4
2	*nach Gilgal, vergeht euch noch mehr!*	
3	*Und bringt eure Schlachtopfer am Morgen,*	
4	*am dritten Tag eure Zehnten,*	
5	*Und bringt Rauchopfer dar vom Gesäuerten als Dank,*	5
6	*und kündigt freiwillige Gaben an, lasst es hören!*	
7	*So habt ihr es doch immer geliebt, ihr Israeliten!*	
8	*Spruch Gottes, des Herrn.*	
9	Ich war es, der euren Zähnen nichts zu kauen gab in allen euren Städten	6
10	und der euch Mangel gab an Brot an allen euren Orten.	
11	Dennoch seid ihr nicht zurückgekehrt zu mir!	
12	Spruch des Herrn.	
13	Ich war es, der euch den Regen vorenthielt,	7
14	als es noch drei Monate waren bis zur Ernte.	
15	Und auf die eine Stadt liess ich es regnen,	
16	auf die andere Stadt aber liess ich es nie regnen.	
17	Ein Feld erhielt Regen,	
18	ein anderes aber, auf das es nie regnete, vertrocknete.	
19	Da wankten zwei, drei Städte zur selben Stadt hin, um Wasser zu trinken,	8
20	aber sie wurden nicht satt.	
21	Dennoch seid ihr nicht zurückgekehrt zu mir!	
22	Spruch des Herrn.	
23	Mit Kornbrand und mit Vergilben habe ich euch geschlagen;	9
24	die Menge eurer Gärten und eurer Weinberge	
25	und eurer Feigen und eurer Oliven hat die Raupe gefressen.	
26	Dennoch seid ihr nicht zurückgekehrt zu mir!	
27	Spruch des Herrn.	
28	Ich habe euch die Pest gesandt, wie ich sie Ägypten gesandt habe.	10
29	Eure jungen Männer habe ich umgebracht mit dem Schwert,	
30	und auch eure gefangenen Pferde,	
31	und den Gestank von euren Lagern habe ich aufsteigen lassen in eure Nase.	
32	Dennoch seid ihr nicht zurückgekehrt zu mir!	
33	Spruch des Herrn.	
34	Ich habe eine Zerstörung unter euch angerichtet	11
35	wie die Zerstörung von Sodom und Gomorra durch Gott,	
36	und ihr wart wie ein Holzscheit, das aus dem Brand gerettet wurde.	
37	Dennoch seid ihr nicht zurückgekehrt zu mir!	
38	Spruch des Herrn.	
39	Darum werde ich so mit dir verfahren, Israel!	12
40	Weil ich dir dies antun werde,	
41	mache dich bereit für die Begegnung mit deinem Gott, Israel!	
42	Denn sieh,	13
43	der die Berge gebildet und den Wind geschaffen hat	
44	und der dem Menschen seinen Plan kundtut,	
45	der die Morgendämmerung, der die Finsternis macht	
46	und seinen Fuss auf die Höhen der Erde setzt:	
47	Herr, Gott der Heerscharen, ist sein Name!	

Vergebliche Liebesmüh

Der Raum war abgedunkelt. Wir sassen im Halbkreis vor der weissen Wand. Improvisationen eines Altsaxophons waren zu hören. Die Leiterin unseres Seminars legte ein paar Folien auf. Sie zeigten jeweils eine Schlagzeile, herausgerissen aus irgendeinem Boulevardblatt.

Amoklauf eines Musterschülers war zu lesen und ein paar Wörter vom Anfang des Artikels. Eine Minute lang. Dazu schrille Töne vom Altsax, wilde Sprünge und plötzlich sanfte Wellen. *Familientragödie im Seeland. Vater erschiesst seine Familie und richtet sich selbst.* Wieder eine endlose Minute vor dem Zeitungsfetzen. *Haiti im Ausnahmezustand. Slumbewohner stürmen Präsidentenpalast.* Endlich mal etwas, das mir nicht so nahegeht, dachte ich im Stillen. Der Saxophonist liess Latinorhythmen anklingen. *Maria S. hat ausgelitten. Erlösung durch Exit.* Da war es wieder vorbei mit der Distanz. Die Musik klang zwar sanft, aber meine Stimmung war aufgewühlt. Mein gelähmter Cousin kam mir vor Augen, sein Rollstuhl, die ganze Technik der Verzweiflung, mit den Lippen zu bedienen. *New Orleans für immer verloren?* Da war ich doch! Hab es doch gesehen, vor ein paar Jahren. Und nun könnten Sturm und Meer alles weggespült haben? Vorbei mit *The Big Easy?* Nur noch Schweres?

Vielleicht waren es noch zwei oder drei weitere Schlagzeilen. Ich weiss es nicht mehr. Die erwähnten taten jedenfalls ihre Wirkung. Zusammen mit den Improvisationen. Und am Schluss setzte das bekannte Bild vom Düsenjet, der in einen der Twintowers rast, noch eine grauenvolle Erinnerung oben drauf. 11. September 2001: Wie ich damals stundenlang vor dem Fernseher sass, fiel mir ein, und CNN immer wieder dasselbe brachte. Und wie ich zuerst dachte, es gehe um einen Katastrophenfilm aus Hollywood. Es war wie gestern. Hundert Variationen derselben Tragödie.

Felder der Verzweiflung

Was solchen Schlagzeilen wohl vorausgehe? Die Leiterin schlug vor, dass wir gemeinsam und absichtlich drauflos spekulieren könnten. «Wovon ist eine solche Meldung der Schlusspunkt?» Jemand meinte, bei Maria S. müsse es eine hoffnungslose Krankheitsgeschichte gewesen sein. Und gleich fing eine andere Teilnehmerin zu erzählen an, wie ihr Vater von einem Arzt zum anderen gerannt sei, die verschiedensten Methoden ausprobiert habe, sogar bei Quacksalbern und Kräuterhexen gewesen sei, und nur ein plötzliches Herzversagen hätte ihn daran gehindert, selbst Hand an sich zu legen. *Aussichtsloses Leiden*, das sei ein Feld der Verzweiflung, schloss die Leiterin diese Gesprächsphase ab und notierte das Zwischenergebnis auf ein Plakat.

Haiti sei zwar einer der ersten freien Staaten der Kolonialgebiete gewesen, aber gerecht sei es auch dann nicht zu und hergegangen, meinte ein Südamerikakenner. Immer wieder machten sich die verarmten und zukunftslosen Massen Luft. *Ungerechte Chancenverteilung* kam auf das Plakat. Später traten noch *Einseitiger Leistungsdruck* und *Überforderte Beziehungen* hinzu. Jeder in der Runde wusste dazu Beispiele. Und natürlich *Massloser Naturverschleiss.* Die Leiterin musste sogar bremsen. Am Schluss hatten wir sieben oder acht Felder der Verzweiflung beisammen.

Über der Katastrophe von Manhattan gab es eine heisse Auseinandersetzung. Wieso dieses Bild am Schluss der Reihe gestanden hätte, wollte eine wissen. Ihr Ton war entrüstet. Das sei mit nichts zu vergleichen. Sei es sehr wohl, entgegnete einer, denn auch dieses Megaereignis könne man als Schlusspunkt einer Eskalation verstehen. Er wolle doch nicht etwa eine solche Tat rechtfertigen, ereiferte sich eine andere Kollegin. Die Stimmung war ziemlich erhitzt. Die Leiterin übernahm das Steuer des Gesprächsverlaufs, indem sie klärte: Etwas herleiten und verstehen zu können, müsse möglichst ohne Wertung geschehen und sei dann auch alles andere als ein Gutheissen oder Befürworten. Ein ganz anderer Schritt sei dies, und wir dürften sicher sein, dass niemand unter uns das Geschehen vom 11. September verteidige.

Eigene Improvisationen

Wir hatten gespürt, dass solche Schlagzeilen uns nicht kalt liessen. Die einen gingen uns näher als andere, gewiss, aber keine liess sich so einfach verdrängen. Die Leiterin suchte nach der Überleitung zum nächsten Schritt. Immer stünden solche Meldungen am Ende einer Entwicklung, seien die letzte Sprosse einer Leiter. *Skala*, fiel mir ein, heisst *Leiter*, Stiege, Stufenfolge. Unter *Eskalation* stellte ich mir unwillkürlich das Verlassen der Leiter vor, den Sprung der Verzweiflung, das Ende der Stufen, den Ausstieg.

Wir alle hatten Erfahrungen mit Eskalation, durch eigene Beteiligung vielleicht, sicher durch Miterleben in der nächsten Umgebung. Viele Erfahrungen gab es und viel Verzweiflung, mehr als im Kurs zu bereden. Ob wir uns nur die Felder der Verzweiflung, die wir notiert hatten, noch einmal still vergegenwärtigen wollten, verbunden mit der Frage, auf welchem von ihnen uns persönlich etwas sehr nahe gegangen sei. Möglicherweise gebe es noch ein weiteres Feld, das für jemanden mit einer gewichtigen Erinnerung verbunden sei. Dann dürfe der Fall auf diesem weiteren Feld der Verzweiflung spielen.

Nein, es müsse niemand besorgt sein, im Schaufenster zu stehen, denn darüber würden wir nachher nicht in Worten berichten, sondern in Tönen. Dabei schob sie die grosse Kartonschachtel, die bisher im Hintergrund gestanden hatte, in die Mitte des Raums, griff hinein und zog verschiedene Instrumente hervor. Alle waren einfach und spontan zu spielen. Eine Maultrommel gab es da und eine Mundharmonika, Blockflöten in allen Grössen, diver-

tip
Mittel:
Lesung des Textes auf CD V/10; im Reiseführer zum Kontrast der Ausflug Garten

Bild:
Otto Dix, Der Krieg (Triptychon, Deutschland 1929–32); Pablo Picasso, Guernica (Gemälde, Spanien 1937)

Buch:
Friedrich Dürrenmatt, Der Besuch der alten Dame (Theaterstück, Schweiz 1955); Isaac Bashevis Singer, Die Zerstörung von Kreschew (Erzählung, Ukraine 1957)

Klassik:
Felix Mendelssohn Bartholdy, Nr. 7 aus: Paulus (Oratorium, Deutschland 1836); Kurt Weill / Bertolt Brecht, Das Berliner Requiem (Requiemparodie, Deutschland 1928); Rudolf Mauersberger, Dresdner Requiem (Requiem, Deutschland 1947–48)

se Percussionsinstrumente aus Orffs Arsenal, und ausserdem hatte der Raum ein Klavier.

Ich nahm mir die Maultrommel und hörte noch die Anweisung: Wir sollten uns unseren Fall genau vergegenwärtigen und in Stufen zerlegen. Nachher würden wir das Feld der Verzweiflung benennen. Vielleicht könnten wir den einzelnen Stufen, an die wir uns erinnerten, beschreibende Titel geben. Die Titel sollten keine Inhalte nennen, sondern nur die Stufen der Verzweiflung.

Une danse macabre

Mit meiner Maultrommel in der Hand verschwand ich im Garten des Gemeindezentrums. Die Jahre kurz nach der Restrukturierung fielen mir ein. Wie ich immer mehr Verantwortung zugeschoben bekam und immer mehr Aufgaben übernehmen musste. Die neue Abteilung und die neuen Mitarbeiter, zu Hause meine Frau, die Kinder, der Garten, die Schafherde. Immer mehr kam hinzu, aber die Woche blieb gleich kurz. Bis zum crash. Ich fand entsprechende Titel, die nur den Abstieg beschrieben und keine Inhalte verrieten. Mein Feld hiess *Überfordernde Ansprüche.*

Fünf von uns meldeten sich. Es gab ein kleines Konzert. Fünf Instrumente und fünf Felder der Verzweiflung. Eine kleine Suite, ein kleiner Totentanz der Verzweifelnden. Ich war dabei. Bevor ich mein Feld nannte, gab ich einen Ton ab, um das Instrument vorzustellen. Dann nannte ich jeweils eine der sieben Stufen, die ich gefunden hatte, und beschrieb mit der Maultrommel die Skala und die Eskalation. Alle hatten dafür zwei Minuten. Das Konzert hinterliess einen tiefen Eindruck.

Zum Schluss las die Leiterin den Bibeltext des Abends. Dort ist Gott der Verzweifelnde. Dort sind es fünf Stufen der Verzweiflung, und die sechste kündigt sich gerade an. Alle hörten gespannt hin, das eigene Instrument noch in der Hand. Plötzlich schoss mir die Frage durch den Kopf, wie das Feld der Verzweiflung bei Amos wohl heissen könnte.

_ VERORTET

Aufstieg und Niedergang

Je weiter man zurückfragt in die Frühgeschichte einer Kultur, desto unsicherer werden die Angaben. Das ist so zu erwarten und in der Bibel nicht anders als anderswo. Das Jahr 926 gilt unter Historikern als erstes gesichertes und zweifelsfreies Datum der Geschichte Israels. Es hat einen Stellenwert gewonnen, der allerdings typisch ist für die Bibel: 926 war das Jahr der Reichsteilung, und die Reichsteilung war der Beginn des Zerfalls. «Grossisrael» hat es also nur unter David und Salomo gegeben, nur gerade drei Generationen lang (etwa 1000–926), nur vor dem ersten gesicherten Datum. So kurz und ungewiss es existierte, so nachhaltig und überhöht wurde die Erinnerung daran: Die Epoche von David und Salomo wurde zur idealen Zeit. Ihr Reich wurde zur idealen Grösse. Die Dynastie der Davididen wurde theologisch zur idealen Herrschaft. Was folgte, musste sich an dieser Zeit vor dem ersten gesicherten Datum messen lassen. Und selbst die Verheissungen des neuen Davids und des Reiches Gottes nahmen Mass an dieser Epoche (Mt 1,1–17).

Zwischen der idealen Zeit, die vor der realen Geschichte lag, und der idealen Zeit, die nach der realen Geschichte kommen soll, zwischen Einst und Dereinst lag die reale Zeit des langen Niedergangs, der mit der Reichsteilung von 926 begann. Ein Nordreich Israel gab es nun mit eher instabilen Verhältnissen und ein Südreich Juda mit eher stabilen Strukturen. Könige gab es in beiden Reichen, doch trugen sie eher die Züge von Chiefs, die ihren Clans voranstehen, Häuptlinge einer Sippe oder Grossfamilie. Zu dynastieähnlichen Abfolgen kam es im Norden nur unter Omri (881–845) und Jehu (845–817), während die Davididen im Süden eine sichere Dynastie bildeten. Israel existierte gut zweihundert Jahre (926–722), Juda knapp dreihundertfünfzig Jahre (926–587). Beide Reiche fielen an Mächte aus Mesopotamien, denen sie längere Zeit schon tributpflichtig waren (vgl. Einheit 1).

Biblischer Stil

Für die Bibel ist typisch, dass sie nirgends eine ideologische Verklärung der Geschichte betreibt. Während die höfischen Annalen aller Grossreiche rings um Israel sich im Preis ihrer Könige ergehen und in stereotypen Sätzen meist nur deren heroische Erfolge aufzählen, wendet sich die biblische Überlieferung der Realität zu, wie sie war.

Viele innere Unstimmigkeiten prägten die Realität der getrennten Reiche, hausgemachte Gründe für den Niedergang, die sich in den Texten ablesen lassen, insbesondere bei den Schriftpropheten (vgl. Einheit 9). Es kamen aber auch erhebliche äussere Gründe hinzu. Sie hingen mit mächtigen Nachbarn zusammen, die sich von allen Seiten um die Vorherrschaft über die wertvolle Landbrücke zwischen Afrika und Asien stritten. In deren Streit wurden die kleinen Stadtstaaten und Chiefterritorien, die auf der Brücke beheimatet waren, immer wieder überrannt und aufgerieben.

Im nördlichen Israel wie im südlichen Juda versuchte man, der Unstimmigkeiten im Innern und der Bedrohungen von aussen mit demselben Mittel Herr zu werden: mit dem Kompromiss. Er war gewissermassen das Hauptinstrument und das Leitmotiv der Religionspolitik im Innern und der Bündnispolitik im Äussern.

Religionspolitische Kompromisse

Das sprechendste Beispiel ist gleich das erste: Jerobeam, der erste König Israels (932–911 im Amt), ernannte Dan und Bet-El, zwei ältere Heiligtümer der Kanaanäer, in deren Nähe nun die Nordgrenze die Südgrenze seines Reiches zu liegen kamen, zu Staatsheiligtümern. Damit markierte er seinen kultischen Einflussbereich und schuf für Israel ein Gegenstück zur Bedeutung des Jerusalemer Tempels für Juda. Der Kompromiss lag in den Stierbildern, die er an beiden Orten aufstellen liess. Mit ihnen kam er gleichzeitig den sesshaft gewordenen Israeliten und den alteingesessenen Kanaanäern entgegen: den Israeliten, die nun die Macht innehatten und sich so an eine wichtige Episode des Auszugs aus Ägypten und der Zeit in der Wüste erinnern konnten (Ex 32); den Kanaanäern, die nun zwar entmachtet waren, aber zwei Kultobjekte erhielten, die ihnen wohlbekannt waren. Jerobeam wollte beide Bevölkerungsgruppen für seinen neuen Staat gewinnen. So gab er ihnen religiös Vertrautes, dazu eine Festordnung für das Funktionieren des neuen Mischkultes. Er hoffte auf Integration der verschiedenen Gruppen und eine gemeinsame Identität (1 Kön 12,26–33). Sicher hatte es am Sinai ein Ereignis kultischer Abtrünnigkeit gegeben, ebenso sicher nicht mit einem Stierbild, denn das Rind kennzeichnet Sesshaftigkeit und Landwirtschaft.

So sehr wurde Jerobeams Handeln prägend, dass die Historikerschule der Deuteronomisten Jahrhunderte später weitere religionspolitische Beispiele nach diesem Muster mit dem Label *Sünde Jerobeams* versahen. Omri (886–875 im Amt) duldete diverse Kulte in Israel, insbesondere die kanaanäische Baalverehrung, um sein Königtum innerlich zu stärken. Sein Sohn Ahab (875–854 im Amt) heiratete deswegen die phönizische Königstochter Isebel und baute in seiner Hauptstadt Samaria sogar einen Baaltempel als offizielles Heiligtum. Beide Könige erhielten später das berüchtigte deuteronomistische Label (1 Kön 16,26.31).

Bündnispolitische Kompromisse

Auch für sie gab es seit der ersten Stunde der beiden Reiche gute Gründe: Bereits im Jahr 925 versuchte der ägyptische Pharao Shoshenk I. (935–915 im Amt), die politische Schwäche in Palästina auszunutzen und sich die Landbrücke für seine Vorherrschaft zu sichern. Auf einer Wand im Amun-Tempel von Karnak liess er später eine Liste der eroberten Städte seines Palästinafeldzugs anbringen, darunter einige aus Juda und Israel. Jerusalem ist dort wahrscheinlich nur deshalb nicht erwähnt, weil Rehabeam, der erste König von Juda (932–916 im Amt), sich dem Pharao unterwarf und die Stadt durch einen hohen Tribut freikaufte (1 Kön 14,25–28). Der Kompromiss liegt hier im materiellen Entgegenkommen. Man fütterte die hungrige Bestie, und eine Weile blieb sie fern.

Ein anderer Typ war das Zweckbündnis mit anderen bedrohten Kleinstaaten: So beteiligte sich Ahab mit Truppen an einer syrischen Koalition gegen den Assyrerkönig Salmanassar III. (859–824 im Amt), um bald nach der halb verlorenen, halb gewonnenen Schlacht die alten Feindseligkeiten mit den Bündnispartnern von eben wiederaufzunehmen. Jehu jedenfalls (im Amt 842–815) erscheint, nachdem er die Omriden regelrecht ausgerottet hatte, auf einem schwarzen assyrischen Obelisken als Tributär der Assyrer. In der Geste der Unterwerfung deponiert er seinen Tribut zu Füssen des Grosskönigs Salmanassar.

Das sprechendste Beispiel für den bündnispolitischen Kompromiss steht eher am Ende des Niedergangs: der sogenannte *Syrisch-Ephraimitische Krieg* (734–732). Der Assyrerkönig Tiglatpileser III. (745–727 im Amt) gab sich nicht mehr mit Tributzahlungen zufrieden, die immer wieder mit Feldzügen eingetrieben werden mussten, sondern wollte die Landbrücke ganz und auf sicher. So bedrohte er Syrien. Israel und Syrien verbündeten sich gegen ihn und wollten Juda zwingen, dem Kriegsbündnis beizutreten. Ahas von Juda weigerte sich und rief Assur zu Hilfe, als Israel und Syrien gegen Jerusalem zogen, um ihn abzusetzen und einen bündnisfreundlichen Mitstreiter gegen Assur einzusetzen. Damit war das Ende Israels eingeläutet. Tiglatpileser nahm fast ganz Israel. 722 fiel auch Samaria als letzte Stadt an Assur. Das Nordreich wurde assyrische Provinz.

Gegner des Kompromisses

Das Ende Jerusalems kündigte sich bereits an: Ahas (734–715 im Amt) zahlte den Assyrern freiwillig Tribut und liess für ihren Hochgott einen Altar im Jerusalemer Tempel errichten (1 Kön 16). Er griff, um sein kleines Reich zu retten, gleich zu beiden Varianten des Kompromisses, zum bündnispolitischen (Tribut) und zum religionspolitischen (Altar). Beim Kompromiss als Grundmuster des Denkens und Handelns entscheiden aktuelle Sachzwänge. Die Politik dominiert den Glauben.

Gegner des Kompromisses waren die Propheten. Immer verwarfen sie ihn, wenn er zum vorherrschenden Grundmuster im Denken und Handeln der öffentlich Verantwortlichen wurde. Immer waren sie bis zur Schmerzgrenze kompromisslos in ihren Worten und Gesten. Bereits unmittelbar nach dem ersten religionspolitischen Kompromiss erhob sich ein Prophet gegen Jerobeam, und der Text betont seine Unbestechlichkeit (1 Kön 13,1–10). Am bedeutsamsten war das Auftreten Elijas gegen Ahab, Isebel und deren Baalskult (1 Kön 10,20–40). Und Jesaja hatte in seiner berühmten *Denkschrift* (Jes 6–8) die Vorgänge des Syrisch-Ephraimitischen Krieges im Visier.

_ EINGEREIHT

Das Wesen des Prophetischen

Die Frage stellt sich, was denn Prophetie eigentlich ist. Propheten sind entgegen landläufiger Meinung keine Hellseher oder Wahrsager. Sie sehen in keine ganz andere Zukunft. Im Gegenteil, sie sehen ihre Gegenwart ganz anders als die meisten Zeitgenossen. Prophetische Begabung ist es, in der eigenen Gegenwart Entwicklungen so wahrzunehmen, wie sie wirklich und wahrhaftig sind, und aus deren Laufrichtung zu erschliessen, wohin sie unvermeidlich und unausweichlich führen müssen. Propheten sind kompromisslose Analytiker ihrer Gegenwart und kompromisslose Hochrechner der sich daraus für die Zukunft ergebenden Konsequenzen. Jetzt erschliessen sie, was dann zur Wirkung kommt. Kompromisslos sind sie auch darin, dass sie für sich selbst weder Vorteile suchen noch Nachteile vermeiden. Die prophetische Begabung ist ihnen keine Gelegenheit, sich selbst in Szene zu setzen, sondern im Gegenteil ein Schicksal, das mit Leiden und Verzweiflung verbunden ist. Sie sind die elenden Sprachrohre Gottes.

Was der Prophet spricht, ist direktes Gotteswort (8.12.22. 27.33.38). Dies sagt er stets als eine öffentliche Figur und durch öffentliches Auftreten (7.39.41). Im Unterschied zum Tempelsänger, der im Tempel seinen Arbeitsplatz hat, oder zum Richter, der im Tor zu Gericht sitzt, oder zum Weisheitslehrer, der in der Schule unterrichtet, hat der Prophet keinen fixen Ort. Er ist in den Gassen und auf den Plätzen zu finden, im Tempel oder im Palast. Er wechselt den Ort je nach Aussage, die er machen will, oder nach Adressaten, die ihn hören sollen.

Er verwendet wechselnde Textsorten und schlüpft in wechselnde Bühnenrollen. Den Zahlenspruch übernimmt er aus dem Formenschatz der Weisheit (Am 1,3), ebenso die rhetorische Frage (Am 3,3–6.8) und den ethischen Mahnspruch (Am 5,14–15): Mit ihnen redet er in der Gebärde eines Weisheitslehrers. Das Gerichtswort gehört in die Formenwelt der Rechtsprechung (Am 2,1b–3): Der Prophet redet wie ein Richter. Der Hymnus ist im Gottesdienst zu Hause (Am 4,13): Der Prophet mimt einen Tempelsänger. Das Wehe-Wort ist dem Formenreichtum der Bestattungsriten entnommen (Am 6,1.3–4): Wie ein Klageweib heult auch der Prophet. Um Gottes Wort öffentlich zu sagen, bedient sich der Prophet bekannter Formen, lässt sie aber an ungewohnten Orten hören.

Er inszeniert Gottes Wort mit dem Mittel der Verfremdung. Dazu kann wie bald darauf bei Jesaja (Jes 20) oder Jeremia (Jer 13,1–7) sogar das Spielen einer Szene gehören, die dann ausgelegt wird. Der Prophet führt gewissermassen ein Strassentheater auf, um das Gotteswort den Verantwortlichen seiner Zeit wahrnehmbar zu machen und zu Gehör zu bringen. Der Prophet wird damit absichtsvoll zum öffentlichen Ärgernis.

Die Stunde des Propheten

Wenn der Kompromiss der Politik die Wahrheit des Glaubens überlagert, verdunkelt oder verdrängt, tritt der Prophet auf. Wenn *theological correctness* von *political correctness* verdrängt wird, erhebt sich die prophetische Stimme. Wenn das Kalkül der Menschen ohne Beachtung Gottes abläuft, ergreift der Prophet das Wort. Aber er hat selten Erfolg damit.

Die Verzweiflung des Jeremia, seinem Volk ständig ungemütliche Wahrheiten sagen zu müssen und dabei zur lächerlichen Figur zu werden (Jer 20,7–10), korrespondiert mit dem notorischen Misserfolg der prophetischen Mission und der latenten Selbstgefährdung des Propheten. Noch die späte Satire des Jonabuchs, wonach sich auf eine einzige unbegründete Drohung des Propheten hin (Jon 3,4b) die ganze Weltstadt Ninive mit dem Königshaus Assurs und den gesamten Viehbeständen des Grossreichs bekehrt haben soll, lebt ja davon, dass nicht einmal ein Bruchteil davon je der Fall gewesen war. Die Propheten waren ebenso unermüdlich wie erfolglos.

Auch die späte Klage Jesu über Jerusalem setzt dies voraus: *Jerusalem, Jerusalem, die du tötest die Propheten und steinigst, die zu dir gesandt sind! Wie oft habe ich deine Kinder sammeln wollen wie eine Henne ihre Küken unter ihre Flügel, und ihr habt nicht gewollt.* (Lk 13,34). Im Oratorium *Paulus* erklingt sie als Sopranarie vor der Steinigung des Stephanus (Apg 7,56–59) und drückt zugleich die Trauer des Juden Mendelssohn aus, dass sein Volk die Stunde des Propheten Jesus nicht erkennen kann.

Die Epoche der Prophetie

Vom Propheten Amos als einer historischen Person wird wenig mitgeteilt. Er war zwar im Südreich beheimatet, trat aber nur im Nordreich auf. In Bet-El ist er auszumachen (Am 7,10), vermutlich war er auch in Samaria (Am 3,9). Von Beruf war er Hirte und Dattelzüchter, jedenfalls lebte er nicht von Einkünften aus der Prophetie. Das Buch Amos spiegelt vermutlich nur sein Auftreten während weniger Monate. Sie dürften um das Jahr 760 gelegen haben. Diese Zeit war politisch ungewöhnlich ruhig. Der zweite Jerobeam aus der Dynastie Jehu war an der Macht (784–753 im Amt). Syrien war keine Gefahr mehr, Assur noch keine. Ein gewisser Wohlstand scheint sich eingestellt zu haben. Unmittelbare Gefährdungen Israels waren nicht auszumachen. Man wähnte sich im Frieden und wiegte sich in Zufriedenheit. Amos störte sie erheblich.

Er und Hosea, die im Nordreich wirkten, sowie Jesaja und Micha, die im Südreich lebten, bekämpften die Politik des falschen Kompromisses in der Niedergangsphase des Nordreichs Israel und vor dem rätselhaften Prophetenschweigen (700–650). Nahum, Habakuk, Zefanja und Obadja, die vier Kleinen, sowie Jeremia, der eine Grosse, bekämpften sie nach dem Prophetenschweigen und in der Endphase des Südreichs Juda. Mit dem Exil (587–520), das Ezechiel und Deuterojesaja, die beiden Grossen, miterlebten und aus dem Haggai und Sacharja, die beiden Kleinen, hervorgingen, endete die historische Zeit der Prophetie. Die Epoche der Propheten überspannte somit ziemlich genau vier Jahrhunderte (etwa 920–520). Dann begann eine gänzlich andere Zeit.

Maleachi und Jona heissen zwar zwei prophetische Bücher, aber keine historischen Propheten. Sie sind nachprophetisch. Wie die vielen eingearbeiteten Nachträge bei Jesaja, Jeremia und Ezechiel, den drei *Grossen Propheten*, atmen auch Jona und Maleachi, die letzten der zwölf *Kleinen Propheten*, aber echten prophetischen Geist. Es handelt sich um selbständige Nachträge und Fortschreibungen zum Kanon der Prophetie. Die historische Epoche der Prophetie war zwar vorüber, nicht aber das prophetische Denken. Im Gegenteil, solches Denken ist nicht nur jederzeit möglich, sondern auch jeder Zeit aufgegeben. Jesus dachte und handelte prophetisch. Paulus rechnete mit der Gabe der Prophetie. Und die reformatorische Rückbesinnung auf die Bibel führte bei den Reformierten zum Begriff des *Prophetischen Amtes*, das vom Christus auf seine Christinnen und Christen übergegangen ist (Calvin). Seither ist das *allgemeine prophetische Wächteramt aller Gläubigen* ein wesentlicher Zug reformierter Identität.

_ AUSGELEGT

Auftritte

In drei Rollen ist der Prophet zu hören, auf drei verschiedenen Bühnen inszeniert er Gottes Wort: Wie ein Priester im Vorhof des Tempels seine Weisung erteilt, die priesterliche Tora (Ps 100,2.4), so ruft auch Amos die Bevölkerung des Nordreichs Israel auf, im Staatsheiligtum Bet-El (1Kön 12,28-30) und im Landnahmeheiligtum Gilgal (Jos 4,14-24) die religiösen Rituale des Opferns auszuführen (1-8). Wären nicht die beiden Aufforderungen zum Frevel vorangestellt (1-2), käme niemand auf die Idee, diesen Text besonders wahrzunehmen und schriftlich zu überliefern. So aber entpuppt sich die übliche Priesterweisung als eine prophetische Parodie, und der Schlussatz erhält einen zynischen Ton (7)

Wie ein Staatsanwalt im Tor der Stadt die Anklagepunkte verliest, das Sündenregister des Angeklagten, so hält der Prophet dem Nordreich fünffach vor, wie unbeirrbar falsch seine Wege seien (9-38) und wie es sich nun vor dem Richter für seine Halsstarrigkeit zu verantworten habe (39-41) Wie ein Mann steht das ganze Volk angeklagt im Tor, und der Prophet in der Robe des Anklägers liest ihm die Leviten und stellt es vor Gott.

Wie ein Tempelsänger im Tempel den Hymnus anstimmt und damit vor Gott tritt, stellvertretend für die Gemeinde, die ihn hört und die vielleicht auch in ihn einstimmt, so preist auch der Prophet die schöpferische und herrschaftliche Allmacht Gottes, dessen Namen JHWH er anruft (42-47). Seine Rolle als Tempelsänger macht Israel zur Gemeinde vor Gott.

Amos als Priester im Vorhof, als Ankläger im Tor, als Tempelsänger im Heiligtum, drei Rollen, die irgendwo im öffentlichen Raum auf drei improvisierten Stegreifbühnen inszeniert werden konnten. Die Angesprochenen erkannten die Anspielung sofort, denn Gestik und Mimik, Sprache und Ton waren ihnen vertraut. Umso einprägsamer

wird der Überraschungseffekt gewesen sein, der sich aus der Verfremdung ergab: Hier sprach kein Mensch wie sonst im Vorhof, Tor oder Tempel, sondern Gott selbst redete durch das Strassentheater seines Propheten.

Wachstum

Die Forschung betrachtet den dreiteiligen Text als gewachsen und zusammengesetzt. Wachstum von Texten bedeutet Reichtum von Verwendung und Auslegung. Gewachsene Texte haben gelebt, und wenn sie als solche erkannt und gedeutet werden, leben sie weiter. Nur versteinerte Texte sind tot, egal wie alt oder jung sie sind. Zuerst war wohl die Prophetie des historischen Amos (1-8): ein kurzer, knapper Text mit historischer Verortung, hier kursiv gesetzt.

Ihm folgte im Sinn des Amos eine prophetische Fortschreibung (9-41): zwar mit der bei ihm beliebten Fünferreihe wie bei den Völkersprüchen (Am 1,3-8.13-15; 2,1-3.6-16) und Berufungsvisionen (Am 7,1-8; 8,1-2; 9,1-4), sprachlich aber breiter und länger, mit Parallelen in jüngeren Texten ausserhalb des Amosbuches.

Noch mal jünger, vermutlich erst exilisch wie so viele Schöpfungstexte, ist der Hymnus (42-47): Zusammen mit zwei weiteren Strophen (Am 5,8-9; 9,5-6) mag er ursprünglich eine Einheit gebildet haben, die eine bereits nachprophetische Hand zergliedert hat, um mit drei Strophen dem inzwischen erweiterten und fortgeschriebenen Amosbuch eine Struktur zu geben.

Ein Feld der Verzweiflung

Innerhalb der zusammengesetzten Einheit (1-47) hat der Mittelteil (9-41), die erste Fortschreibung des alten Amosworts (1-8), eine Dominanz. Er lässt Gottes Verzweiflung hören. Sein Volk sieht in eine andere Richtung, hat sich abgewendet von ihm, ist an einem anderen Ort als er. Fünfmal hat er versucht, eine Wende herbeizuführen, doch nie ist es zur Umkehr gekommen, nie zur *metanoia*, nie zum *turnaround*. Der fünfmalige Refrain bilanziert unerbittlich und kompromisslos die Serie des göttlichen Misserfolgs (11-12.21-22.26-27.32-33.37-38). Nicht Hunger (9-10) und nicht Dürre (13-20) konnten das Volk in die Kehre bringen, nicht der Ausfall der Ernte durch Insektenfrass (23-25) noch der Tod des Nachwuchses durch den Krieg (28-31), nicht einmal der erdbebenbedingte *Holokaust* der sprichwörtlich gewordenen Städte Sodom und Gomorra hat nachhaltigen Eindruck hinterlassen (34-36). Israel ist unempfindlich.

Die deutliche Steigerung vom Ausbleiben der Nahrungsmittel (9-22), die man unmittelbar braucht, über das Wegbrechen des Nachwuchses (23-33), mit dem man mittelfristig rechnet, bis hin zur Totalvernichtung (34-38), die mythenhaft die ganze Zeit beendet, diese zeitliche Klimax gipfelt in einem hohlen und leeren Darum (39-41). Ein entsetzlicher Zenith der Verzweiflung. Nicht nur für die Menschen, die das alles erleiden.

_ VEREHRT

Erinnerungen

Dreimal erinnern die Texte an das Gottesbild des Retters und damit an Glückserfahrungen im Exodus, dem Auszug aus Ägypten: Die prophetische Parodie des Amos erwähnt den Ort Gilgal (2), wo Josua zwölf Steine aufstellte, zum Gedenken an den späteren Durchzug durch den Jordan, der dem früheren durchs Schilfmeer glich (Jos 4,20–23). – Die lange Fortschreibung erwähnt eine der sieben Plagen (28), die Ägypten trafen, bevor die Israeliten ausziehen konnten (Ex 9,3–7). – Und die Fünferreihe insgesamt liest sich wie eine Plagenreihe, die einerseits an «die ägyptischen Plagen» denken lässt, auf die man inzwischen seit Jahrhunderten zurückblickt (Ex 7–12), andererseits aber auch an die Fluchreihe, die das gerade entstandene «Heiligkeitsgesetz» für den Fall androht, dass die göttlichen Weisungen missachtet werden (Lev 26,14–39).

Dreimal kommt der Exodus in den Blick und mit ihm das Bild eines Gottes, der die Seinen selbst noch aus der aussichtslosesten Situation rettet, indem er ihre Feinde plagt oder tötet. Der Retter stand auf der Seite seines Volkes. Diese glückliche Erfahrung wurde grundlegend für das nachmalige Israel und seine Identität.

Wendungen

Erstmals in der Geschichte des Glaubens wendet sich Gott nun aber so gegen sein Volk, wie er es sonst nur gegen die Feinde seines Volkes tat. In der langen Fortschreibung ist Gott der Aktive. Die sein Tun erleiden, sind nun aber die Israeliten und nicht die «Ägypter», die zu der Zeit in Gestalt der Assyrer und Babylonier Israel plagten. Gott plagt und tötet die Eigenen. Er wird für sein eigenes Volk zum Zerstörer. Er macht das verheissene Land zum Geisterland. Sogar die Zahl drei, sonst Symbol der geistlichen Vollkommenheit, wendet sich nun gegen das Gottesvolk (14.19).

Religionsgeschichtlich und religionspsychologisch passiert hier Ausserordentliches. Der *Immanuel* (Jes 7,14–16), den man als einen *Mit-uns-Gott* auch erfahren hatte; der Hirte, Stürmer, Retter und Eroberer, den der Gläubige sicher auf seiner Seite wusste (vgl. Einheiten 4–7); der Nationalgott JHWH, den man auf dem Zion am sicheren Ort wähnte und als eigene Lebensversicherung pflegte (Jer 7,4); jener bislang so glücklich erlebte Gott, wird seinen Gläubigen nun zum Unglück. Die bisherigen Gottesbilder allein können nicht mehr erfassen, was sie nun erleben. Gott geht, um es religiös zu sagen, über sich hinaus. Er entzieht sich, um es theologisch auszudrücken, seinen Gottesbildern. Warum?

Die Gewöhnung an das Glück, einen solchen Gott auf seiner Seite zu haben, hat aus ihm einen gefälligen Gott werden lassen, aus der einst erlebten Wahrheit eine rituell wiederholte Chiffre. Das Abbildende im Gottesbild ist dominant geworden über das Abgebildete im Gottesbild. Das *signifiant* (das Bezeichnende) hat das *signifié* (das Bezeichnete) aufgezehrt, wie die Linguisten es beschreiben würden. Das ist der Schatten jedes noch so guten Bildes. Gott aber hat sich seiner Domestizierung durch das Gottesbild entzogen. Er ist aus dem Götzen ausgewandert wie einst sein Volk aus der Sklaverei in Ägypten. Der ist nicht der souveräne Gott, den man im Tempel «einen guten Mann sein lassen» kann, während man ausserhalb der religiösen Rituale denkt und handelt, wie man will (vgl. Einheiten 8–9). Der ist nicht Gott, den man auf sicher hat. Gott ist kein Haben.

Folgen

Ausserordentlich ist aber zweierlei: Gott wendet sich nicht ab, um fortzugehen zu einem anderen Volk, zu einem, das weniger halsstarrig und unbussfertig ist, sondern er wendet sich ab, um anders als bisher auf sein Volk zuzugehen. Und der Glaube wendet sich nicht ab, um sich einen anderen Gott zu suchen, einen, der pflegeleichter und berechenbarer ist, sondern um aus der Veränderung heraus selbst anders zu werden. Der Glaube Israels hält es aus, dass Gott ein anderer wird, und dabei wird der Glaube selbst auch anders, ohne dass etwas vom Gewesenen dabei verloren ginge (Ps 77). Nicht Substituierung passiert hier, der Ersatz eines Alten durch ein Neues, sondern Anverwandlung, die Hineinnahme des Alten in ein ganz anderes Neues.

Der Glaube wird dialektisch. Er vertraut nun darauf, dass Gott auch dann noch für den Gläubigen ist, wenn alles so aussieht, als sei er gegen ihn. Gott, der Zerstörer Israels, wurde im prophetischen Denken selbst dann noch als Immanuel erfahren, als alle erlebbaren und wirklich nichts als unglücklichen Fakten dagegen sprachen. Der Glaube hielt an der Einheit Gottes fest. Gott wurde anders, aber kein anderer. Das Gottesbild wurde dialektisch. Gottes Verzweiflung wurde denkbar, Gottes liebende Abwendung vom geliebten Volk.

Am Volk ist es daher, vor diesen an ihm verzweifelnden Gott zu treten. Das ist der Höhepunkt der prophetischen Anklageschrift (39–41): Vor Gott wird dessen Wahrheit erkannt, und die ist nie identisch mit den Bildern von Gott. Vor Gott wird aber auch die Wahrheit des Menschen sichtbar, und auch die ist nie identisch mit seiner Selbsteinschätzung. Gotteserkenntnis und Selbsterkenntnis ereignen sich zur selben Zeit: kompromisslos vor Gott. Das ist prophetisches Denken.

Andere Gottesbilder
im Text
_ Der Schöpfer
   (13–18.43):
   vgl. Einheit 13
_ Der Donnerer
   (23–25.28–30.34–
   35.46):
   vgl. Einheit 6
_ Das Wort (44):
   vgl. Einheit 21
_ Der Götterkönig (45):
   vgl. Einheit 1

Andere Gottesbilder
im Umfeld
_ Der Weltenrichter:
   Gen 6–9; 11,1–9; Mk 13:
   Offb 18–20
_ Die Plage:
   Ex 7–11; Hi 3; 19,6–12;
   Jer 20,7–18

_ NACHGEFRAGT

Vom Text her

_ Was fasziniert oder ärgert Sie am Auftreten von biblischen Propheten? Was sagen Ihnen die prophetischen Sprachspiele? Wie ginge es Ihnen, wenn Sie Amos, Jesaja oder Jeremia beim Strassentheater begegnen würden?

_ Was am prophetischen Denken ist Ihnen persönlich besonders wichtig? Was davon teilen Ihre Freunde und Bekannten? Als wie prophetisch empfinden Sie Ihre Kirche?

_ Wen würden Sie im übertragenen Sinn eine Prophetin oder einen Propheten nennen? Auf welchen Feldern wären Sie selber gerne prophetischer? Wo braucht unsere Gesellschaft prophetische Persönlichkeiten?

_ Was halten Sie von *political correctness*? Sind Ihnen Fälle vorgekommen, wo Sie sich lieber *theological correctness* gewünscht hätten?

_ Was denken Sie vom Kompromiss? Welche Erfahrungen haben Sie mit Kompromissen? Und im Glauben?

Zum Gottesbild hin

_ Welche Ihnen liebgewordenen Züge hat Ihr Gottesbild? Wann treten die Ihnen besonders vor Augen? In welchen Momenten verdunkeln sie sich? Was geht dann in Ihnen vor?

_ Wieso ist Ihnen ein verzweifelnder Gott (nicht) vorstellbar?

_ Was tun Sie, wenn Ihnen der Gott Ihres Gottesbildes abhanden kommt? Wie gehen Sie um mit Gegensätzen im selben Wesen? Bei Menschen? Bei Gott?

_ Wem würden Sie gerne eine Veränderung des Gottesbildes wünschen? In welche Richtung? Warum (nicht) sich selbst auch?

_ GELESEN

_ Gunther Fleischer, Das Buch Amos: in: Ulrich Dahmen / Gunther Fleischer, Das Buch Joel / Das Buch Amos (NSK 23/2); Stuttgart 2001.

_ Konrad Schmid, Klassische und nachklassische Deutungen der alttestamentlichen Prophetie; in: ZNThG 3; Seiten 225–250; Berlin 1996.

_ Hans Walter Wolff, Amos' geistige Heimat; Neukirchen 1964.

_ Hans Walter Wolff, Dodekapropheton 2. Joel / Amos (BK 14/2); Neukirchen 1985.

GOTT FÜHLT SICH
HINTERGANGEN.
DER GLÄUBIGER

GOTT FÜHLT SICH
HINTERGANGEN.
DER GLÄUBIGER

1	Und ich selbst hatte gesagt:	19
2	Wie gern nehme ich dich auf unter die Kinder	
3	und gebe dir ein kostbares Land,	
4	den prächtigsten Erbbesitz der Nationen!	
5	Und ich sagte mir,	
6	dass du mich Vater nennen	
7	und dich nicht von mir abwenden würdest.	
8	Wahrlich,	20
9	wie eine Frau ihrem Freund die Treue bricht,	
10	so *habt ihr* mir die Treue gebrochen,	
11	Haus Israel!	
12	Spruch des Herrn.	
13	Horch! Auf kahlen Höhen hört man	21
14	das flehende Weinen der Israeliten,	
15	denn sie haben verkehrte Wege genommen,	
16	den Herrn, ihren Gott, haben sie vergessen.	
17	Kehrt zurück, abtrünnige Kinder,	22
18	ich werde eure Abtrünnigkeiten heilen. –	
19	Da sind wir, wir sind zu dir gekommen,	
20	denn du bist der Herr, unser Gott. –	
21	Wahrlich,	23
22	trügerisch kommt es von den Hügeln,	
23	der Lärm auf den Bergen.	
24	*Wahrlich,*	
25	*beim Herrn, unserem Gott,*	
26	*ist die Rettung Israels.*	
27	Und die Schande hat gefressen,	24
28	was unsere Vorfahren erarbeitet haben, seit unserer Jugend:	
29	*ihre Schafe und ihre Rinder,*	
30	*ihre Söhne und ihre Töchter.*	
31	In unsere Schande wollen wir uns betten,	25
32	und unsere Schmach soll uns bedecken.	
33	Denn gegen den Herrn, unseren Gott, haben wir gesündigt,	
34	*wir und unsere Vorfahren, seit unserer Jugend*	
35	*bis auf den heutigen Tag,*	
36	und auf die Stimme des Herrn, unseres Gottes, haben wir nicht gehört.	
37	Willst du zurückkehren, Israel,	1
38	Spruch des Herrn,	
39	komm zurück zu mir,	
40	und willst du mir deine Scheusale aus den Augen schaffen,	
41	so wirst du nicht heimatlos sein.	
42	Und schwörst du in Treue, in Recht und in Gerechtigkeit:	2
43	*So wahr der Herr lebt!,*	
44	*werden sich Nationen in ihm segnen*	
45	*und seiner sich rühmen.*	

JEREMIA 3,19–4,2

Frühere Geschichten

Bilderzeit. Wir waren alle aufgefordert, zwei Bilder mitzubringen, von einem eigenen Kind oder einem Patenkind, aus der Vorschulzeit, der Pubertät oder der Gegenwart. Nur vom selben Kind sollten sie sein. Und so gab es wieder mal Bilderzeit wie früher an langweiligen Sonntagen. Zu viert sassen wir an Tischen, hatten eine Tasse Kaffee vor uns und zeigten uns die mitgebrachten Photos. Zuerst nur die frühen Bilder, bat uns die Kursleiterin, und erzählen sollten wir uns, am besten die Geschichte, die jeweils zum Bild gehört. Vermutlich würden sie von Kinderfreude und Elternglück handeln, vielleicht auch nicht.

Bei mir am Tisch brachte einer die erste Geschichte, der selbst kinderlos ist, dafür völlig vernarrt war in sein *Göttimeitli*. Die Kleine sass auf einem Shetlandpony und hatte Augen voll heller Begeisterung und unheimlicher Angst. Es war ihr anzusehen, dass sie zum ersten Mal dort oben sass, die Wärme des Pferderückens spürte, den Schweiss des Tieres roch und die Blicke ihres Göttis auf sich spürte. Dessen Hand ragte gerade noch ins Bild, bereit, das Kind aufzufangen oder zu stützen, wenn dies nötig wäre.

Auch andere hatten eine Tiergeschichte dabei: vom kleinen Buben, der den Hühnern Körner hinwarf, aber davonrannte, als der Gockel kam. Oder von einem, der im Schuhkarton seinen Goldhamster beerdigte, mit Grabstein, den er beschriftete, wie er sich Buchstaben so vorstellte. Sogar ein Lied habe er gesungen am Grab seines *Hansli*. Oder von der Tochter auf dem Holzfloss, auf dem sie mit ihren Freundinnen *Huckleberry Finn* spielte, bis sie ins Wasser fiel und von einem aufgeregten Vater gerettet werden musste.

Geschichten über Geschichten. Sie fügten sich zwanglos wie Perlen auf eine Schnur. Nach geraumer Zeit kam die Kursleiterin und forderte uns auf, die eindrücklichste der Geschichten zu küren. Nachher würde aus jeder der fünf Gruppen eine im Plenum erzählt, während das dazugehörige Photo kreise. Und so kam es dann auch. Fünf Geschichten wurden lebhaft vorgetragen und herzlich verdankt. Keine war nur glücklich und harmlos. Jede hatte einen eigenen kleinen Abgrund, nicht offen und klaffend, aber klar zu spüren. Drei gemeinsame Kinderlieder beschlossen dieses erste Kapitel.

Stille Einsichten

Die zweite Runde war schwieriger. Zum Glück gab es stille Einzelarbeit, denn in der Gruppe hätte ich nicht einfach erzählen wollen, was aus meinem aufgeweckten Buben von damals inzwischen geworden war. Die Kursleiterin forderte uns auf, still das zweite Bild zu betrachten. Dabei könnte ich mich fragen, was so gekommen sei, wie ich es damals erhofft hatte, und was ganz

anders als je gedacht. Aber wir sollten uns nicht fixieren lassen: Es gebe ganz gewiss alle Varianten vom Positiven zum Negativen oder vom Negativen zum Positiven, vor allem gebe es jede Möglichkeit von Mischung. Aber um mich müsse es gehen, um meine Erinnerung und Deutung, meine Wahrnehmungen und Gefühle.

Ich ging vor die Tür des Gemeindezentrums, setzte mich auf eine Bank und blickte abwechselnd auf das Bild meines Vierzehnjährigen und die *Fleissigen Lieschen* der wohlgepflegten Anlage. Gewiss, er hatte sich entwickelt. Mit manchem kam er auf seinen Vater oder mich heraus, anderes war uns fremd geworden, mir noch mehr als seinem Vater. Seine Sprache, seine Art der Kleidung, viele seiner Freundinnen und Freunde blieben mir unnahbar und unverstehbar. Musste wohl so sein. In sein Zimmer ging ich schon lange nicht mehr, so befremdlich war mir der Anblick dieser Höhle. Sein Vater konnte es noch einigermassen mit ihm, aber auch er nicht immer. Dabei war er ein sehr guter Schüler. Was das betrifft, musste ich mich nicht sorgen.

Aus der Einzelarbeit kehrten wir mit sehr gemischten Mienen zurück. Alle hingen wir ambivalenten Gedanken nach. Eine schwierige Runde. Die Leiterin fing die eher schwermütige Stimmung auf, indem sie von sich erzählte. Sie habe sich, als ihre Kinder in der Pubertät waren, oft gefragt, welche Abfindung es wohl ergäbe, wenn man bewerten und zusammenrechnen wollte, was eine Mutter und ein Vater im Verlauf der Jahre in ein Kind investierten. Unvorstellbar und nur von denen nachzuempfinden, die den langen Weg der Jahre miterlebt hätten. Und wenn dann noch bei vielen Familien eine Trennung oder Scheidung dazukäme, dann würde der Saldo geradezu absurd. Zum Glück käme niemand von uns auf die Idee, so zu rechnen. Aber die Last könnte einem bewusst werden, wenn man den Gedanken mal dächte, und die Einsicht, dass es da nicht um Erfolg oder Versagen, Sünde oder Unschuld gehe. Eher würde einem wohl dämmern, dass man sich immer etwas schuldig bleibe, wie man sich auch verhalten habe: Immer blieben Eltern ihren Kindern bei allem Guten, das sie leisten, auch manches schuldig. Und immer blieben Kindern ihren Eltern für all das Wertvolle, das sie von ihnen erfahren hätten, manches schuldig. Das sei so und gehe auch nicht anders.

Spätere Geschichten

Diese kleine Zwischenüberlegung hatte beinahe etwas Meditatives. Sie beruhigte, denn manche von uns zeigten recht aufgewühlte Gesichter und hatten wohl auch Angst vor der Besserwisserei anderer. Und die kleine Nachdenklichkeit ermutigte, denn nun sollten fünf von uns, die das wollten, je eine Geschichte zum zweiten Bild erzählen, nur so viel davon, wie sie erzählen könnten. Wir anderen würden hören, selbstverständlich mit Sympathie und voll Vertrauen.

tip
Mittel:
Lesung des Textes auf CD V/11; im Reiseführer der Ausflug Kind

Buch:
Rainer Maria Rilke, Jeremia (Gedicht, Österreich 1907); Elie Wiesel, Jeremias oder die Pflicht, auf die Zukunft zu setzen; in: Von Gott gepackt. Prophetische Gestalten (Essay, USA 1981)

Pop:
Bettina Wegner, Schlaflied für Benjamin / Sind so kleine Hände / Schlaflied für Jakob (Chansons, Deutschland 1968–78); Gianmaria Testa, Plage du Prophète (Chanson, Italien 2001)

Ja, da kam dann die Realität, wie sie ist, in ihrer ganzen spannungsvollen Vielfalt: Die Geschichte vom liebenswerten Büblein kam, das sich zum Raufbold gemausert hat, oder vom hübschen Mägdelein, das inzwischen nabelfrei zu irgendwelchen Parties ins Weekend fährt. Die Ängste von Eltern wurden spürbar, die halbe Nächte wach bleiben, nachdem der letzte Bus schon längst gekommen ist, aber ohne Tochter oder Sohn.

Auch völlig andere Geschichten waren dabei, umgedrehte zwar, aber nicht minder ambivalente. Etwa die vom erfolgreichen und weitgereisten Jungmanager, der seinen Eltern eigentlich keine Sorgen bereitet, aber so gar nicht die ethischen Ideen seines Elternhauses teilt. Oder die von der engagierten Ökofrau, die Tag und Nacht für gute Kampagnen kämpft, aber mit dem Glauben ihrer Kindheit nichts mehr zu tun haben will. Apropos Kinder: Wer von denen, gerade wenn sie erfolgreich und glücklich sind, will denn noch welche? Die Leiterin spielte zum Schluss dieser Runde aus stillen Monologen stille Lieder ein, ich glaube von Bettina Wegner oder einer anderen stillen Liedermacherin.

Göttliche Elterngefühle

Wohl niemand von uns dachte daran, nun etwa eine Diskussion über Kindererziehung oder Entwicklungspsychologie zu entfesseln, die Leiterin schon gar nicht. Im Gegenteil, es wurde auch weiterhin nicht geredet. Die Bilder waren lebendig geworden. Die Geschichten sprachen für sich. Jeder sann seinen eigenen hinterher. Und die keine hatten, weil sie kinderlos waren, hielten respektvoll die Luft an bei so viel Persönlichkeit und Erfahrung, die da den Raum erfüllte.

Unsere Kursleiterin spielte Solosonaten ein. Das Cello klang sanft und voll, leicht melancholisch und doch sehr erwachsen, irgendwie versöhnt mit seiner eigenen Schwere. Nach einer Reihe von Takten las sie einen Abschnitt aus Hosea: *Als Israel jung war, habe ich es geliebt, und ich rief meinen Sohn aus Ägypten.* Die Musik kam wieder für ein paar Takte. *Sooft man sie rief, haben sie sich abgewandt von ihnen; den Baalen bringen sie Schlachtopfer dar und den Götterbildern Rauchopfer! Dabei war ich es, der Efraim das Gehen beigebracht hat – er hob sie auf seine Arme –, sie aber haben nicht erkannt, dass ich sie geheilt habe. Mit menschlichen Seilen habe ich sie gezogen, mit Stricken der Liebe.* Sonore Celloklänge lösten die langsam gelesenen Zeilen ab. Vor mir tauchten Bilder auf. Mein kleiner Sohn, der seine ersten Schritte macht, seine winzige Kinderhand, die sich fest an meinen Daumen klammert. *Und ich war für sie wie jene, die das Kleinkind an ihre Wangen heben, und ich neigte mich ihm zu und gab ihm zu essen.* Plötzlich verdüsterte sich meine Stimmung. *Es muss nicht zurück ins Land Ägypten! Aber Assur wird sein König sein, denn sie haben sich geweigert, umzukehren.* Da zerstob meine Erinnerung mit einigen gewaltigen Sprüngen, die

das Cello machte, bevor es wieder ruhiger wurde und schliesslich langsam verklang.

Nachdem das Instrument verklungen war, sagte die Kursleiterin in die Stille hinein den letzten Satz des Zwölfprophetenbuches, eine Verheissung aus dem nachprophetischen Buch Maleachi: *Seht, ich sende euch Elia, den Propheten, bevor der Tag des Herrn kommt, der grosse und furchtbare. Und er wird das Herz der Vorfahren wieder zu den Nachkommen bringen und das Herz der Nachkommen zu den Vorfahren, damit ich nicht komme und das Land schlage mit der Weihe der Vernichtung.* Für Mütter und Töchter gelte das ebenso, aber auch übers Kreuz.

_ VERORTET

Jeremias Geburt

Mit dem zweiten der drei Grossen Propheten kam nicht nur das Ende des Südreichs Juda in den Blick, sondern gleichzeitig das Ende jeder Form von israelitischer Staatlichkeit. Das Projekt Königtum, *wie es bei allen Völkern ist* (1Sam 8,5), wird nun endgültig scheitern. Jeremia wird der letzte prominente Judäer sein, der eine Eigenständigkeit Israels noch miterlebt. Dabei ist sein Leben häufig so eng mit den zeitgeschichtlichen Ereignissen verbunden, dass sich beide gut gemeinsam berichten lassen. Jeremias Biographie dient hier als roter Faden durch geschichtlich verwirrliche Zeiten.

Als Jeremia um 650 im Dorf Anatot nordöstlich vor den Toren Jerusalems geboren wurde, lagen der Fall Samarias und damit das Ende des Nordreichs lange zurück (722). Das ehemalige Israel war längst eine assyrische Provinz geworden. Auch eine erste Belagerung Jerusalems hatte schon stattgefunden (701), nachdem der judäische König Hiskija anlässlich eines Thronwechsels in Assur die Tributzahlungen eingestellt und im Tempel die assyrischen Kultgegenstände entfernt hatte. Damals war der junge Assyrerkönig Sanherib (705–681 im Amt) zwar herangerückt und hatte die Festung Lachisch belagert (zwischen Gaza und Jerusalem). Sogar eine erste Massendeportation hatte er durchgeführt und das Umland von Jerusalem an benachbarte Philisterfürsten verteilt. König Hiskija hatte er in Jerusalem belagert (2Kön 18,13–19,37), doch Stadt und Land kamen nach einem gehörigen Tribut Hiskijas noch einmal davon.

König Manasse von Juda, der zur Zeit von Jeremias Geburt immer noch regierte (696–641 im Amt), konnte durch assurfreundliches Verhalten die Ruhe wahren und das verlorene Umland wiedergewinnen. Das bedeutete einschneidende Kompromisse. Judäischer Tribut ging nach Assur, und assyrischer Astralkult kam nach Jerusalem (2Kön 23,5).

Der Fall Hiskija hatte vorgeprägt, was Jeremia dann selbst erleben sollte, nachdem Manasse derart kompromissbereit war, das bekannte Stück aus drei Akten: Erst die religiöse Kultreform nach innen und die politische Emanzipation nach aussen, was natürlich die Kündigung der Vasallität bedeuten und die erzürnte Grossmacht auf den Plan rufen würde. Dann die Belagerung und Deportation durch die Grossmacht, eine Strafaktion, die schon deshalb sicher war, weil die Grossmacht ihr Gesicht wahren musste. Schliesslich die erneute Vasallität und erneute Kompromisse, seit Jahrhunderten dasselbe System des Kalkulierens und Taktierens, das die Propheten stets als kurzsichtig gegeisselt hatten (vgl. Einheit 10).

Jeremias Berufung

Als Jeremia um 626 seine Berufung erlebte, war in Juda König Joschija an der Macht (640–609 im Amt). Unterdessen zerfiel in Assur das Neuassyrische Reich. Zwar war dem Vorgänger König Assurbanipals (669–631 im Amt) sogar noch die Eroberung Ägyptens gelungen (671), und die Siegesstele (heute in Berlin) zeigt eindrücklich, wie er den Pharao und gleich noch den König von Tyrus am Strick abführt, doch hatte sich Assur damit übernommen. Ägypten holte sich seine Unabhängigkeit rasch zurück (663), und Assurbanipal widmete sich fortan dem Aufbau seiner immensen Keilschriftbibliothek in Ninive (vgl. Einheit 1). Zeitgleich mit dem Zerfall der assyrischen Macht drangen neue Völkerschaften in Mesopotamien ein, aus dem gebirgigen Norden die Meder und aus dem sumpfigen Süden die Chaldäer. Im Jahr nach Jeremias Berufung wurde ein solcher Chaldäer, Nabopolassar (625–605 im Amt), zum Begründer des Neubabylonischen Reiches und wenig später zum Vater des bedeutendsten Herrschers von Babylon: Nebukadnezzars (605–562 im Amt).

In diese Zeit fällt vermutlich Jeremias erste Wirkungszeit (626–622). Worte, die er in diesen Jahren ausgerichtet hat, werden von den Redaktoren hauptsächlich zu Beginn des heutigen Buches zusammengestellt (Jer 1–6). Dort prangert der Prophet auch die religionspolitischen Kompromisse an (Jer 2): Die fremden Götter sind JHWH ein Greuel.

Jeremias Schweigen

Im Jahr 622, bei einer der üblichen Abrechnungen über Unterhaltsarbeiten am Tempel, liess der oberste Tempelpriester dem König ein Buch überbringen, das man zufällig gefunden hatte (2Kön 22–23). Aus den Massnahmen, die Joschija sogleich ergriff, schliesst die Forschung, es müsse sich beim Zufallsfund um das *Urdeuteronomium* gehandelt haben (in Dtn 12–25): Er ging zur Prophetin Hulda, berief seine Notablen ein, liess die gefundene Rolle öffentlich verlesen und schloss in der Versammlung mit JHWH einen Bund. In der Rolle sind ältere Traditionen des untergegangenen Nordreichs erhalten. Irgendwann nach dem Fall Samarias (722) muss sie geschrieben und dann in die Sicherheit des Jerusalemer Tempels verbracht worden sein. Die drei deuteronomischen Grundforderungen der Verehrung JHWHs an einem einzigen Ort, der Hingabe an einen einzigen Gott und der Einheit des Volkes seit Anbeginn, kurz: die Formel *ein Volk, ein Gott, ein Tempel* wurde für Joschija zum Programm. Es hatte zwei Seiten. Nach innen war es eine religiöse Reform: Joschija räumte alle assyrischen Kultgegenstände aus dem Tempel, schleifte die Häuser der Kultprostitution, beendete die Tätigkeit fremder Priester, verbrannte das Kultbild der Ashera in Bet-El (vgl. Einheit 3) und tötete die Priesterschaft der Höhenheiligtümer. Nach aussen war es eine politische Emanzipation: Joschija verweigerte dem schwächer werdenden Assur die Tributzahlungen.

Von Jeremia aber ist nun vierzehn Jahre lang nichts zu vernehmen, sei es, weil Joschijas Kultreform die von ihm gegeisselten Missstände behoben hat, sei es, weil der Prophet aus einem priesterlichen Geschlecht stammt, dessen Reputation durch Joschija wieder steigt. Niemand weiss den Grund des Schweigens. Dass er seine Berufung aber nicht aufgibt, ist an der beibehaltenen Ehelosigkeit, seinem prophetischen Zeichen, zu erkennen (Jer 16,1–4).

Jeremias Hauptzeit

In den drei Jahren zwischen dem Fall Ninives (612) und dem Tod Joschijas (609) wurde die Macht unter den Grossen neu verteilt und die Schicksale der Kleinen besiegelt. Mit dem Untergang der assyrischen Hauptstadt und Kulturmetropole hatte der Babylonier Nabopolassar den Zenit seiner Macht erreicht. Bei Megiddo, wo er im Kampf gegen den ägyptischen Pharao fiel, hatte der Judäer Joschija als letzter starker König Palästinas geendet. Ägypten kassierte Palästina. Assur verschwand von der Bühne. Babylon beherrschte die bekannte Welt. Der Pharao nahm den König Judas mit, setzte einen Vasallen ein und legte einen hohen Tribut fest. Schon vier Jahre später besiegte Nebukadnezzar die Ägypter, übernahm am 7. September 605 das Zepter (im Amt 605–562) und behielt Syrien und Palästina hinfort durch jährliche Kontrollreisen fest im Griff (2Kön 24,7). Beim Versuch, auch Ägyptens Kernland zu erobern, zog er sich allerdings eine nachhaltige Schlappe zu, die den Vasallenkönig Judas zur Einstellung des Tributs verleitete. Nebukadnezzars Strafexpedition führte am 16. März 597 zur Einnahme Jerusalems und zur ersten Deportation nach Babylon.

Was Jeremia während der Regierungszeit Jojakims, des Vasallenkönigs (609–598 im Amt), verkündigt hat, findet sich in einer Vielzahl von Kapiteln, heute aber an verschiedenen Orten aufgeschrieben (Jer 7–20; 26; 35–36), wohl von der Hand Baruchs, seines Schreibers und Weggefährten. Jojakim erscheint darin als rücksichtslos, luxusbetont und arrogant. Bei der Verlesung der jeremianischen Botschaft im Palast (604) soll er die Rolle in Streifen zerschnitten und die Streifen verbrannt haben (Jer 36,20–26). Baruch habe alles noch einmal aufschreiben müssen.

Jeremias Spätzeit

Die erste Deportation von 597 war zwar einschneidend, aber noch nicht zerstörend. In der babylonischen Königschronik klingt dies so (mit Erläuterung): *Im 7. Jahr* (von Nebukadnezzars Königtum), *im Monat Kislew* (der am 12.12.598 begann), *bot der König von Akkad seine Truppen auf und zog nach Hattu* (Syrien-Palästina). *Die Stadt von Juda* (Jerusalem) *griff er an. Am 2. Adar* (16.3.597) *eroberte er die Stadt. Den König* (Jojachin) *nahm er gefangen. Einen König nach seinem Herzen* (Zidkija) *setzte er über sie. Schweren Tribut nahm er mit und brachte ihn nach Babel.* Mit dem König wurden der Tempelschatz und der Staatsschatz verschleppt, dazu die Beamtenschaft des Königs und die Notablen des Landes, ferner Soldaten, Schmiede und weitere Spezialisten, insgesamt die sprichwörtlich gewordenen *oberen Zehntausend* (2Kön 24,14). Unter ihnen war auch der Priester Ezechiel, später der dritte der *Grossen Propheten*. Von Nebukadnezzars Gnaden erhielt Mattanja, wie schon Jojakim ein Sohn des Joschija, die Königswürde und den Königsnamen: Zidkija (im Amt 597–587). Auch er wiederholte das alte Übel: Er setzte auf Ägypten, kündigte Babylon und verlor alles. Bei der zweiten Deportation von 587 wurden seine Söhne hingerichtet. Er selbst wurde geblendet und mit dem verbliebenen Rest der Familie verschleppt. Palast und Tempel wurden zerstört, die Stadt verbrannt, die Mauer geschleift. Die Stadt und das Haus Davids waren damit vollständig und nachhaltig aufgerieben.

Die dritte Phase des jeremianischen Redens unter Zidkija gilt der Kritik der Führenden und ihrer falschen Propheten (Jer 21–24; 27–29; 32; 34; 37–39). Die kurze vierte Phase besteht dann aber vor allem aus Berichten über Jeremia, der sich zwangsweise in Ägypten aufgehalten hat und dort wohl auch gestorben ist (Jer 40–44). Das Babylonische Exil hatte begonnen.

_ EINGEREIHT

Phasen

Kulturelle Epochen werden häufig erfasst, indem man von ihren überzeugendsten Ausprägungen ausgeht und sie *klassisch* nennt. Im Verhältnis dazu kommt es dann häufig zur Dreiteilung in eine vorklassische Frühzeit, eine klassische Hauptzeit und eine nachklassische Spätzeit. Wer von der Mitte ausgeht, steht allerdings in Gefahr, das Vorhergehende oder Nachfolgende heimlich abzuwerten, etwa als unreif oder dekadent. Damit

würde die provisorische Konstruktion, aus praktischen Gründen von der überzeugendsten Ausprägung auszugehen, allerdings überdehnt und absurd. Auch die Epoche der Prophetie lässt sich auf diese provisorische Weise erfassen (vgl. Einheiten 9–10). Auch beim Phasenschema der klassischen Prophetie soll es aber um Beschreibungen gehen, nicht um Wertungen.

Ein vereinfachtes Schema, das die Einreihung ermöglicht, unterscheidet bei der Prophetie drei lange Zeiten: Die vorprophetische Frühzeit reicht bis zu den Anfängen des Königtums (vor 920) und teilt die Phänomene mit dem Alten Orient. Anonyme Propheten gibt es in Palästina wie anderswo. Die klassische Hauptzeit besteht aus vier Phasen, begleitet das reale Königtum bis zur Hoffnung auf ein ideales Davidreich (920–520) und ist von realen Einzelpersonen geprägt. Individuelle Prophetengestalten und unterscheidbare Schülerkreise, vor allem klare Sprachformen und Textsorten haben sich nur in Palästina entwickelt. Die nachprophetische Spätzeit begleitet die Jahrhunderte fortgesetzter Fremdherrschaften (ab 520) und verwandelt prophetische Aktivitäten in prophetische Denkweisen. Schriften und Persönlichkeiten, die im prophetischen Geist denken, haben nur die Bibel und ihr Umfeld hervorgebracht, Jesus und Paulus. Sie bringt sie auch nachbiblisch und bis heute hervor, sofern eine solche Persönlichkeit im prophetischen Geist der Bibel denkt und handelt.

Die klassische Hauptzeit, zu der Jeremia gehört, besteht aus vier Phasen und einer Pause: Die erste, die Phase mündlicher Überlieferung, währte von Ahija von Schilo bis Micha ben Jimla (etwa 920–840) und brachte Köpfe wie Elija und Elischa hervor. Die zweite Phase, der Beginn der vorexilischen Schriftprophetie, währte von Amos bis Micha (etwa 760–700) und wurde auch von Hosea und Jesaja geprägt. Auf das Prophetenschweigen, eine Pause von rund fünfzig Jahren (700–650), folgte eine reiche Blütezeit der Prophetie, die dritte Phase mit der spätvorexilischen Schriftprophetie von Nahum bis Jeremia (etwa 650–580), zu der auch Habakuk, Zefanja und Obadja, drei der Kleinen, zählen. Die vierte Phase umfasst dann die exilische Schriftprophetie von Ezechiel bis Sacharja und ist zeitlich identisch mit dem Exil (etwa 580–520), das sich insbesondere auch in den Schriften des Deuterojesaja und Haggais spiegelt.

Bearbeitungen

Diese vier Phasen, die mit 60–80 Jahren jeweils etwa gleich lang waren, bilden die klassische Epoche der Prophetie (etwa 920–520). Die Spätzeit der nachprophetischen Schriften folgte auf das Exil und währte von Deuterosacharja bis Maleachi (etwa 520–200), eine wesentlich längere Zeit also als jede der vier klassischen Phasen. Kennzeichen dieser Spätzeit der Prophetie ist es u. A., dass die Schriften kaum noch unter persönlichen Eigennamen überliefert werden, sondern Titel tragen: Joel mag noch ein Personname sein. Maleachi aber heisst *Mein Bote* und ist ein Titel. Jona schliesslich bedeutet *Taube* und bezeichnet den Antihelden einer Novelle im prophetischen Geist.

Doch nicht erst in nachprophetischer Zeit verschwindet die prophetische Person hinter ihrer Schrift, schon lange vorher ist ein grosser Teil der prophetischen Schriften, die heute im Kanon vorliegen, nicht das Werk der im Titel genannten Person, sondern Ausdruck von deren Wirkung im jeweiligen Schülerkreis. Vermutlich setzte zur Zeit Jeremias, als das Ende der Eigenstaatlichkeit in Sicht kam, das Auslegen und Vergleichen, Kommentieren und Fortschreiben von Prophetenworten nachhaltig ein, jenes intensive und engagierte Weiterdenken im prophetischen Geist eben jener Person, an deren Texte man die Texte des Weiterdenkens gleich anhängte. Nicht nur machte das die Bücher der drei Grossen so gross, auch bei den Kleinen finden sich zum originalen Gedanken die abgeleiteten Sätze (vgl. Einheit 10).

Ein Missverständnis sollte sich bei dieser Erkenntnis der Forschung allerdings nicht einstellen: Abgeleitete Texte sind nicht minderwertig! Das ganze Buch Tritojesaja (Jes 56–66) ist eine Fortschreibung des vorexilischen Jesaja (Jes 1–39) und des exilischen Deuterojesaja (Jes 40–55). Kleinere Fortschreibungen begegnen an vielen Orten, so bei Amos (vgl. Einheit 10) und Jeremia (hier Zeilen 24–26.29–30.34–35.43.45). Abgeleitete Passagen, gleich wie umfangreich sie sind, haben keinen minderen Wert, nur weil sie abgeleitet sind. Im Gegenteil, sie beweisen die Bedeutung und Wirkung der Vorlage. Sie zeigen, wie Zeitgenossen und Nachgeborene mit den prophetischen Aussagen gelebt und über sie gedacht haben. Sie füllen vermutlich auch die Zeiten des prophetischen Schweigens zwischen den vier Phasen der klassischen Zeit auf.

Auswirkungen

Nahezu parallel mit dieser sehr produktiven Wirkungsgeschichte der Prophetentexte setzte während der dritten Phase der klassischen Prophetie noch eine andere Textproduktion ein, eine, die sich mit der Geschichte beschäftigte. Das war neu, und es muss eine geistige Revolution gewesen sein.

Nachdem die Propheten immer wieder auf einzelne Schlüsselmomente des Werdegangs Israels hingewiesen hatten, insbesondere auf den Exodus; nachdem sie diese Hinweise stets mit einer Beurteilung der eigenen Gegenwart verbunden hatten, meist im kritischen Sinn des Scheiterns; und nachdem sie schliesslich aus der Verlaufsform der gegenwärtigen Entwicklungen auf die zu erwartende Zukunft geschlossen hatten, regelmässig in Erwartung eines Untergangs: Nachdem sie also von ihrer Gegenwart aus ein vormaliges «Einst Gottes»

und ein nachmaliges «Dereinst Gottes» in den Blick genommen hatten, entstand so etwas wie Bewusstsein für Geschichte. Das war neu und geistesgeschichtlich einzigartig. Wer heute aufmerksam zur Schule gegangen ist, hat sich ein selbstverständliches Bewusstsein für geschichtliche Verläufe erworben. Er denkt automatisch historisch. Zur Zeit Jeremias war solches Denken sehr jung.

Was ist das Neue? Die Vorherrschaft des mythischen Zeitverständnisses wurde durch ein historisches Zeitverständnis überlagert und gebrochen. Der zeitliche Kreis des mythischen Jahreszyklus mit seiner Wiederkehr des Immergleichen behielt zwar seine Bedeutung im Bereich der religiösen Abläufe, auch im Kalender der natürlichen und ökonomischen Gezeiten, aber das Bewusstsein für die zeitliche Linie der einmaligen Geschichte, die aus der Vergangenheit durch die eigene Gegenwart in eine hochgerechnete Zukunft reicht, nahm die Köpfe in Beschlag.

Aufarbeitungen

Neuartige Literatur entstand, zusätzlich zur Fortschreibung der Prophetie nun auch eine Geschichtsliteratur. Nun wurden historische Höhepunkte, die Achsenzeiten und Schlüsselmomente des eigenen Bestandes, erst richtig sichtbar, und zwar in ihrer historischen Einmaligkeit und Unverwechselbarkeit, nicht als Mythos. Gleichzeitig wurden aber auch die Schlingerbewegungen der historischen Herleitung, die Kurven und Wiederholungen, Sackgassen und Abbrüche der Geschichte erkennbar, auch sie in ihrer jeweiligen Besonderheit. Zeit wurde unwiederbringlich. Nun war sie wirklich vergangen, was die Tatsachen angeht, wurde aber geistig umso wertvoller, was die Erinnerung betrifft (Dtn 26,5–10). Was die Propheten seit etwa dreihundert Jahren gedanklich angebahnt hatten, fand jetzt seinen historischen Durchbruch in den Ereignissen um die legendäre Auffindung des Urdeuteronomiums unter König Joschija (vgl. Einheit 12). Dieser Text wurde zusammen mit der Prophetie zur Messlatte für die Aufarbeitung der eigenen Geschichte.

Im Bereich der Geschichtsbücher entstanden nach und nach diejenigen Textbereiche, die nach einem langen und hochkomplexen Prozess der Archivierung und Lektorierung das *Deuteronomistische Geschichtswerk* ergaben, den literarischen Grosskomplex der Bücher vom Deuteronomium bis zum zweiten Buch der Könige (Dtn 1,1–2Kön 25,30). Dieses grandiose Geschichtswerk, das wohl weltweit zu den Anfängen der Historiographie überhaupt gehört, hat also zu Beginn schwerpunktmässig den Text des Urdeuteronomiums (in Dtn 12–25) und am Ende den Bericht von der Auffindung eben dieses Textes (2Kön 22). Es schlägt damit einen Kreis aus Ursache und Wirkung, der überhaupt erst durch Redaktion möglich wird.

Im anderen Bereich, dem der Schriftprophetie, beteiligten sich die Deuteronomisten, die am Deuteronomium geschulten Archivare, an der Fortschreibung, indem auch sie ihre Bewertungen eintrugen. In besonders grossem Ausmass ist dies im Jeremiabuch der Fall: Viele Prosapassagen, die sich schon in ihrer sprachlichen Haltung von der Lyrik des Originals abheben, sind den Deuteronomisten zu verdanken, kein Wunder, ereignete sich die Auffindung der Buchrolle (622) doch bald nach dem Beginn des Wirkens von Jeremia (625).

_ AUSGELEGT

Bauplan

Vermutlich liegen hier drei verschiedene Sprüche des Propheten vor, die erst bei der Verschriftung hintereinander aufgereiht wurden. Dies geschah aus zwei guten Gründen. Erstens, weil ein gemeinsames Bild sie verbindet: das der fürsorglichen und empfindsamen Eltern im Gegenüber zu herangewachsenen und weggegangenen Kindern. Zweitens, weil ein gemeinsames theologisches Stichwort sie verbindet: die hebräische Wortwurzel *shub*, die ebenso negativ in den Übersetzungen mit Abwendung (7), Abtrünnigsein (17) und Abfall (18) steckt wie positiv in denen mit Rückkehr (17.39) und Umkehr (37).

Dass Jeremia die drei Sprüche ursprünglich aber einzeln und vor unterschiedlichem Publikum gesagt hat, ergibt sich aus der verschiedenen Anrede trotz derselben Metapher und aus der verschiedenen Gattung trotz derselben Aussage. Jeremias Text ist hier normal gesetzt, während seine Bearbeitungen kursiv hervorgehoben sind.

Das erste Gedicht

Hier (1–12) ist das Kind eine einzelne Frau, die im Singular angeredet wird: Gott spricht selbst (12), und er spricht zum Haus Israel (11) wie zu einem weiblichen Individuum. Der Widerspruch von einst (1–7) und jetzt (8–12) erinnert an die Gattung des Leichenlieds, in dem der Kontrast von ehemaligem Glanz und gegenwärtigem Zerfall hervorgehoben wird. Die Propheten greifen die Gattung, die im wirklichen Trauerprozess bei Abdankungen ihren Ort hat (2Sam 1,17–27), gerne auf, um den Angesprochenen quasi als *lebende Leiche* verfremdend anzureden. Jeremia hebt den Kontrast durch Zwischenüberschriften hervor (8 nach 1.5). Verstärkt wird der Kontrast auch durch zwei Anspielungen: Gott wollte seine Tochter Israel behandeln, wie in der altorientalischen Königsideologie der Hochgott den König behandelt, nämlich ihn als Gottessohn adoptieren und als seinen Statthalter inthronisieren (2.6 wie Ps 2,6–8; 89,19–28). Und Gott wollte seiner Tochter ein Erbe geben, wie der Brauch es vorsieht für sohnlose Väter und

zur Sicherung der Grossfamilie (3–4 wie Ex 27,8–11b). Doch sie hat sich wider Erwarten (7) von ihm abgewendet (9–10).

Bei der Verschriftung des Textes und seiner Zusammenfügung mit dem folgenden hat der Redaktor aus einem *hast du* ein *habt ihr* gemacht (in 10), um den Übergang zu erleichtern, ein einfacher und häufiger Fall von Glättung zugunsten der Leserinnen und Leser.

Das zweite Gedicht

Hier (13–36) wird eine Menge im Plural als *Kinder* angeredet: Jeremia spricht (13–16) und zitiert (17–36) selbst. Für *Kinder* (14) und *Söhne* (17) steht dasselbe hebräische Wort, das ohne Ansehen des Sexus die gesamte Nachkommenschaft bezeichnet. Die Einleitung (13–16) deklariert das Ganze als eine Audition, im Unterschied zur Vision, dem *Gesicht*, quasi ein *Gehör*. Sein Hörerlebnis hat Jeremia auf einer Höhe (13), dort also, wo der Fruchtbarkeitskult des Baal betrieben wird, jenes prominenten Mitglieds im kanaanäischen Pantheon (vgl. Einheit 3), dessen Name Jeremia rhetorisch verbirgt (27): Um ihn nicht durch Nennung seines Namens unwillentlich herbeizurufen, gibt er ihm einen bösen Übernamen. Der Prophet gibt das Gehörte als einfachen Dialog wieder, zwischen Gott, der als Vater zur Umkehr ruft (17–18), und Israel, das als Kinderschar umkehrt (19–36).

Dreimal scheint der Redaktor im Sinne des Urdeuteronomiums den ihm vorliegenden Text erweitert zu haben. Dabei werden alle drei Teile der deuteronomischen Losung präsent: *ein Gott* anstelle der vielen Gottheiten in den Höhenheiligtümern (24–26 statt 21–23), *ein Tempel* statt verschiedener Opferstätten (19 statt 29–30), *ein Volk* seit Anbeginn in Rebellion gegen Gott (34–35 über 28 hinaus).

Das dritte Gedicht

Hier (37–45) ist das Kind ein einzelner Mann, der im Singular angeredet wird: Nun spricht wieder Gott (38), und er spricht das Haus Israel (37) als männliches Individuum an. Ohne das jetzt voranstehende Gedicht wäre der Text ein bedingter Umkehrruf. Mit ihm hört er sich wie ein bedingtes Heilswort an, denn das mittlere Gedicht bekennt ja bereits Umkehrwilligkeit. In beiden Fällen hat die Gattung, die der Prophet aufgreift, mit der juristischen Textsorte der Amnestie zu tun, die immer nur der legitime König verkünden darf. Die erste Bedingung vermeidet mit einem weiteren rhetorischen Trick die direkte Nennung der assyrischen Kultbilder, die zu beseitigen wären (40), während im Kontrast dazu die zweite Bedingung die gebräuchliche Schwurformel zitiert (42), in der JHWH direkt genannt wird. Das dritte Gedicht endet schliesslich mit einer Anspielung auf Abraham, den ersten Patriarchen der ersten Grossfamilie: Was ihm verheissen war, ist nun auch diesem Sohn verheissen, wenn er zum Vater zurückkehrt (44 wie Gen 12,3b; 18,18b).

Auch hier wird der Redaktor zwei Zeilen ergänzt haben, die nun das Wenn-Dann-Schema sprengen (37.39/40. 41/42.44). Er will die zweite Bedingung moralisch verschärfen (43), aber auch die Verheissung des Segens (45), die nun natürlich der ganzen Dreierreihe gilt.

_ VEREHRT

Jeremia und Hosea

Die mit guter Überlegung zusammengesetzte Einheit versammelt drei unterschiedlich entstandene und verwendete Texte aus Jeremias Frühzeit (626–622). Sie sind aber durch ein gemeinsames Stichwort (umkehren) und eine gemeinsame Metapher (Vater-Kinder) verbunden: Gott hat gegenüber seinen Menschen einen Einsatz geleistet, dessen Früchte sie ihm nun schuldig bleiben. Er ist ihr Gläubiger. Wie erwachsen gewordene Kinder sind sie ihm entlaufen und verhalten sich anders, als die väterlichen Erziehungsbemühungen erwarten liessen. Sie sind ihm die Ernte schuldig geblieben.

Solche Gedanken hatte hundert Jahre zuvor Hosea formuliert: Gott hat Israel aus Ägypten adoptiert und geliebt wie ein Vater seinen Sohn (1–7 wie Hos 11,1), doch das Volk lief zu den Altären des kanaanäischen Baal (8–12.15–16.27–28 wie Hos 11,2). Gott hat sein Volk aufgezogen wie eine Mutter ihr Kind (2.6–7 wie Hos 11,3a.4a), den heimgekehrten Nestflüchter hat er geheilt wie ein Arzt (17–18 wie Hos 11,3b). Gott ruft seine Kinder zur Umkehr auf (17 wie Hos 14,1a.2a), den Heimkehrenden verspricht er Heilung (18 wörtlich wie Hos 14,4a).

Nicht nur gedanklich, auch darstellungsmässig folgt der junge Jeremia dem alten Hosea. Bei ihm ist der einfache Dialog der Audition vorgeprägt (17–18+19–36 wie Hos 14,1 2a 2b-3). Der Dialog enthält das Bekenntnis zu Gott (20 wie Hos 14,3b) und das Bekenntnis der Sünde (31 33.36 wie Hos 14,2b). Dem Zitat der Audition ist bereits bei Hosea ein Heilswort angehängt (37–46 nach 10 00 wie Hos 14,4–8 nach 14,1–3). Damit nutzt Jeremia wie das Urdeuteronomium den Erinnerungsschatz des untergegangenen Nordreichs. Aus ihm stammen die Bilder. Jeremia verfestigt sie zu Vorstellungen.

Gott und Israel

Der Glaube bindet den Gläubigen an Gott, wie das Kind an Mutter und Vater gebunden ist. Das Verhältnis ist schicksalhaft und symbiotisch. Gott tut, was Eltern aus Notwendigkeit und Instinkt tun. Er nährt und wärmt sein Junges, hegt und pflegt den Nachwuchs, lehrt und erzieht sein Kind. Durch Gottes Zuwendung wächst das Gottesvolk heran wie ein Kind durch die Brutpflege seiner Eltern. Wie alle Eltern investiert Gott in seine Kinder. Er hat Pläne. Er hat etwas vor mit ihnen.

Dabei war die Grossfamilie zu biblischen Zeiten in mancher Hinsicht kaum anders als die neuzeitliche Grossfamilie der bäuerlichen, handwerklichen oder grossbürgerlichen Art, bevor die staatlichen Sicherungssysteme entwickelt wurden und ihr Zerfall begann: Kinder waren bei aller Liebe auch Investitionen in den Erhalt der Familie. Man hatte immer Pläne mit ihnen. Der personelle und materielle Bestand musste gesichert werden, die Versorgung der Generationen und das Wachstum des Betriebes. Kinder waren keine Gelegenheiten für Romantik, sondern selbstverständliche Beiträge zur Institutionenfolge aus Ehe und Familie, Markt und Staat. Sie gehörten ins System. – Kinder, die davonliefen, waren bei aller Trauer auch Fehlinvestitionen. Sie liessen Pläne scheitern, die man für sie gemacht hatte. Sie blieben den Eltern Früchte schuldig. Eltern wurden zu ihren moralischen, manchmal wohl auch zu materiellen Gläubigern. Entweder schrieben sie ein Kind ab wie einen Ausstand in der Jahresbilanz, oder sie hofften auf seine Rückkehr ins Sozialgefüge der Familie.

Es lohnt sich, so nüchtern und ausgreifend mit dem Bild zu denken, das Jeremia vom Verhältnis zwischen Gott und Mensch zeichnet. Die Metapher will anregend sein für den Glauben, der ja dieses Verhältnis ist zwischen Mensch und Gott: Ohne JHWH ist der Gläubige wie ein verwaistes Kind (Hos 14,3b), das sich verlaufen hat und entsprechend heult und schreit (13–16), denn Natur und Gesellschaft verfahren brutal mit Lebewesen, die ausgesetzt sind, vereinzelt oder verwaist.

JHWH und Baal

Mit Baal aber ist der Gläubige ein betrogener Verehrer, denn der alte Fruchtbarkeitsgott verbraucht gleich wieder, was er wachsen lässt. Er verzehrt selbst, was der Bauer erarbeitet. Er fordert Opfergaben wie die Assyrer Tribut (21–23.27–28). Dahinter steckt ein Muster.

Der bündnispolitische Kompromiss mit fremden Staaten führt regelmässig zum Verlust der politischen Souveränität. Der religionspolitische Kompromiss im eigenen Staat führt regelmässig zum Verlust der religiösen Souveränität. Beide Kompromisse führen zudem, ob die neuen Herren nun Tribut oder Opfer fordern, regelmässig zum Verlust der ökonomischen Souveränität. Der Gläubige muss, ist er die Kompromisse erst mal eingegangen, hinfort seinen politischen, religiösen und ökonomischen Gläubigern nachrennen, weil die stets das Ihre fordern wie die Mafia ihr Schutzgeld.

So aber wird auch JHWH, der eigentliche Souverän, in jeder Hinsicht zum eigentlichen Gläubiger, denn er sieht nun gar nichts mehr von seinen Kindern, die er einst mit Hoffnung erzog. Die gross Gewordenen und selbständig Handelnden sind von Gläubigern umzingelt. Statt sich zu emanzipieren vom Joch der Herkunftsverhält-

Andere Gottesbilder im Text
_ Der Vater (2.6.14.17): Hos 11,1–5; vgl. Einheit 17
_ Der Freund (9): Ex 33,11; Jes 5,1; Jak 2,23
_ Der Arzt (18): Hos 11,3; Mt 9,12

Andere Gottesbilder im Umfeld
_ Der Bräutigam: Jes 62,4–5; Hos 2,22; Mt 25,1–13; Joh 3,29; vgl. Einheit 25
_ Der Pflegvater: Ez 16
_ Die Jugendliebe: Jes 54,6

nisse sind sie unters Joch der Kompromisse und Sachzwänge geraten, aus dem vermeintlichen Regen in eine echte Traufe.

Eltern und Kinder

Jeremia lässt vor dem Hintergrund harter Realitäten auch tiefe Gefühle spüren: Das *flehende Weinen* der Israeliten (14), die sich getäuscht sehen und umgeben von Falschheit (22–23), ist ebenso echt wie die Trauer eines Vaters, der seinen *prächtigsten Erbbesitz* vergeben wollte (4), mit seiner Vaterliebe aber allein geblieben ist (5–7). Das Gleichnis Jesu vom *Verlorenen Sohn* liegt in dieser prophetischen Linie (Lk 15,11–32). Viel kann schiefgehen zwischen Eltern und Kindern. Kein Elternteil und kein Kind, das davon kein Lied zu singen wüsste. Niemand, der nicht mit Gefühl an eigenen Erinnerungen nagt.

Im Niedergang altisraelitischer Staatlichkeit haben Propheten wie Hosea und Jeremia aus der Erfahrungswelt der Grossfamilie und ihrer Ökonomie ein Bild gewonnen, mit dem sie Gott und sein Handeln zu jener Zeit verstanden. Gott fühlt sich von den Eigenen hintergangen und ist ihr Gläubiger. Im Schatten seiner Liebe werden seine Verletzungen spürbar, auch Schmerz und Wut. Aber Hoffnung auf Heilwerden trotz Schande und Schmach gibt es auch. Das Gottesbild wird zunehmend ambivalent. Gott geht nicht mehr auf in klaren Bildern. Zunehmend geht er seinen Bildern voraus.

_ NACHGEFRAGT

Vom Text her

_ Welcher der drei Sprüche Jeremias leuchtet Ihnen am meisten ein? Woran liegt das: an seinen Aussagen, seinen Gefühlen, seiner Übertragbarkeit auf anderes?

_ Was bewirkt die redaktionelle Zusammenstellung zur Dreierreihe bei Ihnen? Wieso finden Sie die kleinen Änderungen und Einschreibungen des Redaktors (nicht) richtig?

_ Wie stellen Sie sich die drei Inszenierungen Jeremias vor? Was löst es in Ihnen aus, zu wissen, dass mal ein *Angehöriger ein Leichenlied* singt, mal ein *Berichterstatter ein Hörerlebnis* referiert, mal ein *König eine Amnestie* verkündigt? Was werden Jeremias Zeitgenossen darüber gedacht haben?

_ Welche Attraktivität haben andere Gottheiten für Sie? Für welche könnten Sie Ihre angestammte Treue brechen? Was müsste anders sein als bei Ihrer Herkunftsreligion?

_ Haben Sie Verständnis für die Schaukelpolitik der letzten Könige Judas? Was hätten Sie anders gemacht?

Zum Gottesbild hin

_ Welche eigenen Elternideen für Ihre Kinder fallen Ihnen ein? Welche Kinderpläne Ihrer Eltern für Sie? Kennen Sie aus Ihrem Werdegang gescheiterte und erfüllte? Woran lag es? Wie beurteilen Sie das heute?

_ Was würden Sie als Mutter oder Vater heute anders machen? Auf welch andere Art wollen Sie Ihren Kindern Mutter oder Vater sein? Vor welchen Wiederholungen haben Sie (keine) Angst?

_ Kann man das überhaupt, nicht scheitern und nicht enttäuscht sein? Wieso sollte man das können?

_ Können Sie Ehe und Familie (auch) als ökonomische Institution betrachten? Nur die anderer oder auch die eigene? Welche anderen Vorstellungen des Zusammenlebens kommen Ihnen dabei (nicht) in die Quere? Was aus diesen Erfahrungsbereichen kommt in Ihrem Gottesbild vor?

_ Wie geht es Ihnen, wenn Jeremia Gott und Menschen solche Gefühle zuschreibt? Welche Gefühle ruft das in Ihnen wach? Ändert sich Ihr Gottesbild dabei?

_ Wer ist im Blick auf Jesus am Kreuz der Gläubiger?

_ GELESEN

_ John Bright, Jeremiah (AB 21); New York 1965.

_ Martin Rose, 5. Mose (Zürcher Bibelkommentare
5,1–2); Zürich 1994.

_ Winfried Thiel, Die deuteronomistische Redaktion
von Jeremia 1–25 (WMANT 41); Neukirchen 1973.

_ Gunther Wanke, Jeremia I (Zürcher Bibelkommentare
20,1); Zürich 1995.

GOTT ERKLÄRT
DEN TARIF.
DER GESETZGEBER

GOTT ERKLÄRT
DEN TARIF.
DER GESETZGEBER

1 Und dies ist das Gesetz   1

2 mit den Satzungen und Rechten,

3 *die euch zu lehren der Herr, euer Gott, geboten hat,*

4 *damit ihr danach handelt in dem Land,*

5 *in das ihr zieht, um es in Besitz zu nehmen,*

6 damit du den Herrn, deinen Gott, fürchtest   2

7 und all seine Satzungen und Gebote hältst,

8 die ich dir gebe,

9 du und deine Kinder und deine Kindeskinder,

10 dein Leben lang

11 und damit du lange lebst.

12 So höre sie nun, Israel,   3

13 und halte sie und handle danach,

14 damit es dir gut geht und

15 *ihr überaus zahlreich werdet,*

16 wie der Herr, der Gott deiner Vorfahren, es dir verheissen hat,

17 *in einem Land, in dem Milch und Honig fliessen.*

18 Höre, Israel: 4

19 Der Herr, unser Gott, ist der einzige Herr.

20 Und du sollst den Herrn, deinen Gott, lieben,   5

21 von ganzem Herzen,

22 von ganzer Seele

23 und mit deiner ganzen Kraft.

24 Und diese Worte,   6

25 die ich dir heute gebiete,

26 sollen in deinem Herzen bleiben,

27 und du sollst sie deinen Kindern einschärfen,   7

28 und du sollst davon reden,

29 wenn du in deinem Haus sitzt

30 und wenn du auf dem Weg gehst,

31 wenn du dich niederlegst

32 und wenn du dich erhebst.

33 Du sollst sie als Zeichen auf deine Hand binden   8

34 und sie als Merkzeichen auf der Stirn tragen,

35 und du sollst sie auf die Türpfosten schreiben   9

5. MOSE 6,1–9   36 deines Hauses und an deine Tore.

Wer zuerst kommt, malt zuerst

An jenem Abend waren wir zunächst nicht im Kursraum. Dort klebte ein Hinweis an der Tür, der Anfang finde diesmal im Keller statt und zwar im Atelier. Das ist der Raum für besondere Erlebnisse. Malerkittel hingen an einer alten Garderobe. An den Wänden waren die Spritzer vergangener Übungen zu sehen. Viele Gruppen hatten hier ihre Spuren hinterlassen. Nun waren wir an der Reihe. Es roch nach Farbe und Kleister.

Der Kursleiter hatte alles vorbereitet. In der Mitte des Raumes standen vier Tische, zu einem grossen Rechteck zusammengerückt. Auf ihnen lag Malpapier, gut fixiert und so zu einem einzigen Riesenplakat verbunden, dass von den Tischen nichts mehr zu sehen war. Farben in reicher Auswahl. Plastikteller und Pinsel in verschiedenen Grössen lagen hinter uns an den Wänden bereit. So standen wir an allen vier Seiten des Tischs, voll gespannter Erwartung, uns ins Malvergnügen zu stürzen.

Doch so rasch ging das nicht. Der Kursleiter hatte Lose vorbereitet, so viele, wie wir waren. Aus einem Topf musste jede von uns ein Los ziehen. Zwei grüne waren darunter, fünf rote, acht blaue und drei gelbe. Als jede ihr Los hatte, fragten wir uns natürlich, was die Farben wohl bedeuteten. Der Leiter erklärte uns die Spielregeln und hielt dazu eine grosse Uhr in der Hand: Die beiden Grünen würden anfangen mit dem Malen, und je im Abstand von vier Minuten kämen die Roten, Blauen und Gelben hinzu, bis zuletzt alle gleichzeitig malten. Nach zwanzig Minuten werde strikt abgebrochen, und erst dann dürfe wieder geredet werden.

Ich hatte ein blaues Los gezogen. Während die zwei Grünen malten und dann die fünf Roten, schauten wir Blauen zu, und nachdem wir endlich auch mitmischen durften, kamen gegen das Ende der Zeit noch die drei Gelben zum Zug. Während der zwanzig Minuten lief Musik von Anouar Brahem und seinem Trio, archaisch klingende Laute mit orientalischer Klarinette und wunderbar leichten Trommelrhythmen. Als der Leiter nach zwanzig Minuten das Ende der Übung ankündigte, dachten wir wohl alle *Schon?*. Ein grosser, farbiger Klecks lag in der Mitte des Ateliers: hier chaotisch und dort mit System, auf jener Seite bunt und auf dieser fast einfarbig, an manchen Stellen ineinanderfliessende Linien und an anderen harte Abgrenzungen. Kein Kunstwerk, was es ja auch nicht sein sollte, aber *spannend*, wie meine alte Kursfreundin bei solchen Gelegenheiten äugleinfunkelnd zu sagen pflegt.

Was Frühere und Spätere fühlen

Wie es uns ergangen sei beim Zuschauen, Schweigen und Malen, wollte der Leiter wissen. Die übliche Leiterfrage, dachte ich mir. Was hatte ich gefühlt und gedacht? Ungeduldig war ich gewesen, ziemlich sogar. Hatte auf die Uhr geschaut, wann endlich auch ich drankäme. Geärgert hatte ich mich, dass so viel weisses Papier schon bemalt war, vor allem anders, als ich es angefangen hätte. Wo ich eigentlich noch etwas gestalten könne, hatte ich mich ständig gefragt, und wieso der Kursleiter keine weiteren Vorgaben machen wollte. Ich fand es schade, dass alles so chaotisch gelaufen war. Sogar ein Groll stieg auf und sass mir im Hals.

Da war ich nicht die Einzige, wie sich bald zeigte, als wir einander von unserem Ergehen während der Übung berichteten. Dass die einen einen Vorsprung hatten und die anderen das Nachsehen, wurde vielfach bedauert. Da sei das meiste doch schon gelaufen, bevor sie den Pinsel zur Hand nehmen konnten, fanden einmütig die drei Gelben. Auch von den Blauen wurde ärgerlich geäussert, dass viele Weichen schon gestellt gewesen seien und sie es schwer gehabt hätten, noch eine Linie in das Ganze zu bringen. Die Spätergekommenen seien zwar freier als die Früheren gewesen, hätten aber weniger Platz für ihre Freiheit gehabt. Neue Linien lagen kaum mehr drin.

Das war das Stichwort für den Leiter: *eine Linie*. Wie es den anderen ergangen sei mit der fehlenden Linie, wollte er wissen. Die Späteren waren sich recht schnell einig, dass sie gerne so etwas wie eine Gesamtlinie oder Grundausrichtung oder Leitidee oder Stilbewusstsein gehabt, aber keine Chance gesehen hätten, auch nur etwas davon noch ins Bild einzutragen. Man sei einfach schon zu weit fortgeschritten gewesen. Nur noch kleine Korrekturen hätten sie anbringen können. *Flickwerk* nannte eine das Verfahren und winkte ab. Dagegen verwahrten sich vehement die Früheren: Das klinge ja gerade so, als hätten sie nur Pfusch geliefert. Vor allem die beiden Grünen waren erzürnt. Immerhin hätten sie aus dem Nichts etwas entwickeln müssen, und die Roten hätten das zunächst auch fortgeführt, bevor sie offenbar beschlossen hätten, dass jede ihre eigene Ecke gestaltete. Genau so sei sie sich vorgekommen, warf eine von uns Blauen ein: wie eine fremde Geiss, die nur noch unter dem längst gesetzten Hag durchfressen kann. Keine Chance mehr, neue und bessere Regeln aufzustellen.

Die Utopie des zweiten Anfangs

Hier hat der Leiter um eine Zäsur. Von *neuen und besseren Regeln* würden die Späterkommenden immer reden, die Nachgeborenen, die sich mit dem Vorgefundenen auseinandersetzen müssten. Erneuern und reformieren, was ist, Gesetze *novellieren*, bessere *Rahmenbedingungen schaffen*, eine *Grundgesetzreform* in die Wege leiten. So oder ähnlich werde dann geredet und politisiert. So komme es dann zu dieser Verordnung und jener Verfügung. Anhänge und Nachträge würden gemacht. Und zuletzt gebe es einen Gesetzesdschungel, dass sich niemand mehr zurechtfinde, die Juristen sich goldene Nasen verdienten und gelegentlich die Idee auftauche, am besten mal *tabula rasa* zu machen, *reinen Tisch*, um einfach von vorn zu beginnen.

tip
Mittel:
Lesung des Textes auf CD V / 12; im Reiseführer die Ausflüge Erwählung und Gerechtigkeit

Besuch:
in Paris der Louvre mit der Stele des Hammurapi; in Rom die Kirche San Pietro in Vincoli mit dem Mose des Michelangelo

Bild:
Ernst Barlach, Mose (Holzplastik, Deutschland 1919); Ernst Fuchs. Moses vor dem brennenden Dornbusch (Gemälde, Österreich 1957); Jack Levine, Moses on Sinai (Gemälde, USA 1984)

Buch:
Paul Zech, Neue Welt (Gedichtzyklus, Deutschland 1939); Nelly Sachs, In den Wohnungen des Todes (Gedichtzyklus, Deutschland 1946); Ingeborg Bachmann, Lieder auf der Flucht (Gedichtzyklus, Österreich 1956); Chudi Bürgi / Anita Müller / Christine Tresch (ed.), Küsse und eilige Rosen. Die fremdsprachige Schweizer Literatur (Lesebuch, Schweiz 1998)

Pop:
Sidsel Endresen, Exile (Jazz, Dänemark 1993)

Genau darum gehe es im letzten Teil der Übung. Sagte es und holte den vorbereiteten Flipchart aus der Ecke. Wenn wir an unser gemeinsames Gemälde dächten, daran, wie es zustande gekommen war: Welche Regeln würden wir für ein zweites Mal von vornherein aufstellen?

Alle sollten *zur selben Zeit beginnen* dürfen, schlug einer vor, eine andere ergänzte sofort, alle sollten *gleich grosse Felder* erhalten. Das klinge zwar gerecht, warf einer ein, ergebe aber noch kein gemeinsames Bild. Jeder solle *zuerst nur Striche* machen dürfen, eine Skizze, die er dann *mit seinen Nachbarn koordinieren* müsse, bevor alle Betroffenen an das eigentliche Malen gingen, drei abgesprochene Schritte. Der das vorschlug, ist Ingenieur in einer Baufirma. Einem älteren in der Gruppe wurde das alles zu bunt. Er fixierte den Leiter und forderte ihn kategorisch auf, einfach *ein Thema* zu *nennen* und allen *eine* darauf bezogene *Aufgabe zuzuteilen*. Womit wir wieder mal bei einer Diktatur gelandet wären, fanden spitzfindig zwei belesene Damen: Dürften *selber Gesetze machen* und zögen die Diktatur vor, nicht zu glauben. Ob wir denn auch *Strafen festzulegen* hätten, für den Fall, dass sich jemand nicht an die Regeln halte.

So kulminierte und endete unsere heftige Diskussion. Zusammen mit einer Teilnehmerin las der Leiter nun den Bibeltext des Abends vor: er die normal, sie die kursiv gesetzten Zeilen. Auf dem Flipchart standen unsere Vorschläge. Sie widersprachen einander noch sehr.

_ VERORTET

Die Mitte der alttestamentlichen Zeit

Das Babylonische Exil ist in der alttestamentlichen Wissenschaft zur Orientierung bei der Zeitrechnung geworden: *Vorexilisch* wird genannt, was mit Sicherheit vor ihm liegt, das Wirken Jeremias (ab 626) oder die Reform Joschijas (ab 622). *Nachexilisch* wird genannt, was mit Sicherheit nach der letzten Rückkehrwelle und den ersten Wiederaufbaubemühungen liegt, das Wirken Esras (ab 458) oder der Mauerbau Nehemias (ab 445). *Exilisch* ist alles dazwischen: eine Zäsur, die Achsenzeit, Mitte der Zeit Israels, eine geistesgeschichtlich entscheidende Epoche, in der sogar die Sprache wechselt. Ist bis zum Exil noch mehrheitlich Hebräisch gesprochen worden, so wird nach dem Exil das Aramäische als gesprochene Sprache dominant, während das Hebräische als heilige Sprache für das Schrifttum und den Gottesdienst reserviert bleibt. Geschichtlich ist die Abgrenzung der Epoche aber uneindeutig. Die Exilszeit hatte einen doppelten Anfang und ein ungewisses Ende. Zweimal trat der neubabylonische König Nebukadnezzar (605–562 im Amt) zur Strafexpedition gegen Jerusalem an: Die erste war einschneidend (597) und die zweite verheerend (587). Und zweimal gab es eine folgenreiche persische Eroberung mit möglichen Auswirkungen auf die Exilierten: Die Eroberung Ba-

bylons (539) durch Kyros (559–529 im Amt) führte zwar zu einer völlig neuen, einer toleranten Untertanenpolitik, erstaunlicherweise aber kaum zu judäischen Rückwanderungen nach Palästina. Erst die Eroberung Ägyptens (525) durch Kambyses (529–522 im Amt) gab offenbar den Anstoss zu grösseren Rückkehrwellen, da Persien sich die palästinische Landbrücke nach Ägypten sichern wollte und damit quasi den Weg bereitete.

Schon deshalb ist die Bezeichnung *Exil* ohne *babylonisch* richtiger, weil das Ende Babylons gewiss nicht der Anfang der Heimkehr war. Als hilfreiche Epochenabgrenzung gilt daher die Zeit zwischen der ersten Deportation (597) und der Einweihung des Zweiten Tempels (515). Das Exil als die Epoche der nach Babylon Deportierten einerseits und der in Palästina Verbliebenen andererseits währte damit gut achtzig Jahre oder knapp vier Generationen.

Die Verbliebenen

Nicht alle Judäer wurden verschleppt, und die Verschleppung erfolgte auch nicht auf einen Schlag. Waren es beim ersten Mal (597) *die oberen Zehntausend* (2Kön 24,14), so dürfte es beim zweiten Mal (587) eine ähnlich grosse Gruppe gewesen sein. Es gehörte, wie Zeugen vermuten lassen (Jer 52,28–30), wohl zur babylonischen Praxis, Gefangene zeitlich gestaffelt und in kleineren Trecks fortzuführen, was schon aus Versorgungsgründen plausibel ist. Man liess Palästina ausbluten.

Wie das Land aussah, das sie hinter sich liessen, lässt das Buch der Klagelieder eindrücklich ahnen (Klag 2; 4). Zwar war Palästina strukturell zerschlagen, aber die grosse Mehrheit der Landbevölkerung war geblieben. Von einer Ansiedlung fremder Völkerschaften ist nirgends zu hören. Nicht einmal zur babylonischen Provinz wurde Juda gemacht, vielmehr übergaben die neuen Herren einem Gedalja die Verwaltung, einem judäischen Beamten, der sich loyal verhielt. Beim letzten Aufflackern eines judäischen Widerstandes wurde er deshalb von eigenen Landsleuten erschlagen (2Kön 25,22–26; vgl. Jer 39–44).

Die Deportierten

Das Leben der Judäer im Exil verlief den Umständen entsprechend relativ human. Nur die *classe politique* war kaserniert. Offenbar konnten alle anderen beieinander bleiben. Sogar eigene Siedlungen durften sie bilden, etwa das berühmte *Tel-Aviv*, wo der weggeführte Priester und nachmalige Prophet Ezechiel lebte (Ez 3,15), und eigene Autoritätsstrukturen entwickeln, so die *Ältesten Israels*, zu denen Ezechiel mehrfach spricht (Ez 14,1; 20,1). Die *gola*, die Fortführung, wie der Prophet Israel in Babylon nennt, war keinen Pogromen ausgesetzt, musste aber hart arbeiten. Was die schmerzvolle Erinnerung und das verständliche Heimweh der beiden Generationen nicht minderte, die die Verschleppung erlebt hatten (Ps 137).

Eine erste Hoffnung muss im Exil aufgekommen sein, als nach dem Tod Nebukadnezzars (562) mehrere schwache

Nachfolger an die Macht kamen und unter Awil-Marduk (562–560 im Amt) Jojachin, der vorletzte König Judas, der seit der ersten Wegführung in babylonischer Gefangenschaft gelebt hatte, begnadigt und rehabilitiert wurde (561). Er durfte im Palast an der Tafel des Grosskönigs speisen und erhielt eine Lebensrente (2Kön 25,27–30).

Die Wende

Eine eigentliche Hoffnung aber stellte sich erst ein, als auch unter Nabonid, dem letzten neubabylonischen König (555–539 im Amt), das Grossreich immer mehr zerfiel, während die Perser unter Kyros (559–529 im Amt) immer stärker wurden. Der stürzte Astyages, den König der Meder, und Kroisos, den König der Lyder, den sprichwörtlich gewordenen «reichen Krösus». Damit erstreckte sich sein Reich bereits vom iranischen Hochland bis zur kleinasiatischen Westküste. 539 holte sich Kyros dann auch die Metropole Babylon und als Zugabe den ganzen Süden: die grosse arabische Halbinsel und vor allem die strategisch wichtige Landbrücke nach Ägypten.

Babylon war am 12. Oktober 539 Geschichte geworden. Mit dem Fall dieser nachmals sprichwörtlichen Stadt (Offb 17–19) begann auch die zweitausendjährige Bedeutung Mesopotamiens für Palästina zu schwinden. Der Fokus fremdkultureller Einflüsse auf das Land der Bibel verschob sich nun unaufhörlich nach Westen. Im Stil der persischen Hofannalen klingt das so: *Ich, Kyros, König des Weltreichs, grosser und mächtiger König, König von Babel, König von Sumer und Akkad, König der vier Weltufer … ewiger Same des Königtums, dessen Regierung Bel und Nabû liebgewannen und dessen Königtum sie zur Erfreuung ihrer Herzen wünschten: Als ich friedlich in Babel eingezogen war, schlug ich unter Jubel und Freude im Palast des Fürsten den Herrschersitz auf.* Persien trat das Erbe Mesopotamiens an, unter dem Wohlwolen der beiden Stadtgötter Babylons.

Deuterojesaja (Jes 40–55), der jüngere Prophet der *gola*, scheint das nicht mehr erlebt zu haben, aber als Hoffnungsträger hatte er Kyros, den er im Namen JHWHs gar *meinen Hirten* (Jes 44,28) und *seinen Gesalbten* nennt (Jes 45,1), schon vorher verstanden. Und die Demütigung der stolzen Stadt (Jes 47) sowie den Auszug der beiden Götter Bel (der Stadtgott Marduk) und Nabû (der Schreibergott) aus Babylon (Jes 46,1–2) hatte er schon vorher in bissigen Spottliedern besungen (vgl. Einheit 1).

_ EINGEREIHT

Blütezeit der Literatur

Die Epoche des Exils wurde literarisch zur fruchtbarsten während der ganzen Entstehungszeit der Bibel. Achtzig Jahre in der Fremde waren auch achtzig Jahre der Besinnung auf das Eigene, der Erinnerung an das Gewesene, der Verwandlung des Ideologischen ins Eschatologische. Nachdem die sichtbaren Zeichen nationaler Identität, sie staatstragenden Bauten und Riten, Zeichen und Insignien verschwunden waren, verwandelte sich alles, was Gott einst sichtbar gegeben hatte, in Güter der Hoffnung. Als nichts Materielles und Immobiles mehr da war, das den eigenen Glauben und die eigene Identität repräsentieren konnte: das Haus Davids entmachtet und gedemütigt, die Stadt Davids verbrannt und geschleift, der Tempel Salomos geplündert und zerstört, das Beamtentum Salomos verschleppt und verschollen, der Zion vernichtet, die Infrastruktur aufgelöst und die Intelligenz verbannt (2Kön 25,3–21), Israel also geknechtet war wie einst in Ägypten, nun aber *an den Wassern Babylons*; als nahezu alles zunichte gemacht war oder zurückgelassen, da wurden Israels geistige Kräfte wach, mobil und inspiriert wie selten vorher oder nachher. Als nichts mehr vor Augen stand, kam alles in Erinnerung. *Erinnerung* wurde zu einem Hauptwort des hebräischen Denkens. Das Erinnerte aber wurde *Wort*.

Lieder entstanden, die der unmittelbaren Erfahrung Worte gaben, wie die fünf im Buch der Klagelieder, das von Augenzeugen unter den Verbliebenen verfasst sein muss (etwa 587–570), oder wie einige im Psalter (Ps 44; 60; 74; 79; 137), dem späteren Gesangbuch im Tempel.

Die vierte und letzte Phase der Prophetie begann und brachte Ezechiel (593–570 tätig) und Deuterojesaja (550–540 tätig) hervor, die beiden Grossen im Exil, später noch Haggai (August bis November 520) und Sacharja (Oktober 520 bis Februar 519), die beiden Kleinen in Jerusalem.

Die erste und grösste Phase der Historiographie begann und brachte in Palästina das *Deuteronomistische Geschichtswerk* hervor (bis 560), das die Zeit vom Abschied des Mose vom Volk bis zum Abschied des Volkes von Jerusalem umfasst (5. Mose bis 2. Könige), aber auch das *Jahwistische Geschichtswerk* und das *Priesterliche Geschichtswerk*, zwei unterschiedliche, vermutlich in Babylon entstandene Textkomplexe, die stofflich über die Zeit der Wüstenwanderung, des Exodus und der Väter hinaus bis in eine gleichnishaft ausgestaltete Urzeit zurückreichen (heute eng verschlungen in 1.–4. Mose). – Wie bei der Prophetie kam es auch bei der Geschichtsschreibung noch lange nach dem Exil zu Nachträgen und Umstellungen. Insbesondere wurde das Buch Deuteronomium, mit dem das Deuteronomistische Geschichtswerk begann, im Zuge der Kanonisierung zum letzten Buch, mit dem heute die *Tora* endet (5. Mose).

Wert der Erinnerung

Zeugenschaft war gefragt. Das waren entweder die menschlichen Zeugen der Gegenwart, Tempelsänger und Propheten, die lyrische und prophetische Texte verfassten. Oder es waren die literarischen Zeugnisse der Vergangenheit, teils mündlich teils verschriftet, die nun zu Geschichtswerken verbunden oder in sie integriert wurden. Zu solchen bereits vorliegenden Zeugnissen gehörten Stoffe aus ganz unterschiedlichen Bereichen: Erzählkränze wie die der Landnahmegeschichten oder der Richterschwänke, höfische Annalen wie die *Ladeerzählung*, die *Aufstiegsgeschichte Davids* oder die *Thronfolgegeschichte*; Prophetenerzählungen wie die Komplexe um Elija oder Elischa; dazu eine Menge unterschiedlichster Textsorten wie Anekdoten oder Rätsel, Listen oder Lieder.

Zeugen sichern die Erinnerung. Und Erinnerung war gefragt, nachdem die materielle und politische Existenz zunichte war. Wie konnte es zum gegenwärtigen Zustand kommen? Das war die eine grosse, die negativ gestimmte, die vergangenheitsorientierte Leitfrage. Sie bewirkte so etwas wie Vergangenheitsbewältigung, jedenfalls eine Aufarbeitung der Geschichte. Wo war alles eigentlich ganz anders angelegt? Das war die andere grosse, die positiv gestimmte, die zukunftsorientierte Leitfrage. Sie brachte so etwas wie eine Lehre aus der Geschichte hervor, jedenfalls deren bleibenden Weisungen. Wie jede Geschichtsschreibung hatte auch die altisraelitische ein erkenntnisleitendes Interesse. Die drei grossen Geschichtswerke der Exilszeit sind Israels geistige Archive. Die Archivare, von denen es ganze Schulen gegeben haben muss, hoben auf, was ihnen in diesem Sinne wichtig und heilig schien, während sie auf anderes verwiesen (1Kön 11,41; 14,19.29). Die Archivierung hatte ihre hohe Zeit während der erzwungenen Retraite des Exils.

Ein weiterer Bereich wurde ebenfalls erschlossen und archiviert, und ihm schenkte man besondere Aufmerksamkeit: der Bereich des Rechts. Nachdem mit der Eigenstaatlichkeit auch die Gerichtsbarkeit untergegangen war und mit der eigenen Gesellschaft auch das Wertgefüge, stellten sich auch hier die beiden erkenntnisleitenden Fragen: Welche Satzungen und Ordnungen hatte Israel, auf die es hätte hören können, um richtig zu leben? Das war die positive Leitfrage, die negative: Wo wird erkennbar, dass die Missachtung der Satzungen und Ordnungen notwendig zur Katastrophe des Exils führen musste?

Zukunftsorientierung

Die positive Leitfrage führte zu einer aktualisierenden Archivierung älterer Rechtsdokumente. Dies geschah in den beiden anderen Geschichtswerken, aus denen später die *Tora* hervorgehen sollte, insbesondere im Priesterlichen Geschichtswerk (P). Das Volk war nie ohne Rechtsgrundlagen gewesen. In mündlicher Zeit waren es noch keine Codices, keine ausdifferenzierten Paragraphenwerke, die seit langem sesshafte Völker wie jene im Altbabylonischen Reich schon hatten. Der *Codex Hammurapi* des gleichnamigen Königs (1728–1686 im Amt) stellt den frühen Höhepunkt der altorientalischen Rechtsgeschichte dar, hat er doch bereits das am Fall orientierte, das kasuistische Grundprinzip aller Gesetzbücher: *Wenn eine Person x getan hat, so wird sie y erleiden.* Dabei kann der Kasus reichlich spezifiziert werden, entsprechend länger wird der Text. Das Modell gleicht altem weisheitlichen Denken darin, dass auch hier der schlechten Tat ein schlechtes Ergehen folgt, nun allerdings als rechtliche Sanktion, weisheitlich als innerer Automatismus.

In mündlicher Zeit hatte es hingegen eine einfache Rechtspraxis gegeben, deren Basis mehr Ethik war als Gesetz (eher *mos* als *ius*). Die Grundlage dieser nomadischen und frühsesshaften Rechtskultur ohne eigentliche Rechtsinstitutionen waren auswendig merkbare und an den Fingern abzählbare Reihen von Grundregeln gewesen. Sie waren nicht fallorientiert, sondern gemeinschaftsorientiert. Sie hatten etwas Unbedingtes und Grundlegendes. Dazu gehörten das Todesrecht (Ex 21,12.15–17), die Fluchreihe (Dtn 27,16–25), die Talionsformel (Ex 21,23–25) und die Zehn Gebote (Ex 20,2–17). Auch dieser Typ hat eine weisheitliche Parallele: im Zahlenspruch, der Grundeinsichten merkbar aufreiht.

In schriftlicher Zeit ging auch Israel zur Kasuistik über. Davon ist das *Bundesbuch* ein erstes Zeugnis (Ex 20,22–23,19), das ältere Stoffe sammelt und in sein fallorientiertes System einbettet, vielleicht noch vor dem Königtum (etwa 1100–1000). Ein zweites Zeugnis ist das *Urdeuteronomium* (in Dtn 12–25), das im Gebiet des ehemaligen Nordreichs und zur Zeit des Prophetenschweigens (etwa 700–680) entstanden, in den Jerusalemer Tempel gelangt und dort unter König Joschija aufgefunden worden ist (622). Ein drittes Zeugnis ist das *Heiligkeitsgesetz* (Lev 17–26), ein Codex aus der ersten Hälfte des Exils.

Diese mündlichen und schriftlichen Traditionen, die nun in jenem Buchkomplex archiviert wurden, der später *Tora*, nämlich *Weisung*, heissen wird, beantworteten die Leitfrage, worauf Israel denn hätte hören können, um richtig zu leben: Die Weisungen waren vorhanden gewesen, aber man hat nicht auf sie hören wollen! Nun wurden sie archiviert, damit man künftig auf sie hören könnte. Sie wurden aktualisiert und gewannen so verlorene Identität zurück.

Vergangenheitsbewältigung

Die negative Leitfrage der Archivare führte zu einer wertenden Kommentierung der Geschichte, und dies geschah unüberhörbar im Deuteronomistischen Geschichtswerk, das seine Messlatte in der vorexilischen Prophetie und im Urdeuteronomium hatte (vgl. Einheit 10). Die Forschung erkennt im Fünften Buch Mose (Dtn) heute vier Schichten, an denen wie bei der Ausgrabung einer Stadt das Wachstum abzulesen ist.

Die erste war eine *Deuteronomische Sammlung*, die auf die Zeit König Hiskijas (715–696 im Amt) und die Jahre danach zurückgeht, eine Zusammenstellung älterer Gesetze (in Dtn 12–25), deren Autorität schlagartig wuchs, als die Assyrer bei ihrer Strafexpedition gegen Hiskija (701) einzig Jerusalem, die *von Jahwe erwählte Stätte* (Dtn 12,14.18), verschonten.

Die zweite Schicht entstand nach Auffindung der ersten, des Urdeuteronomiums, unter König Joschija (639–609 im Amt) und im Zusammenhang mit der Umsetzung der Zentralisierung des Kultes am Tempel, eine Überarbeitung und Bereicherung des Vorgefundenen durch die *Deuteronomische Schule* (etwa 620–600).

Die dritte, die *Ältere deuteronomistische Schicht*, gehört in die frühere Exilszeit (etwa 580–560) und macht das bis dahin Bestehende zur Messlatte für die Aufarbeitung und Kommentierung der Geschichte.

Die vierte schliesslich, die *Jüngere deuteronomistische Schicht*, führt zum heute vorfindlichen «Deuteronomium» (Dtn), indem sie aus der Erfahrung des Exils den Blick nicht nur auf Israel, sondern auch auf die Völker lenkt (etwa 540–500).

So bietet dieses während zweihundert Jahren gewachsene Buch beides: Als Gesetzbuch ist es ein Beitrag zur aktualisierenden Archivierung älterer Rechtsdokumente, indem es vorführt, welche Satzungen und Ordnungen Israel hatte, um richtig leben zu können, und als Gesetzbuch wurde es später der Abschluss der Tora (als Dtn). Als Programm aber war es die Messlatte zur wertenden Kommentierung der Geschichte, indem es erkennbar machte, wo überall die Missachtung der Satzungen und Ordnungen den Weg ins Exil gebahnt hatte, und als programmatische Einleitung wurde es jetzt im Exil dem Deuteronomistischen Geschichtswerk vorangestellt (dem DtrG).

_ AUSGELEGT

Die Legende

Ob Eröffnung des einen Werks oder Abschluss des anderen, alle Rechtstraditionen erhalten im Exil eine legendäre Anbindung. Sie werden an die Landschaft der Wüste und an die Person des Mose zurückgebunden. Recht und Geschichte, die beiden grossen Felder der Erinnerung, die im Exil beackert werden, sollen in enger Verwobenheit verstanden werden, und das Mittel dazu, das Webmuster, bildet eine grossartige Gründungslegende: Als Israel im Niemandsland unterwegs war, zwischen der Unfreiheit in Ägypten und der Freiheit auf eigenem Boden, als Mose, der Mann mit dem ägyptischen Namen, ihr Sprecher war, da hat Gott seinem Volk alles offenbart, was fürs geregelte und gedeihliche Leben im Kulturland wichtig ist. Am Sinai ergingen die Weisungen JHWHs, die als sein eigenes Wort zu beachten waren, und vor dem Übergang ins verheissene Land ergingen die Weisungen JHWHs, die als das Vermächtnis des Mose hinterblieben.

Mose und die Wüste sind also die legendären Bindeglieder zwischen dem *Protonomium*, dem ersten Gesetz zu Beginn der Wüstenzeit und am Sinai (Ex 19,1), und dem *Deuteronomium*, dem *zweiten Gesetz* am Ende der Wüstenzeit und in Moab (Dtn 1,1–5). Gottes Weisung, seine Tora aus Gesetz und Geschichte, erging nicht im Kulturland, das man damals noch nicht hatte, so die Legende, und nun nicht mehr hat, so die Realität, sondern in der Wüste, wo das Leben Härten hat und zugleich ein Wunder ist.

Mose also ist der legendäre Sprecher des vorliegenden Textes. Mose spricht das theologische Programm (18–36), das die deuteronomische Schule unter König Joschija formuliert hat (etwa 620–600), nachdem im Tempel die deuteronomische Sammlung aufgetaucht war (622). Mose ruft Israel nun zu, was es seit jeher zu wenig getan habe und wovon es nun die bittere Folge spüre: *Höre Israel!* (18). Mose spricht seither immer dann, wenn fromme Juden diesen Text murmeln (28–32) oder berühren (33–36). Mose sagt den heiligsten der heiligen Texte Israels, das *Shmá Jisraél*. Dass man früher von der *Mosaischen Religion* sprach, hat hier seinen Grund: in der deuteronomischen Gründungslegende des Gesetzes. Mose ist aber auch der Sprecher der deuteronomistischen Teile (1–17), die von den beiden deuteronomistischen Schulen zum besseren Verständnis des theologischen Programms (18–36) vorgeschaltet wurden.

Einleitung

Die deuteronomistische Einleitung (1–17) zeigt ein Wachstum in zwei Phasen. Sie auseinander zu halten, kann mit verschiedenen Argumenten erfolgen. Hier wird nach der Anrede unterschieden, sichtbar gemacht durch normale Setzung des Drucks bei der ersten Schicht, durch kursive Setzung des Drucks bei der zweiten Schicht.

Die erste Schicht (normal) redet Israel allegorisch als Figur an und bleibt deshalb beim Singular (1–2.6–14.16). Damit entspricht sie der Anrede im theologischen Programm (18–36). Inhaltlich bietet sie eine Überschrift (1–2), die alles Folgende zum Gebot erklärt, zur *mizwah* (1), die aus Satzungen und Rechten (2) besteht. Um diese beiden geht es (7) im Blick auf das Leben der ganzen Sippe. Das Interesse liegt beim guten (14), langen (10–11) und die Generationen verbindenden Leben (9.16). Auch damit liegt die erste Schicht nah beim Programm (27).

Die zweite Schicht (kursiv) redet Israel numerisch als Menge an und bleibt deshalb im Plural (3–5.16.17). Ihr geht es um das Land (4–5.17) und die Mehrung im Land (15), vor dem das Volk im Setting des Deuteronomiums ja gerade steht. Damit schwenkt sie eher auf die Perspektive derer ein, die gegen Ende des Exils vor der Rückkehr nach Palästina stehen. Mit welchen Gründen auch immer argumentiert (und spekuliert) wird, alles, was nun folgt, und das Programm der deuteronomischen Schule allem voran, wird durch diese deuteroniomistische Einleitung zur *mizwah*, zum verbindlichen *Gebot*.

Ruf

Das deuteronomische Programm (18–36) setzt wuchtig mit einem Ruf ein (18–23): Israel wird auf eine liturgische Art geweckt (18), die möglicherweise noch aus vorstaatlicher Zeit stammt, als der Ruf bei Treffen mehrerer oder aller Stämme wohl Verwendung gefunden hat. Hier ruft er auf, indem er erinnert! Ihm folgen direkt die beiden Hauptpunkte des Programms: JHWH ist Einer, und die Beziehung zu ihm soll leidenschaftlich sein.

Der erste Punkt (19) ist sprachlich ein Nominalsatz aus nur vier Worten: *Jahwé elohénu Jahwé ächád / JHWH (ist) unser Gott, JHWH (ist) Einer.* Didaktisch ist dies eine Merkformel, inhaltlich ein Bekenntnis, politisch die Grundlage zur Zentralisierung des Kultes, dem in der Joschijanischen Reform (ab 622) nicht nur alle Fremdkulte, sondern auch viele JHWH-Heiligtümer zum Opfer gefallen sind (Dtn 12,13-27). Theologisch wird ein weiterer Schritt auf den Monotheismus hin getan (vgl. Einheit 2).

Der zweite Punkt (20-23) ist inhaltlich ein Gebot und formal eine sogenannte Priamel: Sie besteht jeweils aus der Aufzählung von drei gleichen Gliedern und einem vor- oder nachgestellten Satz mit Verb, auch dies ein einfacher Merkvers zum Auswendiglernen. Inhaltlich wird der ganze Mensch aufgerufen, diesen einen Gott zu lieben, und da das Hebräische keine verschiedenen Typen des Liebens kennt, kann dies nur bedeuten, dass das Gottesverhältnis des Israeliten, sein Glaube, leidenschaftlich sein soll. Diese beiden Hauptpunkte des Programms werden sechshundert Jahre später von Jesus zitiert werden, wenn ihn ein Schriftgelehrter fragen wird, *welches Gebot das erste von allen* sei (18-23 in Mk 12,28-34).

Anwendungen

Was folgt, sind Anwendungen der beiden Programmpunkte, deren Konsequenzen im alltäglichen religiösen Leben (24-36): Die nachfolgenden Gebote seien anzueignen (24-27), zu vermitteln (28-32) und zu berühren (33-36). Was Gott gebietet (1 wie 25), sind Worte (24), doch Worte sind für den hebräischen Menschen nicht Schall und Rauch, nicht Wind, der so schnell verfliegt, wie er gekommen ist, auch nicht Schrift, Rolle oder Buch, von denen es ohnehin zu viele gibt, nein, Worte sind für ihn beinahe physisch fassbar und üben eine geradezu magische Kraft aus. Gottes Worte sind unwiderstehlich und gehen den Menschen unbedingt an. Sie gehen zu Herzen (26), müssen überall gesagt sein (28) und wollen im Tagesverlauf der Gemeinschaft berühren (36).

Fast lesen sich die drei Abschnitte wie Ausführungen der Priamel: der erste mit wörtlicher Aufnahme (24-27 nach 21), der zweite, weil für die *Seele* dasselbe Wort steht wie für die *Kehle*, mit der man *redet* (28-32 nach 22), der dritte, weil die täglichen Verrichtungen im Privatbereich des Hauses und in der Öffentlichkeit der Stadt die ganze Kraft, das Vermögen des Menschen, brauchen (33-36 nach 23). JHWH ist der Eine und erhebt einen umfassenden Anspruch auf Israel. Alle sollen am Einen orientiert sein, und zwar ganz und gar. Die deuteronomisch-deuteronomistischen Schulen denken zentralistisch und holistisch, auch mit einem leichten Hang zum Totalitären.

Andere Gottesbilder im Text
_ Der Hirt (4-5.15.17): vgl. Einheit 4
_ Der Gott der Väter (16): Ex 3,13; 4,5; Richt 2,12; Esra 7,27; Apg 3,13; 5,30
_ Der Einzige (19): vgl. Einheiten 2; 16; 24

Anderes Gottesbild im Umfeld
_ Der Starke: Hi 40,3-4; Ps 71,18; 98,1-2; Offb 4

_ VEREHRT

Der legendäre Symbolort

Wüste ist Niemandsland. Wüstenzeit ist ein *timeout*. Wüstenerfahrung ist die Erfahrung tödlicher Härten und lebensvoller Wunder. Das war sie schon immer, biblisch und nachbiblisch (vgl. Einheit 25). Das ist sie noch heute, sobald der Tourismus schweigt. Wüste ist reduziertes Leben, bis zum Tode hart und gemindert, aber auch bis zum Wunder gesteigert und stark. Den Kräften der Wüste kann niemand ausweichen. Sie sind unerbittlich und elementar. Kein Wunder, dass der Glaube der Exilierten dort die Gründungslegende der *tora*, der Weisung Gottes fürs Leben, ansiedelt: Hart und wunderbar wie die Wüste ist die Weisung, unerbittlich und elementar wie die Kräfte der Wüste ist der gesetzgebende Gott. Diese Ansiedelung einer gegenwärtigen Glaubenserfahrung bei einer vergangenen Lebenserfahrung geschieht kurz vor dem Exil und dann im Exil gleich zweimal.

Zuerst und in diesem Text geschieht sie über die Stimme des Mose, der nach vierzig Jahren Wüste mit seinen Leuten vor dem Übergang ins verheissene Land steht und ihm als Vermächtnis mitgibt, wie Gott sich dort das Leben vorstellt. Die Wüste liegt hinter ihnen, das Kulturland vor ihnen. Das einzige, was sie als Weisung aus der Wüste mitbringen, ist der Dekalog, die Zehn Gebote (Dtn 5,6-21), die Mose auf einem Berg, von einem Gott und aus einem Feuer empfangen hatte (Dtn 5,4-5.23-33).

Später dann im Exil wird nicht nur der Dekalog (Ex 20,2-17), sondern gleich das ganze Gesetz am Sinai lokalisiert und mit der sogenannten *Sinaitheophanie* verbunden, sichtbar im alten Bundesbuch und im jungen Heiligkeitsgesetz, aber auch in einer Vielzahl ziemlich alter und vormals mündlicher Texte. Die archaische Vorstellung von der Theophanie, vom Auftreten Gottes in chaotischen Naturgewalten wie Wetter, Erdbeben und Vulkanausbruch (Ex 19), das Gottesbild von einem Gott, der als Donnerer durch die Wüste fährt (vgl. Einheit 6), wird jetzt aufgegriffen und zum Hintergrund eines neuen Gottesbildes gemacht: der Vorstellung von einem unerbittlichen Gesetzgeber, dem unbedingt Folge zu leisten ist.

Die Wegbereiter

Die Propheten hatten zu diesem Gottesbild eine Spur gelegt. Hosea drohte, Israel müsse zurück nach Ägypten: *Wieder und wieder schreibe ich meine Weisung auf für ihn (Efraim) – wie Fremdes wird sie betrachtet. Als Opfergaben für mich bringen sie Fleisch dar, und sie essen es selbst. Der Herr hat kein Gefallen daran! Nun denkt er an ihre Schuld und nimmt sich ihre Sünden vor. Sie müssen zurück nach Ägypten!* (Hos 8,12-13; vgl. 9,3.6; 11,5) Israel hat Weisungen, nimmt sie aber nicht ernst und muss deshalb zurück an den Ausgangspunkt. Schüler des Amos sahen die Plagen Ägyptens am Horizont, diesmal aber nicht gegen das Reich der Pharaonen, sondern gegen das eigene Volk (vgl. Einheit 10). Jeremia fragte ironisch: *Ist Israel ein Sklave oder ein unfrei Geborener? Warum ist er zur Beute geworden? Immerfort haben die Löwen gegen ihn gebrüllt, haben ihre Stimme erhoben und sein Land zur Wüste gemacht, seine Städte sind verbrannt, sind ohne Bewohner. Auch die von Nof und Tachpanches werden dir den Scheitel abweiden.* (Jer 2,14–16) Der Prophet vergegenwärtigte, was kommen musste, die Rückkehr Israels in die Sklaverei und ein neuerliches Trauerspiel unter der Knute Ägyptens.

Alle drei prägten sie die Vorstellung der *recapitulatio*: Israel hat sein Erbe verwirkt und muss wieder an den Anfang zurück, um nochmals den Wert der Befreiung zu erfahren, nochmals die Bitterkeit der Wüstenzeit, nochmals die Wunder des Lebens mitten im Land des Todes. Dieses Rekapitulieren ermöglichte, die Erteilung des Gebots (*mizwah*) und der Weisung (*tora*) durch Gott genau dort festzumachen, wo Israel vierzig Jahre lang seinem Gott ausgesetzt war, auf Gedeih und Verderb auf ihn angewiesen. In der Wüste, dem überwältigenden Land der Unordnung und des Chaos, gibt Gott die Regeln, damit Israel in Palästina, dem lieblichen Land des Kosmos und der Ordnung (17), auch so leben kann.

Der Gott des Gesetzes

Gott wurde im Glauben zum Gesetzgeber, der seit eh und je den Tarif erklärt hat. Im Alten Orient war diese Vorstellung auch nicht neu. Schon tausend Jahre früher ist sie belegt: Auf der Hammurapi-Stele (im Louvre), einem 65 cm hohen Stein aus schwarzem Diorit, auf dem in Keilschrift alle 282 Gesetze des Codex eingeschnitten sind, ist es Shamash, der babylonische Sonnengott, der auf seinem Thron sitzt und dem vor ihm stehenden König Hammurapi Ring und Stab übergibt, die Insignien der gottverliehenen Macht, zu der es auch gehört, zum Wohlbehagen der Menschen das darunter verzeichnete Gesetz zu erlassen. Dabei trägt *Shamash* die babylonische Hörnerkrone aus vier übereinander gelegten Stierhörnern, während aus seinen Schultern rechts und links je drei Blitze fahren. Die Botschaft ist mythisch und archaisch: Der Gott trägt die Zeichen des Chaos, das er bannt, während er dem König die Macht verleiht, durch Recht und Gesetz den Kosmos zu wahren, den der Gott garantiert.

Bei aller Ähnlichkeit werden die Unterschiede erkennbar: Was *Shamash* tun lässt, tut JHWH selbst. Was die Altbabylonier im Kosmos des Kulturlandes erhalten, erhält Israel im Chaos der Wüste. Was die Gläubigen an Gott bindet, ist seine Leidenschaft fürs Leben, die am eindrücklichsten zu spüren ist, wenn es am meisten gefährdet ist, dann am wenigsten, wenn der Alltagstrott im Kulturland seinen gewöhnlichen Gang geht. Gott als Gesetzgeber, das bleibt eine Herausforderung des Glaubens, der sich der Gläubige stellen muss, wenn sein Gott mehr sein soll als ein gefälliger und beliebter Schönwettergott. Jesus hat sich ihr mit der Bergpredigt gestellt (Mt 5–7).

_ NACHGEFRAGT

Vom Text her

_ Welche Wirkungen haben die Zehn Gebote in Ihrem Leben? Was wird durch sie nicht erfasst? Kennen Sie andere Beispiele aus dem Zwischenbereich zwischen Ethik und Gesetz, die man auswendig an den Fingern abzählen kann?

_ Wie denken Sie darüber, dass *Gesetz* eigentlich *Gebot* heisst? Und *Tora* eigentlich *Weisung*?

_ Was ist Ihnen wichtiger, eine differenzierende kasuistische Gesetzgebung oder elementare apodiktische Grundregeln? Wann kommt welche Art des Rechts besser ins Spiel?

_ Welche Wirkungen biblischer Gerechtigkeitsvorstellungen auf die abendländische Kultur fallen Ihnen ein? Warum möchten Sie biblisch und christlich bedingte Rechtshaltungen heute (nicht) deklarieren?

_ Wieso gehört Gott für Sie (nicht) in die Präambel einer Verfassung? Was spricht für, was gegen einen relativierenden Vorbehalt im grundsätzlichen Teil einer modernen Gesetzgebung?

Zum Gottesbild hin

_ Was denken Sie über die Lokalisierung aller Rechtstexte in der Wüste? Welche Gedanken setzt diese Beobachtung frei? Haben Sie eigene Erfahrungen mit der Wüste, die Ihnen den Rückgriff auf die Wüstenzeit verständlich machen?

_ Welche Gründungslegenden für Gesetzgebungen, Staaten und Völker kennen Sie? Wie denken Sie darüber? Was bringt es, eine solche Legende zu haben?

_ Was sagt die Neigung, eine solche legendäre Anbindung zu machen, über den Glauben? Was sagt sie Ihrem Glauben?

_ Wie denken Sie über den Gedanken der recapitulatio? In welchem Lebensbereich möchten Sie von vorn beginnen? Was folgt aus solchen Phantasien?

_ Wo sehen Sie eine Grenze, wenn Sie sich Gott als Gesetzgeber vorstellen? Wie kann man das, was daran wichtig ist, für den Glauben fruchtbar machen?

_ Was sagt Ihnen das Gottesbild im Blick auf die Bergpredigt? Was, wenn Jesus sagt, *vom Gesetz nicht ein einziges Jota* wegnehmen zu wollen (Mt 5,17–20)?

_ GELESEN

_ Hans Jochen Boecker, Recht und Gesetz im Alten Testament und im Alten Orient ; Neukirchen 1976.

_ Martin Rose, 5. Mose (Zürcher Bibelkommentare 5,1–2); Zürich 1994.

_ Hans Heinrich Schmid, Das Verständnis der Geschichte im Deuteronomium; in: Zeitschrift für Theologie und Kirche (ZThK 64); Tübingen 1967.

GOTT BESTIMMT
DIE WIRKLICHKEIT.
DER SCHÖPFER

GOTT BESTIMMT
DIE WIRKLICHKEIT.
DER SCHÖPFER

_ GESCHRIEBEN

1	Wer hat mit der hohlen Hand das Wasser gemessen	12
2	und mit der Spanne seiner Hand den Himmel abgemessen?	
3	Und wer erfasst mit dem Drittelmass den Staub der Erde	
4	und wiegt mit der Waage die Berge	
5	und mit Waagschalen die Hügel?	
6	Wer hätte den Geist des Herrn geprüft,	13
7	und welcher Mensch wäre sein Ratgeber, würde ihn unterweisen?	
8	Mit wem könnte er sich beraten, der ihm Einsicht verschafft	14
9	und ihn belehrt hätte über den Pfad des Rechts	
10	und ihn Erkenntnis gelehrt hätte	
11	und ihm nun den Weg der Einsicht wiese?	
12	Sieh, wie ein Tropfen in einem Eimer sind die Nationen,	15
13	und wie Staub auf Waagschalen werden sie geachtet.	
14	Sieh, Inseln hebt er empor, als wären sie ohne Gewicht.	
15	*Und der Libanon reicht nicht aus für den Brand,*	16
16	*und sein Wild reicht nicht aus für das Brandopfer.*	
17	Vor ihm sind alle Nationen, als gäbe es sie nicht,	17
18	wie das Nichts, wie das, was nicht ist, werden sie von ihm geachtet.	

JESAJA 40,12–17

_ GESCHRIEBEN

1	Wer hat mit der hohlen Hand das Wasser gemessen
2	und mit der Spanne seiner Hand den Himmel abgemessen?
3	Und wer erfasst mit dem Drittelmass den Staub der Erde
4	und wiegt mit der Waage die Berge
5	und mit Waagschalen die Hügel?

Himmelblau im Kellerloch

Blau. Mir war sofort klar, dass die Grundfarbe blau sein müsste. Die Farbe des Himmels, die Farbe des Wassers, des Meeres. Ein sattes Königsblau.

Ich war die erste aus unserer Kursgruppe, die zum Tisch in der Mitte ging, um sich die Grundfarbe zu holen. Zwei Flaschen mit blauer Farbe gab es da: ein helleres Wasserblau und ein dunkleres, intensiv leuchtendes Königsblau. Ohne zu zögern schüttete ich mir die Farbe aus dieser zweiten Flasche grosszügig auf meinen Plastikteller. Ich brauchte sie nicht mal zu mischen, sie war für meine Vorstellung perfekt. Ich nahm mir einen breiten Pinsel und ging zurück zu meinem Malplatz an der Wand. Während dieser paar Schritte liess ich meinen Blick durch den Raum schweifen. Der sogenannte Jugendraum unserer Gemeinde, ein hässliches Kellerloch, ehrlich gesagt. Er trug die Spuren lauter Discoabende und jugendlichen Übermuts. Aber heute gehörte er uns, den Erwachsenen, den Teilnehmerinnen und Teilnehmern des Bibelseminars. Er sollte uns für diese Kurseinheit als Malatelier dienen, und seine Hässlichkeit befreite uns vom Gefühl, in fremden Räumen keinen Dreck hinterlassen zu dürfen. Nun stand ich vor meinem Papier, gross wie ein Weltplakat und mit breitem Malerband an der Wand befestigt. Ein letzter Blick über die Schulter versicherte mich, dass in der Zwischenzeit auch die anderen dabei waren, ihre Farben auszuwählen. Dann gab es nur noch die weisse Fläche, die blaue Farbe und meine Vorstellung von der unendlichen Weite des Himmels und des Meeres.

Wer hat mit der hohlen Hand das Wasser gemessen und mit der Spanne seiner Hand den Himmel abgemessen? Dieser Text hatte mich sofort angesprochen. Er hatte Kraft, Überzeugungskraft, fast etwas Suggestives. Er liess mich die Weite des Alls spüren, aber nicht mit einem kalten Gefühl der Verlorenheit, sondern der Wärme der Geborgenheit. Auch ich, ging es mir durch den Kopf, ich als winzig kleiner Mensch, habe neben dem Meer noch Platz in dieser Hand. Mein sattes Blau war genau richtig, um diesen Eindruck von Weite und Geborgenheit auszudrücken.

Trockenübung mit Jugendschalk

Jetzt, als ich den Pinsel zur Hand nahm und in die Farbe tauchte, war ich plötzlich froh um die einstimmenden *Trockenübungen*, zu denen unsere Kursleiterin uns zu Beginn aufgefordert hatte – oder *eingeladen*, wie sie selber sagte, wohl wissend, dass ihr Vorschlag eher Befremden auslösen würde, war doch Malen für die meisten von uns eine recht seltene Beschäftigung. Ohne Pinsel in der Hand hatten wir uns bewegt, als ob wir die ganze Welt anstreichen müssten: auf und ab, hin und her, links und rechts herum im Kreis. Mit dem ganzen Körper sollten wir malen, wurde uns gesagt, nicht nur mit den drei Finger-

gliedern, wie wir das aus dem Zeichenunterricht in der Schule alle noch mehr oder weniger freudig in Erinnerung hatten.

Überhaupt gehe es jetzt nicht um *schöne Bilder*, sondern darum, mit Farben und Formen auszudrücken, was der Bibeltext in uns auslöse. Niemand würde unsere Werke später beurteilen. Dieser Hinweis hatte da und dort ein entspanntes Aufatmen bewirkt und liess bei diesen Trockenübungen beinahe so etwas wie jugendlichen Schalk aufkommen. Jedenfalls hatten wir in diesem doch eigentlich ernsten Kurs noch nie so herumgealbert wie bei der Vorstellung, gemeinsam die ganze Welt anzumalen. *To paint the town red*, erinnerte ich mich, sei ein bildlicher Ausdruck für den abendlichen Ausgang.

Farbenlust

Jetzt war ich, wie gesagt, froh um diese Einstimmung, denn jetzt war es mir ernst. Ich fühlte mich geschützt in dieser Gruppe von Menschen, die mit mir das Interesse an der Bibel teilten, und fühlte diese Weite in meinem Körper, diese Bewegungen in meinen Muskeln. Ich setzte den Pinsel an und beobachtete fasziniert, wie sich das Blau auf dem ganzen Blatt ausbreitete. Ich malte, bis ich selber satt war von diesem Blau.

Es war totenstill im Raum. Ich trat ein paar Schritte zurück, um mein Bild mit Distanz zu betrachten. Dann nahm ich nochmals das Textblatt zur Hand, las den Text langsam für mich und blickte dazwischen immer wieder auf mein leuchtendes Königsblau. Ja, das war es, die Grundfarbe dieses Textes, meine Farbe. Ich verspürte Lust, jetzt andere Farben zu holen und weiterzumalen, aber das wäre bereits der nächste Schritt im Ablauf gewesen – ausserdem war mein Bild noch feucht, und ich wollte die Schöpfung ja nicht in ein Chaos zurückverwandeln.

Ich blickte mich um. Mein Nachbar zur Rechten hatte sich ein dunkles Gelb ausgewählt und noch leicht mit Orange gemischt. Im Kunstlicht strahlte sein Bild fast golden. Mir kamen mittelalterliche Gemälde mit steifen Figuren auf goldenem Hintergrund in den Sinn, die ich schon in Museen betrachtet hatte. Diese Farbe drückte für mich eher Besonderheit, ja sogar Heiligkeit aus. Aus dem Bibeltext war mir jedoch dieser Aspekt Gottes nicht entgegengekommen. Meine Nachbarin zur Linken dagegen hatte ihre Grundfarbe so oft neu gemischt, dass sie kaum zu erraten war. Ihr Bild war bewegt und schillerte in allen Farben, als hätte sie versucht, die ganze Fülle der Farbenwelt auf einen einzigen Bogen Papier zu bringen. Wollte sie damit sagen, dass alles, was wir sehen können, nicht ausreicht, um Gott zu beschreiben?

Wortgestammel

Als die Kursleiterin uns nun aufforderte, alle Bilder zu betrachten und dann zum Austausch zusammenzukommen, war ich wirklich gespannt darauf, von den anderen zu hören, was hinter ihrer Farbwahl stand. Erstaunt muss-

tip

Mittel:
Lesung des Textes auf CD V/13; alle Texte Deuterojesajas als Lesungen auf der CD II/1–6; im Reiseführer die Ausflüge Schöpfung und Garten mit vielen tips

Bild:
Bible moralisée (Titelminiatur, Frankreich um 1230); Wolf Erlbruch (Bild) / Gioconda Belli (Wort), Die Werkstatt der Schmetterlinge (Illustrationen/ Gedichte, Deutschland/ Nicaragua 2002)

Buch:
Friedrich Gottlieb Klopstock, Die Frühlingsfeier (Gedicht, Deutschland 1759)

Klassik:
Joseph Haydn, Die Schöpfung (Oratorium, Österreich 1798); Franz Schubert, Gott, der Weltschöpfer (Lied, Österreich 1816); Peter Roth, Din Atem trait min Gsang. Vier Schöpfungspsalmen (Weltmusik, Schweiz 2000)

te ich aber zur Kenntnis nehmen, dass die Euphorie, die mich angesichts der – wie ich es empfand – Grossartigkeit des Textes erfasst hatte, längst nicht von allen anderen geteilt wurde. *Kalt* oder *fern* oder *berechnend* hörte ich einige über den Gott urteilen, von dem im Text die Rede war. *Mit so einem kann ich nichts anfangen*, meinte schulterzuckend eine junge Frau, die seltsamerweise ihr Bild in einem ganz ähnlichen Blau gehalten hatte wie ich meines.

Ich für mich fand es gar nicht einfach, in Worte zu fassen, was mein Blau über den Text ausdrücken sollte. Dieses Gefühl von Weite und Geborgenheit gleichzeitig – ich konnte nur hoffen, die anderen spürten beim Betrachten meines Bildes ahnungsweise, was ich damit meinte.

Wir malten später, als unsere Bilder trocken waren, weiter, versuchten die Aussagen des Textes auf dem Hintergrund unserer Grundfarben sichtbar zu machen und diskutierten endlich auch über die Bedeutung, die Gott als Schöpfer in unserem persönlichen Glauben zukommt.

Mein Bild habe ich am Ende dieses Kursabends mitgenommen. Es steht seither zusammengerollt in einer Ecke meines Arbeitszimmers. Zweimal schon habe ich es ausgebreitet, mich sattgesehen am Blau und versucht, das Gefühl von Weite und Geborgenheit wieder zu spüren. Den Text dazu kann ich unterdessen fast auswendig.

_ VERORTET

Das Exil

Mit der Schöpfung beginnt zwar die Bibel, aber die Rede von Gott dem Schöpfer war, historisch gesehen, nicht die erste theologische Aussage Israels über seinen Gott JHWH (Zeile 6). Erst zum Zeitpunkt der Krise, nach dem Verlust der Selbständigkeit, des Tempels und der Heimat wurde der Gedanke, dass JHWH nicht nur der Retter Israels, sondern auch der Schöpfer des Kosmos und damit aller Völker sei, zentral wichtig für die kulturelle und religiöse Identität dieses gebeutelten Volkes. Für die Entstehung der Bibel hat diese schwierige Zeit eine überragende Bedeutung. Über das alltägliche Leben der judäischen Bevölkerung im Babylonischen Exil dagegen oder über die wirtschaftliche, politische und kulturelle Situation der im Land zurückgebliebenen Volksteile, erfährt man aus biblischen Texten nur wenig.

Nachdem das Nordreich Israel von den Assyrern erobert worden war (722), erlitt das Südreich Juda zu Beginn des 6. Jahrhunderts das gleiche Schicksal durch die Babylonier, die neue starke Macht im Zweistromland. Mehrmals zog deren König Nebukadnezzar in das Gebiet von Syrien-Phönizien-Palästina, um dort – meist gegen wenig Widerstand der einheimischen Regenten – seine Vormachtstellung gegenüber Ägypten, der anderen Grossmacht, zu sichern (2Kön 24,7). So willigte auch König Jojakim von Juda nach einem solchen Besuch für eine gewisse Zeit in die Unterwerfung ein, wohl mit den üblichen Tributzahlungen (2Kön 24,1). Jeder Versuch, sich politisch unabhängig zu machen, musste der babylonische König jedoch als Stärkung seines grossen Gegners sehen. Darum strafte er hart, wen er für einen Aufrührer hielt.

Deportationen

Immer wieder, jeweils nach versuchten Aufständen, wurden Angehörige der Oberschicht Judas nach Babylonien deportiert. In biblischen Texten finden sich dazu verschiedene Angaben: Nach Jer 52,28–30 waren es in drei Schüben insgesamt 4 600 Personen. Nach 2Kön 24,14 wurden 10 000 Männer, nämlich alle vornehmen und wehrfähigen sowie Handwerker ins Exil geführt, so dass nur die *geringen Leute* zurückblieben. Spätere Quellen (2Chr 36,20) gehen von einer kompletten Deportation aus. Nach den Listen in Esra 2 und Neh 7 kehrten nach dem Exil, siebzig Jahre später, etwa 30 000 Männer zurück. Die Zählung des gesamten Volkes mit Knechten und Mägden ergab etwa 50 000 Personen. Neben den Deportationen gab es Fluchtbewegungen nach Ägypten (2Kön 25,26; Jer 44,1) und vielleicht auch in andere Gebiete. Eine Schwierigkeit dieser Zählungen besteht darin, dass nicht immer klar ist, ob nur die erwachsenen Männer gezählt wurden, aber ihre ganzen Familien gemeint waren, das war in Israel üblich. Oder ob die Zahlen Frauen, Kinder und Gesinde mit umfassen, so zählten normalerweise die Babylonier.

Jedenfalls kann man davon ausgehen, dass die Babylonier wie zuvor schon die Assyrer jeweils ganze Familien umsiedelten und nicht etwa nur die «brauchbaren» Männer als Arbeitskräfte mitnahmen. Aber auch sonst ist die historische Zuverlässigkeit der biblischen Zahlen nicht gesichert. Archäologische Ausgrabungen der damals zerstörten Siedlungen verhelfen ebenfalls nur zu groben Schätzungen. Man geht von einer Gesamtbevölkerung von etwa 80 000 Bewohnern in Juda am Vorabend des Exils aus und rechnet mit einer Deportation etwa eines Viertels der Bevölkerung. Unsicher ist die Zahl der im Krieg Umgekommenen und der Flüchtlinge, die grob auf 20 Prozent geschätzt wird. Damit wäre die judäische Bevölkerung fast auf die Hälfte reduziert worden und hätte nur noch etwa 40 000 Menschen umfasst.

Anders als die Deportierten des Nordreichs in Assyrien, die mit der Zeit in der fremden Gesellschaft aufgingen, konnten sich die Judäer im Exil ihre Identität teilweise bewahren. Sie waren von den Babyloniern nicht zerstreut, sondern in geschlossenen Siedlungen untergebracht worden. Die Traditionen, Gottesdienste und Bekenntnisse des JHWH-Glaubens, der jetzt eine grössere Verbindlichkeit erhielt, ersetzten den staatlichen Zusammenhalt.

Leben in der Fremde

Über die äusseren Lebensbedingungen der Deportierten in Babylonien weiss man nicht viel. Vermutlich lebten sie relativ selbständig als halbfreie Pächter von Ländereien des Staates, dem sie Abgaben zu zahlen hatten, und ernährten sich von eigener Produktion und Arbeit. Hinweise auf Fronarbeit oder weitere Unterdrückungsformen gibt es nicht. In einem Wirtschaftsdokument aus Nippur sind jüdische Namen notiert, die darauf hinweisen, dass die Deportierten als wirtschaftliche Partner akzeptiert waren. Bis zu einem gewissen Grad – und sicher in unterschiedlichem Mass – waren die Judäer in Babylonien integriert. Das hatte ihnen Jeremia, der nicht mit einem baldigen Ende des Exils rechnete, in einem Brief auch empfohlen: *Baut Häuser und wohnt darin, pflanzt Gärten und esst ihre Frucht, nehmt Frauen und zeugt Söhne und Töchter ... Sucht das Wohl der Stadt ..., denn in ihrem Wohl wird euer Wohl liegen.* (Jer 29,5–7)

Die bereits in Palästina übliche dörfliche Selbstverwaltung unter dem Rat der Ältesten bestand vermutlich weiter. Der Exilprophet Ezechiel hatte es stets mit *Ältesten* als Exponenten der Deportierten zu tun (Ez 14,1; 20,1), natürlich unter der Oberhoheit der babylonischen Verwaltung. Daneben bildete sich eine geistig-geistliche Führungselite aus Männern, die priesterlicher Herkunft waren, und aus Schreibern, die begannen, die vorwiegend mündlichen Traditionen zu sammeln und aufzuschreiben. Neben der lokalen, dörflichen Gemeinschaft, die sich in Gottesdiensten versammelte (kritisch dazu Ez 33,31), bildete sich auf diese Weise eine universale Glaubensgemeinschaft, die durch den Glauben und die Tradition die Anhängerinnen und Anhänger JHWHs von Babylonien bis Ägypten miteinander verband. Diese geistige Elite setzte alles daran, einer kulturellen und religiösen Assimilation an die fremden Kulturen entgegenzuwirken. Nach der Rückkehrerliste in Esra 2 waren die Judäer bereits im Exil nach Verwandschaftsgruppen geordnet, die den Namen *Vaterhäuser* erhielten und in nachexilischer Zeit auch in Palästina die neue politische Ordnung bildeten. Diese Verwandschaftsgruppen, welche die älteren Sippen ablösten, setzten sich aus Familien zusammen, die sich als verwandt empfanden, wurden teilweise auch neu gebildet und konnten so versprengte Einzelpersonen oder schon von den Assyrern Deportierte aufnehmen. Sie waren straff organisiert und vermittelten eine neue, klar definierte Zugehörigkeit und Identität. Vielleicht waren sie bereits im Exil mit einem Mischehenverbot geschützt (vgl. später Esra 10, Neh 13,23–27).

Als Zeichen der Zugehörigkeit wurde die Beschneidung der Vorhaut bei kleinen Knaben eingeführt (Gen 17,12). Die Beschneidung, die andere Völker zwar auch kannten, die in Mesopotamien aber nicht üblich war, gehörte zuvor in den Zusammenhang der Pubertätsriten. Daneben gewannen im Exil diverse Reinheits-, Speise- und Zubereitungsvorschriften an Bedeutung. Ein weiteres wichtiges Unterscheidungsmerkmal waren die Sabbatruhe und die familiären Sabbatfeiern, die nun die verschiedenen Opferfeiern, die ohne Heiligtum nicht möglich waren, ersetzten. Tatsächlich wurde in Babylonien kein solches gebaut, denn nach der Kultreform Joschijas kam nur Jerusalem als Standort für den Tempel in Frage (vgl. Einheit 11). Dies wurde mit der Gebetsrichtung nach dem fernen Jerusalem ausgedrückt, die im Exil üblich wurde (1Kön 8,48).

Alle neuen Rituale waren ortsunabhängig. So entstand in dieser Zeit eine mobile Religiosität, die sich in einer Art zweiter Naivität der früheren Nomadenzeit verbunden wusste. Die Erinnerung mit der ganzen Ambivalenz der Gefühle wurde zu einer wesentlichen Quelle von Vitalität (Ps 137). Alle Identitätsgeschichten der Vergangenheit gewannen an Bedeutung, liessen das Verlorene erkennen und gaben Kraft zum Überleben.

Leben in der Heimat

Wie lebten in der Zwischenzeit die Daheimgebliebenen? Nach der Zerstörung Jerusalems (587) sahen manche die Chance eines Aufschwungs mit Hilfe der Babylonier (Jer 40,7–43,3), während andere die Unterdrückung der Bevölkerung durch die fremde Macht beklagten (Klgl 1–2; 4–5). Die Babylonier hatten als Eroberer durchaus Interesse daran, die Lebensgrundlagen in Palästina schnell wiederherzustellen. Sie straften selektiv nur diejenigen, die sich an den Aufständen beteiligten.

Mit Gedalja setzten sie einen Statthalter ein, welcher der Reform Joschijas nahestand. Dieser wurde in seinen Bemühungen, der Bevölkerung wieder zu Arbeit und Nahrung zu verhelfen, von den Babyloniern unterstützt. Er verteilte die verlassenen Güter unter die im Land Verbliebenen, eine umstrittene Aktion mit sozialkritischem Anstrich, die den Statthalter auch das Leben kosten sollte. Der dritte Deportationsschub (582) steht möglicherweise mit diesem Ereignis in Verbindung. Danach verschlechterte sich vermutlich die Lage in Juda. Allerdings spürte die einfache Landbevölkerung davon weniger, denn Abgaben hatten sie zuvor schon an die eigenen Könige liefern müssen, und Frondienste waren sie auch gewohnt. Möglicherweise war mit der Zeit sogar eine gewisse Selbstverwaltung durch Älteste möglich.

Umsiedlungen anderer eroberter Volksgruppen nach Palästina gab es nicht. Das geschwächte Land vermochte sich nicht gegen den Druck der umliegenden Kleinstaaten zu wehren. Ab etwa 550 verlor Juda verschiedene Grenzgebiete an Nachbarvölker. Unter diesen Umständen war es für die im Land Verbliebenen paradoxerweise schwieriger, ihre gesellschaftliche und kulturelle Integrität zu wahren, als für die Deportierten in Babylon.

_ EINGEREIHT

Deuterojesaja

Der unbekannte Prophet, den die Bibelwissenschaftler *Deuterojesaja* nennen, den *Zweiten Jesaja* (vgl. Einheit

14), und dessen Schriften in den Kapiteln 40–55 des Jesajabuchs gesammelt sind, trat vermutlich unter den Deportierten in Babylonien auf, möglicherweise sogar in deren gottesdienstlichen Versammlungen. Als der Perserkönig Kyros das mächtige medische Nachbarreich Babyloniens erobern konnte (550) und weiter nach Westen vordrang, erkannte Deuterojesaja in ihm den von JHWH gesandten Befreier seines Volkes aus dem Exil (Jes 41,2–4; 44,28; 46,11; 48,14–15). Diese Heilsbotschaft verkündete er. Damit stellte er sich in Widerspruch zu den Warnungen Jeremias vor den Heilspropheten, die das baldige Ende des Exils verkündeten (Jer 29,8–9).

Er sollte jedoch Recht bekommen: 539 zog Kyros in Babylonien ein und erlaubte mit seinem Edikt von 538 den Deportierten die Rückkehr in ihre Heimat. Deuterojesaja verkündet die Rückkehr als einen zweiten Exodus in Analogie zum Auszug aus Ägypten. Seine prophetischen Sprüche sind begleitet von Lobliedern, die das künftige Heilsgeschehen besingen: *Singt JHWH ein neues Lied!* (Jes 42,10). Seine Sprache steht den Psalmen nahe.

Sammlungen alter Erzählungen

Neben der Heilsprophetie Deuterojesajas, die das Volk trösten und zur Hoffnung motivieren wollte, waren für die Erhaltung, Festigung und Erneuerung der kulturellen und religiösen Identität diejenigen Schriften zentral, die nun die alten Erzähltraditionen sammelten und in einen verständlichen Zusammenhang brachten. Ihre Intention war nicht eine im heutigen Sinn historische oder archivarische, sondern eine theologische. Was vorhanden war, wurde unter theologischen Gesichtspunkten zusammengestellt, überarbeitet und kommentiert. Die Schriften sollten nicht nur alte Erzählungen konservieren, sondern den Gang der Geschichte Israels von der Schöpfung bis zur Gegenwart als Handeln Gottes, als Beziehungsgeschichte zwischen Mensch und Gott bzw. Volk und Gott verdeutlichen und damit die Menschen erneut in diese Beziehung zu Gott führen.

Diese Schriften sind in den ersten Büchern der Bibel erhalten. Die Spuren des komplizierten Zusammenwachsens unterschiedlicher Traditionen sind hier noch sichtbar. Manche Begebenheiten werden mehrmals erzählt, in anderen Geschichten stolpert man über Widersprüche. Entlang diesen Doppelungen, Brüchen und Widersprüchen versucht die exegetische Forschung, die Entstehung des vorliegenden Textes zurückzuverfolgen.

So beginnt die Bibel mit zwei verschiedenen Schöpfungsberichten, die heute nacheinander angeordnet sind, in einer Zwischenphase jedoch einmal je den Beginn einer eigenen Schriftensammlung dargestellt haben könnten.

Die sogenannte Priesterschrift

Der erste Schöpfungsbericht (Gen 1,1–2,4a) wird von der Forschung einer Schrift zugeordnet, die durch ihren eigentümlichen Stil leicht aus dem gesamten Text herauszulösen ist und den Namen *Priesterschrift* erhalten hat. Die Schrift beginnt mit einem Stück Welt- und Menschheitsgeschichte, bevor das Volk Israel als Hauptperson auftritt. Gott, der zu Beginn noch nicht mit dem Namen JHWH genannt wird, segnet nach Erschaffung der Welt zuerst Tiere, dann Menschen und übergibt den letzteren die Erde. In diesem Schöpfungstext wird die Welt so beschrieben, wie Gott sie wollte: als geradezu liturgisch gebaute Ordnung. Dann folgt die Flutgeschichte (in Gen 6–9), die zeigt, dass die Welt auch als Schöpfung Gottes vom Chaos bedroht ist. Aber auch diese Geschichte endet mit dem Segen Gottes und einem Bund, den er generell mit den Menschen schliesst. Bund und Segen tauchen bei Abraham wieder auf (Gen 17,7–8), doch nun geht der Blick speziell bis zum Land, das dessen Nachkommen versprochen wird. Als sich diese wie Sklaven in Ägypten befinden, erinnert sich Gott an den Bund, gibt sich gegenüber Mose mit seinem Namen *JHWH* zu erkennen und verspricht, sein Volk Israel zu retten (Ex 6,2–8). Am Sinai lässt er sich inmitten seines Volkes nieder (Ex 29,43–46) und begleitet es dann bis an die Schwelle seines Landes (Ex 40,34–38). In dieser durch Segen, Bund und Landverheissung verbundenen Geschichte bildet Abraham die Schlüsselfigur zwischen allgemeiner Menschheitsgeschichte (Urgeschichte) und spezieller Geschichte (Israelgeschichte).

Erst zur Zeit des Mose offenbart JHWH seinen Namen und tritt mit Israel durch eine Reihe kultisch-priesterlicher Vorgänge in Beziehung. Diese sind breit und ausführlich geschildert und verleihen der Schrift ihren wissenschaftlichen Namen.

Die Priesterschrift ist im Exil entstanden. Sie erzählt in einer Zeit, da die nationale Einheit zerstört ist, von der vorstaatlichen Geschichte Israels und verlegt die Ursprünge dessen, was jetzt für die Identität des Volkes wichtig ist, in diese Zeit, als es ebenfalls weder ein eigenes Land noch einen Tempel gab. Manche damals bekannte und teilweise heute in der Bibel nachlesbare Episoden der Geschichte Israels lässt sie weg. Ihr geht es um die grossen Linien. Sie will nicht unterhalten, sondern in einer schwierigen Zeit Orientierung stiften. Segen, Bund und Landverheissung prägten damals die Geschichte Gottes mit den Menschen und mit seinem Volk – soll es jetzt, im Exil anders sein? Die Geschichte Israels gründet in der Geschichte der Menschheit – soll sie jetzt nicht auch in die Geschichte der Menschheit, der Völker münden? Ähnlich wie bei Deuterojesaja gibt in der Priesterschrift der Glaube an Gott, den Schöpfer, dem Glauben an Gott, den Lenker der Geschichte, Halt und Perspektive.

Der sogenannte Jahwist

Neben der Erzählung von Gottes guter und ordnender Schöpfertätigkeit, die dem Tun der Menschen und Völker den Rahmen setzt, steht im Alten Testament eine andere Antwort auf die mit der Exilerfahrung aufgeworfenen

Grundfragen des Menschseins. Der zweite Schöpfungsbericht (Gen 2,4b–3,24) setzt ein mit der Erschaffung des Menschen. Erst später wird für diesen der Garten, seine erste Lebenswelt, geschaffen, die er – unterdessen Mann geworden und mit einer Partnerin versehen – jedoch bald schon verlassen muss. Dieser Erzählstrang, der in der Wissenschaft *Jahwist* genannt wurde, weil Gott hier von Anfang an den Namen *JHWH* trägt, setzt den Focus beim Verhalten des Menschen und den Konsequenzen daraus. Er erzählt in verschiedenen Geschichten, am bekanntesten sind die über Kain, Noah und Babel (in Gen 4–11), immer wieder davon, wie Menschen ihren Handlungsspielraum nutzen und dabei über die gesetzten Grenzen hinausgehen. Potential und Gefährdung des Menschen bilden ein Spannungsfeld, in das Gott immer wieder eröffnend oder begrenzend eingreift. Hier ist die Schöpfung nicht einfach gut, sondern erscheint ambivalent. Und auch Gott, der Leben ermöglicht, indem er Leben begrenzt, erscheint ambivalent.

Auch die Schrift des Jahwisten wird nicht in der Glanzzeit Salomos entstanden sein, sondern eher in der Notzeit des Exils. Allerlei mythologische Anspielungen (Gen 6,1–4; 11,1–9) setzen die Kenntnis mesopotamischer Mythen und Bauten voraus. Gegenüber der Priesterschrift, die auf die heilenden Ordnungen des Gottesdienstes setzt, spricht der Jahwist dem Einzelnen eine hohe Selbst- und Weltverantwortung zu. Liegt die Pointe bei der Priesterschrift darin, dass die Welt eigentlich die gute Schöpfung von Gott her ist, so beim Jahwist darin, dass Gottes Schöpfung der Lebensraum für den Menschen ist.

_ AUSGELEGT

Das schöpferische Messen

Der ausgewählte Text von Deuterojesaja ist als Gedicht mit drei Strophen komponiert. Er bildet den ersten Teil einer grösseren Einheit, die bis zum Kapitelende reicht (Jes 40,31) und um die Thematik der Unvergleichlichkeit Gottes kreist. Die literarische Form dieser ganzen Einheit ist die Disputation. Der Text setzt mit rhetorischen Fragen ein (Jes 40,12–14.18.21.25–26a.27–28a), die vermeintlich Raum für die Gegenposition lassen, um diese sogleich zu entkräften (vgl. Hiob 38–39). Sprachlich steht einerseits der Hymnus, andererseits die Tradition der Weisheit im Hintergrund.

Die erste Strophe (1–5) thematisiert die Unvergleichlichkeit Gottes anhand des Bildes vom Vermessen der Welt. Meer, Himmel und Erde sind die drei Grundbestandteile der Schöpfung. Die Reihenfolge spiegelt die Vorstellung, die Urflut sei vor der Erschaffung des Himmels als Gewölbe und der Erde als Festland vorhanden gewesen (vgl. die Priesterschrift in Gen 1). In den Psalmen wird dagegen die Welt meist dreistöckig von oben nach unten benannt: *Himmel, Erde und Meer* (Ps 96,11; 135,6;

146,6) Den Hintergrund bildet die altorientalische Kosmosvorstellung, wie sie etwa in Spr 8,24–30 noch zum Ausdruck kommt. Dort wird ebenfalls die Erde mit einem Blick auf die Berge und Hügel ergänzt (Ps 148,9).

Dass Gott bei der Erschaffung der Welt auch messend tätig war, wird in weisheitlichen Texten erwähnt (Spr 8,27–29; Hiob 28,24–25; 38,5). Dabei setzt das göttliche Messen die Ordnung der Elemente fest und verhindert ein zerstörerisches Überborden lebenswichtiger Naturvorgänge. Dass kein Mensch imstande ist, mit seinen Mitteln die Vorgänge des schöpferischen Messens nachzuvollziehen und damit die Ordnung der Naturkräfte zu beeinflussen, ist ebenfalls eine weisheitliche Selbstverständlichkeit (Spr 30,4).

Diesen letzten Gedanken stellt Deuterojesaja an den Beginn seines Gedichts. Die Absurdität eines solchen menschlichen Messversuchs unterstreicht er, indem er gebräuchliche, alltägliche Messgeräte aufzählt: Die Hand als Hohl- und Längenmass für Meer und Himmel, das *Drittelmass* für die Erde (ein unbekanntes Hohlmass), Standwaage und Handwaage für Berge und Hügel.

Mit dieser ersten Strophe, die auf unbestrittene und bekannte Gedanken zurückgreift, hat Deuterojesaja die Zuhörer und Leserinnen auf seiner Seite. Damit gewinnt die nun folgende Strophe an Plausibilität.

Die Pläne Gottes

In der zweiten Strophe (6–11) geht es nicht um die Schöpfung, sondern um Gottes Handeln in der Geschichte, nicht um die sichtbaren Ergebnisse seines Handelns, sondern um seine Pläne und seine Macht, diese umzusetzen. Der Glaube daran ist durch die politischen Ereignisse um das Exil brüchig geworden. Analog zur ersten Strophe wird der Gedanke als absurd hingestellt, ein Mensch könne Gott durchschauen, Einblick in seine Pläne, ja Einfluss auf sein Handeln gewinnen, wie dies wohl bei den Ratgebern eines Königs der Fall sein könnte.

Der Geist Gottes, hebräisch seine rúach, ist hier das Organ seines geschichtslenkenden Denkens und Handelns. Es geht um die grundlegende Einsicht in die letzten Zusammenhänge der Welt und um das Recht als allgemeine Ordnung des Lebens, die sich auf ihrem Pfad in der Welt durchsetzen wird.

Die beiden Strophen bestehen aus rhetorischen Wer-Fragen, die eine selbstverständliche Antwort unterstellen und herausfordern: niemand.

Die Nichtigkeit der Völker

Die dritte Strophe (12–18) bringt mit zweimaligem Hinweis *Sieh!* die Schlussfolgerung: Da niemand die Welt vermessen und Gott beraten kann, wird alles Erlebbare winzig klein im Verhältnis zum Schöpfer, der dahinter steht. Die mächtigen Völker, die Israels Existenz bedroht haben, sind nichtig neben ihm. Auch die weit entfernten und noch unbekannten Völker, die Deuterojesaja unter dem Stichwort *Inseln* erwähnt, auch parallel zu den *En-den der Erde* (Jes 41,5), und die in Zukunft noch zu einer Bedrohung werden könnten, wiegen nichts in der Hand Gottes. Was sie tun, zählt nicht neben JHWHs schöpferischem und geschichtslenkendem Handeln. Alle Völker schliesslich (17) sind vor Gott wie nichts (18).

Dieses *wie* ist wichtig: Deuterojesaja drückt sich vorsichtig aus, er will nicht die reale Situation verdecken, in der die Babylonier durchaus eine spürbare und reale Macht darstellen. Aber er will eine neue Perspektive in diese reale Situation einbringen: Die Völker sind nicht Subjekte der Geschichte, sondern Akteure in Gottes Plan. Mit dem Bild vom Wiegen und vom Staub schlägt die dritte Strophe den Bogen zurück zur ersten.

Die Zeilen 15–16 sind möglicherweise später zugefügt worden (daher kursiv gesetzt). Der Satz betont mit einem Bild zur Kultthematik die Grösse Gottes. Eigenartig ist die Erwähnung von Wild als Opfertiere, was völlig ungebräuchlich war. Das Opfer hat im Übrigen für Deuterojesaja keine Bedeutung.

Gott lenkt die Geschichte

Die Intention dieses Gedichts ist aus der historischen Situation heraus verständlich: Das Ende des Exils war durch die Expansion des persischen Reiches absehbar. Deuterojesaja verkündete die politische Wende als Handeln Gottes an seinem Volk Israel. Das Disputationswort geht auf die Menschen ein, die an dieser Botschaft zweifelten, die nicht glaubten, dass der Gott Israels so viel Macht habe oder dass er überhaupt noch an sein Volk denke. Dagegen setzte Deuterojesaja den Glauben an Gott, der alles erschaffen hat und lenkt, und gegen den *die Nationen* (12.17), die vermeintlichen Akteure der Geschichte, nichts wiegen. Das Gedicht ruft zum Vertrauen auf diesen Gott und sein Handeln in der Geschichte auf. Fundament dieses Vertrauens ist der Glaube daran oder damals die selbstverständliche Tatsache, dass Gott der Schöpfer ist. Der Text beschreibt nicht den Vorgang der Schöpfung, sondern benützt das Staunen über die Schöpfung als Argument für den Glauben an Gottes Macht in der gegenwärtigen Situation des Exils. Der Gedanke, dass Gott der Schöpfer ist, entstand damals im Kontakt mit der babylonischen Umwelt. Er war zu dieser Zeit unter den Israeliten unbestritten, so dass Deuterojesaja daran anknüpfen konnte. An Gottes Macht, seiner Möglichkeit in die Geschichte einzugreifen, wurde hingegen nach den Exilerfahrungen gezweifelt. Manche wussten die Weltlage besser, realistischer, pessimistischer einzuschätzen. Ihnen rief Deuterojesaja ins Bewusstsein, dass niemand Gottes Pläne kennt oder sie gar beeinflussen kann.

Später greift Paulus im Brief an die Römer diesen Gedanken Deuterojesajas auf, um in einem neuen historischen Zusammenhang auf die Unergründlichkeit von Gottes Handeln gegenüber Israel hinzuweisen (Röm 11,34).

Andere Gottesbilder
im Text
_ Der Ingenieur (1–5):
  Hiob 38–39; Ps 127,1
_ Der Unbelehrbare (6–11):
  Hiob 36,23
_ Der Unergründliche
  (12–18):
  Hiob 28; Ps 139,17;
  Röm 11,33

Andere Gottesbilder
im Umfeld
_ Der Präexistente:
  Gen 1,2; Ps 90,2; 104,1;
  Spr 8,22–31; Joh 1,1–2
_ Der Wissende:
  Ps 139
_ Der Zugewandte:
  Ps 8,5–10
_ Die Fürsorgliche:
  Gen 3,21; Jes 46,3–4;
  Hos 11,1–4; Mt 6,25–34

_ VEREHRT

JHWH ist der einzige Gott

Erst im Exil wächst bei den JHWH-Gläubigen die Erkenntnis, dass ihr Gott nicht einer unter vielen, nicht ihr Gott neben andern Göttern, sondern überhaupt der Einzige sei. Damit ist er nicht nur der Erschaffer der Erde und der Menschen, sondern auch derjenige, der den Fortgang der Schöpfung, die Geschichte, lenkt. Auch die fremden Völker, die andere Götter verehren, sind JHWHs Geschöpfe. Er allein bestimmt die ganze Wirklichkeit. Die fremden Götter sind als Trugbilder entlarvt, als wirksame Mächte sind sie gestorben. Der lange Kampf JHWHs gegen fremde Götter hat so ein Ende. Andersgläubige (und Zweifler in den eigenen Reihen) sind nun nicht mehr Feinde, sondern Unwissende, die aufgeklärt werden müssen. Die Gottheit JHWHs erweist sich sowohl bei Deuterojesaja wie in der Priesterschrift in seinem Ankündigen und Wirken. Schöpfung und Heilshandeln in der Geschichte bilden Modelle des Kommenden, das Deuterojesaja als Prophet JHWHs ankündigt: Wüste wird fruchtbares Land, Befreiung aus Babylon wird geschehen wie damals aus Ägypten. JHWH handelt aber nicht nur nach bekannten Mustern, sondern auch überraschend neu.

Der einzige Gott und Herr der Geschichte ist nun auch nicht mehr an die David-Dynastie gebunden, um seinem Volk Heil zu bringen. Der Perserkönig Kyros kann in der besonderen geschichtlichen Konstellation der Zeit genauso Werkzeug und Gesandter, ja sogar Messias JHWHs, sein *Gesalbter*, sein (Jes 45,1). Gott stehen alle Mittel, auch ganz unerwartete zur Verfügung. Als Einziger kümmert er sich nun auch nicht mehr nur um das Wohl Israels. Am Geschick aller Völker, auch der entferntesten und noch unbekannten, muss ihm genau so gelegen sein.

Der Glaube an den einen Gott in Schöpfung und Geschichte nährt die Vision von der Einheit der Menschheit, vom Frieden unter den Völkern. Im Weiterdenken der Worte Deuterojesajas (Jes 60–62,12) erhält diese Einheit später einen Ort: den Berg Zion als Zentrum der Gottesbeziehung Israels und der ganzen Welt.

JHWH ist Schöpfer der Welt

Gott als Schöpfer erhält im Exil eine neue Wichtigkeit. Die Schöpfung wird Angelpunkt für den Glauben an Gott als Lenker der Weltgeschichte. Einen eigentlichen Schöpfungsglauben dagegen gibt es im Alten Testament nicht, denn zum Verständnis der Welt als von (einem) Gott geschaffener gibt es im ganzen Alten Orient keine denkbare Alternative. Erst in der Neuzeit treten Wissenschaft und Schöpfungsglaube auseinander – um sich vielleicht heute einander langsam wieder anzunähern.

Der Beginn des JHWH-Glaubens war der Glaube an JHWH als Retter (vgl. Einheit 6). «Dies war eine Erfahrung, die bezeugt und weitergegeben werden konnte. Wir sahen, welche Bedeutung sie für die gesamte Tradition Israels bekam. Die Erfahrung ging dann weiter: Gott blieb Israels Retter; und dabei breitete sich die Erfahrung aus, Gott wurde der Retter in allen Lebensbereichen; der Retter aber konnte nur der in allem Wirkende sein. Weil Gott einer ist, muss der Retter auch der Schöpfer sein. Daraus folgt, dass im Alten Testament die durch die Rettungstat Gottes begründete Geschichte bis zum Anfang alles Geschehenden ausgeweitet wird. Der Retter Israels ist der Schöpfer, der Schöpfer ist der Retter Israels. Was in der Schöpfung begann, mündet in die Geschichte Israels ein.» (Westermann 1985, 73)

Gott und die Welt

Die Rede von Gott als dem Schöpfer verbindet die Tradition Israels mit derjenigen der altorientalischen Völker und im weiteren Zusammenhang mit Völkern der ganzen Welt. Die Bilder und Motive, mit denen das Alte Testament von Gottes Schöpfung erzählt und sie besingt, haben Parallelen in den Texten anderer Traditionen. Biblische Texte nehmen Teile altorientalischer Mythen auf, um anhand ihrer Symbole und Geschehnisse über Gott nachzudenken, sie also vom Mythologischen her theologisch zu machen. Meist erzählen diese Mythen im Zusammenhang der Welt- und Menschenschöpfung auch von der Entstehung der Götter. Diese sind dort ein Teil des Kosmos. Das Alte Testament dagegen stellt die Welt Gott gegenüber. Die Welt hat einen Anfang – und daher wird sie auch ein Ende haben. Gott dagegen hat keinen Anfang, er ist ewig.

Das Reden von der Welt, die ein Mensch nur in Teilen wahrnimmt, als Schöpfung des einen Gottes, lehrte die Menschen, die Welt als eine ganze und die Menschheit als eine zusammengehörige zu denken. Man könnte dies als Beginn einer Entwicklung sehen, die heute *Globalisierung* genannt wird. Das Reden von Gott als dem Schöpfer könnte heute davor bewahren, nur den wirtschaftlichen Teil des Zusammenwachsens der Menschheit zu sehen und andere Fragen eines gerechten und friedlichen Zusammenlebens der Völker auszuklammern.

_ NACHGEFRAGT

Vom Text her

_ Ist die Schöpfung Ihrer Meinung nach gut?
  Wenn ja, woran erkennen Sie das?
  Wenn nein, welche Mängel erkennen Sie?
_ Halten Sie Gott für allwissend? Warum (nicht)?
_ Halten Sie Gott für lernfähig? Warum (nicht)?
_ Denken Sie, dass Gott der Gott aller Völker ist?
  Wie beeinflusst Ihre Anwort auf diese Frage Ihre Einstellung zu Angehörigen anderer Religionen?
_ Gibt es für Sie irgendwo auf der Welt einen Ort, der für Sie in besonderer Weise Zentrum der Beziehung zwischen Gott und den Menschen oder den Völkern

ist? Wo? Warum?
_ Wenn nicht: wie könnten Sie sich einen solchen Ort vorstellen?

Zum Gottesbild hin

_ Was verbinden Sie mit dem Stichwort Globalisierung?
_ Wenn Sie unter diesem Prozess die Sicht der Welt als einer ganzen und das Zusammenwachsen der Menschen zu einer einzigen Menschheit verstehen: Was erhoffen Sie sich davon und was befürchten Sie?
_ Wenn Sie die Weltentwicklung zur Kenntnis nehmen, können Sie darin die Lenkung Gottes erkennen?
_ Was bedeutet für Sie persönlich der Satz *Ich bin ein Geschöpf Gottes*?

_ GELESEN

_ Rainer Albertz, Die Exilszeit; Stuttgart 2001.
_ Rainer Albertz, Religionsgeschichte Israels in alttestamentlicher Zeit 1; Göttingen 1992.
_ Karl Eberlein, Gott der Schöpfer – Israels Gott; Frankfurt 1986.
_ Karl Elliger, Deuterojesaja; Neukirchen 1989.
_ Erhard S. Gerstenberger, Theologien im Alten Testament. Pluralität und Synkretismus alttestamentlichen Gottesglaubens, Stuttgart 2001.
_ Peter Höffken, Das Buch Jesaja. Kapitel 40–66 (Neuer Stuttgarter Kommentar AT 18/2); Stuttgart 1998.
_ Otto Kaiser, Jahwe, der Gott Israels, Schöpfer der Welt und des Menschen (Theologie des Alten Testaments 2); Göttingen 1998.
_ Othmar Keel / Silvia Schroer, Schöpfung. Biblische Theologien im Kontext altorientalischer Religionen; Freiburg 2002.
_ Hans-Joachim Kraus, Das Evangelium der unbekannten Propheten. Jesaja 40–66; Neukirchen 1990.
_ Christian Streibert, Schöpfung bei Deuterojesaja und in der Priesterschrift. Eine vergleichende Untersuchung zu Inhalt und Funktion schöpfungstheologischer Aussagen in exilisch-nachexilischer Zeit, Frankfurt 1993.
_ Claus Westermann, Das Buch Jesaja, Kapitel 40–66 (ATD 19); Göttingen 1986.
_ Claus Westermann, Theologie des Alten Testaments in Grundzügen; Göttingen 1985.
_ Erich Zenger (ed.), Einleitung in das Alte Testament; Stuttgart 2004.

GOTT STILLT IHRE KINDER.
DIE MUTTER

_ GESCHRIEBEN

_ ERLEBT

Ein Brief

Liebe Mamutsch, dieser Brief wird Dich überraschen und – ich weiss es! – erfreuen, noch bevor Du ihn gelesen hast. Überraschen, weil es so selten geworden ist, dass ich Dir einen Brief schreibe, da wir doch regelmässig telefonieren. Und erfreuen, weil Du nun wieder einmal etwas in den Händen hast, das von mir kommt. Du wirst diesen Brief wieder und wieder lesen, hier und da ein bisschen damit angeben und Dich darin sonnen, wie glücklich Du mit Deiner Nachkommenschaft bist.

Aber dieses Mal will ich den Spiess umdrehen. Du wirst wenig über die Familie zu lesen bekommen – dafür aber meine Liebeserklärung an Dich: Du bist die grossartigste, wunderbarste Mutter die ich kenne! Bestimmt gibt es nicht viele Menschen, die so an ihre Mutter denken können. Mit wem ich auch rede: Überall werden Vorbehalte geäussert, kommt den Leuten zunächst Kritisches und Negatives in den Sinn, und viele reagieren eher abwehrend auf meine Idee, der eigenen Mutter einen Liebesbrief zu schreiben: Würdigung. Ja, das ginge. Doch Liebesbriefe seien frei gewählten Gegenübern vorbehalten. «Wenn ich an meine Mutter denke, fällt mir nichts Liebenswertes ein.» Ich bin einfach dankbar dafür, wie gut ich es habe. Wenn Du nicht meine Mutter wärst, hätte ich Dich gern zur Freundin. Ich bewundere Deine Vitalität, Deine Leidenschaftlichkeit, Deine Kreativität, Deine Begeisterungsfähigkeit und Deine Energie. Dass ich ein Stück von Deiner Lebenskraft geerbt habe, macht mich stark, obwohl ich anders damit umgehe als Du. Natürlich nervst Du mich manchmal. Davon soll jetzt nicht geschrieben werden. Wichtiger ist, wie sehr Du mein Leben geprägt hast und wie viel ich von Dir übernehme, gerade gegenüber den Töchtern.

Meine Liebeserklärung hat mich auch zu Überlegungen darüber geführt, was denn eine gute Mutter ausmacht. Ist es Deine Fähigkeit, aufzunehmen und zu empfangen, Deine Möglichkeit, zu stillen und zu nähren, oder Dein Wille, ans Licht zu bringen und zu erziehen? Wichtiger als all das ist für mich, glaube ich, dass Du mir einen Boden bereitet hast, auf dem ich nun lebe: einen Boden aus Vertrauen, Zuversicht und Gottvertrauen. Längst habe ich meine Wege gewählt, bin für vieles verantwortlich, reifer geworden und wünsche mir, ein bisschen weise zu werden, aber Du hast mich gelehrt, aus der Quelle des Lebens zu schöpfen.

Als wir klein waren, da verstandest Du, uns und unsere Traurigkeiten, Zornausbrüche, Tränen, Ungezogenheiten, Wutanfälle und Verzweiflungen zu stillen, indem Du uns abgelenkt hast. Und im Nachhinein bin ich überrascht, wie sehr diese Taktik immer funktioniert hat. Ich erinnere mich, wie ich als Kind manchmal sauer war, dass Du mir mein Leid nicht gönnen wolltest. Manchmal wollte ich nicht abgelenkt und natürlich schon gar nicht getröstet werden. Aber Du hast es nicht zugelassen, dass ich mich in irgendeine Schmollecke zurückzog, und dafür gesorgt, dass sich meine Laune wieder hob, bis die nächste Gelegenheit zum Lachen kam. Das war Deine Art zu trösten, zu beruhigen und zu beschwichtigen, die ich heute sehr barmherzig und heilend finde. Und mit den Brüdern hast Du es genauso gemacht. Erst heute bewundere ich Dich dafür, wie selbstlos und klug Du dafür gesorgt hast, dass ich nie das Gefühl bekam, Dich gekränkt oder beleidigt zu haben. So ärgerlich Deine Erziehungsmethoden für mich im Moment auch waren, sie haben mir nie ein schlechtes Gewissen gemacht. Für dieses Stillen bin ich Dir sehr dankbar.

Und dann mussten wir *den Untums ins Klo spucken*, wenn wir uns in irgendwelche Verstrickungen hineinmanövriert hatten, aus denen wir den Ausgang nicht mehr fanden: War das eine Erfindung von Dir? Nie hast Du mir dank dieser Massnahme das Gefühl gegeben, ich sei schlecht. Das war nur *der Untums* in mir, den ich ausspucken und loswerden konnte. Und viel später, im Studium entdeckte ich, wie hilfreich die biblische Vorstellung von den *bösen Geistern* ist, die einen Menschen beherrschen. Sie sind einfach *Untumse*, die mit Jesu Hilfe ins Klo gespuckt werden können, nicht Teil des Menschen sondern Fremdkörper, unwillkommene Störungen. Keine fremden Mächte waren nötig, die nun statt des *Untumses* an einem rütteln und schütteln, sondern ich selbst konnte ausspucken, was mich zu beherrschen drohte. Und wie genussvoll war nachher das Spülen!

Du hast uns eine wunderbare Kindheit geschenkt, voller Freuden und Phantasie, Spiel und Erfindungsreichtum, Freiheit und Geborgenheit. Spaziergänge, falls nötig quer über Rinderweiden, die wir mit Liedern und kompliziert erfundenen Stichwortgeschichten verkürzten, Novembernachmittage mit meinen Freundinnen, an denen wir für Weihnachten handarbeiteten und Du uns die ersten Klassiker vorlasest – vieles sicher viel zu schwierig für uns, aber ein Leben lang hat mich dieses Gefühl der Geborgenheit begleitet, das ich mit Kindheit verbinde, und das viel mehr ist, als ein Dach über dem Kopf und warme Füsse: Es ist die Entdeckung, dass der Mensch tatsächlich *von mehr lebt als vom Brot allein*, auch von Klängen und Formen, Farben und Worten, Gedichten und Wegen, Düften und Überraschungen. Und dies alles verbinde ich mit Dir.

Wie liebte ich als Kind die Wunderknäuel, die Du mir gewickelt hast, und die nach wenigen Strickreihen etwas Besonderes preisgaben: einen Bonbon, eine Oblate, einen Radiergummi ... Und dann die Theateraufführung, die wir nur zu unserem eigenen Vergnügen einstudierten, halb auswendig lernend, halb improvisierend, die vielen Schnitzelbänke für Familienfeste und die kleinen Ausflüge in die nähere Umgebung. Wie verwegen und verschwenderisch wir uns fühlten, wenn wir mitten in der Woche losliefen und beim Bäcker *Kuchen von gestern*

tip
Mittel:
Lesung des Textes auf
CD V/14; im Reiseführer
die Ausflüge Frau und Kind

Besuch:
in Berlin das Pergamon-
museum mit orientalischen
Göttinnen; in der Bretagne
die Insel Gavrins und dort
das Hügelgrab mit Zeichen
einer weiblichen Gottheit
des Geborenwerdens und
Sterbens; in Zürich das
vegetarische Restaurant
Bona Dea für ein opulentes
Demetermahl

Bild:
Sixt von Staufen, Freiburger
Schutzmantelmadonna
(Schnitzretabel,
Deutschland 1521-24);
Käthe Kollwitz, Saatfrüch-
te sollen nicht vermahlen
werden (Kohlezeichnung,
Deutschland 1942);
Niki de Saint Phalle, Miss
Helvetia im Tableau éclaté
(Plastik, Schweiz 1993)

Buch:
Else Lasker-Schüler, Heb-
räische Balladen (Gedicht-
zyklus, Deutschland 1913);
Gabriela Mistral, Spürst du
meine Zärtlichkeit? (Prosa-
gedichte, Chile 1922);
Maarten 't Hart, Ein Schwarm
Regenbrachvögel (Roman,
Niederlanden 1978);
Marianne Frederikson,
Hannas Töchter (Roman,
Schweden 1997); Hanna
Johansen, Lena (Roman,
Deutschland 2002)

kaufen durften! An dieses Gefühl der Verwegenheit, des Abenteuers, des Nervenkitzels kann ich mich besser erinnern als an den Geschmack des Kuchens selbst.

Du hast uns geistige (und geistliche!) Nahrung gegeben, die wichtiger war als aller materieller oder kulinarischer Genuss, und davon zehre ich immer noch. Dass Du auf dem Boden sitzen konntest, rund um dich herum Bücher verstreut, wenn wir hungrig von der Schule kamen und ganz entsetzt auffuhrst, weil Du die Zeit total vergessen hattest: Das hat mir imponiert, und Du bist mir darin ein Vorbild geblieben. Ganz besonders hat mich aber beeindruckt, dass Du bereit warst, auch von uns Kindern zu lernen. Das taten andere Mütter nicht. Die waren erwachsen und wussten alles besser. Aber weil Du klug warst, konntest Du von uns lernen. Dass wir schon von klein an das Unservater statt eines Kinderverslis beteten, das hast Du eingeführt, nachdem ich beim Beten mal gefragt hatte: *Lieber Gott mach mich fromm, dass ich in den Himmel komm – Mami, was soll ich denn im Himmel, da kenn ich doch keinen!* Du hast mir recht gegeben.

Weisst Du noch: Einmal waren wir zu Besuch. Ich hatte zum ersten Mal das schönste Kleid an, das ich jemals getragen habe. Es hatte einen plissierten, tellerweiten Rock und war vielleicht im provençalischen Stil blauweiss gestreift, jeder Streifen mit zarten, bunten Blumenranken durchzogen. Ein separates enges Oberteil, das unter dem Armausschnitt einen Reissverschluss hatte, gab mir ein sehr «erwachsenes» Gefühl, obwohl ich nicht älter als acht gewesen sein kann. Wahrscheinlich habe ich mich unendlich im Kreis gedreht, um das Schwingen des Rockes zu geniessen, was Dir die Kritik eintrug, du fördertest meine Eitelkeit ... Und wie dankbar war ich, als Du darauf zur Antwort gabst: *Sie muss doch erleben, wie entzückend sie ist!*

Als ich grösser wurde, wurdest Du schwieriger. Vieles, was Dir selbstverständliche, natürliche Nähe war, musste ich in Frage stellen. Ich empfand stark, dass es meine Aufgabe war, Dich spüren zu lassen, dass Du und ich nicht ein, sondern zwei sehr verschiedene Menschen sind. Du dachtest, wir wären identisch, gleich, mit denselben Freuden und Bedürfnissen, Interessen und Leidenschaften. Aber ich wollte nicht einfach die Verlängerung von Dir sein. Dass Du meine Hausaufsätze am liebsten ganz und gar selbst gemacht hättest, konnte ich nicht leiden. Erst später begriff ich, wie viel ich dabei gelernt habe, als ich Dir dabei über die Schulter geschaut habe, wie sich Stil und Gestaltungswille ausprägen konnten, weil Du mir immer voraus warst, alles besser und schneller konntest als ich, mehr Ideen, Einfälle und Umsetzungsvorschläge hattest als ich.

Dass du von jeder meiner Aktivitäten minutiös berichtet haben wolltest: *Komm und erzähl mal, wie war es denn?*, fand ich lästig. War das nicht mein privates, eigenes Leben, unabhängig von Deinem? Wie hätte ich Dir vom ersten Kuss erzählen sollen, von den kleinen Übertretungen, von geschwänzten Geigenstunden und Unternehmungen, von denen eine Mutter besser nichts weiss! Aber gerade von all dem Nichterzählbaren war ich ja erfüllt, lebte mein erwachendes Intimgefühl, meine knospende Autonomie, meine sich entwickelnde Persönlichkeit.

Dass ich mich anders als alle anderen Gleichaltrigen im Voraus abzumelden hatte und darum an keinen spontanen Aktivitäten teilnehmen konnte, fand ich bevormundend. 26 Jahre später hatte ich dieselben Kämpfe noch einmal auszufechten, nur dieses Mal selbst als Mutter ...

Und jetzt sitze ich hier und schreibe Dir diese Hommage. Der Anlass sind nicht meine Töchter, sondern die Bibel. Ich soll einen Gemeindeabend zu Jesaja 66 gestalten: *Wie einen, den seine Mutter tröstet, so werde ich euch trösten.* Eben noch spricht Gott über Zion und übernimmt selbst sozusagen Hebammendienste, und mit einem Mal ist er selbst es, der dem Volk Israel mütterlich und tröstend begegnet. Ich erinnere mich, wie verwundert ich war, als Du Dein erstes Enkelkind in den Armen hieltest, und Dich mit einem Mal nicht mehr unterschiedest von mir: Wir waren beide Mutter, und mein neugeborenes Mädchen und ich waren mit einem Mal beide Töchter. Heute begreife ich, dass ich zwar selbst nie aufhören werde, Mutter zu sein, mit derselben Intensität vom ersten Atemzug jedes Kindes bis in seine Mündigkeit und eigene Autonomie hinein. Kinder lösen sich von ihren Müttern, gehen eigene Wege und leben eigene Geschichten, auch ich habe das getan, und die Liebe wird nun gegenüber den Müttern fürsorglich. Aber eine Mutter hört nicht auf, als Mutter zu fühlen.

Zuerst fand ich die Aufgabe leicht: Wir lesen den Text ein paarmal, möglichst in verschiedenen Übersetzungen. Dann, dachte ich, bitte ich alle, sich ihre eigene Mutter vorzustellen, bevor wir zum Symbol der Mutter und dann zur Selbstbezeichnung Gottes als einer tröstenden Mutter kämen, dachte ich. Und zuletzt wollte ich alle bitten, ihrer eigenen Mutter einen Brief zu schreiben.

Dann fing ich an, an Dich zu denken und an das grosse Glück, Dich als Mutter zu haben. Ich habe es ja leicht, mir Gottes mütterliche Züge vorzustellen, ebenso, wie mir leicht fällt, mir Gott väterlich vorzustellen, bei dem wunderbaren Vater, den ich hatte, denn vor meinem inneren Auge tauchen unzählige schöne Bilder aus meiner Kindheit auf. Die Kindheit ist es halt, die das Bild von der Mutter prägt.

Weisst Du noch, wie eins von uns Geschwistern an einem Grossanlass verloren ging und ohne jede Unruhe die nächsten offiziell aussehenden Erwachsenen fragte: *Wo müssen die verlorenen Kinder hin?* Diese Sicherheit, dass Ihr uns suchen und wiederfinden würdet, ist das Fundament auch meines Lebens. Diese Sicherheit lässt mich auch heute noch gelegentlich kindlich-vertrauensvoll werden, wenn ich mich verloren fühle. Und mir scheint es klar zu sein, dass das Kind, das Gott zu trösten verspricht, eben kein erwachsener Mensch, sondern ein noch unmündiges, pflege- und erziehungsbedürftiges Kind ist, eher ein noch völlig ausgelieferter Säugling als ein schon ein wenig autonom gewordenes Schulkind.

Aber wie nun, wenn ein Mensch keine guten Erinnerungen an die eigene Mutter hat? Wie nun, wenn die Kindheitserinnerungen zu sehr von gegenwärtigen Sorgen überlagert sind? Wie nun, wenn die erwachsene Beziehung zur Mutter belastend ist? Wenn sich das Fürsorgeverhältnis zwischen Mutter und Tochter umgekehrt hat? Kann ein Mensch sich Gott mütterlich, tröstend, erbarmend, fürsorglich vorstellen, wenn er keine solchen Erfahrungen mit der eigenen Mutter gemacht hat?

Ich weiss es nicht, und ich kann da auch nicht mitreden. Ich weiss nur, dass ich Gott eigentlich sowieso nicht in körperlich-menschlich-geschlechtlicher Weise denke, sondern eher verbal, in Bildern der Beziehung. Und so kann ich mit Gott als mütterlichem Gegenüber durchaus verbunden sein, ohne mich unmündig, infantil oder bevormundet zu fühlen: Die gute Basis ist da, bleibt zuverlässig, was immer geschehen mag. Ich kann mich auch an Gott nerven, eigene Wege suchen und ihm doch voller Liebe und Zuneigung verbunden bleiben. Die Vorstellung ist wunderbar: Gott trägt mich, Gott nährt mich, Gott bietet mir Welt und Leben an und entlässt mich immer wieder neu in Mündigkeit. Das sind Gottes mütterliche Seiten. Ich könnte auch ein Mutterunser beten.

Liebe Mamutsch, dies ist ein längerer Brief geworden, als ich erwartet habe. Und mir kommt noch mehr in den Sinn, was ich Dir sagen und erzählen möchte. Aber Du verstehst auch alles, was zwischen den Zeilen steht, und darüber bin ich sehr froh. So umarme ich Dich in Liebe.

Deine unterdessen erwachsene Tochter

_ VERORTET

Rückkehr aus dem Exil

Die erste Zeit nach dem Exil (538–515) war schwieriger und unbequemer als erwartet: Heimkehrende aus Babylon trafen auf Zurückgebliebene und Fremde. Idyllische und heimweherfüllte Vorstellungen der Exilierten von der Rückkehr als neuem Exodus (vgl. Einheit 13) wurden ebenso enttäuscht wie die Erwartung der Zurückgebliebenen, mit der Rückkehr der Oberschicht beginne ein Zeitalter der Gottesordnung und Gesetzestreue: Armut, Elend und Verwahrlosung erwartete die ehemalige Oberschicht, und was in der ersten Heimkehreuphorie wie der Beginn einer politisch-nationalen Morgenröte aussah, entpuppte sich nun als eine Gewitterwand schwarzer Wolken voll schier unüberwindlicher Schwierigkeiten. Wie sollte das wirtschaftlich und sozial darniederliegende Land wieder zur Blüte kommen? Wo sollte begonnen werden mit dem Wiederaufbau? Wer sollte beginnen? Das Verhältnis zwischen Heimkehrenden und Dagebliebenen war bei weitem nicht harmonisch und vertrauensvoll, sondern voll Vorbehalte und Spannungen: Wer hatte denn den Karren gezogen, während die Mehrbesseren in Babylon verpflegt worden waren? Wer hätte wenigstens ein bisschen nach dem Rechten sehen können, während ein Teil verbannt, verschleppt, deportiert gewesen war und im fremden Land das schwere Los der Kriegsgefangenschaft ertragen musste? Einige der Verbannten waren gleich in der Fremde geblieben, bildeten nun ein fernes Diasporajudentum und konnten nichts zur Zukunft Israels beitragen. In einer solchen Zeit der Zerrissenheit bekam das Wort *Trost* für die einen den Klang einer Heilszusage, während es für die anderen wie eine Drohung klingen musste.

König Kyros

Das babylonische Exil (587–538) war mit der Eroberung Babylons (539) durch den persischen König Kyros (559–530 im Amt) und mit seinem Edikt (538), das allen Verschleppten die rasche Rückkehr und freie Religionsausübung erlaubte (Esra 6,3–5), zu Ende gegangen. Babylon, nun selbst erobert und besiegt, konnte Israels Oberschicht nicht länger gängeln. Kyros wiederum hatte ein intensives Interesse daran, Israel als Stützpunkt gegenüber Ägypten zu halten. Er war politisch einsichtig genug, sich die Treue seiner Vasallen – darunter auch Israels – eher durch Vertrauen, durch Schonung der eroberten Gebiete und gegenseitige Wertschätzung zu sichern als durch Gewalt und Tyrannei. Religiöse Toleranz und politisches Kalkül waren seine Machtmittel. Auch wenn er von Deuterojesaja (Jes 44,28; 45,1) als Hirt und Gesalbter gepriesen wird, war Kyros nicht wirklich ein Wohltäter, sondern ein Sieger. Seine Strategien im Umgang mit den Besiegten führten dazu, dass Israel bis 332 unter persischer Herrschaft stand.

Propheten der Hoffnung

Die Propheten der Heimkehr waren Haggai, Sacharja und der sogenannte *Tritojesaja*, der *Dritte Jesaja*, der in besonderem Mass dem Volk Hoffnung, Zuversicht und Zukunft zu geben versuchte. Es gehe, sagt Tritojesaja dem Volk, nicht um die Wiederherstellung des Alten und Vergangenen, nicht um eine Restauration, sondern um etwas völlig Neues – und dafür verwendet sein Gedicht das Bild der Geburt. Damit bietet Tritojesaja die Vorstellung von einem Neubeginn an, der sich statt an Vorherigem an etwas einmalig Anderem orientiert, wie jedes neugeborene Kind etwas völlig Einmaliges und Einzigartiges ist und nichts und niemand anderem vergleichbar.

Diese Vorstellung soll es dem enttäuschten Volk ermöglichen, von vorne zu beginnen und Neues zu wagen. So bekommt die Verzögerung der von *Deuterojesaja*, dem *Zweiten Jesaja*, angekündigten Heilsvollendung ihren Sinn: Wie die Schwangerschaft ein Reifungsprozess ist, so geht Gott schwanger und gebärt selbst einen heilvollen Neuanfang. Zugleich begleitet er ihn wie eine Hebamme: wissend und kundig, erfahren und gelassen. Mit dieser Zusage Gottes sollte es dem Volk möglich sein, den Neuanfang zu organisieren.

_ EINGEREIHT

Überblick

Das Jesajabuch ist deutlich erkennbar in drei Phasen entstanden: Der historische und Erste Jesaja wirkte zwischen 740 und 700 in Jerusalem. Auf ihn geht der erste Teil des Jesajabuches, die Kapitel 1–39, zurück. Ein unbekannter Dichter der Exilzeit (587–538) bezieht sich sprachlich wie inhaltlich so eng auf Jesaja, dass sein Werk als sogenannter Zweiter Jesaja, die Kapitel 40–55, beigefügt wurde. Der dritte Teil schliesslich, das Buch des Dritten Jesaja, die Kapitel 56–66, stammt sicher aus nachexilischer Zeit. Ob es wirklich ein Buch ist, das ein Einzelner unmittelbar im Anschluss an Deuterojesaja geschrieben hat, oder eher eine grosse Fortschreibung und Lektorierung des bis dahin vorliegenden Jesajabuchs, die dann einer jüngeren Dichtergruppe im jesajajanischen Geist zuzuschreiben wäre, bleibt ungeklärt. Ein grosser Zeitraum kommt in Frage (etwa 500–445).

Die tritojesanischen Kapitel beziehen sich eng auf die deuterojesanischen. Es werden hier die gleichen Bilder aufgegriffen, die dort schon verwendet wurden. Wahrscheinlich sind die Kapitel in Jerusalem und auf dem Zion entstanden. Im Jahr 515 wurde der nach der Rückkehr aus babylonischem Exil unter dem persischen Statthalter Serubbabel neuerrichtete Tempel eingeweiht. Vom Tempel ist in Jes 66,6 die Rede, womit der Text eindeutig als nachexilisch bestimmt werden kann.

Der Dritte Jesaja beendet sein Werk mit einer fulminanten Verheissung, von der aus das ganze Jesajabuch gelesen werden soll und das dieses gleichzeitig überhöht. Der dritte Teil bezieht sich kompositorisch auf die ersten beiden Teile des Jesajabuches: Das Buch soll als kleiner Jesajakanon integral gelesen und verstanden werden. Darum ist es folgerichtig, dass die Bilderwelt des Jesaja auch von Deutero- und Tritojesaja wieder aufgegriffen wird. Im Blick auf die weibliche Metaphorik fällt das besonders ins Auge: Die Wende zum Heil wird in Bildworten erzählt, die aus dem Leben der Frau stammen (Jes 7,14; 9,5; 45,10; 49,15), aber auch in anderen biblischen Büchern erscheinen (Hos 11,4; Hiob 1,21). Dabei vermeidet Deuterojesaja gelegentlich den Muttertitel (Jes 51,2), um dem Missverständnis vorzubeugen, es handele sich um eine weibliche Muttergottheit, wie sie im religiösen Umfeld des Exils verbreitet waren.

Gleichwertigkeit von Männern und Frauen

Offensichtlich liegt den verschiedenen Autoren des Jesajabuches sehr daran, gleichwertiges Menschsein von Männern und Frauen darzustellen, und so stellen neben den vertrauten männlichen Bildern auch weibliche Bilder Gott dar. Analog wird das etwa zeitgleich mit Deuterojesaja im Exil entstandene deuteronomistische Geschichtswerk von zwei prophetischen Frauengestalten umrahmt: Es beginnt mit Debora (Ri 4–5) und endet mit Hulda (2Kön 22). Hier wird deutlich, welch grosse Bedeutung das Weibliche für jene und die nachfolgende Zeit gespielt hat. *Bis ich mich erhob, Debora, ich mich erhob, eine Mutter in Israel* (Ri 5,7).

Die Kompositionsteile des Tritojesaja sind nur im Kontext mit dem Ersten und Zweiten Jesaja zu verstehen, sind quasi die Erfüllung der vorhergehenden Prophetenworte. Weil sie einerseits Vollzug und Weiterführung der voranstehenden Prophetenworte sind, garantieren sie andererseits, dass die in Deuterojesaja zugesagten Trostworte Gottes sich ebenso erfüllen werden wie alles in Protojesaja Vorhergegangene auch.

Gott sagt sich selbst aus

Tritojesaja gehört zu den prophetischen Werken, die das Volk Gottes an dessen Wort erinnern, Missstände benennen, Konsequenzen aufzeigen, zur Umkehr aufrufen, aber auch Hoffnung vermitteln, zur Treue mahnen, und so Sprachrohr Gottes sind. Propheten sind weder Sterndeuter, Wahrsager noch Hellseher. Sie sagen Zukunft nicht aufgrund von kosmischen oder natürlichen Zeichen voraus, sondern zeigen die Folgen von sozialpolitischen und kulturellen Verhaltensweisen Einzelner oder der Volksgemeinschaft auf. Sie beziehen sich dabei auf das Wort Gottes, wie es ihnen gleich allen anderen überliefert oder in einem besonderen Akt von Gott offenbart und einsichtig gemacht worden ist.

Das Prophetenbuch in seinen drei Teilen ist damit auch eine soziologische und religiöse Analyse der jeweiligen Gegenwart. Es weist insofern auf die jeweilige Zukunft hin, als auch die Auswirkungen miteinbezogen sind.

Für Tritojesaja ist entscheidend, dass Gott sich selbst aussagt, und diese Selbstaussagen können vom Volk vergegenwärtigt werden. Darin liegt vielleicht der grösste Trost, dass das Volk die Möglichkeit hat, sich Gott auch dort zu vergegenwärtigen, wo es ihn im Augenblick nicht erfahren kann: Auch in der Ferne ist Gott nah. Darin zeigt sich seine alles übersteigende Liebe (Ps 103,13) als mütterliche, tröstliche Zuwendung und als Segen: Die Geschichte des Volkes beginnt mit der Einlösung der Verheissung, die Gott dem versklavten Volk gegeben hat. Und wo dieser einmal sein Versprechen eingelöst und erfüllt hat, da kann das Volk die Hoffnung auf neuerliche Verheissung setzen und mit der Einlösung rechnen.

Weisheit

In diesem Sinn wird die personifizierte, weibliche Weisheit, wie sie in der Weisheitsliteratur begegnet, zum Zeichen für Geborgenheit, Wohlergehen, Schutz. Sie zielt auf die Integration des Menschen in die Welt- und Gesellschaftsordnung und hilft damit, dass Wirklichkeit sich so konstituieren kann, wie es für die Menschen gut und schöpfungsgemäss ist (Ps 111,10; Spr 9,1–12; Koh 7,19; Jes 11,2). Darin erweist sich die Weisheit als mütterlich und erziehend für Kinder und zugleich als Partnerin Gottes (Spr 8,22–31), die von Anbeginn Gottes Gefährtin war und an der Schöpfung teilhatte.

Diese Aspekte der *Frau Weisheit* werden besonders im apokryphen, nur in der griechischen Übersetzung der hebräischen Bibel enthaltenen Buch der *Weisheit Salomos* betont und können in der Einheitsübersetzung und in manchen Lutherbibeln nachgelesen werden. Übrigens gibt es Anhaltspunkte dafür, dieses Buch einer Frau zuzuschreiben, und da es einige Parallelen zwischen dem Buch der Weisheit Salomos und Tritojesaja gibt (Weish 3,1–3 wie Jes 57,1–2; 5,16 wie 62,3; 5,16–20 wie Jes 59,16–17), gibt es auch eine Theorie, dass Tritojesaja von einer weisheitlich orientierten Frau verfasst sein könnte.

_ AUSGELEGT

Ein Bild des Trostes

Mit dem ausgewählten Abschnitt ist das Jesajabuch fast zum Ende gekommen. Hier entfaltet sich die Hoffnungsbotschaft Tritojesajas zu einem grandiosen Finale. Aus der Schule Deuterojesajas stammend, führt Tritojesaja dessen Gedankengut unter veränderten historischen Bedingungen weiter. Die Situation ist neu, aber Worte und Bildsprache bleiben gleich. Die emotionale Situation hat sich nicht so grundlegend verändert, wie erhofft: Die ersehnte Heilszeit lässt noch immer auf sich warten, obwohl das Exil zu Ende ist, die Rückkehr nach Palästina begonnen hat und Trauer wie Gericht überstanden sein sollten. Die Vorstellung eines strengen, richtenden, strafenden Gottes hat die Wirklichkeit lange geprägt, aber was die Kinder Gottes nun brauchen, ist neuer Mut, Zuversicht und Trost. So begegnet Gott ihnen barmherzig, stillend und vorwiegend mütterlich. In Jes 66,7–13 wird der mütterliche Trost im Bild einer Geburt vermittelt.

Der Abschnitt ist eine in sich geschlossene Einheit, die nachträglich von Gerichtsworten im vorhergehenden (Vers 6) und in den nachfolgenden Versen (15–16) eingerahmt worden ist: Das Kommen der Heilszeit ist wie eine Geburt. Darin klingen Jes 43,5–7 und 49,21 an, wo jeweils Jerusalem wie eine Mutter um ihre verlorenen oder nie empfangenen Kinder trauert. Mit der Geburt beginnt ein neues Leben, ein Leben allerdings, in dem die Mutter herausgefordert und beansprucht ist (Jes 46,4). Viel später wird das Bild im Johannesevangelium wieder aufgegriffen, wenn im Gespräch zwischen Nikodemus und Jesus (Joh 3) die Frage nach der neuen, geistigen Geburt von oben gestellt wird (auch Joh 16, 21).

Die Geburt geschieht leicht und unmerklich (Zeilen 1–2.7), im Gegensatz zu Jes 37,3 wo sie tödlich zum Still-stand kommt, ehe die Wehen überhaupt eingesetzt haben. Hier entsteht ein Bild von universalem Heil ohne Schmerz noch Scheitern, ohne Kinderlosigkeit noch Hoffnungslosigkeit: Die Exilierten sind ohne kriegerische Auseinandersetzung und Schrecken, ohne Wehen, zum Zion zurückgekehrt (5–7). Der Beginn der Passage hebt das Fluchwort von Gen 3,16 auf, wonach die Frau unter Schmerzen kreissen und gebären soll. Damit beginnt die Vollendung des Heilswerks, das Gott begonnen und noch nicht abgeschlossen hat. Gott führt sein Werk zum guten Ende.

Gott offenbart sich

Mit dem Bild vom Kreissen beginnt hier wie andernorts die Rede, mit der Gott sich auf erstaunliche, wunderbare und heilsame Art selbst offenbart. Um sicherzustellen, dass das Aussergewöhnliche der göttlichen Offenbarung auch recht verstanden wird, werden suggestive Rückfragen aus dem Volk laut (3–6), die zum Staunen einladen. Darauf antwortet Gott mit ebenfalls suggestiven Gegenfragen (8–11): Wehen führen zum Leben. Den Mutterleib zu verlassen, ermöglicht eigenes, erfülltes Leben. Aber eine Geburt ist bei verschlossenem Mutterleib oder verweigertem Mitgefühl undenkbar. Die Bibel spricht bei Unfruchtbarkeit vom verschlossenen Mutterleib, zu jener Zeit die grösste Tragik im Leben einer Frau. Aber hier öffnet sich der Mutterschoss, Zeugung und Empfängnis haben längst stattgefunden, und die Geburt hat begonnen. Indem das hebräische Wort *rächäm* (Mutterleib) doppelt verwendet wird (8.11), bekommt es ein ganz besonderes Gewicht. Es bedeutet im Singular Greifbares, nämlich generell Mutterschoss und speziell Uterus, im Plural *rachamím* hingegen Übertragenes, nämlich Barmherzigkeit und Mitgefühl. Der Zufall will es, dass es im Deutschen eine schöne Parallele dazu gibt. Auch *Barmherzigkeit* ist ein Bild, das mit der *Gebärmutter* zu tun hat: Das Wort enthält das mittelhochdeutsche *barm* in der Bedeutung Unterleib, verbunden mit *uterus*, dem lateinischen Wort. Vermutlich ist aus dieser deutsch-lateinischen Beiordnung *barm/uterus* (wie *clam/heimlich* oder *fix/fertig*) das Wort *Ge-bärm-utter* entstanden, während die *Barmherzig-keit* das Bild enthält, wie das trostbedürftige Kind auf den Schoss genommen und ans Herz gedrückt wird. Der Gott der Barmherzigkeit ist weiblich. So konnte am 11. Konzil von Toledo (675) in aller Unbekümmertheit vom *uterus Dei* gesprochen werden. Im Hebräischen wie Deutschen ist mit Barmherzigkeit tatkräftiges, zugewendetes Handeln, und keine sozialideologische Haltung gemeint.

Freude in Sicht

Die Gottesrede – denn Gott hat hier selbst das Wort! – verheisst, dass diese Geburt ein glückliches und lebendiges Ende nehmen wird: Gott begleitet sie wie eine Hebamme. Mit seiner Erfahrung und Kenntnis wird die Geburt zum angekündigten neuen Heil geführt. Als Hebamme leitet Gott eine schmerzfreie Geburt ein (1–11).

Daran schliesst sich die Aufforderung zu Freude und Jubel an (12–15). Und wieder ist die Stammvokabel *racham* für *liebhaben* dabei (14). Die Aufforderung zur Freude trägt zugleich die Wende in sich: Wer vorher traurig war, hat nun Grund zur Freude. Der Anlass zur Freude wird mit Bildern genauer dargelegt (16–26): *Sich satt trinken, Brüste des Trostes, Kinder auf dem Arm und auf der Hüfte*, das sind Bilder, die eine glückliche Kindheit beschreiben, denn nicht nur die elementaren Bedürfnisse werden gestillt, sondern darüber hinaus auch noch weitere, die für die Entwicklung eines Kindes (wie eines Volkes) elementar sind: Wer Zeit und Gelassenheit hat, um mit einem Kind zu scherzen, es zu schaukeln und zu wiegen, fühlt sich nicht bedroht, muss weder für den Lebensunterhalt noch um das Überleben kämpfen, sondern kann es sich leisten, mit dem Kind zu spassen und zu spielen (Jes 49,22–23; 60,4), es zu liebkosen und ihm damit ein Fundament für ganzheitliches, vollwertiges Menschsein zu legen. Damit wird die Mutter über die biologischen Aufgaben des Austragens, Gebärens und Stillens hinaus zur Lebensspenderin im umfassenderen Sinn: Hier ist sie die universales Heil verheissende Figur, nicht nur mit Uterusfunktion, sondern als die Barmherzige, Mitfühlende, Liebende.

Mit den letzten Zeilen (27–28) knüpft Tritojesaja an die ersten Zeilen des Deuterojesaja an (Jes 40,1): Werden dort noch andere aufgefordert, das Gottesvolk im Exil zu trösten, so tröstet hier Gott selbst sein heimgekehrtes Volk in der Realität des Wiederaufbaus. Das Volk der Glaubenden als Volk der Gottgeborenen, Gott als Mutter, die gebärt und behütet, der Mensch in göttlicher Brutpflege.

_ VEREHRT

Weibliche Gottheit

Dass Gott in der Bibel gelegentlich auch weibliche und mütterliche Züge hat, ist vielen Menschen unbekannt. Wer auf die weiblichen Züge des biblischen Gottes verweist, setzt sich schnell dem Vorwurf aus, Gott über Gebühr zu vermenschlichen und zu sexualisieren. Denn anders als bei den uns vertrauten männlichen Gottesvorstellungen, die durch Schnorr von Carolsfeld oder Merian, die Sixtinische Kapelle oder das Turiner Grabtuch geprägt sind, tauchen bei den weiblichen Gottesvorstellungen Bilder von der Artemis von Ephesos (Apg 19,28) oder der Venus von Willensdorf auf: Mit unzähligen oder riesigen Brüsten und vergleichsweise kleinen Köpfen erinnern sie an urzeitliche Erd- und Fruchtbarkeitsgöttinnen oder an die biblisch meist bekämpfte Aschera (vgl. Einheit 3).

Doch die biblische Rede von Gott verwendet viel häufiger mütterliche und weibliche Bilder, als die Alltagsfröm-

migkeit sich bewusst ist. Es steht zu vermuten, dass die Zeit der Aufklärung im Zuge der Rationalisierung Gottes seine männlichen Züge gegenüber den weiblichen im heutigen Ausmass überbetont hat. In einer Zeit, in der Verstand und Vernunft als die höchsten Gaben des Menschen angesehen, diese aber wiederum nur Männern zuerkannt wurden, während Frauen auf ihre Rolle als Mutter und Hausfrau beschränkt worden sind, bekam auch Gott immer mehr vernünftige und damit männliche Züge. Nicht allein die Bibel ist dafür verantwortlich zu machen, wie unser Gottesbild gemeinhin geprägt ist, sondern auch die kulturell geprägte Wirkungsgeschichte. Hier geht es nicht darum, Gott ideologisch zurechtzubiegen. Aber es lässt sich feststellen, dass von den vielen Gottesvorstellungen der Bibel manche, etwa Hirte und König, bekannt sind, andere aber, etwa Glucke und Bärin, unbekannt. Die Frage ist berechtigt, welchen Einfluss das auf die Gottesbeziehung und damit verbunden auch auf das Menschenbild hat.

Der Prophet Hosea (um 750–725) hat bereits ähnliche Überlegungen angestellt, wenn er verkündet, Gott habe sich selbst offenbart mit dem Ausspruch: *Denn Gott bin ich und kein Mann!* (Hos 11,9). Dieser Satz wird in den Übersetzungen meist verändert, indem das hebräische Wort *isch* für *Mann* mit *Mensch*, hebräisch *adam*, wiedergegeben wird: Will Hosea die geschlechtliche Fixierung Gottes auf männliche Züge verhindern, so betonen die Übersetzungen im Widerspruch zu Gen 1,27 die Unvergleichlichkeit von Mensch und Gott.

Gott in Beziehung

Welche Bedeutung diese Selbstbeschreibung Gottes hat, eröffnet die Zeile: *Wie einen, den seine Mutter tröstet, so werde ich euch trösten* (27): Gott ist selbst die Mutter ihres Volkes und wechselt damit aus der Rolle der Geburtshilfe leistenden Hebamme zur Perspektive der unmittelbar betroffenen, ein Kind grossziehenden Mutter. Aber Gott ist nicht die Ur- und Erdmutter, wie die meisten Naturvölker sie kennen, nicht einfach reduzierbar auf Mutterschoss und Gebärmutter, sondern weit über eine geschlechtliche Zuordnung hinaus der Gott in Beziehung: Gott erzieht, nimmt Anteil, fühlt mit, tröstet, liebt und ist barmherzig. So begegnet Gott ihrem Volk. An diesem Gott kann das Volk seinen Kummer, seine Mattigkeit und seine Sehnsucht stillen, hier findet es Geborgenheit, Schutz und umfassenden, heilsamen Frieden. Damit steht der Trost im Vordergrund, nicht das Nährende.

Gott ist mütterlich, ist Mutter wie an anderen Stellen der Bibel, wo Zeugungsakt und Gebären jeweils in einem Bild für Gott zusammentreffen: *An den Fels, der dich gezeugt hat, dachtest du nicht mehr, und den Gott, der dich geboren hat, hast du vergessen.* (Dtn 32,18) *Hat der Regen einen Vater, und wer hat die Tropfen des Taus gezeugt? Aus wessen Schoss ist das Eis gekommen, und wer hat den Reif des Himmels geboren?* (Hiob 38,28–29) *Und das Wort wurde sterblich und Mensch, wurde also von Gott her geboren, und wohnte unter uns ... Aus seiner Fülle haben wir empfangen Zuwendung um Zuwendung* (Joh 1,14.16), das ist die liebevolle, barmherzige Haltung einer Mutter, deutsch leider oft mit *Gnade* übersetzt, was meist Rechtsfälle und hierarchische Herablassung assoziiert. Im *Mutterschoss des Vaters* (Joh 1,18) *Aus freiem Willen hat er uns geboren durch das Wort der Wahrheit* (Jak 1,18).

Nicht, dass Gott weibliche Züge hat, sexualisiert das Gottesbild, sondern die Ausblendung der weiblichen Zügen reduziert die Gottesvorstellung auf rein männliche Züge und verführt dazu, sich Gott ausschliesslich als Mann vorzustellen. Mit der Rückgewinnung der nichtmännlichen Vorstellungen von Gott wird also das im Lauf der Zeit einseitig männlich eingeschränkte Bild von Gott wieder entsexualisiert. Dabei geht es um die Frage, wie denn Gott gedacht werden kann.

Einerseits sind Bilder nötig, die das Verhältnis zwischen Gott und Mensch als Beziehung qualifizieren. Dazu eignen sich vor allem menschengestaltige (anthropomorphe) Bilder, denn mit Menschen macht der Mensch seine Beziehungserfahrungen. Andererseits soll es nicht so scheinen, als sei Gott mit diesen Bildern vereinnahmbar. In der Bibel trägt Gott viele unterschiedliche, männliche wie weibliche Züge und vereint Eigenschaften in sich, die jenseits jeder Geschlechterzuordnung sind. Wesentlich ist, dass Gott sich in Beziehung zu den Menschen setzt. Gott begegnet den Menschen, aber diese Begegnung ist nicht bequem und einfach. In der Begegnung ruft er radikal heraus, lässt sich aber umgekehrt auf die Begegnung und Beziehung zu den Menschen verpflichten: Menschen sollen in Beziehung leben, zu Gott, zu einander und zu sich selbst, und damit ganz in dieser Welt. Sie sind in die Welt hineingeboren und sollen sich ihr stellen. In diesem Sinn sagt Jesus zu Nikodemus: *Amen, amen, ich sage dir: Wer nicht von oben geboren wird, kann das Reich Gottes nicht sehen.* (Joh 3,3) Damit knüpft er an die mütterliche Beziehung Gottes zu ihren Menschen an, denn Gott entlässt in jedes neue Leben durch eine neue Geburt von oben.

Der Mensch als Ebenbild Gottes

Für den Anspruch Gottes bietet Tritojesaja Bilder des Empfangens, Befruchtens, Nährens, Gebärens an. Die Absicht ist nicht, Gott zu verweiblichen: Gott ist weder weiblich noch männlich, vereint aber alles in sich, was Menschen zum Ebenbild macht: Gott kann daher auch gebären, stillen, sorgen und sich erbarmen wie eine Mutter.

Dies mag der Grund für die biblische Abwehr gegen die Kulte kanaanäischer Göttinnen und Naturgottheiten wie Ischtar, die Schäferin der Menschen, Anat, Aschera, die ugaritische RHMY oder die ägyptische Weisheitsgöttin Ma'at sein, denn Gott ist *Alles in Allem*, und als der ganz Andere lässt sich Gott auch jenseits jeder Geschlechtlich-

keit vorstellen. Darum sind weibliche Gottesbilder nötig, damit dieser ganz Andere nicht zu einer allzumenschlichen, einer allzumännlichen Gottheit umgedeutet wird. Die menschliche Gottebenbildlichkeit ist von der Tradition einseitig männlich besetzt worden, und so ist aus dem gottgestaltigen Menschenbild der Bibel (theomorphe Anthropologie), aus der Gottebenbildlichkeit aller Menschen, ein manngestaltiges Gottesbild gemacht worden (andromorphe Theologie), die einem männlichen Gott bestenfalls zusätzlich weibliche Eigenschaften zuerkennt. Aber Gott besitzt kein Geschlecht wie die Naturgottheiten, Gott ist väterlich und mütterlich, nicht als Synthese aus Männlichem und Weiblichem, nicht hermaphroditisch und androgyn. Gott ist ein strikt übergeschlechtlicher Gott, von dem gleichwohl mehrheitlich in männlichen Bildern geredet wird (vgl. Einheiten 16 und 18).

Gott ist personales Gegenüber

Die jüdisch-christliche Tradition hat die weiblichen Züge Gottes weitgehend marginalisiert und die männlichen Gottesvorstellungen betont. Damit hat eine Sexualisierung Gottes stattgefunden, der mit der Wiederentdeckung der weiblichen Züge Gottes in der Bibel entgegengewirkt wird. Dabei wird dem männlichen Gott aber weder ein sur-plus an weiblichen Tugenden zugebilligt noch wird ein neuer Göttinnenkult eingeführt, sondern Gott wird als ein Gegenüber wahrgenommen, das mitfühlend, liebevoll, barmherzig begegnet.

Die Kombination der Adjektive barmherzig-liebevoll und zuwendend-gnädig wird biblisch ausschliesslich für Gott in der sogenannten Gnadenformel (Ex 34,6–7; Num 14,18; Ps 145,8) verwendet. Darin erweist Gott sich als ein Gott, dessen Zuwendung mehr Raum einnimmt, als seine noch so gerechte Strafe. Und doch: auch für solch einen Gott ist eine Heilsansage ohne vorhergehende Gerichtsandrohung nicht sinnvoll, denn die Heilsverheissung kann von den Menschen nur gehört werden, wenn klar ist, wo und warum Umkehr gefordert ist.

Immanenz und Transzendenz

Gott ist zugleich immanent in der Welt, hier anwesend, und transzendent über der Welt, übersinnlich und jenseits. Diese beiden Beziehungsaussagen lassen sich nicht gegeneinander ausspielen, denn beide drücken auf verschiedene Weise Gottes Nähe aus. Das macht dieses Bild von Gott paradox und gleichzeitig souverän: Gott nimmt Anteil und ist zugleich fern. In den weiblich-mütterlichen Aussagen, die Gott ausschliesslich über sich selbst macht, ist Gott nie gewalttätig, sondern lebensspendend, erhaltend, nährend, heilend. Gott ist zuverlässig, verlässlich und treu.

So viele Adjektive Gott auch beschreiben mögen, es hindert doch eine respektable Scheu vor kosmischen Götterbildern daran, Gott einen Namen zu geben: Die priesterliche Schöpfungsliturgie umgeht die Namen Sonne und

Mond, zwei prominente Gottheiten Babylons, indem sie vage die *Lichter an der Feste des Himmels* nennt und dazu *das grössere Licht zur Herrschaft über den Tag und das kleinere Licht zur Herrschaft über die Nacht* (Gen 1,14.16). Entsprechend vermeidet Hosea den Namen *Mutter*, obwohl Gott detailliert mit den Erziehungsaufgaben einer Mutter beschrieben wird: Sie *liebt, ruft den Sohn, bringt das Gehen bei, hebt auf die Arme* und *heilt* (Hos 11,1–5). So wird sprachlich dafür gesorgt, dass die Elemente als Geschöpfe Gottes erkennbar bleiben. In der messianischen Weissagung des Ersten Jesaja werden die Eltern des Heilsbringers nicht genannt: *Ein Kind ist uns geboren.* (Jes 9,5) Diese Zurückhaltung grenzt von einer Umwelt ab, in der Könige als Götterkinder verehrt werden. Mag ein Herrscher noch so göttlich erscheinen, nach jüdischem Verständnis bleibt er Gottes Schöpfung: Ein Kind ist uns geboren, das meint ein Menschenkind, auch wenn es königlich ist.

Weibliche Gotteszüge bei Jesaja

Auffällig ist, wie das Buch Jesaja von Anfang an viele weibliche Bilder verwendet, um das Verhältnis zwischen Gott und Gottesvolk oder auch einfach das Gottesvolk selbst zu beschreiben. Einige sind aus Advents- und Weihnachtsliturgien vertraut: *Deshalb wird der Herr selbst euch ein Zeichen geben: Seht, die junge Frau ist schwanger, und sie gebiert einen Sohn. Und sie wird ihm den Namen Immanu-El, Mit-uns-Gott, geben.* (Jes 7,14) Neben der ausdrücklichen Betonung der Mutter als junger Frau steht der Bekenntnisgehalt des Namens im Zentrum der Botschaft. Die junge Mutter bekennt sich zu ihrem Gottvertrauen, das mit Gott rechnet. Gott lässt nicht im Stich, was immer auch geschehen mag. Auf diese Vorstellung bezieht sich im letzten Kapitel Tritojesaja, wo Gott selbst die gebärende und trostspendende Mutter ist und das Volk den Namen trägt, der zugleich Bekenntnis ist: Gott mit uns – Immanuel.

Auch im zweiten Jesajabuch überrascht die Fülle an weiblichen Bildern, wie sie in dieser Konzentration selten in der Bibel vorkommen. Am bekanntesten ist vielleicht Jes 49,15–16: Unter Extrembedingungen könnte geschehen, dass eine Mutter ihr Kind vernachlässigt, was unter normalen Bedingungen ganz ausgeschlossen erscheint. Für Gott aber kann es keine solche Extremsituation geben. Selbst wenn eine Mutter ihr Kind vergisst, *werde doch ich dich nicht vergessen*, sagt Gott. Diese mütterliche Liebe versagt niemals: es ist die Beziehung zwischen Tochter Zion (49,14) und Mutter JHWH (49,15), die hier massgeblich das Verhältnis zwischen Gott und Gottesvolk beschreibt.

Gleichzeitig ist das ganze Kapitel 49 voll weiblicher Metaphern, die alle um Geburt, Mutterschaft, Kinderlosigkeit, den verschlossenen Mutterschoss und deren Überwindung kreisen. Gott spendet Leben, gibt Leben zurück, und löst damit Überraschung und Verwirrung aus. Darauf spielt auch Jes 51,2a an, wenn an die lange Zeit unfruchtbare Sara erinnert wird, die zur Stammmutter geworden ist, *die euch geboren hat.* Gottes Heilshandeln wird mit Geburtswehen verglichen (42,14). Darum schockiert das prophetische Scheltwort, das von unproduktiven Wehen redet: Hier wird zwar unter Schmerzen gepresst, was aber herauskommt, hat kein Leben (Jes 37,3), während im vorliegenden Text nun die Geburt gegen alle Regeln gänzlich ohne Wehen auskommt (2.7).

Die soziale Bedeutung der Mutterschaft

Die Redewendung *von Mutterleibe an* (44,2; 48,8; 49,1–5) spricht bewusst nicht die Zeugung an, sondern das embryonale Werden des Menschen: Noch bevor er selbstständig atmet, ist er von Gottes Hauch schon inspiriert; und auf das Sein im Mutterleib folgt zwangsläufig die Geburt. Die ethischen Konsequenzen dieser Aussage lassen sich nur als Konsequenzen des Glaubens formulieren. Wieder sind neben dem biologischen Mutterleib auch die sozialen Dimensionen der Mutterschaft bedeutsam. Gott selbst trägt sein Volk: *Bis in euer Alter bin ich es und bis ins hohe Alter: Ich bin es, der euch schleppt. Ich habe es getan, und ich werde tragen, und ich werde euch schleppen und euch retten.* (46,3–4; auch 60,4): Hier begegnet das göttlich-mütterliche Erbarmen und Mitgefühl Gottes im Attribut des Mutterschosses und im Akt des Stillens (55,1). Noch einmal wird das Bild des Stillens gebraucht und auf fremde Herrscher bezogen: *an der Brust von Königen trinken* (60,16; 49,23). Die Verheissung verspricht das Ende der Säuglingssterblichkeit, die eine stillende Mutter emotional vielleicht noch stärker betrifft als den Vater (65,20–25).

Umso erschreckender ist, wenn die Bedrohung weiblichen Lebens gepriesen wird: *Juble, du Unfruchtbare, die nicht geboren hat! Brich in Jubel aus und jauchze, du, die nicht in Wehen gelegen hat! Denn die Kinder einer Verwüsteten sind zahlreicher als die Kinder einer Verheirateten … Denn wie eine verlassene Frau und eine, die tief gekränkt ist, hat dich der Herr gerufen … Eine kleine Weile habe ich dich verlassen, mit grossem Erbarmen aber werde ich dich sammeln.* (54,1.6–7; vgl. 49,21; 50,1) Doch wieder schliesst die Zusage, das Versprechen Gottes, unmittelbar an. Gott ist es, der Heil in ganzer Fülle schafft, weil die Menschen die barmherzige, liebevolle, nährende und mütterliche Zuwendung nötig haben: Gott ist die Hebamme, die unvermittelt selbst zur tröstenden Mutter wird.

_ NACHGEFRAGT

Vom Text her

_ *Er kommt aus seines Vaters Schoss und wird ein Kindlein klein* (RG 395,2): Was stellen Sie sich unter diesem Vaterschoss vor? Was will das Lied damit ausdrücken? Wie bekommt Gott ein Kind?

_ Getröstet werden, gestillt werden, still werden: Was verbindet, was unterscheidet diese Vorgänge?

_ Finden Sie, dass Frau Holle die Züge einer Muttergottheit trägt? Welche Motive im Märchen spenden Trost und Leben?

_ Was denken Sie bei der Verbindung von Frieden und Mütterlichkeit? Ist Frieden eine Sache der Frauen und Krieg eine Sache der Männer?

Zum Gottesbild hin

_ Können Sie fünf ausschliesslich positive Aussagen über Ihre Mutter machen?

_ Beschreiben Sie Ihr Idealbild einer Mutter:
Was ist Ihnen ganz besonders wichtig?
Was könnte allenfalls auch fehlen?

_ Was bedeuten Ihnen weibliche Gottesbilder?
Was weibliche Gottheiten?

_ Was löst das Bild einer in der Öffentlichkeit stillenden Mutter in Ihnen aus?

_ *Da ist nicht Mann und Frau. Denn ihr seid alle eins in Christus Jesus* (Gal 3,28): Was sagt Ihnen die Behauptung des Paulus? Ist die christliche Gemeinde androgyn? Wie erleben Sie Frauen und Männer in der Gemeinde?

_ *Und Gott schuf den Menschen sich zum Bilde, zum Bilde Gottes schuf er sie: als Mann und als Frau* (Gen 1,27): Verstehen Sie diese Aussagen mehr als Aussagen über Gott oder mehr als Aussagen über den Menschen?

_ Warum, glauben Sie, sind die weiblichen und mütterlichen Seiten Gottes, wie in Jesaja beschrieben, so unbekannt?

_ Welche gesellschaftspolitischen Schritte wären Ihrer Meinung nach nötig, damit die Menschen dem hier beschriebenen Gott ähnlicher werden könnten?

_ GELESEN

_ Irmtraut Fischer, Jesaja; in: Kompendium feministische Bibelauslegung; München 1998.

_ Josy Eisenberg, Jerusalems Töchter, Frauen zur Zeit der Bibel; Berlin 1996.

_ Hanna-Barbara Gerl; Die bekannte Unbekannte. FrauenBilder in der Kultur- und Geistesgeschichte; Mainz 1988.

_ Susanne Heine; Wiederbelebung der Göttinnen? Göttingen 1987.

_ Maria-Sybilla Heister; Frauen in der biblischen Glaubensgeschichte; Göttingen 1986.

_ Peter Höffken, Das Buch Jesaja. Kapitel 40–66 (NSK); Stuttgart 1998.

_ Elizabeth A. Johnson: Ich bin die ich bin. Wenn Frauen Gott sagen; Düsseldorf 1994.

_ Othmar Keel: Die Welt der altorientalischen Bildsymbolik und das Alte Testament; Zürich 1972.

_ Hans-Joachim Kraus, Das Evanglium des unbekannten Profeten. Jesaja 40–66 (KBB); Neukirchen 1990.

_ Helen Schüngel-Straumann, Denn Gott bin ich und kein Mann; Mainz 1996.

_ Reinhild Traitler, MutterUnser – oder wie wir noch von Gott reden könnten; in: Reformatio 40/3; Bern 1991.

_ Claus Westermann, Das Buch Jesaja Kapitel 40–66 (ATD); Göttingen 1966.

GOTT WIRD
FRIEDEN BRINGEN.
DER TRÄUMER

1	Das Volk, das in der Finsternis geht,	1
2	hat ein grosses Licht gesehen,	
3	die im Land tiefsten Dunkels leben,	
4	über ihnen ist ein Licht aufgestrahlt.	
5	Du hast die Nation zahlreich werden lassen,	2
6	hast die Freude für sie gross gemacht.	
7	Sie haben sich vor dir gefreut,	
8	wie man sich freut in der Erntezeit,	
9	wie man jubelt, wenn man Beute verteilt.	
10	Denn das Joch, das auf ihnen lastet,	3
11	und den Stab auf ihrer Schulter,	
12	den Stock dessen, der sie treibt,	
13	hast du zerschmettert wie am Tag Midians.	
14	Denn jeder Stiefel, der dröhnend aufstampft,	4
15	und der Mantel, der im Blut geschleift ist,	
16	der wird brennen,	
17	wird ein Frass des Feuers sein.	
18	Denn ein Kind ist uns geboren,	5
19	ein Sohn ist uns gegeben,	
20	und auf seine Schulter ist die Herrschaft gekommen.	
21	Und er hat ihm seinen Namen gegeben:	
22	Wunderbarer Ratgeber, Heldengott,	
23	Starker, Friedensfürst.	
24	Die Herrschaft wird grösser und grösser,	6
25	und der Friede ist grenzenlos	
26	auf dem Thron Davids	
27	und in seinem Königreich;	
28	er gründet es fest	
29	und stützt es durch Recht und durch Gerechtigkeit,	
30	von nun an für immer.	

JESAJA 9,1–6

31 Dies vollbringt der Eifer des Herrn der Heerscharen.

Texte lesen

Ich bin gern dabei, wenn jemand vorliest. Es ist schön, an einem Geburtstag eine Geschichte geschenkt, erzählt oder vorgetragen zu bekommen. Ich liebe es auch, einen Bibelabschnitt vorgelesen zu bekommen. Diese Texte sind ja nicht für die stille persönliche Lektüre geschrieben, denke ich mir, sondern zum lauten Vortrag in einer Versammlung. Allerdings war ich auch schon dabei, wie ein Pfarrer den Predigttext ablas, als brächte er nur etwas Lästiges und Obligatorisches hinter sich, bevor er mit den eigenen Sätzen loslegen konnte. In einem Aufsatz fand ich kürzlich die Behauptung, das Vorlesen des Predigttextes sei der Höhepunkt des Gottesdienstes. Ich war überrascht, gebe ich zu, aber dann nickte ich still vor mich hin. Schöne Texte wollen schön gelesen und vernommen sein, finde ich. *Vortragen* oder *Deklamieren* nannte man das mal, schöne Wörter!
Besonders gern höre ich zu, wenn ich dazu nicht still auf der Kirchenbank sitzen muss, sondern mich bewegen kann, also, das Einfachste: im Gehen zuzuhören. Das habe ich im Bibliodrama intensiv erlebt. Meine Bibliodrama-Lehrerin pflegte zu behaupten, die einschneidendste Massnahme in der Geschichte des Gottesdienstes sei passiert, als man die Kirchenräume mit Bänken vollstellte. Als die Leute still sitzen mussten, um belehrt zu werden. Als das Christentum pädagogisiert wurde. Darum wird für die Hörer das Hören manchmal nur dann schon ganz anders, wenn sie nicht sitzen, sondern stehen oder gehen! Diese Erfahrung sollte man nicht nur im Bibliodrama und ähnlich aufwendigen Veranstaltungen machen dürfen!

Texte hören

Wir sassen zusammen, an einem Abend der Vorweihnachtszeit. Wir waren stolz darauf, diese Zeit freigeschaufelt zu haben, Religionslehrkräfte und Pfarrer, dazu zwei sozialdiakonische Mitarbeiter und die Präsidentin unserer Kirchenpflege im ganzen fünfzehn Frauen und Männer. Wir wollten mit einem Abend zum Thema *Ein Kind ist uns geboren* einen Gegenakzent zur vorweihnachtlichen Geschäftigkeit unserer Kirchgemeinde setzen!
Wir standen mit der Leiterin des Abends in einem grösseren Kreis. Der Text wurde von ihr vorgelesen, in normalem Sprechtempo, aber mit Pausen zwischen den Teilen des Gedichts. Wir sollten sagen, was wir gehört hatten, welches Wort uns aufgefallen war, welcher Ton. Ich hatte vor allem die Pausen gehört. Diese Pausen hatten mich fast schon in eine festliche Stimmung versetzt. Das Gehörte war die Stille zwischen den Sätzen. Aber das wagte ich nicht zu sagen.
Da hielten wir alle den Text in den Händen, und wer wollte, las der Runde eine Zeile vor. Jede Zeile eine andere Stimme. *Was hast du gehört?* fragte die Leiterin, als der Abschnitt gelesen war. Wir wurden geheissen, den Text wegzulegen und frei im Raum herumzugehen. Die Leiterin las alles noch einmal. Und wieder fragte sie: *Was hast du jetzt gehört?* Der vierten Lesung hörten wir liegend zu. Jede und jeder hatte sich seinen Platz ausgesucht, einige hatten sich dafür eines der Kissen, die herumlagen, geholt. Die letzte Lesung geschah wieder stehend, alle mit dem Textblatt: Wir lasen miteinander im Chor, aufmerksam aufeinander hörend, aufmerksam auf die Worte hörend. Dabei verschwanden die Pausen, leider. Aber wir fanden beinahe zu einem gemeinsamen Fluss. Stark und wieder anders als vorher.

Namen

Ich habe vergessen zu erwähnen, dass wir uns tatsächlich schon um 18 Uhr getroffen hatten. Nach der Einführung sollte es eine Pause geben mit Mandarinen und einem Sandwich, gegen halb acht etwa. So blieb vorher Zeit, uns auf die Namen einzustimmen. Die besonderen Namen des besonderen Kindes waren mir natürlich beim Lesen stark aufgefallen und inzwischen auch im Gedächtnis geblieben.
Die Leiterin wies uns an, uns auf unseren eigenen Vornamen zu besinnen: *Welchen Namen trägst du? Den Vornamen meine ich. Deine Eltern haben ihn ausgesucht, den hast du von Anfang an gehört. Oder war es zuerst ein Kosename, und erst später wurdest du mit dem richtigen Namen gerufen? Und die Schulkameraden, wie sagten sie?* Sie hatte noch weitere Fragen auf Lager: *Weisst du etwas darüber, warum für dich dieser Name ausgesucht wurde? Gab es ihn schon in der Familie, oder warst du der Erste mit diesem besonderen Namen? Gefällt er dir? Hättest du lieber einen andern? Hast du dir gar einmal einen andern Namen zugelegt, einen neuen, nach deiner eignen Vorliebe?* Da hatten wir zu denken.
Namen haben eine offizielle Seite und eine intime. Ich wurde öfters gehänselt wegen meines Namens: *Hans-Adam.* Als ich für meine Ausbildung in eine fremde Stadt kam, nannte ich den neuen Kollegen nur den ersten und unverfänglichen Teil meines Doppelnamens: Hans. Später verlangte ich von den damaligen Freunden und Bekannten, dass sie sich umstellten und mich wieder mit meinem ganzen Vornamen, der einer Familientradition entspricht, riefen.

Bedeutungen

Was bedeutet dir dein Name? Was hast Du mit ihm erlebt? Wir wurden aufgefordert, eine Gesprächspartnerin oder einen Partner anzusprechen, um uns wechselseitig zu erzählen und zuzuhören. Es sei fast sicher, dass uns beim Austauschen etwas Neues aufgehe. Obwohl jeder schon ein Leben lang seinen Namen mit sich herumgetragen habe wie ein Aushängeschild, gebe es an jedem

tip

Mittel:
Lesung des Textes auf CD V/15; im Reiseführer die Ausflüge Salbung und Kind, Macht und Gerechtigkeit

Lied:
RG 369 und 375

Bild:
Virgilio Vercelloni, Atlante storico dell'idea europea della città ideale (Bildband, Italien 1994)

Buch:
Thomas Morus, Utopia (Dialog, England 1516); Tommaso Campanella, Der Sonnenstaat (Dialog, Italien 1611); Hans Magnus Enzensberger, utopia (Gedicht, Deutschland 1957); Martin Luther King, Freiheit/I have a Dream (Bericht/Rede, USA 1958/1963); Fritz Hochwälder, Das heilige Experiment (Theaterstück, Österreich 1964); Manuela Pfrunder, Neotopia (Roman, Schweiz 2000)

Klassik:
Heinrich Schütz, Die Historia der freudenreichen Geburt Jesu Christi (Oratorium, Deutschland 1664); Johann Kuhnau, Der Heyland Israelis Gideon (Oratorium, Deutschland 1700); Georg Friedrich Händel, Der Messias Nr. 11–12 (Oratorium, England 1741); Frank Martin, In Terra Pax Nr. 6–7 (Oratorium, Schweiz 1944)

Pop:
John Lennon, Imagine (Song, England 1971)

Namen noch unentdeckte Facetten und Geschichten. Meine Partnerin zum Beispiel wusste genüsslich zu berichten, wie sie einmal nach einem Kongress während der ganzen langen Bahnfahrt mit ihrer Namenstafel auf dem Jackett gefahren sei und sich dauernd gewundert habe, wieso die Mitfahrenden immer wieder zu ihr herübergesehen hätten. Zwei hätten sogar mit ihr geredet. Erst am Abend und zu Hause hätte sie die Tafel gesehen und abmontiert.

Zum Schluss sollten und wollten wir über die feierlichen Namen des Kindes reden (Zeilen 22–23)! Es seien Thronnamen wie bei Königen, erläuterte die Leiterin des Abends, schöne Namen und verpflichtende Namen. Ob sie ihrem Träger wohl Freude machen würden oder eher Angst? Und welche Regierungsziele sich in ihnen konzentrierten?

_ VERORTET

Die Perser

Während die *oberen Zehntausend* des vormaligen Juda noch im Babylonischen Exil waren, änderte sich die weltpolitische Situation grundlegend. Nach König Nebukadnezzar (605–562 im Amt) zerfiel die Macht der Neubabylonier zusehens. An ihre Stelle trat ein Perser: Kyros (559–530 im Amt), der in einem unaufhaltsamen Siegeszug erst Medien im Norden des Zweistromlandes (550), dann Lydien im Westen Kleinasiens (547) und schliesslich Babylon (539) mit dem gesamten Süden eroberte. Kyros begründete ein Weltreich, das dann durch das Wirken seiner Nachfolger erstmals in der Geschichte überhaupt alle bekannten Teile der Welt umspannte. Kambyses (530–522 im Amt) zog weit nach Westen und Nordafrika. Seiner kurzen Regierung verdankte das neue Reich die Zufügung Ägyptens (525). Dareios (522–486 im Amt) eroberte den Norden Indiens (um 515), die Region rund um das Schwarze Meer (513) sowie Makedonien und Thrakien im Norden Griechenlands (491), verlor allerdings in der berühmt gewordenen Schlacht von Marathon gegen Hellas (490). Er festigte das Reich im Inneren: Persepolis liess er als erste der vier Hauptstädte des Perserreichs bauen und den bestehenden Residenzen Susa, Ekbatana und Babylon voranstehen. Das Provinzsystem reorganisierte er durch die Einteilung des Reiches in zwanzig grosse Satrapien. Palästina wurde ein Teil der fünften Satrapie mit dem Namen *Jenseits des Flusses*, der den Eufrat meint und die Perspektive von Persepolis zeigt. Xerxes schliesslich (486–465 im Amt) wurde für die Antike bedeutsam durch seine andauernde Bedrohung des griechischen Festlandes. Die Landschlacht bei den Thermopylen gewann er (480), die Seeschlacht bei Salamis verlor er (480). Der nichteroberte Teil Griechenlands blieb hinfort der Pfahl im Fleisch des Weltreichs.

Bis zum Aufstieg Alexanders des Grossen und zur Schlacht bei Issos (333), die den Niedergang der Perser besiegelte, beherrschte nun erstmals eine indogermanische Grossmacht die grosse Welt und das kleine Palästina, insgesamt für Israel eine ruhige Periode von gut zweihundert Jahren (538–332).

Juda unter der persischen Herrschaft

Dem Perser Kyros verdankt das zerrüttete Juda einen neuen Anfang: Mit seinem Edikt erlaubte er (538) die Rückkehr der Verbannten, gab den Tempelschatz frei, ermöglichte den Neubau des Zweiten Tempels und stellte dafür sogar Kapital zur Verfügung. Das Edikt ist in Reichsaramäisch überliefert (Esra 6,3–5), einer der persischen Staatssprachen, die sich nun auch als die gesprochene Sprache Palästinas durchsetzte, während das Hebräische fortan den religiösen Schriften vorbehalten blieb. Vermutlich ist es dem Ägyptenfeldzug des Kambyses zu verdanken, dass die zögerliche Rückkehr der Verbannten gut zehn Jahre nach dem Edikt beschleunigt wurde. Als er mit seinem Heer die Strasse bereitete und zugleich strategisch sicherte, nahmen die Rückkehrerwellen zu. Dareios bestätigte das Edikt seines Vorvorgängers und wurde zum Schirmherrn beim Bau des Zweiten Tempels (520–515). Sein Nachfolger Xerxes hat in der Bibel ein rein literarisches Nachleben: Der Ahaschwerosch der Novelle Ester trägt den persischen Namen dieses Perserkönigs, der allgemein nur unter seinem griechischen Namen bekannt ist (vgl. Einheit 16).

Die neuen Herren im Zweistromland, welche die Neubabylonische Vorherrschaft gebrochen hatten und sich selber ein Imperium gewannen, gaben sich liberal und religiös tolerant. Sie schlugen gegenüber den unterworfenen Völkern eine andere Politik ein als die vorherigen Grossmächte der Assyrer und Babylonier. Sie versuchten nicht mehr, die kulturelle und religiöse Identität der Unterworfenen zu zerschlagen. Sie verzichteten auf Deportationen und sorgten für die Wiedereinrichtung der lokalen Kulte. So wurde der Wiederaufbau des Tempels in Jerusalem genehmigt. Das weckte zunächst gewiss eine Art Euphorie. Kyros wurde von Deuterojesaja sogar als *Gottes Gesalbter* (Jes 45,1) und Hirte Israels (Jes 44,28) bezeichnet, zwei enorme Titel für einen heidnischen *goj!*

Die persische Toleranz

Sichtbar wird die persische Toleranz an der grossen Schaufront des Palastes, den Dareios der Grosse (ab 518) in Persepolis bauen liess. Die Reliefs enthalten ein politisches Programm: Dareios selbst thront in der Mitte und nimmt das Défilé der 23 Nationen ab, je 3–9 Männer, die von links heranziehen, alle in ihrer Landestracht, alle mit individuellen Frisuren, einige mit Waffen, alle natürlich auch mit landesüblichen Gaben. Erstaunlicherweise zeigt dieser «Neujahrsempfang in Persepolis» die Untertanen als freie, aufrechte und selbstbewusste Menschen.

Archäologische Schriftfunde stützen die Einschätzung der persischen Toleranz: Auf der ägyptischen Nilinsel Elephantine (nahe Assuan) gab es eine Kolonie von Juden (Ez 29,10), die sich offenbar nach der Zerstörung des Nordreichs Israel (722) dorthin geflüchtet hatten und nun als Söldner in persischen Diensten standen. Aus den gefundenen Papyrusschriften (420–400) geht hervor, dass König Dareios in seinen ersten Amtsjahren (519–18) Bestimmungen der Kolonie über die Durchführung des Passa-Mazzot-Festes sanktioniert und in Gestalt eines eigenen Erlasses seinem ägyptischen Satrapen zugestellt hatte. Zur selben Zeit hatte er, wie ein Papyrus aus einem ganz anderen Teil Ägyptens beweist, eine Kommission aus ägyptischen Fachleuten eingesetzt, die das geltende ägyptische Recht kodifizieren, also in einem Rechtskodex verschriften sollte, und zwar gleichzeitig in Demotisch, der Landessprache Ägyptens, und Aramäisch, der Verwaltungssprache des ganzen Perserreichs. So liess der Zentralherr der Region zwar ihr Recht, machte sich aber indirekt zu ihrem Gesetzgeber (519–503). Ein drittes Beispiel ist die *Trilingue vom Letoon*, die im kleinasiatischen Lykien ausgegrabene Stele mit einer dreisprachigen Inschrift (um 360): Dort beschloss die Regionalhauptstadt, einen Tempel zu bauen und den dazugehörigen Kult schriftlich zu regeln. Die Stele teilt dies in Lykisch, Griechisch und Aramäisch mit, und wieder geht daraus hervor, dass der zuständige persische Satrap der Provinz die lokale Regelung publizierte, ratifizierte und damit zum gültigen persischen Reichsrecht erhob.

Weitere Reliefs und Texte unterstreichen die Toleranz: Sie darf nicht im Sinn moderner Individualität missverstanden, kann aber im Sinn einer umfassenden Weltordnung interpretiert werden (vgl. Einheit 1): Persepolis ist der Nabel der Welt und garantiert allen Völkern der Erde einen eigenen Lebensraum mit eigener Lebensweise. Sie versammeln sich deshalb dankbar vor dem Thron des persischen Grosskönigs, der die Weltordnung symbolisiert. Sie huldigen ihm aber nicht als Individuen und Personen. Die persische Toleranz hat nichts mit der Tugend des Grossmuts zu tun, sondern folgt aus der persischen Hofideologie und ihrem diplomatischen Kalkül.

Haggai und Sacharia

Erst als die Propheten Haggai und Sacharja auftraten (520), erfolgte in Palästina der Umschwung. Ihnen gelang es, nicht nur die politischen Führer und die Priester, sondern auch das Volk für den Tempelbau zu gewinnen. Das utopische Potenzial ihrer Heilsprophetie, mit dem sie an die exilische Heilsprophetie anknüpfen konnten, wirkte überzeugend. Die Prophetie verfügte für eine kurze Zeit über eine öffentliche Wirksamkeit wie sonst nie.

Allerdings wurden sogleich viel weitergehende Restaurationshoffnungen geweckt, die unter den gegebenen politischen Verhältnissen gefährlich waren.

Haggai, der zwischen August und November auftrat (520), bewegte sich in konservativ-nationalen Vorstellungen. Er sah den Tempel als Garant für den Segen Gottes. Seinen Mitbürgern hielt er vor, das wirtschaftliche Elend sei eine Folge des immer noch in Trümmern liegenden Tempels, aber mit dem Beginn des Wiederaufbaus werde sich alles ändern. Er deutete die erneute Einrichtung des davidischen Königtums an und sah in Serubbabel, der als persischer Statthalter von Juda zwar einen babylonischen Namen hatte, aber als Enkel König Jojachins aus der Königsfamilie stammte, den zukünftigen unabhängigen Herrscher. Mit dem Hohepriester Josua kam auch ein Angehöriger der Zadokiden, des alten Jerusalemer Priesteradels, nach Palästina. Damit waren die weltliche und die geistliche Spitze eigentlich vielversprechend besetzt. Sacharja trat kurz nachher auf, zwischen Oktober und Februar (520–519), mit eindrücklichen Visionen, in denen er die Herrschaft Gottes über die ganze Erde und seine Rückkehr in den Jerusalemer Tempel erschaute. Als Folge davon würden der Hohepriester und der Statthalter Serubbabel eine Art Weltregierung zu zweit ausüben.

Im Sommer 520 wurde der Wiederaufbau begonnen. Die Priesterschaft hatte das erste Interesse daran, denn er war die Voraussetzung dafür, dass sie ihre Funktionen wieder aufnehmen konnte und ihre Existenzgrundlage gesichert war. Auch die Realpolitiker um den Statthalter Serubbabel wollten die Chance nutzen, die ihnen die persische Reichspolitik bot. Aber es gab auch wichtige Hindernisse für diesen Wiederaufbau. Die wirtschaftliche Lage war schwierig wegen der langjährigen politischen Instabilität, und eine Dürreperiode machte alles noch schlimmer. Eigentumsansprüche der Heimkehrer mussten gegen die Daheimgebliebenen gerichtlich durchgefochten werden. Das schuf soziale Spannungen. Für die Rückkehrer brauchte es Wohnhäuser. Die breite Bevölkerung hatte genug zu tun zur Sicherung des eigenen Lebens. Unter dem Eindruck der jeremianischen Prophetie konnte man denken, die Regelung der gesellschaftlichen Notstände habe Vorrang vor dem Tempelbau.

Beide Propheten erzeugten eine nationale Hochstimmung. Aber diese Prophezeiungen erfüllten sich nicht. Die Perser verfügten über ein gut funktionierendes Nachrichtenwesen. Wahrscheinlich griffen sie ein, denn Haggai, Sacharja und Serubbabel verschwanden von der Bildfläche, man hat keine Nachrichten über ihr Schicksal. Die Einweihung des Tempels im Jahr 515 scheint ohne sie stattgefunden zu haben. Dafür wurden die Salbung (Lev 4,3.5.16) und Krönung (Sach 6,9–15) des Hohepriesters eingeführt. Die Heilsprophetie war gescheitert, aber eine Priesterherrschaft installiert.

Esra und Nehemia

Beide Männer waren im Babylonischen Exil aufgewachsen und hatten unter den Persern hohe politische Ämter bekleidet. Beide kamen im Auftrag der persischen Zentralinstanz nach Palästina. Beide waren Technokraten. Esra, altisraelitisch der zadokidische Priester und neupersisch der *Schreiber des Gesetzes des Himmelsgottes*, war in der persischen Zentrale der Zuständige für Fragen der Religion Israels. In Palästina sollte er (ab 458) für die Einhaltung des landeseigenen Gesetzes, der sich zum Gesetzeskanon verfestigenden Tora, sorgen, zugleich aber auch für die Beachtung des zentralen Gesetzes der Perser. Nehemia war am Hof der persischen Hauptstadt Susa sogar Mundschenk gewesen. Nach Palästina wurde er geschickt, um (ab 445) mit persischen Vollmachten und Subventionen die Ummauerung Jerusalems und ihren Charakter als Stadt wiederherzustellen.

Polarisierung und Spaltung

Die Rückwanderung selbst und dann der Wiederaufbau des Tempels zogen sich lange hin. Beide blieben völlig ohne Glanz und Gloria. Die sozialen Spaltungen, die schon in der vorexilischen Gesellschaft der Königszeit entstanden waren (vgl. Einheit 9), konnten nicht mehr geschlossen werden. Zwar war die persische Religionspolitik tolerant, dafür erwies sich die Steuerpolitik als umso rigoroser. Während die ärmeren kleinbäuerlichen Familien unter dieser Last, die sich im fünften Jahrhundert infolge der verlustreichen Kriege der Perser gegen die Griechen noch einmal steigerte, immer mehr in die Verelendung getrieben wurden, profitierten die reicheren grossbäuerlichen Familien noch von dem sich ausweitenden Handel und dem Darlehensgeschäft.

Die gesellschaftliche Kluft führte dazu, dass im Ältestenrat und im Priesterkollegium die Familien der Oberschicht den Ton angaben. Es gab in Juda eine jüdische Selbstverwaltung, doch sie geriet zunehmend zu einer Oligarchie. Ein Teil der Aristokratie stemmte sich zwar gegen diese Entwicklung und suchte, das Wohl des Ganzen im Auge zu behalten. Die literarische Figur des Hiob verkörpert diese Richtung, wenn auch auf anachronistische Weise: Er ist der gerechte Reiche, der für sozialen Ausgleich eintritt und als *Vater der Armen* aktiv wird (Hi 29,12–16). Doch aus der Sicht der verarmenden und in die Einflusslosigkeit gedrängten Unterschicht musste es so aussehen, als hätten viele Reiche ihre Solidarität zu ihnen aufgekündigt und seien als profitierende Handlanger auf die Seite ihrer Bedrücker übergegangen. Die relative Autonomie im jüdischen Gemeinwesen unter persischer Herrschaft war um den hohen Preis einer inneren Polarisierung erkauft.

In den weisheitlichen Schriften der Zeit, bei Hiob, in den Psalmen und Sprüchen, spiegelt sich diese Polarisierung in einer typisierenden Gegenüberstellung von Frevlern und Gottlosen einerseits, Gerechten und Frommen andererseits. Was Lesern von heute als ungute Schwarzweissmalerei vorkommen mag, hat soziale Gründe. Die Schicht, die marginalisiert zu werden drohte, betrachtete sich selbst als das eigentliche Gottesvolk. Sie erhob den Anspruch, mit ihrer Armenfrömmigkeit wieder Einfluss auf die gesamte Gemeinschaft zu gewinnen. Die schroffe Entgegenstellung war ein Mittel, ihre menschliche Würde zu stabilisieren.

_ EINGEREIHT

Das ganze Buch Jesaja

Die neuere Jesajaforschung wendet sich ab vom historischen Jesaja und interessiert sich für die Entstehung des ganzen Buches. So stellt sich auch die Sammlung des Ersten Jesaja (Jes 1–39) immer deutlicher als das Ergebnis eines sukzessiven Fortschreibungs- und Redaktionsprozesses dar. Die vorgegebenen Texte wurden im Rahmen neuer Wirklichkeitserfahrungen und zeitgeschichtlicher Konstellationen neu gelesen und neu gedeutet. Sie gewannen in der jeweiligen Lesung der Zeit eine neue Gestalt. Dasselbe gilt für den Zweiten Jesaja (Jes 40–55). Vermutlich war der Dritte Jesaja (Jes 56–66) bereits nicht mehr als ein eigenes Buch konzipiert worden, sondern eher als eine gleichzeitige Gesamtredaktion und Fortschreibung der ganzen Jesajatradition (vgl. Einheiten 13–14). Am Ende dieses Prozesses, der gewissermassen die jesajanische Teilkanonisierung im Rahmen des Prophetenkanons war, stand das fertige Buch. Zwischen dem Auftreten des historischen Jesaja und der Zufügung des letzten Textes zum ganzen Jesajabuch dürften nahezu vier Jahrhunderte liegen.

Das Stichwort für diesen Vorgang der Fortschreibung und Redigierung kann *Relecture* heissen: Wiederlesen oder Neubetrachtung. Dasselbe Wort hat sich ein Stück weit eingebürgert für eine gegenwärtige kritische Bibellektüre, die nicht einfach konventionell weiterliest, sich aber auch nicht wie lange die historisch-kritische Methode damit begnügt, nur eine Urfassung eruieren zu wollen, sondern die die Entstehungsbedingungen des Textes so gut erfassen will wie die Bedingungen, unter denen man heute antritt, um den Text für gegenwärtige Verhältnisse zu verstehen. Die wegleitende Erkenntnis dabei ist, dass Verstehen nicht ohne Interesse eintritt. Die Fragen sind damit gestellt: Welches Interesse leitete einen Text wie den vorliegenden? Und in welcher Zeit konnte ein solches Interesse einen solchen Text hervorbringen?

Die Zeit der Weissagung

Messianische Weissagungen werden alle prophetischen Texte genannt, die Heilsaussagen machen über einen künftigen Gesalbten in Israel, einen Messias Gottes, einen neuen David zur Erneuerung der Jerusalemer Königsdynastie. Man unterscheidet solche im weiteren Sinn (Jes 16,4b–5; 32,1–8; 55,3; Jer 23,5–6; 30,8–9; 33,14–26; Ez 17,22–24; 34,23–24; 37,21–25; Hos 2,1–3; 3,5; Am 9,11–12; Mi 4,1–4; Hag 2,20–23; Sach 3,8; 4,6–10; 6,9–14) und solche im engeren Sinn (Jes 2,2–5; 7,14–16; 9,1–6; 11,1–10; Mi 5,1–5; Sach 9,9–1). Grundsätzlich gibt es zwei Möglichkeiten, die Perspektive der Zeit in diesen Texten zu verstehen: Entweder liegt ein realer, historischer und menschlich überschaubarer Zeithorizont vor, der die Texte organisch mit ihrem literarischen Zusammenhang verbindet; oder es liegt ein idealer, theologischer und nur göttlich überschaubarer Zeithorizont vor, der die Texte von ihrem literarischen Kontext abhebt. Da die meisten Texte sich nachweislich eher abheben und leicht herauszulösen sind, erscheint es plausibler, sie in theologischer und nicht in historischer Zeitperspektive zu interpretieren. Ihr eigentliches Potenzial für den Glauben entfalten sie, wenn man sich fragt, aus welchem historischen Umfeld eine derartige Perspektive erwachsen konnte. In der Regel ist dies die Perserzeit. Im Übrigen liest man die messianischen Weissagungen dann auch so, wie neutestamentliche Schriften sie lesen.

Man kann annehmen, dass der Abschnitt Jes 6,1–8,18 der Kern des alten Jesajabuches ist. Diese *Immanuelschrift* (Beuken) wäre von Prophetenschülern mit Jesajas Wissen schriftlich aufgezeichnet worden. Die Urschrift hätte dann eine doppelte Erweiterung erfahren durch einen Prolog in Gestalt des Weinbergliedes (Jes 5,1–7) und durch einen Epilog (Jes 8,19–9,6), dessen Abschluss der vorliegende Text bildet (1–31). Das Ganze hätte den Syrisch-efraimitischen Krieg zum Hintergrund. Dessen Kriegsplan bestand darin, dass die Aramäer (Syrien) mit dem Nordreich Israel (Efraim) und dem Südreich Juda eine Koalition gegen das mächtige Assur eingehen wollten. Jesaja war dem Kriegstreiben mit dieser Schrift entgegengetreten (vgl. Einheit 10). Wie schon lange beobachtet worden ist, schliesst die Weissagung gut an den vorhergehenden Vers an (Jes 8,23): *In früheren Zeiten hat er das Land Sebulon und das Land Naftali unbedeutend gemacht, zuletzt aber hat er dem Weg zum Meer Ehre verliehen, von jenseits des Jordan bis zum Galiläa der Nationen.* Man kann den Satz verstehen als Ankündigung einer Befreiung für die Gebiete des ehemaligen Nordreiches Israel. Diese Hoffnung wurde zur Zeit des Königs Joschija von Juda akut (641–609 im Amt). Dieser geschichtlich fassbaren Notiz schliessen sich zwei Abschnitte an, die auf zeitübergreifenden Vorstellungen fussen, nämlich das Danklied für den Tag Midians, das im Nordreich Israel beheimatet ist (1–17), und die Verheissung für den Thron Davids, die im Südreich Juda heimisch ist (18–31). Mit dieser Annahme stammte die Weissagung aus der Zeit Joschijas.

Man kann aber auch annehmen, die grossen Abschnitte über den künftigen Frieden (Jes 2,2–5; 9,1–6; 11,1–10) seien ins vierte vorchristliche Jahrhundert und in die jüngere persische Zeit zu datieren. Sie wären dann entstanden, nachdem die Hoffnung auf Wiederherstellung eines eigenen davidischen Königtums aufgegeben war. Der vorliegende Text verdankte sich dann dem oben erwähnten Fortschreibungsprozess, wäre ein dem sich verfestigenden Jesajabuch zuletzt noch zugewachsener Text. Er kann verstanden werden als Meditation, als Bearbeitung der gescheiterten grossartigen Erwartungen nach der Rückkehr aus dem Exil, als eine Antwort, welche die Hoffnung auf den Gesalbten JHWHs gegen den historischen Augenschein nicht aufgibt. Es handelt sich dabei ja nicht um eine resignierte, prosaische Mitteilung, einen Bericht, sondern um ein wundervolles Gedicht, wie denn die Schriftpropheten alle auch Dichter sind. Das Schriftbild macht das deutlich (1–31). Man hat es eine *Perle der hebräischen Posie* genannt. Wenn das Gedicht nicht dem historischen Jesaja des achten Jahrhunderts zugeschrieben wird, hat es einen unbekannten Verfasser. Das vergrössert nur noch das Rätsel dieses Traums, der nicht nur nach seinem Inhalt, sondern ebenso mit seiner Form beeindruckt, in der Knappheit und Reichtum im Ausdruck vereint sind.

Der Sprung im Denken

Diese Einheit geht von einer Spätdatierung der Messianischen Weissagungen aus, weil mit ihr die beiden Leitfragen besser zu beantworten sind. Für die prophetischen Kreise, die das Buch Jesaja fortschrieben, bedeuteten das andauernde Ausbleiben der Davidverheissung (2Sam 7) und die andauernde Krise der theokratischen Restauration, dass das Friedensreich und eine andere Herrschaftsform, in ihr insbesondere auch ein neuer David, ihren Platz nicht mehr in der Geschichte finden können, sondern jenseits von ihr, erst nach ihrem Ende. Die geschichtliche Wirklichkeit, die trotz der persischen Toleranz etwas Enges und Kleinkariertes hatte, und das theologische Ideal, das sich aus der Erinnerung nährte, traten in gewisser Weise auseinander, jedenfalls so weit, dass sie hienieden in einem unaufhebbaren Gegensatz verblieben. Man hat die Lektorengenerationen des Jesajabuchs eine Familie von Utopisten genannt, aber mit der *Utopie* ist ja nicht ein *Un-Ort* gemeint, der mit der Realität nichts zu tun hätte, sondern ein *Nicht-Ort*, von wo aus erst wieder gestritten werden kann gegen die verhärteten herrschenden Zustände.

Träfe die Datierung auf die Joschijazeit zu, als die Davidsdynastie noch regierte und das judäische Staatswesen vorübergehend erstarkte, so wäre die Verheissung geschichtlich-messianisch verstanden worden: als Bestätigung für die Fortdauer Judas und als Hoffnung auf einen besseren inneren und äusseren Frieden. Trifft die Datierung auf die Perserzeit zu, so wird der Text von Anfang an messianisch-endzeitlich aufgefasst: nicht als

Hoffnung auf eine glückliche Fortsetzung der problematischen Königszeit, sondern als von Gott eingesetzte neue Ordnung am Ziel der Zeit. Der Text ist nicht affirmativ, keine Bestätigung bestehender monarchischer Zustände, nein, er ist revolutionär, ein Gegenmodell zu den bestehenden restaurativen Zuständen.

Das Denken über den von JHWH erwählten David macht in der Perserzeit einen Sprung: Aus dem nationalen, historischen und genealogischen David der real existierenden Dynastie wird der kosmische, ideale und eschatologische Messias aller Menschen. Gott bleibt bei seiner alten Verheissung, aber er erneuert sie so, dass sein Wille von keiner menschlichen Willkür mehr zu brechen sein wird, sondern der ganzen Welt Gerechtigkeit und Freiheit zukommen kann. Nur durch diesen Sprung im Denken, der aus einer national-religiösen Ideologie eine universal-theologische Vorstellung gemacht hat, ist es möglich geworden, dass Jesus als das verheissene Königskind, als der verheissene Immanuel, als Sohn Gottes und Messias der Welt verstanden werden konnte.

Das Chronistische Geschichtswerk

Was ohne diesen Sprung geschehen ist, wird in einem Geschichtswerk ablesbar, das vier Bücher umfasst und seinen wissenschaftlichen Namen dem Rückblick verdankt: Die beiden Chronikbücher listen aus der Sicht des nachexilischen Judentums die vergangene Geschichte von Adam bis zur Exilierung auf (1Chr–2Chr), das heisst bis in die zeitgeschichtliche Gegenwart, die von den beiden persisch beglaubigten und nun auch israelitisch legitimierten Führungspersönlichkeiten Esra und Nehemia geprägt ist (Esra-Neh). Das jüngste Geschichtswerk benutzt die vorhergehenden (vgl. Einheit 12) und dürfte einige Zeit vor der Kanonisierung der Psalmen abgeschlossen gewesen sein (etwa 380–300).

Das Davidbild der Chronisten wirft ein Schlaglicht auf die Zeit: Er ist der *Mann Gottes* (2Chr 8,14), und Gott wird umgekehrt wie bei den Erzvätern nun zum *Gott Davids* (2Chr 21,12). Diese ideale Verbindung wird gegenüber der Vorlage (Sam–Kön) von einigen unerfreulichen Zwischenfällen gereinigt. David ist nun vor allem der, den die nachexilische Zeit zur Konsolidierung ihrer Theokratie brauchte: das Vorbild für Gesetzestreue und der Wegbereiter des Tempelkultes.

Der Psalter

Unter dem Psalter ist die Sammlung der 150 Psalmen zu verstehen, die wohl im dritten Jahrhundert abgeschlossen worden ist, auch dies eine Teilkanonisierung (etwa 350–200). Sie geschah, um der nachexilischen Gemeinde ein Gesangbuch zu verschaffen. Es umfasst Stücke ganz unterschiedlicher Herkunft und unterschiedlichen Alters. Die Zusammenstellung aus neun Teilsammlungen, die vorgenommenen Ergänzungen im System der Überschriften, auch die Voranstellung der Ps 1–2, um den Ton anzugeben, eben: die Redaktion, ist auch so etwas wie eine grosse Relecture.

Die übliche jüdische Bezeichnung für den Psalter lautet Buch der *Lobpreisungen* oder, wie Martin Buber übersetzt hat, einfach *Preisungen*. Das ist nicht selbstverständlich, denn wer nachzählt, wird mehr Klagen und Bitten finden als Lob und Preis. Die Bezeichnung setzt also einen starken Akzent auf die affirmative, die bestätigende und erbauliche Funktion des Gottesdienstes. Dort vergewissert sich die Gemeinde des religiösen Heils. Der Abschluss des Psalters, das *Kleine Hallel* (Ps 146–150), verstärkt diese Bewegung hin zum Loben. Ihre jeweils ersten Sätze lauten: *Lobe den Herrn, meine Seele* (Ps 146,1) oder *Lobt Gott in seinem Heiligtum* (150,1), um im Schlusssatz zu enden: *Alles, was Atem hat, lobe den Herrn! Hallelujah!* (Ps 150,6).

Manche der im Psalter kanonisierten Psalmen, aber auch einige der Psalmen, die in anderen biblischen Büchern überliefert sind, fanden schon im Gottesdienst des Ersten Tempels Verwendung. Die Chronik beschreibt, wie David Leviten bestellt habe, die Gott rühmen, loben und preisen sollten. Die Instrumente, die sie spielen, finden sich aufgezählt, und ein langer Psalm wird eingefügt, den sie vortragen (1Chr 16). Der Chor stand, gut sichtbar und hörbar, auf den Stufen, die vom Vorhof der Frauen zum Vorhof der Männer führten. Die Gemeinde sang in der Regel den Refrain oder einen Kurzvers, etwa *Ewig währt seine Gnade* (Ps 136). Die Anzahl der dabei verwendeten Psalmen blieb aber wohl klein.

Ein thematischer Aufbau ist im Psalter nicht zu erkennen. Aber es gibt Stichworte, welche die einzelnen Psalmen verbinden, weil es sich um Gebete handelt, die sich ergänzen oder die ein Thema gegensätzlich entfalten. Vermutlich stammen einige Teilsammlungen von Sängergilden, jedenfalls sind die Sänger im Überschriftensystem erwähnt und die Psalmen nach dessen Zuschreibungen geordnet: So gibt es Sammlungen von David (Ps 3–41; 51–71; 108–110; 138–145), Asaph (Ps 73–83) und den Korachiten (Ps 42–49), aber auch thematische Gruppen wie die Wallfahrtspsalmen (Ps 120–134).

Der Psalter insgesamt ist einerseits ein Trost- und Hoffnungsbuch geworden für eine Schicht, die sich von der geschichtlichen Entwicklung an den Rand gedrängt sieht, von Menschen, die sich in den Psalmen selber *Gerechte* und *Fromme* und *Arme* nennen. Deren Thema stimmt der erste Psalm an, der deshalb vorangestellt wurde (Ps 1). Der Psalter bewahrt andererseits die Hoffnung vieler auf gerechte Herrschaftsverhältnisse, er wird zum Buch der messianischen Hoffnung. Die Psalmen werden gesungen, bis der Messias kommt. Darin liegt auch der Sinn des Patronats Davids über die Psalmen. Auf dem ganzen Psalter liegt ein messianisches Licht, wie denn der zweite Psalm das andere Hauptthema angibt: die gerechte, gottgefällige Herrschaft, die ermächtig und befähigt ist, die feindlichen Mächte des Todes zu besiegen und Leben zu ermöglichen. Psalm 2 ist dazu der thematische Eingangspsalm, während Psalm 1 sozusagen das Vorwort bildet.

_ AUSGELEGT

Visionäre Stilistik

Die Zeilen stehen grammatisch in der Vergangenheitsform. Man spricht dabei vom *perfectum propheticum*: Was die Propheten als Vision schauen und vor sich hingebreitet sehen, beschreiben sie im Perfekt. So nah sind ihnen die Möglichkeiten Gottes, dass sie sie als eingetretene Wirklichkeiten beschreiben, im eigentlichen Sinne des Fremdworts: als Gottes perfekte Welt. Das Perfekt steht für lebhaft vergegenwärtigte Vorgänge der Zukunft, eine Möglichkeit der poetischen Stilistik, die jede Literatur der Welt ebenso kennt.

Schwieriger ist die Frage der Gattung: Wo vom Volk und von Gott in der dritten Person die Rede ist, zu Beginn (1–4) und am Schluss (24–30), handelt es sich um die Form des Orakels. Ein Priester könnte sein Sprecher sein, jedenfalls nimmt der Prophet die Rolle eines Mediums direkter göttlicher Mitteilung an. Wo hingegen von Gott in der ersten Person und vom Volk in der zweiten Person die Rede ist, in den beiden mittleren Strophen (5–17.18–23), da erinnert das Gedicht an gottesdienstliche Redeformen: Man kann den einen Abschnitt als Element eines Dankliedes (5–17), den anderen als Element eines Hymnus bezeichnen (18–23). Der Prophet spricht in der Rolle von Teilnehmerinnen und Teilnehmern eines Gottesdienstes.

Der Tag Midians

Der Sprechende tritt in einen Traum Gottes ein (1–4). Der Traum setzt ein zwischen Nacht und Tag. Vor dem ersten Licht ist die Nacht am dunkelsten. Aber nun zeigt sich ein Licht. Aus diesem Zwischenzustand wird etwas Neues an die Oberfläche gehoben. Das Nachtbild hellt sich auf. Noch keine Farben, nur dunkel und hell. – Doch dann wird, bevor es etwas zu sehen gibt, etwas hörbar, eine Begleitmusik (5–9): Starke Träume sind manchmal musikalisch unterlegt und verweisen auf Gefühle von Jubel und Freude. Die Freudentöne erinnern an die Fröhlichkeit, die in der Ernte aufkommt oder beim Beutemachen.

Die Ernte ist der Endpunkt der lang andauernden bäuerlichen Arbeit und bedeutet Arbeit und Anstrengung. Aber das zählt nicht, sobald die Zeit für die Ernte da ist. Die Reife, die ja nicht erarbeitet werden kann, ist eingetreten. Die vorbereitenden Arbeiten haben sich gelohnt, die Natur gibt reich und nicht karg. Man kann Vorräte anlegen, das Überleben ist gesichert, Erleichterung tritt ein. Es geht nicht um die Befriedigung, ein gestecktes Ziel erreicht zu haben, sondern um das Gefühl einer geschenkten Fülle, eines überschiessenden Reichtums. Es ist Zeit, ein Fest zu feiern.

Im Krieg allerdings muss ein Sieg erstritten werden. Er fällt nicht in den Schoss. Es war ein Kampf, aber dann ist die Bedrohung gebannt. Der Schrecken legt sich. Die Beute ist gleichzeitig Ausdruck von Verdienst und Überschuss. Sie ist nicht nur verdient, sondern auch zugefallen, denn von ihrer Höhe kann niemand im Voraus Genaues wissen.

Die Midianiter (13) waren Nomaden gewesen, östlich vom Jordan, sie betrieben Karawanenhandel in einem grossen Steppengebiet. Bei ihnen tauchten erstmals gezähmte Kamele auf, etwa im elften Jahrhundert. Sie überschritten gelegentlich den Jordan und fielen ins Bauernland ein, wo sie mit ihren unbekannten grossen Tieren Furcht und Schrecken verbreiteten. Vorisraelitische Sippen gerieten in Abhängigkeit und wirtschaftliche Enge. Der Richter Gideon hatte sie handstreichartig von der Midianitervorherrschaft befreit. Auf die uralte Listgeschichte, die davon erzählt, spielt der Tag Midians an (Ri 7,9–22): Nicht mit Menge und Masse, sondern mit List und Tücke haben sich die Vorfahren zur Zeit der Landnahme gewehrt. Die Bedeutung der militärischen Ausrüstung und der logistischen Übermacht wird mit dieser Erinnerung untergraben. Der Verweis auf Gideon überspringt sämtliche Epochen, in denen Israel selbst Staaten gebildet hat, aber auch unablässig unter dem Druck gut organisierter Grossmächte gelitten hat.

Die Bedrückung weicht. Dargestellt wird dies in zwei Anläufen: Der erste (10–13) hat die Form eines weisheitlichen Spruches aus drei gleichartigen Aussagen, hier die Abfolge Joch-Stab-Stock, und einer Kontrastaussage, hier das Zerbrechen. Die Israeliten waren (und sind) die Arbeitstiere fremder Herren, vom Fronvogt getrieben wie damals in Ägypten, doch jetzt sind (und werden) sie frei. Wie das schon einmal war, am *Tag Midians*: Gott wird die Machtapparate Assurs, Babylons und Persiens mit List zerbrochen. Der zweite Anlauf (14–17) hat die Form des Parallelismus und verweist auf die Deportationen und Exilierungen der Geschichte.

Gideon ist die Gegenfigur zu einem von der klassischen Kriegskunst geprägten General, der für seine hochgerüsteten Truppen einen Feldzug plant. Gideon ist wie David, der die Rüstung, die Saul ihm zur Verfügung stellt, wieder ablegt und mit seiner Hirtenschleuder und den Bachkieseln dem gepanzerten Goliat entgegengeht. Die Bilder sind kriegerisch, aber sie weisen über den Krieg hinaus. Die Niederzwingung der Feinde wird nicht vorgeführt. Man muss nur noch aufräumen, das herumliegende Kriegsgerät, die Stiefel, die Uniformen werden verbrannt. Der Albtraum weicht.

Es ist zu beobachten, wie sich Widerstand und Hoffnung in einer schwierigen Gegenwart an Bilder der Vergangenheit klammern und so Kraft schöpfen aus der Erinnerung daran, dass Befreiung schon einmal möglich war und also wieder möglich wird. Das Prinzip Hoffnung speist sich aus Erfahrungen, die aktuell noch ausstehen, aber etwas anderes sind als Hirngespinste und Luftschlösser, denn sie stützen sich auf etwas, was vorhanden war und deshalb wieder wirksam werden kann und werden wird.

Der Thron Davids

War die Finsternis eher noch mit Erinnerung gefüllt (5–17 nach 1), so steht das Kind, das geboren wird, wie jedes Kind im Licht der Zukunft (18–30 nach 2). Es ist geradezu das Licht (vgl. Einheit 21). Vier Thronnamen werden ihm feierlich verliehen: *Wunderbarer Ratgeber, Heldengott, Starker, Friedensfürst* (22–23). Dieses Motiv der Namen knüpft an zwei Traditionen an: die prophetische Tradition der Symbolhandlungen und die königsideologische des Hofzeremoniells. Immanuel hiess im alten Jesajabuch der in Aussicht gestellte Sohn einer nicht genannten jungen Frau (Jes 7,14), und die Söhne Jesajas trugen die mysteriösen Namen *Ein-Rest-kehrt-um* (Jes 7,3) und *Eilebeute-Raschgeraubt* (Jes 8,1), symbolische Namensgebungen, bei denen der Prophet die Rolle einer Mutter übernahm und in ihr seine Botschaft inszenierte. Zum anderen wird hier ein Ritual literarisch inszeniert, an das sich die Könige in Jerusalem nach ägyptischem Vorbild gehalten hatten, die Investitur oder Inthronisation des Königs. Die Herrschaft war zunächst symbolisch *auf seine Schulter gekommen* (20), indem man dem Kind oder dem jungen Mann den Königsmantel umgelegt und ihm die Thronnamen verliehen hatte. Damit war seine Herrschaft zum Voraus proklamiert, er war der Kronprinz.

Die Tradition der Thronnamen war gemeinorientalisch. Was Salomo von Ägypten übernommen hatte, war auch in Assur und Persepolis Brauch. Die sogenannte Prunkinschrift der Assyrer für König Assurbanipal (668–631 im Amt) lautete: *Ich bin Assurbanipal, der grosse König, der mächtige König, der König der Gesamtheit, der König der vier Weltgegenden, der König der Könige, der Fürst ohnegleichen.* Sie ist sechsgliedrig und steigert die Bedeutung des letzten bedeutsamen Assyrers auf die Stufe der Unvergleichbarkeit. Die zeitlich näherliegende Titulatur des persischen Grosskönigs lautete: *Ich bin Dareios, der starke König, König der Könige, König der Völkerländer, König der starken Erde, Sohn des Hystaspes, Enkel des Arsames.* Auch sie ist sechsgliedrig, geht aber ins Religiöse über, wie überhaupt die Inschrift in Persepolis kaum für Menschenaugen einsehbar, sondern für Ahuramazda, die Gottheit der Perser, gedacht war. Der Grosskönig ist, was er für sein Reich ist, von Gottes Gnaden.

In der messianischen Weissagung handelt es sich aber nicht um einen neuen König aus der alten Familie Davids, sondern um einen gänzlich neuen David. Dieser

Kommende wird im schönsten der vier Namen, *Friedensfürst*, nicht als König bezeichnet, sondern als Fürst. Vorher und nachher ist von seiner Herrschaft die Rede (20.24). Dieses spezielle hebräische Wort für Herrschaft ist abgeleitet von Fürst. Das sieht mit andern Worten danach aus, als wären die Wörter *König* und *Königtum* ausgespart oder jedenfalls in den Hintergrund gerückt. Dieser Fürst ist kein Selbstherrscher, sondern ein von höherer Stelle Beauftragter. Er ist nicht König, sondern untersteht einem König: Gott. Die vier Namen sind Gottesnamen. Das entspricht der orientalischen Königskonzeption, wonach der König mit denselben Prädikaten ausgezeichnet wird wie die Gottheit, die er repräsentiert. Sie dürfen hier nicht gelesen werden als Bezeichnung dessen, der am göttlichen Wesen teilhat, sondern als Namen dessen, der auf die Seite des göttlichen Wirkens gehört. Sie kennzeichnen den, der das göttliche Wirken vertritt und anführt: Der *Wunderbare Ratgeber* gibt nicht wie ein Orakel Auskünfte, sondern weiss, von Gott geleitet, dessen wunderbare Ratschlüsse auszuführen. *Starker und Friedensfürst* bezeichnen das Kind, über das dem Volk eine andere Kraft zuströmt, dem Volk, das jetzt noch *in der Finsternis geht*, aber schon *ein grosses Licht* vor den Augen hat (1–2).

Ein Kind ist es, das vom Volk ein Joch übernimmt: Die schlechte, tyrannische, ausbeuterische Herrschaft der Grossmacht wird von der Schulter des erniedrigten Volkes genommen (11), um nun auf die Schulter des gerade geborenen Kindes gelegt zu werden (20): aber als gute, fürsorgliche und gerechte Herrschaft Gottes. Und das wieder geht zusammen mit der Festigung und Untermauerung eines Königreiches – hier endlich ist doch vom Königtum die Rede – das durch Recht und Gerechtigkeit ausgezeichnet ist, will sagen, sich anders verhält, als sich Machtpolitiker, die auf dem Thron Davids sassen, verhalten haben (27–30).

Der Eifer des Herrn

Der politische Traum Gottes arbeitet die Figur eines Befreiers heraus, der nicht nur die fremde Herrschaft abzuschütteln weiss, sondern die Gestalt der Herrschaft überhaupt verändert. Der träumende Gott erscheint dabei auch als der eifernde Gott. Wie ein Nachsatz oder eine Unterschrift beschliesst die Zeile das Gedicht (31). Die Wörter *Eifer* oder gar *Eifersucht* stossen heute auf Widerspruch und finden keinen Beifall. In ihnen wird der Nachsatz zum zweiten der Zehn Gebote hörbar, wonach Gott die Kinder der Sinaigeneration nicht aus den Augen lässt, sondern sie begleitet, konsequent ahndend bis ins dritte und vierte Glied und überwältigend segnend bis ins tausendste (Ex 20,5b–6). Solche Eifersucht verstört heute so sehr, dass nur das Ahnden im Gedächtnis bleibt und nicht das unendlich stärkere Segnen. Gott erscheint dann wie ein blinder Autokrat. Der Ausdruck *Eifer* meint aber, dass er nicht distanziert und olympisch

Andere Gottesbilder
im Text
_ Das Licht (2.4):
 Joh 1,7–8; 8,12; 9,5;
 12,46; vgl. Einheit 2
_ Der Krieger (9):
 Dtn 1,30; 3,22; 7,21; 9,3;
 20,4; 23,15; 31,3.8
_ Der Befreier (10–17):
 vgl. Einheit 5
_ Das Kind (18–19):
 Jes 7,14–16; 11,1–10;
 Jer 23,5; 33,15;
 Ez 17,22–24; 37,21–25;
 Mi 4,1–4; 5,4–5;
 Sach 3,8; 4,6–10; 6,12;
 Mt 1,18–2,12; Lk 1,26–
 38; 2,1–20; Kol 1,15
_ Der König (20–30):
 Ps 47–48; 50; 93; 97;
 vgl. Einheiten 1 und 8
_ Der Eifernde (31):
 Ex 20,5

Anderes Gottesbild
im Umfeld
_ Der Umwerter:
 Jes 43,19; Jer 31,31;
 Mt 5,3–10; 2Kor 5,17;
 Offb 21,5; vgl. Einheit 20

abgehoben bleibt, sondern leidenschaftlich verwickelt ist in den Gang der irdischen Dinge, daher nicht in sich selbst ruhend, sondern leidend und mitleidend. Die Vision ist keine Vorhersage, sondern Ausdruck des Wunsches Gottes. Die messianische Weissagung ist Gottes Traum. Dessen Wirklichkeit hängt ab vom göttlichen Potenzial, von Gottes Dynamis, von seinen Möglichkeiten. Gottes Eifer, das ist seine Leidenschaft fürs Leben. Gott träumt vom erfüllten Leben.

_ VEREHRT

Die Weltordnung Gottes

Das Bild, das dieses Gedicht entfaltet, enthält eine Konstante: *Recht und Gerechtigkeit* (29). Wie dieses Paar schon immer Grund und Stütze eines gedeihlichen gesellschaftlichen Zustands war, macht es auch Grund und Stütze des neuen Gottesreiches aus. Das Wort *schalom* erfreut sich im kirchlichen und ökumenischen Bereich grosser Beliebtheit. Es kommt in der Bibel, gemessen an seiner derzeitigen Popularität, seltener vor, als man meinen sollte. Hier findet sich ein wichtiger biblischer Beleg für den hohen Ton, der auf dem Wort liegt: Der *Friedensfürst* wird den *Frieden grenzenlos* machen (23.25). *Schalóm* und *zedaqá*, Gerechtigkeit und Friede, gehören in der altorientalischen Königsideologie zusammen. *Gerechtigkeit* umschreibt, was dem König von der Gottheit in dem Moment übergeben und anvertraut wird, wenn er König wird und den Thron besteigt, wofür er sich in seinem Amt einzusetzen hat und von der Gottheit zur Rechenschaft gezogen wird, was er als Statthalter des Schöpfers in allen Teilen und Funktionen des Geschaffenen zu gewährleisten hat. Gerechtigkeit meint damit mehr als Recht, das von ihm nur ein Teilgebiet ist. Der moderne Begriff *Weltordnung* umschreibt nur, wie umfassend Gerechtigkeit gedacht wird, in Israel wie in seiner Umwelt (vgl. Einheit 8). *Frieden* umschreibt, was im Moment der gewährleisteten Gerechtigkeit und Weltordnung eintritt, was daher auch in allen Bereichen des Lebens spürbar wird, etwas, das mit Harmonie und Ausgeglichenheit, Mass und Schönheit zu tun hat, das Gefühl und Bewusstsein davon, dass alles, was ist, im göttlichen Lot ist. Frieden meint damit mehr als das Ruhen der Waffen, das von ihm auch nur ein Teilgebiet ist. Der moderne ethische Begriff *gelingendes Leben* kommt dem nahe, die Bibel spricht auch von Fülle.

Die messianische Weissagung nimmt altorientalische Vorstellungen auf, nimmt sie den real existierenden Grossreichen aber auch weg! Weder die Pharaonen noch die Assyrerkönige, auch nicht die Weltbeherrscher in Persepolis erreichen, was sie vorgeben. Deren Prunkinschriften sind zwar in Stein gemeisselt, aber nicht in die Lebensrealität der Menschen überführt. Genau das verspricht die Weissagung. Gott selbst wird leisten,

was keiner seiner irdischen Statthalter je erreicht hat. Als Ideologie ist dieses Denken gescheitert. Nun wird es zur Theologie. Hier wird das Schlüsselwort der Evangelien vom Reich Gottes einbuchstabiert. Es ergibt sich eine enge Beziehung zur Geschichte vom Einzug Jesu in Jerusalem, wo die Menschen dem Wanderprediger auf einem Esel zurufen: *Hosanna, gepriesen sei, der da kommt im Namen des Herrn! Gepriesen sei das Reich unseres Vaters David, das da kommt, Hosanna in der Höhe!* (Mk 11,9–10) Wie der alte Jesaja inszeniert Jesus eine Botschaft und übernimmt darin eine Rolle. Gottes wahrer David zieht ein, das Reich Gottes kommt. Selbst noch die Verspottung des Gekreuzigten verkündigt Gottes wahren König (Mk 15,32).

Hoffnung in Gestalt eines Kindes

Eine berühmte Stelle in der vierten Ekloge des römischen Dichters Vergil (70–19v) lässt das *Goldene Zeitalter* mit der Geburt eines göttlichen Kindes anbrechen. Um dieser Stelle willen hat man ihn als Propheten betrachtet und seine Werke im Mittelalter von allen antiken Autoren am sorgfältigsten weitergegeben. Im Chorgestühl des Ulmer Münsters findet man den römischen Dichter deswegen dargestellt. Der Knabe, der das Goldene Zeitalter heraufführt, wird als Gott leben. Er wird Frieden bringen und die Welt regieren mit der Kraft seines göttlichen Vaters. Die Natur stellt sich auf den göttlichen Knaben ein, sie gibt ihre Gaben freiwillig. Die Ziegen kehren ungerufen mit vollem Euter heim. Die Rinder fürchten den Löwen nicht mehr. Die Schlangen ziehen sich zurück. Die giftigen Pflanzen verlieren ihr Gift. Und wenn das Kind zum Mann geworden sein wird, braucht niemand mehr aufs Meer hinauszufahren, um Handel zu treiben. Überall spendet die Erde alles. Der Boden braucht keine Pflüge mehr, der Rebberg muss nicht mehr aufgehackt werden, alles kommt von selbst, die Zugtiere werden ausgespannt. Die Wolle braucht nicht mehr gefärbt zu werden, ist doch das Fell der Schafe von selbst schon safrangelb oder purpurfarben. Hat Vergil die messianischen Weissagungen im Jesajabuch gelesen (auch Jes 11,1–10)?

Damit ist berührt, was Carl Gustav Jung den *Archetypus des Kindes* genannt hat. In seiner Sicht ist es ein auffallendes Paradoxon in allen Kindesmythen, dass das Kind einerseits übermächtigen Feinden ohnmächtig ausgeliefert und von beständiger Auslöschungsgefahr bedroht ist, andererseits aber über Kräfte verfügt, die menschliches Mass weit übersteigen. Dieses Phänomen hängt eng zusammen mit der psychologischen Tatsache, dass das Kind zwar unansehnlich ist, d. h. unerkannt und «nur ein Kind», aber göttlich ist. Der Mythos betont, dass dem Kind überlegene Kraft zukomme und es sich unerwartet trotz allen Gefährdungen durchsetze. *Die Archetypen haben das Antizipierende eingekapselt, und es muss herausgesprengt werden.* (Bloch)

Moderne Nüchternheit neigt dazu, einen Wunschtraum als blosse Kompensation aufzufassen: Wenn die äusseren Umstände drückend werden und alles wie blockiert erscheint, flüchte sich der Mensch in eine Phantasiewelt. Dort baue er sich einen schönen Schein auf, der ihn vor dem Blick in die triste Wirklichkeit bewahrt. So ist es aber nicht. Zwar wirft eine Blockierung den Menschen auf sich selbst zurück. Der Traum ist aber nicht eine Vertröstung und Illusion. Er sucht nach einem verborgenen Potential, er weiss und gibt zu wissen, dass die Suche nicht umsonst ist. Das Kind wird geboren. Das heisst, die inneren Möglichkeiten werden freigelegt. Sie sind noch nicht in voller Kraft da, noch klein, aber entfaltungsfähig.

Mythologische Züge verbinden sich mit der Messiaskonzeption. Es sind innere Bilder, welche der Text zu Tage bringt, in Sätze fasst und so bereitstellt. Je nach den Bildern, die den inneren Raum der Person ausmachen, wird sie im äusseren Leben, in ihrer Biographie und in ihrer gesellschaftlichen Umgebung aktiv. In denjenigen, die sich auf diesen Traum Gottes einlassen, wird etwas geweckt und geformt: die Macht des wunderbaren Kindes, das zur Herrschaft bestimmt ist und das überkommene Herrschen verwandeln wird.

Freilich werden bei Vergil die Erwartungen auf eine paradiesische Erneuerung der Natur gelenkt. Der Text schwenkt fast schon ins Märchenhafte. In Jesaja 9 geht der Traum nicht auf mühelos zu erwerbende Güter aus, sondern auf die Bewahrung der eigenen Identität, auf Egalität und Friede. Er steht in Kontrast zu den Sätzen Haggais und den Visionen Sacharjas, die ebenfalls von einem neuen Reich träumen, aber einem stärker national bestimmten Denken verhaftet sind und ausgrenzende Tendenzen aufweisen. Der Traum Gottes überwindet die geschichtliche Not, bleibt aber den geschichtlichen Erfahrungen näher verbunden als der Mythos Vergils.

_ NACHGEFRAGT

Vom Text her

_ Verfügen Sie über eine politische Orientierung? Haben Sie Ihre politische Einstellung aus Ihrem Elternhaus mitgebracht? Hat sie sich geändert, entwickelt? Teilen Sie sie mit Ihrer weiteren Verwandtschaft, Ihrem Freundeskreis? Oder weichen Sie damit von Ihrer Umgebung eher ab? Wie wichtig ist Ihnen Übereinstimmung, fällt es Ihnen leicht oder schwer, eine abweichende Meinung zu vertreten?

_ Erklären Sie sich für zuständig oder für unzuständig bei Fragen der Politik?

_ Was könnten Sie zum Haufen der Stiefel und blutigen Uniformmäntel dazulegen, damit alles miteinander verbrennt? Oder sind Sie eher gegen das Verbrennen und mehr fürs Aufheben?

_ Können Sie Friedenswünsche und Wut verbinden?

_ Sehen Sie für sich selbst Möglichkeiten, sich für den Frieden einzusetzen? Kleinere oder grössere?

_ Können Sie das Land, die Stadt oder das Dorf, in dem Sie wohnen, stützen mit *Recht und Gerechtigkeit?* Ihre Bekannten und Ihre Generation? Die kommende Generation? Kennen Sie Beispiele für solche Stützaktionen?

_ Im Islam gehörten Politik und Religion zusammen, hört man: Wie teilen Sie ein? Politik sei schmutzig: Strebt Religion nach dem Höheren? Politiker müssen Interessen vertreten: Suchen Gläubige den Ausgleich? Bleiben Sie bei der Unterscheidung von Religion und Politik, oder sehen Sie doch eine Verbindung?

Zum Gottesbild hin

_ So grosse Thronnamen und ein schutzloses Kind: Schmerzt Sie dieser Gegensatz? Können Sie darin eine Ermutigung spüren?

_ Was geht Ihnen durchs Herz, wenn Sie ein Kind weinen hören? Das Lächeln eines Kindes: Was fühlen Sie? Was sagen Sie?

_ Facht Gott Träume an? Verdankt Gott seine Existenz einem Menschheitstraum? Zeigen Ihnen Ihre Tagträume etwas, das über das schon Vorhandene hinausweist? *Der unerledigte Traum nach vorwärts ist das methodische Organ fürs Neue, objektiver Aggregatzustand des Heraufkommenden:* Was sagt Ihnen diese Behauptung von Ernst Bloch?

_ Womit verbinden Sie in Ihrer Vorstellung den *Eifer des Herrn, der das tun wird?* Ist dieser Eifer für Sie befremdlich, anfeuernd, bedrohlich, rätselhaft, entlastend?

_ GELESEN

_ Rainer Albertz, Religionsgeschichte Israels in alttestamentlicher Zeit 1 2; Göttingen 1992.

_ Jürgen Becker, Jesajaforschung in:
Theol. Rundschau 64, 1999

_ Willem A. M. Beuken, Jesaja 1–12; Freiburg 2003.

_ Ernst Bloch, Das Prinzip Hoffnung, Frankfurt 1967;
Seiten 197.180 (Zitate).

_ Peter Frei / Klaus Koch, Reichsidee und
Reichsorganisation im Perserreich; Fribourg 1984.

_ Peter Höffken, Das Buch Jesaja 1 – 39 (Neuer Stuttgarter Kommentar); Stuttgart 1993.

_ Frank-Lothar Hossfeld / Erich Zenger, Die Psalmen
1–50 (Neue Echter Bibel); Würzburg 1993.

_ Edmond Jacob, Esaï 1–12, Genève 1987.

_ Carl Gustav Jung / Karl Kerenyi, Das göttliche Kind;
Leipzig 1940.

_ Klaus Koch, Die Profeten 1; Stuttgart 1987.

_ Gerhard von Rad, Theologie des Alten Testaments;
München 1961.

_ Thomas Staubli, Begleiter durch das Erste Testament;
Düsseldorf 1997.

_ Hans Wildberger, Jesaja 1–12
(Biblischer Kommentar); Neukirchen 1980.

GOTT BEWIRKT
DEN NEUEN ANFANG.
DER ALLMÄCHTIGE

GOTT BEWIRKT
DEN NEUEN ANFANG.
DER ALLMÄCHTIGE

_ GESCHRIEBEN

1   Und in jener Zeit wird Michael auftreten, der grosse Fürst,   1

2   der schützend über den Kindern deines Volkes steht.

3   Und es wird eine Zeit der Bedrängnis sein,

4   wie noch keine gewesen ist, seit es Nationen gibt, bis zu jener Zeit.

5   Und in jener Zeit wird dein Volk gerettet werden,

6   jeder, der sich aufgezeichnet findet in dem Buch.

7   Und viele von denen, die im Erdenstaub schlafen, werden erwachen,   2

8   die einen zu ewigem Leben und die anderen zu Schmach, zu ewigem Abscheu.

9   Die Verständigen aber werden glänzen wie der Glanz der Himmelsfeste,   3

10   und wie die Sterne diejenigen, die viele zur Gerechtigkeit geführt haben,

11   für immer und ewig.

12   Du aber, Daniel, halte die Worte geheim und versiegle das Buch   4

13   bis zur Zeit des Endes.

14   Viele werden umherstreifen,

DANIEL 12,1–4   15   damit die Erkenntnis sich mehre.

_ ERLEBT

Das Jüngste Gericht

Schon beim Betreten unseres Kursraumes beschleicht mich ein eigenartiges Gefühl: Er ist verdunkelt, mattes Licht brennt. Die bereits Anwesenden reden ohne Grund mit gedämpften Stimmen, als ob es darum ginge, Schlafende nicht aufzuwecken. «Was gibt's denn heute?» frage ich gespielt unbekümmert in die Runde. «Das jüngste Gericht» raunt mir einer der Teilnehmer mit ebenso gespielt bedeutungsvoller Miene zu.

Nach einer Einleitung, in der auch das Wort *Apokalypse* fällt, projiziert unser Kursleiter mit Hilfe eines Diaprojektors die Stirnseite der Sixtinischen Kapelle in Rom auf die Wand unseres Saales, das berühmte Gemälde von Michelangelo, auf dem das *Jüngste Gericht* dargestellt ist. Plötzlich wimmelt es vor unseren Augen von nackten und halbnackten Körpern, Armen, Beinen und wehenden Tüchern. Ein Raunen geht durch unsere Gruppe. «Das habe ich letztes Jahr gesehen, als ich in Rom war», flüstert meine Sitznachbarin mir zu, «wunderbar!». Ich dagegen kenne das Bild nur aus Büchern, und wunderbar würde ich dazu nie sagen. Einen Moment lang stelle ich mir vor, wie die Kardinäle unter diesem Bild über den neuen Papst diskutiert haben. Ob das Gewimmel nicht einen Einfluss auf ihre Entscheidung hatte?

Wir sind aufgefordert, das Bild eine Weile schweigend zu betrachten und dann wahrzunehmen, an welcher Figur unser Blick hängen bleibt. Es dauert eine ganze Weile, bis mein Blick aufhört, auf dem Bild herumzuirren: von rechts, wo die Verdammten dargestellt sind, nach links zu den Geretteten und wieder zurück, zwischendurch immer wieder angezogen vom Christus in der Mitte, der sich auch irgendwie gegen das Gewimmel um ihn herum zu wehren scheint.

Schliesslich bleibt mein Blick an der kräftigen Figur eines Mannes unten rechts hängen, der nur von hinten zu sehen ist. Er steckt in einer Figurengruppe, die im freien Fall der Hölle zu segelt. Sein Hinterteil ist mit einem durchsichtigen grünen Tuch notdürftig bedeckt. Er scheint mit einer Figur über ihm zu ringen, die ebenfalls mit einem grünen Tuch bekleidet ist. Mit der linken Hand versucht er wohl, sein Gesicht gegen den drohenden Faustschlag seines Gegners zu schützen. Die Rechte hat er ausgestreckt, um ihn zu packen. Körper, Hals und Kopf sind in äusserster Spannung nach links gedreht.

Im freien Fall

Nun werden wir aufgefordert, auf eine Karte einen Satz zu notieren, den unsere Figur in diesem dargestellten Augenblick sagen, denken oder rufen könnte, und dazu das Gefühl zu bezeichnen, von dem sie unserer Meinung nach beherrscht ist.

Die erste Aufgabe finde ich nicht schwierig. Mein Mann scheint mir völlig fixiert auf seinen Gegner zu sein. Die um ihn herum stürzenden Figuren mit ihren verzweifelten Gesten und angstverzerrten Gesichtern nimmt er nicht wahr. Darum ist klar, dass er seinen Satz an jenen richtet: «Hör auf! Was habe ich dir denn getan?» ruft er in meiner Vorstellung mit gepresster Stimme. Hat er Angst? Wohl auch, aber immer noch Kraft und Mut, sich zu schützen und zu wehren. Andere Figuren um ihn herum – vor allem die Frauen – scheinen dies schon aufgegeben zu haben. Ich stelle mir vor, dass er gar nicht versteht, was mit ihm und um ihn herum geschieht. Woher kommen diese aggressiven Wesen, die mit heiterer Miene dreinschlagen, als würden sie jemandem freundlicherweise das Haus aufräumen? Was haben sie gegen ihn? Er spürt sich fallen, aber wohin? Wo ist seine Welt, in der er gelebt hat und sich auskannte, die er mitgestaltet hat?

Erstaunlich, wie mir mit den uns gestellten Fragen diese Figur näher kommt. Meine Gedanken schweifen ab zu einem kürzlich geführten Gespräch mit einem früheren Arbeitskollegen, der vor einiger Zeit in eine andere Abteilung versetzt worden war und mir erzählte, wie er dort nach kurzer Zeit schon gemobbt wurde. Er konnte mir nicht einmal sagen, von welcher Person dies ausging, es seien alle nach aussen ganz nett. Aber er fühle sich – ja genau, so hat er es ausgedrückt, darum komme ich jetzt darauf –, er fühle sich wie *im freien Fall* ohne Boden. Ich hatte ihm geraten, einen Arzt aufzusuchen, aber das hatte er schon getan und dort den Rat erhalten, die Stelle zu kündigen. «Und wovon soll ich dann leben?» hatte er mich mit verzweifeltem Gesichtsausdruck gefragt. Mein Mann hier auf dem Bild kann nicht mehr kündigen. Hier ist etwas im Gang, das die ganze Welt erfasst. Weltuntergang, Apokalypse.

Die alltäglichen kleinen Weltuntergänge

Das Licht geht langsam an, ich werde aus meinen Gedanken gerissen. Es sei jetzt Gelegenheit, sich einen Gesprächspartner oder eine Gesprächspartnerin zu suchen und einander zu berichten, was man an seiner Figur alles entdeckt habe.

Bevor ich reagieren kann, wendet sich meine Sitznachbarin, die das Bild so wunderbar fand, mir zu und meint: «Wollen wir mal zusammen ...». Ich schaffe es in diesem Moment nicht, nein zu sagen, und so setzen wir uns in einer Ecke des Raumes zusammen. Glücklicherweise gehört sie zu den Personen, die gerne reden, und so lasse ich mir zuerst erzählen, was sie an ihrer Figur alles entdeckt hat. Wir kommen aber dann ganz gut ins Gespräch, auch ihr sind Situationen von heute eingefallen, vor allem im Zusammenhang mit der Betreuung von asylsuchenden Menschen, in der sie sich engagiert. Wir enden bei der Erkenntnis, dass kleine «Weltuntergänge» täglich stattfinden und dass der Preis einer «Kündigung», wenn diese Möglichkeit überhaupt besteht, fast immer sehr hoch ist.

tip

Mittel:
Lesung des Textes auf CD V/16; im Reiseführer die Ausflüge Macht und Erwählung

Besuch:
die Pfarrkirche St. Arbogast in Muttenz (Wandmalerei, Schweiz 1507)

Bild:
Hans Memling, Jüngstes Gericht (Altarbild, Polen 1467); Peter Paul Rubens, Daniel in der Löwengrube (Ölgemälde, Belgien 1615); Rembrandt van Rijn, Das Gastmahl des Belsazar (Ölgemälde, Niederlanden 1635); Rainer Herold, Gesang der drei Männer im Feuerofen (Farblithographie, Deutschland 1980)

Buch:
Heinrich Heine, Belsazar (Ballade, Deutschland 1827)

Klassik:
Ludus Danielis (Mysterienspiel, Frankreich 1230); Georg Friedrich Händel, Belshazzar (Oratorium, England 1745); Felix Mendelssohn Bartholdy, Dann werden die Gerechten leuchten; in: Elias (Oratorium, Deutschland 1846); Robert Schumann, Belsazar (Lied, Deutschland 1840)

In der folgenden Plenarrunde stellt sich zu unserer Überraschung heraus, dass keine einzige Person eine Figur aus der linken Bildhälfte, von den Geretteten, gewählt hat. Man stelle sich das einmal vor! Interessiert sich der Mensch tatsächlich nur für das Negative? «Darum sucht man wohl in den Zeitungen vergeblich nach guten Nachrichten», meint meine Gesprächspartnerin.

Die Gefühle der Apokalyptiker

Wir unterhalten uns noch eine Weile über diese Tatsache, bis dann unser Kursleiter geschickt überleitet zu einem Referat, in dem er uns die historischen Hintergründe dieser Geistesbewegung der Apokalyptik erläutert, die das Bild von Michelangelo inspiriert hat. Eindrücklich ist für mich dabei die Information, dass apokalyptische Gedanken immer von politisch und kulturell Unterdrückten her kommen, eigentlich Hoffnung auf eine neue Welt ausdrücken und Ohnmachtsgefühle verarbeiten, die unter Umständen zu einer totalen Resignation führen würden. Eine Überlebensstrategie in desolaten Situationen also, nicht einfach Lust am Untergang und Sadismus, wie die heutigen Filme mit dieser Thematik teilweise suggerieren.

Danach setzen wir uns in Gruppen zusammen mit der Aufgabe, die Sätze, die wir auf die Karten geschrieben haben, mit den historischen Informationen in einen Zusammenhang zu bringen und zu diskutieren, welcher Personengruppe sie in den Mund gelegt werden könnten.

Dabei machen wir die überraschende Erkenntnis, dass unsere *Sätze der Verdammten* ziemlich genau der Gefühlslage entsprechen, in der wir die Juden und andere unterdrückte Völker zur Zeit der griechischen Diadochenreiche und später des römischen Weltreiches vermuten. «Dann haben die Apokalyptiker also ihre Ohnmachtsgefühle auf diejenigen Menschen projiziert, die in ihren Augen vor Gottes gerechtem Weltgericht nicht bestehen können», fasst jemand aus unserer Gruppe unsere Diskussion zusammen. «Das gab ihnen wohl Kraft, diese schlimmen Zeiten durchzustehen, das Wissen, dass sie selbst eigentlich auf der richtigen Seite stehen», meinte eine andere Teilnehmerin, und ich fügte hinzu: «Sie haben alles umgewertet und sich eine Theorie konstruiert, die dem äusseren Augenschein total zuwiderläuft. Und dann behauptet, dies sei im Geheimen geoffenbart worden.» Ganz raffiniert eigentlich, da sind wir uns am Schluss einig. Und unsere Neugier, wer denn diese Apokalyptiker wirklich waren und ob sie die Visionen wirklich gehabt oder nur erfunden haben, ist geweckt.

_ VERORTET

Alexander der Grosse

Mit dem Aufstieg Alexanders des Grossen zur Herrschaft über die damals bekannte Welt begann auch in Jerusalem und Judäa die sogenannte hellenistische Epoche, in der sich die griechische Denk- und Lebensart im ganzen Orient ausbreitete. Die politische Geschichte dieser Zeit ist voller Intrigen, Machtkämpfe und Betrügereien und gäbe damit ein ausgezeichnetes Drehbuch für einen Monumentalfilm ab.

Alexander, Sohn des makedonischen Königs Philipp II., trat mit zwanzig Jahren die Nachfolge seines Vaters an, der bei einem Attentat ums Leben gekommen war (336). Bereits Philipp hatte grosse Pläne geschmiedet und die entsprechende Machtpolitik betrieben. Nicht nur war es ihm gelungen, die Grenzen im Norden seines Landes zu sichern und fast ganz Griechenland – mit Ausnahme Spartas – unter seine Kontrolle zu bringen, er betrieb ausserdem eine moderne urbane Kulturpolitik und verhalf der griechischen Sprache sowie der hellenistischen Lebensform und Bildung zu grosser Verbreitung.

Sein Sohn Alexander wurde in diesem Sinne erzogen. Neben seiner militärischen Ausbildung und neben seinen sportlichen Aktivitäten lernte er mit griechischen Lehrern die Sprache und Kultur anhand der grossen Epen Homers. Die Helden der Ilias waren seine Vorbilder, ja er führte seine Abstammung auf sie zurück: väterlicherseits auf Herakles, mütterlicherseits auf Achilleus. Für rund zwei Jahre lag seine Erziehung in den Händen des schon damals hoch geachteten Philosophen Aristoteles. Alexander soll auf seinen Feldzügen immer ein von diesem kommentiertes Exemplar der Ilias unter sein Kopfkissen gelegt haben.

Alexanders Programm war die Weltherrschaft, sein erster Schritt dazu ein Feldzug gegen die Perser, den alten Erzfeind: einerseits aus Rache für die Zerstörungen in Griechenland während des Zweiten Perserkrieges (480–479), andererseits zur Befreiung der griechischen Staaten in Kleinasien, die immer noch unter persischer Herrschaft standen. Hinter diesen Plänen standen aber auch handfeste ökonomische Gründe: Für sein aufgerüstetes Heer brauchte Alexander grosse finanzielle Mittel, die nur durch Kriegsbeute und Tributzahlungen aufzutreiben waren.

Es gelang ihm, Kleinasien zu erobern (334), ein Jahr später fügte er dem Perserkönig Dareios in der berühmten Schlacht bei Issos in Kilikien eine vernichtende Niederlage zu. Ein Friedensangebot – samt Heirat einer persischen Prinzessin – lehnte er ab und deklarierte sich kurzerhand selbst als König von Asien. Dann zog er, ohne den flüchtenden Perserkönig weiter zu verfolgen, nach Ägypten, wo er, weil er die dortigen Götter verehrte, offiziell als Pharao akzeptiert wurde (332). Im westlichen Nildelta begann er mit dem Bau einer Stadt, die – wie zahlreiche andere, heute weniger bekannte Städte im Orient – seinen Namen tragen sollte: Alexandria, nach dem Vorbild der griechischen polis (Stadt) gestaltet, als Handelsplatz für Waren aus Asien, Arabien, Ägypten und der Ägäis gedacht (331). Im gleichen Jahr traf Alexander am oberen Tigris noch einmal auf das Heer des Dareios, das er wieder zu schlagen vermochte. Jener wurde von seinen eigenen Provinzstatthaltern gefangen genommen und getötet. Alexander liess den Mörder hinrichten und den besiegten Feind in Ehren bestatten. So konnte er mit grösserer Legitimität dessen Nachfolge antreten. Weit ausgedehnte Feldzüge zur Sicherung der Grenzen seines Weltreiches führten ihn nach Norden über den Hindukusch bis zum Jaxartes, nach Osten in das Gebiet des Punjab und nach Süden zum Indischen Ozean. 323 starb Alexander in Babylon, ohne einen direkten Nachfolger zu hinterlassen.

Palästina unter ptolemäischer Herrschaft

Unter den als Diadochen (Nachfolger) bezeichneten Erben des Riesenreiches entbrannten Machtkämpfe, die während zweihundert Jahren die Region des Vorderen Orients und der östlichen Mittelmeerländer erschütterten, bis als neue Grossmacht die Römer am Horizont auftauchten. Jerusalem und Judäa fanden sich im ständig umkämpften Grenzgebiet zwischen dem ptolemäischen Diadochenreich in Ägypten und dem seleukidischen in Syrien. Bis um 200 hatten die Ptolemäer mehrheitlich die Oberhoheit über dieses Gebiet. In diesem durch politische Stabilität gekennzeichneten Jahrhundert hatte Judäa teil am Wirtschaftswachstum des Ptolemäerreiches und erlebte ein starkes Bevölkerungswachstum. Die Ptolemäer führten auch in der judäischen Provinz ein straffes Verwaltungs- und Wirtschaftssystem ein. Sie verstanden es, die einheimische Aristokratie durch raffinierte Pachtverträge in ihr Ausbeutungssystem einzubinden.

Die sozialen Spannungen zwischen Ober- und Unterschicht nahmen zu. Manche Juden übernahmen die moderne hellenistische Lebensart und Kultur, die faszinierend neues und freiheitliches Gedankengut mitbrachte. Andere hielten sich in dieser Umbruchzeit umso stärker an die traditionellen Gebote und Vorstellungen der JHWH-Religion. Damit verschärften sich die kulturellen und politischen Spannungen im jüdischen Volk. Die Ausbeutung ärmerer Bevölkerungsschichten durch die eigene Aristokratie wuchs im hellenistisch geprägten Milieu weiter, die Gefahr, in Schuldsklaverei zu geraten, war gross. Palästina wurde zu einem Sklavenexportland für den unstillbaren Bedarf der griechisch-römischen Welt.

Die politischen Gremien aus der Perserzeit, der Hohepriester, der Ältestenrat und die Priestergemeinschaft, bestanden weiter. Die Ptolemäer verzichteten jedoch auf die Einsetzung eines Statthalters, so dass der Hohepriester jetzt auch die politische Führung erhielt. Einerseits wurde auf diese Weise eine Art Theokratie eingerichtet, eine jüdische Priesterherrschaft, die Hoffnungen auf Autonomie nährte. Andererseits entwickelte sich um das Hohepriesteramt im Spannungsfeld zwischen hellenistischen und traditionalistischen Ansprüchen ein ausserordentliches Konfliktpotential.

Elephanten in Jerusalem

Um 200 gelang es Antiochos III., dem Seleukidenherrscher, seinen Einfluss bis Phönikien auszudehnen. Er gewann die Führungsschicht von Jerusalem durch die Erneuerung der bereits seit der Herrschaft des Perserkönigs Kyros bestehenden Privilegien für die Stadt und den Tempel und durch die Garantie der freien Religionsausübung. Der jüdische Historiker Flavius Josephus überliefert einen entsprechenden Erlass: *Da die Juden uns sogleich nach Betreten ihres Landes ihren rühmlichen Eifer bewiesen, uns bei unserer Ankunft in der Stadt glänzend empfingen und mit dem Senat an der Spitze entgegenkamen, auch dem Heer und den Elephanten reichlich Lebensmittel lieferten und bei der Gefangennahme der ägyptischen Besatzung auf der Burg mithalfen, halten wir es unsererseits für richtig, ihnen ihre Hilfe anzuerkennen, das heisst: ihre durch die Kriegsereignisse zerstörte Stadt wiederherzustellen und den verstreuten Bewohnern das Zusammenwohnen in der Stadt zu ermöglichen.*

Der neue Herrscher war selbst für die Fertigstellung des Tempels besorgt und förderte die Rückwanderung jüdischer Familien nach Jerusalem, indem er Versklavte freiliess, ihnen ihr Vermögen zurückerstattete und sie von Steuern befreite. Nachdem Antiochos III. noch erfolgreich versucht hatte, die Grenzen seines Reiches wieder auf die ursprüngliche Grösse zu erweitern, wurde er um 190 vom römischen Heer geschlagen und musste sich auf die Region Syrien, Mesopotamien und Persien zurückziehen. Er starb 187.

Seilziehen unter Hohepriestern

Die Offenheit gegenüber den Grossreichen der Diadochen brachte Kultur und einen gewissen Wohlstand ins Land. Viele Juden wandten sich vom traditionellen Judentum ab und öffneten sich diesem Prozess der Hellenisierung. Bereits zur Zeit der ptolemäischen Herrschaft waren führende Kreise in Jerusalem der hellenistischen Lebensweise nicht abgeneigt gewesen. Nachdem Antiochos IV. den Seleukidenthron bestiegen hatte (175), wurde der reformfeindliche Hohepriester Onias III. abgesetzt. Die Nachfolge trat sein Bruder *Jeschua* an, der sich fortan griechisch *Jason* nannte. Jason hatte sich von Antiochos IV. gegen einen namhaften Geldbetrag zum Hohepriester ernennen lassen. Unter seiner Führung versuchten hellenistisch gesinnte jüdische Kreise, in Jerusalem eine griechische Polis nach dem Vorbild Athens zu errichten. Im Gegensatz zu der immer noch geltenden traditionellen Verfassung aus der Zeit Esras und Nehemias (Esra 7,12) war in dieser neuen politischen Ordnung der Polis ein demokratischer Zugang aller Bürger zu den Ämtern vorgesehen. Dieser Versuch scheiterte jedoch an internen Machtkämpfen.

Drei Jahre später erkaufte sich Menelaos, ein hellenisierter Jude, der im Gegensatz zu Jason nicht aus dem hohepriesterlichen Geschlecht der Zadokiden stammte, von Antiochos IV. das Hohepriesteramt und vertrieb Jason. Dafür musste er ein umfangreiches Tributversprechen ablegen, das nur mit der Entwendung der Tempelgeräte einzulösen war. Die Kritiker seiner Machenschaften liess er umbringen. Durch diese Ereignisse spaltete sich die griechenfreundliche Oberschicht Jerusalems. Nur noch eine Minderheit war nun für eine weitergehende Hellenisierung zu gewinnen. Als Antiochos IV. auf der Rückkehr von seinem erfolgreichen ersten Ägyptenfeldzug (169) in Jerusalem vorbeizog und die versprochenen Tempelschätze mitnehmen wollte, konnte er auf Menelaos' Unterstützung zählen. Der JHWH-Kult nach traditionellem Ritus war ohne die Tempelgeräte unmöglich geworden.

Als nach dem zweiten Ägyptenfeldzug Antiochos' IV. (168) irrtümlicherweise das Gerücht aufkam, dieser sei umgekommen, ergriff Jason die Gelegenheit, mit einer kleinen Streitmacht in Jerusalem einzufallen und Menelaos zum Rückzug in die Zitadelle zu zwingen. Gegen die Bevölkerung, die ihm Widerstand leistete, ging Jason äusserst grausam vor. Deshalb gelang ihm die Rückkehr zum Hohepriesteramt nicht. Antiochos IV. jedoch betrachtete diese Ereignisse als gegen ihn gerichteten Aufruhr, liess Jerusalem plündern und einen Teil der Bevölkerung in die Sklaverei verkaufen. Direkt neben dem Tempelbezirk liess er die Akra, eine befestigte Militärsiedlung, anlegen, die nach bewährtem Muster orientalischer Herrscher mit einer fremden Bevölkerung besiedelt wurde.

Menelaos, der jeden Rückhalt in der jüdischen Bevölkerung verloren hatte, versuchte sich nun an der Macht zu halten, indem er Antiochos IV. einen weitergehenden Schritt zur Hellenisierung vorschlug: Der Tempel in Jerusalem sollte in ein synkretistisches Heiligtum für den Zeus Olympios umgestaltet werden. Dieser Gott war die hellenistische Version des syrisch-kanaanäischen *Baal-Schamin*, des *Himmelsherrn*. Vermutlich suchte Menelaos damit die Unterstützung der Bewohner der *Akra* zu gewinnen, die selber keine Griechen, sondern seleukidische Untertanen aus dem syrisch-kanaanäischen Gebiet waren. Die eigentliche JHWH-Verehrung war damit jedoch verunmöglicht. Traditionell eingestellte Juden, die sich dieser radikalen Hellenisierung entgegenstellten, diffamierte er am Hof als Staatsfeinde, um sich so seine Macht zu sichern.

Menelaos konnte von Antiochos IV. auch erreichen, dass der (oben zitierte) Erlass von Antiochos III. ausser Kraft gesetzt wurde, der den Juden freie Religionsausübung gewährt hatte. Dass Antiochos IV. die Ausübung der jüdischen Religion im ganzen Reich verboten habe, wie es die apokryphen Makkabäerbücher berichten (1Makk 1,41–59; 2Makk 6,1–9), ist dagegen historisch nicht gesichert und wenig wahrscheinlich.

Die Makkabäer

Diese Machenschaften des Hohepriesters Menelaos verstärkten die tiefe Spaltung in der judäischen Bevölkerung zwischen JHWH-treuen Toraanhängern und proseleukidisch-hellenistischen Reformern. Oppositionelle Gruppen sammelten sich um Judas Makkabaios, der sich seit 168 aus Glaubensgründen in die Wüste geflüchtet hatte und dort den Widerstand gegen das Seleukidenregime und seine Parteigänger vorbereitete. Nach ersten lokalen Aufständen und einigen militärischen Erfolgen beauftragte Antiochos IV. seinen Kanzler Lysias mit der Niederwerfung der Makkabäerbewegung, was diesem aber auf kriegerischem Weg nicht gelang. Lysias nahm darauf Verhandlungen mit den Aufständischen auf. Verschiedene im Makkabäerbuch überlieferte Dokumente, die historisch als zuverlässig gelten, geben Einblick in die Geschehnisse (2Makk 11).

Im Oktober 165 schickte Lysias folgende Nachricht an die Juden: *Lysias grüsst die Menge der Juden. Johannes und Absalom, die von euch geschickt wurden, haben das unten abgeschriebene Aktenstück übergeben und hinsichtlich der in ihm bezeichneten Punkte einen Bescheid verlangt. Was nun davon auch dem König vorgelegt werden muss, habe ich bezeichnet; was innerhalb meiner Kompetenz lag, habe ich zugestanden. Wenn ihr nun die Loyalität gegenüber dem Reich bewahrt, so werde ich auch in Zukunft versuchen, Urheber von Wohltaten für euch zu werden. Hinsichtlich der Einzelheiten habe ich sowohl diesen wie Leuten aus meinem Stab aufgetragen, mit euch zu verhandeln. Lebt wohl. Im Jahre …* Lysias signalisierte seine Bereitschaft, auf die Forderungen der Juden einzugehen. Über diese gibt es keine klaren Kenntnisse, vermutlich ging es um die Aufhebung des Religionsverbots, die Wiederherstellung des Tempels für den JHWH-Kult und die Einsetzung eines für die JHWH-Anhänger akzeptablen Hohepriesters.

Lysias konnte Antiochos IV. kurz vor seinem Tod noch dazu bewegen, das Verbot der jüdischen Religionsausübung in Jerusalem und Judäa zurückzunehmen und den Aufständischen eine Amnestie zu gewähren. Er erreichte jedoch nicht, dass der für die Juden untragbare Hohepriester Menelaos abgesetzt würde. Davon zeugt ein Brief des Königs an die Juden, der allerdings den Tempel mit keinem Wort erwähnt: *König Antiochos grüsst den Ältestenrat der Juden und die übrigen Juden.*

Wenn ihr bei guter Gesundheit seid, so entspricht dies unserem Wunsch. Auch wir selbst sind gesund. Menelaos hat uns eröffnet, dass Ihr zurückkehren und Euch Euren eigenen Angelegenheiten widmen sollt. Diejenigen nun, die bis zum 30. Xantikos zurückkehren, werden die Sicherheit der Straflosigkeit haben. Die Juden sollen ihrer eigenen Lebensweise und ihren Gesetzen folgen so wie auch früher, und keiner von ihnen wird, auf welche Weise auch immer, wegen vergangener Verfehlungen belästigt werden. Ich habe aber auch Menelaos geschickt, der euch Zuspruch geben soll. Lebt wohl! Im Jahre ... Menelaos versuchte offenbar erfolgreich, durch direkte Interventionen beim König den drohenden Schaden für seine Machtstellung in Grenzen zu halten, denn er wusste, dass Lysias ihn dem Frieden opfern würde.

In der Zwischenzeit war eine weitere Macht auf der politischen Bühne aufgetreten. Die Römer hatten ein Interesse daran, das Seleukidenreich im Nordwesten zu schwächen und verfolgten die Strategie, sich aufständischen Untertanen als Beschützermacht anzubieten. Quintus Memmius, Titus Manius, die Gesandten der Römer, grüssen das Volk der Juden. Hinsichtlich der Punkte, die Lysias, des Königs Verwandter, Euch zugestanden hat, sind auch wir einverstanden. Was er aber dem König vorzulegen entschieden hat, so beratet hierüber und sendet sofort jemanden, damit wir auseinander setzen können, was Euch frommt. Denn wir sind auf dem Weg nach Antiocheia. Daher beeilt euch und sendet einige, damit auch wir erfahren, welches euer Standpunkt ist. Bleibt gesund! Im Jahre ...

Lysias versuchte inzwischen, mit denjenigen Juden zu verhandeln, die ohne politische Befreiungsgedanken an den Wiederherstellungen der Bedingungen für die freie Religionsausübung interessiert waren. Dies ging wiederum den aufständischen Makkabäern zu wenig weit. Sie eroberten den Tempelbezirk zurück und liessen den JHWH-Kult wieder einführen. Menelaos floh mit dem Ältestenrat in die Akra, worauf Judas Makkabaios diese belagerte. Wie Menelaos sah er seine Machtstellung durch Lysias' Friedensprojekt in Frage gestellt. Obwohl Antiochos V., wie der folgende Brief zeigt, Lysias' Politik unterstützte, wurde der Frieden durch das Machtstreben der beiden Gegner Menelaos und Judas vereitelt. König Antiochos grüsst seinen Bruder Lysias. Nachdem unser Vater sich zu den Göttern begeben hat, haben wir, in dem Wunsch, dass die Menschen im Königreich sich ohne Beunruhigung ihren eigenen Angelegenheiten widmen können, sowie auf die Kunde hin, dass die Juden der von unserem Vater verfügten Umstellung auf die griechische Lebensweise nicht zustimmen, sondern ihre eigenen Lebensformen vorziehen und verlangen, dass ihnen das Herkömmliche zugestanden werde, endlich von dem Vorsatz bestimmt, dass auch diese Nation ohne Beunruhigung sein soll, verfügt, dass ihnen das Heiligtum wiederhergestellt werde und dass sie ihr Leben gemäss den zur Zeit ihrer Vorväter bestehenden Sitten gestalten. Du wirst mithin gut daran tun, wenn du zu ihnen schickst und ihnen Garantien gibst, damit sie in Kenntnis unserer Einstellungen wohlgemut sind und sich gern zur Handhabung ihrer eigenen Angelegenheiten wenden.

Obwohl der neue König ihm in religiösen Fragen entgegenkam, blieb Judas Makkabaios auf Konfrontationskurs. Ihm und seinen Anhängern ging es mittlerweile mehr um soziale und politische Ziele. Diese Haltung führte zu einer Kursänderung der seleukidischen Herrschaft. 163 wurde Judas Makkabaios in der Schlacht bei Bet-Sacharja geschlagen. Endlich konnte Lysias seinen Friedensplan verwirklichen. Der alte Hohepriester Menelaos wurde hingerichtet, und der hellenistisch gesinnte Alkimos trat an seine Stelle. Die seleukidische Militärsiedlung in der Akra wurde belassen, die Festungsmauern im Tempelbezirk wurden geschleift.

Auf dem Weg zu politischer Autonomie

Der Friede war nicht von langer Dauer. Nach einem gewaltsamen Machtwechsel auf dem Seleukidenthron liess sich der Hohepriester Alkimos vom neuen König Demetrios I. bestätigen und ersuchte zugleich um militärische Unterstützung, da er sich von den Makkabäern offenbar nicht wirklich akzeptiert fühlte. Da er selber aus jüdischem Priestergeschlecht stammte, genoss er ein gewisses Vertrauen in jüdischen Kreisen, das er jedoch aus Angst missbrauchte: Er liess eine Gesandtschaft von sechzig Juden, die sich unter seinem Schutz für Verhandlungen zum Befehlshaber des seleukidischen Heeres begeben hatten, festnehmen und hinrichten.

Dies war Öl ins Feuer der Makkabäer gegossen, die mittlerweile als Unterstützung für ihre politischen Befreiungspläne Kontakt mit den Römern aufgenommen hatten und einen Staatsvertrag mit der Grossmacht anstrebten. Dies galt für die Seleukiden natürlich als Hochverrat. Es gelang ihnen, die Makkabäer zu schlagen (160). Deren Anführer Judas verlor in dieser Schlacht sein Leben. Seine überlebenden Anhänger zogen sich wie zu Beginn der Bewegung unter der Führung von Judas' Bruder Jonatan in die Wüste zurück, um von da aus den Guerillakrieg weiterzuführen. Jonatan erwarb sich bald Macht und Ansehen unter den Juden und konnte dank den instabilen Verhältnissen auf dem Seleukidenthron eine Art Nebenregierung installieren. Er erhielt die Erlaubnis, ein eigenes Heer aufzustellen und wurde zum Hohepriester ernannt. Dies geschah allerdings nicht ohne Widerspruch aus traditionellen jüdischen Kreisen. Vermutlich setzte sich damals eine Gruppe von JHWH-Treuen unter der Führung des Lehrers der Gerechtigkeit von Jerusalem ab und gründete am Toten Meer die Gemeinschaft von Qumran. Jonatan dagegen wurde nun offizieller Provinzgouverneur der Seleukiden. Er verstand es, sich jeweils rechtzeitig mit den nun häufig wechselnden Machthabern im Reich zu arrangieren, bis er von einem der machtgierigen Generäle in einen Hinterhalt gelockt und umgebracht wurde (143). Während des fortschreitenden Verfalls der Grossreiche der Seleukiden und Ptolemäer konnte die Bewegung der Makkabäer nun unter Jonatans Bruder Simeon ihr langjähriges Ziel, die politische Autonomie des jüdischen Volkes, praktisch verwirklichen. Es war ihm gelungen, die Akra, das Symbol der seleukidischen Herrschaft in Jerusalem, zu erobern (141). Ganz nach hellenistischem Muster wurden Simeon und zwei seiner Söhne von einem machtgierigen Schwiegersohn ermordet (134). Sein dritter Sohn konnte sich in Sicherheit bringen und übernahm unter dem Namen Johannes Hyrkanos I. die Herrschaft über Judäa. Er konnte in den folgenden Jahren durch Eroberungen sein Reich vergrössern und bemühte sich auch wieder um die Unterstützung Roms als Schutzmacht. Bei seinem Tod (104) hinterliess er ein territorial geschlossenes und stabiles Reich, das die Grösse des davidischen Königtums erreichte. Seine Nachkommen nahmen neben dem Amt des Hohepriesters den Königstitel an und regierten als Dynastie der Hasmonäer, bis die Römer die Herrschaft übernahmen (63v).

_ EINGEREIHT

Koiné, die griechische Umgangssprache

Nachdem Alexander der Grosse im Zug seines Welteroberungsprogramms in allen Ländern des Alten Orients die griechische Zivilisation und Kultur verbreitet hatte, mussten sich auch die Juden, wo immer in diesem riesigen Staatsgebiet sie sich aufhielten, mit dem hellenistischen Geist auseinander setzen. In diesen drei Jahrhunderten bis zur Ausbreitung des Römischen Reiches entstand an verschiedenen Orten eine eigenständige, jüdisch-hellenistische Literatur in griechischer Sprache. Der Einfluss griechischen Gedankengutes ist aber auch in den aramäisch oder hebräisch verfassten Schriften aus dieser Zeit spürbar.

Die griechische Sprache in Form des Dialekts von Athen war zur allgemeinen Umgangssprache geworden, zur sogenannten Koiné, der Gemeinsamen. Sie war zu jener Zeit die wichtigste Verkehrssprache im östlichen Mittelmeerraum, das Band, das die hellenistische Welt ungeachtet aller politischen Wirren zusammenhielt. In ihr verhandelten Kaufleute und Händler zwischen Ost und West, in ihr wurden Verträge abgeschlossen und Gesetze erlassen, Briefe und literarische Werke verfasst. Wer gebildet sein wollte, musste diese Sprache beherrschen. In Palästina ist ihre Kenntnis in aristokratischen Kreisen schon früh nachweisbar. Auch die nationalistischen Bestrebungen der Makkabäer haben sie erstaunlicherweise nicht zurückgedrängt. Die religiöse

jüdische Literatur dieser Zeit enthält zahlreiche griechische Fremdwörter, immer mehr Juden trugen griechische oder gräzisierte Namen, wie die beiden Hohepriester Jason und Menelaos.

Das griechische Bildungsideal

Die Verbreitung der griechischen Sprache ging einher mit derjenigen des entsprechenden Bildungsideals. Bildung (paideia) bezeichnete nicht nur intellekuelle, sondern auch ethische Formung und Erziehung mit dem Ziel der freien Entfaltung als Person. Die entsprechenden Institutionen, das *Gymnasion* und die *Ephebie*, verbreiteten sich überall, pflegten jedoch nur die griechische Kultur, nicht diejenige der eroberten Völker. Dem hellenistisch eingestellten und wohl auch griechisch gebildeten Hohepriester Jason war es gegen Zahlung einer hohen Summe gelungen, vom Seleukidenkönig die Erlaubnis zum Bau dieser griechischen Bildungsinstitutionen in Jerusalem zu erhalten. Damit sollte der dortigen Oberschicht der Zugang zur Bildungselite des Reiches ermöglicht werden.

Um die Legitimation einer Gleichbehandlung mit den Griechen zu unterstützen, wurde eine ethnische Verwandtschaft der Juden mit den Spartanern konstruiert, auf die später auch die Makkabäer zurückgriffen (1Makk 12,6–23). Als Verbindung galt die hohe Bedeutung der Gesetze bei beiden Völkern.

Die griechische Bibel

Die Verschmelzung jüdischen und hellenistischen Gedankengutes gelang am besten in der neuen Stadt Alexandria, der Hauptstadt des Ptolemäerreiches. Hier war das Zentrum des Handels und der Kultur, hier blühten Bildung und Wissenschaft der damaligen Zeit. Die jüdische Gemeinde in Alexandria begann, ihre Gottesdienste in griechischer Sprache abzuhalten, und hatte daher auch das Bedürfnis nach einer griechischen Version der Tora. Um das Jahr 100 waren dann die meisten Schriften des Alten Testaments übersetzt. Die griechische Bibel erhielt aufgrund einer Entstehungslegende – siebzig Übersetzer in siebzig Tagen – den Namen Septuaginta (Siebzig). Sie wurde gegenüber der hebräischen um einige griechisch geschriebene Schriften aus der hellenistischen Zeit erweitert, die später auch Eingang in die lateinische Bibel fanden. Dazu gehören die beiden Makkabäerbücher und die Bücher Judit, Tobit, Baruch, Jesus Sirach und Sapientia Salomonis. In der protestantischen Tradition gelten diese Spätschriften jedoch nicht als kanonisch. Die beiden aramäisch und hebräisch verfassten Bücher Daniel und Ester wurden mit griechischen Zusätzen ergänzt, während weitere früher entstandene biblische Bücher in dieser Zeit durch Redaktionen ihre endgültige Fassung erhielten.

Die religiöse jüdisch-hellenistische Literatur ausserhalb der Bibel ist nur bruchstückhaft erhalten. Das Werk *Über die Juden* des römischen Autors Alexander Polyhistor (um 50n) enthält zahlreiche Zitate aus der jüdisch-hellenistischen Literatur der Zeit zwischen 300 und 100. Die grossen jüdisch-hellenistischen Schriftsteller und Wissenschaftler sind später in römischer Zeit der Philosoph Philo von Alexandria (10v–40n) und der Historiker Flavius Josephus aus Jerusalem (37–100).

Kohelet

Zur hebräisch geschriebenen Literatur aus der hellenistischen Epoche, die Eingang in die Bibel gefunden hat, gehört das Buch Kohelet. Es trägt die Überschrift *Worte Kohelets, des Sohnes Davids, des Königs in Jerusalem* (Koh 1,1). Das Wort Qohelet ist dabei kein Eigenname sondern eine Art Berufsbezeichnung. Die Bedeutung ist nicht ganz geklärt. Sicher steckt dahinter das hebräische Wort *qahal*, das eine *Versammlung* oder eine gottesdienstliche Zusammenkunft bezeichnet. Das führte zur deutschen Bezeichnung *Prediger* (Luther).

Der Verfasser dieses Textes identifiziert sich offensichtlich zu Beginn seines Buches – später gibt er diese Perspektive auf – mit König Salomo, dem grosse Weisheit zugeschrieben wurde. Das Buch Kohelet galt in der Tradition als von Salomo verfasst. Das war wohl der Grund, warum es in den Kanon des Alten Testamentes aufgenommen wurde, obwohl darin nur sehr wenig von Gott die Rede ist. Die letzten Verse des Buches scheint eine andere Person, vielleicht ein Schüler Kohelets, als ein Nachwort verfasst zu haben.

Das Buch Kohelet zählt zur jüdischen Weisheitsliteratur wie etwa das Buch der Sprüche, Hiob, Jesus Sirach und einzelne Psalmen. Dies sind Schriften, die in irgendeiner Form die Weisheit, die Bildung des rechten Menschen, zum Thema haben und im ganzen Alten Orient verbreitet waren. So gab es in Mesopotamien und in Ägypten, vermutlich auch in Jerusalem, Schulen, wo die Weisheit gelehrt wurde. Kohelet selbst steht zwar in dieser Tradition, gleichzeitig betrachtet er sie durchaus kritisch.

Einige der Äusserungen Kohelets erinnern an ähnliche Aussagen der frühen Stoiker oder Epikureer, die empfehlen, das kurze Leben möglichst lustvoll zu geniessen. Möglicherweise hat Kohelet diese griechischen philosophischen Strömungen gekannt, weil ihr Gedankengut im hellenistischen Ägypten allgemein verbreitet war. Direkte Einflüsse philosophischer Schulen sind jedoch nicht zu belegen. Insgesamt bleibt Kohelet im semitischen Denken beheimatet.

Das Buch ist vermutlich am Anfang der hellenistischen Epoche zur Zeit der Herrschaft der Ptolemäer in Jerusalem verfasst worden. In der östlichen Mittelmeerregion breitete sich zu jener Zeit ein reger Welthandel aus, der gleichzeitig den kulturellen Austausch zwischen den verschiedenen Regionen des ptolemäischen Reiches förderte. Der wirtschaftliche Aufschwung kam jedoch, wie so oft, nur einer bestimmten Gesellschaftsschicht zugute. Diese Situation politischer Unselbständigkeit, wirtschaftlichen Aufschwungs und kultureller Vielfalt in Judäa verunsicherte auf der einen Seite und liess die eigene Tradition fraglich werden. Auf der anderen Seite ermöglichte sie neue Wege des Denkens und Handelns.

Die im Koheletbuch ständig wiederholte Parole *Alles ist nichtig, vergänglich* charakterisiert die Befindlichkeit der palästinischen Juden jener Zeit. Vermutlich gehörte Kohelet der begüterten Oberschicht Jerusalems an. Jedenfalls kennt er die Freuden, aber auch die Gefahren und Risiken des Reichseins. Er erlebt die Wirklichkeit jedoch hauptsächlich als grosse Leere. Die Antworten der traditionellen Weisheit Israels, die einen von Gott überwachten Wirkungszusammenhang zwischen Verhalten und Ergehen postulierte, tragen nach seinen Erfahrungen nicht mehr. Der Blick in die Zukunft macht ihm Angst. Der Tod ist unausweichlich. Angesichts dieser Ausweglosigkeit fordert er dazu auf, die Glücksmomente der Gegenwart voll auszukosten, im Wissen darum, dass diese Momente von kurzer Dauer sind. Kohelet predigt nicht nur, sondern schreibt in Ich-Form von seinen eigenen Erfahrungen. Verglichen mit anderen Weisheitslehrern ist er ein nonkonformer, provokanter Einzelgänger.

Ester

Ein zweites kanonisches Buch aus der hellenistischen Zeit ist die gleichnisartige Geschichtsdarstellung der jüdischen Königin Ester am persischen Hof, die zu Macht und Ansehen aufsteigt und so ihrem notleidenden Volk Unterstützung zukommen lassen kann. Das Buch thematisiert in erzählerischer Gestalt die Situation der Juden in einem Weltreich, das von einer fremden Kultur geprägt ist. In dieser Situation sind die Juden auf einzelne Personen aus ihrem Volk angewiesen, die Integration und Aufstieg im fremden Reich geschafft haben und mit den dort üblichen Intrigen fertig werden. Eine ähnliche Thematik weisen – neben der Josephsgeschichte (Gen 37–50) – auch die beiden apokryphen Bücher Judit und Tobit auf.

Apokalyptische Literatur

Die Erfahrungen der griechischen und später der römischen Fremdherrschaft führten in verschiedenen eroberten Kulturen zur Einsicht, dass eine Befreiung nicht mehr innerhalb geschichtlicher Veränderungen erwartet werden konnte, sondern der allmächtige Gott selbst dem ganzen Lauf dieser Welt ein Ende setzen und einen Neuanfang wagen müsste. Dies unterscheidet apokalyptisches Denken von der Sichtweise früherer biblischer Autoren der prophetischen Tradition, etwa eines

Deuterojesaja, der den persischen König Kyros als Erlöser bezeichnen konnte (vgl. Einheit 13).

Apokalyptische Literatur ist also keine Erfindung des Judentums, sondern Ausdruck des Zeitgeistes der hellenistischen und römischen Epoche, in der auch andere Völker das Schicksal der Juden teilten. Der Begriff *Apokalyptik*, mit dem seit 150 Jahren eine bestimmte Weltanschauung bezeichnet wird, ist abgeleitet aus der neutestamentlichen Offenbarung des Johannes, die mit den Worten *Apokalypse Jesu Christi* beginnt. Apokalypse bedeutet wörtlich *Enthüllung*. Diese Weltanschauung beruft sich auf die Offenbarung himmlischer oder göttlicher Geheimnisse, die der Deutung von Vergangenheit, Gegenwart und Zukunft dienen. Sie werden nur einigen bestimmten Menschen in Visionen und Auditionen vermittelt.

Aus dem ägyptischen Bereich ist das sogenannte *Töpferorakel* überliefert, das eine Prophetie aus der viel früheren Zeit des Pharaos Amenophis sein will und in fingierter Zukunftsperspektive die Situation Ägyptens unter griechischer Fremdherrschaft reflektiert. Auch hier besteht nur noch Hoffnung auf ein göttliches Eingreifen, ein Endgericht und die Auferstehung der Toten. Zur gleichen Zeit entstanden in Persien die *Weissagungen des Hystaspes*, die ebenfalls die Gegenwart mit der Endzeit identifizieren.

Von den verschiedenen jüdischen apokalyptischen Schriften wurde nur das Buch Daniel in den Kanon aufgenommen, von den christlichen später nur die Offenbarung des Johannes. Aber auch andere Bücher der Bibel enthalten ansatzweise apokalyptische Stücke, etwa die sogenannte *Jesaja-Apokalypse* (Jes 24–27) oder im Neuen Testament die während des jüdischen Kriegs (66–70) entstandene *Endzeitrede* (Mk 13).

Das Buch Daniel

Das Buch Daniel ist wie das Buch Ester teils aramäisch, teils hebräisch abgefasst und hat später noch griechische Zusätze erhalten. Es entstand also über einen längeren Zeitraum und weist in seiner heutigen Gestalt viele Unstimmigkeiten und Brüche auf.

Daniel, die Hauptperson, lebt als deportierter Jude am babylonischen und persischen Königshof. Er arbeitet als Berater und kann in dieser Stellung – ähnlich wie Ester – seine Volksgenossen in schwierigen Situationen unterstützen. Es handelt sich bei ihnen wie bei Noah oder Hiob nicht um eine historische Person, sondern um eine Symbolfigur aus der altorientalischen Weisheitstradition, die auch aus den mythologischen Texten der kanaanäischen Hafenstadt Ugarit aus dem 13. Jahrhundert (vgl. Einheit 3) bekannt ist: unter dem Namen *Dan'ilu, Gott hat Recht verschafft*. Dieser Dan'ilu ist einerseits ein gerechter Richter und Herrscher, andererseits mit magischen und seherischen Fähigkeiten ausgestattet. Bei der Ausgestaltung der biblischen Danieltradition wur-

den diese altorientalischen Züge übernommen. Daniel wurde zudem auf dem Hintergrund der Exilerfahrungen zum Verkünder der ewigen Herrschaft Gottes, der jedoch noch eine schwierige Zeit – die historische Gegenwart – vorausgeht.

In der exegetischen Forschung ist man sich auf Grund der literarischen Befunde nicht einig, ob das Danielbuch eher im Kontext der israelitisch-jüdischen Religionsgeschichte zu analysieren und zu verstehen ist, oder ob es eher in den weiteren geistesgeschichtlichen Kontext der Apokalyptik gehört, die gewiss eine Wurzel im dualistischen Denken der persischen Religion hat.

_ AUSGELEGT

Kontext

Am hier ausgewählten Textabschnitt, der im Original hebräisch ist, lassen sich typische apokalyptische Denkmuster gut erkennen. Er bildet den Abschluss des Visionenteils des Buches Daniel, der an den ersten Erzählungsteil (Dan 1–6) anschliesst und mit Dan 7 beginnt. Nachdem Daniel im Erzählungsteil als Traumdeuter aufgetreten ist, werden ihm hier selbst Visionen und Auditionen zuteil. Sie kreisen um die Deutung der weltpolitischen Ereignisse der verschiedenen Epochen fremder Herrschaft über die Juden und um die bevorstehende Königsherrschaft Gottes, die nach einer Zeit grosser Bedrängnis anbrechen wird. Die Aufteilung der Geschichte in Epochen, die sich in ihrer widergöttlichen Herrschaft steigern und auf ein unvermeidliches Ende zulaufen, ist ein typisches Merkmal apokalyptischer Literatur.

Im vorangehenden Textabschnitt (Dan 11,36–45) werden die politischen Wirren der letzten Bedrängniszeit geschildert. Darin sollen die Leserinnen und Leser des Danielbuches ihre Gegenwart und nahe Zukunft erkennen.

Die Engel

In dieser Zeit wird sich gemäss Daniels Audition eine Beschützergestalt erheben: der Engelfürst Michael (Zeilen 1–2). Engel als Boten Gottes sind im Alten Testament nicht unbekannt, aber erst in der apokalyptischen Literatur werden sie zu Hauptakteuren der Geschichte und rücken Gott in seiner Allmacht ein Stück weiter von den Geschehnissen auf der Welt weg. Neben Michael tritt im Danielbuch namentlich noch der Engel Gabriel als Offenbarer heilsgeschichtlich bedeutsamer Zeiten auf (Dan 8,16; 9,21). Von weiteren namenlosen Engelwesen ist daneben an verschiedenen Stellen die Rede. Sie sind Führer, Wächter, Boten und Deuter.

Dass Michael in dieser letzten Bedrängniszeit nun aktiv wird, zeigt, dass der Lauf der Geschichte nicht auf Erden sondern im Himmel entschieden wird. Anders als später in der neutestamentlichen Johannesoffenbarung, wo Michael den Satan aus dem Himmel vertreibt (Offb 12), wird der Himmelskampf hier nicht beschrieben und der Gegner des Engelfürsten nicht benannt. Aus vorangehenden Textstellen ist jedoch zu erschliessen, dass es sich um Engelfürsten fremder Völker und Religionen handelt: Einmal erzählt ein Engel, der Engelfürst des Perserreiches habe sich ihm 21 Tage lang entgegengestellt, bis Michael ihm zu Hilfe gekommen sei (Dan 10,13). Weiter berichtet ein menschengestaltiges Wesen ebenfalls, es müsse gegen den Engelfürsten von Persien und Griechenland kämpfen (Dan 10,21). Auch hier wird die tatkräftige Unterstützung Michaels erwähnt. Genau für die Zeit, in der die Bedrängnis am grössten ist (3–4), wird die Rettung verheissen (5).

Erste Anklänge an Auferstehungsvorstellungen

Die Vorstellung, dass alle Menschen, die am Ende gerettet werden, in einem Buch verzeichnet sind, ist auch aus einer wenig später in Qumran entstandenen Schrift bekannt, in der folgendes Gebet zu lesen ist: *Rette Dein Volk Israel ..., jeden, der eingeschrieben ist im Buch des Lebens!* Ob dieses Buch auch unter den Gerichtsbüchern in Dan 7,10 gemeint ist, ist nicht klar. Jedenfalls sind in diesem Buch nicht nur die Lebenden, sondern auch die bereits Verstorbenen aufgeschrieben, die jetzt zu ihrer Rettung aus dem Staub erwachen (7).

Auch bei Hiob begegnet das Bild des Totseins als Schlaf (Hiob 3,13; 14,12) bzw. als Liegen im Staub (Hiob 7,21; 17,16). Die Vorstellung einer Auferstehung der Toten zum *Jüngsten Gericht* und *Ewigen Leben* ist jedoch sonst aus dem Alten Testament nicht bekannt. Auch für die mit Daniel etwa zeitgleich entstandenen weisheitlichen Bücher Kohelet oder Jesus Sirach bedeutet der Tod das endgültige Ende des Lebens (Koh 3,19–20; Sir 41,3–4). Allerdings finden sich im Alten Testament Denkmodelle für die Auferstehungsvorstellung: Im prophetischen Bild für die Wiederherstellung des Volkes Israel nach dem Exil begegnet die Rede vom Wieder-lebendig-Werden (Ez 37; Hos 6,2; Jes 26,19). Auch manche Psalmen sprechen von einer Rückkehr aus dem Reich des Todes in die Lebensfülle (Ps 9,14–15; Ps 16,10–11; Ps 18,5–7; 30,4). Dabei wird erkennbar, dass mit «Tod» und «Leben» verschiedene Grade von Lebensqualität gemeint sind, nicht immer der physische und letzte Tod.

Das Gericht

Die Hoffnung auf ein Erwachen zum ewigen Leben (8) drückt aus, dass denen, die unter den schwierigen äusseren Umständen verminderte Lebensmöglichkeiten hatten, die Fülle des Lebens am Ende der Zeiten doch noch zukommen soll. Es geht also in keiner Weise um eine Fortführung des Lebens nach dem Tod, sondern um einen gerechten Neubeginn. Dieser ist nicht ohne eine Art Gericht vorstellbar, wie es etwa seit alten Zeiten in ägyptischen Gräbern dargestellt ist, wo mit einer Waage das «Gewicht» der Seele geprüft wird. Die Auferstehung und das Gericht sollen die in der Welt vermisste Gerechtigkeit gleichsam nachholen. Darum sind es viele (7), aber nicht alle, die auferstehen: Es gibt wohl auch welche, die schon im irdischen Leben Gerechtigkeit erfahren haben, deren Leben gerecht abgeschlossen ist. Diese bleiben offenbar im Staub liegen. Was die Auferstehung zu Schmach und Abscheu (9) genau bedeutet, bleibt unklar. Vorstellungen von ewigen Strafen begegnen in anderen zeitgleichen Schriften und später auch im Neuen Testament, vor allem im Matthäusevangelium. Für Daniel scheint der Blick auf die Weisen wichtiger, die doch noch Gerechtigkeit erlangen werden.

Die Weisen

Hinter Personen, die bei Daniel *die Weisen* oder *die Verständigen* heissen, vermutet man den Trägerkreis der jüdischen Danielüberlieferung. Sie sehen sich selbst als Multiplikatoren (10 wie Dan 11,35). Begrifflich lehnen sie sich bei ihren Selbstbezeichnungen an die Gottesknechtlieder Deuterojesajas an. In dieser Figur finden sie offenbar ihr Ideal: Der Gottesknecht erleidet vieles (Jes 53,3), ohne selbst Gewalt anzuwenden (Jes 50,5–6) und macht dadurch viele gerecht (Jes 53,11). Er wird schliesslich erhöht (Jes 52,13). Im Danielbuch wird dies im Bild der Sterne ausgedrückt, die am Himmel strahlen (10). Matthäus, der diesen Vers im apokalyptischen Schluss der Deutung des Gleichnisses vom Unkraut im Acker aufnimmt (Mt 13,43), wechselt dabei zum Bild der Sonne, die ja wiederum Symbol für Christus ist.

Was weiss man historisch über diese Personengruppe der Weisen? Es handelt sich offenbar um Menschen, die in der jüdischen Weisheitstradition gebildet waren. Herausgefordert durch den Hellenismus und die seleukidische Machtpolitik prägten sie ihre Zukunftshoffnungen immer stärker durch apokalyptische Denkmuster. Sie betrachteten die politischen Befreiungskriege der Makkabäer nicht als Lösung, aber als Erleichterung für das geplagte Volk, als *eine kleine Hilfe* (Dan 11,32–35), und unterstützten sie insofern. Vermutlich findet man generell die Apokalyptiker nicht in der Unterschicht, sondern bei der Elite, nicht bei denjenigen, die wieder einmal einen Herrschaftswechsel über sich ergehen lassen mussten, sondern bei denen, die eigentlich gewohnt waren, die politischen Geschicke ihres Landes mitzubestimmen.

Apokalyptische Fiktionen

Die Audition schliesst mit dem Befehl, das Buch, in dem sie offenbar festgehalten wurde, also das Buch Daniel, zu versiegeln bis in die Endzeit (12–13). Dabei wissen die Leserinnen und Leser, dass diese jetzt angebrochen ist. Dieser Schluss ruft die Fiktion in Erinnerung, unter der das Buch Daniel geschrieben ist: Die Figur des Daniel ist ja früher angesiedelt, zur Zeit der babylonischen und persischen Könige. Was in diesem Buch an politischen Ereignissen berichtet wird, ist also Rückschau, erscheint jedoch unter der Fiktion als Prophezeiung. Sie ist, weil schon geschehen, natürlich zutreffend und verstärkt dadurch die Glaubwürdigkeit des Buches.

Apokalyptische Literatur wird typischerweise anonym verfasst und einer wichtigen historischen Gestalt oder einer Symbolfigur zugeschrieben, z. B. Henoch, dem frommen Stammvater der ersten Generationen, der zu Gott entrückt wurde (Gen 5,24), oder dem Erzvater Abraham oder dem Propheten Elija. Im Danielbuch endet die Fiktion mit dem 39. Vers des elften Kapitels, nach der Beschreibung der Entweihung des Tempels (Dan 11,31). Antiochos IV., unter dem die religiöse Unterdrückung der Juden ihren Höhepunkt erreicht hatte, galt als «Anti-JHWH», als endzeitlicher Gegenspieler im Ringen um den Anbruch der Königsherrschaft des allmächtigen Gottes, wie rund zweihundert Jahre später der *Anti-Christus* als Gegenspieler Christi (1Joh 2,18.22; 4,3; 2Joh 7). Die Verse 40–45 kündigen einen weiteren Feldzug Antiochos' IV. gegen Ägypten an, der jedoch in Wirklichkeit nicht stattfand. Die Verfasser des Danielbuches sehen ihn auf das Ende zugehen (Dan 11,45b), haben aber noch keine Kenntnis von seinem Tod.

Die Gewissheit des Endes

Die letzten Zeilen (14–15) enthalten eine Anspielung auf einen Spruch aus dem Prophetenbuch des Amos: *Dann werden sie schwanken von Meer zu Meer und von Norden nach Osten, sie werden umherstreifen, um das Wort des Herrn zu suchen, aber sie werden es nicht finden.* (Am 8,12) Sie beziehen sich wahrscheinlich auf die Zeit der Bedrängnis, solange das Buch Daniel noch unter Verschluss war, und lauteten vermutlich im Original: *Suchend umherschweifen werden viele, und wachsen wird das Böse. Dáat*, das hebräische Wort für *Erkenntnis*, das jetzt im Text steht, unterscheidet sich nur in einem dazu noch sehr ähnlichen Buchstaben von *ráat*, dem hebräischen Wort für *Böses*, und kann daher leicht verwechselt werden. Ohne die Offenbarungen, die Daniel ja erst in diesem Buch nun zugänglich macht, kann das Böse noch wachsen. Die letzte Zeit der Bedrängnis ist also durch Orientierungslosigkeit gekennzeichnet, die dem Bösen nicht entgegentreten kann. Mit dem Erscheinen des Buches Daniel ist diese Zeit der Orientierungslosigkeit und damit auch des wachsenden Bösen zu Ende.

_ VEREHRT

Der weisheitliche Gott, der über allem steht

Das Gottesbild verändert sich durch die Auseinandersetzung des JHWH-Glaubens mit der hellenistischen Kultur und dem Herrschaftsgebaren heidnischer Staaten, in deren Machtbereich Israel sich befindet. Gott wird unter dem Einfluss des aufklärerischen, liberalen, philosophischen Gedankenguts der griechischen Kultur noch stärker zum fernen, himmlischen und universalen Schöpfer und Herrn des Weltenlaufs. Die Weisheitstexte aus dieser Zeit schildern ihn als den, der alles weiss, alles sieht und alles vermag, sich aber allem menschlichen Begreifen entzieht. Im Lehrgedicht, das die Redaktion des Hiobbuches in hellenistischer Zeit in dieses Werk eingefügt hat (Hiob 28), werden zunächst die fast unbegrenzten Möglichkeiten des Menschen bei der Erforschung sogar der verborgensten Ecken der Erde aufgezählt (Hiob 28,1–11). Dann aber folgt die Feststellung, dass kein Mensch, sei er noch so klug, die Weisheit selbst finden kann (Hiob 28,12–19). Nur Gott kennt den Weg zu ihr, *denn er schaut bis zu den Enden der Erde, er sieht alles, was unter dem Himmel ist.* (Hiob 28,24). Nur Gottesfurcht bringt den Menschen der Weisheit näher (Hiob 28,28). In Anlehnung an die Lehrtraditionen des Alten Orients war auch in der Weisheitstradition Israels die Welt von Gott mit Weisheit geschaffen worden (Ps 104,24). In hellenistischer Zeit wird die Weisheit als kosmisches Ordnungsprinzip und Schöpfungsgeheimnis eine relativ eigenständige vermittelnde Grösse zwischen Gott und Welt. So tritt sie in anderen Weisheitstexten dieser Zeit (Spr 8; Sir 24) selber personifiziert als Sprecherin auf (vgl. Einheit 21), ganz so, als bilde sie mit JHWH ein Paar (vgl. Einheit 3).

Hoffnung auf den grossen Neubeginn

Der allmächtige und allwissende Gott der hellenistischen Zeit ist ein ferner Gott. Umso wichtiger werden in dieser Zeit wieder Mittlerfiguren, welche die Kommunikation mit den Menschen übernehmen. Diesen Vorgang des Rückgriffs auf ältere göttliche Figuren nach einer Phase aufgeklärteren Denkens und Glaubens kann man als Remythologisierung bezeichnen. Während zu den Propheten noch Gott selber sprach, reden in den apokalyptischen Offenbarungen die Engel. Das Gottesbild der Weisheitstradition steht auch hinter den apokalyptischen Denkmodellen: *Denn der Höchste besitzt alles Wissen und erblickt, was kommt in der Weltzeit. Vergangenes und Zukünftiges zeigt er an, er enthüllt die verborgensten Dinge* (Sir 42,18–19). Was Gott hier jedoch enthüllt, ist das unmittelbare Bevorstehen eines grossen Neubeginns: Die gegenwärtige Weltzeit ist zum Untergang bestimmt, sie ist ein Ort der Heillosigkeit, des Unheils. Rettung kann nur von ausserhalb der Welt erwartet werden. Gott selbst wird eine neue Weltzeit dauerhaften Heils für diejenigen Menschen einrichten, die jetzt unter schwierigen Bedingungen am Glauben festhalten. Die erhoffte Erlösung setzt jedoch die Zerstörung der vorhandenen Welt voraus. Der Weg zum Heil der Auserwählten führt durch die Katastrophe für die übrige Mehrheit der Menschen. Dieses endzeitliche

Geschehen ist von Seiten der Menschen her weder zu verhindern noch zu verzögern, weder herbeizuführen noch zu beschleunigen, es ist allein Sache des Allmächtigen. Das Wissen um die Begrenztheit der Zeit der Bedrängnis und um den eigentlichen Herrn der Geschichte hilft den Menschen, die Zeit durchzustehen, ohne zu resignieren.

Die Entstehung apokalyptischen Denkens innerhalb des Judentums setzt voraus, dass die bisherigen Möglichkeiten des Glaubens an eine Rettung innerhalb der bestehenden Schöpfung und Geschichte versagten, etwa die im Babylonischen Exil so wichtige Erinnerung an Gottes Befreiungshandeln im Exodus aus Ägypten. Konnte Israel im Exil noch die innergeschichtliche Hoffnung auf eine Rückkehr in die Heimat und einen Wiederaufbau des Tempels nähren, so ist die Ohnmacht nun tiefer: Die Krise findet in Jerusalem selbst statt, der Tempel steht, aber er wird entweiht. Die eigene Oberschicht, insbesondere die Hohepriester, tragen zur Zerstörung der kulturellen und religiösen Identität Wesentliches bei. Das Volk wird durch den Hellenismus und das im Seleukidenreich übliche und von der eigenen Oberschicht übernommene Machtgebaren von innen zersetzt. Die griechische Lebensart zerstört die traditionelle jüdische Moral. Ein bewaffneter Aufstand, wie ihn die Makkabäer führen, bedeutet letztlich nur Teilhabe an diesem Machtgebaren, ändert aber nicht grundsätzlich etwas an dieser ohnmächtigen Situation, die nur der Allmächtige noch ändern kann.

Das apokalyptische Denken gibt sich weder mit der Anpassung an die hellenistische Kultur noch mit dem Rückzug in eine private Torafrömmigkeit und Schriftgelehrsamkeit zufrieden (so Ps 119). Es fällt aber auch nicht in die Resignation des aufgeklärten Skeptikers, wie sie im Buch Kohelet immer wieder zum Ausdruck kommt (etwa Koh 9,3–4), sondern treibt die Entwicklung der JHWH-Religion von einer geschichtlichen Befreiungsreligion zu einer endzeitlichen Erlösungsreligion voran (vgl. Einheit 23). Im Unterschied zur Prophetie ruft die Apokalyptik nicht mehr zur Umkehr auf, sondern zum Durchhalten bis zur Ankunft der erwarteten Königsherrschaft Gottes. Wer diese endzeitliche Wende nicht mehr erlebt, dem bleibt wenigstens die Auferstehungshoffnung.

Universaler Gott

Im Danielbuch wird Gott nur an wenigen Stellen (Dan 9) mit dem Namen *JHWH* genannt, meist trägt er die Bezeichnung *Gott des Himmels, Herr des Himmels, König des Himmels* oder einfach *der Höchste*. Damit ist angedeutet, dass die Beschränkung auf den Gott Israels aufgehoben ist und Gott nun universal gedacht wird. Seine Herrschaft steht über den Weltreichen aller irdischen Machthaber und über allen nationalen Göttern, die nun im Danielbuch als Engelfürsten auftauchen. Es gehört

nach hellenistisch-jüdischer Vorstellung zu JHWHs Schöpfungs- und Heilsplan, dass es die Völker mit ihren verschiedenen Göttern gibt: *Als der Höchste den Göttern die Völker übergab, als er die Menschheit aufteilte, legte er die Gebiete der Völker nach der Zahl der Götter fest* (Dtn 32,8–9 nach der Septuaginta). Israel ist jedoch sein eigenes Volk: *Für jedes Volk bestellte er einen Herrscher, Israel aber ist der Erbbesitz JHWHs* (Sir 17,17). Im Danielbuch rückt dann der Gott des Himmels so weit über das ganze irdische Geschehen empor, dass sogar seine ursprüngliche Funktion als Retter Israels an den Engelfürsten Michael delegiert wird. Gott selbst ist damit der Sphäre des Kampfes entzogen.

Die politische Dynamik auf Erden spiegelt sich in – oder wird nach apokalyptischem Denken vielmehr gesteuert von – entsprechenden Auseinandersetzungen zwischen den verschiedenen Engeln, die alle der Herrschaft Gottes unterstehen. Die Vorstellung einer Entsprechung des Geschehens im Himmel und auf der Erde findet sich ahnungsweise bereits in der späten Prophetie (Jes 24,21). Der Engel- und Dämonenglaube, von der offiziellen JHWH-Religion unterdrückt, hatte in einfachen Volksschichten wohl weitergewirkt und sich mit mythischen Vorstellungen des göttlichen Hofstaats und Heeres verbunden. Die apokalyptischen Autoren nahmen diese Vorstellungen auf, systematisierten sie und banden sie in ihr Welterklärungsmodell ein. Im Jenseitsglauben des Mittelalters wurden sie weiter ausgebaut und fanden schliesslich ihren Niederschlag in Gemälden wie dem *Jüngsten Gericht* Michelangelos in der Sixtinischen Kapelle oder in Literaturwerken wie Dantes *Göttlicher Komödie*.

Ein Denkmodell, das aus Ohnmacht entstand

Apokalyptisches Denken ist eine Reaktion auf Erfahrungen eigener Ohnmacht und Gefährdung der Identität. Während in der Weisheitstradition oder der Prophetie der Anfang der Welt (die Schöpfung) oder der Anfang der Geschichte (die Verheissungen und ersten Befreiungserfahrungen im Exodus) zur Perspektive von Gottes Handeln werden, ist es hier das Ende der Welt und der Geschichte. Apokalyptisches Denken ist die unkriegerische Variante des Aufstands Unterdrückter, eine Art innere Emigration in die neue, von Gott erhoffte Welt. Apokalyptische Literatur will trösten, orientieren und ermutigen. Sie richtet sich an Menschen, die sich zu den Auserwählten zählen, darum ist sie ihrer Intention nach nicht – wie es heute meist missverstanden wird – Drohung und Angstmacherei. Sie ist vom starken Glauben an Gottes Allmacht und Gerechtigkeit getragen, einem Glauben, der dem realen Erleben skrupellosen egoistischen Machtmissbrauchs entgegensteht.

Im Danielbuch wird schliesslich, nachdem die Kämpfe unter den Engeln ausgefochten sind, die Herrschaft über die neue Welt der Geretteten einem himmlischen

Wesen übergeben, das die Gestalt eines Menschen hat –
im Gegensatz zu den irdischen Machthabern, die als
Tiere symbolisiert sind (Dan 7). An die Stelle einer besti-
alischen Tyrannei soll eine humane Herrschaft treten.
Diese Hoffnung fusst auf dem Glauben an einen allmächtigen Gott, dessen Wirken *wie im Himmel, so auf Erden*
keine Macht entgegenstehen kann. Gerade in Situationen, in denen irdische Mächte als undurchsichtig, aber
umfassend erlebt werden, ist der Glaube an einen Gott,
der in jedem Fall über solchen diffusen Mächten steht,
ein Trost für alle, die diesen ausgeliefert sind. Im Glauben an den Allmächtigen steht dessen Macht niemals
gegen den Glaubenden, sondern immer auf dessen Seite. Insofern geht es um eine parteiliche Allmacht.

Die apokalyptische Literatur der Jahrtausendwende behielt – genauso wie die prophetischen Schriften – ihre
herrschafts- und sozialkritische Kraft auch in den kommenden Generationen, nachdem der in naher Zeit erwartete, von Gott herbeigeführte Neubeginn ausblieb.
Mit ihrer eingängigen Endzeitvorstellung von Auferstehung und Gericht hat sie eine neue Form sozialrevolu-
tionär wirksamer Armenfrömmigkeit geschaffen, deren
Wirken bis in die Jesus-Bewegung hinein spürbar ist. Ihr
Anliegen ist im Grunde pazifistisch: Nur der allmächtige
Gott kann die ungerechten Verhältnisse in der Welt zum
Ende bringen und eine neue, gerechte Herrschaft einrichten. Gelangen diese in Situationen von Ohnmacht
und Unterdrückung entstandenen Gedanken in die Köpfe und Hände der Mächtigen, verkehren sie sich ins Gegenteil und werden zur Legitimierung von Kriegen, Völ-
kermorden und Zerstörungen missbraucht. So ist bei
der Rede vom Allmächtigen, von Gericht und Endzeit
Vorsicht geboten. Wer damit bei anderen Menschen
Angst erzeugen will, um die eigene Macht damit zu stärken, steht nicht in der biblischen Tradition.

_ NACHGEFRAGT

Vom Text her

_ Glauben Sie an Engel? Welche Erfahrungen haben
Sie schon mit Engeln gemacht? Oder mit Menschen,
die an Engel glauben?

_ Brauchen Sie für ihre Gottesbeziehung Mittlerfiguren? Warum und wozu – oder warum nicht?

Zum Gottesbild hin

_ Was fürchten Sie mehr: dass es mit der Welt
so weitergeht, oder dass es mit der Welt aufhört?

_ In welchen Situationen möchten Sie nochmals ganz
von vorne anfangen können?

_ Nach einem neuzeitlichen christlichen Verständnis
ist mit Jesus Christus die Endzeit und die Herrschaft
Gottes angebrochen: Welche Bedeutung hat dieser
Gedanke für Ihren Glauben?

_ Wie beurteilen Sie den Erfolg und die Verbreitung
von Büchern und Filmen, die in mythologisierten
Phantasiewelten spielen?

_ Welche Bedeutung messen Sie ihren Träumen zu?
Können Sie darin Gottes Geheimnisse entdecken?

_ Was tun, denken oder glauben Sie, um angesichts
der Weltprobleme nicht zu resignieren?

_ Wie stellen Sie sich den idealen Weltherrscher vor?

_ Im hellenistischen Zeitalter spielten sich Vorgänge
ab, die man heute mit dem Stichwort *Globalisierung*
bezeichnet: Wie positionieren Sie sich selbst zwischen Menschen, die solche Entwicklungen begrüs-
sen und vorantreiben und anderen, die sie fürchten
und bekämpfen?

_ GELESEN

_ Rainer Albertz, Religionsgeschichte Israels in
alttestamentlicher Zeit 2; Göttingen 1992.

_ Dieter Bauer, Das Buch Daniel (Neuer Stuttgarter
Kommentar, AT 22); Stuttgart 1996.

_ Jürgen Brokoff / Bernd U. Schipper (ed.), Apokalyptik
in Antike und Aufklärung; Paderborn 2004.

_ Norman Cohn, Die Erwartung der Endzeit – Vom
Ursprung der Apokalypse; Frankfurt 1997.

_ Daniel und die Apokalyptik; in: Bibel heute 1999/3;
Stuttgart 1999.

_ Ernst Haag, Daniel (Die neue Echter Bibel);
Würzburg 1993.

_ Ernst Haag, Das hellenistische Zeitalter. Israel und
die Bibel im 4.– 1. Jahrhundert v.Chr.
(Biblische Enzyklopädie 9); Stuttgart 2003.

_ Ferdinand Hahn, Frühjüdische und urchristliche
Apokalyptik. Eine Einführung; Neukirchen 1998.

_ Otto Kaiser, Jahwe, der Gott Israels, Schöpfer der
Welt und des Menschen (Theologie des Alten
Testaments 2); Göttingen 1998.

_ Herbert Niehr, Das Buch Daniel; in: Erich Zenger
(ed.), Einleitung in das Alte Testament;
Stuttgart 2004.

_ Wolfgang Stegemann, Sehnsucht nach Reinheit.
Zum apokalyptischen Daseinsverständnis; in:
Wolfgang Sommer (ed.), Zeitenwende, Zeitenende.
Beiträge zur Apokalyptik und Eschatologie;
Stuttgart 1997.

_ Luzia Sutter Rehmann, Vom Mut, genau hinzusehen.
Feministisch-befreiungstheologische Interpretationen
zur Apokalyptik; Luzern 1998.

GOTT IST FAMILIÄR.
DER VATER

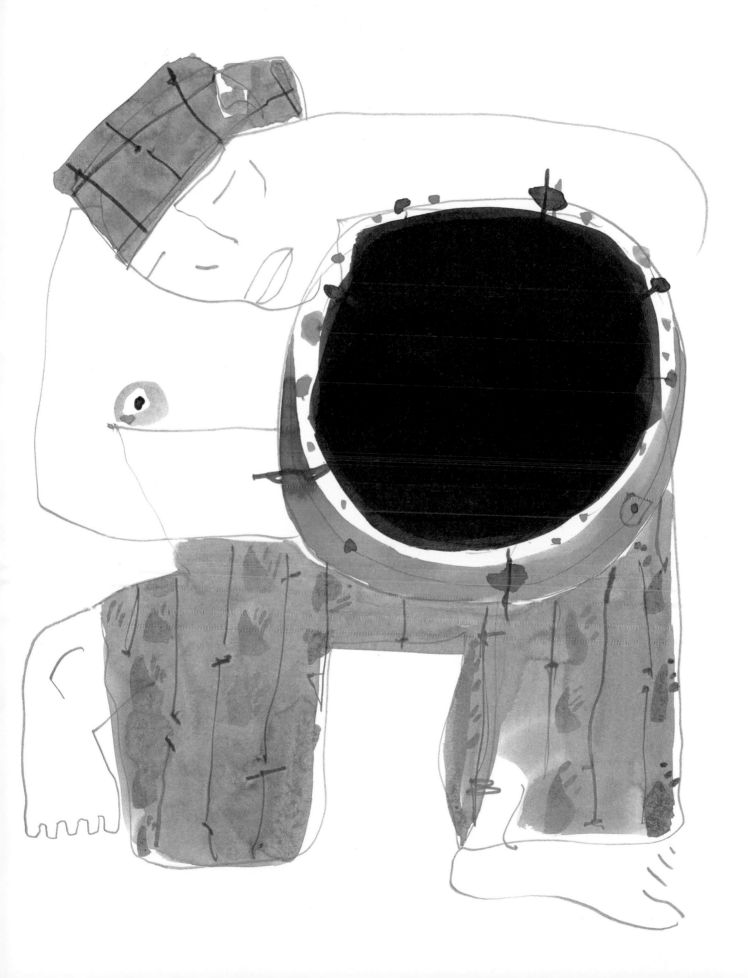

_ GESCHRIEBEN

1	Wir sind also, liebe Brüder und Schwestern, nicht dem Fleisch verpflichtet	12
2	und müssen nicht nach dem Fleisch leben.	
3	Wenn ihr nämlich nach dem Fleisch lebt,	13
4	müsst ihr sterben;	
5	wenn ihr aber durch den Geist tötet, was der Leib aus sich heraus tut,	
6	werdet ihr leben.	
7	Denn die vom Geist Gottes getrieben werden,	14
8	das sind Söhne und Töchter Gottes.	
9	Ihr habt doch nicht einen Geist der Knechtschaft empfangen,	15
10	um wiederum in Furcht zu leben; nein,	
11	ihr habt einen Geist der Kindschaft empfangen,	
12	in dem wir rufen: Abba, Vater!	
13	Eben dieser Geist bezeugt unserem Geist,	16
14	dass wir Kinder Gottes sind.	
15	Sind wir aber Kinder, dann sind wir auch Erben:	17
16	Erben Gottes, Miterben Christi,	
17	sofern wir mit ihm leiden,	
18	um so auch mit ihm verherrlicht zu werden.	

RÖMER 8,12–17

Brainstorming

Im Haus meines Vaters sind viele Wohnungen. – Die Geschichte vom verlorenen Sohn. – Vater, vergib ihnen, denn sie wissen nicht, was sie tun! – Ich und der Vater sind eins. – Unser Vater im Himmel. – Die Spatzen auf dem Feld ernten nicht und sammeln nicht und euer himmlischer Vater nährt sie doch. – Vater, in deine Hände befehle ich meinen Geist. – Wie mich mein Vater kennt, und ich kenne ihn. – Euer Vater weiss, was ihr nötig habt. – Ewigvater und Friedensfürst. – Wisst ihr nicht, dass ich in dem sein muss, was meines Vaters ist? – Einer ist euer Vater: der im Himmel ist.

Ich kann mich nicht mehr an alle Bibelstellen erinnern, die wir einander im Raum zuriefen, aber es waren viele. Nicht alle haben mir etwas gesagt, denn ich bin nicht so bibelfest. Wir standen im Kreis und konnten uns Zeit lassen. Pausen entstanden zwischendurch. Dann kam durch eine weitere Erinnerung unser Bibelwissen wieder in Gang. Erst hatte mich die Aufgabe erschreckt, möglichst viele Bibelstellen zu sammeln, die von Gott als dem Vater reden. Ich hatte gefürchtet, dass ich gar nichts wissen und mich blamieren würde. Aber überraschenderweise habe ich in der lockeren Runde auch etwas beigetragen: *Im Namen des Vaters und des Sohnes und des Heiligen Geistes.* Ich bin selbst überrascht, dass mir das auf einmal in den Sinn kam.

Bitte um Hilfe

Die Kursleiterin erklärte den nächsten Auftrag: eine Vaterszene spielen. Wir nutzten den ganzen Raum aus, machten den Kreis so gross wie möglich. Dann stellte sich jede zweite Person in den Kreis, direkt vor die Nachbarin oder den Nachbarn zur Rechten. So waren Paare entstanden mit jeweils einer Person innen und einer aussen.

Wir spielten Alltagsszenen wie im Theater, aber das Drehbuch sollte spontan entstehen. Zuerst übernahmen die innen Stehenden die Rolle des Vaters und die aussen Stehenden die von Sohn oder Tochter: «Entwerft gemeinsam ein Bild: Welche soziale Stellung hat der Vater? Wer gehört noch zur Familie? Wie heissen Sohn oder Tochter und wie alt ist das Kind? Erst dann, wenn ihr euch auf den Rahmen geeinigt habt», sagte die Kursleiterin, «erst dann spielt folgende Szene: Sohn oder Tochter kommt zum Vater und bittet um Hilfe oder Rat.»

Ich war nicht der Einzige, der betreten schwieg. Mir war die Rolle des Vaters zugefallen. Da ich selbst erst einen sieben Monate alten Sohn habe, verfüge ich noch nicht über eigene Erfahrungen beim Beraten der eigenen Kinder. Aber mein Vater fiel mir ein, der unterdessen schon einige Jahre tot ist und mir hin und wieder schmerzlich fehlt. Gerne würde ich mit ihm über so vieles sprechen, was mich beschäftigt. Oft versuche ich, mir seine Überlegungen und Gedanken vorzustellen. Dabei hatte er für uns Kinder wenig Zeit: Meist delegierte er, wenn er erschöpft und müde von der Arbeit kam, jeweils zuerst unsere Anliegen und Erwartungen an unsere Mutter weiter. Oder er war bereit mir zu helfen, erklärte aber alles so furchtbar kompliziert, dass ich am liebsten heulend und türenschlagend davongelaufen wäre. Wie hatte ich mir doch gewünscht, mein Vater hätte einfache Worte gewählt, nur so viel erklärt, wie ich wirklich brauchte, und statt mir einfach den richtigen Weg vorzuführen, mich selbst üben lassen! Solch einen Vater wollte ich jetzt spielen: geduldig, einfühlsam und kompetent. Ich sah mich schon als überlegenen, liebevollen, zärtlichen Vater. Genau so sollte auch mein wirklicher, kleiner Sohn seinen Vater erleben – einen guten Vater, aber kein künstliches Idealbild.

Meine Partnerin machte mir den verblüffenden Vorschlag, einen erwachsenen Sohn darstellen zu wollen. Das, so erklärte sie mir, käme ihrem Bedürfnis viel näher, denn schliesslich seien ja auch wir keine Kinder mehr, und die gegenwärtige Beziehung zu ihrem Vater sei ihr viel wichtiger als alle Kindheitserlebnisse.

Erste Szene

Simon der Sohn, ist 27jährig, hat das Studium der Volkswirtschaft abgeschlossen, ist seit einem Jahr in einem Grossbetrieb angestellt und lebt mit Katrin zusammen. Vater ist Kaufmann und glücklich verheiratet, stolz auf Simon, wie auf alle Kinder. Er wartet auf Simon, der sich telefonisch angemeldet hat.

_ *Simon kommt zur Tür herein* Hallo!! Hallo!!

_ *Vater* Na, mein Sohn? Wo brennt's? Ich bin mächtig neugierig!

_ *Simon* Ich brauche deinen Rat – es ist ziemlich kompliziert ...

_ *Vater* ... dann spuck's doch einfach aus.

_ *Simon* Tja. Eigentlich ist es ja toll. Die Firma hat mir eine geniale Stelle angeboten. Der absolute Traumjob für mich, spannende Aufgaben, grossartige Karrierechancen.

_ *Vater mit skeptischem Stirnrunzeln* Aber offenbar ist ein Haken dabei ...

_ *Simon* Ja, ein gewaltiger: Ich muss nach Japan, und *noch skeptischer* Katrin bekommt in Japan weder eine Arbeits- noch eine Aufenthaltsbewilligung, weil wir nicht verheiratet sind.

_ *Vater heiter* Wo ist das Problem? Dann heirate Katrin. Ihr lebt schon so lange zusammen, was mir ohnehin nicht so gefällt, und ihr wollt doch zusammenbleiben ...

_ *Simon* Ach Vater! Du weißt doch, dass wir nicht nur Euch Eltern zuliebe oder aus äusseren Gründen heiraten wollen! *Pause* Ausserdem: selbst wenn Katrin mitkommen dürfte, was sollte sie in Japan? In einem fremden Land mit einer so fremden Sprache ...

tip

Mittel:
Lesung des Textes auf CD V/17; integrale Lesungen der Areopagrede des Paulus auf CD IV/8 und des ganzen Galaterbriefs auf CD IV/9; im Reiseführer die Ausflüge Erwählung und Kind

Bild:
Rembrandt Harmenszoon van Rijn, Die Heimkehr des verlorenen Sohnes (Radierung/Ölgemälde, Niederlanden 1636/1669)

Buch:
Gottfried Keller, Der Grüne Heinrich (Roman, Schweiz 1846-50); Theodor Storm, Der Schimmelreiter (Novelle, Deutschland 1888); Wolfdietrich Schnurre, Als Vaters Bart noch rot war (Roman, Deutschland 1958); Ursula Wölfel, Feuerschuh und Windsandale (Kinderroman, Deutschland 1962); Jacques Chessex, Der Kinderfresser (Roman, Schweiz 1979); Michael Ende, Die unendliche Geschichte (Kinderroman, Deutschland 1979); Heinrich Wiesner, Der Riese am Tisch (Roman, Schweiz 1979)

Film:
Jean Cocteau, La Belle et la Bête (Frankreich 1946); Tim Burton, Big Fish (USA 2003)

Pop:
Reinhard Mey, Zeugnistag (Chanson, Deutschland 1981)

Den ganzen Tag zuhause herumzusitzen, wäre nichts für sie, und was sollte aus ihrer Ausbildung werden? Kurzfristig vergass ich an dieser Stelle meine Rolle als Vater von Simon und lächelte meiner Partnerin verstehend zu: Hatte sie eben nicht ihre eigenen Ideale beschrieben? Und ich, rief ich mich in meine Rolle zurück, ich hatte mir vorgenommen, ein guter Vater zu sein. Sollte ich kluge Ratschläge geben? Lebenserfahrung weitergeben von Paaren, deren Bindung durch einen Auslandaufenthalt besonders stark geworden war oder die sich durch lange räumliche Trennung entzweit hatten? Sollte ich Simon moralisch auf seine familiären Verpflichtungen hinweisen, auch seiner Mutter gegenüber, die solch eine Trennung sicher schwer ertragen könnte? Ihn doch zur Heirat überreden? Ich versuchte, Zeit zu schinden.

_ *Vater* Wie lange hast du, um dich zu entscheiden?

_ *Simon* Bis zum 25. des Monats. *unschlüssig* Aber ich weiss nicht, ob Zeit mir weiterhilft!

_ *Vater ermutigend* Mensch Simon, ich hab' keinen Rat. Aber ich bin stolz auf dich. Weil du dir die Entscheidung so schwer machst, weil ich die unterschiedlichsten Empfindungen in deinem Gesicht erkenne. Dafür habe ich grossen Respekt. Und ich empfinde dieselben überwältigenden Gefühle voll Liebe und Zärtlichkeit wie vor Jahren, als du ein Dreikäsehoch warst. Aber das ist mir jetzt ein bisschen peinlich, und dir hilft so ein Bekenntnis auch nicht weiter …

_ *Simon zuckt stumm die Achseln*

_ *Vater* Ich bin auch stolz, dass du mit dem Problem zu mir gekommen bist. Das ist eine Auszeichnung, wenn ein Sohn sich beim Vater Rat holt. Darum gebe ich dir auch keinen. Du sollst nur Folgendes wissen: Ganz egal, wie du dich entscheidest, ich werde auf deiner Seite sein und deine Wahl verteidigen.

_ *Simon schaut den Vater überrascht an* Aber wie würdest du dich denn entscheiden?

Ich war viel zu verliebt in meine Überlegenheit, darum wollte ich in der Rolle bleiben und Simon zurückfragen, ob er sich dann an meinen Wertmassstäben orientieren wolle – aber dann fand ich das doch überheblich.

_ *Vater räuspert sich* Schwer zu sagen … Mein Job war ja nie so ein Traumberuf und ist es bis heute nicht, war mehr zum Geldverdienen und Brötchen anschaffen. *Wie geistesabwesend* Ich hätte mich wohl für euch entschieden, für die Familie. Aber ich musste so eine Entscheidung auch nie wirklich treffen.

Ich hatte aufgehört, an seine Situation zu denken. Vielleicht war das etwas egozentrisch, aber vielleicht hat es geholfen, nicht moralisch zu werden. Jedenfalls glaube ich nicht, dass ich noch mehr Ratschläge erteilt habe. An dieser Stelle brach die Kursleiterin unser Spiel ab.

Die Unterschrift

Als die Szene beendet war, rückten wir einen Platz nach rechts und bekamen auf diese Weise ein neues Gegen-

über. Für die zweite Spielszene übernahm der äussere Kreis die Vaterrolle. Der Auftrag hiess: Sohn oder Tochter braucht die Unterschrift des Vaters.

Wofür braucht ein Sohn oder eine Tochter die Unterschrift eines Elternteils? Klar: für Testate, Zeugnisse, Ausgang auf der Schulreise, Lehrvertrag und Kaufverträge. Aber ich hatte solche Freude an der erwachsenen Vaterbeziehung gefunden, dass ich für das zweite Spiel überhaupt keine Lust hatte, zum Kleinkind oder ABC-Schützen zu regredieren. Über die Familienmitglieder, Namen und soziale Stellung sollten wir uns wie zuvor einigen.

Zweite Szene

Als Tochter wollte ich es meinem Vater wirklich nicht so leicht machen. Im ersten Augenblick wollte ich den Vater provozieren und herausfordern, ihn in die Ecke drängen, wie ich es im jugendlichen Alter immer wieder getan hatte. Doch dann kam mir schon das als Regression vor, und ich machte meinem Gegenüber den Vorschlag, eine erwachsene Tochter darzustellen. Als Goldschmiedemeisterin wollte ich mir ein Ladenlokal einrichten, brauchte dafür aber die finanzielle Bürgschaft meines Vaters als Sicherheit für die Bank. Und in mir stieg Enttäuschung hoch, als ich mich von meinem Spielvater wie ein Kind behandelt fühlte, das belehrt und vor Fehlern bewahrt werden musste. Ich war so in meine Rolle eingetaucht, dass ich ärgerlich war, als mein Vater alles das fragte, was ich mit den Bankleuten schon geklärt hatte. Hartnäckig musste ich insistieren, dass ich nicht Geld von meinem Vater wollte, sondern nur eine formale Sicherheit.

Auch dieses Spiel wurde für mein Gefühl viel zu schnell abgebrochen. Vielleicht hatte ich meine Rolle so ausführlich gespielt, dass *mein Vater* gar nicht zum Zug gekommen war.

Auswertung

Mit einem dritten Gegenüber tauschten wir aus, wie wir uns als Vater, beziehungsweise als Tochter oder Sohn gefühlt hatten, was uns überrascht hatte oder uns aufgegangen war. Mich hat überrascht, dass auch mein Gegenüber sich Mühe gegeben hatte, ein vollkommener Vater zu sein, und ich handkehrum sehr pubertär versucht hatte, den Vater in eine möglichst schwierige Situation zu bringen, ihn zu testen und herauszufordern.

Als wir an Gott als Vater denken sollten, dachte ich an das Idealbild von einem guten Vater, das sich in mir während der Szenen herausgebildet hatte. Doch die Frau mir gegenüber konnte auch nach den gespielten Szenen mit dem väterlichen Gott nichts anfangen. Gott als Vater lasse den Menschen als Ebenbild Gottes eben auch männlich erscheinen, die Frau werde ausgeschlossen, ihr fehle ein Vorbild zur Identifikation. Der ideale männliche Gott sei ein patriarchalischer Despot, der, um selbst gross sein zu können, die Menschen, besonders die Frauen klein halten müsse und im Übrigen durch Abwesenheit glänze.

Gerade nach den beiden erlebten Situationen, in denen ich weder ein unmündiges Kind gewesen war noch eines vor mir gehabt hatte, konnte ich ihren Ausbruch nicht recht nachvollziehen. Ich setzte dagegen, was ich erlebt hatte: reife, erwachsene, aber bestimmt nicht einfache Situationen, in denen es schwierig war, eine Beziehung zu schaffen, die partnerschaftlich, ebenbürtig und wertschätzend war. Vielleicht neigten wir Menschen ja zu Schuldzuweisungen, Provokationen und Bevormundungen. Nein, widersprach mein Gegenüber heftig, das sei eben die partiarchalische Struktur. Wir konnten uns nicht einigen. So viel Vehemenz verwirrte mich, aber ich gebe zu, dass mich die Frage seither beschäftigt, was für ein Vater Gott denn nun eigentlich ist.

_ VERORTET

Jesus

Die Anrede Gottes als eines Vaters stammt, wenn nicht sogar tatsächlich von Jesus selbst, so doch aus der ersten Gemeinde. So ist die in Betracht kommende Zeit für die Entwicklung des nachhaltig wirksamen Gottesbildes zwischen Jesu Wirken und der Abfassung des Römerbriefs durch Paulus anzusetzen (28–55).

Jesus ist nur wenige Jahre öffentlich aufgetreten. Sein Geburtsjahr, der Zeitpunkt der Taufe durch Johannes den Täufer wie auch das Todesjahr (um 30) sind nicht sicher zu datieren, doch ist sich die Forschung darin weitgehend einig, dass das öffentliche Auftreten Jesu nicht mehr als drei Jahre gedauert haben wird. Es begann mit der Taufe zur Umkehr durch Johannes den Täufer.

Jesu Vorgeschichte wird von Matthäus und Lukas mit den für die Zeit typischen Mythen über die göttliche Herkunft legendärer Persönlichkeiten umrankt, um den Gemeindegliedern in vertrauten und darum verständlichen Bildern zu erzählen, wer Jesus aus Nazaret ist und war. Dazu dienen auch die Stammbäume, die Jesu Herkunft auf David und Juda (Lk 3,23–38) zurückführen, wobei nur Matthäus auch die Namen der Mütter einflicht (Mt 1). Die biographische Vorgeschichte von Jesus bleibt verborgen, doch erlischt das Interesse daran bis heute nicht. Gerade jene apokryphen, nicht in den biblischen Kanon aufgenommene Bücher, die dieser Vorgeschichte eine ausführliche Aufmerksamkeit widmen, erfreuen sich grosser Beliebtheit und wirken bis heute nach, wenn in jeder Karwoche die Tageszeitungen mit neuen «Enthüllungen» zum Leben Jesu aufwarten.

Sicher lässt sich aber festhalten, dass Jesus aus Nazaret der Sohn des Zimmermannes Josef und seiner Frau Miriam war, als Wanderprediger mit einer Gruppe von Jüngerinnen und Jüngern durch Galiläa zog und mit Gleichnissen, Aphorismen und Lehrgesprächen, durch Wundertaten und Zeichenhandlungen das nahe bevorstehende Gottesreich ankündigte. Er stand theologisch den Pharisäern nahe, die ihre Frömmigkeit auf eine verbindliche Beziehung zum lebendigen Gott gründeten und dafür den Gottesbund mit dem Volk Israel und seine Erfüllung ins Zentrum rückten. Darum berichten Evangelien wie Apostelgeschichte gerade von Auseinandersetzungen mit dieser Gruppe. Von den Römern wurde er als Staatsverräter und Aufwiegler zum Tod am Kreuz verurteilt, weil das Volk ihn als König der Juden bejubelt hatte. Er starb vor den Toren von Jerusalem.

Der Kreis seiner Jüngerinnen und Jünger wurde durch diesen Tod aber nicht zerstört. Im Gegenteil: Nur wenige Tage später war der feste Kern wieder öffentlich wirksam und verkündete glaubwürdig, überzeugend und mitreissend die Auferstehung Jesu und sein Erscheinen vor eben jenem Kreis. Diese Verkündigung weitete sich rasch zu einer eigentlichen Missionsbewegung aus, die weit über die Grenzen Palästinas hinaus Wirkung zeigte.

Drei Herausforderungen

Christinnen und Christen mussten sich theologisch mit den jüdischen Schriftgelehrten und mit ihrer eigenen jüdischen Tradition auseinander setzen, von der sie wegen der Erfahrung von Christi Auferstehung abwichen. Sie erlebten Ablehnung, wo sie Verständnis erwartet hatten, von anderer Seite her aber auch enormen Zulauf. Die Christinnen und Christen blieben weiterhin dem jüdischen Glauben verpflichtet, den sie in Jesus Christus erfüllt sahen, doch wurden sie bald als Splittergruppe ausgegrenzt. Bald stellte sich auch die Frage, in welchem Verhältnis Menschen mit nichtjüdischer Herkunft und Menschen mit jüdischer Herkunft in den christlichen Gemeinden zueinander stehen sollten und welches gemeinsame, verbindliche Bekenntnis beide Gruppen verbinden könnte: eine erste Herausforderung.

Eschatologisch, also im Blick auf die Frage, was Ziel Gottes mit Mensch und Welt sei, galt es, wie viele meinten, sich auf die baldige Wiederkunft Christi angemessen vorzubereiten. Die ersten Christinnen und Christen lebten aus der Zeitzeugenschaft heraus mit einer Naherwartung. Sie konnten sich einen abwesenden Jesus nicht vorstellen: eine zweite Herausforderung.

Die Menschen verfügten über ein hohes Mass an Enthusiasmus, Durchhaltewillen, Überzeugungskraft und Begeisterung, was zugleich weitere Kreise anzog. Da sammelten sich in den entstehenden Gemeinden Menschen mit unterschiedlichsten Hintergründen, Erwartungen und Vorstellungen, vor allem ausserhalb Palästinas. Es gab von Anfang an Auseinandersetzungen um den richtigen Christusglauben, etwa zwischen Petrus und Paulus in der Frage der Mission. Dabei ging es um die Grundfrage, ob Christus zu allen Menschen auf der ganzen Welt oder nur zu Israel gekommen sei. Die Bereitschaft war vorhanden, miteinander zu ringen, voneinander zu lernen und aufeinander zu hören: eine dritte Herausforderung.

Dass Frauen wichtige Rollen in den Gemeindeleitungen einnehmen konnten (Röm 16), überrascht angesichts des Zeitgeistes wenig: Verschiedene neu aufkommende Mysterienkulte und religiöse Strömungen, so in den Kulten der ägyptischen Isis oder der phrygischen Kybele, hatten bereits besonders die Frauen im Römischen Reich angesprochen und ihnen religiöse Aufgaben übertragen. Das Feld für die christlichen Gemeinden war, was das Engagement von Frauen anging, bereitet.

Paulus

Paulus war ein Jude aus Tarsus, das an der heute türkischen Mittelmeerküste lag, besass das römische Bürgerrecht (Apg 22,25–29) und war von Beruf Zeltmacher (Apg 18,3). Er hatte wohl in Jerusalem bei Rabbi Gamaliel studiert (Apg 22,3) und gehörte den Pharisäern an, die persönliche Frömmigkeit und den Gottesdienst des Herzens höher werteten als den Tempelkult und seine Opferriten. Paulus ist Jesus zu dessen Lebzeiten nicht begegnet, und Jesu Biographie interessierte ihn auch nicht: So berichtet Paulus von keinen Wundern, überliefert keine Gleichnisse und äussert sich auch sonst nicht zum historischen Jesus. Ob Paulus ein anerkannter Schriftgelehrter gewesen ist, bleibt offen. Nach einer Phase, während der er Juden und Jüdinnen, die sich zu Christus bekannten und damit abtrünnig geworden waren, fanatisch verfolgt hatte, erlebte er selbst eine Christusbegegnung (Apg 9,3–5; 1Kor 15,8) und liess sich taufen. Unter Juden verwendet er den jüdischen Namen Saul (1Sam 9,2), im christlichen Umfeld den Namen Paulus (Apg 13,9).

Anschliessend begann er eine intensive Missions- und Reisetätigkeit ausserhalb Palästinas, wobei er sich auch an Menschen aus nichtjüdischen Kulturen wandte und bei ihnen besonderen Erfolg hatte. Er sammelte die einzelnen Christinnen und Christen einer Region zu Gemeinden. Einen regen Kontakt mit allen Gemeinden pflegte er einerseits durch persönliche Kontakte – immer wieder überrascht, wie viel und wie weit Menschen in der damaligen Zeit gereist sind – und andererseits durch Briefe, die abgeschrieben und an andere Gemeinden weitergereicht wurden, weil sie persönlich wie theologisch beeindruckend waren.

Die römische Besatzung

Rom, dieses riesenhafte Reich, das sich rund um das Mittelmeer und weit nach Osten erstreckte, hatte die hellenistischen Gebiete Israels übernommen und in die Grossprovinz Syria integriert. Wie andere Provinzen hatte auch Israel eigene Könige von Roms Gnaden, deren Macht allerdings sehr begrenzt war. Sie mussten vor allem die auferlegten Steuern an Rom abliefern, waren aber religiös wie strafrechtlich so weit autonom, wie das Römische Reich dadurch nicht in Frage gestellt wurde. Die Zuständigkeiten für verschiedene Verbrechen waren genau geregelt. Jerusalem besass die religiöse Kultgerichtsbarkeit, Rom behielt sich die Kapitalgerichtsbarkeit vor. Jesu Überstellung an Pontius Pilatus bildet dieses Nebeneinander verschiedener Zuständigkeiten ab. Neben den Königen gab es auch Statthalter der verschiedenen prokuratorischen Teilprovinzen (Präfekten), die als Rechtsvertreter des Kaisers in allen innen- und aussenpolitisch bedeutsamen Belangen Entscheidungsbefugnisse hatten.

Die Herodianische Dynastie

Im Jahr 73v wurde der spätere König Herodes der Grosse geboren (43v–4n im Amt). Er war eigentlich nicht Jude, sondern Idumäer, stammte also aus der alten Region Edom, südöstlich vom Toten Meer. Das Verhältnis zwischen Juda und Edom war seit Davids Zeiten von Feindseligkeiten und Kämpfen bestimmt gewesen. Von seinem Vater wurde Herodes zunächst zum Befehlshaber von Galiläa ernannt. Vom römischen Senat erhielt er die Königswürde über die Provinz Syria Palaestina (40v). Er starb im Jahr 4n in Jericho.

Herodes ohne Land war der älteste Sohn von Herodes dem Grossen und Vater der Salome, die sich den Tod Johannes des Täufers erbeten hat (Mt 14,8). Ebenso waren Achelaos und Antipas (20v–39n) Söhne von Herodes dem Grossen. Antipas nannte sich Herodes Antipas und war der Stiefvater von Salome; unter seiner Herrschaft wurde nach biblischem Bericht Johannes der Täufer ermordet. Herodias war die Tochter und Schwiegertochter von Herodes dem Grossen, Lebensgefährtin von Herodes Antipas und Mutter von Salome. Herodes Agrippa I (10–44) ist ein Enkel von Herodes dem Grossen. In Apg 12,1 wird er zwar König genannt, trug diesen Titel aber nie offiziell, doch konnte er als Günstling der römischen Kaiser Caligula und Claudius die Protektorate von Galiläa, Peräa, Judäa, Samaria und Idumäa übernehmen. Er residierte meist in Jerusalem, wo er als frommer Jude auftrat. Für Israel bedeutete seine Regierungszeit einen relativen Frieden. Unter seiner Herrschaft wurde Jesus von Nazaret gefoltert und hingerichtet. Herodes Agrippa II (28–100) schliesslich war der Sohn von Herodes Agrippa I. Er warnte im Jahr 66 die Zeloten vor öffentlichem Aufruhr und stellte sich zu Beginn des Jüdischen Krieges (66–73) auf die Seite Roms.

Die Geschichte dieser Dynastie umfasst vier Generationen und scheint komplizierter, als sie tatsächlich war: Es war durchaus üblich, dass ein Mann Kinder aus verschiedenen Ehen hatte, ebenso war es nicht ungewöhnlich, dass innerhalb derselben Familie geheiratet wurde.

Es war dazu hellenistischer Brauch, sich im Sinne der dynastischen Tradition auch mit dem Namen des Dynastiebegründers zu bezeichnen. Für die Herodianische Dynastie war es schwierig, sich eine Position zu sichern: Einerseits waren die Könige vom römischen Senat eingesetzt und hatten dem Kaiser gegenüber loyal zu sein, andererseits waren sie die Vertreter des jüdischen Volkes. In dieser Situation, eingezwängt zwischen mehrseitigen Anpassungsforderungen und die Verfolgung eigener Interessen, konnten sie sich überall nur unbeliebt machen.

Jüdische Bewegungen

Gegen die römische Besatzungsmacht regte sich in Israel regelmässig Widerstand. Die Aktivistengruppe der *Zeloten*, der nationaljüdischen *Eiferer*, war eine bewaffnete Widerstandsbewegung, die sich auf die Tora berief (Num 25,11–13) und den Kaiserkult ablehnte, so vehement, dass daran der *Jüdische Krieg* entflammte (66). Im historisch weiteren Rahmen gehörte auch Simon Bar Kochba, der Anführer des letzten jüdischen Aufstandes (132–135), zu dieser zelotischen Gruppe.

Die *Essener* waren eine pazifistische Auszugsbewegung, die in die Judäische Wüste ging. Wahrscheinlich waren sie es, die in Qumran nahe dem Toten Meer eine klösterliche Gemeinschaft bildeten, mit Berufung auf die Verheissung eines neuen Bundes (Jer 31,31–34). Theologisch waren sie einem strengen Dualismus und religiös einer ebenso strengen Disziplin mit rituellen Waschungen und Mahlzeiten verpflichtet. Da sie sich vom Tempelkult gelöst hatten, waren sie schwer einzuschätzen und noch weniger beherrschbar.

Dagegen verhielt sich die Priesterkaste der *Sadduzäer*, die auf den Priester *Zadok* (Ez 40,46) zurückging, eher opportunistisch, um den Tempelkult nicht zu gefährden. Sie vertrat konservativ-liberale Positionen.

Als politisch nicht interessiert kann die religiöse Partei der *Pharisäer* angesehen werden. Sie *sonderten* sich von hellenismusfreundlichen Tendenzen *ab*, gingen deshalb aber nicht wie die Essener in die Wüste. Sie wollten das Erscheinen des Messias' durch persönliche Bekenntnisfrömmigkeit und individuelle Umkehr erreichen. Von ihm erwarteten sie, dass er als Nachkomme Davids die politische und strategische Verantwortung übernehmen und umfassendes Heil im Sinne eines politischen, sozialen und wirtschaftlichen Friedens schaffen würde.

So war das innenpolitische Gleichgewicht in den prokuratorischen Provinzen Palästinas sehr zerbrechlich. Es konnte keine zusätzliche Unruhe vertragen (Mt 22,21).

_ EINGEREIHT

Die Briefe des Paulus

Nicht alle unter dem Namen des Paulus in der Bibel überlieferten Briefe stammen aus seiner Feder. In der Antike war es weiterum üblich, sich eines anerkannten Namens zu bedienen, in dessen Geist und Sinn man selbst eine Schrift zu verfassen gedachte. Zudem wurden Schriften, die sich als bedeutsam erwiesen hatten, später unter einem solchen Namen abgebucht und überliefert. Fast allen Grossen der Geisteskultur ist dies widerfahren. Pseudonymität wurde aber nicht als Plagiat verstanden, sondern als Verzicht auf eigene Ehre um einer grösseren Sache willen.

Umstritten ist, ob die Briefe an die Gemeinden in Kolossä, Ephesos und der zweite Brief nach Thessaloniki von Paulus stammen. Sie werden heute in die Jahre 80–90 datiert. Sicher von anderer Hand geschrieben sind die sogenannten Pastoralbriefe an Timotheus und Titus.

Sicher von Paulus verfasst sind in chronologischer Abfolge: der erste Brief an die Gemeinde in Thessaloniki, in Korinth um 51 geschrieben; die beiden Briefe an die Gemeinde in Korinth, in Ephesos zwischen 53 und 56 verfasst; der Brief an die Gemeinde in Galatien, in Ephesos zwischen 53 und 56 verfasst; der (einzige private) Brief an Philemon, in Ephesos zwischen 53 und 56 verfasst; der Brief an die Gemeinde in Philippi, in Ephesos zwischen 53 und 56 verfasst. Sein letzter erhaltener Brief wurde in Korinth zwischen 55 und 58 verfasst und wendet sich an die ihm noch unbekannte Gemeinde in Rom. Darin entfaltet er seine theologischen Überzeugungen und kündigt seinen Besuch an.

Die Abba-Anrede

Bei Paulus taucht die aramäische Anrede *Abba* nur in Röm 8,15 und Gal 4,6 auf. Dies überrascht, da Paulus in seinen Briefen an historischen Hinweisen auf Jesus aus Nazaret sonst nicht interessiert ist und sich an Menschen wendet, die kein Aramäisch sprechen. Die Evangelien überliefern einhellig, dass Jesus selbst Gott als Vater angesprochen hat, wobei der aramäische Name *Abba* nur in Mk 14,36 gebraucht wird. Von Jesus selbst sind keine biographischen Daten überliefert. Biographisches muss exegetisch erschlossen werden. Gerade darum erstaunt das sehr seltene, aber gemeinsame Auftauchen von *Abba* als Anrede Gottes.

Dass Gott *Vater* genannt wird, ist allerdings keine Erfindung von Jesus, sondern in den hebräischen Schriften bereits belegt: Er konnte als Adoptivvater des Königs (Ps 2,7) oder der Randständigen verstanden werden (Ps 68,6). Ein eigentliches Gottesbild ergab sich aber erst, als die christliche Gemeinde Jesus als Sohn Gottes verstand und dessen Verwendung von Abba als Untermauerung ihres Glaubens wertete. Wenn Jesus *Abba* sagt, hat er selbst das Gottesbild des Vaters, und wenn die

Gemeinde sein Abba überliefert und ihn als Gottessohn glaubt, übernimmt sie von Jesus das Gottesbild des Vaters. So verlief der Weg, der Gott vom Adoptivvater besonderer Menschen zum Geistesvater aller Glaubenden werden liess. Dessen Abbild wurden einige Jahrhunderte später der eine *Papa* in Rom (Papst) und der jeweilige *Abbas* in jedem Kloster (Abt).

Frühchristliche Bekenntnisformeln

Abba, Vater! (12), das ist eine der kurzen Formeln, wie sie in der Bibel und in der frühen Christenheit verbreitet waren. Im Aussprechen dieser Formel bekennen sich die ersten Christinnen und Christen zu Gott als einem nahen, vertrauten, auf Beziehung ausgerichteten Vater. Ebenso wird der Bekenntnisruf *Christus Kyrios!* schon früh zum Hoheitstitel für Jesus, wobei Kyrios sinngemäss am ehesten mit *Höchster* oder *Einziger* Herr wiedergegeben wäre, denn die traditionelle deutsche Wiedergabe mit «Herr» führt heute schnell zu patriarchalischen Missverständnissen und Machtansprüchen. Damit wird die ursprüngliche Absicht des Rufes verkehrt: War den ersten Christusgemeinden wichtig zu betonen, dass es ausser Christus niemanden gibt, der als *Herr* über den Menschen akzeptiert werden kann, so wird heute entweder der traditionelle Anspruch der Männerwelt auf Herrschaft herausgehört, oder man redet frömmelnd und jovial vom *Herrn Jesus*, wie man auch vom Herrn Müller reden kann. Damit wird gleichzeitig der Ausdruck der Ehrerbietung unsichtbar gemacht und der Machtanspruch einzelner Menschen ermöglicht. *Christus Kyrios* heisst, dass kein anderer *Herr* ist. Der Titel ist eine Exklusivität und damit ein Bekenntnis.

Auch das Symbol des Fisches ist ein Bekenntnis: Es ist aus den Zeiten der Verfolgung bekannt und in den ersten Katakomben als Zeichnung überliefert. Das griechische Wort für Fisch, *Ichthýs*, wird dabei als gezeichnetes Codewort wie im Rebusrätsel gebraucht: Jesus (I für Iesous) ist der Messias, der Gesalbte, der Christus (ch für christós); ist Gott (th für theou) Sohn (y für hyós); ist Retter (s für sotér). Dass Jesus die ihm Nachfolgenden aufgefordert hat, Menschenfischer zu sein (Mk 1,17), und dass er Brot und Fisch an die Hungernden ausgeteilt hat (Mt 14,16–19), macht den Sinngehalt des Symbols noch einleuchtender.

Der vertraute Vater

Abba ist als Anrede und Verhältnisbeschreibung zu Gott in aramäischer Sprache erhalten, obwohl die christlichen Schriften des Neuen Testamentes in griechischer Sprache verfasst sind. Das spricht dafür, dass es sich hier um eine vorschriftliche Erinnerung der ältesten Christinnen und Christen handelt. Als unübersetzter Ausdruck musste er auch jenen geläufig gewesen sein, die sonst kein Aramäisch sprachen oder verstanden. Es gibt nur wenige solcher unübersetzt überlieferter Redewendungen: *Talita kum*, Junge Frau, steh auf (Mk 5,41), *Effata*, Tu dich auf (Mk 7,34), *Maranata*, Unser Höchster, komm! (1Kor 16,22), sowie das Psalmzitat *Eloi, Eloi, lema sabachtani, Mein Gott, mein Gott, warum hast du mich verlassen!* (Ps 22,2; Mk 15,34. Mt 27,46), und natürlich das bis heute geläufige *Amen*, So sei es (Röm 11,36). Einzig Maranatha ist sicher als Gemeindebildung auszumachen, während alles andere durchaus auf Jesus selbst zurückgehen könnte und im Markusevangelium überliefert ist.

Abba stammte nicht aus der liturgischen Hochsprache Hebräisch, sondern aus der Alltagssprache Aramäisch. Dort beschrieb es das vertrauensvolle, familiäre Verhältnis zum Vater. Deshalb übersetzte Martin Luther auch *Lieber Vater*. Wer zu Jesus Christus gehörte und sich zu ihm bekannte, sprach Gott mit diesem vertrauten Vaternamen an, und das war möglich, weil durch die Geschwisterschaft mit Jesus Christus sich jeder Christ und jede Christin auch als Sohn und Tochter Gottes begriff. Diese vertrauensvolle Annahme hatte sich formelhaft gefestigt, noch bevor die ersten schriftlichen christlichen Zeugnisse entstanden. Sie war mündlich verwendet worden, um sich gegenseitig zu ermutigen, den Glauben zu festigen, das Vertrauen zu stärken. So muss der Beginn der mündlichen Traditionsbildung gewesen sein.

Die schriftliche Verankerung

Paulus, dessen Briefe im klassisch-antiken Stil mit einer Eingangsformel beginnen, eröffnet die Briefe regelmässig mit solch einer mündlich tradierten Vateranrede, wobei er allerdings das griechische Wort *patér* verwendet. Mit ihm spricht er den Gemeinden Gottes Gegenwart und Zuwendung zu und erinnert sie an die gemeinsame Tradition und die familiale Verbundenheit zwischen Gott und Gemeindegliedern (Röm 1,7; 1Kor 1,3). Diese formelhaften Grussworte übernimmt Paulus aus der Tradition und verstärkt dadurch zugleich ihre liturgische Funktion und Bedeutung. Das entspricht ganz dem paulinischen Stil: Er will nicht individuell und kreativ Neues denken, sondern den Glauben der Gemeinde im gemeinsamen Fundament verankern. Dafür verwendet er immer wieder mündlich überlieferte Hymnen, Lieder, Bekenntnisse und Kurzformeln. Und durch die schriftliche Fixierung in den Briefen werden sie zu Vorstufen der Verschriftung von Glaubenstexten, wie sie bei den Kirchenvätern geschieht (vgl. Einheiten 20 und 24).

_ AUSGELEGT

Fleisch und Geist

Im Brief an die ihm noch unbekannte Gemeinde in Rom entfaltet Paulus seine theologischen Überzeugungen. Dabei entwickelt er ein Bild des Menschen, der in den irdischen Grenzen des Daseins wie gefangen ist, das eigene Scheitern erlebt und sich danach sehnt, gut zu sein. Diesen Zwiespalt zwischen Wollen und Können beschreibt Paulus mit den Begriffen von Fleisch (Zeilen 1–3) und Geist (5.7.9.11.13). Mit *Fleisch* meint er nicht die sinnlichen und körperlichen Seiten des Lebens, sondern die ausschliessliche Fixierung darauf (3). Wer sich mit der Befriedigung seiner körperlichen, irdischen, sexuellen Bedürfnisse zufrieden gibt, wer keine weiteren Erwartungen hegt, wer also über den Horizont der vorfindlichen Welt nicht hinausschaut und nicht nach Gott fragt, verkörpert und verleiblicht, was Paulus mit Fleisch bezeichnet. Es geht also um eine materialistische und hedonistische Denk- und Lebensweise, eine auf Materielles und Lust fixierte Lebensart. Damit stellt sich die Frage nach der angemessenen deutschen Wiedergabe des Ausdrucks *nach dem Fleisch* (3): Sie muss jene emotionale und intellektuelle Verhaftetheit in der Welt verdeutlichen, die Egoismus und Selbstverwirklichung als eigentliches Ziel des Daseins ansieht, eine Beziehung in Weltlichkeit.

Ebenso ist auch *Geist* häufig missverstanden worden: Er ist zunächst Ausdruck für Gottes Lebensatem, mit der die Schöpfung belebt und vollendet wird (11.13), dann aber auch für jene Kraft, welche die Beziehung zwischen Gott und Mensch verkörpert, die durch Christus in den Vordergrund gerückt worden ist (5.7). Geist drückt ein Selbstbewusstsein des Menschen aus, das nicht mehr von der Erfahrung der Unzulänglichkeit und Abhängigkeit geprägt ist (9–10), weil der Mensch an der Erfüllung der Bundesbedingungen ständig scheitert, sondern vielmehr von der Freiheit (15–16), die den Menschen dadurch zugesprochen ist, dass sie erbberechtigte Söhne und Töchter Gottes sind (8.11.14–15). Anstelle der materialistischen Beziehung in Weltlichkeit geht es um die geschenkte Beziehung zu Gott.

Gottes Nachkommen

Ein Sohn ist Nachkomme, geliebter Teil des eigenen Seins, Erbe und Vollendung des eigenen Lebens. Töchter sind mitgemeint (8.11). Dies klingt auch im Wort Kind mit (14–15), das hier nicht das unmündige, abhängige, angewiesene und unselbständige Kleinkind oder gar den Säugling meint. Das wäre eine Fehleinschätzung des Verhältnisses zwischen Gott und Mensch: Im Zentrum des theologischen Gedankens steht die Betonung, dass Gott kein Sklaventreiber sei, vor dem sich die unterdrückten Menschen erniedrigen müssten, sondern sich als ein liebender, stolzer Vater zeigt, der seine mündigen Kinder gern als seine Nachkommen sieht. Damit bekommt jeder Mensch eine ungeheure, nämlich gottgleiche Würde (18), die in Jesus Christus endgültig sichtbar geworden ist (16). Was einst nur für besondere Menschen galt, kann nun durch den Sohn Gottes für alle gelten, die glauben: Sie sind von Gott angenommen und als Christinnen und Christen in ihrer Würde er-

höht. Dies ist kein Grund für Dünkel, vielmehr für den klaren Dienst in der Welt. In Christus wird deutlich, dass Gott alle Menschen als Söhne, Töchter, Kinder ansieht (8.14), wie Christus Gottes Sohn (16) und aller Glaubenden Bruder ist (17–18).

Paulus entfaltet hier das Bild der Christinnen und Christen, die im Irdisch-Weltlichen nach Gott und einem Leben in Gottes Dimension fragen (7). Sie erweisen sich darin als Schwestern und Brüder Jesu Christi. Und wie für ihn Gott Abba, Vater ist, so auch für seine Geschwister. Diese Anrede Gottes als *Abba, Vater!* (12) ist also unmittelbar an Jesus Christus gebunden (16) und von ihm und seinem Verhältnis zu Gott nicht zu trennen: Jesus hatte dies seinen Jüngerinnen und Jüngern vorgelebt und sie hineingenommen in eine Gottesbeziehung, die erwachsen (10) und erbberechtigt (16) ist und damit die von Gott gewollte volle Würde vermittelt (18).

Den Bund einhalten

Es ist auffällig, dass das Thema, um das Paulus hier ringt, äusserlich betrachtet, gar nicht viel mit dem überlieferten Abba-Ruf zu tun zu haben scheint. Paulus bedient sich des allen Gemeindegliedern vertrauten Rufes, um seine Argumentation zu stützen. Im grösseren Zusammenhang geht es ihm um das Verhältnis zum Gesetz als den Bedingungen des Bundes, den Gott mit Israel geschlossen hat (vgl. Einheit 12). An diesem Gesetz scheitern Menschen beim besten Willen, denn es ist unerfüllbar (Röm 7). Menschen scheitern am Gesetz und verstricken sich in dieses Scheitern, wenn sie den Blick für das Ganze von Gottes Wirklichkeit verlieren (3–4). Das bindet sie an die unausweichlichen Gegebenheiten dieser Welt und zeigt die Sündhaftigkeit des Menschen als sein Getrenntsein von Gott.

Mit Christus hat die Sünde als Scheitern am Gesetz ihre Macht verloren, denn das Gesetz ist von Gott selbst in Christus eingelöst worden. Sünde ist für Paulus ein unausweichlicher Bundesbruch, der nicht mutwillig durch falsches Tun geschieht, sondern in der Begrenztheit der menschlichen Natur begründet ist. Der Mensch kann nicht schuldlos und sündenfrei durchs Leben gehen.

Weil Gott aber den menschlichen Teil des Bundes in Christus auch selbst eingelöst hat, herrscht nun ein neuer Geist im Bund zwischen Gott und Menschen: Es ist derselbe Geist, der Christus von den Toten auferweckt hat (Röm 8,11) und die Gemeinde Christi zu geliebten und erbberechtigten Söhnen und Töchtern macht (15.16). Somit wird der Abba-Ruf zu einem zutiefst mit Christus verbundenen Privileg. Christus hat seine Jüngerinnen und Jünger und damit alle Gemeindeglieder gelehrt und ermächtigt, Gott als Vater zu verstehen und anzusprechen. Diese Anrede haben die entstehenden Gemeinden, ob jüdischen oder anderen Ursprungs ist dabei unwesentlich, für ihre Gottesdienstliturgien übernommen und fest verankert.

Die Anrede Gottes als *Abba, Vater!* gehörte zur Taufe ebenso wie zur Anrufung (Akklamation). *Abba, Vater!* kann als Pendant verstanden werden zum noch selbstverständlicher gewordenen *Christos kyrios* und wird zum Ausdruck des geisterfüllten Bewusstseins, zu Gott zu gehören wie zu einem Vater: Durch Christus werden die Gemeindeglieder ermächtigt, Gott als Vater zu sehen und ihn entsprechend anzusprechen (11–12). Hier wird aus dem Gott, der als Schöpfer und Bundespartner den Menschen Ehrfurcht abverlangt und Respekt einflösst, der nahe Gott, der an den Menschen und ihrem Leben Anteil nimmt und liebend und fürsorglich ihr Leben begleitet. Abba ist also eine christologische, nur von Christus her mögliche, von der Geistkraft gewirkte Gottesanrede.

_ VEREHRT

Vater und Vater

Die von der feministischen Theologie immer wieder bemängelte Abhängigkeit, die das Vaterbild Gottes impliziere, ist nicht Jesus und Paulus anzulasten, die erwachsene Söhne und Töchter Gottes im Blick haben. Doch hat eine patriarchalisch geprägte Gesellschaft dieses Vaterbild für eigene männlich-väterliche Machtansprüche missbraucht. So wurde vielen Menschen eine erwachsene Gottesbeziehung vorenthalten und eine kindliche Frömmigkeitskultur gefördert, in der Gott den eigenen Eltern gleicht, wie sie vom Kleinkind erlebt worden waren. Eine solche Kultur hält keine reifenden und sich emanzipierenden Gottesbilder von Gott als dem Vater erwachsener Töchter und Söhne bereit. Die in den synoptischen Evangelien tradierten Gleichnisse handeln aber stets von einem Vater erwachsener Kinder (Mt 21,28–30; Lk 15,11–32): Jesus ging es gerade nicht um die *selbstverschuldete Unmündigkeit*, die aufgeklärte Menschen der Religion gerne vorwerfen, sondern um die selbstbewusste und aufgerichtete Würde des Menschen in Beziehung zu Gott. Dies ist ein Hauptthema paulinischer Theologie.

Gott als Vater im Alten Testament

In der hebräischen Bibel wird Gott nur ausnahmsweise als Vater angesprochen (Dtn 32,6; 2Sam 7,14; Ps 68,6; 89,27; 103,13; Spr 3,12; 63,16; 64,7; Jer 3,4.19; 31,9; Mal 1,6; 2,10), denn Gott ist vor allem Schöpfer, nicht Erzeuger von Welt und Mensch (vgl. Einheit 13). Damit ist Gott anders als die Gottheiten in den verbreiteten antiken Religionen, und jede Verwechslung Gottes mit einer fremden, kraftlosen und selbstgeschaffenen Gottheit soll vermieden werden.

Doch erweist sich Gott auch als einer, zu dem eine Beziehung wie zu Eltern möglich ist (vgl. Einheit 14). So bezeichnet sich das Gottesvolk selbst als *Kinder Isra-*

els und denkt dabei nicht nur an den Stammvater Jakob, sondern auch an den Göttervater El. So nennt es Gott konsequenterweise Gott unserer Vorfahren (Gen 26,24; 31,5). Gott trägt als *der Gott Abrahams, Isaaks und Jakobs* den Namen der Patriarchen, denen er zuerst begegnet ist, und auf diese Begegnung berufen sich alle folgenden Generationen (Ex 3,6). Selten kann aber auch Israel als *Sohn Gottes* bezeichnet werden, meist in Selbstaussagen Gottes (Hos 11,1). Wenn der König *Sohn Gottes* genannt wird, bleibt er mindestens eine Stufe unter dem Thron Gottes und wird nicht als Vergöttlichter oder Gottheit verehrt. Seine Macht wird durch Gottes Macht relativiert und kann nicht grenzenlos sein. Und da Gott kein Despot ist, wird auf diese Weise auch einem Machtmissbrauch des Könighauses über den Titel des Sohn-Gottes ein Riegel geschoben (2Sam 7,14; Ps 89,27; Jes 9,5). Der König ist Gottes Adoptivsohn: *Mein Sohn bist du, ich habe dich heute gezeugt.* (Ps 2,7)

Gott als Vater Jesu Christi

Daraus lässt sich schliessen, dass die sich im Christentum rasch verbreitende Anrede Gottes als Vater mindestens auf keine verbreitete Tradition zurückgeht, sondern etwas Neues darstellt. In der Tat ist die Vorstellung von Gott als dem Vater der Glaubenden im Neuen Testament sehr stark ausgeprägt und findet sich bereits früh als feste Formel: Paulus übernimmt sie (Röm 1,7) ebenso wie Johannes (Joh 1,14), die Synoptiker (Mt 6,9; Mt 3,17; Mk 1,11; Lk 3,22) und die übrigen Schriften (Hebr 1,5), nun allerdings als direkte, gezeugte Sohnschaft Jesu.

Die urchristlichen Gemeinden übernehmen eines der von Jesus durch sein Reden und Handeln geprägten Gottesbilder, die zeigen, wie er sich Gott vorgestellt hatte, nämlich väterlich, heilend und überraschend (vgl. Einheiten 18–19). Sie sind von jenen Gottesbildern zu trennen, die erst nachösterlich im Glauben der Christinnen und Christen entstehen, sich aus deren Zeugenschaft und Erfahrung mit Jesus nähren und daher aus der christologischen Deutung des Lebens und Sterbens Jesu entstehen, nämlich Gott als der Gekreuzigte, das Wort und die Liebe (vgl. Einheiten 20–22).

Nachösterlich halten die Abba-Stellen schon vor Paulus fest, dass dieser, mit Vater so persönlich angesprochene Gott nicht irgendein Vater und nicht irgendein Gott ist, sondern speziell und einmalig der Vater Jesu Christi (Röm 6,4; 1Kor 15,24; 2Kor 11,31): Er ist zuallererst der *Vater unseres Kyrios Jesu Christi* (2Kor 1,3; Eph 1,3; Röm 15,6; Kol 1,3) und kann dann daran anknüpfend als der Vater beansprucht und angebetet werden.

Eine besondere Variante bietet dabei das Lukasevangelium an, wenn Maria vom Engel verheissen wird: *Heiliger Geist wird über dich kommen, und Kraft des Höchsten wird dich überschatten. Darum wird auch das Hei-*

Andere Gottesbilder
im Text
_ Der Geist (5.7.11.13):
vgl. Einheit 24
_ Der Erblasser (15–16):
Dtn 12,10; Ps 16,6; 37,11;
Jes 57,13; Mt 5,5; 19,29;
1Kor 6,10

Anderes Gottesbild
im Umfeld
_ Der Arbeitgeber:
Gen 3,17–19; 41,1–36;
Ex 20,9; Mt 20,1–15

lige, das gezeugt wird, Sohn Gottes genannt werden.* (Lk 1,35) Aus dieser Formulierung könnte geschlossen werden, dass der Heilige Geist der Vater Jesu Christi sei (vgl. Einheit 24). Das Matthäusevangelium gebraucht dagegen die Vateranrede fast immer mit dem Zusatz im *Himmel* oder *himmlisch*, um Gott so von den irdischen Vätern abzuheben. Und für das Johannesevangelium ist Vater der in Jesus Christus offenbar gewordene Gott (Joh 10,30).

Ausdruck der Geschwisterlichkeit

Abba - Papa ist ein Name für Gott, der nur im Zusammenhang mit Jesus Christus so verwendet werden kann. Ohne den Bezug zu Jesus wäre die Anrede Gottes als Vater wenig verständlich. Damit wird auf eine andere Art von Gott geredet: Gott als Vater und Jesus Christus als der Sohn gehören so eng und intim zusammen, dass nichts diese Nähe stören kann. Diese familiäre Verschränkung von Vater und Sohn ist eine Vorstufe der Trinität (vgl. Einheit 24). Der Titel Abba für Gott ist zugleich ein jesulogischer Titel, weil erst Jesus aus dem biblischen Bild vom adoptierenden Gott eine persönliche Beziehung ableitete, und ein christologischer Titel, weil die Gemeinde Jesu Bild von Gott als Vater übernahm und mit dem Titel Sohn Gottes für Jesus Christus verband.

In diese Beziehung von Vater und Sohn wird die Gemeinde integriert durch die Geschwisterlichkeit mit Jesus. Die partizipative Teilhabe an seiner nahen, familiären, vertrauten Gottesbeziehung füllt die Gottesanrede mit den Attributen der unauflöslichen Vaterschaft wie Liebe, Fürsorge, Güte, aber auch Ebenbildlichkeit und Ebenbürtigkeit. Wie Kinder ihren Eltern genetisch bedingt ähneln können, so sind sie auch nach Gottes Bild geschaffen. Wie erwachsen gewordene Kinder zu ihren Eltern, so treten sie zu Gott in Partnerschaft. Wie ein Mensch ein Leben lang vom eigenen Vater geprägt ist und dessen biologisches und soziales Erbe behält, ebenso unverlierbar behält der Mensch auch Gott. Diese Gottesbeziehung meint ein Verhältnis ebenbürtiger, tiefer, persönlicher, unauslöschlicher und erwachsener Vertrautheit zwischen Gott und Mensch (Mt 21,33-40). In seinem Handeln an Jesus Christus bürgt Gott als sorgender und zugleich freigebender Vater für Zuneigung und umfassendes, Frieden und Ganzheit stiftendes Heil der Gemeinde. Für die ersten Jüngerinnen und Jünger mag es verblüffend, befreiend und bewegend gewesen sein, Gott so intim, vertraulich zu begegnen und sich als Geschwister Jesu, als Töchter und Söhne Gottes (8) zu erkennen.

Eine fragwürdige Wirkungsgeschichte

Doch hat dieser Vatername in verschiedenen Kulturen und Epochen eine je eigene Deutung erfahren, je nach der gesellschaftlichen Struktur. In agrarischen Gesellschaften hat der Vater eine genau zugewiesene Funktion und natürliche Autorität, wobei jeder Mensch seine Position und seinen Wert kennt und achtet. Das drückt auch das fünfte der Zehn Gebote aus (Ex 20,12), das übrigens auch an erwachsene Kinder gerichtet ist und keine Erziehungshilfe darstellt.

Im städtischen Milieu wird dieser Rahmen gesprengt, und mit dem Vatername wird ein Machtgefälle verbunden: Die Haustafeln stärken die Position des Vaters gegenüber Frau und Kindern, womit beide entmündigt werden (Eph 5,22-6,9; Kol 3,18-4,1).

Wenn die geistliche Gemeindeleitung beim *Pater* liegt, mittelalterliche Bischöfe sich *Papa* nennen lassen und der Bischof von Rom davon den Titel *Papst* ableitet, verliert die Frau in der Kirche vollends an Einfluss, und eine Infantilisierung aller Glaubenden setzt ein.

Im Bürgertum des 19. Jahrhunderts war der Vater mehr und mehr abwesend und übernahm gerade darum immer häufiger die Rolle des erhabenen, autoritären, strengen, wissenden, Gehorsam und Unterordnung heischenden, vielleicht sogar furchteinflössenden Oberhauptes der Familie, das auf Grund seiner gesellschaftlich bedingten Abwesenheit als unverständlich und willkürlich erscheinen musste. Dieser ferne, abwesende Vater übte als *Pater familias* Macht aus, auch wenn er gütig und fürsorglich seine Erziehungskompetenz wahrnahm und dabei zu Mitteln der Ermahnung oder gar der Züchtigung griff. Doch diese Deutung und Umsetzung des Vaternamens dürfte Jesus fremd gewesen sein. Sie ist eine neuzeitliche Prägung, die mit der patriarchalischen Gesellschaftsordnung zur Zeit Jesu wenig gemeinsam hat.

Nachfolge aus Vertrauen und Ebenbürtigkeit

Für Jesus und in den christlichen Gemeinden war Gott als Vater Garant für die gegenseitige und verantwortliche Liebe, die der erwachsene Mensch und sein Vater füreinander empfinden. Dieses Verhältnis ist geprägt von gegenseitigem Stolz, von Achtung und Wertschätzung. Nicht das Fürsorge- oder Machtverhältnis gegenüber unmündigen und heranwachsenden Kindern ist gemeint, vielmehr eine Beziehung, in der sich beide Seiten völlig aufeinander verlassen können, das, was in der Kirchensprache auch Nachfolge heisst: Wer Gott als Vater kennt, kann mit ihm in dieselbe Richtung sehen, weiss ihn im Rücken, braucht nicht nach ihm zu suchen.

Nicht der *Hirte* prägt den Begriff der Nachfolge, sondern der Begriff des Vaters. Damit erübrigen sich ängstliches Schielen nach Gottes Launen wie erwartungsvolles Gieren nach seiner Anerkennung. Einverständnis, Einvernehmen und ein gemeinsamer Wille können an deren Stelle treten (Lk 15,29-31).

Wer mit Gott in die Richtung der Welt schaut, sieht, was es zu tun gibt, hat Herz, Hand und Kopf frei und ist nicht von frommen Selbsterlösungsaufgaben absorbiert. Wer mit Gott in dieselbe Richtung sieht, ist bemüht, in der Nachfolge ihn nachzuahmen, was in der Theologie *imitatio Dei* heisst und bedeutet, ein würdiger Erbe und eine würdige Erbin zu sein. Doch kann niemand diese Beziehung beanspruchen, denn sie ist kein idealer Besitz, sondern ein Verhältnis, das von Jesus Christus erbeten werden kann, weil der Mensch sich dieses Verhältnisses stets neu bewusst werden muss.

Ein theomorphes Menschenbild

Als Vater ist Gott der, der Christus von den Toten auferweckt (Gal 1,1) und darum allen das Leben verheisst. Damit ist die Beziehung zwischen Gott und Mensch charakterisiert als eine Beziehung zwischen leiblichen Verwandten: Als Ebenbilder Gottes werden die Menschen durch Christus zu Gottes Nachkommen. Darum ist es verwirrend, wenn behauptet wird, Gott werde menschengestaltig (anthropomorph) beschrieben. Vielmehr ist der Mensch als Frau und Mann gottgestaltig (theomorph) erschaffen, nämlich nach Gottes Bild (Gen 1,27). Das ist der Unterschied zwischen von Menschenhand gefertigten Götterbildern, die immer dem Erleben der Menschen nachgebildet sind (1Kön 18,27), selbst wenn sie tiergestaltig sind (Ex 32,4), und dem einen lebendigen Gott JHWH, der den Menschen nach seinem göttlichen Bild erschafft. Eine von Menschen gemachte Gottheit ist eine Projektion. Aber JHWH erweist sich gerade dadurch nicht als menschliche Projektion, dass er es ist, der dem Menschen sein Wesen gibt, indem er ihn zu seinem Projekt macht.

Als Nachkommen haben die Söhne und Töchter Gottes diesem Schöpfergott auch leiblich ihr Leben zu verdanken. Und weil sie gebürtige Nachkommen sind, sind sie autorisierte Erben, die in ihre Verantwortung hineinwachsen, gleichzeitig aber auch ein persönliches Interesse am Erbe haben: Die Teilhabe am Heil als dem Erbgut Gottes macht aus der Verantwortung ein inneres Bedürfnis, das aufrecht und selbstbewusst gelebt werden kann. Darum ist der Abba-Ruf keine Infantilisierung, sondern ein Bekenntnis zu dem Gott, der nicht fremd und unnahbar, sondern vertraut und zärtlich ist (1Kor 8,6; 2Kor 13,13).

_ NACHGEFRAGT

Vom Text her

_ Wann leben Sie aus der Kraft des Gottesgeistes? Wann empfinden Sie Gefangenschaft in weltlichen Verstrickungen?

_ Wie würden Sie *nach dem Fleisch leben* übersetzen? Wie jemand erklären? Mit welchen Beispielen?

_ Ist Ihnen der *Geist der Knechtschaft* einmal begegnet? Wie war das? Was davon ist geblieben?

_ Wie hört sich *Geist der Kindschaft* für Sie an? Was davon wollen Sie lieber nicht hören? Was ganz gern?

Zum Gottesbild hin

_ Welche Eigenschaften hat in Ihren Augen ein idealer Vater?

_ Was unterscheidet – ausser individuellen Charakterzügen – für Sie die Rollen einer guten Mutter und eines guten Vaters?

_ Wie sieht die emotionale Beziehung aus, die Sie heute zu Ihrem Vater haben?

_ Als Sohn oder Tochter ein geistiges wie materielles Erbe anzutreten, bedeutet Ehre, Wertschätzung und Anspruch: Was möchten Sie gern erben?

_ Welche Menschen würden Sie als Ihre geistigen Väter bezeichnen?

_ Und welche als Ihre geistigen Söhne und Töchter?

_ Welche Qualitäten können Sie Gott dem Vater jenseits von geschlechtsspezifischen Clichés abgewinnen? Was macht es leicht oder schwer, sich Gott als Vater vorzustellen?

_ Auffahrt wird auch als Vatertag begangen: Was haben die beiden Bedeutungen für Sie miteinander zu tun?

_ Geniessen Sie es gelegentlich, sich ein wenig kindlich, unmündig und unselbständig zu fühlen? In welchen Situationen? Wann fällt Ihnen die erworbene Autonomie schwer?

_ Im Bücherbord meiner Eltern stand ein Buch mit dem Titel *Der Vatikan*. Das wollte ich unbedingt lesen, um zu wissen, was *der Vati alles kann*: Welche Assoziationen weckt diese Anekdote bei Ihnen?

_ Vater werden ist nicht schwer, Vater sein dagegen sehr: Hat diese Volksweisheit Auswirkungen auf Ihr Bild von Gott als Vater? Welche?

_ Welche Kinderbücher, Filme und Romane fallen Ihnen zum Stichwort Vater ein?

_ GELESEN

_ Ernst Käsemann, An die Römer (Handbuch zum Neu-
en Testament); Tübingen 1974.

_ Peter Stuhlmacher, Der Brief an die Römer; Göttingen 1989.

_ Ulrich Wilckens, Der Brief an die Römer (EKK VI/2);
Zürich 1980.

_ N. Thomas Wright, The Letter to the Romans (The
New Interpreter's Bible); Nashville 2002.

GOTT TEILT
SEINE MACHT AUS.
DER HEILAND

GOTT TEILT
SEINE MACHT AUS.
DER HEILAND

1	Und als Jesus im Boot wieder ans andere Ufer hinübergefahren war,	21
2	strömte viel Volk bei ihm zusammen;	
3	und er war am See.	
4	Da kommt einer von den Synagogenvorstehern mit Namen Jairus,	22
5	und als er ihn sieht, fällt er ihm zu Füssen	
6	und fleht ihn an:	23
7	Mein Töchterchen ist todkrank.	
8	Komm und leg ihr die Hand auf, damit sie gerettet wird und am Leben bleibt.	
9	Und er ging mit ihm.	24
10	Und viel Volk folgte ihm und drängte sich um ihn.	
11	Und da war eine Frau, die hatte seit zwölf Jahren Blutungen	25
12	und hatte viel gelitten unter vielen Ärzten	
13	und ihr ganzes Vermögen ausgegeben.	
14	Aber es hatte ihr nichts genützt,	
15	es war nur noch schlimmer geworden mit ihr.	
16	Als sie nun von Jesus hörte,	27
17	kam sie im Gedränge von hinten an ihn heran	
18	und berührte seinen Mantel.	
19	Denn sie sagte sich:	28
20	Wenn ich auch nur seine Kleider berühre, werde ich gerettet.	
21	Und sogleich versiegte die Quelle ihrer Blutungen,	29
22	und sie spürte an ihrem Körper, dass sie von der Plage geheilt war.	
23	Und sogleich spürte Jesus, dass eine Kraft von ihm ausgegangen war,	30
24	und er wandte sich im Gedränge um und sprach:	
25	Wer hat meine Kleider berührt?	
26	Da sagten seine Jünger zu ihm:	31
27	Du siehst doch, wie das Volk sich um dich drängt,	
28	und da sagst du: Wer hat mich berührt?	
29	Und er schaute umher, um die zu sehen, die das getan hatte.	32
30	Die Frau aber kam, verängstigt und zitternd,	33
31	weil sie wusste, was ihr geschehen war,	
32	und warf sich vor ihm nieder und sagte ihm die ganze Wahrheit.	
33	Er aber sagte zu ihr: Tochter, dein Glaube hat dich gerettet.	34
34	Geh in Frieden und sei geheilt von deiner Plage.	
35	Noch während er redet, kommen Leute des Synagogenvorstehers und sagen:	35
36	Deine Tochter ist gestorben!	
37	Was bemühst du den Meister noch?	
38	Doch Jesus, der hörte, was geredet wurde,	36
39	sagt zu dem Synagogenvorsteher:	
40	Fürchte dich nicht, glaube nur!	
41	Und er liess niemanden mit sich gehen	37
42	ausser Petrus, Jakobus und Johannes, den Bruder des Jakobus.	

43	Und sie kommen in das Haus des Synagogenvorstehers.	38
44	Und er sieht die Aufregung, wie sie weinen und laut klagen.	
45	Und er geht hinein und sagt zu ihnen:	39
46	Was lärmt und weint ihr?	
47	Das Kind ist nicht gestorben, es schläft.	
48	Da lachten sie ihn aus.	40
49	Er aber schickt alle hinaus,	
50	nimmt den Vater des Kindes und die Mutter und seine Begleiter mit	
51	und geht hinein, wo das Kind ist.	
52	Und er nimmt die Hand des Kindes	41
53	und spricht zu ihm: Talita kum!	
54	Das heisst: Mädchen, ich sage dir, steh auf!	
55	Und sogleich stand das Mädchen auf und ging umher.	42
56	Es war zwölf Jahre alt.	
57	Da waren sie fassungslos vor Entsetzen.	
58	Und er schärfte ihnen ein, dies niemanden wissen zu lassen.	43
59	Und er sagte, man solle ihr zu essen geben.	

MARKUS 5,21–43

Berührung

Als wir uns zur Bibelarbeit in der Gruppe einfanden, die von einer Theologin und einem sozialdiakonischen Mitarbeiter geleitet wurde, setzten wir uns auf die in einem Kreis bereitgestellten Stühle. Draussen herrschte nasskaltes Wetter. Unser Raum war zwar geheizt, aber eher wenig. Da kam die Aufforderung der Leiterin gerade recht, wir sollten die Schuhe ausziehen und uns nacheinander den rechten und den linken Fuss gut massieren. Wir sollten uns Zeit nehmen dafür. Sie schlug uns vor, verschiedene Arten des Massierens auszuprobieren: mit Druck reiben, dann kneten, einmal auch nur mit den Fingerspitzen den Fuss klopfen, und den ganzen Fuss behandeln, Fussrücken und Sohle, die Zehen einzeln, zuletzt die Ferse. Dann wurden wir geheissen, aufzustehen und in die Hände zu klatschen, schnell und langsam, durcheinander, nicht militärisch einheitlich. Um dann anschliessend zu feineren Bewegungen überzugehen, über den Handrücken zu streichen, ihn zu klopfen, dann die Finger zu kneten und sie zuletzt freundlich abzureiben.

Darauf sollten wir für eine Partnerübung jemanden aus der Gruppe aussuchen. Eigentlich mache ich das ungern, das erinnert mich unangenehm an die Tanzstunden meiner Gymnasialzeit. Das kennen die Jungen nur noch aus Romanen. Aber diesmal war's leicht, denn wir sollten uns zusammentun mit jemandem, der ähnlich gross ist, und da ich über 180 cm bin, war es gleich klar, mit wem ich zusammengehörte. Wir stellten uns Rücken an Rücken, einander ganz leicht berührend, aber wir sollten uns nicht an den andern anlehnen, sondern aufrecht bleiben. Um dann mit kleinen Schulterbewegungen mehr Berührung zu suchen, sie zu verstärken und so ein Spiel zu zweit anzufangen. Bald durften wir mehr Kraft einsetzen und versuchen, uns mit der Schulterpartie zu stossen, den andern zu drängen, damit er einen Schritt nachgebe, oder seinem Drängen durch den guten Stand, die Schuhe hatten wir wieder angezogen, zu widerstehen.

Eine weitere Übung, immer noch Rücken an Rücken, erforderte nicht Wettbewerb, sondern Zusammenarbeit. Sie bestand darin, dass der eine mit den Schultern Druck machte, während der andere entsprechend nachgab und sich ein wenig nach vorne beugte, so dass der Erste mit dem Rücken ein Stück weit auf ihn zu liegen kam. Der beugte sich noch weiter, so dass der Erste fast mit seinem ganzen Gewicht auf dem Gebeugten lag. Noch stützte er sich ein wenig mit den Füssen auf dem Boden ab, um das Gleichgewicht zu halten. Dann zurück und die gleiche Übung umgekehrt.

Es war spürbar, wie die gute Laune im Raum zunahm. Die Jüngeren unter uns gaben mehr Kraft und Tempo, so dass es bei der letzten Übung natürlich ziemlich schnell passierte, dass zwei umkippten und darüber in grosses Gelächter ausbrachen.

Zum Schluss standen wir nochmals Rücken an Rücken, einander berührend, um dann langsam und millimeterweise auseinander zu gehen und nachzuspüren. Das Seltsame war, dass ich den Rücken meines Partners immer noch spürte, als wir uns schon nicht mehr berührten. Als ob die Körperempfindung über die Körpergrenze hinausreichen könnte. Wir sollten darauf achten, über welche Entfernung dieses Gefühl der Verbindung anhielte. Ich war erstaunt über diese Erfahrung. Ich schätzte, dass meine Empfindungsfähigkeit gewiss zehn Zentimeter überbrücken konnte. Ich nahm mir vor, nachher meinen Partner nach seiner vermuteten Reichweite zu fragen. Natürlich ging mir auch Ungewolltes durch den Kopf. Wenn meine Phantasie einmal angeregt ist, kann ich sie schlecht unterdrücken, obwohl wir doch ganz im Jetzt und Hier hätten bleiben sollen: Fakire in Indien vermöchten gewiss ihre Wahrnehmungsfähigkeit im Rücken auf mehrere Meter zu steigern, dachte ich. Oder stimmt das gar nicht? Haben Fakire eher eine emotionale Hornhaut entwickelt, um die Stacheln ihres Nagelbetts nicht mehr wahrnehmen zu müssen?

Gespräch

Zu zweit setzten wir uns dann auf den Boden und bekamen die Aufgabe, einander zu erzählen, was wir empfanden, als wir uns selber an die Füsse fassten oder mit der einen Hand die andere berührten, kneteten, streichelten. Ob uns vertraut oder eher fremd vorgekommen sei, uns selbst anzufassen, anzurühren. Und wie wir die fremde Berührung von Schultern zu Schultern, Rücken an Rücken empfanden. Wir blieben ziemlich schweigsam, muss ich sagen. Ich bin von Natur aus schüchtern. Und damit habe ich mein Gegenüber vielleicht angesteckt. Aber eine kleine Freude über das Empfundene, das Vergnügen, zu berühren und berührt zu werden, und eine Sehnsucht nach Zärtlichkeit war uns beiden bewusst geworden und hatten wir einander auch gestanden.

Darauf verteilte die Leiterin Zettel unter den sitzenden Paaren. Darauf waren zwei eindrückliche Zitate geschrieben. Und so lautete das von Simone de Beauvoir: *Als ich die Lust zur Sinnlichkeit entdeckte, hörte ich auf, an Gott zu glauben, denn er stahl mir die Erde.* Das andre von Kurt Marti war länger: *Religion und Erotik: ein wildes, doch unzertrennliches Paar. Wie heftig sie miteinander streiten, sich gegenseitig verwünschen, verfluchen mögen, keine hält es ohne die andere aus. Stirbt die Religion, so magert die Erotik zum Skelett, das heisst zum blossen Sex ab. Stirbt die Erotik, so verdorrt die Religion zur abstrakten Metaphysik (wie früher) oder zur trockenen Ethik (wie heute).*

Die Zitate der zweiten Gesprächsrunde machten mich noch stiller. Bis ich mich dazu aufraffte, wenigstens mal zu sagen, wie sehr mich die Formulierungskunst der beiden ungleichen Autoren beeindruckte. Und dass mir die Sätze bestimmt bleiben würden wegen ihres Gehalts an

Schmerz, an Enttäuschung, an Sehnsucht. Dass Sätze über einen Mangel häufig stärker wirkten als Sätze, die einen Reichtum bezeichnen, sei doch merkwürdig.

Ging es den andern Gesprächspaaren ähnlich? Der Geräuschpegel blieb jedenfalls niedrig, die Stimmung verhalten. Hatte die Leitung uns überfordert? Vielleicht hatte sie selber den Eindruck, denn der eine Leiter holte uns bald wieder in die Runde, freilich nur, um den weiteren Verlauf des Abends anzugeben und uns dann eine kurze Pause zu erlauben. Mir gingen die beiden Sätze nach. War es mehr der protestantische Rigorismus, der mich schüchtern machte? Oder die bürgerliche oder kleinbürgerliche Enge? Ist der Katholizismus sinnenfreudiger? Warum wettern die Journalisten im Zürcher *Tages-Anzeiger* immer gegen den *Zwinglianismus?* Zwinglianismus ist zum Schimpfwort geworden. Warum? Leonhard Ragaz konnte sich über die sozialen Errungenschaften der Zürcher Reformation noch begeistern! Hat mich meine Ehe lockerer gemacht? Was ist ein *Latin Lover* eigentlich? Ich glaubte, ich müsse meinen Gefühls- und Gedankensturm zur Ruhe kommen lassen. Aber es wäre vielleicht eine gute Idee, in einer Woche oder nach vierzehn Tagen beim einen oder anderen Kursmitglied nachzufragen, worauf es selber bei diesem Thema gekommen ist.

_ VERORTET

Judentum und Christentum als Religionen

Für die Zeitgeschichte der Jahre 60–80 hat die Zerstörung des Zweiten Tempels durch die römischen Truppen die grösste Bedeutung (70). Die katastrophale Niederlage im Jüdischen Krieg (66–73) drohte die jüdische und die eben entstehende christliche Tradition ähnlich zu treffen, wie die Zerstörung des Ersten Tempels durch die babylonischen Truppen unter Nebukadnezzar das alte Israel in seinem Bestand gefährdet hatte (587). Damals war der Bruch durch die Verschriftung alter Überlieferungen aufgefangen worden. Etwas Entsprechendes wiederholte sich jetzt nach der Zerstörung des Zweiten Tempels.

Das Judentum war ohne Tempel zu Grunde gerichtet und musste eine neue Form finden. Es verdankte seine Fortdauer seinen Schriftgelehrten, den Rabbinen. Sie begannen, die Auslegung der Tora und die Gestaltung des jüdischen Lebens zu kodifizieren. Das bedeutete eine starke Wendung nach innen und eine Abgrenzung gegen aussen. Das von da ab entstehende Schriftwerk ist die *Mischna*, der Grundstock des *Talmud*. Die Mischna, das ist die *Wiederholung*, umfasst das vorher mündlich tradierte Gewohnheitsrecht des Judentums seit dem Exil. Sie war etwa im Jahr 200 abgeschlossen. In gewissem Sinn wurde das, was das Judentum bis heute ausmacht, damals entwickelt (70–200). Es ist also gleichzeitig mit dem Christentum entstanden!

Es ist zwar seit der neutestamentlichen Zeit üblich, von *Judenchristen* und *Heidenchristen* zu reden. Es wäre für die Zeit bis zur Tempelzerstörung (30–70) aber richtiger, einerseits von Juden zu sprechen, die in Jesus den *Messias*, den Gesalbten, den Christus sahen. Und andererseits von Heiden, *Gojim*, also fremden Völkern, nämlich Griechen oder Römern oder noch anderen, die sich der Gemeinde, der *Ekklesia*, der Kirche Gottes (1Kor 1,2) anschlossen. Paulus wirkte zuerst immer in den Synagogen, wo er sich an Juden wandte und an die *Gottesfürchtigen*, also an Sympathisanten aus dem Heidentum, die sich, ohne überzutreten, zur Synagoge hielten. Erst in zweiter Linie kamen Heiden dazu, die sich ganz neu hatten gewinnen lassen. Für sie steht im Evangelium (anachronistisch) der römische Hauptmann am Kreuz (Mk 15,39), der, während er auf den Sterbenden blickt, bezeugt, *dieser Mensch* sei *wirklich Gottes Sohn* gewesen. Beim Jerusalemer Apostelkonvent (48) teilten sich die Apostel die Missionszuständigkeiten gewissermassen in eine *Innere Mission* und eine *Äussere Mission* auf: Petrus würde sich um Menschen jüdischer Herkunft bemühen, die man viel später *Judenchristen* nannte, Paulus um Menschen nichtjüdischer Herkunft, die man dann *Heidenchristen* nannte. Die bewusste Trennung zwischen Christen und Juden im Sinne zweier Religionen setzte aber erst nach der Tempelzerstörung ein.

Juden und Römer

Während der ganzen Zeit der römischen Herrschaft gab es in Palästina Aufsässigkeit und Widerstand, geweckt einerseits von der drückenden Steuerlast, andererseits durch Verletzungen der jüdischen Empfindungen. Etwa durch die Machtdemonstration des Statthalters Pilatus, der die römischen Feldzeichen, auf denen ein Kaiserbild angebracht war, nach Jerusalem bringen liess. Das löste eine gewaltlose Protestversammlung vor seinem Amtsgebäude in Cäsarea aus, und Pilatus musste am Ende nachgeben.

Der Krieg hatte eine Vorgeschichte. Hinter den Unruhen stehen zwei Phänomene, das Sozialbanditentum und die messianischen Gegenkönige. Der Begriff *Sozialbandit* wurde im Blick auf die Formen des sozialen Widerstands im 19. Jahrhundert geprägt und auf ein Phänomen übertragen, das im gesamten Römischen Reich verbreitet gewesen war. Mit Sozialbanditen sind bäuerliche *outlaws* gemeint, deren Existenz destabilisiert worden ist. Sie sind wegen hohen Abgaben, Ausbeutung und Hungersnöten in eine Krise geraten. Sie unterscheiden sich von den übrigen Bauern dadurch, dass sie revoltieren, und von gewöhnlichen Räubern, dass sie irgendwie mit der bäuerlichen Gesellschaft verbunden bleiben. Sie werden nicht selten als Helden betrachtet, als Kämpfer für die Gerechtigkeit, die man unterstützen muss. Unter den jüdischen Sozialbanditen findet sich eine starke Tendenz zum Gegenkönigtum. Diese *Robin Hoods* verkörperten eine Art

tip
Mittel:
Lesung des Textes auf CD V/18; integrale Lesung der Bergpredigt (Mt 5–7) auf CD III/16; im Reiseführer die Ausflüge Wunder und Macht

Lied:
RG 165

Bild:
San Apollinare Nuovo in Ravenna (Mosaik, Italien um 520); Bernwardssäule in Hildesheim (Relief, Deutschland um 1010); Strassburger Münster (Glasfenster, Frankreich um 1300); Auguste Rodin, Die Kathedrale (Skulptur, Frankreich 1908)

Buch:
Wislawa Szymborska, Jahrmarkt der Wunder (Gedicht, Polen 1986)

Gegenwelt. An der Spitze stand oft ein charismatischer Führer, aber in seinem Gefolge galten egalitäre Prinzipien. Die unnachsichtige Bekämpfung solcher Banden gehörte zur erfolgreichen Herrschaftsdurchsetzung. Herodes der Grosse (37–4v) tat sich besonders hervor im Kampf gegen die Sozialbanditen. Er erwarb sich damit nicht nur Sympathien. Aber seine Herrschaft war denn auch durch eine gewisse Ruhe im Land gekennzeichnet. In der Passionsgeschichte Jesu finden sich Spuren dieser Erscheinung: Der freigelassene Barrabas und die an der Seite Jesu hingerichteten Räuber gehörten wohl zu diesen Sozialbanditen. Das Verhör des Pilatus wie auch die Inschrift *König der Juden* am Kreuz Jesu reihen auch Jesus hier ein.

Die Nachrichten über die Vorgeschichte des Aufstandes und den Krieg selbst gehen im Wesentlichen auf die Geschichtswerke des Jerusalemers Flavius Josephus zurück (37–100). Josephus hatte am Jüdischen Krieg teilgenommen. Er war zunächst Befehlshaber einer Festung in Galiläa gewesen, war aber dort zur Übergabe gezwungen worden. Er nahm auf der römischen Seite an der Belagerung Jerusalems teil. Dort begegnete er dem römischen Oberkommandierenden Vespasian, dem er die Kaiserkrone prophezeite! Damit stand er fortan in dessen Gunst. So erklärt sich sein römischer Zuname Flavius, wurde doch Vespasian tatsächlich als erster Flavier Kaiser (69–79 im Amt). Josephus verfasste in der Folge seine grossen Geschichtswerke *De Bello Judaico* über den grossen Aufstand und *Antiquitates Judaicae* über alle Epochen der jüdischen Geschichte (bis 66). Er informierte in der Sprache und Manier der Eroberer, auf Griechisch, über Geschichte und Traditionen seines Volkes und warb damit bei den nichtjüdischen Lesern um Verständnis für jüdische Denkweise und Lebensart.

Der Jüdische Krieg

Im *Grossen Aufstand* kam es auf der jüdischen Seite nicht zu einer einheitlichen Organisation, obwohl schliesslich die meisten Gebiete des Landes ergriffen wurden. Josephus unterscheidet verschiedene Gruppen, die untereinander zeitweise in Konkurrenz standen. Die wichtigsten Gruppen waren die *Sikarier* und die *Zeloten*. Häufig fasst man alle Gruppen unter der Bezeichnung *Eiferer* zusammen, aber Josephus verwendet sie in einem engeren Sinn.

Zunächst sind die Sikarier zu nennen. Es sei nämlich zur Zeit des Statthalters Felix eine neue Gattung von Räubern aufgetreten (seit 50n). Das Neue lag offenbar in der Art ihres Widerstandes: Sie brachten ihre Gegner mitten in Jerusalem mit kleinen Dolchen um, die sie unter ihren Kleidern verborgen hatten. Josephus kannte den Begriff des *sicarius*, des Meuchelmörders, aus dem römischen Strafrecht und wusste, dass die Bezeichnung von einer speziellen Waffe, einem Krummdolch abgeleitet ist. Die Sikarier entwickelten sich zu einer Art Stadtguerilla, die

Attentate auf Landsleute verübte, vorzugsweise aus der Oberschicht. Selbst kamen die Sikarier vom Land.

Unter Zeloten im engern Sinn wird die Widerstandsbewegung verstanden, die sich selber so bezeichnete und nach dem Vorbild der Makkabäer richtete (vgl. Einheit 16). Ihre Führung, vielleicht sogar auch die Mehrheit in der Gruppe, bildeten Angehörige der Priesterfamilien, die nicht zur Priesteraristokratie gehörten, sondern mehrheitlich vom Lande stammten.

Weitere Gruppen waren die Aufständischen in Galiläa unter der Führung des Johannes ben Levi, eines Leviten, und eine Gruppe in Judäa unter Führung des Simon bar Giora, eines Proselyten aus der Dekapolis im Ostjordanland. Die Römer sahen ihn nach ihrem Sieg als einen bedeutenden Führer an, verbrachten ihn im Triumphzug nach Rom und richteten ihn anschliessend neben dem Forum hin. Neben ihnen operierte eine Gruppe Idumäer, Leute aus dem Süden, der Teilprovinz Idumäa, also Edom, dessen Bewohner ins Judentum eingegliedert worden waren, Herodes und seine Familie stammten von dort. In Jerusalem waren antirömisch Eingestellte aus dem Adel verantwortlich für die Erhebung: der Tempelhauptmann Eleazar und sein Vater, der ehemalige Hohepriester Ananias, beide mit ihrem Anhang.

Im Verlauf des Krieges wurden messianische Träume wach, jedenfalls glaubten viele Kämpfer, der Tempel könne nicht untergehen. Seine Zerstörung war wohl der Grund für den schnellen Zusammenbruch des Aufstands. Die Festung Massada fiel erst drei Jahre nach der Niederbrennung des Tempels und der Stadt Jerusalem, auch hatte die Belagerung dieser letzten herodianischen Festung fast das ganze römische Heer in Anspruch genommen (73). Aber die Zerstörung Jerusalems (70) bedeutete das eigentliche Ende des Aufstandes, denn bis dahin hatten sich die Kämpfer als Verteidiger des Heiligtums und des Landes gesehen. Die Scharmützel, die noch folgten, waren Aktionen ohne Hoffnung auf einen Sieg.

Die Folgen

Die römische Reaktion war grausam. Viele Juden wurden gefoltert und getötet, weil sie trotz der Niederlage die Gebote, besonders das Sabbatgebot, einhielten. Obwohl Rom sich sonst gegen andere Religionen und besonders auch gegen das Judentum tolerant verhalten hatte, setzten harte Verfolgungen ein, die sich nicht auf das Gebiet von Judäa allein beschränkten. Die jüdische Tempelsteuer wurde ersetzt durch eine Sondersteuer von zwei Drachmen auf den Namen des Jupiter Capitolinus. Diese Steuer wurde auch von Frauen und Kindern erhoben und galt mehr als 250 Jahre lang. Schlimmer als die finanzielle Belastung war, dass die Steuer als Symbol der Erniedrigung wirkte. Was das Judentum institutionell zusammengehalten hatte, hörte auf zu existieren: der Tempel zerstört, Jerusalem als religiöses Zentrum ausgelöscht, keine amtierenden Priester mehr, kein Hoher Rat.

Der Titusbogen in Rom erinnert noch heute an den Sieg der römischen Legionäre unter dem Kommando des Titus. Kaiser Domitian (81–96 im Amt) hatte ihn im Jahr 81 seinem Bruder und Vorgänger, dem vergöttlichten Titus (79–81 im Amt), geweiht. Auf der Innenseite ist dargestellt, wie die Legionäre auf ihrem Triumphzug Gefangene nach Rom bringen und den siebenarmigen Leuchter und andere Gegenstände aus dem Tempel als Trophäen zur Schau tragen. Eine römische Münze wurde geprägt und in Umlauf gebracht mit einer trauernden Frauenfigur und der Inschrift *ludaea capta: Judäa ist gefangen gesetzt.*

Nun kam es zur Trennung zwischen den Christusgläubigen und den Juden. Möglicherweise hatte sich die Urgemeinde in Jerusalem der kriegerischen Stimmung entzogen, indem sie sich noch vor Ausbruch des Aufstandes nach Pella absetzte, einer im Ostjordanland versteckt gelegenen Stadt. Man nimmt das an aufgrund einer Notiz bei Eusebius (etwa 260–340), dem Bischof von Cäsarea, theologischen Schriftsteller und Verfasser der ersten Kirchengeschichte; doch sie ist nicht eindeutig und unumstritten. Die Christengemeinden in Palästina hatten sich bis anhin ganz überwiegend als jüdisch verstanden. Sie teilten, auf ihre spezielle Weise, die messianischen Hoffnungen, nämlich die Hoffnung auf die Wiederkehr Christi. So waren sie von den schlimmen Zuständen nach der Niederlage ebenfalls betroffen.

Die Rabbinen, die neue Generation jüdischer Lehrer, die aus der pharisäischen Erneuerungsbewegung hervorgegangen war, mussten versuchen, das Judentum auf einer neuen Grundlage wiederaufzurichten. Dazu gehörte, dass alle messianischen Elemente in den Hintergrund gedrängt wurden. Darum nun die entscheidende Abgrenzung von den Christen, und umgekehrt forderte das deren Abgrenzung vom Jüdischen, das im Römischen Reich in Verruf geraten war. Beide, Juden wie Christen, begannen nun, die für sie wichtigen Schriften und Zeugnisse zu sammeln.

_ EINGEREIHT

Paulus und Markus

Paulus hatte zur ersten Generation gehört. Seine Schriften sind die ältesten im nachmaligen Neuen Testament, sein Grundstock (50–56). Er sah die göttliche Würde Jesu in den Ostererscheinungen begründet. In seinem Brief nach Rom ist das gleich zu Beginn formuliert: *Das Evangelium von seinem* (Gottes) *Sohn, der nach dem Fleisch aus dem Samen Davids stammt, nach dem Geist der Heiligkeit aber eingesetzt ist als Sohn Gottes in Macht, seit der Auferstehung von den Toten* (Röm 1,3–4).

Markus schreibt eine Generation später. Sein Evangelium ist das älteste. Mit ihm beginnt die literarische Epoche der Evangelien (70–100). Ob es vor oder nach der Zerstörung des Tempels (70) datiert wird, hängt davon ab, ob man für das Verständnis der grossen Endzeitrede (Mk 13) die Zerstörung Jerusalems voraussetzen will, oder ob man annimmt, die Zerstörung werde in naher Zukunft erwartet. So oder so steht die Abfassung dieser Schrift in zeitlichem Zusammenhang mit dem grossen Aufstand. Der Verfasser ist kein Augenzeuge der Jesuszeit, sondern ein Sammler und Gestalter der gemeindlichen Traditionen, ein uns sonst nicht bekannter Christ eher nichtjüdischer Herkunft. Eine Mehrheit der Forscher gibt als Entstehungsort des Markusevangeliums Syrien an.

Das erste Evangelium

Markus stellt Texte von Jesus, also Aussprüche mit Jesus als Urheber, und Texte über Jesus, also Geschichten, die andere über ihn erzählt haben, zusammen. Sie sind ihm weitgehend einzeln überliefert worden und stehen unter sich in keinem Zusammenhang. Diese Stücke ordnet er in eine angenommene Wegroute ein, so dass sich aus diesem Nacheinander eine zeitliche Abfolge ergibt. Allerdings sind nicht alle aufgegriffenen Materialien Einzelstücke. Man darf annehmen, dass es schon vor Markus kleine Sammlungen gegeben hat, etwa die Gleichnissammlung (Mk 4) oder die auf sie folgende Serie von wunderbaren Heilungen (Mk 5). Auch die Passionsgeschichte hat ihm nach einer Abfolge geordnet vorgelegen, wahrscheinlich nicht bloss mündlich, sondern schon als schriftlicher Text (Mk 14–15).

Im Unterschied zu Paulus verlegt Markus die Gottessohn-Würde ins Leben Jesu zurück, ins Leben eines jüdischen Charismatikers, der von einer besonderen Aura umgeben war und an den man Messiaserwartungen herangetragen hat. Drei Erscheinungsszenen, die Epiphanien, verbildlichen dies: am Anfang, als Jesus in der Taufszene zum Sohn Gottes quasi eingesetzt wird (Mk 1,11); in der Mitte, als Jesus vor drei Jüngern auf einem Berg in seiner wahren Gestalt erscheint, im göttlichen Licht verklärt, und die Stimme aus der Wolke sagt: *Dies ist mein geliebter Sohn. Auf ihn sollt ihr hören.* (Mk 9,7); und am Ende, als ein Jünger, weissgewandeter Mann den erschrockenen Frauen sagt: *Jesus sucht ihr ... Er ist auferweckt worden, er ist nicht hier ... er geht euch voraus nach Galiläa* (Mk 16,6–7), dahin, wo er gewirkt hat, wo sie seine Praxis wieder aufnehmen werden. *Auferweckt, geweckt*: Im griechischen Neuen Testaent wird nicht unterschieden zwischen auferwecken und wecken, zwischen aufstehen und auferstehen, sondern die Ausdrücke für Wecken und Aufstehen werden direkt angewendet, also sprachlich nicht wie in den modernen Sprachen und den entsprechenden Übersetzungen überhöht.

Die drei Erscheinungen gliedern auch den Text: Kapitel 1–9 berichten von Jesu Wirken in Galiläa. Jesus will seine Messianität verborgen halten, er gebietet den Geheilten Stillschweigen. In Kapitel 10 folgt die Reise nach Jerusalem. Kapitel 11–16 erzählen von Jesus in Jerusalem, die Passion sehr ausführlich im Vergleich zur Zeit in Galiläa. In der Passionsgeschichte wird die Messianität, die nun nicht mehr mit einem zelotischen Ideal verwechselt werden kann, zunehmend sichtbar. Den Höhepunkt bildet das Bekenntnis des römischen Offiziers zur Gottessohnschaft Jesu. Dann folgt in Kapitel 16 die Geschichte vom leeren Grab mit der dritten Epiphanie.

Das Geheimnis enthüllt sich nur zögernd, aber der Hörer oder die Leserin sind schon in das Geheimnis Jesu hineingenommen. Das Markusevangelium umgibt also den irdischen Jesus mit österlichem Glanz. Dieser Glanz stammt allein von Gott. Aber das Evangelium verbindet ihn eng mit den Taten Jesu. Das bedeutete für die Loslösung des Urchristentums vom Judentum einen entscheidenden Schritt: Die Vergöttlichung dieses irdischen Menschen geriet in eine gewisse Spannung zum jüdischen Glaubensbekenntnis, das festhält: Gott ist *Einer*.

Markus hat seine Sammlung und Deutung mit *Evangelium* überschrieben (Mk 1,1), das bedeutet *gute Botschaft* und ist zum Begriff einer literarischen Form geworden, zu einer Form, die es vor Markus nicht gegeben hat, durch ihn aber zum Vorbild für weitere Versuche wird, Praxis und Botschaft Jesu zu vermitteln.

Die Synoptiker

Die Frage, welches Evangelium als erstes geschrieben worden sei, war lange Zeit nicht zu beantworten. Sie wurde dringend, als man erkannte, dass von den vier Evangelien drei eng zusammenhängen und streckenweise sogar im Wortlaut übereinstimmen. Man begann, die Evangelien nach Matthäus, nach Markus und nach Lukas in drei Spalten nebeneinander zu drucken. Man nannte diese Textanordnung eine *Synopse*, eine *Zusammenschau*. Darum hat sich für die Verfasser der drei Evangelien der Sammelname *Synoptiker* eingebürgert. Das Markusevangelium ist das kürzeste, es umfasst 661 Verse. Von diesem Textmaterial finden sich im Matthäusevangelium rund 600 Verse wieder, im Lukasevangelium ungefähr 350 Verse. Nun haben aber auch Matthäus und Lukas noch einmal etwa 350 Verse gemeinsam, die Markus nicht kennt. Dazu weisen beiden Evangelien Partien auf, die sie mit keinem anderen teilen, man bezeichnet sie als matthäisches und lukanisches Sondergut.

Wer hat welche Grundlagen benützt? Die am meisten anerkannte Antwort wird als *Zweiquellentheorie* bezeichnet: Sie erklärt das Markusevangelium zur ersten Quelle für Matthäus und Lukas, bringen sie doch dieselben Erzählungen mit kleinen sprachlichen Änderungen in derselben Reihenfolge wie Markus. Zusätzlich enthalten beide Evangelien viele Aussprüche Jesu, die sie je an verschiedenen Stellen in ihr Erzählgerüst einreihen. Man muss daher annehmen, dass sie auf eine zweite Quelle zurückgreifen konnten, eine Sammlung von Aussprüchen. Darum nennt man die erschlossene Schrift *Spruchquelle* oder *Logienquelle*, sinnig abgekürzt mit *Q* von Quelle.

1946 wurde in Ägypten das sogenannte Thomasevangelium gefunden. Vorher kannte man ein paar Bruchstücke. Jetzt liegt, auf Koptisch, das ganze Evangelium vor (vgl. Einheit 23). Es bietet eine indirekte Bestätigung für die hypothetisch erschlossene Spruchquelle Q, ist doch das Thomasevangelium eben kein Evangelium im genannten Sinn einer festen Form, sondern eine Sammlung von 114 aneinander gereihten Aussprüchen Jesu. Überschrieben ist die Sammlung mit: *Dies sind die Worte des Lebendigen*. Die hypothetische Spruchquelle Q hatte vermutlich die gleiche Gestalt wie das Thomasevangelium.

Die Evangelien (das gilt auch für das Johannesevangelium) sind nicht persönliche Berichte, sondern von Gemeinden her auf Gemeinden hin geschrieben. Matthäus und Lukas greifen Traditionen auf, die Markus offenbar nicht gekannt hat, die aber in den Gemeinden überliefert werden, denen die beiden jüngeren Evangelisten nahestehen (80–90). Sie modifizieren auch den Markuswortlaut, sooft sie meinen, das sei ihrer aktuellen Situation angemessener. Auf diese Weise gewinnt jedes Evangelium sein eigenes Profil. Diese Eigenarten machen deutlich, dass die Abfassung der Evangelien nicht vom historischen Interesse im modernen Sinn bestimmt ist, sondern auf die aktuellen Verhältnisse der Adressaten Bezug nimmt.

Matthäus und Lukas

Die Gemeinde des Matthäus ist judenchristlich geprägt und lebt in einer hellenistischen Umgebung. Sie ist vom Synagogenverband getrennt, beachtet aber die Tora. Die konfliktvolle Trennung von der Synagoge liegt noch nicht weit zurück. Ein Zeichen dafür ist die affektgeladene Auseinandersetzung mit dem Pharisäismus. Ihre Zukunft sieht die Gemeinde in der Heidenmission. Das Evangelium schliesst ab mit dem Auftrag, zu den *Völkern* zu *gehen* und sie zu *lehren*, was Jesus *geboten* hat. Jesus erscheint in der Darstellung dieses Evangeliums als Lehrer, eine Art Weisheitslehrer, der grosse Auftritte hat: mit der Bergpredigt als eindrücklichster Sequenz (Mt 5–7), mit dem Gleichniskapitel (Mt 13) oder der scharfen Abrechnung mit den Pharisäern (Mt 23).

Lukas beschreibt im Evangelium die Zeit des Heils, während der Jesus lebte und wirkte, und setzt seinen Bericht in der Apostelgeschichte fort, in der die Zeit der Kirche beginnt. Er nähert sich dem, was im Altertum unter einem Geschichtswerk verstanden wurde. Er setzt die Vorgänge im palästinischen Winkel in Bezug zur damaligen Weltgeschichte. Nicht mehr die Tora bestimmt das christliche Leben, sondern das doppelte Liebesgebot, das freilich auch auf Israels Bibel zurückgeht. Das Evangelium durchzieht eine soziale Botschaft: Frauen spielen in ihm eine grössere Rolle. Jesus wendet sich nach Lukas ganz besonders den Sündern und Verachteten zu. Die Apostelgeschichte setzt ein mit der Szene, die das Evangelium beschloss: mit der Himmelfahrt, der Hinwegnahme Jesu.

Sie eröffnet eine neue Zeit bis zur Wiederkunft. Der Abschiednehmende charakterisiert sie so: *Ihr werdet meine Zeugen sein, in Jerusalem, in ganz Judäa, in Samaria und bis an die Enden der Erde.* (Apg 1,8) Entsprechend ist das Buch gegliedert: Die Kapitel 1–5 berichten von der Gemeinde in Jerusalem, Kapitel 6–12 von der Mission in Judäa und Samaria, der letzte Teil, Kapitel 13–28, von der Mission des Paulus, die ihn über Kleinasien nach Griechenland führte und über Malta nach Rom. Sein Ziel wären eigentlich *die Grenzen der Erde* gewesen, die im biblischen Weltbild in Spanien liegen (Röm 15,24). Den Höhepunkt des Buches, ungefähr in seiner Mitte, bildet das Apostelkonzil, auf dem die Sendung zu den Völkern, den Heiden, bestätigt wurde (Apg 15), ohne die es in der Schweiz und sonstwo kein Bibelseminar gäbe.

Das Nebeneinander der Evangelien

Eine Gemeinde stand in einer bestimmten Tradition, sie verfügte nicht über die ganze Bandbreite, wie sie das Neue Testament in seiner abschliessenden Gestalt bietet. Matthäus wollte also das Markusevangelium nicht ergänzen, er wollte seinen Adressaten das Evangelium aufschreiben und also Markus ersetzen! Als dann das Nebeneinander der Traditionen doch deutlich sichtbar wurde, setzten im zweiten Jahrhundert zunächst zwei einander entgegengesetzte Versuche ein, das Problem des ungeklärten Nebeneinanders zu lösen.

Tatian schuf nach seiner Rückkehr von Rom nach Syrien (172) eine Evangelienharmonie. Sie ist unter dem Namen *Diatessaron* bekannt, was bedeutet: *dasselbe durch vier.* Sie umfasst den ganzen Stoff der vier neutestamentlichen Evangelien einschliesslich einiger apokrypher Texte, ist also so etwas wie eine grosse Addition. Den umgekehrten Weg schlug Marcion ein. Er war ursprünglich ein kleinasiatischer Reeder und wirkte in Rom (um 140). Er gehörte zur römischen Christengemeinde und schenkte ihr sein Vermögen. Offenbar geriet er bald einmal immer stärker unter den Einfluss der spätantiken Religionsphilosophie, der *Gnosis,* die sich um *Erkenntnis* bemühte. Sie war dualistisch orientiert, wertete die Welt und alles Leibliche ab und wollte die Menschen den Weg der Vergeistigung lehren, damit sie sich aus dem Irdischen herauslösen und aufsteigen könnten zum Göttlichen (vgl. Einheit 23). Marcion durchmusterte dafür die vorliegenden christlichen Schriften, verwarf das Alte Testament, denn die Welt sei nicht gut und nicht von Gott geschaffen. Er erklärte das Lukasevangelium und die Paulusbriefe für allein gültig. Als er auf Widerstand stiess, gründete er eine Gegenkirche, die bis zur Zeit Kaiser Konstantins (324–337 im Amt) eine gefährliche Konkurrentin der entstehenden Katholischen Kirche blieb.

Wahrscheinlich kann man den *Kanon* der neutestamentlichen Schriften, die *Regel* also, welche der christlichen Briefe, Evangelien und andern Schriften in der Kirche Geltung haben sollen, als Reaktion auf Marcions Reduktion verstehen. Dieser Kanon war insgeheim ein Bekenntnis zur Pluralität der Glaubenstraditionen. Irenäus von Lyon setzte sich wirksam für den Kanon ein (um 180), und Bischof Athanasius von Alexandrien führte erstmals alle 27 Schriften des Neuen Testaments namentlich auf (367), aber erst auf der Synode von Rom wurde der Kanon für verbindlich erklärt (382).

_ AUSGELEGT

Wundergeschichten

Was halten Sie von den Wunderberichten im Neuen Testament? fragte der *Kirchenbote* einen Neutestamentler der Universität Basel. Und der antwortete: *Die theologische Wissenschaft ist im Fluss.* Vor Jahren seien bestimmte Bibelstellen als unhistorisch abgetan worden, während man sie heute als historisch ansehe, etwa die Wundergeschichten, die von Jesus berichtet werden. Er schliesse nicht aus, dass Jesus ein charismatischer Heiler gewesen sei. Im Umkreis der Jesusbewegung habe es Phänomene gegeben, die man damals als Wunder angesehen habe, als übernatürlich. Religionssoziologische Erkenntnisse besagten, dass es spontane Krankenheilungen aufgrund von Beschwörungen gebe. Man könne sie nicht als unhistorisch abtun.

Vor der Neuzeit wurden Wunder supranaturalistisch aufgefasst und als übernatürliche Eingriffe Gottes erklärt. Sie gehörten zusammen mit der Erfüllung der Weissagungen zu den Argumenten, mit denen die Wahrheit der christlichen Lehre untermauert wurde. Moderne Theologen neigten dann eher dazu, die Existenz von Wundergeschichten in den Evangelien sozusagen zu entschuldigen. Die Wunder wurden zum Problem. Und das färbte ab auf gebildete Laien, welche die Äusserungen Jesu zwar priesen, aber die Wundergeschichten lieber eliminiert gesehen hätten. Es entstand eine Art Konsens, wonach die christliche Botschaft sich der Wundergeschichten nur bedient hätte, um eine Glaubensbotschaft auszudrücken. Damit sind sie jedoch sanft aus dem Zentrum gerückt, und es wird unsichtbar gemacht, dass sich die Taten Jesu in einer Arme-Leute-Welt abspielen.

Man muss sich klarmachen, dass Wunder- und Heilungsgeschichten zur ganzen antiken Welt gehören. Manche Heiligtümer waren Pilgerstätten für Kranke wie heute Lourdes oder Fatima. Insbesondere die Namen der grossen Orakel wurden mit Wundern verbunden: insbesondere Dodona, Delphi oder Epidauros. Im Asklepois-Heiligtum in Epidauros, nicht weit von Korinth im antiken Griechenland gelegen, begaben sich die Kranken ins Innere des Heiligtums und legten sich dort zum Schlaf nieder, um im Traum der Gottheit zu begegnen. Es existiert eine Sammlung von Heilungsberichten. Die Berichte sagen nichts anderes als die Weihetafeln katholischer Gnadenkapellen (ex voto), sie sind Zeugnisse von Pilgern für Pilger, die den Glauben an die Erhörung durch den Gott bekunden möchten. Am Heiligtum hielten sich auch Ärzte auf, die sich aber am Geschehen nur zurückhaltend beteiligten. Religionspsychologen unterstreichen die Verwandtschaft dieser Praktiken mit den Heilungsverfahren der Schamanenreligion Sibiriens, deren Heilkraft sich ebenfalls im Wesentlichen auf die Erfahrungen von Traum und Ritual, besonders auch von Berührungen, stützen. Was in der Bibel sporadisch anklingt, dass Gott sich dem menschlichen Bewusstsein eher im Traum als im Wachzustand mitteilt, wurde in Epidauros zur Voraussetzung einer ärztlichen Praxis, die nur zwei Faktoren für wichtig hielt: das Vertrauen in die heilende Wirkung des Ortes, also den Glauben an die Nähe des Göttlichen, und die Wendung nach innen, den Traumvorgang selbst. Eine grössere Zahl von Berichten hält die Heilung von Unfruchtbarkeit fest. Das erinnert an biblische Geschichten, welche die Geburt eines Kindes mit einer Gotteserscheinung vorbereiten. Andere Heilungsträume in Epidauros gelten der Heilung von Lähmung und Blindheit.

Näher liegt der Vergleich mit dem charismatischen Judentum der Zeitenwende. Darauf macht heute die Judaistik aufmerksam. Forscher vergleichen Jesus mit anderen Charismatikern seiner Zeit, so mit Choni und Chanina ben Dosa, heiligen Männern, denen man eine grosse Wundermacht zuschrieb und die aus der Mischna bekannt sind: Choni lebte im ersten vorchristlichen Jahrhundert und starb in Jerusalem, Chanina im ersten nachchristlichen Jahrhundert und wirkte in Galiläa. Vor allem von Chanina werden wunderbare Heilungen erzählt. Choni, Chanina und Jesus werden alle eng mit Elija verbunden. Sie lebten alle in grosser Armut, waren an Rechtsfragen und Ritualen nicht interessiert, sondern konzentrierten sich auf die Ethik.

Deutung der Jesuswunder

Jesus selbst verstand seine wohltätigen Wunder als Zeichen für das Kommen des Gottesreiches. Sie verweisen. Was er tut, ist Hinweis, eine Vorausnahme, die Ankündigung einer umfassenden Heilung: *Wenn ich jedoch durch den Finger Gottes die Dämonen austreibe, dann ist das Reich Gottes zu euch gelangt.* (Lk 11,20) Auf der nächsten geschichtlichen Stufe gilt, dass in den Augen der Gemeinde Jesus sich durch die Wundertaten als Gottessohn erweist. Beide Stufen sind in den Evangelien zu finden: Zeichen des Gottesreichs und Beweis der Sohnschaft.

Was die Wunder des historischen Jesus einzigartig macht: Die jetzt geschehenden Heilungen und Exorzismen haben Endzeitbedeutung. In ihnen beginnt die neue Welt. Vor Jesus waren die Erwartung einer universalen Heilszukunft, die in der meist ausserkanonischen Apokalyptik spürbar wird, und die Episoden einzelner Heilungen, die einer charismatische Religiosität zugehören, voneinander getrennte Erscheinungen. Die beiden Traditionen, die das bisherige Judentum schon kannte, waren in unterschiedlichen Milieus beheimatet. Jetzt, im Kreis Jesu, kommen sie zusammen. Die Gegenwart im Kleinen wird zu einer Zeit des Heils – entgegen einem apokalyptischen Pessimismus, der in der Gegenwart nur die grosse Krise sehen kann. Und der Wunderglaube, der es mit Einzelschicksalen zu tun hat, wird aufgewertet: Er gewinnt eine universale Bedeutung, er deutet auf eine Zeitenwende.

Heiland und Messias

Die Bezeichnung *Heiland* ist eine alte Lehnübersetzung aus dem Kirchenlateinischen, von *Salvator*, das dem griechischen *sotér*, dem *Retter*, entspricht (vgl. Einheit 5). Durch die Lutherbibel ist die Bezeichnung verbreitet worden. So steht im Deutschen sozusagen eine zusätzliche Bezeichnung für Jesus zur Verfügung. Das Wort Heiland wird in der Lutherbibel an einigen Stellen auch für Gott gebraucht, etwa im Lobgesang der Maria: *Mein Geist freut sich Gottes, meines Heilandes*, was in der Zürcher Bibel übersetzt wird mit: *Mein Geist jubelt über Gott, meinen Retter.* (Lk 1,47) Den gleichen Titel *Sotér* bzw. *Salvator* führte schon Kaiser Augustus (30v–14n im Amt). Man könnte das Markusevangelium also auch als eine Gegenbotschaft zur damaligen Herrscherpropaganda lesen. Die gute Botschaft von Jesus Christus steht im Widerspruch zu den guten Botschaften vom Aufstieg der Flavier zur Macht, der Kaiser Vespasian (69–79 im Amt) und seiner Söhne Titus (79–81 im Amt) und Domitian (81–96 im Amt), der drei Kaiser der christlichen Evangelienzeit (vgl. Einheit 19). Josephus verwendet in seinem Werk über den *Jüdischen Krieg* tatsächlich das Wort *euangélion* für die Erhebung Vespasians zum Kaiser. Auch auf die Flavier wurden Prophetien übertragen. Auch von ihnen wurden Wunder erzählt. Angesichts von Vespasians Aufstieg schreibt Markus sein Evangelium und erzählt den Weg Jesu zu seinem besonderen Königtum. Die Prophetie des Täufers Johannes hat ihn legitimiert, die vielen Wunder bezeugen seine Vollmacht.

Als Titel für Jesus sind im Markusevangelium *Christus*, also Messias, wichtig und Sohn Gottes. Die zweite Bezeichnung ist aber ganz sparsam verwendet, feierlich in der Überschrift zum Evangelium (Mk 1,1) und an drei hervorgehobenen Stellen, nämlich bei der Taufe (Mk 1,11), der Verklärung (Mk 9,7) und im Ausruf des römischen Hauptmanns unter dem Kreuz (Mk 15,39). Heiland bzw. Retter wird Jesus im Markusevangelium nicht ausdrücklich genannt, nur das Tätigkeitswort *retten* und *gerettet werden* kommt zwölfmal vor. In der vorliegenden doppelten Wundergeschichte erscheint *retten* dreimal hintereinander und wird zum Leitwort (Zeilen 8.20.33). Die Lutherbibel übersetzt das Wort in diesem Abschnitt mit *gesund werden*, die Zürcher Bibel ist konsequent und bleibt durchgängig bei der Wiedergabe mit *retten*. Aus dem Zusammenhang wird ersichtlich, wie gross der Bedeutungsumfang ist: von Gesunden über Gerettetwerden bis zum Heil am Ende der Tage. Im altertümlichen Ausdruck *Heiland* klingt das deutlich mit.

Zwei Frauen im zwölften Jahr

Die wunderbaren Heilungen gehören zum besonderen Profil des Markusevangeliums. Die Heilung zweier Frauen in diesem Abschnitt (11–25.43–56) ist demnach typisch für Markus. Ihr Gewicht wird verstärkt dadurch, dass ihr die Heilungsgeschichte eines besessenen Mannes vorausgeht. Alle drei Heilungen sind verhältnismässig detailreich geschildert. Matthäus und Lukas übernehmen diese Dreierfolge, aber beide straffen sie. Markus erzählt, wie Menschen aus dem Tod, aus Krankheit und Unreinheit und also aus ihrer Isolation herausgeholt werden. Dazu musste sich Jesus in einen tabuisierten Bereich trauen. Er geht zu dem Wahnsinnigen, der bei den Toten wohnt. Er lässt sich zu einem toten Mädchen führen. Er lässt sich von einer Frau, deren Blutungen nicht aufhören und die deswegen als unrein gilt, berühren. Danach können die drei vom Leben Ausgeschlossenen wieder in ein gesegnetes Leben eintreten.

Es steht zu vermuten, dass über diese Abschnitte nicht häufig gepredigt worden ist. Auch Bilder sind eher selten. Hat das damit zu tun, dass das traditionelle Christentum sich mit dem Leiblichen schwer tat?

Die zwölf Jahre verbinden die Frau und das Mädchen. Darum wird ihre Heilung miteinander erzählt, ihre Geschichte zum Doppelwunder verschränkt. Die Frau leidet seit zwölf Jahren an Blutfluss (11), sie gilt als unrein und ist so der Möglichkeit zur sexuellen Gemeinschaft beraubt. Das Mädchen, die namenlose Tochter eines Mannes, dessen Namen mitgeteilt wird (4), steht mit zwölf Jahren an der Schwelle zum Erwachsensein (56). Mit dem Einsetzen der monatlichen Blutungen galten die Mädchen als heiratsfähig. Aber sie vermag diese Schwelle nicht zu überschreiten, sinkt in sich zusammen, ein Leben als Frau erscheint ihr verwehrt. Die Heilung führt die erwachsene Frau zu ihrer Fraulichkeit zurück, dem Mädchen wird die Tür zur künftigen Fraulichkeit aufgetan.

Berührung und Beziehung

1982 erschien ein Buch mit dem Titel *The Redemption of God. A Theology of Mutual Relation*, was etwa heisst: *Gottes Wiedergutmachung. Eine Theologie wechselseitiger Beziehung.* Das Buch ist ein feministischer Entwurf theologischer Systematik der anglikanischen Theologin Carter Heyward. Auf Deutsch ist der Titel wiedergegeben mit *Und sie rührte sein Kleid an* (18). Ein zentrales Kapitel darin heisst *Der neue Entwurf*. Die Autorin greift Abschnitte aus dem Markusevangelium auf und versucht, sie neu zu veranschaulichen. Sie vermeidet die traditionellen religiösen Wörter, auf Englisch nennt sie das *re-imaging*. Heyward liest die Geschichten als Beziehungsgeschichten und beschreibt dies mit einem überraschen-

den und schönen Stichwort: *Intimität*. Damit ist nicht so etwas wie eine romantische Zuneigung gemeint, sondern *intim sein heisst, andere in einer Weise zu kennen und von ihnen gekannt zu werden, dass wir die Gegenseitigkeit unserer Beziehung als wirklich, als kreativ und kooperativ, als verlässlich und vertrauensvoll erfahren.* In diesem Sinn war die Begegnung zwischen Jesus und den beiden Frauen intim.

Jesus kannte die ältere Frau auf intime Weise, weil er sich selbst als Menschen kannte und wie alle Menschen versuchte, zu berühren und berührt zu werden, zu bewegen und bewegt zu werden, zu heilen und heil zu werden. Als die Frau ihre Hand ausstreckte, um Jesus anzurühren (16–18), wusste Jesus, was das bedeutet: sie will geheilt werden. Sie hatte gehört, wie Menschen von Jesus berührt, bewegt und geheilt wurden (20). Durch Jesus strömte eine transpersonale Macht, die sie gesund machte. Jesus war ein Mensch, der fähig war, Gott in der Welt zu verkörpern. Gott und Menschen sollen nicht durch ihre Gegensätzlichkeit definiert werden. Es gibt keine Hierarchie zwischen dort oben und hier unten, sondern alle sind Mit-Subjekte, fähig zur Zusammen-Arbeit und zum Mit-Schaffen. Wie in den meisten Fällen, die im Evangelium erzählt werden, ergriff nicht Jesus die Initiative, sondern die Frau nahm die Beziehung auf. Berühren heisst, eine bereits bestehende Beziehung deutlich zu machen. Die Berührung ist der Ausdruck des Vertrauens in die Kraft der Beziehung. Das Heilen und die Intimität bilden einen gegenseitigen Prozess, in dem der Heilende vom Geheilten ergriffen wird.

Stigma und Krise

Beide Geschichten reden nicht nur von der intimen Begegnung, von deren innerer Bedeutung und äusserer Wirkung, sondern auch vom Rahmen, der die Intimität schützen muss. Die Frau näherte sich Jesus *von hinten* (17). Ihre Krankheit hatte sie derart ausgeschlossen, dass sie nicht frank und frei auftreten konnte. Sie brauchte Schutz. Möglicherweise müssen alle wirklichen Heilungen und Therapien, Änderungen und Bekehrungen im geschützten Raum beginnen. Das Auspposaunen oder Verhandeln, das Programmieren würde den Versuch im Keim ersticken. Im Haus des Jairus musste Jesus den Lärm beenden und die Leute *hinausschicken* (49–51).

Die Frau durfte nicht gleich wieder in der Menge verschwinden. Sie musste zu ihrer Wahrheit stehen, sonst wäre sie in Gefahr gewesen, sie wieder zu verlieren. So trat die Frau herzu, *verängstigt und zitternd* (30), heisst es, und sie *sagte ihm die ganze Wahrheit* (32). Eine Heilung bedeutet auch eine Erschütterung, sie ist eine wohltätige Krise, aber doch eine Krise. Die Frau sollte zu ihrer Wahrheit stehen. Und Jesus bestätigte ihr, dass es ihre Wahrheit ist: *Dein Glaube hat dich gerettet* (33). Die Beziehung war gegenseitig, die Gestaltung ging von ihr aus. Dass dem geheilten Mädchen zu essen gegeben wurde,

225

gehört zum Sinn einer Wundergeschichte, die Nahrungs-aufnahme bezeugt die Gesundheit (59). Die Anweisung Jesu enthält ein zusätzliches Element: Er begleitete sie noch ein kleines Stück auf ihrem Weg, er stellte sich bestätigend neben sie: Sie ist so jung noch, aber jetzt nicht mehr Vaters *Mädchen* (53), sondern eine junge Frau (52–56).

Verarmt und gerettet

Das Doppelwunder wird mit Leitwörtern erzählt: In der Geschichte von der Frau (11–34) kommt *berühren* viermal vor (18.20.25.28). Im vorherigen Rahmenstück (4–10) bittet der Vater, Jesus möge seinem Kind *die Hände auflegen* (8), und in der Geschichte vom Kind (43–59) heisst es: *Er nimmt die Hand des Kindes* (52). Drei übereinstimmende Wörter lassen die Hörerin oder den Leser auf das Entscheidende blicken. Dem entsprechen für den Prozess und für das, was dabei herauskommt, bei der Frau das dreifach wiederholte *Retten* (8.20.33) und das *Heilen* (22), beim Mädchen das dreimalige *Aufstehen* (53–55), das durch das aramäische *kum* (53) noch ganz besonders hervorgehoben wird. Das sind die Signale des Reiches Gottes, die Zeichen für die Macht Gottes, an der die Menschen partizipieren.

Rettung betrifft nicht allein die körperliche Heilung, sondern auch das soziale Ganzwerden: Der Vater des Mädchens ist durch seine Stellung aus der Masse der Armen zwar herausgehoben (4). Als Vorsteher leitete er den Gottesdienst in der Synagoge und wies die verschiedenen Funktionen zu. Die Vorsteher waren auch zuständig für den baulichen Zustand des Gebäudes. Die kranke Frau hatte zwar ursprünglich über ein Vermögen verfügt. Aber sie hatte alles für ihre Gesundung ausgegeben, doch die Ärzte und ihre Kuren hatten nichts ausgerichtet (11–15). So waren der Vorsteher und die ehemals einigermassen begüterte Frau durch Krankheit und Tod ganz an die Grenze geführt worden und standen machtlos und mittellos unter dem armen Volk. Jesus und seine Bewegung gehörten zur Welt der Mittellosen, gelegentlich tauchten Bessergestellte auf, die so oder so an die Grenzen geraten waren. Alle, ob arm oder verarmt, suchten Jesu Nähe und Beziehung, um an der Gegenmacht des Reiches Gottes teilzunehmen.

– VEREHRT

Austeilung der Macht

Jesus hat kein Monopol auf die Macht beansprucht, Gott zu verkörpern. Das ist schon darum nicht möglich, weil diese Macht beziehungshaft ist. Sie entfaltet sich im Austausch (33). Jesus verfügt nicht über eine exklusive Besonderheit, er besitzt Gott nicht. Die Macht des Heilens ist nicht sein Eigentum. Aber Jesus trägt dazu bei, Gott als heilende Macht in der intimen Beziehung zwischen

Menschen zu offenbaren, bekannt zu machen und wirken zu lassen. Niemand ist Gott. Doch niemand lebt ohne die Möglichkeit einer aktiven Beziehung zu Gott. Alle können Gott leibhaftig machen, Jesus, die Jünger, die Frau und das Mädchen, die Schriftgelehrten und die Pharisäer. Alle können es, aber nicht alle tun es. Es gibt Menschen, die Gott und die Intimität leugnen, die Gott menschlich erfahrbar werden lässt. Im Heiland begegnet Gott berührend und freigiebig: Er teilt seine Macht aus, und er tut dies intim.

Entwerfen wir eine Welt, in der es keinen «ganz Anderen» gibt, in der es keine Hierarchie und keine Gegensätzlichkeit zwischen Person und Person, Subjekt und Objekt gibt, sondern Mit-Subjekte, Zusammen-Arbeit und Mit-Schaffen. Gott und Menschen sind nicht mehr über den Gegensatz definiert: der eine oben, die anderen unten; der eine gut, die anderen nicht gut; der eine besitzt Macht, die andern nicht; der eine gebend, die anderen empfangend; der eine im Himmel, die anderen auf der Erde. Stattdessen ist die Beziehung so gestaltet, dass Gott nichts anderes ist als die Quelle beziehungshafter Dynamis (Kraft), die niemals vollständig mit irgendeiner Person zu irgendeiner Zeit oder an irgendeinem Ort kontrastiert oder identifiziert werden kann. Dies war, so glaube ich, Jesu Vorstellung vom Reich Gottes. Carter Heyward entwirft vom Heiland her die Möglichkeit eines Heilwerdens, das die Gegensätze aufhebt. Die Dynamik Gottes wird im Glauben zur Möglichkeit des Heilens.

Man kann an jemanden herantreten, kann ihn berühren, man kann mit jemandem Verbindung aufnehmen und ihn erreichen. Man wird aber leer ausgehen, wenn diese Kontaktnahme nicht Ausdruck des Wunsches ist, eine persönliche Anfrage, die zu einer lebendigen Kommunikation einlädt. Selbst Jesus kann seine heilende Kraft bei allem Drängen nur denen zukommen lassen, die sie mit der ganzen Kraft eines echten Wunsches verlangen.

Überschreitung der Konventionen

Die damals geltende magische Ordnung von Reinheit und Unreinheit, Krankheit und Gesundheit, Segen und Fluch setzte voraus, dass Unreinheit ansteckt und Krankheiten unberührbar machen. Was mit Blut zu tun hat, war ohnehin tabu, was die Sexualität betraf, war streng reglementiert. Das Mädchen und die Frau waren eigentlich Unberührbare. In Jesu Verhalten wird diese Ordnung umgestürzt. Die stigmatisierte Frau rührt sein Kleid an, tut, was man sie gelehrt hatte nicht zu tun. Jesus durchbricht die geltenden Vorstellungen religiöser Magie. Die dunklen Mächte des Unreinen, Kranken und Verfluchten können ihm nichts anhaben. Sie sind der Macht des Reiches Gottes unterlegen. Das Göttliche ist keine bestätigende Macht mehr, sondern eine Gegenmacht zu erstarrten und unmenschlich gewordenen Konventionen. Der Heiland heilt auch, indem er dem religiös Selbstverständlichen widerspricht und die Grenzen des Gebotenen über-

Andere Gottesbilder
im Text
_ Der Arzt (7.8.34):
  Ex 15,26; Num 12,13;
  Mt 9,12
_ Die Kraft (23):
  Ri 16,4–22; 1Chr 29,11–
  12; Ps 28,7;
  Jes 49,5; Apg 1,8
_ Der Partner (33–34.40):
  Gen 1,26; Ps 8,5–7
_ Der Ermächtiger
  (40.53–54):
  1Kön 17,17–24;
  2Kön 4,1–37; Ez 37,1–14;
  Mk 3,13–15; 9,23–24;
  16,17–18; Apg 3,1–10

Anderes Gottesbild
im Umfeld
_ Der Retter:
  vgl. Einheit 5

schreitet. Er affirmiert nicht, was ist. sondern animiert, was kommt.

Das traditionelle christliche Gottesbild hat etwas Immobiles an sich. Dieses Festgelegte, Statische und Schwere im Christentum geht weniger auf die biblischen Überlieferungen als auf die philosophische Tradition der Spätantike zurück, derer Sprache sich die entstehende Theologie bedient hat. Gott wurde lange Zeit beschrieben als der Seiende, als das absolute Sein, als der unbewegte Beweger, damit aber als das unabhängige, in sich ruhende Sein, das auf nichts ausserhalb seiner selbst angewiesen ist. Alle Veränderungen, und darunter musste auch der Vorgang, dass die Gottheit aus sich heraus trat, um etwas anders zu erschaffen, gerechnet werden, konnten möglicherweise das reine Bild der göttlichen Eigengenügsamkeit trüben. Die Trinitätslehre wurde zum aufwendigen Versuch, zwischen der Dynamik der grossen biblischen Erzählung und der Statik der antiken Philosophie einen begrifflichen Ausgleich zu finden (vgl. Einheit 24).

Dieses philosophische Gottesbild hatte eine lange Nachwirkung. Darum der Seufzer Kurt Martis: *Dass Gott ein Tätigkeitswort werde.* Der Satz ist eine seiner kürzesten Formulierungen und beschliesst seinen Band *Zärtlichkeit und Schmerz*. Er ist nicht nur ein Seufzer, sondern setzt auf die Hoffnung, dass die biblischen Gottesbeschreibungen Recht bekommen, die ihm alle Aktivität und Beziehungshaftigkeit zuschreiben, die ihn als mitteilende und austeilende Macht sehen. Eben auf diese Macht deuten die rettenden Wunder Jesu. Es ist eine Macht, die sich von den Menschen nicht absetzt, sie nicht klein macht, sondern an ihrer heilenden und überschreitenden Dynamik teilhaben lässt.

_ NACHGEFRAGT

Vom Text her

_ Lieben Sie Wundergeschichten?
Oder finden Sie sie eher merkwürdig? Oder bloss fern? Machen Wunder Sie misstrauisch?
Haben Sie schon ein Wunder erlebt?

_ Wie empfinden Sie Intimität ausserhalb der Familie? Gibt es das? Suchen Sie das? Fällt Ihnen so etwas in den Schoss?

_ Was sagen Ihnen die Frau, die so lange leidend war, und das junge Mädchen, das zur Frau wird, zum Thema Sexualität?

_ Wissen Sie, was soziale Isolation bedeutet? Standen Sie schon einmal am Rand? Haben Sie sich bei Gelegenheit unmöglich gemacht? Wie fanden Sie wieder heraus?

_ Sind Sie schüchtern? Eher locker? Oder einfach normal? Was halten Sie für normal? Was tun Sie, wenn Sie auf eine verschlossene Person treffen?

_ Verfügen Sie über die Fähigkeit, Anteil zu geben?

Welche Situationen fallen Ihnen ein? Verstehen Sie es, jemanden aufzurichten? Sind Sie darin ein Naturtalent, oder haben Sie sich diese Fähigkeit erworben?

_ Hat einmal jemand Sie aufgerichtet? Oder sogar gerettet? Aus einer Verlegenheit gerettet? Aus einer Krankheit? Ihren Ruf gerettet? Ist die Erinnerung daran schön? Oder eher peinlich? Liegt sie weit ab? Wärmt sie noch heute? Oder belastet sie eher?

Zum Gottesbild hin

_ Halten Sie den Protestantismus für lustfeindlich? Oder den Papst? Und wie ist es mit der Bibel?

_ Ist Ihnen die *Theologie der Beziehung* neu? Fühlen Sie sich davon angesprochen? Können wir von der Souveränität Gottes reden?

_ Was kommt Ihnen beim alten Wort *Heiland* in den Sinn? Verwenden Sie es? Was spricht dafür, es (nicht) zu verwenden?

_ Was alles müsste in Ihren Augen heil werden können? Warum wird es das nicht?

_ Welches Verhältnis haben Sie zur Macht? Und zur Vorstellung der Ermächtigung?

_ GELESEN

_ Fernando Belo, Lecture matérialiste de l'évangile de Marc; Paris 1974.

_ Françoise Dolto / Gérard Sévérin, Dynamik des Evangeliums; Olten, 1980.

_ Eugen Drewermann, Tiefenpsychologie und Exegese 2; Olten 1985.

_ Bernhard Funck, Kulturelle Beziehungen im Altertum; in: Welt- und Kulturgeschichte 3; Hamburg 2006.

_ Hubertus Halbfas, Die Bibel erschlossen und kommentiert; Düsseldorf, 2001.

_ Carter Heyward, Und sie rührte sein Kleid an; Stuttgart 1986.

Kurt Marti, Zärtlichkeit und Schmerz; Darmstadt 1979.

_ Wolfgang Schuller, Die Armee übernimmt die Initiative: Das Vierkaiserjahr und die flavische Dynastie; in: Welt- und Kulturgeschichte 5; Hamburg 2006.

_ Ekkehard Stegemann / Wolfgang Stegemann, Urchristliche Sozialgeschichte; Stuttgart 1995.

_ Georg Strecker, euangelion; in: Exegetisches Wörterbuch zum NT; Stuttgart 1992.

_ Gerd Theissen, Der historische Jesus; Göttingen 1997.

_ Geza Vermes, Jesus der Jude. Ein Historiker liest die Evangelien; Neukirchen 1993.

GOTT SUCHT UND FINDET.
DIE ÜBERRASCHUNG

1	*Er aber erzählte ihnen das folgende Gleichnis:*	3
2	Wer von euch, der hundert Schafe hat	4
3	und eines von ihnen verliert,	
4	lässt nicht die neunundneunzig in der Wüste zurück	
5	und geht dem verlorenen nach,	
6	bis er es findet?	
7	Und wenn er es findet,	5
8	nimmt er es voller Freude auf seine Schultern	
9	und geht nach Hause,	6
10	ruft die Freunde und die Nachbarn zusammen	
11	und sagt zu ihnen:	
12	Freut euch mit mir,	
13	denn ich habe mein verlorenes Schaf gefunden.	
14	*Ich sage euch:*	7
15	*So wird man sich auch im Himmel mehr freuen über einen Sünder, der umkehrt,*	
16	*als über neunundneunzig Gerechte, die keiner Umkehr bedürfen.*	
17	*Oder*	8
18	welche Frau, die zehn Drachmen besitzt	
19	und eine davon verloren hat,	
20	zündet nicht ein Licht an,	
21	kehrt das Haus und sucht eifrig,	
22	bis sie sie findet?	
23	Und wenn sie sie gefunden hat,	9
24	ruft sie ihre Freundinnen und Nachbarinnen zusammen	
25	und sagt:	
26	Freut euch mit mir,	
27	denn ich habe die Drachme gefunden, die ich verloren hatte.	10
28	*So, sage ich euch,*	
29	*wird man sich freuen im Beisein der Engel Gottes über einen Sünder, der umkehrt.*	

LUKAS 15,3–10

_ ERLEBT

Das Portemonnaie

Ich verliere viel. Ich habe früher unzählige Füllfederhalter verloren. Jetzt benütze ich unterwegs nur noch billige Kugelschreiber und zu Hause den PC. Ich habe zahllose Baskenmützen verloren. Und Regenschirme stehen lassen. Jetzt, da ich älter werde und zerstreuter, treffen mich diese Verluste an einem empfindlichen Punkt. Meine Souveränität ist tangiert, mein Selbstgefühl. Ich bade nach einem Verlust in Ungehaltenheit und Selbstmitleid. Zwei Tage, bevor wir uns über die Gleichnisse unterhielten, kam mir mein Portemonnaie abhanden ...

Es war Spätherbst, ich trug auf dem Velo meine dicke Jacke mit sechs Taschen. War mir das Portemonnaie aus einer der Taschen herausgefallen? Ich muss Brille, Geldbeutel und Schlüsselbund ohnehin immer in diesen sechs Taschen meiner etwas abgetragenen Jacke zusammensuchen, von der meine Frau sagt, ich müsste sie jetzt ersetzen. Am nächsten Abend rief ein freundlicher Herr an und fragte, ob ich mein Portemonnaie vermisse, er habe es gefunden, als er im Institut, wo er noch spät arbeitete, auf die Toilette ging. Natürlich war es ohne Geld, aber noch mit Halbtaxabo, Identitätskarte, Bibliotheksausweis, Museumspass und Supercard. Wie war ich erleichtert! Doppelt: Es war geklaut worden, ich hatte es nicht verloren. Ein paar Franken weg, aber keine Umstände nötig zur Wiedererlangung aller Ausweise.

Die Verstimmung über meine Ungeschicktheit und zunehmende Hinfälligkeit verschwand, ich ergriff eine Flasche Wein und eilte ins angegebene Institut. Der Finder erwies sich als ein liebenswürdiger Geschichtsprofessor, der mir sein Institut in einem schönen Altstadthaus zeigte. Falls wir uns auf der Strasse wieder begegnen, werden wir einander erinnerungsvoll zulächeln.

Verlieren und Finden

Die anderen Geschichten, die ich vernahm, fielen ähnlich aus: Jemand erzählte von einem verlorenen Schlüsselbund. Die Frau, ungefähr in meinem Alter und nicht mehr berufstätig, stellt sich einer Behindertenorganisation als Fahrerin zur Verfügung. Der Verlust geschah, als sie gerade jemanden zum Arzt oder ins Spital zur Untersuchung fahren sollte. Das hatte Vorrang vor dem Suchen, sie liess ihr Haus unverschlossen zurück und brachte den Patienten an den gewünschten Ort. Sie wunderte sich, wie wenig sie sich aufregte, als ob sie gewusst hätte, dass der Schlüsselbund sich bald wieder finde. Als sie ihr Auto in der Garage abgestellt hatte, sah sie ihre Schlüssel auf dem Rücksitz liegen.

Eine lebhafte ältere Frau erzählte, wie ein Freund, den sie lange Jahre aus den Augen verloren hatte, vor kurzem plötzlich wieder aufgetaucht sei. Das habe sie gefreut und sehr bewegt. Sie hatte vorher nie mehr an ihn

gedacht und ihn also auch nicht vermisst. Erst jetzt, da er wieder in der Nähe war und sie sich ebenso gut verstanden und einander nahe fühlten wie vor Jahren, habe sie mit der Freude zusammen auch den Verlust empfunden. Geschichten vom Glück des Wiederfindens erzählten wir uns, eher harmlos, wie sie einem eben als erste in den Sinn kommen. Wir kannten uns in dieser Gruppe ja auch noch nicht. Einer jungen Frau aber war die aufgetauchte Erinnerung, die ich nicht erfuhr, nahegegangen, Tränen standen ihr in den Augen.

Dynamik

Meiner Gruppe, die sich wieder zum Bibelseminar getroffen hatte, stand ungewöhnlich viel Zeit zur Verfügung. Darum hatte die Leitung uns zusätzlich zu den Erinnerungen einen Einstieg mit Bewegungen vorgeschlagen. Da ich zeit meines Lebens kein gutes rhythmisches Gefühl hatte, nur eine erschreckte Kindererinnerung an Rhythmikstunden in der Musikschule mit kichernden Mädchen und Tamburinen, denen ich nichts abgewinnen konnte, hörte ich ein wenig skeptisch zu. Die Leiterin las das zweite Gleichnis, das von der verlorenen Drachme, vor. Dann wies sie darauf hin, dass es seine Anschaulichkeit von den knapp hintereinander aufgeführten Tätigkeitswörtern bekomme: *haben* (Zeile 18), *verlieren* (19), *anzünden* (20), *kehren* (21), *finden* (22), *rufen* (24), *freuen* (26). Ein einziges Umstandswort komme vor: *eifrig*, die Frau *sucht eifrig* (21). Aber kein einziges Eigenschaftswort! Das Vorherrschen der Verben erzeuge einen unglaublichen Drive in der winzigen Geschichte.

Wir sollten diesen Drive verkörpern, indem wir einander paarweise gegenüberstanden, nicht auf einer Geraden, sondern in zwei konzentrischen Kreisen. Auch ich begriff die Anleitung. Wir sollten diese Tätigkeitswörter durchspielen. Der Erste fand eine Gebärde fürs Haben, die Gegenüberstehende nahm die Gebärde auf, zeigte also das Haben nach dem Vorbild ihres Gegenübers und setzte eine eigene Geste des Verlierens dazu. Wieder die Nächste im äusseren Kreis nahm spiegelbildlich das Verlieren auf und fügte das Anzünden dazu, die Partnerin im inneren Kreis zündete ebenso an und kehrte dann. Und so weiter mit: finden, rufen, freuen.

Als wir durch waren, war die kleine Geschichte beinahe schon von allen gespielt. Sie war uns gewissermassen in die Glieder gefahren, mindestens in die Hände und Arme: Es liess sich nun anders darüber reden als nach dem blossen Vorlesen und Hören.

_ VERORTET

Die Römer

Trotz der vielen und turbulenten Herrscherwechsel erweiterte das Römische Reich seine Ausdehnung an allen Grenzen zu einem gut gestaffelten Verteidigungs-

tip
Mittel:
Lesung des Textes auf CD V/19; integrale Lesung von Gleichnissen auf CD IV/1–6; im Reiseführer der Ausflug Stadt

Bild:
Cubiculum des Guten Hirten in der Domitilla-Katakombe in Rom (Wandmalerei, Italien 200–220); Mausoleum der Galla Placidia in Ravenna (Mosaik, Italien um 450); Giovanni Segantini, La benedizione delle pecore / Ave Maria a trasbordo (Ölgemälde, Schweiz 1884/1887)

Buch:
Johanna Spyri, Eine Grossmama, in: Heidis Lehr- und Wanderjahre (Jugendroman, Schweiz 1880); André Gide, Die Rückkehr des verlorenen Sohnes (Roman, Frankreich 1907); Zsigmond Móricz, Sieben Kreuzer (Kurzgeschichte, Ungarn 1908)

Klassik:
Ludwig van Beethoven, Die Wut über den verlorenen Groschen (Klavierstück, Deutschland 1798)

Pop·
Fabrizio De André, La Buona Novella (Chansons, Italien 1970)

system. England wurde erobert, unter Domitian Norden-
gland und Südschottland. Am Rhein wurde ein gefähr-
licher Aufstand niedergeschlagen (69), und der Winkel
zwischen Rhein und Donau wurde besetzt. Die Provinzen *Germania superior* und *inferior* wurden eingerichtet
und mit einem Wall, dem heute noch vielerorts sichtbaren Limes, gesichert (90). Die Flavischen Kaiser hielten
die Herrschaft aufrecht, Vespasian und nacheinander
seine beiden Söhne Titus und Domitian (69–96).

Die erste Unterdrückung von Christen geschah bereits
unter Kaiser Nero (54–68 im Amt), der ihnen den Brand
von Rom (64) zur Last legte. Unter Domitian soll es eine
zweite Christenverfolgung gegeben haben (96). Es
scheinen aber eher einzelne Massnahmen gegen Chris-
tengruppen in Rom und in Kleinasien gewesen zu sein
und keine systematische Aktion. Sie wurden begünstigt
durch die harte Politik der Flavier gegen die Juden.

Die Geschichtsschreibung hat das schlechte Bild über
die Herrschaft Domitians korrigiert, es war sogar zu Beginn seiner Herrschaft eine eigentliche Blüte eingetreten. Dazu gehörte auch eine grosse Bautätigkeit. Nach
zwei schlimmen Bränden musste in Rom viel aufgebaut
werden. Dazu gehörten auch Tempel, die er prachtvoll
ausstattete. Er liess das Pantheon wieder herstellen
und das Colosseum weiter ausbauen. Er gab die Weisung zum Bau von Thermen, die unter Trajan (98–117
im Amt) vollendet wurden. Aber seine Herrschaft wurde zunehmend härter und endete in einer nackten Au-
tokratie. Er liess sich als *dominus et deus*, als *Herr und
Gott*, anreden und verehren. Er erlag einem Anschlag
aus seiner eigenen Umgebung.

Die Juden

Vor der Zerstörung Jerusalems (70) waren die jüdischen Freiheiten relativ gross. Das Rabbinentum nahm
in dieser Zeit seinen Anfang und brachte dann in einer
Person wie Rabbi Aqiva ben Joseph (um 70–135) eine
erste, nachhaltig wirksame Persönlichkeit hervor. Der Bau
einer Synagoge beispielsweise scheint möglich gewesen zu sein, obwohl der Zweite Tempel ja noch stand.
Eine Steinplatte, die in eine Zisterne geworfen worden
war und die man erst 1914 wieder gefunden hat, enthält eine entsprechende Bauinschrift: *Theodotos, des
Vettenos Sohn, Priester und Synagogenvorsteher, Sohn
eines Synagogenvorstehers, Enkel eines Synagogenvorstehers erbaute die Synagoge zum Vorlesen des Gesetzes und zum Unterricht in den Geboten, ferner das
Gästehaus und die Kammern und die Wasseranlagen
für die aus der Fremde, die eine Herberge benötigen.
Den Grundstein dazu hatten gelegt seine Väter und die
Ältesten und Simonides.* Ersichtlich wird daraus, dass
auch fromme Juden hellenisierte Namen trugen, Angehörige des Priesteradels auch ausserhalb des Tempels
dienten und auch Ehrenämter wie das des Synagogenvorstehers erblich waren. Jüdische Gemeinden waren
offenbar nicht nur für den eigenen Gottesdienst eingerichtet, sondern konnten auch Juden aus der hellenistischen Diaspora aufnehmen.

Genau dasselbe, das in dieser Synagoge vor allem zu
geschehen hatte, das Vorlesen des Gesetzes sowie der
Unterricht in den Geboten, taten gemäss lukanischer
Überlieferung zuerst Jesus in der Synagoge von Nazaret (Lk 3,16–30) und dann Paulus in der Synagoge von
Antiochia (Apg 13,14b–43). Nur hatte Paulus eine Generation später den Erfolg, der Jesus versagt geblieben
war. Bis zur Zerstörung des Tempels war die Synagoge
beides: ein Ort jüdischer Tradition und ein Ort jüdisch-
christlicher Begegnung.

Die Wiederaufrichtung des jüdischen Volkes, die Wiederherstellung der Lebensordnungen nach der Zerstörung Jerusalems (70) ist an den Namen Jochanans ben
Zakkai geknüpft (etwa 1–80). Er flüchtete während des
Aufstands aus Jerusalem und wurde später von den Römern in Jabne südlich von Jaffa interniert. Er gründete ein Lehrhaus, das zur Basis des rabbinischen Judentums werden sollte. Die Tradition hat dies zu einer Gründungslegende ausgestaltet. Jabne konsolidierte sich mit
der Zeit und wurde zum Zentrum der Tora und der nationalen Leitung. Hier soll man der Legende nach dem
palästinischen Kanon des Alten Testamentes Gestalt gegeben haben (um 90). Jochanan begann seine Tätigkeit
in der halbheidnischen Stadt an der Küste unter ganz
schwierigen Umständen. Schwierig waren die äusseren
Verhältnisse gegenüber dem Imperium und die inneren Verhältnisse wegen der Kriegsfolgen: Spaltung, Enttäuschung und ein starker Niederschlag von Hass und
gegenseitigen Beschuldigungen waren aus der Zeit des
Krieges verblieben.

Ein Zeitspiegel

Die beiden Gleichnisse spiegeln indirekt auch soziale
Verhältnisse: im ersten sicher eine ländliche Situation
(Zeilen 2–13), im zweiten wohl eher eine städtische Situation (18–27) und im Nacheinander beider vielleicht
auch den Gegensatz von Stadt und Land.

Zwar hatte der Aristeasbrief, in dem ein ägyptischer
Beamter von einer Palästinareise berichtet (um 100v),
noch eine vernünftige Aufteilung der Funktionen von
Stadt und Land gerühmt: Das Land sei *gross und schön*,
man betreibe *Ackerbau und Landwirtschaft ununterbro-
chen* und erwirtschafte dabei *hohe Erträge*, auch gebe
es *reiche Städte mit vielen Einwohnern.* Überhaupt war
Aristeas des Lobes voll: *Auch vielerlei Vieh findet man
und reichliches Weideland dafür. Deshalb haben sie
zu Recht darauf geachtet, dass das Gebiet viele Menschen braucht, und Stadt und Dörfer in einem vernünf-
tigen Verhältnis zueinander angelegt.* Es ist klar, dass
die Stadt (im Singular) und die Dörfer (im Plural) in einem Versorgungsverhältnis standen und ein Machtgefälle aufwiesen. Das Land diente der Stadt. Hier setz-

te auch Aristeas' leise Kritik ein: *Die ländlichen Gebiete aber werden vernachlässigt, da alle sich den Vergnügungen zuwenden.* Als Einwohner Alexandriens konnte er das beurteilen. Offenbar gab es hellenistische Modernismen auch in Palästina, in deren Gefolge auch eine einsetzende Landflucht und Landverachtung.

Rund zweihundert Jahre später hatten die Rabbinen als städtische Elite die tendenzielle Minderbewertung des Landvolks übernommen und ausgebaut. Wer nicht torakundig war, gehörte zum Landvolk, war schriftunkundig und ungebildet, ein Analphabet. Die Polemik war erheblich, denn das Landvolk galt theologisch nicht mehr als das Fremdvolk. Rabbi Chijja (um 200 gestorben) habe gelehrt, *man überträgt ihnen kein Zeugnis, man empfängt von ihnen kein Zeugnis, man enthüllt ihnen kein Geheimnis, man wählt sie nicht zu Vormündern von Waisen, man wählt sie nicht zu Verwaltern der Armenkasse, und man ist mit ihnen nicht unterwegs.* Dazu ist ein Anhang überliefert, der ein bedeutsames Licht auf die beiden Gleichnisse Jesu wirft: *Auch sein Verlorenes ruft man nicht öffentlich aus.* Was einer vom Landvolk verloren hatte, war Freiwild und Gemeingut, gehörte dem erstbesten Finder. Mit dem Landvolk machte sich der Städter auf keine Weise gemein.

Die Mischna bezeichnet speziell die Angehörigen des Hirtenberufs als unehrlich und nicht zeugnisfähig. Abba Schaul (gestorben um 150) wird eine Liste unehrenhafter Berufe zugeschrieben, die allesamt mobil ausgeübt werden und nicht von Sesshaften, mit denen man *auf der Stör* ist, wie man im Alpenraum sagt: *Nicht lehre ein Mensch seinen Sohn Eseltreiber, Kameltreiber, Fuhrmann, Seemann, Hirte und Krämer.* Der Stadt gebührte der Vorrang vor dem Land. Wenn Jesus im Gleichnis das Hirtenmilieu voraussetzt, bezieht er sich damit ganz im Unterschied zur hebräischen Tradition (vgl. Einheit 4) also auf einen verfemten Beruf und ein stigmatisiertes Milieu.

Von der Frau des zweiten Gleichnisses kann dies nicht auf dieselbe Weise gelten, denn sie kann vermutlich lesen, was auf der verlorenen und gefundenen Drachme steht. Die Geldwirtschaft anstelle des Tauschhandels mit Waren oder Metallen war in Palästina etwa zur Zeit Jeremias eingeführt (vgl. Einheit 11) und dann durch die Perser weltweit in den Städten durchgesetzt worden. Die Seleukiden hatten den Juden das Münzrecht zugestanden (138v). Auch unter den Römern waren in Palästina Münzen im Umlauf, sogar anachronistisch mit althebräischer Schrift! Solche aus dem Jüdischen Krieg zeigen einen Kelch und tragen die Worte *Schekel Israel* und die Jahresangabe *Jahr 2* (67), solche aus der Zeit des Bar-Kochba-Aufstands die Worte *Jahr 2 der Freiheit Israels* (134). Was die Frau zur Randständigen macht, ist ihr Stand als Witwe. Von einem Mann ist nicht die Rede, und im Unterschied zum erfreuten Hirten, der sein familiäres Milieu aufsucht (9), geht sie zu Frauen (24–27).

Als Witwe war sie einkommenslos und schutzbedürftig. Jede Münze hatte einen erheblichen Wert (Lk 21,1–4). Sie gehörte vermutlich zum städtischen Proletariat.

_ EINGEREIHT

Antike Geschichtsschreibung

Das Lukasevangelium und die Apostelgeschichte gehören in die gleiche Epoche wie die grosse römische Geschichtsschreibung. Deren bedeutendste Autoren sind Sallust (86–34), Livius (59v–17n) und Tacitus (56–116). Sallusts Werke wurden als Schullektüre verwendet und ins Griechische übersetzt. Er beschreibt den Verfall des römischen Staates und des Patriziats. Interessant ist, dass es von ihm und von Tacitus Werke gibt, von denen nicht sicher ausgemacht ist, ob sie von ihnen selbst verfasst oder ihnen zugeschrieben worden sind, ähnlich wie die Verfasserschaft der neutestamentlichen Briefe nicht überall klar ist. Livius schuf ein patriotisches Geschichtsbild von der Grösse der römischen Frühzeit. Er schrieb unter Augustus die Geschichte Roms seit der Gründung der Stadt, aber nicht in kritischem Sinn. Tacitus' Werke bildeten den Abschluss der römischen Geschichtsschreibung. Er vertrat die Massstäbe der Senatsaristokratie. Demnach wurde das Imperium in der Zeit der Republik geschaffen, nämlich im freien Wettbewerb der hervorragenden Figuren aus der herrschenden Schicht. Die neue Staatsform der Monarchie musste diese grossen Taten einschränken oder machte sie sogar unmöglich, aber diese Entwicklung hielt Tacitus für unumkehrbar.

Lukanische Geschichtsschreibung

Das Evangelium und die Apostelgeschichte machen zusammen etwa einen Viertel des Neuen Testaments aus! Die beiden Widmungen an Theophilus am Anfang der beiden Bücher (Lk 1,1–4; Apg 1,1–3) weisen auf den gleichen Autor hin, der im Werk selbst anonym bleibt. In beiden Büchern stimmen Wortwahl, Stil und theologische Intention genügend stark überein um den gleichen Verfasser anzunehmen. Lukas, wie ihn die altkirchliche Tradition nennt, die ihn als Begleiter des Paulus und als Arzt sieht. Nach dem Vorwort zum Evangelium versteht sich Lukas als Christ der zweiten Generation. Wie die andern, die *es unternommen* haben, *einen Bericht abzufassen,* hielt er sich an die Ereignisse *nach der Überlieferung derer, die von Anfang an Augenzeugen und Diener des Wortes waren.* (Lk 1,2)

Die Augenzeugen und Ohrenzeugen sind auch für ihn wichtig. Er findet sie im Markusevangelium, das seit einer Generation im Umlauf ist, und in der Spruchquelle Q, die seit zwei Generationen greifbar ist, zusätzlich aber auch in weiteren Quellen, dem lukanischen Sondergut (vgl. Einheit 18).

Textsorten des Evangeliums

Die Evangelien sind aus selbständigen kleinen Überlieferungseinheiten zusammengestellt: kurzen Szenen, die Gespräche wiedergeben, oder Wundern, Sprüchen und Gleichnissen. Sie sind durch knappe Verknüpfungen verbunden, die der Redaktor der Stoffe, also der Evangelist, formuliert. Grob eingeteilt lassen sich drei Redeweisen unterscheiden: erstens Ich-Worte, in denen Jesus zu Menschen redet, die Wortüberlieferung; zweitens Es-Worte, in denen man ein Anliegen Jesu diskutiert und mit einem abschliessenden Spruch zusammenfasst, die Gesprächsüberlieferung; drittens Er-Worte, in denen der Evangelist über Jesus erzählt, die Erzählungsüberlieferung. Im ersten Fall ist Jesus das redende Subjekt (Sätze von ihm), im dritten Fall ist Jesus das erzählte Objekt (Geschichten über ihn), im zweiten Fall ist er beides (Bote und Botschaft).

In den Erzählungen herrscht eine Einheit von Ort und Zeit, es handelt sich eben um eine einzige Szene, nicht um einen ganzen Handlungsverlauf oder eine psychologische Entwicklung. Man erfährt kaum Details, die Schilderung des Milieus fällt knapp aus oder fehlt. Bei den Gesprächen stehen sich jeweils zwei Partner gegenüber, Einzelne oder auch Gruppen; andere Personen, auch wenn sie dabei sind als Zuschauer, greifen nicht ein. Die Zurückdrängung aller Details lässt dafür die Pointe umso deutlicher hervortreten, auf die hin die Erzählung in erster Linie gestaltet ist.

Gleichnisse als Besonderheit

Gleichnisse und verwandte Formen stammen aus der Kultur der Weisheit und wirken in einer Kultur des Wissens altertümlich. Da ist es vielleicht sinnvoll, daran zu erinnern, dass man im Austausch mit andern, in der persönlichen Verständigung ganz stark auf Vergleiche angewiesen ist. Wie sonst will jemand seinem Gegenüber eine dritte Person beschreiben? Oder: Wenn sie von etwas begeistert sind, finden manche nicht gleich die angemessenen Eigenschaftswörter. Etwas anderes, früher einmal Gesehenes und Erlebtes fällt einem ein, und damit wird eine Beziehung zum Gegenwärtigen geschaffen. Was noch unverbunden war, wird Glied in einer Kette oder bekommt einen Rahmen, gewinnt so an Kontur. Das Vergleichen befreit vom Stammeln, verbindet dieses bloss Einzelne und so noch nicht recht Erkannte und Gewürdigte. – Jean Paul (1763–1825), dessen Romane zur Goethezeit ein zahlreiches Publikum fanden, war stolz darauf, viele neue Vergleiche erfunden zu haben. Er soll gewünscht haben, dass auf seinem Grabstein stehe: *Der die meisten Gleichnisse gefunden hat.* Denn damit hat er die Wirklichkeit erweitert und das Sehvermögen verbessert.

Die Geschichte der Gleichnisse beginnt im Alten Testament. Im Hebräischen heissen Sprüche, Bildwörter und Gleichnisse allesamt *mashal.* Das ist ein Substantiv und

mit dem gleichen Buchstabenbild auch ein Verb mit der Bedeutung *gleich sein.* Eines der schönsten dieser Sprichwörter lautet: *Goldene Äpfel in silbernen Schalen, so ist ein Wort, das zur rechten Zeit gesprochen wird.* (Spr 25,11) Im Hebräischen fehlen jedoch das *ist* oder auch das *wie!* Martin Buber, der jüdische Übersetzer der hebräischen Bibel, nannte die Sprüche *Gleichwörter,* und in seiner Übersetzung steht an Stelle des *ist* ein Doppelpunkt. Es sind eben nicht Gleichungen, keine Gleichsetzungen, sondern die beiden Teile des Satzes werden einander entgegengestellt. Der Sprung, die Verbindung passiert im Kopf. Wird so das Kreative und Überraschende des Wortes nicht viel besser gewahrt? Es beteiligt den Hörenden und die Lesenden.

Eigentliche Gleichnisse sind im Alten Testament eher selten. Am bekanntesten ist Jotams königskritische Fabel über die Bäume, von denen keiner König werden wollte, weil doch jeder zu seiner eigenen Aufgabe berufen war; nur der Dornenstrauch, stachlig und nutzlos, nicht mal ein Baum, wollte gern König sein (Ri 9,8–15). Oder die Geschichte, die der Prophet Natan dem König David erzählt, als er sich an Batseba vergriffen hatte: vom reichen Bauern, den es reut, seinem Gast ein Schaf vorzusetzen, und der daher einem Armen das einzige Tier wegnimmt (2 Sam 12,1–7a). Genau genommen handelt es sich bei beiden Geschichten um Vorformen des Gleichnisses, weil jeweils einzelne Elemente einzeln übertragbar sind. Gleichnisse im Vollsinn, bei denen der ganze Text ein Einziges *ist* und *wie* darstellt, sind die sogenannten Urgeschichten (in Gen 1–11): für das Menschsein zu jeder Zeit.

Häufiger traten Gleichnisse nach Jesus bei den Rabbinen, den Lehrern im frühen Judentum, auf. Im vorschriftlichen Stadium gehörten die Gleichnisse zum Repertoire von Predigern und Unterrichtenden, unabhängig davon, ob sie wie Jesus lehrend herumzogen oder an einem festen Ort auftraten, etwa im Gottesdienst der Synagoge. Jesus wirkte als populärer Weisheitslehrer und rückte die Gleichnisse ins Zentrum seiner Formensprache.

Möglicherweise war die Vorliebe für Gleichnisse eine Folge des jüdischen Schulwesens, das als Reaktion auf den Hellenismus aufgebaut worden war. Wo man sich um das Verständnis einfacher Menschen und Kinder bemühte, brauchte man einleuchtende Kurzgeschichten und Bilder. In dieser Epoche begegnen Gleichnisse fast nur in den christlichen Evangelien und in den rabbinischen Schriften. So werden also die ältesten Gleichnisse Jesus zugeschrieben. Da eine Abhängigkeit der Rabbinen von Jesus aber auszuschliessen ist, wird es sich um eine in Palästina entstandene, zur Zeit Jesu bereits etablierte Gattung handeln. In ihr hat sich die jüdische weisheitliche Tradition mit Anstössen aus der griechischen Tradition verbunden.

Wie Dichtung wirkt

Jeder und jede findet sich in einer Welt vor, die schon eingerichtet ist, eingerichtet in Theorie und Praxis. Das macht die Welt handhabbar, beherrschbar, sie ist sozusagen das Spiegelbild der jeweiligen Menschheit. Die Dichtung weiss wie jede Kunst von Rang, dass es mehr geben muss als nur das, was bereits eingerichtet und verstanden ist und was eventuell noch auszubauen wäre. Das Kunstwerk ruft eine Welt herauf, die anders ist als diejenige, welche die bisherigen Generationen tatkräftig und mit den zur Verfügung stehenden Hilfsmitteln eingerichtet haben. So wird zunächst unwillkürlich davon ausgegangen, dass die vorfindliche Gebrauchswelt die wahre Welt sei, als ob die fiktive Welt der Kunst nicht die wahre Welt sein könnte. Aber es ist umgekehrt. Die Welt der Kunst ist zwar fiktiv, aber nicht unwahr, und die vorfindliche Welt ist zwar real, aber nicht in ihrer Wahrheit. Es ist, als gäbe es zwei Welten: eine, in der alles gewohnt und brauchbar ist, und die andere, die erst eröffnet werden muss. Das geschieht in Form von Fiktion. Wie sollte sonst gesagt werden können, dass es eine andere und wesentlichere Welt gibt als die, die nur eine Spiegelung des Gewohnten ist? In den Gleichnissen setzt Jesus die lebensnotwendige Möglichkeit, die in der bisherigen Realität verkannt und eingebüsst worden war, neu in Geltung. Er sieht die Zeichen der Gegenwelt, er lebt sie. Sie trägt den Namen *Reich Gottes*.

Der grosse Eingangsteil des Sämannsgleichnisses reiht die fortlaufende Erfahrung von ungünstigen Umständen aneinander: schlechter Boden, Hitze, hungrige Vögel, die sich auf die Saat stürzen, Dornen und Disteln, die alles überwuchern (Mk 4,4–7): Wenn jemand laufend solche Erfahrungen macht, resigniert er und muss annehmen, das gehe immer nur so weiter. – Oder ganz anders, aber ebenso realistisch im Gleichnis vom Unkraut im Weizen: Eine erfolgreiche Unternehmung, das wohlbestellte Feld, erweist sich plötzlich als verdorben, denn einer hat Unkraut gesät, und das weckt die Kampfeslust derer, die so viel in das Feld investiert haben. Sie würden das Hineingekommene mit Stumpf und Stiel ausrotten und alles zerstören, wenn sie ein Besonnener nicht daran hinderte (Mt 13,24–30). Jesu Gleichnisse sind der Ruf zu einer anderen Möglichkeit als der, die sich schon fast aufgedrängt hat. Wenn dieser Ruf Gehör findet, schafft er das, was man Glauben nennt: das Rechnen mit neuen und anderen, mit Gottes Möglichkeiten. In den Gleichnissen steckt so etwas wie ein Zug, eine nötigende Kraft, ein Drive. Auf diese Weise sind sie eine religiöse Form der poetischen Rede.

Ein anderer Grund für die Häufigkeit der Gleichnisse liegt in der jüdischen Scheu, direkt und zugreifend von Gott zu reden. In den Evangelien ist sie noch erhalten. Die Gleichnisse deuten an und überlassen es der Hörerin und dem Leser, den Schluss zu ziehen. Sie weisen daher nicht dieses Einengende auf, das Definitionen und Lehrsätze oft an sich haben. Ein Gleichnis ist die zur Erzählung entfaltete Metapher. Erzählt wird von alltäglichen Vorgängen, darunter wie es zugeht, wenn etwas verloren und wieder gefunden wird, wenn eine Frau Sauerteig ins Mehl mischt oder ein Mann Samen aussät.

Von den Gleichnissen zu unterscheiden sind die Allegorien: Als stehendes Bild bieten sie die Personifikation einer Vorstellung oder eines Begriffs, am bekanntesten die Frau mit verbundenen Augen, die eine Waage in der Hand hält, Sinnbild der Gerechtigkeit. Oder als biblisches Beispiel: *Gnade und Treue finden zusammen, es küssen sich Gerechtigkeit und Friede.* (Ps 85,11) In einer allegorischen Erzählung gibt es mehrere Vergleichspunkte, alle Einzelheiten haben symbolischen Sinn und müssen entschlüsselt werden. Die Synoptiker bieten beim Gleichnis vom vierfachen Acker (Lk 8,11–15) und beim Gleichnis vom Unkraut unter dem Weizen (Mt 13,36–43) allegorische Deutungen an. Diese gehen nicht auf Jesus zurück, sondern bringen Erfahrungen der Urgemeinde zur Sprache und integrieren sie ins Jesusgleichnis.

_ AUSGELEGT

Kleinleutegleichnisse

Das Gleichnis von der verlorenen Drachme steht bei Lukas unmittelbar hinter dem Gleichnis vom verlorenen Schaf. Es ist ein Frauengleichnis aus der häuslichen Welt der Stadt, während das Gleichnis vom verlorenen Schaf der Männerwelt draussen in der Landschaft entnommen ist. Beide sind Kleinleutegleichnisse. Ein Gutsherr und Herdenbesitzer würde keinen solchen Aufwand treiben wegen eines einzigen entlaufenen Tieres, und eine wohlhabende Gattin liesse die Drachme bis zur nächsten Reinigung liegen. Hirte wie Frau handeln unter Druck. Bei der Frau wird das eigens betont: Sie sucht *eifrig* (Zeile 21), sehr *sorgfältig* oder *angestrengt*, wie man auch übersetzen könnte. Die Frau bewohnt ein kleines und enges Haus, ein Haus, das vielleicht nur einen einzigen Raum aufweist und keine Fenster, nur eine Tür, weshalb sie ein Licht anzünden muss, um die weggerollte Münze zu suchen (20).

Wie viel ist eine Drachme wert? Eine Drachme und ein Denar haben denselben Wert. Im Gleichnis von den Arbeitern im Weinberg ist das der Tageslohn eines Erntearbeiters (Mt 20,1–16). Man muss davon ausgehen, dass ein Tagelöhner mit einem durchschnittlichen Verdienst von zweihundert Drachmen eine Familie nicht allein ernähren konnte. Er durfte nicht damit rechnen, jeden Tag Arbeit zu finden. Er musste selber noch eine kleine Landwirtschaft betreiben, ähnlich wie früher die Tagelöhner im Baselbiet, im Bernischen oder im Glarnerland beispielsweise die *Rucksackbauern* hiessen, weil sie in der Fabrik zwar Arbeit fanden, um eine Familie zu ernähren, aber auch noch ein wenig Vieh halten mussten. Was in der Schweiz und anderswo in noch nicht ferner Vergangenheit nötig war, galt auch in Judäa und Galiläa: Familien der Unterschicht, zu der die grosse Mehrheit gehörte, waren auf die Mitarbeit der Frau, der Kinder oder der Alten angewiesen. Der ökonomische Druck konnte auch dazu führen, dass eine Unterschichtfamilie ihr Stück Land verlor. Es gab Landlose. Man muss also auch mit Erwerbsarbeit von Frauen rechnen, die ihnen aber kaum ein unabhängiges Leben ermöglichte. Man kann an Weberinnen oder an Bäckerinnen denken. Der erwirtschafte Frauenverdienst umfasste bloss etwa die Hälfte dessen, was ein Mann als Tagelöhner bekam. Die eine Drachme, welche die Frau im Gleichnis so angestrengt sucht, stellt also 1/200 des jährlichen Lebensunterhaltes eines Menschen an der Armutsgrenze dar. Es ist der Betrag, mit dem der Lebensunterhalt für zwei Tage knapp aufgebracht werden kann. Ein Pfund Brot kostete ein Zwölftel Denar. Der Betrag von zehn Drachmen bedeutet also, dass die Frau eine Sicherheit hatte: für ihre eigenen Lebenskosten während dreier Wochen oder für ein paar wenige Tage für ihre Familie.

Diese Sorge, mit sehr wenig auszukommen, zu überleben, Brot zu haben für den nächsten Tag für sich und die Seinen, ist nur auszuhalten, wenn man Not und Freude teilen kann. Deshalb bringt auch der Hirt sein Schaf nicht still und leise zur Herde zurück (12–13). Die Frau legt die eine Drachme nicht heimlich zu den andern Münzen (26–27). Beide rufen die Nachbarn und die Freunde, die wie sie am Rand stehen und die Erleichterung begreifen. Das Schaf und die Drachme sind ein fröhliches Treffen wert.

Das Ganze der Gleichnisse

Trotz diesen Rechnungen und dieser Freude hat man auch darüber nachgedacht, vor allem in der Zeit der Alten Kirche, was denn den Unterschied zwischen 99 und 100 Schafen so gross mache (4–5) und was entsprechend die aufgehobene Differenz zwischen 9 und 10 bedeute (18–19). Man hat betont, dass der Herde nicht nur ein Hundertstel wieder hinzugefügt ist und die eine Drachme zu den neun Verbliebenen wieder hinzukommt, sondern es wird ein ursprüngliches Ganzes wiederhergestellt, eine Vollzahl, die Herde des Mannes oder die kleine Sicherheit in der Hand der Frau.

Wenn aber die Ganzheit hier sichtbar gemacht und betont wird, kann dies auch das Verständnis der Schlusssätze der beiden Gleichnisse vorbereiten, nach denen man sich auch im Himmel freut, und zwar gerade über den einen Sünder, der umkehrt (14–16.28–29). Die Gleichnisse kamen ursprünglich wahrscheinlich ohne den jeweiligen Schlusssatz aus. Beide Abschlusssätze werden auf Lukas zurückgehen, der die Reue und die Umkehr des Sünders stark betont. Das geschieht so auch im folgenden Gleichnis vom verlorenen Sohn (Lk 15,18.21 und 15,24.32), ebenso in der Geschichte von der Sünderin, die Jesus die Füsse salbt (Lk 7,47), oder bei der Kreuzigung am Beispiel des einen Übeltäters (Lk 23,39–43). Diese Schlusssätze sind freilich nicht moralisch zu verstehen, wie sie heute unwillkürlich klingen. Sonst liesse die Betonung dieses einen Sünders den pikanten Unterton mitschwingen, dass die Mehrheit immobil und langweilig sei und der zurückgekehrte Sünder der Interessante und Lebendige.

Wer ist angesprochen?

Das führt dazu, dass die Angesprochenen sich selbst in den Schafen oder in den Geldstücken erkennen können. Dies entweder in der Mehrheit, die Schaden nimmt, wenn durch ein Unglück jemand aus dem Kollektiv weggebrochen wird und verloren ist. Oder sie sehen sich selbst im verlorenen Geldstück oder im entlaufenen Schaf und spüren das Glück des Gefundenwerdens und Zurückkehrens. Der Riss ist geheilt, ein Ganzes wieder hergestellt. Das Leben in seiner Fülle wird gefeiert.

Beim Gleichnis von der Frau, die eine Drachme verliert, wird sich der Hörer oder die Leserin aber zunächst nicht mit diesen Geldstücken identifizieren, sondern mit der Frau, die den Schlag erlebt, die dann Licht macht, sucht und fegt, bis sie sie findet. In diesem ersten Durchgang wäre das Gleichnis eine Beispielgeschichte für die selbstgewissen Sätze, die Jesus seine Jünger anderswo lehrt: *Ich sage euch: Bittet, so wird euch gegeben; sucht, so werdet ihr finden; klopft an, so wird euch aufgetan.* (Lk 11,9)

Liest man das Gleichnis im Rahmen des Evangeliums, so wird Jesus sichtbar im Eifer der Frau: Es ist sein Suchen, sein Lichtmachen und sein glückliches Finden! Er nannte die Frau mit dem verkrümmten Rücken *eine Tochter Abrahams,* die, weil sie diesen Titel führen darf, jetzt gerade geheilt werden muss (Lk 13,16). Er liess sich vom laut rufenden Blinden in Jericho aufhalten, obwohl man den Lärmenden beschwichtigen und zurückhalten wollte; er fragte nach ihm und gab ihm wieder, was er sich so sehr wünschte, das Augenlicht (Lk 18,40). Er machte sich selbst zum Gast beim problematischen Zachäus und beschied die Murrenden: *Auch er ist ein Sohn Abrahams* (Lk 19,9). Indem er mit dem Geächteten ass und sich gleichzeitig den Murrenden stellte und um ihr Verständnis warb, widmete er sich einer kollektiven Heilung.

Wer aber auf die beiden Gleichnisse in ihrer vermutlich ursprünglichen Gestalt als kleiner Geschichten ohne direkte Ausdeutungen hört (2–13.18–27), erkennt, indem er auf den Mann und die Frau blickt, in ihrem eifrigen Tun und in ihrer hellen Freude, wenn sie ihre Nachbarinnen und Freunde herbeirufen – Gottes Suchen und Finden.

Anderes Gottesbild im Text
_ Der Hirte (2–13): vgl. Einheit 4

Anderes Gottesbild im Umfeld
_ Die Mutter (18–27): vgl. Einheit 14

_ VEREHRT

Der Wert des Menschen

Menschen stellen für Gott ein wertvolles Gut dar. Es scheint, als wäre er auf sie angewiesen. Wenn jemand verloren geht, fängt eine Suche an, die erst mit dem Finden endet. Gott ist des Menschen bedürftig. Wie die Frau und der Mann Lärm machen und ihre Freundinnen und Nachbarn dabei haben wollen, wenn sie das Verlorene wieder in Händen haben, so herrscht im Himmel freudiger Lärm, wenn eine Person, die abwesend war, verloren im Dreck, isoliert und abgespalten, wieder gefunden ist. Diese Sicht auf Gott impliziert eine bestimmte Sicht auf den Menschen: Der Mensch hat für Gott einen unendlichen Wert.

Das ist nicht nur für die antike Welt eine Überraschung, dass hier nicht wie in jeder Religion und in jedem religiösen Vollzug der Mensch Gott mit viel Aufwand sucht und findet, sondern umgekehrt Gott den Menschen sucht und findet. Jesus dreht den Spiess um. Was religiös zu allen Zeiten das Selbstverständliche ist, dass Menschen sich aufmachen, um zu reich ausgestalteten Pilgerorten zu ziehen und dort Gott zu finden, wird hier überraschend gewendet, denn das ist bereits das Reich Gottes, dass Gott zu den Allerweltsorten kleiner Leute pilgert, um im Armen und Randständigen den Menschen zu finden. Wie den Propheten ist auch Jesus das Reden von Gott wichtiger als die religiösen Rituale um das Heilige herum. Der religiös festgelegte Gott bricht zum Menschen auf. Gott wird zur Überraschung in der mit allen religiösen Wassern gewaschenen Welt der Spätantike.

Wenn heute in Geschichtsbüchern oder in den Medien der Eindruck erweckt wird, die modernen Menschenrechte hätten dem Christentum abgetrotzt und gegen den Widerstand der Kirche durchgesetzt werden müssen, so kann das von der Bibel her korrigiert werden: Die Entdeckung des unendlichen Wertes der Person ist in der biblischen Tradition angelegt. Wahr bleibt allerdings, dass real existierende Kirchen sich allzu oft auf die Seite der machthabenden und darin immer konservativen Kräfte geschlagen haben.

Patriarchal oder partizipativ?

Das Gleichnis vom verlorenen Schaf (1–16) wurde in unzähligen Predigten zum Bild vom *Guten Hirten*. Antike Marmorstatuen vom starken Hirten, der sich das verlorene und gefundene Schäflein um die Schultern gelegt hat, und erbauliche Holzschnitte oder Farbdrucke, die in den letzten Jahrhunderten in Massen hergestellt und als Sonntagsschulbildchen verbreitet wurden, prägten das Bild ein. Bild und Gleichnis wurden dafür verwendet, Gottes Vatergüte und seine göttliche Gnade anschaulich zu machen. Darum ist über dieses Gleichnis unvergleichlich öfter gepredigt worden als über das parallel gestaltete und überlieferte von der verlorenen Drachme (17–29).

Das realistische Detail, dass ein Schafhirt vermutlich ein abhängiger Arbeiter war, der im Dienst eines Gutsherrn oder im Auftrag mehrerer kleiner Besitzer stand, blieb unbeachtet. Nur das eifrige Suchen und die Liebe des Hirten zum entlaufenen Tier wurden zum Thema gemacht. Die Romantik der Epoche trübte den Realismus Jesu. Erst wenn das Gleichnis sozialgeschichtlich gelesen wird, kommt man darauf, dass der, der sucht, das nicht allein aus Neigung tut, sondern aus Notwendigkeit.

Das Göttliche ist hier gerade nicht autark, in sich geschlossen und selbstgefällig ruhend, so dass es sich erst in einem Anlauf zur Schöpfung aufraffte, um dann eine Beziehung zum anderen aufzunehmen. Nein, das Göttliche ist partizipativ, teilnehmend und teilgebend, und tritt von Anfang an aus seinem eignen Wesen heraus. Darum sind die beiden Gleichnisse, die mit je einer sozialen Randfigur arbeiten, mit einem verdingten Hirten und mit einer armen Frau, so wichtig, denn sie bringen die gegenseitige Angewiesenheit ins Bild. Das kann einer formelhaft gewordenen Glaubenssprache neue Möglichkeiten zuspielen.

Der Berner Theologe und Dichter Kurt Marti wagt die Provokation: *Muss am ursprünglichen Begriff «Reich» oder (sprachlich genauer) «Königreich Gottes» festgehalten werden? Gegenüber Israels Nachbarmonarchien, vor allem dann in Antithese zum Imperium hat dieser Begriff die andere Herrschaft eines anderen Herrn bezeugt. Solange es Oligarchien, Diktaturen usw. gibt, wird «Königreich Gottes» immer eine Parole voll polemischer Zeugniskraft bleiben. Dennoch könnte man vermehrt auch von der «Demokratie Gottes» sprechen, im Unser Vater beten «Deine Demokratie komme!»* Marti deutet die Formulierung des Paulus, dass am Ende Gott alles in allem sei (1Kor 15,28), nicht als *Theokratie*, sondern will sich darunter so etwas vorstellen wie eine Theodemokratie, in der die Menschen mit ihren Beziehungen und institutionellen Verbindungen zuletzt ankommen werden. So würde sich die Dreifaltigkeit zu einer Allfaltigkeit entwickeln, wie er sagt, und die Klänge der Marseillaise sich wunderbar vermischen mit dem *Te Deum laudamus!*

_ NACHGEFRAGT

Vom Text her

_ Welches Lebensmuster stimmt für Sie eher?
  Eine ruhige Entwicklung, eine Zunahme an
  Kenntnissen, Wirkungsmöglichkeiten, Beziehungen?
  Oder eher eine dramatische mit Funden und
  Verlusten, Wiederfinden, Abirren und
  Zurückkommen?

_ Wie gehen Sie mit Verlusten um? Nehmen Sie sie
  locker oder tragisch?

_ Kam das in Ihrem Leben vor, dass Sie verloren
gingen? In einer fremden Gegend? In einer Bezie-
hung, die aussichtslos schien oder sich als aussichts-
los erwies? Wie wurden Sie wieder gefunden?
Oder fanden Sie sich selbst wieder zurecht?
Was verhalf Ihnen dazu?
_ Wie schmeckte das Gefundenwerden?
Konnten Sie Ihrer Freude darüber Ausdruck geben?
_ Erkennen Sie in Ihrem Erlebnis eine religiöse
Dimension?
_ Was fangen Sie mit dem Satz aus dem Evangelium
an: *Wer sein Leben findet, wird es verlieren; wer sein
Leben verliert um meinetwillen, wird es finden?*
(Mt 10,39)
_ Kennen Sie das Glück der Gemeinschaft, der jemand,
den man verloren glauben musste, wieder zurückge-
geben wird? Vielleicht können Sie es sich für Ihre
eigene Familie vorstellen? Oder in Ihrem Bekannten-
kreis?
_ Konflikte entstehen häufig und schmerzen dann.
Manchmal ist es möglich, dass ein Zwist bereinigt
und aufgearbeitet wird: Wie begegnet man sich
hinterher? Ist es ein wenig peinlich? Oder hat sich
etwas zum Positiven hin verändert? Haben Sie so
etwas schon einmal erlebt?
_ Wir sind in einigen Dingen äusserst individualistisch;
in andern doch eher Herdentiere: Was ist Ihre Erfahrung? In welche Richtung neigen Sie? Nehmen Sie
eine konkrete Verantwortung wahr, in Ihrem Dorf
oder in Ihrer Stadt? In welcher Art?
_ Ein Zurückgekehrter ist weit herumgekommen, musste womöglich Gefährdungen und Abstürze erleben,
konnte aber wirkliche Erfahrungen machen: Sind Sie
manchmal neidisch auf solche Erfahrungen? Verfügt
er über etwas, das Sie nicht haben?
_ Es gibt so leicht einen falschen Ton, wenn man von
reuigen Sündern spricht! Im Judentum gibt es dafür
den Ausdruck *Meister der Rückkehr:* Wie würden Sie
sich ausdrücken, welche Wörter fallen Ihnen ein für
entsprechende Erfahrungen? Weist Ihr Lebensweg
Kehrtwendungen auf? Können Sie in Ihren Kehrtwendungen so etwas wie eine *Umkehr* entdecken, oder
waren die Wendungen ganz von aussen veranlasst?

Zum Gottesbild hin

_ Wissen Sie, wie Gott vom Menschen denkt?
Woran erkennen Sie das?
_ Kennen Sie Situationen, in denen Sie sich zu Gott
aufmachen? Sind Sie religiös? Haben Sie mal eine
Wallfahrt unternommen? Waren Sie in Jerusalem,
Rom oder Santiago de Compostela?
_ Wo empfinden Sie religiöse Gefühle am ehesten?
Welche Bedingungen müssen dafür stimmen?
_ Hat Gott Sie einmal aufgesucht? Haben Sie sich
finden lassen? Wie war das? Können Sie Ihre Gefühle
dabei beschreiben?
_ Gott als Überraschung: Was fangen Sie mit dieser
Vorstellung an? Oder lieben Sie eher gesicherte
theologische Zusammenhänge und religiöse
Verhältnisse? Was spricht wofür und wogegen?

_ GELESEN

_ Hans Conzelmann / Andreas Lindemann,
 Arbeitsbuch zum Neuen Testament;
 Tübingen 1983.

_ Kurt Galling (ed.), Textbuch zur Geschichte Israels;
 Tübingen 1979; Seite 92 (Bauinschrift).

_ Hubertus Halbfas, Die Bibel erschlossen und
 kommentiert; Düsseldorf 2001.

_ Wolfgang Harnisch, Die Gleichniserzählungen Jesu;
 Göttingen 1990.

_ Karl Jaros (ed.), Hundert Inschriften aus Kanaan und
 Israel; Fribourg 1982; Seiten 103.105 (Münzen).

_ Hans G. Kippenberg / Gerd A. Wewers (ed.),
 Textbuch zur neutestamentlichen Zeitgeschichte;
 Seiten 80 (Aristeas), 111.192 (Rabbinen).

_ Kurt Marti, Zärtlichkeit und Schmerz;
 Darmstadt 1979.

_ Shmuel Safrai, Das jüdische Volk im Zeitalter des
 Zweiten Tempels; Neukirchen 1980.

_ Luise Schottroff, Lydias ungeduldige Schwestern;
 Gütersloh, 1994.

_ Günter Stemberger, Einleitung in Talmud und
 Midrasch; München 1992.

_ Gerd Theissen / Annette Merz, Der historische Jesus,
 Göttingen 1997.

_ Hans Weder, Die Gleichnisse Jesu als Metaphern,
 Göttingen, 1980.

GOTT STIRBT DEN TOD
DES MENSCHEN.
DER GEKREUZIGTE

_ GESCHRIEBEN

1 Denn Christus hat mich nicht gesandt zu taufen, 17

2 sondern das Evangelium zu verkündigen –

3 nicht mit beredter Weisheit,

4 damit das Kreuz Christi nicht seines Sinnes entleert werde.

5 Denn das Wort vom Kreuz ist Torheit für die, die verloren gehen, 18

6 für die aber, die gerettet werden, für uns, ist es Gottes Kraft.

7 Es steht nämlich geschrieben: 19

8 *Zunichte machen werde ich die Weisheit der Weisen,*

9 *und den Verstand der Verständigen werde ich verwerfen.*

10 Wo bleibt da ein Weiser? 20

11 Wo ein Schriftgelehrter?

12 Wo ein Wortführer dieser Weltzeit?

13 Hat Gott nicht die Weisheit der Welt zur Torheit gemacht?

14 Denn da die Welt, 21

15 umgeben von Gottes Weisheit,

16 auf dem Weg der Weisheit Gott nicht erkannte,

17 gefiel es Gott,

18 durch die Torheit der Verkündigung jene zu retten, die glauben.

19 Während die Juden Zeichen fordern 22

20 und die Griechen Weisheit suchen,

21 verkündigen wir Christus den Gekreuzigten – 23

22 für die Juden ein Ärgernis,

23 für die Heiden eine Torheit,

24 für die aber, die berufen sind, 24

25 Juden wie Griechen,

26 Christus als Gottes Kraft und Gottes Weisheit.

27 Denn das Törichte Gottes ist weiser als die Menschen, 25

1. KORINTHER 1,17–25   28 und das Schwache Gottes ist stärker als die Menschen.

Bildersprache

Da lagen unzählige Postkarten in der Mitte unseres Stuhlkreises – und alle stellten sie das Gleiche dar: Jesus am Kreuz. Einige kannte ich. Besonders fiel mir eine gestrichelte Karikatur auf, auf der ein Esel wie gekreuzigt abgebildet war. Daneben gab es römische, irische und lateinamerikanische, mandeläugige und blondgelockte, romanische, gotische und barocke, romantische, kunsthandwerkliche und atemberaubende, wertvolle und einfache, kitschige und politische, anstössige, schockierende, aufrüttelnde und fragmentarische Kruzifixe. Bis hin zu Dalì, Kokoschka und Beuys' Kreuzigung mit leeren Milchflaschen. Altarkreuze, Fresken, Buchilluminationen, Prozessionskreuze, Glasfenster, Ikonen, Hungertücher, Anhänger ...

Dass wir als erstes eine Postkarte auswählen sollten, die uns aus irgendeinem Grund besonders ansprach, war zu erwarten gewesen.

Wer ist der Gefolterte?

Ich stiess in der riesigen Auswahl auf ein Kruzifix, aus dem der Gekreuzigte die Arme mitsamt den Nägeln aus dem Holz gerissen hatte und nun in der Gebärde des Wiegens und Schützens vor sich hielt. Das bewegte mich. Auf der Rückseite der Postkarte las ich, dass es im Neumünster von Würzburg zu finden sei und *aus der Zeit der Mystik* stamme. Ich fühlte mich angesprochen, gemeint, ja mehr noch: hineingenommen in die Umarmung – und gleichzeitig störten mich die spitzen Enden der Nägel, die weit aus den Handrücken des Gekreuzigten herausragten, mich stachen und provozierten, wie Dornen an einer Brombeerhecke Kleider und Haut jener ritzen, die Beeren ernten wollen. Das gesammelte, ernsthafte, irgendwie entrückte und zugleich liebliche Gesicht des Gekreuzigten sprach mich an. Die fast zärtliche Zuwendung schien auf mich konzentriert, machte aus der Betrachterin eine Gemeinte, vereinnahmte mich. Dazu die spitzen, alles Freundliche Lügen strafenden und auf Folter und Entwürdigung deutenden Nägel: All das löste eigenartig ambivalente Gefühle in mir aus, gleichzeitig Anziehung und Verweigerung, Faszination und Widerwillen. Dieser Gekreuzigte schien die Folterqual schon hinter sich zu haben und nun wie durch die Betrachterin hindurch auf ein fernes Ziel zu schauen. Ob er hinter mir das Paradies ahnte? Oder ob sein abwesender und zugleich zugewandter Blick doch dem einzelnen Menschen galt?

Ich erinnerte mich an Sätze, die wir im Konfirmationsunterricht gelernt hatten: dass Jesus *für unsere Sünden gestorben* sei; dass Jesu Tod ein *Opfer* sei, damit wir Menschen *erlöst* würden. Das hatte ich weder damals noch bis heute richtig verstanden. Weder die Worte, noch den Sinn. Es bedrückte mich, quälte mich auch und war wie eine moralische Ohrfeige oder eine intellektuelle Frage. Konnte denn Gott tatsächlich das Leben seines eigenen Sohnes opfern? Und bin ich wirklich so ein Ungeheuer, dass solch heftige Massnahmen von Gott her nötig sind, um mich zu entlasten? Nein, das konnte und will ich nicht begreifen.

Aber das sah ich in diesem Kruzifix auch nicht. Vielmehr schien dieser Gekreuzigte mir zu sagen: «Schau her, hier bin ich und nehme dich mit! Alles, was dein Leben schwer macht, kenne ich. Sieh her! In meinen Händen stecken noch die Nägel, aber ich lebe. Nichts, was dir geschieht, kann so furchtbar sein wie das Leid, das ich durchlitten habe. Darum verstehe ich dich. Lass dich in meine Arme nehmen! Da findest du Erholung, Trost, Kraft, oder was immer du brauchst.» Irgendwie waren diese Gedanken irreal – und ich neige eigentlich gar nicht zu solchen Tagträumen. Aber ein Gefühl von Geborgenheit erfüllte mich, und ich empfand ganz stark, dass dieses Kruzifix mir vom Leben, von meinem Leben erzählte und Hoffnung vermittelte.

Alles, was ich gelernt hatte, wirbelte in wenigen Augenblicken durcheinander und wurde neu zusammengesetzt. So etwas hatte ich vorher noch nicht erlebt. Ich hatte gelernt, dass der Tod Jesu für mich das grösste Geschenk Gottes sei. Aber dieser Jesus auf meiner Postkarte, dieser Jesus strahlte Lebendigkeit aus, Vitalität und Zuwendung. Da schienen Kreuz und Tod keine Bedeutung mehr zu haben, sondern nur das Leben. Diese Erkenntnis liess mich fast schwindeln, so überraschend war sie und so erschütterte sie mich. Da tat sich eine ganz neue Wirklichkeit auf, die ich vorher nie gesehen hatte. Das alles war wie eine Offenbarung. Ich hatte das nicht gedacht, nicht überlegt, sondern es hatte mich überfallen, als ich dieses eine Kreuz ansah. Die intuitive Erkenntnis war mir irgendwie suspekt, denn so kenne ich mich sonst gar nicht, so ergriffen und bewegt. Sonst bin ich ein eher nüchterner Typ, finde ich wenigstens.

Andere Perspektiven

Ich war so in meine, mich völlig überraschenden Gedanken versunken, dass ich fast erschrak, als wir aufgefordert wurden, der Reihe nach die von uns gewählten Kunstkarten vorzustellen und vor uns hinzulegen. Unterdessen waren die übrigen Karten in der Kreismitte schon zu einem Kreuz angeordnet worden. Ich staunte über die bunte Fülle von Kunstbildern und Deutungen, die mir von den anderen Teilnehmerinnen und Teilnehmern entgegenkam. Als ich mein Bild vorstellte, fragte die Leiterin, ob dieses Bild für mich vielleicht mehr von Ostern als von Karfreitag ausstrahle? Ich fand, das traf den Nagel ziemlich genau auf den Kopf. Von den Bildern der anderen sind mir nur ein paar wenige in Erinnerung geblieben.

Ein Hase am Kreuz schockierte mich. Für mein Gegenüber war er Ausdruck dafür, dass heute vor allem Tiere

tip

Mittel:
Lesung des Textes auf CD V/20; integrale Lesung der Passionsgeschichte auf CD IV/7

Besuch:
der nächstgelegene Friedhof; in Paris der Cimetière du Père Lachaise; in Lissabon der Cemitério dos Prazeres; in Genua der Cimitero di Staglieno

Bild:
Michelangelo, Pietà im Petersdom (Skulptur, Italien 1499); Tilman Riemenschneider, Pietà in Würzburg (Skulptur, Deutschland 1510); Käthe Kollwitz, Pietà (Lithographie/Skulptur, Deutschland 1903/1936); Ernst Barlach, Pietà für Stralsund (Skulptur, Deutschland 1932); Alois Carigiet, Kreuzabnahme (Gemälde, Schweiz 1963); Josua Boesch, Auferstehungsweg (Metallikonen, Schweiz 1989); Maja Ingold / Angela Wäffler, Passagen (Holzschnitte, Schweiz 2003)

Buch:
Catarina Regina von Greiffenberg, Über den gekreuzigten Jesus (Gedicht, Deutschland 1679); Giovannino Guareschi, Don Camillo und Peppone (Erzählungen, Italien 1956); Marie-Luise Kaschnitz, Auferstehung / Am Feiertag (Gedichte, Deutschland 1962/1975)

Klassik:
Heinrich Schütz, Die Sieben Worte Jesu Christi am Kreuz (Deutschland 1647); Franz Joseph Haydn, Die sieben letzten Worte des Erlösers am Kreuz (Österreich 1785); César Franck, Les sept dernières Paroles du Christ en Croix (Belgien 1859), Arvo Pärt, Passio Domini nostri Jesu Christi secundum Joannem (Estland 1982); Sofia Gubaidulina, Sieben Worte (Tatarstan 1982)

Film:
Isabel Coixet. The Secret Life of Words (Spanien 2005)

Pop:
Fabrizio De André, Maria nella bottega di un falegname / Via delle croci (Chansons, Italien 1970); Andrew Lloyd Webber, The Crucifixion; in: Jesus Christ Superstar (Musical, USA 1971)

die Opfer für menschliche Schöpfungsignoranz zu bringen hätten. Er war wohl einer Anti-Pelzkampagne entsprungen.

Ein Kreuz, das mehr wie ein Lebensbaum aussah und Christus wie eine reife Frucht darin, verwirrte mich, weil ich es verharmlosend und beschönigend fand, aber die Frau, die diese Karte gewählt hatte, betonte, dass sie nur so überhaupt an das Kreuz denken könne: neues, österliches Leben hervorbringend, statt die brutalen Foltermethoden des Römischen Reiches zu überliefern.

Eine Frau anstelle von Christus, mit breit gespreizten Schenkeln: Mir kam sie einfach geschmacklos vor, aber mein Nachbar sah darin ein Symbol für Menschen, die heute gefoltert und gequält werden, besonders für vergewaltigte und zur Prostitution gezwungene Frauen.

Ein Holzkreuz war innen hohl, ausgeschnitten mit der Silhouette des Auferstandenen. Die Frau, die dieses Bild gewählt hatte, erklärte dazu, dass das Kreuz nur von Ostern her, vom Leben aus zu ertragen und zu begreifen sei, denn Gott wolle ja schliesslich keine Menschenopfer.

Ein hoheitsvoll vom Kreuz herab Grüssender – ich dachte mehr an die Queen im Rolls Royce als an den leidenden Menschensohn – hatte die wählende Person vor allem an seine Hoheit und Gnade erinnert.

Der elfenbeinerne Buchdeckel zeigte den geschundenen und völlig erschöpften Jesus mit Dornenkrone und Folterknechten. Den Kopf liess er hängen. Gesagt wurde dazu nur: *Seht, welch ein Mensch!* (Das steht in Johannes 19, wie ich später herausfand.)

Es waren auch bekannte Darstellungen dabei, die ich schon zu oft gesehen hatte, als dass sie mich noch besonders hätten bewegen können: der lateinamerikanische Bauer, der an Schaufel und Forke hängt; der angeblich unvollendete Torso von Michelangelo; die aufstrebende, sich aus einem hohlen Baumstrunk erhebende Gestalt, die vor der Kapelle des kirchlichen Bildungshauses im Baselbiet, auf dem Leuenberg, aufgestellt ist; das barocke Gedicht in der Gestalt eines Kreuzes.

Warum eigentlich war ich so überrascht, wie verschieden das Kreuzigungsthema im Laufe der Zeiten, aber auch in unserer Gruppe, verstanden und dargestellt worden ist?

Jesu Worte am Kreuz

Als nächstes legte die Kursleitung Textblätter in die Mitte des Bilderkreises mit den *Sieben Worten Jesu am Kreuz* (Mt 27,46; Lk 23,34.43.46; Joh 19,26–27.28.30) und den fünf Gedanken über die Kreuzigung, die Paulus an die Gemeinden in Rom, Korinth und Thessaloniki schreibt (Röm 6,8; 8,34; 1Kor 1,17–25; 2Kor 5,15; 1Thess 5,9–10). Wir sollten nun alle Bilder den einzelnen Zitaten zuordnen.

Das war tatsächlich eine weitere Überraschung für mich: zu merken, wie verschieden sich die Kreuzesworte Jesu anhören und wie die einzelnen Darstellungen fast immer ganz leicht einem Satz zuzuordnen sind! Da hatte ich doch bisher, ohne darüber nachzudenken, immer gemeint, Jesus am Kreuz sei einfach Jesus am Kreuz. Nun erkannte ich mit einem Mal, wie der jeweilige Blick auf diesen Jesus am Kreuz ihn vielfältig präsentiert: mal leidend, schwach und sterblich wie ein Mensch, mit dem ich mich identifizieren kann wie mit einer Schwester oder einem Bruder, dann wieder fürsorglich und verantwortungsvoll wie ein Priester oder fromm und ergeben, aber auch erhaben wie ein König oder ein Gott.

Mir wurde bewusst, wie deutlich die verschiedenen Künstler und Künstlerinnen sich auf eine ganz spezielle Perspektive konzentrieren, und einen besonderen Aspekt des Geschehens am Kreuz zum Ausdruck bringen wollen. Schon der biblische Text erzählt offenbar nicht einfach historische Fakten von einem Wanderprediger aus Nazaret, der um 30 von der römischen Besatzungsmacht als politischer Aufwiegler hingerichtet worden ist, sondern betont verschiedene Aspekte, bedenkt die theologische Bedeutung und leuchtet unterschiedliche Blickwinkel aus. Darauf wies uns die Kursleitung hin, als wir die Texte und Bilder einander zuordneten. Hatte ich bisher gedacht, die Bibel erzähle einfach, was geschehen ist, so erkannte ich nun, dass jeder einzelne dieser Texte eine eigene theologische Absicht mit der Art seines Berichtes verbindet. Das sollte mich ja eigentlich nicht überraschen, denn bei Presse oder Tagesschau ist es genauso: Die Fakten werden ausgewählt und bewertet, auch mal suggestiv weitergegeben, und eine objektive Wahrheit gibt es eigentlich gar nicht. Klar, eigentlich wird ja bei der Presse selten richtig handfest gelogen; es ist mehr ein Stimmungsbild, das mit dem verbreitet wird, was ausführlich erzählt, kommentiert und beurteilt oder weggelassen wird. Wie gut, dass in der Bibel verschiedene Autoren von der Kreuzigung erzählt haben und so verschiedene Berichte mit ihrer je eigenen Bewertung der Ereignisse überliefert sind!

Ausgerechnet bei meinem Bild übrigens mussten wir in der Gruppe lange diskutieren. Ich wollte es ja zu *Es ist vollbracht!* legen, denn dieser Satz drückt für mich am meisten diese Liebe und Zuneigung aus, die auch die Darstellung ausstrahlt. Aber andere wollten es zum Doppelwort an die Mutter und die Jünger legen, und wieder andere fanden, es gehöre zu *In deine Hände*, und noch andere wollten es zur Zusage an den Mitgekreuzigten legen. Irgendwie macht das alles Sinn, obwohl mir persönlich das Doppelwort an Mutter und Jünger zu speziell ist, als dass ich mich selbst davon angesprochen fühle, und *In deine Hände* kehrt in meinen Augen die Richtung um: Im Bild erkannte ich gerade, dass Jesus mich in seine Hände nimmt, während er sich im Satz in Gottes Hände begibt.

Die Diskussion ging dann auch genau in diese Richtung: Ob daran nicht gerade zu erkennen sei, dass Jesus eben zugleich ganz und gar menschlich und göttlich sei? Es müsste noch einen Satz geben, der diese Dimension aussagt. So entschieden wir uns nach langem Hin und Her, dieses Bild zwischen die verschiedenen Wortgruppen zu legen. Nachträglich merke ich, dass mir die Diskussion darüber, wohin das Bild gehört, viel mehr bedeutet hat, als wo es schliesslich hingelegt worden ist. Diese gemeinsam angestellten Überlegungen gehen mir nach. Auch jetzt noch, Wochen später, kommen mir immer wieder Fragen in den Sinn und lassen mich nicht los, vielleicht weil ich noch keine Antwort darauf gefunden habe?

_ VERORTET

Die Stadt Korinth

Die zweitgrösste Stadt Griechenlands nach Athen war durch ihre Lage am Isthmos, der Meeresenge zwischen Adria und Ägäis, durch ihre beiden Häfen Lechäon und Kenchreä und durch die so entstandenen Handelsbeziehungen eine bedeutende Weltstadt am Schnittpunkt wichtiger Handelsstrassen. Hier gab es für die Schiffahrt eine Abkürzung über Land, um die gefährliche Seeroute um die Südspitze der Peloponnes zu vermeiden. Dazu wurden kleinere Schiffe direkt auf Rollbahnen aus Baumstammen geladen, grössere mussten zuvor gelöscht werden, wozu viele Arbeiter nötig waren. Korinth lag an der Ost-West-Handelsroute, und die Steuereinnahmen trugen zum Wohlstand der Stadt bei. Obwohl die ältesten Zeichen einer Besiedlung in neolithische Zeit zurückreichen und Korinth um 990v gegründet worden war, war die Stadt, die Paulus kannte, gerade erst durch Cäsar neu aufgebaut worden (44v). Als römische Bürgerkolonie trug sie den Namen *Colonia Laus Julia Corinthiensis* und war zur Hauptstadt der Provinz Achaia erklärt worden. Zu dieser Zeit umfasste das römische Weltreich etwa 3,5 Millionen Quadratkilometer und 54 Millionen Einwohner.

Ihre multikulturelle Gesellschaft

Stadt und Häfen waren ein kultureller, ethnischer und religiöser Schmelztiegel: Viele der in Korinth lebenden Menschen, die als Sklaven aus allen Teilen des Römischen Reiches gekommen und irgendwann freigelassen worden waren, liess Cäsar sich hier ansiedeln. Daher errichteten völlig verschiedene Religionen ihre Gottheiten eigene Tempel und pflegten ihre eigenen Rituale und Kulte.

Im Aphrodite-Tempel sollen bis zu tausend Hierodulen beschäftigt gewesen sein, Priesterinnen eines Fruchtbarkeitskultes, der die rituelle sexuelle Vereinigung mit einschloss. Vom Apollotempel sind bis heute noch Säulen zu bewundern. Beim Poseidonheiligtum fanden alle zwei Jahre die Isthmischen Spiele statt, zu ihrer Zeit fast ebenso berühmt wie die Olympischen Spiele. Auch Athene, die griechische Göttin der Weisheit, hatte ihre Anhängerschaft. Vom Beginn des ersten vorchristlichen Jahrhunderts an gab es wohl auch eine jüdische Synagoge.

600 000 Menschen bewohnten die Stadt. Davon war rund ein Drittel versklavt. Das spricht für den Reichtum der Stadt. Es lässt sich vorstellen, dass Korinth am Fortschritt des Römischen Reiches teilhatte: Zahnpulver aus Hirschhorn und erste Warmwasserleitungen verbesserten die Hygiene. Wassergefüllte Glaskugeln wurden als Vergrösserungsgläser genutzt, und Wasserräder trieben Mühlen und Sägewerke an. Andererseits galt Korinth wie alle Hafenstädte der Welt als lasterhaft, sittenlos und verkommen. Die Stadt hatte einen durchaus zwielichtigen Ruf.

Ein Sonderrecht für Israel

Zwar galt in den Provinzen des Römischen Reiches eine gewisse Religionsfreiheit und eine begrenzte politische Autonomie, solange die Steuern rechtzeitig gezahlt und die Loyalität gegenüber dem Kaiser in Rom gewahrt wurden, doch war der Friede latent gefährdet, weil die Stimmung immer wieder aggressiv und explosiv wurde. Von Rom eingesetzte Könige regierten, beaufsichtigt von römischen Prokuratoren. Die Besatzungsmacht mischte sich in die inneren – vor allem religiösen – Angelegenheiten der besetzten Länder nicht ein, solange der Römische Friede nicht bedroht war. Doch galten alle Menschen ohne römisches Bürgerrecht nach griechischem Vorbild als Barbaren, als ungebildete Leute, welche Griechisch nur zu stammeln vermochten und selbst in unverständlichen Sprachen redeten.

Kam es allerdings zu Aufständen, dann zögerte die römische Besatzungsmacht nicht, in diesem riesigen, kaum regierbaren Staatsgebilde für Ruhe und Ordnung zu sorgen: Abschreckende Todesstrafen wie die Kreuzigung waren für Landesverräter und Sklaven sowie für Menschen ohne römisches Bürgerrecht vorgesehen. Wer zum Foltertod verurteilt wurde, musste oft tagelang in brütender Hitze leiden. Die Leichname der Verstorbenen blieben als abschreckende Drohung an den Kreuzen hängen.

Ein Privileg wurde den Teilprovinzen Palästinas gewährt, denn im religiösen Empfinden der jüdischen Bevölkerung entweihte ein über Nacht hängen bleibender Leichnam das Land (Dtn 21,23). Darauf nahm Rom Rücksicht. Die Leichname der Gekreuzigten wurden vor Sonnenuntergang verscharrt. Damit ein Grab nicht den Status eines Wallfahrtsortes bekommen konnte, wurden im Römischen Reich gekreuzigte Menschen nicht begraben und in Israel als Alternative in Massengräber geworfen. Weil der Tod am Kreuz als Entehrung der Person galt, durften die Toten weder betrauert noch ehrenvoll bestattet werden: Wer trauert, empfindet Sympathie und Mitgefühl für die verurteilte Person wie für ihr

Handeln. Er machte sich darum desselben Verbrechens schuldig. Einzig berufsmässige Klagefrauen durften die rituellen Klagen halten.

Paulus in Korinth

Nach Korinth kam Paulus in den Jahren 50–51 auf seiner zweiten Missionsreise (Apg 18,1). Hier sammelte er die Christusanhängerschaft zu einer ersten Gemeinde und hinterliess dieser eine schon ihm überlieferte Bekenntnisformel, an die er sie ausdrücklich erinnert (1Kor 15,1–11). Zu den ersten Christen in Korinth gehörten unter anderem Priscilla und Aquila, die im Jahr 49 aus Rom nach Korinth geflohen waren und Paulus bei seinem ersten Besuch beherbergt hatten (Apg 18,2; 1Kor 16,19).

Zu dieser Zeit gab es noch keine Unterscheidung zwischen jüdischen und christlichen Gruppierungen, und für Aussenstehende sahen Konflikte zwischen jüdischen und christlichen Parteien wie innerjüdische Konflikte aus. Jesus war Jude gewesen, Paulus war es auch. Darum wandte sich Paulus in jeder Stadt zunächst an die Synagoge. Dass er dort besonderen Eindruck auf die *Gottesfürchtigen* machte, jene Menschen nichtjüdischer Herkunft, die ihr Leben nach der Tora ausrichteten und an den Gott JHWH glaubten, lag nahe. Die Männer liessen sich nicht beschneiden und gehörten darum nicht zum Bundesvolk Gottes, nahmen aber an den Gottesdiensten der Synagoge teil. Die Botschaft vom auferstandenen Messias machte sie zu vollen Mitgliedern des Gottesvolkes. Dreissig bis fünfzig Christusanhänger bildeten die Gemeinde, wobei die Frauen ebenso leitende Rollen übernehmen konnten wie die Männer (1Kor 1,11; 11,5–15; 16,19). Die Gemeinde hatte sich vor allem in den unteren Bevölkerungsschichten etabliert. Doch gab es auch eine kleine Gruppe Bessergestellter (1Kor 6,7–8; 11,20–22), was zu sozialen Spannungen unter den Christusgläubigen führte: Streitigkeiten und Ausschweifungen, verbunden mit charismatischer Begeisterung, erschwerten das Gemeindeleben und führten zu Spaltungstendenzen.

Diese Situation und die Briefe des Paulus, die darauf reagieren, ermöglichen Leserinnen und Lesern einen Einblick in das Leben einer christlichen Gruppierung, bevor sie eine feste Ordnung mit Strukturen und Ämtern entwickelt hatte. Es muss ein reger Briefwechsel zwischen Paulus und der Gemeinde in Korinth bestanden haben, auch wenn von diesem nur zwei Briefen erhalten sind. Paulus kam noch zweimal nach Korinth, wurde aber auch in Ephesos von Gemeindegliedern aus Korinth besucht (1Kor 1,11; 16,17). Der zweite Aufenthalt im Frühjahr 54 muss allerdings höchst unerfreulich und voll gegenseitiger Anwürfe gewesen sein (2Kor 2,1). Während er zwischen 55 und 58 zum dritten Mal in Korinth war, schrieb Paulus den Brief an die Gemeinde in Rom, in dem er seinen Besuch ankündigte. Korinth wurde zum Missionszentrum Griechenlands, bevor es durch Erdbeben (375 und 551) und den Einfall der Goten (395) nahezu vollständig zerstört wurde.

_ EINGEREIHT

Ein Brief

Paulus hat etliche Briefe an die Gemeinde in Korinth geschrieben. Die beiden, in ihrer heutigen Form überlieferten Briefe umfassen vermutlich mehrere Einzelbriefe, während andere, auch die Vorgängerbriefe zu den erhaltenen, verloren sind. Konkrete Anlässe für den sogenannten *Ersten Brief an die Korinther* sind einerseits ein Fragenkatalog aus der Gemeinde, den Paulus gewissenhaft beantwortet, und andererseits mündliche Nachrichten über das Gemeindeleben der *Leute der Chloe* (1Kor 1,11). Paulus will mit seinen Briefen die christlichen Gemeinden in ihrem Alltag unterstützen. Nachhaltige Argumente und tiefgründige Überlegungen sind ihm ebenso wichtig wie pragmatische Lösungen. Er will überzeugen, nicht massregeln. Darum berücksichtigt er die soziale und kulturelle Situation der Gemeinde ebenso wie die Lebensregeln, die sich aus dem Evangelium von Tod und Auferstehung Jesu Christi ergeben.

Nach der üblichen Einleitung mit Gruss und Dankgebet (1Kor 1,1–9) widmet Paulus sich in einem ersten Block gemeindepolitischen Fragen wie Spaltungen in der Gemeinde (1Kor 1,10–4,21), Skandalen (1Kor 5–6), der Ehe (1Kor 7) und dem Verzehr von Götzenopferfleisch (1Kor 8–10). Im zweiten Block beschäftigt er sich eingehend mit der Ordnung im Gottesdienst (1Kor 11) und dem richtigen Umgang mit den Gnadengaben (1Kor 12–14), und ein dritter Block thematisiert die Auferstehung der Toten (1Kor 15). In das übliche Schlusswort integriert Paulus Grüsse, Nachrichten und Pläne (1Kor 16).

Antworten auf anstehende Fragen

Schon formal zeigt sich, dass dieser erste Brief an die Gemeinde in Korinth als Einheit konzipiert und geschrieben worden ist. Die darin entwickelten Positionen sind deutlich. Sie berufen sich, wo immer das möglich ist, auf die überlieferte Tradition und das gemeinsame Glaubenserbe (vgl. Zeilen 8–9), sind aber nicht direktiv und bevormundend (1Kor 11,16). Damit wird dieser Brief zum Musterbeispiel geistlicher Autorität: Zu jeder einzelnen Frage bemüht sich Paulus um eine theologische, wohldurchdachte, im Gemeinsamen verankerte und nachvollziehbare Antwort.

Gelegentlich bemerkt er selbst, dass er den Bogen überspannt. In 1Kor 11 beispielsweise versucht er, an der offenbar heftig diskutierten Sitte, dass die Frauen öffentlich mit bedecktem Kopf auftreten, festzuhalten. Dazu fährt er zunächst mit schweren, schöpfungstheologischen Argumenten auf und setzt mit einer Hierarchie der Geschlechter in Analogie zur Hierarchie zwischen Mensch und Gott ein (1Kor 11,3–9). Dabei verstrickt und versteigt er sich immer mehr, und seine Ausführungen gipfeln schliesslich in der Aussage, die Frau solle eine Vollmacht auf dem Kopf haben *von den Engeln her* oder *wegen der Engel* (1Kor 11,10). Dieser Satz führt in seiner Argumentation zu einer Wende: Alles, was er vorher behauptet hat, wird nun relativiert (Vers 12 relativiert 8; 11 relativiert 9), und was als gross angelegte Schöpfungstheologie begonnen hat, wird immer bescheidener als Sitte erkannt, allerdings mit einer wichtigen sozialpolitischen Dimension: Wie können die Christinnen von der Umwelt ernstgenommen werden, wenn sie sich nicht an die sittlichen Normen halten? Jedoch betont er, das sei kein Grund zum Streit (1Kor 11,16).

Nachhaltige Lehre

Hier zeigt sich der grosse, kühne und freiheitliche Geist, aus dem heraus Paulus argumentiert. Mit den eingeschobenen Zitaten christlicher und jüdischer Bekenntnisse zeigt sich, woraus dieser Geist sich nährt: aus dem Glauben an Christus Jesus, der von Paulus wie von allen anderen Christinnen und Christen als der auferstandene Messias verkündet wird.

Schon die ersten Jüngerinnen und Jünger prägten kürzeste Formeln, mit denen sie ihren Glauben an das Osterereignis bestätigten, einander bestärkten und von denen sie anderen erzählten. Eine der ältesten Formeln dürfte die lapidare Feststellung sein: *Christos Kyrios.* Das im Deutschen meist mit *Christus ist der Herr* wiedergegebene Bekenntnis ist unzureichend übersetzt, weil es die Anspielung auf die Umschreibung des Gottesnamens JHWH nicht wiedergibt. Die Septuaginta, die griechische Übersetzung der hebräischen Bibel, übersetzt JHWH meist mit *Kyrios.* Der Hinweis auf die besondere Nähe zu Gott kommt darin zum Ausdruck, und zugleich eine gewisse Herrschaftskritik: Nur Gott und in ihm Christus kann als der Höchste, als Herrscher, als *Herr* der Christen gelten und keiner sonst (vgl. 1Sam 8,10–18)! Wer sich zu Christus bekennt, wer im Gekreuzigten und Auferstandenen den Messias erkennt, kann das mit zwei Worten ausdrücken: *Christos Kyrios!*

Ein anderes Beispiel für solch ein umfassendes Bekenntnis mit minimalem Wortaufwand ist: *Christus ist auferstanden,* wie es noch heute zur Osternachtsliturgie gehört. Andere Bekenntnisse finden sich im Philipperhymnus (Phil 2,6–11), der sich mit deutlichen Anspielungen auf Deuterojesaja beruft (Jes 53), oder zu Beginn des Römerbriefs (Röm 1,3–4). Ebenfalls greift Paulus indirekt auf solche Bekenntnisformeln zurück, wenn er sie in seine Argumentationen einbezieht (Röm 10,9; 1Kor 12,3; 2Kor 9,13). Ein ausführlicheres Beispiel zitiert er in seinem Auferstehungskapitel: Es sei ihm selbst überliefert worden, *dass Christus gestorben ist für unsere Sünden gemäss den Schriften, / dass er begraben wurde, /*

dass er am dritten Tage auferweckt worden ist gemäss den Schriften / und dass er Kefas erschien und dann den Zwölfen. (1Kor 15,3–5) Solche Kleinstbekenntnisse setzt Paulus auch hier voraus (21.26).

Aber nicht nur Paulus überliefert Bekenntnisformeln, die von Anfang an zum Kernbestand christlicher Liturgien gehören. Auch die johanneischen Schriften greifen darauf zurück (Joh 9,22; Joh 11,27; 1Joh 4,2.15), ebenso die synoptischen Evangelien (Mt 10,32–33; Mk 8,29). Daraus lässt sich auf die sehr frühe Bildung dieser Formeln schliessen, die wohl von den ersten Jüngerinnen und Jüngern geprägt und mündlich weitergegeben worden sind. Sie dienten den Christinnen und Christen schon bald zur Verständigung untereinander und waren im Gottesdienst gemeinsame Antwortformeln, weil sie die komprimierte Vergegenwärtigung des Glaubens und der mündlich weitergegebenen Erzählungen über Jesus sind. Wer diese Formeln aus ganzem Herzen mitsprechen kann, gehört zur Christusgemeinde.

_ AUSGELEGT

Paradoxe Argumentation

Das für Paulus zentrale und wichtige Thema von der paradoxen Offenbarung Gottes am Kreuz steht ganz zu Beginn des Briefes und ist seine erste theologische und zugleich persönliche Ausführung, die in fast hymnischer Sprache Torheit (5.18.23.27) und Weisheit (15–16.26–27) einander christologisch gegenüberstellt (3–4.21–26). Paulus kann die paradoxe Glaubenserkenntnis nur argumentativ erklären, ist aber gleichzeitig darauf bedacht, die Adressaten und Zuhörer nicht rhetorisch zu überzeugen: Nicht seine persönliche rhetorische Brillanz soll überzeugen (3), sondern die Weisheit Gottes (27–28), die sich im Kreuz Christi zeigt (4.6). Aber dazu stehen ihm nur rhetorische Mittel zur Verfügung. Das macht diesen Abschnitt – und seine Auslegung – argumentativ ebenso paradox.

Paulus geht es nicht um die faktische, historische Kreuzigung Jesu und ihre Umstände, sondern um ihre theologische Bedeutung, die er mit klugen, einleuchtenden, rationalen Argumenten benennt, um gleichzeitig von seiner eigenen Überzeugungskraft weg- und auf die Weisheit Gottes hinzulenken. Paulus bringt mit seinem diskursiven Scharfsinn alles vor, was rhetorisch glanzvoll ist (7–13), und betont gleichzeitig, dass letztlich nur im Verzicht auf theologische Rhetorik (3) das Paradox begreifbar wird, dass Gott im Kreuzestod das Leben feiert (5–6.18.27–28), dass Gott diesem Tod in der Auferstehung das Leben entgegensetzt. Das stellt die Weisheit der jüdischen (Dtn 21,22–23) und römischen Welt auf den Kopf und setzt die ganz andere Weisheit Gottes dagegen. Da versagen alle Worte, da hilft kein Argument, beide kämen in aller Geschliffenheit einer unangebrachten Selbstdarstellung des Verkündigers gefährlich nahe. Paulus redet nicht um seinetwillen, sondern um der Sache willen. Er debattiert, weil es seiner Natur entspricht, aus rhetorischer Freude. Aber er relativiert diese Art der Darstellung sofort wieder (10–13), denn es geht nicht um Paulus, sondern um Christus, der am Kreuz Gottes Weisheit repräsentiert. Nur als Bekenntnis des Glaubens kann formuliert werden, was zentraler Glaubensinhalt ist: *Wir verkündigen den gekreuzigten Christus als Gottes Kraft und Gottes Weisheit* (21.26).

Paulus bildet also sprachlich ab, was er theologisch sagen will: Weil es gilt, das Unfassbare zu fassen, beschreibt er mit kunstvoller Rhetorik das rhetorisch nicht zu Beschreibende. Diesen Inhalt fasst keine Form. Deshalb bleibt Paulus absichtsvoll im Widerspruch. Mit beredter Kunst redet er davon, was mit beredter Weisheit nicht zu sagen ist. Er versteht sich als Verkündiger (2.18.21). Er ist Botschafter des Evangeliums im Wort (vgl. Einheit 21), der zwar argumentative Brillanz einsetzt und sie doch nicht zum Massstab erhoben wissen will, ebenso wie er auf eine eigene Anhängerschaft bewusst verzichtet (1Kor 1,12–13), um kein Missverständnis darüber aufkommen zu lassen, dass es hier nicht um die stärksten Argumente, den besten Redner oder den überzeugendsten Agitator geht, sondern allein um die Verkündigung der absurd erscheinenden und schwer verständlichen Botschaft vom Kreuz. Dieses steht im Zentrum des christlichen Glaubens.

Gegensatzpaare

Es fällt auf, dass hier jeder direkte Hinweis auf die Auferstehung fehlt, ebenso auf das Leiden am Kreuz, obwohl die theologische Rede vom Kreuz nur in Einheit mit der österlichen Auferstehung überhaupt Sinn macht: In der brutalsten aller denkbaren Foltern ist jeder andere Tod enthalten, und nur in der österlichen Überwindung des Todes durch Gott kann das Kreuz zur Verheissung und Hoffnung werden. Trotzdem verzichtet Paulus hier auf den Hinweis auf die Auferstehung.

Paulus verbindet gern Wortpaare wie *Tod und Auferstehung* (Phil 3,10–11; 1Kor 15,12–34; 2Kor 1,9–10) oder *dahingegeben und auferweckt* (Röm 4,25). Der hier vorliegende Abschnitt ist ebenfalls geprägt von Gegensatzpaaren: Torheit und Kraft (5–6), Weisheit und Glauben (15.18), verloren und gerettet (5–6), Gottesweisheit und Weltweisheit (15.16), Torheit und Weisheit (27), Schwachheit und Stärke (28). Damit signalisiert Paulus schon sprachlich die dialektische Spannung, um die es ihm geht: Menschen wollen aus eigener Weisheit Gott vereinnahmen, sich Gottes bemächtigen und in die feste Ordnung der eignen Denkmuster integrieren. Obwohl die Welt Gott erkennen könnte, missversteht sie die Botschaft und lässt die göttliche Möglichkeit ungenutzt (Röm 1,19–25), sich lieber auf eigene geistigen Fähigkeiten stützend als auf Gottes Selbstoffenbarung.

Gotteskraft und Menschenkraft

Als Rahmen für die Kreuzestheologie setzt Paulus die *Kraft Gottes* ein (6.26), wobei das griechische Wort *dýnamis* auch mit Bewegung, Stärke und daraus resultierender Macht wiedergegeben werden kann (ähnlich 28). Was immer zu sagen ist, es kann nur auf diesem Fundament und vor diesem Horizont gesagt werden, denn in der Kraft Gottes ist jede Möglichkeit des Lebens enthalten. Die Leben spendende, kreative, schöpferische Kraft zeigt sich im Kreuz. Dem stehen der Wille und die Fähigkeit des Menschen entgegen, Probleme aus eigener Kraft zu lösen und selbst für sein Leben zu sorgen. Der Mensch verfügt über Verstand und Wissen. Beide gehören in den Bereich, der seit alters *Weisheit* genannt wird. Menschliche Weisheit hat eigene Kraft, eigene *dýnamis* entwickelt. Deren Begrenztheit zeigt sich erst, wenn Menschenweisheit und Menschenkraft in Konkurrenz zu Gottesweisheit und Gotteskraft treten.

Mit dem Doppelzitat (8–9) aus der Tradition (Hiob 5,12a; Jes 29,14b) schmettert Paulus nicht die menschlichen Möglichkeiten ab, sondern deren Heilsanspruch und Wettbewerb: Wer der Gotteskraft eigene Lebensversicherungen oder Forschungsergebnisse, Überlebensstrategien oder Erlösungspläne entgegensetzen will, ignoriert Gottes Weisheit und Heilsabsicht für die Menschheit. Dabei haben verschiedene Erkenntnisbemühungen über Tod und Leben durchaus unterschiedliche Absichten und Fragerichtungen, doch sind sie sich in ihrer selbstherrlichen Weisheit einig: Sie machen Gott zum Objekt ihrer Überlegungen, Erörterungen und Diskussionen, sei es indem sie ihn übertrumpfen oder ersetzen wollen, sei es indem sie ihn ignorieren. Beide Male verlieren sie den Sinn dafür, dass Gott nicht Objekt, sondern Ursprung menschlichen Lebens ist. Mit dieser Verschiebung der Wahrnehmung, weg von der Angewiesenheit des Lebens auf Gott, hin zu einer selbstgefälligen Vernunft, verkommt die traditionelle theologische Weisheit zur Rechthaberei. Sie meint nur zu wissen, welche Heilserwartungen sie hat und wie diese Erwartungen sich durch eigene Erkenntnis erfüllen. Damit entsteht ein Wettbewerb der Einsichten, der mehr den eigenen Ruhm als das von Gott gestiftete Heil im Blick hat.

Vertrauen und Verstehen

Nun kann dem scharfsinnigen Paulus sicher nicht vorgeworfen werden, er wolle Denken und Verstand abschaffen oder die Gabe der Einsicht verachten. Aber die Frage ist, wie christlich zu denken sei: Die Intellektuellen der Zeit jedenfalls (10–12), ob sie nun hellenistischer Philosophie oder jüdischer Schriftgelehrsamkeit nahestehen, werden von Paulus ebenso spöttisch und triumphierend in Frage gestellt, wie seinerzeit Elija die Baalspriester und deren Gott Baal herausgefordert hat: *Ruft mit lauter Stimme, denn er ist ein Gott. Sicher ist er gerade beschäftigt, oder er ist weggegangen und ist nun unterwegs; vielleicht schläft er auch und muss erst aufwachen.* (1Kön 18,27) Ähnlich bissig wie die Propheten (Am 3,3–8; 6,12) benutzt Paulus ein rhetorisch sehr beliebtes Mittel der Weisheit, um die Herausforderer Gottes gewissermassen mit deren eigener Waffe herauszufordern: die rhetorische Frage, die dreimal unbeantwortbar ist (10–12), dann aber eine positive Antwort unterstellt (13). Auch diese Abfolge, eine Trias mit überraschendem *surplus*, stammt aus der Rhetorik: die Kurzgattung der Priamel. Paulus fordert die Intellektuellen seiner Zeit mit deren Lieblingswaffen zum Duell.

Während die christlichen Schriftgelehrten Schriftbeweise dafür diskutieren, ob Jesus der Messias sei und damit der Tradition des exegetischen Schulbetriebs treu bleiben, wollen die an der griechischen Philosophie Erprobten Weisheitsargumente austauschen, um das Kreuzgeschehen zu begreifen. Paulus verweigert sich an dieser Stelle beiden: Er bietet keinen Schriftbeweis und kein Beglaubigungswunder, obwohl das nicht schwer wäre, zum Beispiel mit den Gottesknechtliedern (Jes 42,1–17; 49,1–13; 50,4–11; 52,13–53,12). Das wäre aber Öl ins Feuer der Gelehrsamkeit. Vielmehr teilt Paulus die Glieder der christlichen Gemeinde in drei Gruppen ein: in die *Apollýmenoi* (5), *die verloren, verdorben, vernichtet werden:* die Schriftgelehrten und die Philosophen; die *Sozómenoi* (6), *die gerettet, bewahrt, das Heil erlangen werden:* die Gottes Kraft erkennen; und die *Klétoi* (24), *die berufen, eingeladen sind:* die Gottes Kraft und Gottes Weisheit erkennen. Dabei zeigen die Zeitformen, dass sich hier Entscheidungen ankündigen, die erst im Gericht gefällt werden, darum auch noch revidierbar sind und von Gott sowieso revidiert werden.

Auf die eine Verkündigung vom Kreuz gibt es also ein dreifaches Echo (19–26): Auf der rationalen Ebene verlangt der Mensch logische, linear ableitbare Weisheitsbeweise wie in der griechischen Tradition. Intellektuelle Erklärungen sind gefordert. Das Kreuz wird darum als Torheit bewertet, denn es ist Ausdruck der Entehrung und des totalen Scheiterns. Auf der emotionalen Ebene fordert der Mensch Zeichen wie in der jüdisch-prophetischen Tradition. Er fragt nach der Beziehung zwischen Gott und Mensch und erklärt darum das Kreuz zum Ärgernis, weil es mit Skandal, Bedrohung und Gefährdung des eigenen Gottesglaubens verbunden ist (Dtn 21,23). Auf der existentiellen Ebene sehnt sich der Mensch nach jener Gotteskraft (28), die Leben für die christlichen Gemeinden möglich macht, auch da, wo äussere Bedrohungen die Christinnen und Christen ängstigen. Er fragt nach der tiefsten Dimension des Daseins, nach dem Urgrund des Lebens, und er drückt die Bedeutung des Kreuzes in Predigt und Bekenntnis aus.

Bekenntnis des Glaubens

Neben dem intellektuellen Duell, das Paulus eröffnet, und der andächtigen Frömmigkeit, für die er predigt,

geht es ihm insbesondere darum, Gott allein die Ehre zu erweisen. Eigentlich sind allein diejenigen Gemeindeglieder, die sich dem Gekreuzigten und Auferstandenen glaubend und bekennend anvertrauen, wirklich fähig, das Kreuz Christi zu begreifen: Der Tod am Kreuz muss nach jüdischer Überzeugung als Gottesurteil und Katastrophe verstanden werden. *Ein Gehängter ist von Gott verflucht.* (Dtn 21,23) Aber Paulus hält dem entgegen, dass dieses Urteil nach menschlichem Ermessen gefällt worden und nicht wirklich Gottes Urteil ist: *Zunichte machen werde ich die Weisheit der Weisen, und den Verstand der Verständigen werde ich verwerfen.* (8–9) Mit dem Doppelzitat stellt er das gewohnte Welt- und Selbstverständnis der Menschen radikal in Frage und hält dagegen, dass die Menschen Gott trotz allen Gelegenheiten bisher nicht erkannt haben und Gott nun radikal andere Wege gewählt hat (21): Als Gekreuzigter kann der Messias keinen Eitelkeiten entsprechen, darin erweist sich Gott als der, der unser Denken zurechtrückt, aus Fehlorientierung und Gottferne befreit und zum Heil führt: Gott selbst begibt sich in die Ohnmacht des Menschen und schafft ihm mit seiner Kraft Befreiung: *Du hast genug an meiner Gnade, denn die Kraft findet ihre Vollendung am Ort der Schwachheit* (2Kor 12,9).

Dass aber die eigentliche Macht paradoxerweise im Gekreuzigten, Gescheiterten, Verfluchten liegen soll, lässt sich nur im Glauben erkennen und bekennen. Ins Bekenntnis zum gekreuzigten Messias schliesst Paulus sich selbst ein (24–26). Und glaubend hält er fest: Weil Gott es ist, der so anders handelt, als Menschen erwarten, darum ist das, was er tut, der menschlichen Weisheit weit überlegen (27). Das Unverstehbare dieser Weisheit mit autonomem Verstand verstehen zu wollen, muss als undurchführbares Projekt aufgegeben werden. Nur so kann die Unbegreiflichkeit akzeptiert und angenommen und die Grenze des eigenen Verstehens anerkannt werden.

_VEREHRT

Einwände

Paulus formuliert, wie paradox ein Gott erscheinen muss, der im Kreuzestod das Leben feiert (5–6), der sich mit den Geschundenen und Sterbenden solidarisiert (18), der dort seine Stärke offenbart, wo Menschen nur Schwäche sehen (28), der seine Weisheit eröffnet, wo nichts als Torheit zu sehen ist (27). Dieser Gott geht so sehr mit den Menschen und ist ihnen so nah, dass er als ein ganz anderer Gott erscheint: Gott tut das Unerwartete! Nicht nur in der Antike, auch heute wird erwartet, dass Erfolg und Wohlstand Indizien für Weisheit und Stärke sind. Aber Gott zeigt sich anders. Sein Erfolg kommt aus dem Misserfolg. Sein Erfolg ist auf Seiten derer, die Zuspruch und Ermutigung brauchen.

Die Theologie vom Kreuz ist schwer zu fassen. Einwände gegen das Kreuz Jesu gibt es heute, wie es sie zur Zeit der ersten Gemeindegründungen gegeben hat. Einige der gängigen Einwände gegen das Kreuz als Ort Gottes und gegen das Bild vom gekreuzigten Gott sollen im folgenden genauer betrachtet werden.

Ein Menschenopfer?

Verlangt Gott ein Menschenopfer? Ja schlimmer noch: Opfert Gott seinen eigenen Sohn? Warum soll der brutale, grausame und quälende Tod am Kreuz für unser Heil nötig sein?

An keiner Stelle im vorliegenden Abschnitt wird das Kreuz Christi als Opfer beschrieben. Auch ein indirekter Hinweis auf das Opfer fehlt. Und doch wird die Torheit des Kreuzes an dieser Frage besonders deutlich. Andere Bibelstellen drücken das Verhältnis von Kreuz und Opfer deutlicher aus (Mk 10,45; Röm 4,25). Doch keine Stelle deutet Gott als Subjekt, das den Opfertod Jesu inszeniert hat, als ob er ganz unväterlich seinen Sohn weniger liebte als seine Idee von der Welt.

Wer die eingangs genannten Fragen stellt, mag sich an die Prüfung Abrahams (Gen 22) oder Jonas (Jona 1,11–16) erinnert fühlen. So schockierend Gottes Ansinnen, ein Menschenopfer zu fordern, schon dort ist, so ist die Aussage beider Lehrerzählungen doch eine klare Absage an Menschenopfer zur Ehre Gottes. Ein Widder, das *Lamm Gottes,* das in der Passanacht zum Zeichen für die Verschonung wird (Ex 12), tritt an die Stelle des Sohnes und wird anstelle Isaaks geopfert (Gen 22): ein Sinnbild dafür, dass Gott kein Menschenopfer will. Ein *grosser Fisch* rettet Jona vor dem Tod und behält ihn drei Tage in seinem Innern: ein Sinnbild dafür, dass der Mensch Gott nirgends entkommt, nicht auf dem Meer und nicht im Tod, weil der Schöpfer Herr auch des Chaotischen ist. Die Auferweckung Jesu aber übersteigt die beiden literarischen Gleichnisse, denn Jesus ist mit amtlicher Bestätigung tot und begraben (Joh 19,33–34). Die Realität hat das Gleichnis aufgenommen und überholt. Der stellvertretende Tod Jesu zielt wie der des Passalamms auf Verschonung und Befreiung, muss aber auch als Konsequenz des passionierten Lebens Jesu gedacht werden.

Jesus durchbricht Gewaltstrukturen, indem er auf Gewalt nicht mit Gewalt antwortet, sondern seinen Tod in Kauf nimmt. Nicht Gott opfert seinen Sohn am Kreuz, sondern die Welt ist es, die Opfer fordert und nun ihr Opfer bekommt, mit dem ganzen Spektakel, das die opfersüchtige Welt erwartet. Gott erleidet selbst, was er Abraham erspart hat (Jer 32,35). Aber er gibt sich und das Leben nicht geschlagen. Er durchbricht den Zirkel der Gewalt, der stets Opfer fordert, um Opfer zu beklagen, und stets Opfer bringt, um Täter zu produzieren. Gott lässt die gute Botschaft vom Leben verkünden (2), die erst durch des Todes Tod am Kreuz plausibel wird.

Kern der Botschaft ist, dass dieses Opfer *ein für alle Mal* das letzte Opfer war, das die Welt auf dem Altar ihrer Unmenschlichkeit gebracht hat. Seither gibt es nicht nur kein Menschenopfer mehr, nein, überhaupt kein Opfer ist vonnöten, um das Leben zu gewinnen. Das Kreuz würde missachtet und verhöhnt, wenn nach Golgota noch religiöse Opfer gefordert würden, um Gott gnädig zu stimmen und das Leben zu sichern. Das ist die Botschaft. Dass Menschen nach wie vor alle Arten von Opfern fordern und bringen, hat nichts mehr mit Gott zu tun. Sie missachten damit das Kreuz und den Gekreuzigten.

Für uns?

Ich will aber nicht, dass Jesus «für mich» am Kreuz sterben musste! Ich habe ihm nicht den Auftrag gegeben! Wie kann Gott Menschen zu ihrem Glück zwingen?

Auch davon steht an dieser Stelle nichts zu lesen. Dieser Gedanke stammt aus anderen Texten (1Kor 5,7; Röm 4,25). Der damit verbundene Unwille ist begreiflich, und doch ist Gott derjenige, der wissen lässt, dass Menschen gar nicht selber leisten können, was ihnen hier ein für alle Mal geschenkt wird: Der Bund des Lebens mit Gott ist nicht käuflich und erblich, er ist immer geschenkt. Paulus geht es nicht um eine verharmlosende Interpretation des Kreuzes, wie sie im Leben immer wieder zu hören ist: «Es wird schon für etwas gut sein», wird da gesagt oder: «Bestimmt soll ich etwas daraus lernen.»

Nein, Paulus deutet hier den Sinn des Kreuzes (4) und verkündigt ihn (21). Die es hören und lesen, für die ist die Botschaft gut: Das sogenannte *pro nobis,* das *für uns* des Kreuzgeschehens ist tatsächlich wesentlich. Es drückt formelhaft aus, dass der *Immanuel,* der *Mit-uns-Gott* Jesajas, auch im Vergehen und Sterben mit uns ist und für uns eintritt. Der Hirtengott der Urahnen zieht nicht nur mit durch dick und dünn, sondern verlässt die Seinen auch nicht im dunklen Tal (vgl. Einheit 4), wenn es zum Tal des Todes in der Nacht des Todes wird. Wie im Leben so im Tode: das ist die Verkündigung des *pro nobis.*

Paulus würdigt die Souveränität Gottes, die sich menschlicher Verfügung und Vereinnahmung entzieht: Was Gott tut, tut er für seine Menschen, selbst dann, wenn die das so nicht sehen können (14–16), aber er tut es auf eine schockierende und anstössige Weise, nämlich als Antwort auf Folter und Kreuzestod. Gott verhindert die Gewalt des Todes nicht, aber er überwindet sie durch das Leben. So wird die Verwechslung von Gottes Weisheit und Kraft (26) mit menschlicher Weisheit (8–9.12.20.27) vermieden: Was hier geschieht, liegt ausserhalb menschlicher Verfügungsgewalt. Es ermächtigt aber glaubende Menschen, aus diesem Geschehen heraus ebenfalls passioniert zu leben, solidarisch und befreiend zu handeln, Angst um sich selbst zu überwinden

Andere Gottesbilder im Text
_ Die Kraft (6.26.28):
Ri 16,4–22;
1Chr 29,11–12;
Jes 49,5; Apg 1,8
_ Der Zerstörer (8–9):
vgl. Einheit 10
_ Der Umwerter (13–18):
Jes 43,19; Jer 31,31;
Mt 5,3–10; 2Kor 5,17;
Offb 21,5
_ Der Retter (18):
vgl. Einheit 6
_ Der Berufende (24):
Gen 12,1; Ex 3,6–12;
Jes 6,8–13; 48,12;
Jer 1,4–10; Apg 1,21–26

Andere Gottesbilder im Umfeld
_ Der Opfergegner:
Gen 22; Lev 20,3–5;
2Kön 17,17–18; Ps 50
_ Der Erwecker:
1Kön 17; Mk 5,22–43;
Lk 7,11–17; Joh 11,1–45
_ Der Knecht:
Jes 42,1–4; 52,13–53,12
_ Der Aufstehende:
Mt 28,1–15; Mk 16,1–8;
Lk 24,1–49; Joh 20–21

und für das Leben einzustehen, wie Gott es geschaffen hat. Damit setzt eine Umkehrung dessen ein, was Menschen zu erwarten haben: Nun liegen alle Erwartungen bei Gott, und nicht mehr beim Menschen. Sie können nachfolgen, reagieren und bekennen, aber das Leben nicht selber schaffen.

Das ist entlastend – aber gleichzeitig ein wenig kränkend: Der Mensch selbst kann offenbar nur unzureichend *für sich* sein. Allzuhäufig schadet er sich selbst dann besonders nachhaltig, wenn er besonders *für sich* sein will, und anderen, wenn er besonders *für sie* da sein will. Fanatismen und Ideologien nähren sich geradezu aus der Idee, das Grosse aus eigener Kraft und Weisheit gewährleisten zu können.

Ohne Eigenverantwortung?

Wozu hat Gott uns denn Verstand und Vernunft, Autonomie und Selbstbestimmung gegeben, wenn uns nun alles aus der Hand genommen wird? Ich kann selbst für mich und mein Leben sorgen!

Auf diesen Einwand reagiert Paulus, indem er dem Autonomiestreben eine Umkehrung entgegensetzt: Wo die Weisen dieser Welt alles von sich selbst erwarten (12), erwartet der Glaube alles von Gott (6). Er setzt alles Vertrauen in Gott (13) und zwar zu Recht, denn Gott findet zum Menschen, wo der Mensch nicht mehr zu Gott findet. Gott findet den Menschen, wo der Mensch sich selbst und seinen Weg verloren hat. In seiner Verwirrung und Orientierungslosigkeit kann der Mensch damit rechnen, dass Gott alle denkbaren Umwege kennt, die der Mensch geht. Dabei mag ihm aufgehen, dass der Schöpfer dem Geschöpf zwar Verstand und Vernunft gegeben hat, nicht aber Autonomie und Selbstbestimmung (Gen 11,1–9). Das verständige und vernünftige Geschöpf bleibt seinem Schöpfer, der ihn mit nahezu göttlichen Begabungen ausstattet, verantwortlich

Mit dem Kreuz begegnet Gott den Menschen dort, wo sie sind: verloren in der Gottesferne (5), die Jesus selbst mit einem Vers aus Psalm 22 hinausschreit und beklagt: *Mein Gott, warum hast du mich verlassen?* Gott wählt das Kreuz nicht, sondern gibt sich selbst verloren, statt seine Menschen aufzugeben. Er erleidet das Fehlen von Autonomie und Selbstbestimmung, indem er mitstirbt, was seine Menschen an Sterben erleben müssen. So setzt er das Leben mit voller Macht dagegen. So wird der Tod am Kreuz zum Akt der Befreiung. Darin gibt Gott sich zu erkennen, macht er sich erkennbar als der, der für das Leben einsteht. Allerdings lässt sich Gott nur im Vertrauen erkennen (14–18).

Gott ist kein Held, kein Sieger, keiner mit dem sich angeben liesse, sondern einer, der den peinlichen und stigmatisierten Tod der Sklaven und Aufrührer stirbt. Gott verzichtet auf die grossartige Autonomie der altorientalischen Götter, insbesondere der griechischen, die sich aus freier Laune einmal so und einmal anders verhalten,

denen aber niemals in den Sinn käme, so menschlich zu werden, dass auch alle Lasten des Vergehens und Sterbens auf ihnen lägen. Das Kreuz ist keine Götterlaune. Gott wurde Mensch, damit der Mensch menschlich werde.

Gott ist nicht für die Selbstgewissen, die sich auf ihre Weisheit, auf selbsterworbene Karrieren und Machtbestrebungen viel einbilden. Er stellt die Weisheit der Welt radikal in Frage (8.16.27), gibt nichts auf die Selbstherrlichkeiten der Menschen (10–12) und setzt beide ausser Kraft (27–28). Doch Gott verurteilt nicht die Menschen, sondern ihr entfremdetes Tun und Denken. Er lehnt die Sünde ab, aber nicht den Sünder. Wer sich auf ihn verlässt, rechnet damit, dass alles, was ist und geschieht, ausnahmslos von ihm ausgeht oder vor ihm geschieht. Sich ihm anzuvertrauen, befreit zu neuem Leben. Dieser Gott reisst die Menschen aus ihrer Verlorenheit, weil er sich selbst verloren gibt und am Kreuz stirbt.

Toter Gott?

Wie kann Gott am Kreuz sterben und doch bei den Menschen und lebendig sein? Gott ist tot!

Mit Jesus Christus stirbt Gott am Kreuz, und mit der Auferstehung Jesu Christi lebt Gott. Und nicht nur Gott, denn weil Jesus Christus zugleich wahrer Mensch ist, ist in sein Sterben jeder menschliche Tod mit hineingenommen, und an seiner Auferstehung haben alle Menschen als Schwestern und Brüder Jesu Christi ebenfalls Anteil (Röm 14,7–8; 1Thess 4,13–17).

Was auf den ersten Blick wie das furchtbarste Scheitern aussehen muss, wird die grösste denkbare Machtdemonstration Gottes: Hier zeigt Gott seine Kraft und seine Herrschaft über Tod und Leben. Diese Gewalt übt Gott gegenüber Tod und Leben (1Kor 15,55) aus, nicht gegenüber den Menschen. Ausgerechnet da, wo der Tod am Kreuz wie das Ende aller Hoffnung scheint, da erweist sich der Gekreuzigte als Gott in Kraft und Stärke, der seine Menschen retten will – aber nun genau nicht so, wie es menschlicher Vorstellung und Einsicht entspricht, sondern geradezu entgegengesetzt. Was nach menschlichem Ermessen unvernünftig, einfältig, unklug, eben: töricht erscheint, ist, weil Gott es tut, weise und voller lebensvoller Energie.

Gott greift zu ganz neuen Mitteln, um seine Menschen davon zu überzeugen, dass menschliches Leben zwar aus Scheitern besteht, aber für Gott nicht verloren ist. Existenziell verloren erlebt sich menschliches Leben erst, wenn es sich nicht auf Gott gründen und sich ihm nicht anvertrauen kann. Nirgendwo kommt Gott seinen Menschen so nahe, wie gerade im Kreuz – und nirgendwo setzt er sich menschlicher Kritik so aus, wie gerade am Kreuz. Nicht Gott ist tot, nein, das ist die törichte Weisheit des gekreuzigten Gottes: Der Tod ist tot und das Leben unverlierbar.

Unglaublich?

Es heisst immer, Glauben sei ganz einfach und nicht schwer zu verstehen. Aber diese Gedanken zum Kreuz sind zu kompliziert für mich. Hätte Gott es uns nicht einfacher machen können?

Gott hat sich seinem Volk und allen Völkern auf viele verschiedene Weisen gezeigt. Immer wieder ist Gott von den Gebildeten und Einflussreichen «verstanden» und vereinnahmt worden. In ihren eigenen Vorstellungen haben sie ihn zum gefälligen Götzen domestiziert. Nun wählt er einen Weg, der über alles übliche religiöse Verstehen weit hinausgeht. Um seinen Menschen zu begegnen, wählt er den Weg ans Kreuz. Diesen Weg wird kaum jemand für sich vereinnahmen wollen. Dieser Weg ist mit Erniedrigung befleckt und nicht mit Ehre gekrönt. Er läuft den üblichen Kriterien und Normen des menschlichen und religiösen Lebens aus dem Ruder. So entzieht sich Gott der Vereinnahmung, bleibt souverän, für Menschen unverfügbar. Nicht, um sich den Menschen gegenüber als distanzierter Herrscher zu gebärden, sondern um ihnen auf immer das Leben zu ermöglichen, das er ihnen in der Schöpfung einmalig geschenkt hat: Ein Despot wäre nicht am Kreuz gestorben!

Gott offenbart sich nicht auf eine religiös erwartbare Weise. Er ignoriert die Begriffe und Kategorien der vertrauten Welt. Dass er kein Tyrann ist, sondern der Gott, der mit und für uns ist, kann der glaubende Mensch im Symbol des Kreuzes erkennen, wo immer es ihm begegnet.

_ NACHGEFRAGT

Vom Text her

_ Was bedeutet Ihnen im diesem Augenblick das Kreuz?

_ Kennen Sie das Kreuz mit dem Leben?

_ Hat Gott auch ein Kreuz mit Ihnen?

_ In welchen Gottesbildern erkennen Sie Weisheit? In welchen Torheit? Woran liegt das jeweils?

_ Was bedeuten Ihnen Verstand und Wissen? Was Weisheit? Wo sehen Sie jeweils deren Grenzen?

_ Was haben Sie persönlich davon, dass heute die gesamte Weisheit der Welt greifbar ist?

_ Mit dem Kreuz sind schon in der Bibel sehr unterschiedliche Vorstellungen verbunden: Wie würden Sie diese unterscheiden? Wie denken Sie über die einzelnen Deutungen?

_ Was halten Sie von der Aufforderung, *sein Kreuz auf sich zu nehmen* (Mt 16,24)?

_ Woher beziehen Sie Kraft?

Zum Gottesbild hin

_ Was fangen Sie mit der Aussage Ludwig van Beethovens an: *Die Kreuze im Leben des Menschen sind wie die Kreuze in der Musik: sie erhöhen?*

_ Befindet sich in Ihrem Haushalt ein Kreuz? Wie sieht es aus? Was bedeutet es Ihnen?

_ Wie denken Sie darüber, Kreuz und Auferstehung Jesu in unserem Alltag nachvollziehbar zu machen, indem wir von den kleinen, gewöhnlichen Auferstehungen unseres Lebens reden?

_ Wenn Sie an Hollywoodfilme wie *The last Temptation* oder *The Passion of Christ* denken: Was fangen Sie an mit der möglichst authentisch und wirklichkeitsgetreu dargestellten Brutalität der Folterungen, die Jesus erleiden musste?

_ Welche Beziehung haben Sie zu Heldengedenkstätten und Soldatenfriedhöfen? Was löst ein Feld voller Kreuze in Ihnen aus?

_ Kunstvolle Arrangements aus Blumen und Kerzen zieren manchen Kirchenraum in Passionszeit und Karwoche: Wie gestalten Sie die Erinnerung an das Leiden Christi?

_ Was halten Sie von der Ästhetisierung des Grauens? Wie wird Grauen wahrnehmbar? Wie kann man des Grauens angemessen gedenken?

_ Die *Pietà* ist die Darstellung des Gekreuzigten ohne Kreuz, dafür in den Armen und auf dem Schoss seiner trauernden Mutter: Was empfinden Sie, wenn Sie eine *Pietà* betrachten?

_ GELESEN

_ Erich Fascher, Der erste Brief des Paulus an die
Korinther (Theologischer Handkommentar zum NT);
Berlin 1984.

_ Hans-Josef Klauck, Erster Korintherbrief (Die neue
Echterbibel); Regensburg 1984.

_ Hans Lietzmann, I. und II. Korinther; Tübingen 1921.

_ Wolfgang Schrage, Der erste Brief an die Korinther
(EKK VII/2); Zürich 1991.

_ Esther Straub, Jesu Tod im Neuen Testament (Referat
der Tagung Zündstoff Opfertheologie vom 19.3.05
in Zürich)

_ Regula Strobel / Brigitte Kahl / Elisabeth Moltmann-
Wendel, Kreuz; in: Elisabeth Gössmann (ed.), Wörterbuch der Feministischen Theologie; Gütersloh 2002.

_ Gerd Theissen / Annette Merz, Der historische Jesus;
Göttingen 1997.

_ Gottfried Voigt, Gemeinsam glauben, hoffen, lieben.
Paulus an die Korinther I; Göttingen 1989.

_ Florian Voss, Das Wort vom Kreuz und die menschliche Vernunft. Eine Untersuchung zur Soteriologie
des 1. Korintherbriefes; Göttingen 2002.

GOTT IST ANSPRECHEND.
DAS WORT

1	(I) Im Anfang war das Wort, der Logos,	1
2	und der Logos war bei Gott,	
3	und von Gottes Wesen war der Logos.	2
4	Dieser war im Anfang bei Gott.	
5	(II) Alles ist durch ihn geworden,	3
6	und ohne ihn ist auch nicht eines geworden, das geworden ist.	
7	In ihm war Leben,	4
8	und das Leben war das Licht der Menschen.	
9	(III) Und das Licht scheint in der Finsternis,	5
10	und die Finsternis hat es nicht erfasst.	
11	*Es trat ein Mensch auf, von Gott gesandt, sein Name war Johannes.*	6
12	*Dieser kam zum Zeugnis, um Zeugnis abzulegen von dem Licht,*	7
13	*damit alle durch ihn zum Glauben kämen.*	
14	*Nicht er war das Licht, sondern Zeugnis sollte er ablegen von dem Licht.*	8
15	Er war das wahre Licht,	9
16	das jeden Menschen erleuchtet, der zur Welt kommt.	
17	(IV) *Er war in der Welt,*	10
18	und die Welt ist durch ihn geworden,	
19	und die Welt hat ihn nicht erkannt.	
20	Er kam in das Seine,	11
21	und die Seinen nahmen ihn nicht auf.	
22	(V) Die ihn aber aufnahmen,	12
23	denen gab er Vollmacht, Gottes Kinder zu werden,	
24	*denen, die an seinen Namen glauben,*	
25	*die nicht aus Blut,*	13
26	*nicht aus dem Wollen des Fleisches und nicht aus dem Wollen des Mannes,*	
27	*sondern aus Gott gezeugt sind.*	
28	Und das Wort, der Logos, wurde Fleisch	14
29	und wohnte unter uns,	
30	(VI) Und wir schauten seine Herrlichkeit,	
31	eine Herrlichkeit, wie sie ein Einziggeborener vom Vater hat,	
32	voller Gnade und Wahrheit.	
33	*Johannes legt Zeugnis ab von ihm, er hat gerufen:*	15
34	*Dieser war es, von dem ich gesagt habe:*	
35	*Der nach mir kommt, ist vor mir gewesen, denn er war, ehe ich war.*	
36	Aus seiner Fülle	16
37	haben wir ja alle empfangen,	
38	Gnade um Gnade.	
39	*Denn das Gesetz wurde durch Mose gegeben,*	17
40	*die Gnade und die Wahrheit ist durch Jesus Christus geworden.*	
41	*Niemand hat Gott je gesehen.*	18
42	*Als Einziggeborener, als Gott, der jetzt im Schoss des Vaters ruht,*	
43	*hat er Kunde gebracht.*	

JOHANNES 1,1–14

Ankommen

Ich bin kein Mensch der Worte. Meistens wird mir zu viel geredet und zu wenig getan. Ich diene Gott lieber durch meine Unterschrift auf einer Amnesty-Petition, durch einen Besuch im Altersheim oder durch einen Nachmittag im claro-Laden als am Sonntagmorgen beim Abhören einer Predigt. Und nun sollte das Thema ausgerechnet das Wort sein! Ich konnte mir schon vorstellen, wie wir den ganzen Abend über Texten brüten und reden, reden, reden würden, weder als Abendgestaltung noch als Gottesvorstellung besonders ansprechend. Ich war nur gekommen, weil ich die bisherigen Abende interessant und abwechslungsreich gefunden hatte. Für diesen Abend waren meine Erwartungen nicht besonders hoch.

Aber schon der Anfang war eine positive Überraschung für mich: Tische und Stühle standen an den Wänden. Keine Textkärtchen, sondern ein Wollknäuel eröffnete den Abend. Wir standen im Kreis und wer das Knäuel zugeworfen bekam, sollte den Wollfaden festhalten, irgendeinen Einfall zu *Wort* sagen, und den Rest des Knäuels weiterwerfen. Was kam da nicht alles zusammen! Redewendungen, sinnverwandte und bedeutungsgleiche Wörter, Gefühle, Assoziationen, Erklärungen, Sprichworte – ich war froh, dass ich nicht als erste drankam, denn im ersten Augenblick dachte ich, mir falle gar nichts ein. Aber dann bekam ich zweimal das Knäuel – einmal habe ich *Wort halten* gesagt und einmal *ein ausgesprochenes Wort kann nicht wieder in den Mund zurück*. Auch was die anderen gesagt haben, fand ich spannend und wollte gern noch länger darüber nachdenken. Mein Interesse war geweckt.

Das Wort nimmt Gestalt an

Deshalb war es schön, dass wir als nächstes je vier Blätter bekamen. Auf jedem stand ein Buchstabe: *W – O – R – T*. Daraus sollten wir nun Bilder malen. Ich kann zwar gar nicht malen, aber ein *W* sieht nun wirklich wie ein Gebirge aus. Schnell waren Gletscherspitzen und Nadelwald gemalt, und als ich anfing, in Strichmännchenmanier auch noch einen Bergsteiger in die Landschaft zu kritzeln, gingen meine Gedanken auf Wanderschaft. Schon als Kind habe ich mich gefragt, warum die Dinge genau so heissen, wie sie heissen: Warum heisst die Liebe nicht ganz anders? Wieso hat irgend jemand einen bestimmten Geschmack im Mund, wenn ich *Himbeersosse* sage? Und versteht jemand anderes wirklich dasselbe unter *Glück* wie ich? Solche Dinge gingen mir durch den Kopf, auch als ich aus dem *O* eine neonleuchtende Sonne machte, die mich eigenartigerweise an frostklare Wintertage erinnerte. Weil mir zum *R* partout nichts einfiel, malte ich aus dem *T* noch ein Segelflugzeug, das sicher irgendwo über den Bergen kreist – und dann war die Zeit des Malens auch schon um.

Natürlich war ich neugierig, was die anderen gemalt hatten. Wir legten alle Ws, alle Os, alle Rs und alle Ts zusammen, und wieder war es faszinierend zu sehen, auf wie viele verschiedene Ideen die anderen in der Gruppe gekommen waren. Klar, auf die Sonne bin ich nicht als Einzige gekommen, aber sonst gab es viel Einmaliges zu sehen!

Mit Worten umgehen

Als nächstes sollten wir uns überlegen, welches Wort von Gott uns in den Sinn kommt, und welches davon uns besonders lieb und wichtig ist. Merkwürdig; sonst fällt mir bei solch einer Aufgabe meist gar nichts ein, aber dieses Mal musste ich mich wirklich besinnen, welche von allen Möglichkeiten ich denn als die Wichtigste auswählen sollte. Ich entschied mich für *Aber sprich nur ein Wort, so wird meine Seele gesund*. Wie lange schon hatte ich an diesen Satz nicht mehr gedacht! Aber jetzt war er mir plötzlich ganz nah.

Ich fand es schön, wie wir nun erinnert wurden, dass Worte bewegen können. Darum sollten wir im Raum umhergehen. Wo wir uns begegneten, sollten wir einander als Gruss unser ausgewähltes Bibelwort sagen, wie man sonst *Hallo* sagt. Wie viele wunderbare Zusagen ich da zu hören bekam! *Fürchte dich nicht! – Siehe es war sehr gut. – Was sucht ihr den Lebendigen bei den Toten? – Gott sagt: Ich bin der ich bin. – Selig, die mein Wort hören und bewahren! – Selig die Friedfertigen!* Das sind nur ein paar von denen, die ich behalten habe.

Das ist schon merkwürdig: da geht man so im Raum umher, ganz glücklich und zufrieden mit dem Satz, der einem selbst so viel bedeutet, freut sich, ihn weitersagen zu dürfen – und wird selbst beschenkt! Zum Schluss fühlte ich mich, als ob ich einen riesigen Korb voll Versprechen geschenkt bekommen hätte.

Auf den Text zu

Auf das Zeichen der Kursleitung hin holten wir uns einen Stuhl in den Kreis. Einen Augenblick lang waren alle still, bevor es weiterging. Gott redet nicht nur Worte, Gott ist das Wort, sagte die Kursleitung und fragte uns, was denn für uns der Unterschied zwischen dem einen und dem anderen sei. In der Diskussion empfand ich als sehr angenehm, dass niemand besserwisserisch eine «richtige» Antwort wusste, sondern jede Überlegung und jede Meinung etwas galt. Mit einem Mal begriff ich, wie gut der Titel unseres Treffens gewählt war: *Gott ist ansprechend*. Das bedeutet viel mehr als nur *nett und freundlich*, das meint ja wirklich, dass ich angesprochen werde. Durch Worte, durch die Botschaft, die in diesen Worten steckt, aber manchmal auch ohne Worte. Diese Entdeckung wollte ich unbedingt mit den anderen teilen!

Während wir eifrig diskutierten, kroch eine Erinnerung an Schultage in die Windungen meines Gehirns: Was wir hier taten, war doch genau, was Goethes Faust am An-

tip
Mittel:
Lesung des Textes auf CD V/21; integrale Lesung der Abschiedsreden (Joh 13–17) auf CD III/17; im Reiseführer die Ausflüge Schöpfung und Erwählung

Bild:
Guiseppe Arcimboldo, Der Bibliothekar (Ölgemälde, Italien 1566); Reiner Seibold, Zweifel nagen meine Seele wund. Psalmen von heute (Kalligraphien, Deutschland 1994); Samuel Buri, Der Johannesprolog, in: Zürcher Kunstbibel (Illustration, Schweiz 2007)

Buch:
Johann Wolfgang Goethe, Faust I (Theaterstück, Deutschland 1775); Nelly Sachs, Völker der Erde (Gedicht, Deutschland 1949); Paul Celan, Tenebrae (Gedicht, Ukraine 1959); Batya Gur, Am Anfang war das Wort (Roman, Israel 1991)

Klassik:
Hans Leo Hassler, Verbum caro factum est (Motette, Deutschland 1591)

fang auch macht: Wir suchten nach dem richtigen Sinn der Aussage, dass Gott Wort ist, nach unseren inneren Bildern, nach der Bedeutung dieser Aussage für uns. So wenig wie Faust zu einem befriedigenden Ergebnis kommt, müssen wir uns auf eine einzige, richtige Lösung einigen. Im Gegenteil! Ich finde es gerade toll, dass es so vieldeutig ist, wenn es heisst: *Gott ist das Wort.* Von Ferne erinnerte ich mich, dass auch Faust versucht, *Wort* anders zu übersetzen, und statt dessen *Sinn, Kraft* und sogar *Tat* erwägt: *Im Anfang war der Sinn. Bedenke wohl die erste Zeile, dass deine Feder sich nicht übereile!* Ja, Worte, die zur Tat führen, Ideen, die nicht nur gedacht, sondern auch realisiert werden, die gefallen mir!

Mit dem Text unterwegs

Nun wurden die ersten Verse aus dem Johannesevangelium vorgelesen. Sie sind schwierig zu verstehen, wenn man sie nur anhört, und ich gebe zu, dass ich auch nicht gut aufgepasst hatte. Es kamen so viele typische Kirchenwörter vor, über die ich gründlich nachdenken müsste, weil sie alle so vertraut klingen, aber gar nicht klar ist, was sie eigentlich bedeuten. Darum hatte ich auf Durchzug geschaltet, und meine eigenen Gedanken weiterverfolgt. Wie schon gesagt, ich bin nicht der intellektuelle Typ, sondern eher ein praktischer Mensch.

In Gruppen sollten wir nun darüber nachdenken, was es wohl bedeutet, wenn es in der Bibel heisst: *Das Wort, der Logos, wurde Fleisch und wohnte unter uns.* (28–29). Einen Moment lang sassen wir schweigend zusammen. Niemand wusste so recht, wie wir diesen Auftrag erfüllen sollten. Wir hörten die anderen Gruppen im Raum schon murmeln, als schliesslich eine Frau in unserer Gruppe seufzte. «Ein Pouletbrüstchen ist ja wohl kaum gemeint!» Über diesen Seufzer mussten wir lachen, und gleichzeitig brach er das Eis unseres Schweigens. Schon diskutierten wir eifrig, was denn mit *Fleisch* gemeint sein könnte, bis wir uns zuletzt ungefähr darauf einigten, dass etwas ganz Materielles, Handgreifliches gemeint sein müsste, etwas Lebendiges, dessen Grenzen verletzlich sind, etwas, das beschützt und behütet werden muss.

Eine andere Gruppe war aber darauf gekommen, dass *Fleisch* etwas mit Fleischeslust zu tun haben müsse, also mit menschlicher Sexualität, und wieder eine andere Gruppe war darauf gestossen, dass Fleisch etwas ganz Weltverhaftetes an sich hätte: nicht göttlich, nicht himmlisch und nicht überirdisch, sondern ganz und gar weltlich. Die vierte Gruppe hatte entdeckt, dass *Fleisch* unausweichlich menschlich sei; nicht nur scheinbar, nicht nur in eine menschliche Gestalt verkleidet, sondern wirklich und mit aller Konsequenz.

Über den Text hinaus

Wir fragten die Kursleitung, welche von diesen vier Ideen denn nun die richtige sei. Da wurde ein Korb herumgereicht, in dem daumennagelgrosse Spiegelchen lagen.

Jede Person nahm sich eins davon, und die Leitung las uns von Paulus vor: *Denn jetzt sehen wir alles in einem Spiegel, in rätselhafter Gestalt, dann aber von Angesicht zu Angesicht. Jetzt ist mein Erkennen Stückwerk, dann aber werde ich ganz erkennen, wie ich auch ganz erkannt worden bin.* (1Kor 13,12)

Was ich von diesem Abend gehabt habe? Es ist viel um Worte und Wörter gegangen, das war nicht anders zu erwarten. Aber der Abend hat mir Spass gemacht, mein Interesse geweckt und mich zum Nachdenken gebracht. Ich weiss noch nicht genau, wie ich mir das vorstellen muss: *Gott ist das Wort.* Aber irgendwie muss ich das im Augenblick gar nicht so ganz genau wissen. Viel wichtiger ist für mich die Entdeckung, wie viele verschiedene Möglichkeiten es gibt, über dieses Wort nachzudenken!

_ VERORTET

Ringen um die Wahrheit

Das Johannesevangelium ist wahrscheinlich um den Wechsel zum zweiten Jahrhundert entstanden (90–110). Jesus war rund siebzig Jahre zuvor gekreuzigt worden. Von den Augenzeugen dürfte niemand mehr gelebt haben, und die Gemeinden hatten sich bereits damit abgefunden, dass die erwartete, unmittelbar bevorstehende Wiederkunft Christi sich verzögerte. Angesichts dieser Parusieverzögerung mussten sich die Glieder der christlichen Gemeinden wieder in dieser Welt einrichten: Der Lebensunterhalt musste verdient werden, Kinder mussten erzogen, Partnerschaften eingegangen, Häuser gebaut, Land bestellt und Vieh versorgt werden. Aber auch die erste Enttäuschung über das Ausbleiben Christi, wie sie die Augenzeugen Jesu, seine Jüngerinnen und Jünger, dann die ersten Christinnen und Christen erlebt haben mochten, war lange vorbei. Dafür wuchsen die christlichen Gemeinden enorm. Viele Menschen, die auf der Suche nach einer glaubwürdigen Frömmigkeit waren, fanden in den christlichen Gemeinden Verbindlichkeit und Zuversicht, Mut und Hoffnung, Zusammengehörigkeit und Vertrauen.

Der enorme Zulauf führte von Anfang an zu Auseinandersetzungen um das, was den christlichen Glauben unverzichtbar und unveränderlich prägt. Paulus hatte darauf gedrungen, den Glauben nicht zu verfälschen, ihn weder hochmütigen Irrtümern noch kleinlichen Absonderlichkeiten zu opfern (vgl. Einheiten 17 und 20). Auch die synoptischen Evangelien, die nach Paulus' Tod entstanden (68–90), atmen diese frische Luft der Standortbestimmung, mit der sich die christlichen Gemeinden in der Welt neu zu orientieren suchten (vgl. Einheiten 18–19).

Religiöse Bewegungen

Die Zeit war geprägt von grossen religionsübergreifenden, synkretistischen Bewegungen wie dem Isiskult, dem

Mithraskult, dem Kult *für den unbekannten Gott* (Apg 17,23) oder der Verehrung der Diana bzw. Artemis (Apg 19,23–40). Die Vielfalt und Durchmischung der Kulte war entstanden, weil im Römischen Reich eine Mobilität und Durchmischung von Völkern und Kulturen eingesetzt hatte, die sich auch religiös niederschlug. In den grossen Städten und Kulturzentren waren stets mehrere Tempel anzutreffen, die den Gottheiten aus verschiedenen Kulturen gewidmet waren. Die römischen Herrscher scheuten nicht davor zurück, zum Zeichen der staatlichen Einheit zusätzlich ein Standbild des Kaisers in einen Tempel zu stellen und damit die Hoheit der in ihm verehrten Gottheit zugunsten des Kaisers zu relativieren. Die Menschen erkundeten verschiedene Religionen, wählten sich ihren Kult frei, mixten dabei Elemente aus verschiedenen Traditionen. Sie waren allerdings stets verpflichtet, den Kaiserkult unabhängig von der eigenen religiösen Ausrichtung als Zeichen der Staatsloyalität zu vollziehen.

In diesem Schmelztiegel musste sich das noch junge Christentum gegen viele andere, ebenfalls neue und publikumswirksame religiöse Bewegungen behaupten, aber auch gegen Extrementwicklungen innerhalb der sich kontinuierlich entwickelnden Kirche. Darum spielt es zwar für die historische Forschung, nicht aber für die Theologie eine Rolle, wo genau das Johannesevangelium entstanden ist: Überall waren die verschiedenen Strömungen der griechischen Philosophie, der Gnosis (vgl. Einheit 23) und des Judentums anzutreffen. Häufig ist das Johannesevangelium mit der Bewegung der Essener in Qumran in Zusammenhang gebracht worden (vgl. Einheiten 17 und 25), doch lässt sich die Nähe des Johannesevangeliums zur Qumran-Bewegung besser mit den gemeinsamen Wurzeln in der hebräischen Bibel erklären. Erstaunlich ist, wie zuverlässig die geographischen Angaben sind: Die Verfasserschaft scheint das Land gut zu kennen, was spätestens seit der Entdeckung der fünf Säulenhallen am Teich Betesda in Jerusalem allgemeingültiger Konsens ist.

Das Johannesevangelium suggeriert keine persönliche Bekanntschaft seines Autors mit Jesus, wohl aber die geistliche und gottesdienstliche Erfahrung der Auferstehung Jesu Christi und seiner Gegenwart: *Wir schauten seine Herrlichkeit ...* (Zeile 30). Dabei enthält das deutsche Wort *Herrlichkeit* einen Klang von Erhabenheit, Majestät und Macht, den das griechische *doxa* nur im übertragenen Sinn hat: Es bedeutet vielmehr *Pracht und Glanz, Schein und Ansehen, Ruhm und Ehre*.

_ EINGEREIHT

Einflüsse

Das jüngste der vier Evangelien, das Johannesevangelium, lässt sich mit den drei synoptischen Evangelien nur schwer vergleichen (vgl. Einheit 18). Es ist vorstellbar,

dass nicht ein einzelner Autor, sondern eine Autorengruppe das Evangelium verfasst hat, im Rückgriff auf bereits vorhandenes Material, das wiederum schon verschiedene Etappen der Entstehung durchlaufen hatte. Es scheint eine Edition und Sammlung des vorhandenen Materials zu sein, das allerdings sehr wohlüberlegt geordnet und komponiert worden ist. Darum finden sich auch Spuren verschiedenster Denk- und Frömmigkeitsrichtungen.

Aus der griechischen Philosophie stammt der Logos-Begriff. *Logos* wird hier mit Wort übersetzt (1–3.28), wobei das griechische Wort auch *Sprache, Lehre, Erzählung, Bericht, Gerücht, Offenbarung, Überlegung, Vernunft* und vieles mehr bedeuten kann. Es zeigt sich, dass das deutsche Wort die Vielfalt des griechischen Begriffes nur unzureichend wiedergeben kann: Logos ist, abstrakt gedacht, ein Begriff der vielfältigen sprachlichen Kontaktaufnahme und Beziehung, der hier auf Christus übertragen wird.

Mit *logos* wird in der Septuaginta, der griechischen Übersetzung der hebräischen Bibel, das hebräische *dabar* wiedergegeben. *dabar* ist jene Kraft, mit der Gott die Welt schafft (Gen 1): Gott erschafft die Welt nicht aus dem Nichts, sondern mit dem Wort. Die Schöpfung ist nicht *creatio ex nihilo*, Erschaffung aus dem Nichts, sondern *creatio ex verbo*, Erschaffung aus dem Wort. In seinem Wort liegt Gottes ganze Schöpfungsmacht. Die Übersetzung von *dabar* mit *logos* schränkt das Bedeutungsspektrum aber bereits ein, denn *dabar* ist unter anderem auch *die (bezeichnete) Sache, Begebenheit, Angelegenheit, Leistung*. Mit der ersten Zeile knüpft das Johannesevangelium ausdrücklich an die Schöpfungshandlung Gottes an, in der das göttliche Wort sich selbst realisiert und materialisiert. Am Anfang der ersten wie der neuen Schöpfung steht Gottes Wort.

Der jüdische Hintergrund des Johannesevangeliums ist überall zu erkennen: Es steht in der Tradition der Prophetie (vgl. Einheiten 9–15), die sich bereits zu Beginn mit Johannes dem Täufer zu Wort meldet (11–14.33–35), und der Weisheitsliteratur, die sich in grossen Bildauslegungen zeigt. Die Ich-bin-Worte Jesu knüpfen bewusst an die Auszugstradition an, mit der Anspielung auf den Gottesnamen JHWH, der sich deuten lässt als Selbstoffenbarung Gottes: *Ich bin, der ich bin oder Ich werde sein, der ich sein werde* (Ex 3,14).

Wirkungen

Der enge Zusammenhang zwischen dem Johannesevangelium und den Johannesbriefen ist unübersehbar (vgl. Joh 20,31 und 1Joh 5,13). Im Anschluss an das Evangelium hat sich der sogenannte Johanneische Kreis gebildet, der als Schülerkreis zu einem Lehrer gehörte, wie es für hellenistische Philosophen und jüdische Rabbis bekannt ist. Wer genau dieser Lehrer war, bleibt allerdings verborgen, zumal der Name Johannes im Neuen Testament häufig vorkommt: der Täufer (Mk 1,2–8), der Sohn des Zebedäus (Mk 3,17), der Vater des Petrus (Joh 1,42), ein Mitglied des Hohen Rates (Apg 4,6), der Seher (Offb 1,4). Mit Sicherheit ist keine der gerade erwähnten Personen gemeint. Im grösseren Zusammenhang gehören auch der Hebräerbrief und die Offenbarung ins Wirkungsfeld dieses Kreises (siehe Einheit 22).

Was hat dieses Evangelium mit der Gnosis zu tun? Zwei grosse Gedichte umrahmen im Johannesevangelium das Leben Jesu: Der Logoshymnus (Joh 1,1–18) erzählt, wie das Gotteswort in die Welt der Menschen herabsteigt. Das hohepriesterliche Gebet (Joh 17,1–26) erzählt, wie dieses Mensch gewordene Wort bei seiner Rückkehr zum Vater all jene mit aufsteigen lässt, die an es glauben. Schon dieser Rahmen zeigt, wie die gnostische Vorstellung von einer guten, göttlichen Himmelswelt und einer bestenfalls missglückten, eher aber sogar böswillig geschaffenen Erdenwelt, in die die menschliche Seele bis zu ihrer Erlösung und Rückkehr verbannt ist, vom Johannesevangelium nicht geteilt wird. Hier wird zusammen gedacht, was gnostisch streng dualistisch getrennt wird. Nach christlicher Überzeugung sind Gottes Welt und Menschenwelt mindestens in Christus zusammengekommen (40). Die Welt des Lichtes ist nicht fern (9), und was für die Gnosis unvereinbar scheint, ist in Christus verbunden. Damit bedient sich das Johannesevangelium zwar gelegentlich der Sprache und Bildwelt der Gnosis, sprengt aber den radikalen Dualismus mit dem christlichen Glauben an einen Gott, der mit den Menschen in Beziehung und sprachlich verbunden ist.

Redeweisen

Das Johannesevangelium berichtet in grossen, fast novellenartigen Erzählungen vom Leben Jesu, nicht in der Absicht, historische Fakten im Sinne biographischer Exaktheiten wiederzugeben, sondern um Jesus als den Gottessohn zu offenbaren. Dafür wählt es einen die Themen umkreisenden und wiederholenden, fast meditativen Stil, der Ruhe und Bewegung in Einklang bringt. Es geht dem Johannesevangelium darum, die Authentizität Jesu als des erwarteten Messias darzustellen.

Dazu bedient es sich der Bildrede der Ich-bin-Worte: Jesus offenbart sich darin selbst als der göttliche Logos, obwohl es keine Wendung gibt, in der Jesus sich selbst als Wort erklärt: *Ich bin das Wort* fehlt im Kanon der Ich-bin-Worte. Um es präzis auseinander zu halten: In den Bildworten lässt der Evangelist Jesus sich selbst offenbaren, und jedes Ich-bin-Wort ist eine Selbstaussage Jesu über sich (Ich-Rede). Im Logoshymnus hingegen lässt der Evangelist die Gemeinde über Jesus reden, und jede Logos-Aussage ist eine Fremdaussage der johanneischen Gemeinde über Jesus (Er-Rede). So offenbart sich, was andere über Jesus erkannt haben. Diesen Offenbarungen folgt eine Einladung und eine Heilszusicherung, die grundsätzlich jedem Menschen ohne Einschränkung zugänglich ist.

In den grossen Reden, ganz besonders in den Abschiedsreden (16,16–33), aber auch in den Monologen, die sich aus Dialogen entwickeln (3,1–12 oder 4,1–42), wird immer wieder dargestellt, wie sehr die Menschen diesen Jesus Christus missverstehen. Zu Recht gelten diese Reden allgemein als abstrakt, durchgeistigt und schwer verständlich, denn sie sind ja darauf angelegt, das Missverstehen vor Augen zu führen und für die Leserschaft nachvollziehbar zu machen. Gleichzeitig eröffnen sie aber auch, dass Jesus nicht nachlässt, sich doch verständlich zu machen.

Themen

Das Kreuz Jesu ist hier – anders als in den synoptischen Evangelien oder bei Paulus (vgl. Einheit 20) – nicht der Endpunkt und Tiefpunkt des Leidens und Scheiterns, sondern wird als Ausdruck der königlichen Erhabenheit des leidenden Gottessohnes hervorgehoben. Er leidet aus freiem Willen. Er wird im Leiden erhöht. Diese Hoheit Jesu Christi hat für die ganze Welt Gültigkeit und Bedeutung. Sie wird ihr in drei Sprachen mitgeteilt (Joh 19,20). Gerade am Kreuz zeigt sich seine göttliche und königliche Seite, weshalb in der Theologie auch von der Erhöhung am Kreuz (exaltatio) geredet wird: Wo andere definitiv gescheitert sind, entfaltet sich die Würde Christi erst vollständig. Tod und Erhöhung gehören untrennbar zusammen, können nur zusammen gedacht und einander bedingend verstanden werden, denn hier wird das Kreuz nicht als Scheitern verstanden sondern als konsequente Vollendung und Erfüllung (20–23.36–38). Jesu letztes Wort heisst im Johannesevangelium: *Es ist vollbracht!* (19,30), was wörtlich auch bedeuten kann *Das Ziel ist erreicht!* und ebenso gut als erschöpfter und begeisterter Stosseufzer des Siegers im olympischen Marathonlauf vorstellbar ist. Am Kreuz hängt ein Sieger. Hier wird sichtbar, wie es dem Johannesevangelium immer um theologische Aussagen und nicht so sehr um Historizität geht. Die Anspielungen auf die Erfüllung der alttestamentlichen Verheissungen mehren sich (Joh 19,33 mit Ps 34,21; Joh 19,36 mit Ex 12,46; Joh 19,24 mit Ps 22,19) und lassen erkennen, dass Jesus der leidende Gerechte ist (Jes 49–53). Dabei ist er für das Johannesevangelium aber kein mythologisches Wesen aus der Vergangenheit, keine symbolische und legendäre Figur, sondern der wahre Mensch, der als ganz und gar menschliches Wesen verstehen, vollgültig in der Haltung der Menschlichkeit zu leben. Ihm fehlt die Möglichkeit der Götter, sich des irdischen Lebens nach Belieben zu bedienen, um sich seiner bei Gelegenheit auch ebenso wieder zu entkleiden: Das Kreuz gehört zum Menschsein Jesu, ja es wird zu seiner Vollendung.

Gleichzeitig ist er aber ganz Sohn seines himmlischen Vaters, seit Ewigkeit bei Gott und nun in der Welt, um Gottes Wort und Willen zu veröffentlichen. Damit will Johannes den Graben schliessen, von dem der Dualismus behauptet, er trenne Gott und Mensch, Erde und Himmel unüberwindlich voneinander. Gerade darum ist der Sohn des göttlichen Vaters zugleich auch der Menschensohn: um zusammenzubringen, was getrennt erscheint. Wie eng beide verbunden, ja eins sind, zeigt sich wiederum im gemeinsamen Namen von JHWH und Jesus Christus (Ex 3,14; Joh 4,26; 6,35; 8,12; 10,9. 11; 11,25; 14,6; 15,5).

Die Stunde Jesu ist ein weiteres theologisches Thema des Evangeliums: Im ersten Hauptteil (Joh 1–12) geht Jesus dieser Stunde entgegen (2,4; 4,35; 7,30), während er sie im zweiten Teil (Joh 13–20) bereits erreicht hat (13,1; 16,32; 17,1). Diese Stunde der Erhöhung vollendet und erfüllt sich am Kreuz (Joh 19,30), auf sie laufen Leben und Verkündigung Jesu von Anfang an hinaus, und er ist sich dessen ebenso von Anfang an bewusst. Jeder Schritt, jedes Wort, jede Tat bringen Jesus dieser Stunde der Erhöhung in aller Schmerzlichkeit näher. Die Stunde ist somit der zeitliche Rahmen, in dem sich inhaltlich die Offenbarung Gottes abspielt.

Die Zeichen der Offenbarung prägen vor allem den ersten Teil des Evangeliums, wenn nicht die ganze Passionsgeschichte im Sinne dieser Zeichen gelesen und verstanden wird. Durch die Zeichen werden die Inhalte der Offenbarung bekanntgegeben: Mit der Auferweckung des Lazarus (Joh 11) bietet sich nicht nur die Gelegenheit für ein zweites Christusbekenntnis (Joh 6,69; 11,27), sondern auch für das Bekenntnis Gottes zum Leben. Ebenso sind auch die anderen Heilungen und Taten Jesu Zeichen, welche die Botschaft tragen, dass das Reich Gottes in Jesus Christus zwar angebrochen, aber noch nicht entfaltet ist.

Der Logos verbindet beide, die Stunde und die Zeichen. Er ist Inhalt und Ausdruck in einem. Nun ist der Zeitpunkt gekommen, beides auch öffentlich zu machen. Im Osterglauben werden Stunde und Zeichen eins. Das erfahren alle, die dem Auferstandenen begegnen: Maria Magdalena (Joh 20,16), Thomas (Joh 20,28), der Lieblingsjünger (Joh 21,7). Das Evangelium hat die Aufgabe, es der ganzen Welt bekannt zu geben. Darum rahmen die beiden Gedichte, der Logoshymnus und das Abschiedsgebet, das ganze Evangelium ein, um ihrerseits zu zeigen, dass alles, wovon die Rede ist, letztlich auf den Offenbarer Jesus, der der menschgewordene Logos ist, hinweist.

_ AUSGELEGT

Der Aufbau

Der Text, mit dem das Johannesevangelium beginnt, hebt sich teilweise durch seine poetische Sprache deutlich vom übrigen Evangelium ab, aber auch von Prosapassagen in ihm selbst. Der Text geht auf ein älteres Lied zurück, das aus dem Umkreis der Weisheitsliteratur stammt und für den gottesdienstlichen Gebrauch entstanden war.

Versuche, es zu rekonstruieren, führen zu zwei unerweiterten, vierzeiligen Strophen (1–4.5–8), denen drei weitere Strophen mit Erweiterungen folgen: eine vierzeilige (9–10.15–16) mit erster Prosa über den Täufer (11–14), eine kaum erweiterte vierzeilige (18–21 nach 17), eine stark erweiterte vierzeilige (22–23.28–29 um 24–27) und schliesslich eine sechszeilige (30–32.36–38) mit zweiter Prosa über den Täufer (33–35). Vermutlich wies das ältere Lied sechs Strophen auf: fünf Vierzeiler mit den Themen Gott (I), Schöpfung (II), Licht (III), Missverstehen (IV) und Verstehen (V), dazu als Höhepunkt ein Sechszeiler mit dem Thema Herrlichkeit (VI). Weitere Prosa ist angehängt (39–43). Es ist jahrhundertealter Brauch, bei der Überlieferung älterer Texte im selben Zug auch deren jüngere Interpretationen zu überliefern. Sie wurden schon deshalb ins Original eingetragen, weil Schreibmaterial wertvoll war. Auf diese Weise hat die Nachwelt beides: einen alten Text und seine Wirkung.

Das gottesdienstliche Lied, das die tiefsten Geheimnisse der Schöpfung und Erlösung besingt, war möglicherweise ursprünglich ein Hymnus auf *Sophia*, die *Weisheit*, die weibliche Gefährtin Gottes von Urbeginn an (Spr 8,22–36; Sir 1,1–10; 24,1–22; Weish 7,22–8,3; 9,1–19.). Die johanneische Christengemeinde hätte dann den älteren Sophiahymnus zu einem Logoshymnus umgedichtet, der nun auf Christus, das Wort Gottes, bezogen ist. In der vorliegenden Form besingt das Lied die Erfahrungen der Gläubigen mit dem im Gottesdienst wohnenden Christus (28–29).

Die Strophen

Alle Strophen stehen im Imperfekt und wirken wie ein Mythos, der in grossen Zügen ein Geschehen erzählt. Strophen I–II zeichnen das Wesen des Logos, bevor die Welt war (1–4), und sein Wirken, als die Welt wurde (5–8): Er wurde wie einst die Weisheit zum Mitgestalter an der Schöpfung Gottes. Er kennt alle Geheimnisse der Schöpfung bis in den innersten Kern und wird so zum Vermittler zwischen Schöpfer und Schöpfung, indem er der Schöpfung aufdeckt, woher sie ihr Sein bezieht (0).

Die letzte Zeile der zweiten Strophe (8) führt bereits weiter: Die Strophen III–IV zeichnen den Logos als Licht, das die Welt zum Kosmos macht (9–10.15–16), und die Welt als Verstocktheit, die nichts versteht (18–21): Der Logos ist das Licht der Menschen, wie die Sonne das Licht der Schöpfung ist. Hier findet sich die einzige Zeile im Präsens (9). Das Kommen des Logos in die Welt geschieht jetzt, in diesem Augenblick, ist weder ein vergangenes noch ein zukünftiges Ereignis. Die Ablehnung des Logos wird im Bild des Licht verdeutlicht. Licht und Finsternis sind fundamentale und mythische Gegensätze. Das klingt selbstverständlich, hat aber hier den Geschmack einer dramatischen Dringlichkeit, denn Christus wird als fundamentales und mythisches Ereignis Gottes eingeführt: Die Welt nimmt nun den Logos ebenso wenig an (20–21), wie die chaotische Finsternis das kosmische Licht (9–10). Das Chaos lebt, und die Welt scheint es zu lieben. Die Menschen können sehen und sind doch blind.

Die darin anklingende Enttäuschung, die resignative Zurkenntnisnahme wird durch die Strophe V in eine ermutigende Perspektive gerückt (22–23.28–29): Es gibt doch immerhin einige, die den Logos, das Licht, annehmen und damit das Erbrecht der Kinder Gottes erlangen. Die offenen Auges wirklich sehen und die Verstocktheit hinter sich haben, bilden die Gemeinde. Diese verkörpert die Wirkung des Logos. Die johanneische Gemeinde spricht sich die Gotteskindschaft zu. Ab hier (29) redet das Wir der Gemeinde.

Strophe VI schliesslich (30–32.36–38) schiesst um genau jene zwei Zeilen mit derselben Aussage über die anderen fünf Strophen hinaus, die das Evangelium in zwei johanneischen Lieblingswörtern zusammenfassen: Wer den Logos und sein Evangelium aufnimmt, lebt in der Wahrheit und steht in der Gnade (32.38). Die Schlussstrophe wiederholt die Bewegung des erleuchtenden Lichts aus der Perspektive der unmittelbar Betroffenen: Was vorher allgemein formuliert war, wird jetzt als Bekenntnis der Gemeinde ausgesprochen. Indem der Logos in die Welt kommt und sich auswegslos diesem Endlich-Verletzlich-Irdisch-Bedingten zuordnet, eben *Fleisch* wird (28), gibt er sich zu erkennen. Während die ganze Menschheit die Seinen sind, erkennt nur die mit *Wir* bezeichnete Gemeinde den Logos (28–29 statt 20–21). Schöpfung und Erlösung stehen in unmittelbarer Kontinuität (Strophen I/V) und sind nicht voneinander getrennte Ereignisse. Das ist die Offenbarung, die Christus den Menschen bringt, und wenige von ihnen (wir) nehmen sie dankbar an.

Die sechs Strophen des Hymnus weisen drei verschiedene Dimensionen des Logos auf und nehmen damit von Ferne die Trinität voraus (vgl. Einheit 24). Der Logos steht überall an der Seite Gottes: präexistent bei der Schöpfung, in der Gott sich als Schöpfer ausweist; als menschgewordener Offenbarer, der sich als Jesus Christus erweist; als Licht, das zum Zeugnis, zu Erkenntnis und Klarsicht und darum zum Bekenntnis befähigt und damit ganz in die Nähe des Geistes rückt. So wird das Licht im Verlauf des Evangeliums zum Paraklet (Joh 13–17), zum Beistand und Tröster in der Dunkelheit. Die Vielgestaltigkeit der Begegnung mit dem Logos führt nicht zu verschiedenen Erkenntnissen, sondern schliesslich immer wieder nur zu der einen Einheit Gottes mit der Welt schlechthin.

Johannes der Täufer

Die Redaktion des Johannesevangeliums ergänzt den Hymnus mit ersten Informationen über Johannes den Täufer (11–14.33–35). Dieser hat die Aufgabe, als Zeuge des Lichtes (12) und des Wortes (35) aufzutreten und den Irrtum aufzuklären, er selbst könne der göttliche Logos sein (14). Eine Verwechslung wird völlig ausgeschlossen: Die verschiedenen Qualitäten von Johannes, dem Zeugen (33), und Jesus, dem Logos (35), werden hervorgehoben. Darum lässt die Redaktion ihn im Stil alttestamentlicher Propheten auftreten (11). Nachdrücklich wird aber betont, dass er nicht Vorläufer des Offenbarers, sondern dessen Zeuge ist (12.14.33). In eigenartiger Wiederholung bekräftigt die Erweiterung der sechsten Strophe, was die der dritten schon enthält, als könnte der Unterschied zwischen dem Logos selbst und dem Zeugen des Logos nicht hartnäckig genug betont werden. Zeuge und Bezeugter sind nicht derselbe, was wohl auch heisst, die Gemeinde der Christen und der Christus sind nicht dasselbe.

Die Einführung des Gesetzes, des *nomos*, in der Nachschrift (39–43) weist auf Mose hin, mit dem alle Ordnungen verbunden sind, in denen sich Gottes Strenge zeigt (vgl. Einheit 12), während Christus wie ein zweiter Mose nun Garant der liebevollen, zärtlichen Zuwendung, der Gnade Gottes (*charis*), ist (40 gemäss 32.38). Erst hier nach dem Liedschluss taucht zum ersten Mal der Name *Jesus Christus* auf (40), erst jetzt wird der Logos, der menschgewordene Offenbarer Gottes, mit Jesus Christus identifiziert.

Das Bekenntnis

Dem Logos, dem göttlichen Wort, werden Qualitäten und Funktionen zugesprochen, die sonst der *Sophia*, der göttlichen *Weisheit*, zugeordnet werden. Die Umdeutung geschieht um des Bekenntnisses willen. Mit der Wir-Perspektive der glaubenden Gemeinde (29) können im Logoshymnus gleich zwei Bekenntnisse gefunden werden: Das erste (30–32) wird von Menschen gesprochen, die sich nicht mehr daran stossen, den Glanz des Offenbarers in seiner verletzlichen und körperlich begrenzten Menschlichkeit zu erkennen, also nicht an seinem Auftreten als *herrlicher Herrscher* und an seiner Hofhaltung (vgl. Einheit 1). Mit dem zweiten (36–38) schliesst das Lied in Form eines Dankes: Die Offenbarung ist ein reines Geschenk und wird in seiner ganzen grosszügigen, unerschöpflichen Fülle als solches glaubend entgegengenommen.

Die Schlussstrophe VI ist insgesamt ein Bekenntnis und macht den Hymnus zum Bekenntnislied. Es ist für den gottesdienstlichen Gebrauch bestimmt und spannt den Bogen vom präexistenten Logos, vom Wort Gottes, das vor der Schöpfung war (I–II), über seine Menschwerdung (III–IV) bis hin zur teilnehmenden Gemeinde (V–VI).

_ VEREHRT

Der Logos in der Wirkungsgeschichte

Menschen gebrauchen Worte als Kommunikationsmittel. Mit Worten erklären sie sich selbst, teilen sich einander mit und schaffen damit Möglichkeiten, das nicht Offensichtliche auszutauschen. Mit Worten setzen sie sich zu einander und zu Gott in Beziehung. Wo Menschen etwas über Gott zu sagen wagen, sprechen sie zunächst von sich selbst, von ihrer Selbst- und Welterfahrung. Menschen können über Gott nicht anders reden als über die Erfahrung, die sie mit Gott gemacht haben. Das gibt den Blick frei auf ein Stück von Gottes Wirklichkeit. Insofern ist Gott das Wort, das Menschen wahrhaftig über sich selbst aussagen können. Wenn also Gott mit dem Wort identifiziert wird, dann heisst dies zugleich, dass Gott Beziehung ist. Gott spricht nicht nur Worte, sondern er ist der Logos (3). Diese Aussage lässt sich aber nicht umkehren: Der Logos ist zwar göttlicher Schöpfer und Offenbarer, aber nicht Gott, sondern Verweis auf ihn. Der Logos ist für hellenistisch geprägte und zu denken gewohnte Menschen keine unbekannte Gestalt: Die griechische Philosophie beschreibt ihn als kosmisch-göttliche Potenz, allerdings nicht als mythologische Gestalt, sondern als Weltgesetz, welches das Denken und Handeln des Einzelnen leitet.

Durch die Septuaginta, die Übersetzung der hebräischen Bibel ins Griechische, bekommt das hebräische Wort zusätzliche Bedeutungsfacetten, weil es im Kontext griechischen Denkens gelesen und verstanden wird. Damit werden hebräische Vorstellungen philosophisch denkbar.

Für den Neuplatonismus ist der Logos ein Zwischenwesen zwischen Mensch und Gott und wirkt Heil: Nur durch den Logos kann die Befreiung von der Weltverhaftung erfolgen, indem der Mensch sich durch Vermittlung des Logos selbst von allen Zwängen entbinden und also selbst erlösen muss. Diese Vorstellung hat bis zur Spätantike nicht nur das philosophische, sondern auch das theologische Denken geprägt (vgl. Einheit 24).

Für die ins Griechische übersetzte hebräische Bibel ist der Logos die personifizierte Kraft Gottes, die göttliche Manifestationsweise, die sich in der Schöpfung selbst einen Ausdruck verschafft: Gott handelt, indem er sein Machtwort spricht.

In der Gegenwart des 21. Jahrhunderts lösen Worte Misstrauen oder Skepsis aus. Das gegebene Wort muss mindestens schriftlich besiegelt werden, um verlässlich zu sein. *Taten statt Worte* ist zum Leitmotiv geworden. Taten gelten mehr und sind wichtiger als Worte.

Das Wort in der jüdischen Tradition

In der Bibel heisst es aber, Worte seien mehr als *Schall und Rauch* (Jer 36,27–28; Mt 16,13–16). Damit spricht die Bibel dem Wort Wirkkraft zu (vgl. Einheit 2), und hier präsentiert sich Gott selbst als dieses wirkmächtige Wort. Müssen also Vorbehalte, die gegen Worte an sich vorzubringen sind, auch für das Verhältnis zu Gott gelten? Müssen alle Einwände, dass Worte mehrdeutig und missverständlich, darum verdächtig und unglaubwürdig sind, auch auf Gott angewendet werden?

Gott handelt, indem er spricht (Gen 1,3), und redet, indem er handelt (Jes 43,1), und so kann der Logos gar nichts anderes sein als schöpferische Anrede (5), Zuwendung (22) und Beziehung (29). Er muss nicht eigens eingeführt werden, sein Wesen wird nicht erst beschrieben, denn er ist bekannt. Er wird als Beziehung von Anbeginn (2) dargestellt. Logos ist Gottes ewiges Wesen (3), das Welt um der Beziehung willen schafft (5–8).

Die Weisheit

Diese Vorstellung vom Logos ist eng verbunden mit der Weisheitsmythologie, die in der Antike vor allem im Zusammenhang mit den Kulten der Göttinnen Isis (Göttin des Lebens), Astarte (Sterngöttin) und Selene (Mondgöttin) entstand und auch vom Judentum der Zeitenwende, besonders in Alexandria, übernommen wurde. Die Weisheitsmythologie geht davon aus, dass Gott von Anbeginn an eine Gefährtin hatte, die bei der Schöpfung dabei war: die Weisheit (Weish 9,4–9). Sie wird personalisiert und weiblich vorgestellt. Sie ist Ratgeberin (Weish 8,4), aber auch Geliebte Gottes (Weish 8,3). Sie ist in der Welt, während Gott selbst als immer ferner erlebt wird. Sie ist den Menschen nahe, greift belehrend, ermutigend und herausfordernd in das Leben der Menschen ein, wenn sie sich auf sie einlassen wollen. Dabei geht es mehr um das praktische Leben als um akademisches Wissen, um Lebensbewältigung und Gelingen: Handwerk kann weise sein, wenn es in der Absicht und Haltung des gottgemässen Lebens praktiziert wird. Dabei geht es allerdings nicht um Schlaumeierei und Gerissenheit, sondern um eine respektvolle und ehrerbietige Lebenshaltung, die alles, was dem Leben dient, als eine Form von Gottesdienst versteht. Neben den intellektuellen Fähigkeiten und sakramentalen Aufgaben gilt alles als gottgemäss, was zum Leben nötig ist.

Die Frömmigkeit hat dank der Sophia eine ganzheitliche Dimension, die im Laufe der Geschichte vergessen wurde, um dann neu entdeckt und als überraschend erfahren zu werden. Bei der Umformulierung des ursprünglichen Sophia-Hymnus wird der Logos mit der Weisheit identifiziert und bekommt dadurch zusätzliche Qualität und Bedeutung: Was die Weisheit ausmacht, soll nicht aufgegeben werden, sondern in die philosophische Sprache der Zeit übersetzt und aktualisiert werden. Dass dabei die weiblichen Anteile unsichtbar werden, interessiert die Jahrhundertwende wenig.

Jesus Christus

Mit ihm wird der Weisheit zusätzliches Gewicht verliehen, weil sie von einem Mann vertreten wird. In Jesu Leben und Wirken finden sich viele Züge dieser Weisheit: im Umgang mit Frauen (Lk 8,1–3; Mk 5,21–43); in Gleichnissen, die nicht Erfolg, sondern Beziehung ins Zentrum der Botschaft stellen und damit eine Umkehrung der Gewohnheiten provozieren (Lk 15,11–32); in Heilungen, die sich nicht vor Berührungen scheuen (Mt 9,20–22; Joh 9,1–12) und somit, in der Terminologie der Religionsgeschichte gesagt, schamanische Züge tragen; in Begegnungen, die über den Augenschein hinausweisen (Lk 11,27–28; Lk 19,2–10); in Forderungen, die das Naheliegende ansprechen (Mt 5,14–15; 19,16–26).

Diese weisheitlichen Dimensionen setzen sich in den ersten nachösterlichen Gemeinden fort, wenn Frauen gleichberechtigt Ämter übernehmen (Röm 16). Damit wird den weisheitlich gedachten Zügen Gottes die Ehre erwiesen, und in den ersten christlichen Gemeinden werden sie von Jesus Christus ausgesagt (Phil 2,6–11; Kol 1,15–20). Doch kann sich das weisheitlich geprägte, ganzheitliche Gottesbild, das weibliche wie männliche Züge trägt und damit gerade kein sexualisiertes Gottbild ist, nicht nachhaltig durchsetzen. Es bleibt eine theologische Randerscheinung. Die weiblichen Züge Christi, die ihn als eine integrierte Persönlichkeit ausweisen, die sich ihrer weiblichen wie männlichen Anteile bewusst ist, waren und sind eher fremd, werden seither immer wieder entdeckt, z. B. von der Mystik, aber ebenso häufig auch wieder vergessen oder gar unterdrückt.

So könnte auch mit patriarchaler Absicht aus der Sophia, der weisheitlich-weiblichen Seite und Gefährtin Gottes, der Logos gemacht worden sein, der den Beziehungwillen und die Wortfähigkeit Gottes betont. Beide, Sophia wie Logos, sind Ausdruck dafür, dass Gott in Beziehung zum Mensch erfahrbar und lebendig ist. Insofern unterscheiden sie sich weniger in der Qualität der Erfahrbarkeit als vielmehr in der Betonung des männlichen, die Vater-Sohn-Beziehung bekräftigenden Gottesbildes, das schnell dazu verführen kann, Frauenleben unsichtbar zu machen. Logos und Sophia waren zur Zeit der ersten christlichen Gemeinden wohl nahezu austauschbare Begriffe für dieselbe Vorstellung von Gott. Und doch wurde dieser Akzent christlich nun wieder seiner Weiblichkeit beraubt. Wie würde das Johannesevangelium aussehen, wenn an Stelle des Logos wie im Jakobusbrief die ursprüngliche Sophiatradition erhalten geblieben wäre (Jak 3,13–18)?

Das Wort, das Gott nicht nur gibt, sondern selbst ist, wird Mensch. Gott wird von einer Frau geboren (Mt 1; Lk 2). Jesus Christus kommt nicht als Kopfgeburt eines Gottes zur Welt wie Athene, die griechische Göttin der Weisheit, die dem Kopf ihres Vaters Zeus entsprungen ist; auch nicht in der Tarnung und Verkleidung einer streunenden Gottheit, wie der Doketismus lehrt: Nur scheinbar, nicht wirklich, könne Gott Mensch werden. Nein, Gott wird Mensch mit allen unausweichlichen Konsequenzen. Im Johannesevangelium genügt nicht einmal das Wort Mensch, um dieses Geheimnis auszudrücken, es scheint noch zu nah bei der Möglichkeit zu liegen, dass Gottheiten Göttersöhne (Gen 6,1–4) oder Halbgötter zeugen oder Menschen sich in einer Heiligen Ehe sinnbildlich mit Gottheiten verbinden. Um diese Assoziationen auszuschliessen, wird hier das Wort Fleisch gebraucht (28): Gottes Menschwerden geschieht in aller Konsequenz und ist da-

rum wirklich ein Geheimnis. Gott lässt sich auf eine Geburt ein und will diese Menschwerdung nicht rückgängig machen.

Wie er nun gleichzeitig Gott und Mensch sein kann, das beschäftigt die christlichen Gemeinden und Theologien seit 2000 Jahren und ist doch immer ein Geheimnis, ein Mysterium des Glaubens, geblieben. Im Johannesevangelium hat Christus diese zwei Naturen vom Augenblick seiner Geburt an, seiner Inkarnation in der Welt, und nicht erst durch die Erhöhung am Kreuz. Der Logos-Begriff kann vielleicht helfen, dieses Geheimnis besser zu erkennen: Im Wort, in der Beziehung, die durch Worte vermittelt wird, wird es vorstellbar, Gott und Mensch gemeinsam zu denken, denn die Wortmächtigkeit ist es, die Gott und Mensch miteinander verbindet.

Gott ist Beziehung

Wenn also Gott der Logos ist und damit Beziehung, dann ist seine hervorstechendste Eigenschaft, dass er zugleich überweltlich-kosmisch und innerweltlich-irdisch ist und gerade darin seine heilbringende, rettende Bedeutung für die Welt hat. Andererseits wird aber auch deutlich, dass Gott am Anfang nicht allein war: Der Logos war bei Gott. Darin erweist sich von Anbeginn an, dass Gott nur in Beziehung ist. Nicht nur ist es *nicht gut, dass der Mensch allein ist* (Gen 2,18), sondern auch Gott braucht Beziehung und findet sie im Logos, der weder gezeugt noch geschaffen, weder Gott untergeordnet noch mit ihm identisch ist. Gott zeigt sich in der von ihm geschaffenen Welt, weil er Welt und Menschen braucht, um Gott in Beziehung sein zu können. Die ganze Schöpfung ist ein Ausdruck von Gottes Wesen in Beziehung, eine Manifestation seiner Gegenwart und Bezogenheit auf die Welt (22–23). Das ist ein erstaunlicher Gedanke, dass Gott die Welt und die Menschen braucht, auf sie angewiesen ist, weil nur mit ihnen als Gegenüber Gott überhaupt die Möglichkeit hat, sich zu offenbaren. Oder umgekehrt gesagt: Wo Menschen sich als Geschöpfe Gottes verstehen, da hat sich Gott bereits offenbart.

Das fern gewordene, unnahbar scheinende, angezweifelte und skeptisch hin- und hergewendete Wort wird nun mit einem Mal ganz nah, nachvollziehbar und menschlich. Das Wort wird damit glaubwürdig – aber mehr noch: Es wird wirklich Mensch, verliert seine Absolutheit und wird vorläufig, wie menschliches Leben nun einmal ist, wird verletzlich und verwundbar, anrührend und bewegend. Wenn Gott so wird, ist damit ein kompromissloser Verzicht auf all das gemeint, was Menschen an Gott so fern und unnahbar erscheint. Gott ist nahe wie die Nachbarn (29).

Schöpfung und Offenbarung sind eins. Zwischen beiden muss nicht mehr und kann nicht mehr unterschieden werden. Damit kommt zum Ausdruck, dass Gott von Urbeginn an der Eine ist; dass er unveränderlich ist, gerade weil er sich bewegt und sich bewegen lässt; dass er sich veröffentlicht, sich zeigt und wahrgenommen sein will, denn Schöpfung ist in sich selbst schon Gottes Selbstveröffentlichung. Sie erfüllt sich in der konsequenten und unentrinnbaren Menschwerdung: das Wort, der Logos, wurde Fleisch (28). Gott wird aber nicht König, er präsentiert sich der Welt nicht in der Herrlichkeit (*doxa*) und Majestät der Herrschenden, sondern definiert die *Herrlichkeit des Herrn* (Ex 16,10) in paradoxer Weise um: Der Glanz des gewöhnlichen Menschen, die Pracht der alltäglichen Menschlichkeit wird zum Kriterium für das, was verehrungswürdig ist. Nicht das stolze Befehlswort, sondern das einfühlsame Wort der Solidarität und Empathie ist der Massstab für die Inkarnation, die Menschwerdung Gottes in der Welt. Das Lukasevangelium verkündet mit der Weihnachtsgeschichte dieselbe Botschaft (Lk 2).

Gott wird Mensch

Jesus Christus wächst wie jeder Mensch in das Menschsein hinein, tastet sich an dieses Leben heran, wie alle Menschen es immer wieder tun. Er entwickelt sich, verändert sich und erlebt Begrenztheit, Sterblichkeit und Bedrohung (5–8). Hatte Gott zu Mose gesagt: Ich werde sein, der ich sein werde (3), so hat Gott dies nun wahr gemacht: Das Wort, das Gott den Menschen gegeben hatte (5), ist endgültig und vollkommen Mensch geworden (28).

Die Menschwerdung Gottes schliesst gleichzeitig die Menschwerdung jedes einzelnen Menschen mit ein (22–23), wie ein Graffitto es ausdrückt: *Mach's wie Gott – werde Mensch!* Die Aufforderung schliesst die anstrengenden Seiten des Menschseins ein. Kann man sich Gott so vorstellen? Weder heroisch noch prächtig, weder allmächtig noch allgegenwärtig, weder mysteriös noch faszinierend, sondern verletzlich, begrenzt, endlich aber auch berührbar und anrührend, gerade darin voll Zuneigung und Aufrichtigkeit (32)? Seine Menschlichkeit ist der Ernstfall Gottes (36–38).

Gefragter und beliebter wäre vielleicht eine Vorstellung von Gott, die gradlinig und eindeutig zeigt, *wo Gott hockt*, wie man hierzulande etwas salopp das Unmissverständliche ausdrückt. Daran könnte man sich einfacher orientieren und davon klarer Lebensanweisungen entgegennehmen. Aber so leicht macht Gott es nicht. Indem Gott Mensch wird wie jeder Mensch, mutet er jeder und jedem zu, Gott nicht in der Höhe, sondern Auge in Auge zu suchen. Er mutet den Menschen gleichzeitig zu, ein eigenes Selbstbewusstsein zu entwickeln.

Der Glanz der Menschwerdung

Wer sich von dieser Unscheinbarkeit nicht beirren lässt, erkennt das Strahlen Gottes genau in der menschlichen Alltäglichkeit. Nur weil es Menschen gibt, die sich im gemeinsamen Wir und Gottes Leuchten in der gewöhnlichen Unscheinbarkeit erkennen, kann Gott sich in Menschlichkeit offenbaren. Er setzt um, was er spricht, und sagt,

was er tut: Er ist das Wort, das in die Welt gekommen ist, menschlich und endlich. Das lässt sich schwer vermitteln, und darum ist die Offenbarung Gottes solch ein Anstoss erregendes Ärgernis, um so mehr, als Gott nur auf diese Weise zugänglich ist: mit weisheitlichem Verstand und Glauben (30–31). Der glaubende Mensch kann Gott in seiner Offenbarung erkennen, und durch den Offenbarer kommen Menschen zum Glauben.

Gott gibt alles von sich in der Schöpfung preis, wird Mensch, um den Menschen so nah wie möglich zu sein – und doch bleibt er seinen Geschöpfen verborgen. Darum ist es gar nicht leicht, Gott zu erkennen (10.21): Die Menschheit könnte alles über Gott wissen, und doch versteht sie meistens nichts. Im Glauben werden die Gegensätze miteinander verbunden. Wenn Gott Vollmacht verleiht (23), dann stehen Schöpfung, Menschwerdung und Offenbarung nicht länger gegeneinander. Die Verstockung als Ineinander physischen Sehens und mentalen Blindseins ist dann überwunden. Was getrennt war, führt dann zum Glauben der Gemeinde und schafft Verbundenheit zwischen Gott und Mensch, zwischen Mensch und Mensch.

Diese Vorstellung von Gott bleibt eigentümlich abstrakt, aber so lässt sie genug Freiraum für den Glauben jeder einzelnen Person, weil Gott in Beziehung zur Gemeinde und durch sie zu jedem einzelnen Menschen steht. Das Wort kann nicht mehr absolut sein. Es ist vorläufig, weil es menschlich ist, es bleibt fremd, weil es zugleich Gott ist. Das Denkmodell beschreibt, wie sich Gott in der Menschwerdung den Menschen neu zugänglich macht und wie der darauf reagierende Mensch sich dadurch verändert. Gottes Glanz wird zum Glanz des Menschlichen.

Die Kirche des Wortes

Für den Logoshymnus zu Beginn des Johannesevangeliums ist Gott das Wort mit Schöpfungsmacht (3.6). Gott lässt sich nicht auf Rituale und Liturgien festlegen, nicht in frommen Handlungen oder heiligen Gesten beschwören, sondern er ist jenes Wort, das sich selbst verwirklicht (5). Das ist eine Erkenntnis, die im Lauf der Christentumsgeschichte wiederholt gemacht und auch wieder vergessen wurde, bis eine neue Generation sie von Neuem erfahren hat. Auch Gottes Kirche ist nicht *creatio ex nihilo* sondern *creatio ex verbo*.

Reformbewegungen gingen regelmässig von dieser Neuentdeckung aus: Katharer und Hussiten, Waldenser und Protestanten, Herrnhuter und Pietisten, Armutsorden und Erweckungsbewegungen beriefen sich auf das Wort, das Gott selbst ist. Doch dieses Lebens-Wort (8) ist sperrig und darum verschiedenen Herausforderungen ausgesetzt: Es kann geschehen, dass das Wort nicht verstanden wird und darum nur noch formal, als Hülse seiner selbst geführt wird (20–21). Ebenso kann es geschehen, dass dem Wort nicht genug vertraut wird. Dann werden Zuneigung, Wahrheit (15.32) und Fülle (36) von sinnfälligen Aktionen, von Ritualen und Spektakeln, von Bildern und Medien, aber nicht vom Wort erwartet (9–10). Diese Dekadenz des Glaubens kann sich so lange ausbreiten, bis Menschen wieder einmal die Glaubenserfahrung machen, welche Wirkmächtigkeit das lebendige Wort hat. Das findet sich auch in den vier reformatorischen Kernsätzen: im *solus Christus, allein durch Christus* (40), im *sola gratia, allein aus Zuneigung* (32.38), im *sola fide, allein aus Glauben* (22–23), und im *sola scriptura, allein durch die Schrift* (1–8): Die Heilige Schrift verkörpert dabei das lebendige Wort, das Gott ist (2Kor 3,6; Hebr 4,12) und den Bundesgedanken lebendig übersetzt. Wort und Geist sind in diesem göttlichen Sinn eng miteinander verbunden. Der Geist, das ist die hebräische *rúach*, der Wind, den Gott den Menschen einhaucht, damit sie atmen und leben können, der Atem, mit dem Worte gesprochen werden, laut und hörbar.

_ NACHGEFRAGT

Vom Text her

_ Logos und Logik sind im Griechischen nah verwandte Wörter: Welchen Zusammenhang entdecken Sie?

_ Wortüberflutungen, wohin Sie sehen, Worte, Zeitungen, Reklamen, Schilder und Etiketten: Welchen Sinn macht es da, an Gott als Wort zu denken?

_ Woran erkennen Sie die *nach Gottes Wort reformierte Kirche*?

_ Wie denken Sie darüber, dass Gott nicht in Herrlichkeit Mensch wird?

_ Was löst der Gedanke bei Ihnen aus, dass wir ein Leben lang auf dem Weg zur Menschwerdung sind? Welches Menschenbild verbinden Sie mit diesem Gedanken?

_ Unterscheiden Sie für sich selbst zwischen solchen, die nur reden und solchen, die auch etwas zu sagen haben? Welche Kriterien helfen bei der Unterscheidung?

Zum Gottesbild hin

_ Gibt es für Sie Worte und Wörter, die Sie bewusst nicht benutzen?

_ Wofür würden Sie gern ein Wort erfinden, das es in unserer Sprache noch nicht gibt?

_ Welche Folgen könnte es für Ihre Gottesbeziehung haben, dass Gott das Wort ist? Wie bewerten Sie die Folgen?

_ Welchen Worten misstrauen Sie am meisten?

_ Ändert sich Ihr Umgang mit Wörtern, wenn Gott das Wort ist? In welcher Weise?

_ Welche Konsequenzen für die zwischenmenschlichen Beziehungen hat es, dass Gott das Wort ist?

_ Worte lösen bei verschiedenen Menschen verschiedene innere Bilder aus: Was bedeutet das für Ihre Rede von Gott?

_ Ändert sich Ihr persönliches Sinne-Wort-Gleichgewicht, wenn Gott das Wort ist? Wie sehen Sie das Verhältnis von Wort und Sinnen in der reformatorischen Tradition? Wie sieht dieses Verhältnis für Sie persönlich aus?

_ Was stimmt für Sie mehr: *Am Anfang war das Wort* (Johannes) oder *Am Anfang war die Tat* (Faust)? Warum?

_ Was empfinden Sie, wenn ein Kind die ersten Worte spricht? Haben Sie dabei schon einmal an Menschwerdung gedacht? Auf welche Weise?

_ GELESEN

_ Jürgen Becker, Das Evangelium des Johannes (ÖTK
4 / 1); Gütersloh 1979.

_ Rudolf Bultmann, Das Johannes-Evangelium;
Göttingen 1937.

_ Etienne Charpentier, Führer durch das Neue
Testament; Düsseldorf 1983.

_ Johannes Schneider, Johannesevangelium
(Theologischer Handkommentar zum NT);
Berlin 1985.

_ Esther Straub, Kritische Theologie ohne ein Wort
vom Kreuz. Zum Verhältnis von Joh 1–12 und 13–20;
Göttingen 2003.

GOTT FÜHRT MENSCHEN
ZUSAMMEN.
DIE LIEBE

GOTT FÜHRT MENSCHEN
ZUSAMMEN.
DIE LIEBE

1	Ihr Lieben, lasst uns einander lieben! Denn die Liebe ist aus Gott;	7
2	und jeder, der liebt, ist aus Gott gezeugt, und er erkennt Gott.	
3	Wer nicht liebt, hat Gott nicht erkannt, denn Gott ist Liebe.	8
4	Darin ist die Liebe Gottes unter uns erschienen,	9
5	dass Gott seinen einzigen Sohn in die Welt gesandt hat,	
6	damit wir durch ihn leben.	
7	Darin besteht die Liebe: Nicht dass wir Gott geliebt hätten,	10
8	sondern dass er uns geliebt	
9	und seinen Sohn gesandt hat als Sühne für unsere Sünden.	
10	Ihr Lieben, wenn Gott uns so geliebt hat,	11
11	sind auch wir verpflichtet, einander zu lieben.	
12	Niemand hat Gott je geschaut.	12
13	Wenn wir aber einander lieben,	
14	bleibt Gott in uns, und seine Liebe ist unter uns zur Vollendung gekommen.	
15	Daran erkennen wir, dass wir in ihm bleiben und er in uns:	13
16	Dass er uns von seinem Geist gegeben hat.	
17	Und wir haben geschaut und bezeugen,	14
18	dass der Vater den Sohn gesandt hat als Retter der Welt.	
19	Wer bekennt, dass Jesus der Sohn Gottes ist,	15
20	in dem bleibt Gott und er bleibt in Gott.	
21	Und wir haben die Liebe, die Gott zu uns hat, erkannt und ihr geglaubt.	16
22	Gott ist Liebe,	
23	und wer in der Liebe bleibt, bleibt in Gott und Gott bleibt in ihm.	
24	Darin ist die Liebe unter uns zur Vollendung gekommen:	17
25	Dass wir dem Tag des Gerichts mit Zuversicht entgegensehen sollen,	
26	denn wie er, so sind auch wir in dieser Welt.	
27	Furcht ist nicht in der Liebe,	
28	nein, die vollkommene Liebe treibt die Furcht aus,	18
29	denn die Furcht rechnet mit Strafe;	
30	wer sich also fürchtet,	
31	ist in der Liebe nicht zur Vollendung gekommen.	
32	Wir aber lieben, weil er uns zuerst geliebt hat.	19
33	Wenn jemand sagt: Ich liebe Gott,	20
34	und er hasst seinen Bruder, ist er ein Lügner.	
35	Denn wer seinen Bruder, den er vor Augen hat, nicht liebt,	
36	kann nicht Gott lieben, den er nicht vor Augen hat.	
37	Und dieses Gebot haben wir von ihm:	21
38	dass, wer Gott liebt, auch seinen Bruder liebe.	

1. JOHANNES 4,7-21

Eine fromme Süssigkeit?

Gott ist Liebe. Wunderschöne Sätze stehen im Bibeltext, den wir heute besprechen. Zum ersten Mal – und es ist immerhin der zweiundzwanzigste Abend des ganzen Seminars – meldet sich bei mir nicht gleich die kritische innere Stimme mit ihrem «ja, aber ...». Ich habe diese Worte aus dem Johannesbrief, die uns gleich zu Beginn vorgelesen wurden, richtig genossen. Wie unter einer warmen Dusche bin ich mir vorgekommen. *Gott ist Liebe:* So einfach ist das, so klar. Wozu brauchen wir da noch gelehrte Bücher und theologische Fakultäten? Ich hätte mich sofort diesem Johannes und seinen Leuten angeschlossen, wenn ich damals gelebt hätte.

Das alles habe ich jedoch in der ersten Austauschrunde zum Text nicht geäussert. Die Leute hier kennen mich als kritischen Geist. Was würden sie denken, wenn ich jetzt plötzlich so auf das Wort Liebe flippte? Tatsächlich meinte denn auch eine Teilnehmerin ganz verächtlich, das sei so ein süsslicher Sonntagschultext. Eine andere begann sogleich ein Lied zu summen, das offenbar allen bekannt war, denn sie lächelten wissend und nickten. Gut, dass ich geschwiegen habe.

Der Seminarleiter hat es dann aber meisterhaft verstanden, in jener Runde wieder eine Atmosphäre der Ernsthaftigkeit und des Respekts entstehen zu lassen. Dafür bewundere ich ihn und bin ihm dankbar. Sonst hätte ich wohl einfach innerlich abgehängt. Er hat unsere Aufmerksamkeit auf die Sätze gelenkt, die eine Verbindung zwischen der Liebe Gottes zu uns und der Liebe der Menschen zueinander aufzeigen und gemeint – und da muss ich ihm zustimmen –, der Eindruck des «Süsslichen» oder Abgehobenen könne dann entstehen, wenn der Text losgelöst von unseren Erfahrungen gelesen werde. Darum schlage er uns vor, mit diesem Text auf Spurensuche in unserer eigenen Biographie zu gehen.

Der persönliche Lebensfaden

Jetzt sitzen wir alle da mit einem Stück Schnur in der Hand, versunken in die je eigene Lebensgeschichte. Ich habe mir ein rechtes Stück von der kräftigsten Schnur abgeschnitten, länger als dass ich es zwischen meine ausgestreckten Arme spannen könnte. Meine Lebensgeschichte ist zwar noch nicht so lang, verglichen mit derjenigen der meisten anderen in der Gruppe, aber ich habe im Sinn, heute genau und differenziert hinzuschauen. Als ob ich das Bedürfnis hätte, zu beweisen, dass diese wunderschönen Worte nicht einfach süssliches Gesäusel sind. Innerlich bin ich bereit, ganz ehrlich auf mein Leben zu schauen. Ob ich dann am Ende etwas davon erzähle, lasse ich im Moment noch offen.

Die erste Anweisung war, die Schnur ganz langsam durch die Finger gleiten und dabei das eigene Leben wie einen Film am inneren Auge vorbeiziehen zu lassen.

Ich habe die Augen geschlossen und war überrascht, wie sofort einzelne Bilder aus meinem Leben auftauchten. Der Kursleiter hat uns dabei mit einzelnen Stichworten geführt: *Kleinkindalter – Schulzeit – Jugend – Ausbildung – Berufsfindung – Familiengründung – Karriere.* Da bin ich schon in der Gegenwart angelangt, aber die weiteren Anregungen habe ich auch gehört: Stichworte wie *Pensionierung – Auszug der Kinder aus dem Elternhaus – Verlust des Partners.* Ein Ausblick auf das, was noch kommen könnte. Ich habe verstanden, dass mein Leben mehr ist als das, was schon hinter mir liegt, und dass die Liebe Gottes das Ganze umfasst.

Die zweite Anweisung, und damit sitzen wir jetzt alle ganz still in diesem Raum, lautet, noch einmal die Schnur durch die Finger gleiten zu lassen, noch einmal den inneren Film anzuschauen und immer dort einen Knoten oder eine Schlaufe in die Schnur zu knüpfen, wo eine Erinnerung auftaucht an eine Situation, in der die Liebe Gottes für uns spürbar war. Ich habe die Augen immer noch zu, um die inneren Bilder nicht zu verlieren. Jetzt bin ich etwa in der Mitte meiner Schnur, die mittlerweile schon einige kleinere und grössere Knoten hat, und in Gedanken im Konfirmandenjahr. Ich war ja damals schon ein kritischer Geist und habe meinem Pfarrer das Leben nicht gerade leicht gemacht. Aber eben ist ein Erlebnis aufgetaucht, an das ich lange nicht mehr gedacht habe. Ich mache mal einen Knoten in meine Schnur, nein, eine Schlaufe, damit es mir nicht wieder entwischt. Den Zeigefinger durch die Schlaufe gesteckt, versuche ich, nochmals zu sehen, was ich damals gesehen habe: Dieses unerklärliche warme Licht, das sich von oben in unseren kahlen Kirchenraum senkte. Es war in einem dieser Gottesdienste, die ich damals besuchen musste, um dann konfirmiert zu werden. Das habe ich brav und ungern getan wie die meisten, ohne etwas Besonderes zu erwarten, schon gar nicht ein solches Lichterlebnis.

Natürlich habe ich auch damals nichts davon erzählt. Niemandem. Ich weiss noch, wie ich benommen aus der Kirche schlich und befürchtete, man würde es mir ansehen, weil ich das Gefühl hatte, einen Widerschein dieses Lichts in meiner Brust zu spüren. Dann habe ich das Ganze möglichst schnell vergessen. Was war das? Eine Reizung der Gehirnzellen, eine optische Täuschung oder der Schein der Liebe Gottes, der Geist, den er uns schickt? Ich weiss es bis heute nicht. Langsam ziehe ich meinen Finger aus der Schlaufe und lasse die Schnur weiter durch die Hände gleiten.

Ein eigener Rosenkranz

Es kommen noch einige Knoten dazu: Einen für den Brief, den mir meine Schwester schickte, nachdem ich mich von meiner langjährigen Freundin getrennt hatte. Ich muss zugeben, dass ich damals gar nicht mehr mit dieser schwesterlichen Zuneigung gerechnet hatte, wir

tip

Mittel:
Lesung des Textes auf CD V/22; im Reiseführer die Ausflüge Lust und Freundschaft

Lied:
RG 662

Bild:
Caravaggio, Der siegreiche Amor (Gemälde, Italien 1602); Giovanni Baglione, Der himmlische Amor besiegt den irdischen Amor (Gemälde, Italien 1603)

Buch:
Augustinus, Bekenntnisse X/6 (Gedanken, Nordafrika 397–401); Catharina Regina von Greiffenberg, Jesu! Ich bin voller Flammen / Du meines Herzens Herz (Gedichte, Deutschland 1678); Novalis, Geistliche Lieder (Gedichtzyklus, Deutschland 1799); Karl Barth, Die Liebe (Essay, Schweiz 1962); Papst Benedikt XVI., Deus Charitas est (Enzyklika, Vatikan 2006)

Klassik:
Carl Orff, Catulli Carmina (Kantate, Deutschland 1943)

gingen je unsere eigenen Wege. Wenn ich mich damals freute und auch ein wenig wunderte, so habe ich heute eine Antwort gehört: ... *weil er uns zuerst geliebt hat.* Gottes Liebe durch die Liebe anderer Menschen spüren – ein neuer, schöner Gedanke für mich.

Es gab aber auch Momente, wo ich Gottes Gegenwart direkt zu spüren meinte, darum knüpfe ich noch einen grossen Knoten für die Geburt unserer Tochter. Und ganz am Ende der Schnur schliesslich einen für die Frage meines alten Schulfreundes, den ich gestern zum Mittagessen getroffen habe: Ob ich eigentlich auch ein Hobby habe, etwas, das ich ganz für mich allein tue. Nein, habe ich gesagt, aber jetzt weiss ich schon, dass sich das ändern wird.

Ich lasse die Schnur nochmals rückwärts durch meine Finger gleiten und verweile kurz bei jedem Knoten. Fast wie ein Rosenkranzgebet, geht es mir durch den Kopf. In der Mitte angelangt, schiebe ich nochmals meinen Finger durch die Schlaufe. Ich glaube an die Liebe Gottes. Ich spüre Zuversicht.

Ob ich jetzt dann gleich davon etwas erzähle, weiss ich noch nicht.

_ VERORTET

Apostolische Literatur

Die Jünger Jesu, oder die Apostel, wie sie dann vor allem nach seinem Tod genannt werden, spielten in den ersten christlichen Gemeinden als Traditionsträger und geistliche Autoritäten eine wichtige Rolle. Sie waren dabei gewesen, hatten Jesus noch gekannt. Wer sich auf sie berufen konnte, erzählte Wichtiges und Wahres. So kommt es, dass sie auch nach ihrem Tod noch als Verfasser verschiedener Briefe und Schriften auftauchen, von solchen innerhalb oder ausserhalb des Neuen Testaments. Diese Zeit der apostolischen Literatur war eine Zwischenphase: Die ersten Autoritäten waren nicht mehr, und neue, die unter ihrem eigenen Namen zu schreiben wagten, wie früher Paulus es tat, waren noch nicht da. In dieser Zeit, etwa zwischen 70 und 150, schrieben anonyme Verfasser unter dem Namen der Apostel. Sie begann mit dem sogenannten *Jüdischen Krieg.*

Der Jüdische Krieg

Der Aufstand gegen die Römer wurde ausgelöst einerseits durch die Strenge und Bestechlichkeit der römischen Besatzungsmacht, andererseits durch Gewalttätigkeiten einer revolutionären jüdischen Minderheit. Er führte in weiten Teilen Judäas (ab 66) zu erbitterten Kämpfen der sogenannten Zeloten gegen die immer weiter verstärkte römische Armee. Eiferer nannten sie sich selbst, und möglicherweise zählte in früheren Zeiten auch der Jesusjünger Judas zu ihnen. Einfluss-

reiche Rabbinen versuchten zu vermitteln, um den drohenden Krieg zu verhindern, konnten aber letztlich nur durch vorsichtige Diplomatie die völlige Zerstörung des Landes vermeiden. Jüdische Schriften berichten über die Tage vor der Zerstörung des Tempels (70): *Während der Belagerung Jerusalems rissen die Zeloten die Macht an sich. Unsere Weisen sprachen zu ihnen: «Wir wollen hinausgehen und mit dem Belagerer den Frieden suchen.» Die Zeloten liessen es nicht zu und entgegneten: «Wir wollen lieber hinausziehen zum Krieg!» – «Dies wird nicht gelingen.» – Da verbrannten die Zeloten die Vorräte der Stadt Jerusalem, allen Weizen und die Gerste, so dass der Hunger über die Stadt kam. Auf* diese Weise sollte die Bevölkerung zum letzten Widerstand motiviert werden. Nach einer furchtbaren Hungersnot und entsetzlichem Blutvergiessen eroberten die Römer die Stadt.

Über die Folgen für die Bevölkerung berichtet der jüdische Historiker Flavius Josephus als Augenzeuge des ganzen Kriegs: *Um diese Zeit schickte der Kaiser an Bassus und an Liberius Maximus, den derzeitigen Prokurator, den schriftlichen Befehl, das gesamte Land der Juden zu verkaufen. Denn eine neue Stadt wollte er daselbst nicht gründen, behielt sich also das Ackerland als seinen persönlichen Besitz vor; lediglich 800 ausgedienten Soldaten wies er im Raum von Emmaus, welches dreissig Stadien von Jerusalem entfernt liegt, Ländereien an. Allen Juden aber, wo sie auch wohnten, legte er eine jährliche Kopfsteuer von zwei Drachmen auf, die sie für das Kapitol wie früher für den Jerusalemer Tempel zu entrichten hatten. So traurig war damals die Lage der Juden.* In den folgenden Jahren wanderten zahlreiche Juden und Christen aus. So weiss man etwa von der Ankunft palästinischer Judenchristen in der kleinasiatischen Hauptstadt Ephesos. Judäa wurde von einem Vasallenkönigreich zur römischen Provinz degradiert (73).

Der Fall Jerusalems im Herbst 70, bei dem auch der jüdische Tempel zerstört wurde, war nicht nur für das Judentum, sondern auch für das junge Christentum von einschneidender Bedeutung, denn mit ihm endete die Geschichte der ersten christlichen Gemeinde in Jerusalem. Zwar entstand dort bald danach wieder eine neue Gemeinde; doch hatte sie nicht mehr dieselbe Bedeutung für die entstehende Gesamtkirche.

Die Situation der Christen

Die nachfolgenden Jahrzehnte waren geprägt von mehr oder weniger starker Repression durch die Römer, aber auch von Abgrenzungen jüdischer Gemeinden gegenüber ihren christlichen «Seitentrieben». Der jüdische Glaube waren den Römern als alte Religion eines eroberten Volkes bekannt. Was die christlichen Gruppierungen genau vertraten, welches revolutionäre Potential diese neue Bewegung genau beinhaltete, wussten sie nicht so recht einzuschätzen. Die Juden hofften, durch eine klare Abgrenzung von den Christen, die bis dahin Untergruppierungen der jüdischen Gemeinden gebildet hatten, die römischen Repressionen in erträglichem Mass halten zu können. Darum kam es da und dort zu Ausschlüssen der Christen. Die Spuren dieser Auseinandersetzungen finden sich auch in Aussagen neutestamentlicher Texte (Joh 9,22), die heute, nach der zweitausendjährigen Geschichte jüdischer Minderheiten in christlich dominierten Ländern, antisemitisch klingen (Offb 2,9).

Die apostolische Literatur befasst sich immer auch mit der sozialen und ökonomischen Situation der Christen, erwähnt Situationen von Repression und teilweise sogar von Verfolgung. Ein allgemeines Bild lässt sich jedoch aus den einzelnen Schriften nicht rekonstruieren. Bis zum Edikt des Septimius Severus (202), das die Mission und die Konversion zum Judentum oder Christentum untersagte, gab es im Römischen Reich keine umfassenden und systematischen Christenverfolgungen. Die Repressionen kamen zu Beginn offenbar mehr von der Bevölkerung her oder geschahen auf deren Druck hin.

Die Zeit zwischen 70 und 150 war in erster Linie keine Phase der Mission oder weiterer Ausbreitung des Christentums, sondern der Vergewisserung der Tradition. Christliche Zentren waren jetzt Alexandrien, Antiochien, Ephesos und Rom. Jerusalem dagegen hatte nach dem Tod der Apostel Jakobus, Petrus und Paulus (alle um 62) nur noch eine symbolische Bedeutung. Die Autorität der Apostel war nirgends umstritten, uneinig war man sich jedoch, wie ihre Aussagen in der damaligen Situation der Gemeinden zu interpretieren waren. Abgrenzungen sowohl innerhalb der Gemeinden wie gegenüber der religiösen Umwelt wurden gezogen.

Christliche Gruppen

Die vielfältigen Entwicklungslinien des entstehenden Christentums kann man für die Phase der apostolischen Literatur, soweit man Kenntnis davon hat, in vier Grundströmungen aufteilen, die jedoch unter sich viele Verbindungen aufwiesen.

Erstens war da das Judenchristentum mit Jakobus, dem Bruder Jesu als zentraler Autoritätsfigur. Es verlor jedoch zunehmend an Bedeutung, und ausser dem Jakobusbrief fanden seine Schriften nicht Eingang in den neutestamentlichen Kanon.

Zweitens gab es ausserhalb Palästinas das paulinische Christentum, geprägt durch die Missionstätigkeit und die Schriften von Paulus und seinen Schülern.

In Palästina war drittens das synoptische Christentum aktiv, das judenchristliche und heidenchristliche Einflüsse verband und im Neuen Testament durch die drei ersten Evangelien und die Apostelgeschichte vertreten ist. Daneben bestand viertens das hellenistisch geprägte jo-

hanneische Christentum, das sich möglicherweise zunächst in Samarien und dann in Kleinasien entwickelte. Zu ihm gehören die Schriften, die unter dem Namen des Johannes im Neuen Testament stehen, darunter die hier besprochene.

Gemeindekonflikte

Wie die Briefe des Paulus lassen auch die späteren Briefe und Schriftstücke, die unter den Namen der Apostel verfasst wurden, Rückschlüsse auf Situationen und Probleme in den Gemeinden zu. Als Beispiele seien hier die Konflikte, die aus den drei Johannesbriefen erschlossen werden können, geschildert.

Der erste Johannesbrief richtet sich an eine Gemeinde, die eine innere Spaltung erlebt hat: *Aus unserer Mitte sind sie hervorgegangen; aber sie gehörten nicht zu uns* (1Joh 2,19). Der Verfasser schildert die Spaltung so, als hätten die anderen die von ihm als wahr betrachtete Glaubensrichtung verlassen. Das ist natürlich eine parteiliche Sicht. Wie die andere Seite diese Spaltung interpretierte, weiss man nicht. Kurz davor prangert der Verfasser das *Prahlen mit dem Besitz* (1Joh 2,16) an. Später spricht er Vermögenden, die ihre (Glaubens)brüder in Not lassen, die Liebe Gottes ab (1Joh 3,17–18). Daraus könnte man schliessen, dass es sich bei dem Teil der Gemeinde, der sich abgespalten hatte, um die Bessergestellten handelte, die nun den hier Angesprochenen die vorher gemeinsam genutzten Ressourcen vorenthielten. Vielleicht bildeten sie sogar die Mehrheit und genossen nun am Ort Anerkennung als *die* christliche Gemeinde. Der erste Johannesbrief versucht in dieser Situation, die verbleibende Gemeinschaft nach innen zu stärken und nach aussen abzugrenzen. Er liefert Kriterien, wie die Tradition – hier vermutlich das Johannesevangelium – richtig zu verstehen sei, und bestätigt den Adressaten, dass sie glaubensmässig auf dem rechten Weg seien.

Im zweiten Johannesbrief hingegen warnt ein Mann, der sich *der Älteste* nennt, die dort angesprochene Gemeinde davor, wandernde Missionare aufzunehmen, die eine von seiner Lehre abweichende Meinung vertreten: *Wer zu euch kommt und nicht diese Lehre bringt, den nehmt nicht ins Haus auf, und den Gruss entbietet ihm nicht. Denn wer ihm den Gruss entbietet, hat schon teil an seinen bösen Werken.* (2Joh 10–11)

Etwas anders präsentiert sich die Problemsituation, die hinter dem dritten Johannesbrief steht. Ihn schrieb *der Älteste* an einen gewissen Gaius, zu dem er offenbar eine enge Beziehung hatte. Gaius wird zunächst gelobt, weil er wandernde Missionare materiell unterstützte. Er lebte in einer Gemeinde, die von einem Mann namens Diotrephes geleitet wurde. Zwischen dem Ältesten und diesem Gemeindeleiter – oder Möchtegern-Gemeindeleiter, wie der Älteste schreibt – schien es Uneinigkeiten zu geben. Diotrephes anerkannte die Autorität des Äl-

273

testen nicht, weigerte sich, dessen Leute aufzunehmen, und sanktionierte Gemeindeglieder, die dies trotzdem taten, mit Ausschluss. Er hatte jedoch nicht so viel Autorität in der Gemeinde, dass er dies – wie das Beispiel des Gaius zeigt, der offenbar nicht der einzige Getreue des Ältesten vor Ort war (3Joh 15) – auch vollständig durchsetzen konnte. Offenbar versuchte hier ein Gemeindeleiter, seine Ortsgemeinde unabhängig vom Einfluss anderer Autoritäten, die ihre Leute als wandernde Missionare durch die Gegend schickten, als eine abgeschlossene Einheit zu organisieren. Es spiegeln sich in dieser Auseinandersetzung – wohl neben gewöhnlichen Machtkämpfen – auch verschiedene Kirchenverständnisse. Der Älteste, der offenbar weit herum als Autorität anerkannt war – er hatte es nämlich nicht nötig, sich mit Namen vorzustellen –, übte seinen Einfluss jeweils in einer Region aus, indem er seine Leute als Wandermissionare von Gemeinde zu Gemeinde schickte oder auch selber herumreiste (3Joh 14). Nun stiess er aber auf Widerstand. Ob dieser schliesslich ebenfalls zu einer Gemeindespaltung führte, ist nicht bekannt.

Die Konflikte dieser Zeit unter den christlichen Richtungen wurden erbittert geführt. Die Streitpunkte waren theologischer, sozialer und organisatorischer Art. Die erhaltenen Schriften zeigen in ihrer Schärfe jedoch auch, dass es offenbar für die Christen damals nicht einfach war, sich innerhalb der vielfältigen Strömungen des entstehenden Christentums zurechtzufinden. Die Unsicherheit darüber, was denn nun Christsein bedeute und wie Gemeinden zu organisieren seien, prägte neben der nicht gerade freundlich gesinnten Umwelt die Lage der neuen Religion.

_ EINGEREIHT

Die Katholischen Briefe

Im Neuen Testament findet sich neben den Briefen, die Paulus geschrieben hat oder die ihm zugeschrieben worden sind, eine Reihe weiterer Briefe, die unter der Bezeichnung Katholische Briefe überliefert sind. Als Verfasser werden Apostel genannt: Jakobus und Petrus, Johannes und Judas. Sie werden in den alten Texten der Ostkirchen in derselben Reihenfolge aufgeführt, in der diese Apostel im Galaterbrief des Paulus erwähnt sind. Paulus erzählt dort von seinem Zusammentreffen mit den führenden Männern in Jerusalem, den *Angesehenen, die etwas zu sein scheinen* oder auch *Säulen* genannt werden (Gal 2,6.9). Jakobus, der Bruder Jesu und Gemeindeleiter von Jerusalem, steht dabei an erster Stelle. Der Brief des bei Paulus nicht genannten Judas wird am Schluss der Briefsammlung hinzugefügt. In Texten der Westkirchen dagegen, wo Petrus die gewichtigere Rolle spielte, werden seine beiden Briefe zuerst aufgeführt.

Die Bezeichnung *katholisch* hat noch nicht den engeren konfessionellen Sinn, der ihr erst seit der Reformation zukommt, sondern bedeutet *weltweit an alle*, hat also noch den bis heute gültigen offenen Sinn der *Katholizität* der einen Kirche Jesu Christi (vgl. Einheit 24): wörtlich *kat holen (ten gen)*, nämlich *über die ganze (Erde)*. Die Bezeichnung ist alt und bezieht sich auf die Adressaten, die im Gegensatz zu den Paulusbriefen nicht einzelne Gemeinden oder Personen, sondern ein unbestimmtes Kollektiv darstellen. Darum tragen sie den angenommenen Verfasser, nicht wie die Paulusbriefe die Adressaten im Namen: Angesprochen werden *die zwölf Stämme in der Diaspora* (Jak 1,1), *die Auserwählten, die als Fremdlinge in der Diaspora leben* (1Petr 1,1), *die, die einen Glauben, der dem unsrigen gleichwertig ist, erlangt haben durch die Gerechtigkeit unseres Gottes und Retters Jesus Christus* (2Petr 1,1), *die auserwählte Herrin und ihre Kinder* (2Joh 1,1) und *die Berufenen, die in Gott, dem Vater, geliebt und für Jesus Christus bewahrt sind* (Jud 1,1). Der erste Johannesbrief nennt keine Adressaten, während der dritte als einziger an eine bestimmte Person gerichtet ist.

Die katholischen Briefe lassen – mit Ausnahme derjenigen des Johannes – kaum persönliche Beziehungen zwischen Schreiber und Adressaten durchschimmern. Anders als die Paulusbriefe gehen sie nicht auf konkrete Anfragen oder Probleme in Gemeinden ein, sondern formulieren allgemein für alle Gemeinden. Es handelt sich also um Kunstbriefe oder Episteln, um Texte, für die mehr oder weniger die Briefform gewählt wurde, die aber inhaltlich eher einem Traktat oder einer Predigt gleichkommen. Diese Literaturgattung war in der damaligen Zeit durchaus gebräuchlich. Gut vorstellbar ist, dass es sich um Lehrschreiben handelt, die in der Art eines Rundbriefs verschiedenen Gemeinden zukamen und bei Versammlungen oder in Gottesdiensten vorgelesen wurden.

Zu den katholischen Briefen wird in einigen alten Texten auch der Barnabasbrief gezählt, der jedoch nicht in den endgültigen Kanon des Neuen Testaments aufgenommen wurde. Auch die anderen katholischen Briefe fanden erst spät im Verlauf des Kanonisierungsprozesses allgemeine Anerkennung. Erst in einem Schriftenverzeichnis aus dem Jahr 382 werden sie alle nebeneinander aufgezählt (vgl. Einheit 23).

Die tatsächliche Verfasserschaft durch Apostel wird in der heutigen wissenschaftlichen Forschung durchwegs bestritten. Inhaltlich orientieren sich die Texte nicht am Gedankengut der Männer, auf die sie sich berufen und die der judenchristlichen Urgemeinde in Jerusalem angehörten. Der Jakobusbrief wurde vermutlich von einem hellenistisch gebildeten Judenchristen aus der Diaspora geschrieben. Auch die beiden Petrusbriefe sind vom griechischen Denken beeinflusst und stehen der Theologie des Paulus nahe. Der kurze Judasbrief ist in gepflegtem Griechisch abgefasst.

Die Texte stammen aus der Zeit zwischen 100 und 150. Die christlichen Gemeinden waren mit unterschiedlichen religiösen Zeitströmungen und philosophischen Denktraditionen konfrontiert und bemüht, ihre eigene Tradition zu sichern und sich ihrer eigenen Wurzeln zu vergewissern. Die Jahrzehnte zuvor entstandenen Paulusbriefe gaben für die gegenwärtigen Situationen und Probleme zu wenig konkrete Richtlinien. Unterdrückung und Verfolgung durch die Römer verleitete manche zum Verlassen der christlichen Gemeinschaften. Die katholischen Briefe mahnen zum Durchhalten und sichern den Glauben gegenüber verschiedenen «Irrlehren».

Die Johannesbriefe

Die Johannesbriefe nehmen unter den katholischen Briefen eine Sonderstellung ein. Sie werden in der neutestamentlichen Wissenschaft mehr im Zusammenhang mit dem Johannesevangelium betrachtet und mit diesem zum sogenannten *Corpus Johanneum* zusammengefasst, denn sowohl inhaltlich wie stilistisch fällt die Nähe dieser Schriften zueinander auf (vgl. Einheit 21). Obwohl sie keine Verfassernamen nennen, wurden sie deshalb bereits sehr früh mit dem Jünger Johannes, dem Sohn des Zebedäus (Mk 3,17), in Verbindung gebracht, der auch als Verfasser des Evangeliums galt und mit dem *Jünger, den Jesus liebte* (Joh 21,7) identifiziert wurde.

Trotz stilistischer und inhaltlicher Nähe sind die Beziehungen der johanneischen Schriften untereinander nicht ganz klar. Man geht davon aus, dass sie in einem gemeinsamen Milieu entstanden sind – manchmal wird von einem *Johanneischen Kreis* oder einer Schule analog den antiken Philosophenschulen gesprochen. Als Schreibende treten *der Älteste* (Presbyteros) im zweiten und dritten Brief sowie *der Jünger, der dies alles bezeugt und es aufgeschrieben hat*, am Ende des Evangeliums auf (Joh 21,24). In den Schriften des Bischofs Papias aus der heutigen Türkei, der etwa ums Jahr 130 gestorben ist, wird ein Presbyter Johannes erwähnt, der möglicherweise mit dem Verfasser der beiden kleinen Johannesbriefe identisch ist. Papias nennt dort den *Presbyter Johannes* als Lehrautorität neben den damals bereits verstorbenen Aposteln. Vielleicht handelt es sich bei *dem Ältesten* sogar um den Gründer der johanneischen Schule. Jedenfalls war er nach dem zweiten und dritten Brief nicht nur in seiner unmittelbaren Umgebung anerkannt, sondern setzte sich in einem grösseren Umfeld für die Verbreitung der Wahrheit und die Verwirklichung des Liebesgebots ein. Über die Beziehung des Presbyters zum *Jünger, der dies alles bezeugt und es aufgeschrieben hat*, am Ende des Evangeliums lässt sich dagegen nur spekulieren. Die Johannesbriefe setzen das Evangelium nicht unbedingt voraus.

Der erste Johannesbrief weist Ähnlichkeiten und Differenzen zu den übrigen Schriften des Corpus Johanneum auf, so dass er zur gleichen Schule gerechnet wird, obwohl er vermutlich von einer anderen Person verfasst wurde.

_ AUSGELEGT

Liebe als Beziehungsfeld

Liebe ist das zentrale Wort dieses Textes. Bereits im ersten Satz (Z 1–2) erscheint es viermal und steckt ein Feld von Beziehungen ab: Der Verfasser spricht seine Adressaten mit *Ihr Lieben* an (1.10) und holt sie damit direkt ins Zentrum seines Themas; er ruft zur gegenseitigen Liebe auf und nennt damit das Ziel des Gedankengangs, auf das er hinsteuert (38); er begründet sein Ziel mit dem Ursprung der Liebe aus Gott (32); und er weist schliesslich auf die Verbindung hin, die die Liebe zwischen Mensch und Gott stiftet (37–38).

Johannes – so heisst der Verfasser nach der Tradition – beginnt den Textabschnitt mit der Anrede *Ihr Lieben* (1). Die Lesenden finden sich angesprochen und von Beginn an einbezogen in das Thema, das er nun gleich entfalten wird. Mit dem Aufruf zur gegenseitigen Liebe schafft er danach eine Gemeinschaft, die er sogleich in den Rahmen der Liebe Gottes stellt. Er nimmt dabei Gedanken nochmals auf, die er bereits zuvor im Text schon ausgeführt hat. Die Liebe, das Sein aus Gott und das Erkennen (im Sinn von Anerkennen) Gottes gehören zusammen (3). Umgekehrt gilt dann auch, dass Lieblosigkeit eines Menschen nicht nur sein Verhältnis zu den Mitmenschen, sondern auch sein Gottesverhältnis disqualifiziert (33–34). Begründet wird diese Zusammengehörigkeit durch die Gleichsetzung des Seins Gottes mit der Liebe.

Die Sendung des Gottessohnes

Deutlich wird diese Liebe durch die Sendung des Gottessohnes als Sühne in die Welt (9). Dadurch wird die Liebe Gottes für die Menschen erfahrbar. Johannes greift auf eine schon vor Paulus gebräuchliche Sendungsformel zurück (5), die sowohl Paulus (Gal 4,4; Röm 8,3) wie auch der Evangelist Johannes (Joh 3,17) verwenden. Ziel der Sendung des Gottessohnes ist leben (6). Dabei ist an das ewige Leben gedacht, das Johannes in seinem Brief mehrmals erwähnt (1Joh 1,2; 2,25; 5,12–13.20), das jedoch hier nicht auf ein Jenseits bezogen ist, sondern präsentisch verstanden wird. Diesen Gedanken, dass der Kreuzestod Jesu in der Liebe Gottes gründet und sein Ziel das ewige Leben für die Glaubenden sei, teilt der Text mit dem Johannesevangelium (z. B. Joh 3,16).

Die Liebe Gottes, die sich in der Sendung des Gottessohnes zeigt, offenbart sich vor und unabhängig von jeder menschlichen Liebe (7). Der umgekehrte Gedanke einer vorangehenden Liebe des Menschen zu Gott und Christus findet sich jedoch in den johanneischen Schriften auch (Joh 14,21). Die Sendung des Sohnes, die zum ewigen Leben führt, bewirkt Sühne der Sünden (9). Nicht durch Opferhandlungen der Menschen, wie in verschiedenen anderen Religionen, sondern durch die Liebe Gottes geschieht diese Versöhnung mit Gott. *Unsere Sünden* (9) mag sich hier speziell auf die angesprochenen Gemeindeglieder beziehen, in 1Joh 2,2 dagegen wird ausdrücklich gesagt, dass die Sendung des Gottessohnes auch die Sünden der ganzen Welt sühnt.

Gott sehen

Wieder spricht Johannes seine Adressaten mit *Ihr Lieben* an (10 wie 1). Insgesamt sechsmal tut er dies im ganzen Brief. Wie zu Beginn ruft er nochmals zur gegenseitigen Liebe auf, die in der Liebe Gottes begründet ist. Die prinzipielle Unsichtbarkeit Gottes (12) entstammt griechischem Denken. Dort war die Vorstellung verbreitet, *Gleiches* könne *nur mit Gleichem* wahrgenommen und begriffen werden. Einem Menschen konnte also gar nicht das Vermögen zukommen, Göttliches zu sehen. Im Alten Testament dagegen ist es Gott, der den Menschen meistens versagt, ihn anzuschauen, auch wenn sie, wie etwa Mose (Ex 33,18–23) den Wunsch dazu äussern (vgl. Einheit 6). Von Mose wird jedoch an anderer Stelle gesagt, er habe mit Gott *von Angesicht zu Angesicht* gesprochen (Dtn 34,10). Im Johannesevangelium wird dagegen betont, nur Christus habe Gott gesehen (Joh 1,18; 6,46). Den Adressaten des ersten Johannesbriefs wird dies für die Zukunft verheissen (1Joh 3,2). Gegenwärtig bleibt den Menschen, die Nähe Gottes in der gegenseitigen Liebe unter ihresgleichen zu erfahren (13–14).

Was Christen tun

Bleiben wird zum Schlüsselwort für den nächsten Abschnitt (15–23). Es verbindet Gott, Christus und die Menschen miteinander durch den Geist und die Liebe. Zeile 16 lässt an einen Satz aus dem Römerbrief denken: *Die Liebe Gottes ist ausgegossen in unsere Herzen durch den heiligen Geist, der uns gegeben wurde* (Röm 5,5). Wieder verwendet Johannes die traditionelle Sendungsformel (18), diesmal in Verbindung mit der Bezeichnung *Heiland der Welt,* die sonst in den johanneischen Schriften nur noch Joh 4,42 als Bekenntnis der Samaritanerin am Brunnen vorkommt (vgl. Einheit 18). *Schauen und bezeugen* (17), *bekennen* (19), *erkennen und glauben* (21) sind die Aktivitäten der Christen. Dabei beziehen sich die ersten Verben vielleicht eher auf die Traditionsträger, zu denen der Verfasser sich zählt, die letzten auf die Gemeinde, die die Botschaft empfangen hat. Damit wäre eine Differenzierung aufgenommen, die Johannes in der Einleitung des ersten Briefs vornimmt. Möglicherweise antwortet er damit auf Fragen, die in dieser zweiten Generation von Christen aktu-

ell waren und die auch die Thomasgeschichte im Evangelium aufnimmt (Joh 20,24–29): Kann glauben, wer nicht gesehen hat, also beim Christusgeschehen nicht dabei war? Das Bekennen steht in der Mitte, es stützt sich auf die Überlieferung, wird aber jetzt von der glaubenden Gemeinde geteilt. Inhalt des (Tauf-) Bekenntnisses ist – auch das eine traditionelle Formel – die Gottessohnschaft Jesu (19). Der Abschnitt schliesst wieder mit einem Refrain zur Liebe, die die Verbindung zwischen Gott und den Menschen bestimmt (22–23). *Gott ist Liebe*: Johannes nimmt nochmals das Motto des Anfangs auf (22 wie 3), nicht mehr um es christologisch zu begründen, sondern um seine Konsequenz für die Gemeinde aufzuzeigen.

Zuversicht und Furcht

Die Themen des nächsten Abschnitts (24–31) sind Zuversicht (25) und Furcht (27). Letztere wird als etwas geschildert, das mit der Liebe unvereinbar ist und ihr entgegensteht, wobei die Liebe der Furcht gegenüber als aktiv vertreibende Macht auftritt (28). Furcht ist mit Strafe und Pein verbunden: einmal mit der Furcht vor der zukünftigen Strafe im Endgericht (25), dann aber auch mit der Pein, die die Furcht verursacht, weil sie aus der Liebesbeziehung zu Gott und Menschen ausschliesst (31).

Zuversicht, d. h. die Abwesenheit von Furcht, gründet in der Vollendung der Liebe, die durch die gegenseitige Liebe der Menschen untereinander entsteht (13). Diese Zuversicht wird auch angesichts des Endgerichts bestehen bleiben. *Er* (26) ist wahrscheinlich Christus, der hier wie an anderen Stellen der Gemeinde als Vorbild gilt (etwa 1Joh 2,6), hier in Bezug auf das Sein in der Welt. Die Gemeinde steht – mit Christus – hier also der Welt gegenüber, während in den Zeilen 5 und 18 die Sendung Christi als Retters der Welt benannt wird. Auch an anderen Stellen wird die Welt als bedrohliches Gegenüber der christlichen Gemeinde geschildert (1Joh 2,15–17; 3,1.13; 4,1–6; 5,19), die jedoch von den Glaubenden überwunden werden wird (1Joh 5,1–5).

Die vorausgehende Liebe Gottes

Noch einmal ruft Johannes zur gegenseitigen Liebe auf und begründet dies mit der vorangehenden Liebe Gottes (32). *Er* muss sich auf Gott beziehen, verschiedene Manuskripte nennen hier Gott auch ausdrücklich. Dass Gottes Liebe zeitlich vorangeht, bezieht sich wieder auf das historische Christusgeschehen.

In den folgenden Sätzen wird nun konkret ausgeführt, wie die Liebe zu Gott und zu den Menschen bzw. wie Glaube und Ethik zusammenhängen: Johannes kommt auf die Unmöglichkeit zurück, Gott zu sehen (36 wie 12). Die Brücke zu Gott bildet auch hier die Liebe zum Mitmenschen. Gott kann man nicht lieben, wenn man den Bruder hasst (33–34). Menschen, die sich so verhalten, werden *Lügner* genannt, genauso wie diejenigen, die behaupten, Gott zu kennen, aber seine Gebote nicht halten (1Joh 2,4). Sie sind denjenigen gleich, die nicht anerkennen, dass Jesus der Christus ist (1Joh 2,22). – Der Abschnitt schliesst positiv mit dem Hinweis auf das Liebesgebot, das den Menschen von Gott bzw. durch Christus gegeben ist (37). Johannes hat es bereits in 1Joh 3,23 erwähnt, dort mit dem Gebot des Glaubens an Christus verknüpft.

Liebesgebote

Die neutestamentlichen Liebesgebote gehen auf das alttestamentliche in Lev 19,18 zurück: *Du sollst deinen Nächsten lieben wie dich selbst.* Dessen Kontext zeigt einen Konfliktfall unter Volksgenossen an. In Lev 19,34 und Dtn 10,19 wird das Liebesgebot auf die Fremden ausgedehnt. In den Schriften von Qumran findet sich das Liebesgebot oft, aber eingeschränkt auf die Mitglieder dieser abgeschlossen lebenden religiösen Gemeinschaft. Die neutestamentlichen Texte bewegen sich zwischen einer Ausweitung sogar auf die Feinde (Mt 5,44) und einer Einschränkung auf die Bruderliebe, d. h. auf die Liebe unter den Mitgliedern der Gemeinde, so ansatzweise bei Paulus (Gal 6,10) und dann im Johannesevangelium (Joh 13,34–35).

Das Liebesgebot erhält im christlichen Kontext eine herausgehobene Bedeutung. Es ist das grösste bzw. ein königliches Gebot (Mk 12,31; Jak 2,8). Das synoptische *Doppelgebot der Liebe,* das erstmals bei Markus begegnet (Mk 12,29–31), lehnt sich an das Gebot der Gottesliebe in Dtn 6,5 und an das Gebot der Nächstenliebe Lev 19,18 an. Es war vermutlich auch in der johanneischen Tradition bekannt. In den katholischen Briefen begegnet das Liebesgebot in Jak 2,8 und mehrmals in den beiden Petrusbriefen, wobei dort wie bei Paulus vor allem die eigenen Gemeindeglieder im Blick sind.

Philadelphia

Nachdem schon Jesus die Tugend der Geschwisterlichkeit von den Blutsverwandten abgelöst und auf die Jünger und Jüngerinnen übertragen hatte (Mk 3,31–35), werden im Christentum, entgegen dem damaligen griechischen Sprachgebrauch, Geschwisterlichkeit und Bruderliebe, die *philadelphia,* zu einem Merkmal des Verhältnisses der Gemeindeglieder zueinander. Die Konzentration der Liebe innerhalb der christlichen Gemeinschaft dient wie im alttestamentlichen Heiligkeitsgesetz (Lev 19) der Lösung von Konfliktfällen und führt zugleich zur Fürsorge gegenüber den Armen und zur Aufhebung der Statusunterschiede zwischen den einzelnen Gemeindegliedern. Das wird deutlich im Jakobusbrief (Jak 2,1–9). Die *philadelphia* zeichnet die christlichen Gemeinden unter allen konkurrierenden religiösen Gruppierungen aus und hat vermutlich einen grossen

Anteil an der erfolgreichen Verbreitung des Christentums. Hier wird nicht in einschränkendem Sinn von *Bruderliebe* gesprochen. Im Horizont stehen die Sendungsformeln (5.18), die zeigen, dass die ganze Welt Adressatin der Liebe Gottes ist.

_ VEREHRT

Eros und Agapé

Gott ist Liebe (3.22). Von diesem Gottesbild her entwickelt der Verfasser des ersten Johannesbriefs eine von gegenseitiger Liebe geprägte Lebenshaltung, zu der er seine Adressaten ermuntert (32). Diese Aussage ist so weder aus der religiösen Umwelt noch aus anderen christlichen Texten bekannt.

Johannes verwendet in seinem Text für Liebe das griechische Wort *agapé.* Im Gegensatz zum Wort *éros,* das die leidenschaftliche und auch die geschlechtliche Liebe bezeichnet, steht *agapé* in altgriechischen Texten dann, wenn von der Liebe etwa der Eltern gegenüber ihren Kindern oder einer Gottheit gegenüber den Menschen die Rede ist. *Agapé* wird insgesamt im Griechischen nicht oft verwendet und bezeichnet weniger die heftige Zuneigung als das freundliche Gernhaben. Häufiger wird noch das Verb mit dem Stamm *phil-* gebraucht, das etwa aus dem Begriff *Philosophie* (Liebe zu Weisheit) oder dem Namen *Theophil* (den Gott liebt) bekannt ist. Dieses Wort bezeichnet die Zuneigung und die fürsorgliche Liebe.

Im Neuen Testament jedoch ist das Wort *agapé* geprägt vom hebräischen Wort für Liebe und lieben, denn die erste griechische Übersetzung des Alten Testaments, die Septuaginta, verwendete diesen eigentlich farblosen griechischen Begriff überall dort, wo von Liebe die Rede ist, nicht nur im zwischenmenschlichen und im geschlechtlichen, sondern auch im religiösen Bereich: Gott liebt sein Volk und befreit es deshalb aus Ägypten (Dtn 7,8). Das Volk soll darum Gott lieben (Dtn 6,5) und seine Gebote halten (Ex 20,6). Das hebräische Wort für Liebe umfasst alle Facetten von der geschlechtlichen Leidenschaft bis zur Freundschaft, vom Alltäglichen bis zum Religiösen. Was die Griechen differenzierten, indem sie verschiedene Worte verwendeten, *agapé* für die Nächstenliebe und *éros* für die Leidenschaft, fällt im Judentum und dann auch im Christentum also wieder zusammen. Im griechisch geprägten Judentum zur Zeit des Neuen Testaments bezeichnet *agapé* die Liebe zwischen Menschen, die Liebe Gottes zu den Menschen und die Liebe der Menschen zu Gott.

Längerfristig hat sich aber auch im lateinischen Christentum die Unterscheidung einer gebotenen selbstlosen Nächstenliebe, der *caritas,* von einer «sündigen» sexuell geprägten Liebe, vom *amor,* durchgesetzt (vgl. Einheit 25).

Andere Gottesbilder
im Text
_ Der Vater (5.9.10):
  vgl. Einheit 17
_ Der Unsichtbare (12):
  Ex 33,20; Lk 24,31;
  Joh 1,18; Röm 1,19–20;
  2Kor 4,18; Kol 1,15–16;
  1Tim 6,16
_ Der Geist (16):
  Joh 4,24
_ Der Heiland (18):
  vgl. Einheit 18
_ Der Weltenrichter (26):
  Gen 6–9; 11,1–9;
  Mt 25,31–46
_ Der Unbekannte (36):
  Ps 77,11; Apg 17,23

Andere Gottesbilder
im Umfeld
_ Die Geliebte:
  vgl. Einheit 25
_ Die Jugendliebe:
  Jes 54,6; Offb 2,4
_ Das Licht:
  Joh 9,5; 12,46;
  1Tim 6,16; 1Joh 1,5;
  vgl. Einheiten 2 und 21
_ Die Wahrheit:
  Joh 14,6
_ Das Leben:
  Joh 1,4; 5,26; 11,25

Gott ist Liebe, Licht und Geist

Im Neuen Testament sind es vor allem Paulus und der Evangelist Johannes, die die enge Verbindung der Liebe Gottes zu den Menschen und der Liebe der Menschen zu Gott und zueinander aufzeigen. Die Liebe Gottes zeigt sich im Kreuzestod Christi (Röm 5,8; Joh 3,16). Sie ist keine abstrakte Idee, sondern hat sich in einem konkreten historischen Ereignis verwirklicht. Auf die Liebe Gottes antworten die Menschen mit Liebe gegenüber Gott und finden darin Zuversicht (Röm 8,28). Beim Evangelisten Johannes zeigt sich die Liebe der Menschen zu Gott auch als Liebe zu Christus, denn dieser ist Gottes Sohn und eins mit dem Vater (Joh 8,42).

Im ersten Johannesbrief findet sich dieser theologische Kontext wieder. Mehrfach kreist der Verfasser um diese Gedanken des Zusammenhangs von passiver und aktiver Gottesliebe. Seine Adressaten spricht er immer wieder mit *Ihr Lieben* an. Der Satz *Gott ist Liebe* steht nicht als abstrakte Definition, sondern ist gleichsam eingepackt in diese Gedankenwelt über den Ursprung, die Offenbarung und die Wirkung der göttlichen Liebe.

Ähnliche Aussagesätze über Gott sind *Gott ist Licht* (1 Joh 1,5) und *Gott ist Geist* (Joh 4,24), der zweite wieder im Gespräch Jesu mit der Samaritanerin. Sie sagen Wesentliches über Gott aus, ohne ihn dadurch abschliessend definieren zu wollen. Sie sind unumkehrbar: Wollte man Liebe, Licht oder Geist als Gott bezeichnen, würde man Menschliches und Weltliches vergöttlichen. Alle drei Sätze haben einen christologischen Zusammenhang: Dass Gott Liebe ist, wird deutlich an der Sendung des Gottessohnes (Zeilen 4–5). Dass Gott Licht ist, zeigt sich daran, dass Christus als Licht in die Welt gekommen ist (Joh 12,46). Dass Gott Geist ist, zeigt sich an der Sendung des Geistes, der nach Christi Weggang als Tröster zu den Menschen geschickt wird (Joh 14,26). Alle drei Sätze führen zu einem Gemeinschaft stiftenden Handlungsimpuls: Gott als Geist soll in Geist und Wahrheit angebetet werden. Die Botschaft, dass Gott Licht ist, führt dazu, dass die Glaubenden im Licht wandeln und Gemeinschaft untereinander haben. Die Aussage, dass Gott Liebe ist, zielt darauf hin, dass die Menschen einander lieben.

_ NACHGEFRAGT

Vom Text her

_ Gibt es für Sie einen theologischen Unterschied zwischen der Aussage *Gott ist Liebe* und der Rede vom *Lieben Gott?* Welchen?

_ Lieben Sie Menschen, zu denen Sie gehören, anders als fremde?
Wo liegen für Sie die Unterschiede?

_ Haben Sie Feinde? Können Sie sich vorstellen, sie zu lieben? Können Sie sich vorstellen, von ihnen geliebt zu werden?

_ Wie reagieren Sie, wenn unbekannte Menschen an Ihrer Haustüre klingeln und Ihnen von ihrem Glauben erzählen wollen?

_ Können Sie im Tod Jesu am Kreuz die Liebe Gottes erkennen? Oder woran erkennen Sie sie sonst?

Zum Gottesbild hin

_ Gegen welche gegenwärtigen Zeitströmungen möchten Sie Ihren Glauben gerne abgrenzen?

_ Kennen Sie für sich religiöse Autoritäten? Was egitimiert diese? Was macht sie in Ihren Augen besonders glaubwürdig?

_ Fühlen Sie sich mit ihrem Glauben als Teil der Welt oder als Gegenüber zur Welt? Wann so und wann anders?

_ Wie hängt für Sie die Liebe zu Gott mit der Liebe zu Menschen zusammen?

_ Der religionskritische Philosoph Ludwig Feuerbach meinte, man verhindere die Liebe unter den Menschen, wenn man von der Liebe Gottes rede: Was meinen Sie zu dieser These?

_ GELESEN

_ Jörg Augenstein, Das Liebesgebot im
Johannesevangelium und in den Johannesbriefen;
Stuttgart 1993.

_ Horst Balz / Wolfgang Schrage, Die katholischen
Briefe (NTD 10); Göttingen 1973.

_ Wolfgang Baur, 1.,2. und 3. Johannesbrief
(Stuttgarter kleiner Kommentar NT 17);
Stuttgart 1991.

_ Klaus-Michael Bull, Gemeinde zwischen Integration
und Abgrenzung; Frankfurt 1992.

_ Hans-Josef Klauck, Der erste Johannesbrief
(EKK XXIII/1); Zürich 1991.

_ Johann Michl, Die katholischen Briefe;
Regensburg 1968.

_ Peter Pilhofer, Die frühen Christen und ihre Welt;
Tübingen 2002.

_ Georg Strecker, Die Johannesbriefe; Göttingen 1989.

_ Gerd Theissen, Die Religion der ersten Christen;
Gütersloh 2000.

_ François Vouga, Geschichte des frühen Christentums;
Tübingen/Basel 1994.

GOTT SCHENKT FÜLLE.
DER ERLÖSER

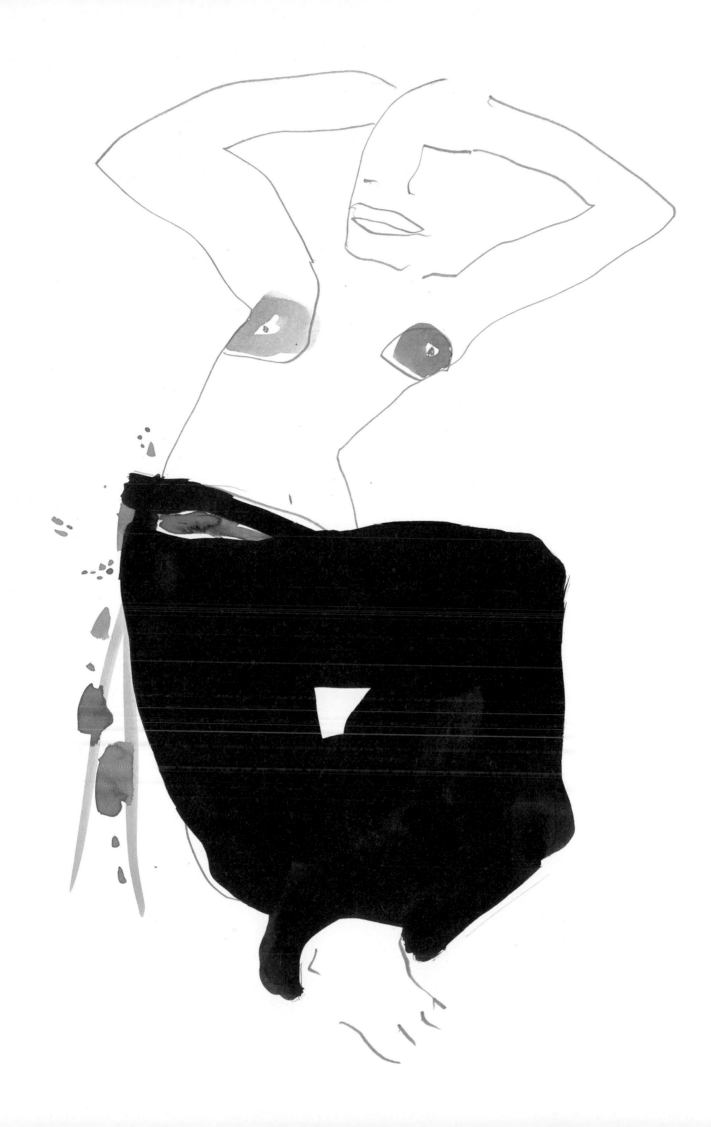

1 Dies ist das Wort des Evangeliums darüber,

2 wie Gottes Fülle für die gefunden werden kann,

3 die sich nach der Erlösung vom Himmel her sehnen.

4 Sie warten voller Hoffnung.

5 Sie sind Abbilder des Lichts ohne Schatten.

6 Gerade in dieser Zeit schickt sich die göttliche Fülle an, zu kommen.

7 Dass das Stoffliche einen Mangel hat, ist nicht daher zu erklären,

8 dass der grenzenlose Vater gerade zur Zeit des Mangels kommt, um sich auszubreiten.

9 Freilich konnte niemand sagen, dass der unvergängliche Vater so kommen würde.

10 Vielmehr war es so: Die Tiefe des Vaters nahm zu.

11 Kein Gedanke des Irrtums war da – jedenfalls nicht bei ihm.

12 Allmählich breitete sich die Tiefe immer weiter aus.

13 Mal scheitert sie, dann aber steht sie wieder ohne Schwierigkeiten aufrecht da.

14 Letzteres ist der Fall, wenn Gott entdeckt wird,

15 der zum Menschen gekommen ist, um ihn zurückzubringen.

16 Die Rückkehr nennt man dann Umkehr.

17 Deshalb atmete die Unvergänglichkeit aus.

18 Sie ging dem nach, der gesündigt hatte, damit er Ruhe fände.

19 Denn im Mangel ist es die Aufgabe des Lichts, Vergebung zu bringen.

20 Sie geschieht durch das Wort aus reicher Fülle Gottes.

21 Denn der Arzt eilt dort hin, wo Krankheit ist. Er will sie heilen.

22 Wer an etwas Mangel leidet, verbirgt es nicht,

23 denn das, was dem einen fehlt, hat ein anderer.

24 So ist es mit der reichen Fülle Gottes.

25 Sie hat selbst keinen Mangel, aber sie füllt auf, was anderen mangelt.

26 Gott hat diese Fülle von sich aus gegeben.

27 So soll der, der Mangel leidet, Gnade empfangen.

28 Denn als er unter dem Mangel litt, erfreute er sich nicht der Gnade.

29 Und wo es keine Gnade gab, fand sich Minderwertigkeit.

30 Als Gott nun das Minderwertige annahm, wurde sichtbar, was fehlte.

GNOSIS:
31 Doch jetzt war es voll göttlichen Reichtums.

EVANGELIUM DER
32 So wird das wahre Licht gefunden.

WAHRHEIT (NHC I,3)
33 Es leuchtete für das Minderwertige auf und ist unveränderlich.

Wortcluster

Es ist der dreiundzwanzigste Abend, den wir im Leitungsteam morgen für unsere Gruppe vorbereiten werden. Der zweitletzte dieses intensiven Experiments, genannt Bibelseminar. Manche Texte haben wir bearbeitet, zahlreiche Diskussionen geführt, vielfältige Methoden eingesetzt. Was machen wir jetzt an diesem Abend?

Um Erkenntnis soll es gehen: Gnosis, griechisch gesprochen. Wir gehen damit einen Schritt über den Kanon des Neuen Testaments hinaus in die damalige religiöse Umwelt hinein. Ich lese den vorgeschlagenen Text nochmals, eine Passage aus dem gnostischen Evangelium der Wahrheit. Poetische Verse, starke Worte: *Licht ohne Schatten, Zeit des Mangels, Gedanke des Irrtums.* Unwahrscheinliche Bilder: *Eine Unvergänglichkeit, die ausatmet. Eine Tiefe, die scheitert und wieder aufsteht. Ein grenzenloser Vater, der sich ausbreitet.*

Wie wäre es, mit diesen Worten und Bildern zu spielen? Nicht über sie zu reden, sondern sie zu kneten, zu formen, neu zu gestalten?

Gegenüber diesem Text, der nicht in der Bibel steht, obwohl er dort vorkommen könnte, werden unsere Teilnehmenden weniger Berührungsängste haben. Wir könnten den Text ein-, zweimal vorlesen, wirken lassen und nach ersten Reaktionen die Menschen auffordern, eine Zeile oder zwei auszuwählen, die sie ansprechen. Das würde ich sogar tun, ohne zuvor viel über die Gnosis zu erzählen. Dann wäre eine Phase angezeigt, in der sie sich mit dieser Zeile beschäftigen, zum Beispiel ein Schlüsselwort herausgreifen und in die Mitte eines Blattes schreiben. Darum herum werden ähnliche Begriffe und Assoziationen clusterartig gruppiert. Wem eine Mind-map besser passt, kann natürlich auch diese Form wählen. Am besten probiere ich das gleich einmal selber aus. Ich nehme zum Beispiel die Zeile 12: *Allmählich breitete sich die Tiefe immer weiter aus.* Als Schlüsselwort scheint mir Tiefe verlockend, und ich schreibe dieses Wort in die Mitte meines Blattes. Langsam füllt es sich vom Zentrum her mit weiteren Begriffen, die mir in den Sinn kommen.

Tiefe, Loch, schwarz, hohler Klang

Tiefe, Abgrund, Grund, Boden, fest, hart

Tiefe, Ursprung, Rückkehr, Quelle, Ressourcen

Tiefe, tief, schwer, schwierig, gravierend, ernst, schlimm, entscheidend, wichtig

Tiefe, eng, warm, Erdinneres, Lava, Uterus, schlafen.

Dies klingt in mir an, wenn ich Tiefe höre. Und dies also *breitete sich immer weiter aus*, wie es in Zeile 12 heisst. Ich versuche, mir das vorzustellen ...

Wohin führt mich diese Zeile? Ich spüre einerseits einen Sog, andererseits Angst, erdrückt zu werden oder zu ersticken. Unangenehm. Jetzt habe ich wirklich das Bedürfnis, das Fenster meines Arbeitszimmers aufzureissen. Luft!

Weiterdichtung

Können wir solche Erfahrungen unseren Teilnehmenden zumuten? Sind gnostische Texte gefährlich? Stehen sie vielleicht doch zu Recht nicht in der Bibel? Andererseits wäre es auch spannend, gerade diesen Fragen gemeinsam auf die Spur zu kommen. Damit würden die Menschen vielleicht mehr von der Gnosis verstehen als durch ein Referat über die historischen Hintergründe. Die Gruppe ist ja schon ganz schön tragfähig geworden über diese lange Zeit gemeinsamen Arbeitens. Mal sehen, was meine Leitungskollegen dazu meinen.

Man könnte ja auch die Wörter eines Verses nehmen und neu zusammensetzen. Oder daran weiterdichten, sie konkretisieren, aktualisieren. Ich probiere diese Idee mit einigen Zeilen aus.

Zu Zeile 21: Der Feuerwehrmann eilt dorthin, wo es brennt. Er will löschen.

Zu Zeile 27: So soll der, der Hunger hat, Brot empfangen.

Zu Zeile 22: Wer beim Computer nicht drauskommt, verbirgt es nicht, denn was er nicht kann, kann doch sein Sohn.

Zu den Zeilen 30–31: Als die Gesellschaft die, die sie für minderwertig hielt, annahm, wurde sichtbar, was fehlte. Doch jetzt ...

Macht Spass, aber wird das nicht banal? Haben die Gnostiker so gelebt? Sich sozial engagiert, einander geholfen? Oder waren ihre Texte für sie nur abstrakte Formeln, um sich von der Welt zu distanzieren? Hier wären dann wohl doch einige historische Informationen gefragt. Für Diskussionsstoff wäre gesorgt.

Haikus

Man könnte, um den Text als Textur, d. h. als Gewebe weiter auszuloten, versuchen, aus seinen Wörtern Haikus zu machen. Das wäre zwar nicht ganz im Sinn dieser Gattung der japanischen Lyrik, und Literaturpuristen würden sich gewaltig daran stören, aber das braucht uns ja nicht weiter zu kümmern.

Wenn Gott entdeckt wird

Damit er Ruhe fände

Unvergänglichkeit

oder

Abbilder des Lichts

Sie warten voller Hoffnung

Er will sie heilen

Das ist nicht schwierig, solange man keine grösseren Ansprüche stellt als drei Zeilen mit fünf, sieben und wieder fünf Silben aus den Wörtern des Textes zu konstruieren. Auch das macht Spass – mir jedenfalls, und ich hoffe, auch den anderen. Das würde eine richtige Poesiewerkstatt werden. Die Haikus könnten wir uns am Ende gegenseitig vorlesen. Daraus ergäbe sich vielleicht ein Gespräch darüber, was wir heute an diesen alten gnostischen Texten faszinierend finden, was uns abstösst, wo

tip
Mittel:
Lesung des Textes auf CD V/23

Besuch:
in Dornach bei Basel das Goetheanum der Anthroposophen um Rudolf Steiner (Bau, Schweiz 1924–28)

Lied:
RG 753; 774

Buch:
Das Thomasevangelium (Quellentext, Ägypten um 180); Gottfried Benn, Fragment 1939 (Gedicht, Deutschland 1939); Zbigniew Herbert, Des Herrn Cogito Meditationen über die Erlösung (Gedicht, Polen 1967)

Klassik:
Georg Friedrich Händel, Ich weiss, dass mein Erlöser lebt; in Messias (Oratorium, England 1741)

wir Christliches oder Unchristliches orten. So, ich bin gerüstet für unsere Vorbereitungssitzung. Was wohl den anderen an Methodischem eingefallen ist?

_ VERORTET

Erlösung durch Erkenntnis

Während der Entstehungsgeschichte und Identitätsfindung des Christentums ging es in den ersten Jahrzehnten darum, ob die neue religiöse Bewegung eine Untergruppierung innerhalb des Judentums darstelle. Diese Frage war um 100 entschieden: Das Christentum hatte sich aus dem Kontext der jüdischen Religion gelöst, ohne seine dortigen Wurzeln zu vergessen. Nun tauchte eine weitere Frage auf: War das Christentum eine Spielart der vielfältigen hellenistischen Religiosität, die damals zahlreiche kulturelle Einflüsse vermengte und die traditionellen Religionen und Kulte durchdrang? Auch diese Frage wurde schliesslich negativ entschieden. Die Zeit zwischen 100 und 300 war jedoch eine Phase intensiver Auseinandersetzung mit diesen Zeitgeiststörmungen. Das Christentum fand seine Identität als eigenständige Religion vor allem im Dialog mit der Gnosis und in Abgrenzung zu ihrer Denk- und Glaubensform. *Gnosis heisst* wörtlich *Erkenntnis*: eine interreligiöse Bewegung, die sich in jener Zeit von Ägypten bis nach Gallien ausbreitete.

Wer waren wir? Wer sind wir geworden? Wo waren wir? Wohinein sind wir geworfen? Wohin eilen wir? Wovon sind wir befreit? Was ist Geburt? Was ist Wiedergeburt? Dies sind, so der Kirchenvater Clemens von Alexandrien (um 200), die Grundfragen der Gnostiker. Gnosis bedeutet Erlösung durch Erkenntnis. Gegenstand der Erkenntnis ist, dass Menschen ein göttliches Selbst in ihrem Innern tragen, das dem Wesen nach identisch ist mit der vollkommen jenseitigen Gottheit. Charakteristisch für die Denkweise der Gnostiker ist, dass sie sich selbst als Erkennende radikal aufwerten und gleichzeitig die Welt radikal abwerten. Zu dieser Welt zählen sie jedoch auch den Leib und die Seele des Menschen.

Der gnostische Mythos

Die Gnosis hat verschiedene Denksysteme ausgebildet und erzählerisch ausgestaltet. Die zentralen und gemeinsamen Ideen sollen hier ganz kurz zusammengefasst werden: Gott wird als vollkommen jenseitig und fern erfahren. Zwischen Gott und den Menschen bzw. der Welt bewegen sich eine Reihe anderer Wesen, die jedoch aus Gott hervorgegangen sind. Unter ihnen spielt sich eine Geschichte ab, ein Mythos, der das Sein des Menschen in der Welt und seine Verbindung zum Göttlichen erklärt. Die Einschätzung der Welt ist negativ, das Sein der Gnostiker in der Welt entsprechend durch Abgrenzung und Fremdheit charakterisiert. Die Erschaffung der Welt und der Menschen ist Teil des gnostischen Mythos, wird aber nicht vom obersten jenseitigen Gott direkt vollbracht, sondern von einem *Handwerker* genannten Wesen, dem *Demiurgen*, der über verschiedene andere Wesen letztlich von Gott hervorgebracht wurde. Dieser Handwerker handelt aus Unwissenheit, in manchen gnostischen Varianten auch aus Bosheit. In bestimmten Menschen jedoch schlummert ein göttlicher Funke, der im Verlauf des gnostischen Mythos über verschiedene Stufen und ohne Wissen des Handwerkers in ihn gelangt bzw. aus der göttlichen Sphäre in die Welt hinuntergefallen ist. Menschen, die diesen göttlichen Funken in sich tragen, sind fähig zur Erkenntnis. Dazu gelangen sie durch eine Erlöserfigur, die aus der göttlichen Sphäre herabsteigt, die Menschen über den ganzen gnostischen Mythos, d. h. über ihren wahren Zustand, aufklärt und wieder hinaufsteigt.

Gnostiker wissen also mehr als andere Menschen. Sie wissen, dass der Schöpfer der Welt nicht wirklich Gott ist; nur Unwissende verehren ihn. Sie wissen, dass in ihnen ein göttlicher Teil steckt, der zu Gott zurückkehren will. Sie haben den Ruf des Erlösers vernommen und sich auf den Weg gemacht, der Erkenntnis heisst. Ihr Daseinsgefühl ist geprägt von einer tiefen Spaltung: kosmisch zwischen Gott und Welt, anthropologisch zwischen leiblich-seelischem Menschsein und göttlichem Selbst, sozial zwischen Erkennenden und Nichterkennenden. Ihr Lebensgefühl ist Sehnsucht und Hoffnung.

Gnostische Religiosität

Die Gnosis war ein Versuch, mit den verschiedenen östlichen und westlichen Religionen, die sich in der römisch-hellenistischen Welt trafen und vermischten, umzugehen. In einer ersten Phase hatte man die verschiedenen Götter und Göttinnen miteinander identifiziert und so eine Ordnung in der religiös unübersichtlichen Welt geschaffen. Die Identifizierung ging so weit, dass manche hinter allen Göttern schliesslich nur noch einen Gott am Werk sahen. Dieser Pluralismus, der auf einen theoretischen Monotheismus hin zielte, vermochte jedoch auf Dauer nicht zu überzeugen. Die Gnosis brachte eine neue Lösung, die denen, die sich ihr anschlossen, zudem einen höheren Status verlieh: Das ganze Religionengemisch wurde als niedere Vorstufe für Unwissende definiert und mit einer höheren Religion überwölbt, die nur Eingeweihten zugänglich war.

Dieses System passte auf jede traditionelle Religion, so dass alle Kulte auch ihre gnostische Richtung ausprägten. Ausserdem traf es sich mit philosophischen Gedanken vor allem der platonischen Richtung. Dadurch wurde die gnostisch geprägte Religion für intellektuelle Kreise akzeptabel, die religiös interessiert waren, denen jedoch die bekannten Götter mit ihren menschlichen Zügen und ihrem üblichen Opferkult unglaubwürdig vorkamen. Empfänglich für die Gnosis waren vor allem Menschen, die in ihrer traditionellen Religion Enttäuschung und Entwurzelung erlebt hatten: die Juden mit der Zerstörung des

Zweiten Tempels (70) und der Sondersteuer, die sie seitdem für den Glauben an JHWH zu zahlen hatten (vgl. Einheit 22); die Griechen und Römer, deren Polytheismus von ihren philosophischen Strömungen oft lächerlich gemacht wurde; die Anhänger orientalischer Religionen, die politisch von den Römern, kulturell von den Griechen dominiert wurden. Für die Christen schliesslich, als Anhänger einer neuen Bewegung, die politisch und gesellschaftlich am Rand stand, war die Versuchung gross, ihre Offenbarung und ihren Christus als die wahre Meta-Religion zu verstehen, die alle anderen Religionen zu Missverständnissen degradierte. Das Erfolgsrezept der Gnosis war, dass sie sich nicht radikal gegen andere Religionen stellte, sondern sie in ihr System einbaute, dabei aber von ihrem eigenen Denkmuster her uminterpretierte und so in allen auf irgendeine Weise ihr Erlösungsschema wiederfand.

Gnostisches Christentum

Dass die Gnosis im Christentum am meisten Boden fand, hat viel mit der sozialen und politischen Situation des Christentums in dieser Zeit zu tun. Über die rechtliche Stellung der Christen im Römischen Reich gibt ein Briefwechsel zwischen Plinius, einem römischen Statthalter der Provinz Bithynien im Nordwesten Kleinasiens, und dem damaligen Kaiser Trajan Auskunft (110). Plinius hatte mit Anzeigen gegen Christen zu tun und fragte den Kaiser, wie er sie behandeln solle. Der Kaiser regelte die Sache so, dass Christen nur auf eine nicht-anonyme Anzeige hin bestraft werden sollten. Sie erhielten jeweils die Möglichkeit, durch Ausübung des Kaiserkults, der als Leugnung des monotheistischen Christentums galt, ungeschoren davonzukommen. Die Römer interessierten sich nämlich kaum dafür, was die Menschen glaubten, denn Religion zeigte sich für sie hauptsächlich in der Praxis, im Kult. Wer dem Kaiser opferte, konnte sonst glauben, was er wollte. Diese Regelung gab den Christen die Möglichkeit, unbehelligt zu bleiben, solange sie unauffällig lebten.

Die gnostische Überformung des Christentums mit ihrer Tendenz zur Privatisierung der Religion kam ihnen in dieser Situation entgegen. Die Distanz zu allem Weltlichen befreite gnostische Christen von sozialem und politischem Engagement, von der Notwendigkeit eines Bekenntnisses gegenüber Nichtgnostikern und vom Gebot, sich von heidnischen Kulten fernzuhalten. Da viele gnostische Christen die wirkliche Menschwerdung Christi und daher auch seinen Kreuzestod negierten, wurde Nachfolge, die ins Leiden führte, sinnlos, und ein Martyrium hatte keinerlei Heilswert. Gnostisches Christsein war in dieser Situation eine ungefährliche und attraktive Variante. Sie führte teilweise zu eigenen kleinen Gruppierungen oder sogar christlich-gnostischen Gemeinden. Gnostiker lebten jedoch auch innerhalb der christlichen Gemeinden, feierten mit ihnen Gottesdienste und Sakramente, die jedoch für sie eine rein jenseitige Bedeutung hatten.

Gnostische Lebensweise

Gnosis war ursprünglich – im Gegensatz zum Christentum – ein städtisches Phänomen. Ihre Zentren waren die damaligen Grossstädte Alexandrien, Rom, Antiochien und Ephesus. Hier, auf diesem intellektuell anregenden Boden, hatten auch philosophische Zirkel ihren Ort. Die Gnosis war eine äusserst mobile Bewegung und konnte sich gut verbreiten, da sie weder an heilige Orte und Gebäude noch an Priester gebunden war. Jeder, der dazugehörte, konnte ihre Gedanken weitergeben.

Über Lebensweise und soziale Herkunft der Gnostiker weiss man wenig, denn weder ihnen selbst noch den Kirchenvätern, die über sie berichteten, war dies wichtig. Die Gnosis selber teilte die Menschen nicht nach sozialen Gesichtspunkten ein, sondern nach dem Erkenntnisvermögen und dem Erkenntnisstand. Aus den gefundenen Texten kann man schliessen, dass die Autoren der gnostischen Schriften hellenistisch gebildet waren. Vermutlich waren hier wie im Christentum alle Schichten vertreten, insbesondere die Mittelschicht von Kaufleuten, Handwerkern und Schreibern. Beide Geschlechter konnten führende Positionen innehaben, denn die Zweigeschlechtlichkeit galt als Merkmal der Welt, während sie in der göttlichen Sphäre aufgehoben war. Gerade durch die Abwertung der vorfindlichen Welt hatte die gnostische Bewegung auch ein sozial- und herrschaftskritisches Potenzial, das beim einen oder anderen Vertreter zum Zug kam.

Wirkungsgeschichte

Der zentrale gnostische Gedanke von der Erlösung durch Erkenntnis hat weitergewirkt bis heute. In der Spätantike waren es die beiden östlichen Religionen der Mandäer und Manichäer, letztere in einem Gebiet der heutigen Türkei zeitweilig sogar als Staatsreligion (etwa 700–900). Vom aufkommenden Islam wurde gnostisches Gedankengut jedoch noch stärker bekämpft als zuvor von der entstehenden christlichen Kirche. Dennoch gab und gibt es auch im Islam einzelne gnostische Strömungen.

Im Mittelalter griffen sozialkritische Bewegungen wie die Bogumilen oder Katharer gnostische Gedanken auf. Auch in der religiösen Aufbruchstimmung der Reformations- und Entdeckerzeit lebten sie weiter. Richtungen wie Theosophie und Anthroposophie sowie manches, was heute unter dem Etikett der *Esoterik* läuft, bewahrt Teile dieser Gedankenwelt, die wie eine Hintergrundfolie die ganze Entwicklung des Christentums vom Anfang bis zur Gegenwart begleitet hat.

_ EINGEREIHT

Mit der Brille der Kirchenväter

Lange Zeit war das Gedankengut der Gnosis nur durch diejenigen bekannt, die sich davon abgrenzen wollten:

die sogenannten Kirchenväter, die Theologen und Kirchenführer der ersten Jahrhunderte. Einer der bedeutendsten, zuverlässigsten und ausführlichsten ist der aus Kleinasien stammende Irenäus, Bischof der griechischsprachigen Gemeinde von Lyon. Er zitiert in seinem fünfbändigen Werk *Überführung und Widerlegung der zu Unrecht so genannten Gnosis* (185), das jedoch nur in lateinischer Übersetzung erhalten ist, einige Passagen aus gnostischen Texten. Irenäus, in dessen Gemeinde sich offenbar Gnostiker tummelten, liegt daran, seine Leserinnen und Leser mit originalem Material vertraut zu machen, um sie zu befähigen, selbständig solches Gedankengut zu erkennen und vom christlichen Denken zu unterscheiden.

Bei diesen sekundären Quellentexten handelt es sich also um von Gegnern ausgewählte Zitate, insgesamt etwa fünfzig Seiten, wenn man sie hintereinander drucken würde. Die Hälfte davon ist durch Irenäus überliefert, der auch versuchte, das vielfältige Gedankengut zu systematisieren und verschiedenen Richtungen zuzuweisen.

Die Entdeckung originaler Quellen

1778 und 1850 tauchten die beiden ersten originalen gnostischen Quellentexte auf, die aus dem 4. Jahrhundert stammen. Sie wurden jedoch erst um 1900 übersetzt. Diesen Funden folgten einzelne weitere, bis dann 1946 die Entdeckung einer ganzen Bibliothek in Ägypten der Erforschung dieser Denk- und Glaubensrichtung einen neuen Boden gab.

In der Nilschleife zwischen Siut und Luxor, nahe dem im 4. Jahrhundert von Pachomius gegründeten ersten christlichen Kloster Chenoboskion (vgl. Einheit 25), befindet sich bei der Ortschaft Nag Hammadi am Fuss der Berge ein hellenistisch-römischer Friedhof unterhalb einiger altägyptischer Felsgräber. Dort fanden zwei Brüder in einer Höhle einen meterhohen Tonkrug mit fünfzehn in Ziegenleder eingefassten und ziemlich gut erhaltenen Papyrusbüchern oder Codices. Codex ist die wissenschaftliche Bezeichnung für eine Sammlung von in der Mitte gefalteten und gebundenen Blättern. Diese Form für die Aufbewahrung von Texten löste in den ersten Jahrhunderten die älteren Papyrusrollen ab und ist ja im Prinzip heute noch gebräuchlich. Bei den *Schriften von Nag Hammadi* handelt es sich um die ältesten Codices, die bis heute entdeckt worden sind.

Bis zu ihrer Publikation erlebten sie eine abenteuerliche Geschichte, deren eine Spur auch in die Schweiz führte: Die beiden Bauern nahmen die Bücher mit und übergaben sie, nachdem versehentlich oder aus Furcht vor magischen Wirkungen zwei der für sie und ihre Angehörige nicht lesbaren Schriften schon zum Anfeuern verwendet worden waren, einem koptischen Priester, der ihren Wert erkannte und sie weiterverkaufte. Eine der Schriften landete bald im Koptischen Museum in Kairo. Eine andere wurde von einem Antiquitätenhändler trotz Verbots ins Ausland geschmuggelt und verschwand, nachdem sie in Amerika keinen angemessenen Preis erzielen konnte, in einem Brüsseler Safe. Dort wurde sie erst 1950 wieder aufgespürt und ein Jahr später mit Geldern der C.G.Jung-Stiftung in Zürich als Geburtstagsgeschenk für den Schweizer Tiefenpsychologen erworben. Nach ihm trägt die Schrift seitdem den Namen Codex Jung. Sie wurde 1975 ebenfalls dem Koptischen Museum in Kairo übergeben. Die restlichen elf Bücher gelangten auf unterschiedlichen Wegen nach Kairo und schliesslich in den Besitz einer Italienerin. Als die Manuskripte 1952 vom ägyptischen Ministerium für öffentliche Bildung zum nationalen Eigentum erklärt wurden, ging auch diese Textsammlung Dattari in den Besitz des Museums über.

Nach zahllosen bürokratischen Hindernissen und jahrelangen Bemühungen verschiedener Wissenschaftler sowie schliesslich auch der UNESCO wurden die Texte zugänglich gemacht, in verschiedene Sprachen übersetzt und wissenschaftlich bearbeitet. 1977 erschien die englische Gesamtübersetzung.

Die Bibliothek von Nag Hammadi

Die dreizehn erhaltenen Bücher aus Nag Hammadi umfassen auf über 1000 Seiten 49 originale gnostische Schriften, sind in koptischer Sprache verfasst, stammen aus dem 2. und 3. Jahrhundert und sind bekannt durch das *Thomasevangelium*. Die Abschriften und Bindungen stammen jedoch erst aus dem 4. Jahrhundert, denn in den Ledereinfassungen wurden Geschäftspapiere und Briefe aus dieser Zeit gefunden. Die meisten der Texte waren ursprünglich auf Griechisch verfasst worden. Später wurden sie in koptische Dialekte übersetzt, für die zum Zeitpunkt ihrer Entdeckung noch gar keine zuverlässigen Grammatiken und Lexika vorlagen. So nahm die philologische Arbeit zunächst grossen Raum ein, bevor die inhaltliche Analyse beginnen konnte. Die gefundenen Dialektfassungen weisen darauf hin, dass die Schriften jedenfalls in Oberägypten um 300 auch vom einfachen Volk gelesen wurden.

Die Bibliothek von Nag Hammadi zeigt eine ausserordentlich grosse Bandbreite unterschiedlichster Texte. Die Gnosis erweist sich darin als eine disparate Geistesbewegung zwischen altägyptischem, hellenistischem, orientalischem und christlichem Gedankengut, durchsetzt mit weisheitlichen, apokalyptischen, mythischen und philosophischen Einflüssen. Literarisch finden sich in dieser Bibliothek Offenbarungsreden, Abhandlungen, Geheimlehren, Evangelien, Apostelgeschichten, Predigten, Briefe, Hymnen, Gebete und Sprüche. Manche der Schriften sind wie im Neuen Testament Aposteln oder Apostelinnen zugeschrieben. Geboten werden oft spezielle und geheim zu haltende Offenbarungen des auferstandenen Jesus an ausgewählte Jünger und Jüngerinnen aus den vierzig Tagen bis zur seiner Himmelfahrt. Andere Schriften stützen sich auf biblische Nebenfiguren, die zu Trägern bisher unbekannter Offenbarungen gemacht werden, so etwa Set, der dritte Sohn Adams und Evas (Gen 4,25).

Erstaunlicherweise fanden sich kaum wörtliche Übereinstimmungen zwischen den originalen Schriften und den von den Kirchenvätern zitierten Textpassagen. Obwohl Irenäus beispielsweise von einem *Evangelium der Wahrheit* spricht, zitiert er keinen einzigen Satz aus der in Nag Hammadi gefunden Schrift, die diesen Titel trägt.

Die Interpretation der Texte ist schwierig, da weder ihre Autoren noch die Umstände oder Orte ihrer Entstehung bekannt sind. Über die Besitzer dieser Schriften und ihre Motive, sie in diesem Krug auf dem Friedhof zu verbergen, können nur Vermutungen angestellt werden. Dass es sich um die Bibliothek eines ortsansässigen Kreises oder einer Schule von Gnostikern gehandelt habe, ist angesichts der Unterschiedlichkeit der Schriften eher unwahrscheinlich. Möglicherweise steht die Sammlung im Zusammenhang mit dem nahen Pachomiuskloster. Dann wäre es vielleicht eine Sammlung mit einem ähnlichen Zweck wie diejenige, die Irenäus vermutlich benutzt hat, um sich Kenntnis über die von der kirchlichen Lehre abweichenden Gnostiker zu verschaffen.

Der Schreiber dieser Schriften gibt sich nur an einer kleinen Stelle zu erkennen. Nach einem Dankgebet im Codex 6 fügt er folgende persönliche Notiz an: *Diesen einen seiner Texte habe ich abgeschrieben. In Wirklichkeit sind sehr viele zu mir gelangt. Ich habe sie nicht abgeschrieben, in der Annahme, dass sie in eurem Besitz sind. Auch zögere ich, sie für euch abzuschreiben, weil sie vielleicht in eurem Besitz sind und es euch belasten würde.* Offenbar gab es neben den zufällig erhaltenen eine grosse Menge weiterer Schriften. Der Schreiber beurteilte selber, was er für seine Auftraggeber kopieren wollte, und ging davon aus, dass schon eine grössere Sammlung vorhanden war.

Die Entstehung des christlichen Kanons

Die grosse Menge unterschiedlicher christlicher, christlich-gnostischer und gnostischer Schriften, die bereits in allen Schichten verbreitet waren, rief immer mehr nach ordnenden und wertenden Kriterien für ihre Zuverlässigkeit und Gültigkeit. Die entstehende christliche Kirche sah sich vor der Aufgabe zu entscheiden, auf welche Schriften sie in Zukunft ihre Verkündigung verbindlich stützen wollte. Im 2. Jahrhundert setzte darum der Prozess der sogenannten Kanonbildung ein, der bis ins 4. Jahrhundert andauerte. Das griechische Wort *Kanon* bedeutet eigentlich *Rohrstock*, bezeichnete dann einen Massstab und wurde schliesslich zur Regel.

Die älteste erhaltene Liste kanonischer Bücher ist im sogenannten Muratorischen Kanon enthalten, der um 1740 vom Mailänder Bibliothekar Muratori entdeckt wurde. Er ist etwa um 180–200 vermutlich in Rom entstanden und nur als Fragment erhalten. Hier wird die Auswahl der Tex-

te auch begründet, so etwa die Tatsache, dass vier verschiedene Evangelien aufgenommen werden (vgl. Einheit 18): *Mag nun in den einzelnen Evangelienbüchern der Eingang verschieden sein, so weicht doch nichts von dem Glauben der Gläubigen ab, denn von dem einen, dem führenden Geiste, ist in allen alles dargestellt; über die Geburt, über das Leiden und über die Auferstehung Jesu, von seinem Verkehr mit seinen Jüngern und von seinem zweimaligen Kommen, wie es das erste Mal in Niedrigkeit und verachtet bereits geschehen ist, und wie es das zweite Mal – herrlich in königlicher Macht – noch eintreten wird.*

Der Kanon Muratori entspricht wie auch die anderen aus dieser Zeit nicht genau dem heute gebräuchlichen Neuen Testament. Er enthält zusätzlich eine Petrusoffenbarung, dagegen sind fünf der als kanonisch geltenden Briefe nicht erwähnt (1Petr, 2Petr, Hebr, Jak und 3Joh). Dass verschiedene Schriften umstritten waren oder nur lokale Bedeutung hatten, war den Menschen, die diese erste Liste zusammenstellten, durchaus bewusst: *Auch eine Offenbarung des Johannes und eine des Petrus nehmen wir auf; freilich wollen einige der unseren letztere in der Gemeinde nicht verlesen wissen.* Sie versuchten in eindrücklicher Weise, die Schriften unabhängig von der zeitgebundenen Bedeutung ihrer Verfasser und derer Beziehungen zu beurteilen: *Den Hirten aber hat ganz vor kurzem zu unserer Zeit Hermas aus Rom geschrieben, als auf dem Stuhl der Gemeinde Roms sein Bruder Pius sass. Und darum soll er wohl gelesen werden. Aber in der Gemeinde kann er bis zum Ende der Tage dem Volk weder unter den Propheten, deren Zahl abgeschlossen ist, noch unter den Aposteln vorgelesen werden.* Auch Irenäus hatte übrigens zur gleichen Zeit eine kanonische Liste inspirierter Schriften zusammengestellt, in der sechs der heute akzeptierten Briefe fehlen (Phlm, 2Petr, 2Joh, 3Joh, Hebr und Jud), dafür aber zusätzlich der oben erwähnte Hirt des Hermas aufgeführt ist.

Deutlich ist dagegen auch im Muratorischen Kanon die Abgrenzung gegenüber Schriften, die eindeutig aus gnostischer Richtung stammen: *Von Arsinous aber oder Valentin oder Miltiades nehmen wir überhaupt nichts an, die auch ein neues Psalmenbuch für Markion verfasst haben, zusammen mit dem Kleinasiaten Basilides, dem Stifter der Kataphryger.* Vom hier erwähnten Valentin wird später noch die Rede sein.

Markion

Eine herausragende Rolle im Zusammenhang mit der Kanonbildung spielte der im Muratorischen Kanon ebenfalls genannte Markion. Er war zwar kein wirklicher Gnostiker, teilte mit diesen jedoch die Ablehnung des alttestamentlichen Schöpfergottes und damit die negative Einschätzung der Welt, indem er die paulinische Unterscheidung von (jüdischem) Gesetz und (christlichem) Evangelium zuspitzte. Zudem vertrat er die Ansicht, Christus, der Erlöser, sei nur *scheinbar* Mensch geworden, aber nicht wirklich von der bösen Welt berührt worden. Diese *Irrlehre*, eine der ersten *Häresien*, wurde als *Doketismus* bezeichnet, vom griechischen Wort für *scheinen*. Im Gegensatz zu den Gnostikern sah er jedoch keinen göttlichen Anteil im Menschen, sondern verstand ihn als Sünder, der nicht durch Erkenntnis, sondern durch die Gnade Gottes und die asketische Distanzierung von der Welt erlöst werden kann. Er befürwortete auch keine Privatisierung des Glaubens, sondern vertrat eine offensive missionarische Haltung bis hin zum Martyrium. Dadurch stand er den christlichen Gemeinden näher als die Gnostiker und war für sie gerade deshalb eine besondere Bedrohung.

Markion stammte aus einer reichen christlichen Reeder-Familie in Sinope am Schwarzen Meer. Nach kurzer kirchlich-theologischer Tätigkeit in seiner Heimat kam er vermutlich um 140 nach Rom, wo er sich der christlichen Gemeinde anschloss und ihr sein beträchtliches Vermögen für diakonische Aufgaben zur Verfügung stellte. Hier verfasste er seine nicht erhaltene Schrift mit dem Titel *Antithesen*, in der er seine Theologie exegetisch begründete, sowie eine Bearbeitung der von ihm als ursprünglich und unverfälscht angesehenen apostolischen Schriften: eine von jüdischem Gedankengut und alttestamentlichen Zitaten gereinigte Fassung des Lukasevangeliums und der Paulusbriefe. Das gesamte Alte Testament lehnte er ab. Markion war damit der erste, der einen – wenn auch sehr speziellen – christlichen Kanon schuf. Wegen seiner Lehre und seiner Aktivitäten wurde er von der christlichen Gemeinde ausgeschlossen (144), das von ihm eingebrachte Geld soll ihm zurückerstattet worden sein. Darauf gründete er eine Gegenkirche, die bis weit in die Zeit der Reichskirche hinein neben der offizielle Kirche existierte. Markions Erfolg führte der entstehenden Kirche die Notwendigkeit vor Augen, ihre eigene apostolische Tradition zu festigen und zu hüten und dabei ihre Einstellung zu ihren jüdischen Quellen zu überdenken.

Festlegung des christlichen Kanons

Die Diskussion, welche Schriften nun wirklich als Heilige Schrift gelten sollten, wurde im 3. und 4. Jahrhundert fortgeführt. Die jüdische Bibel, für die um 200 in christlichen Kreisen die Bezeichnung *Altes Testament* aufkam, wurde auch als *Heilige Schrift* der Kirche und damit als Wort Gottes verstanden. Das lateinische Wort *testamentum* bedeutet Bund: Während die jüdische Bibel vom alten Bund Gottes mit den Menschen erzählte, erfuhr man im *Neuen Testament* vom neuen Bund, den Gott durch Christus mit den Menschen geschlossen hatte. Als Hauptkriterium für die Schriften des Neuen Testaments galt im Zweifelsfall neben inhaltlichen Aspekten der Bezug zu einem der Apostel, die wirklich noch Zeitgenossen Jesu gewesen waren. Erst 367 deklarierte Bischof Athanasius von Alexandrien in seinem Osterfestbrief die Liste von Schriften, die wir heute als Neues Testament

kennen, als allein verbindlich. Die dritte Synode von Karthago (397) schliesslich stellte eine Liste von Büchern auf, die als Heilige Schrift bezeichnet werden durfte. Damit war die Kanonbildung für eine Mehrheit der Christen besiegelt. Es waren jedoch auch in den folgenden Jahrhunderten noch Handschriften in Gebrauch, die etwa die Offenbarung des Johannes oder den Brief an die Hebräer ausliessen oder den Barnabasbrief einschlossen.

Für die gegenwärtige Katholische Kirche wurde der Kanon erst 1546 vom Konzil von Trient offiziell und autoritativ festgelegt. Der Umfang des Neuen Testaments deckt sich dabei mit dem orthodoxen und dem protestantischen Kanon. Nur die syrische und die äthiopische Kirche haben bis heute je einen eigenen neutestamentlichen Kanon. Bezüglich des Alten Testaments bestehen Unterschiede zwischen dem katholischen und dem protestantischen Kanon, da für ersteren die durch späte Schriften erweiterte griechische Übersetzung, die Septuaginta, für letzteren dagegen der ursprüngliche hebräische Text, die Bibel der jüdischen Massoreten, massgebend ist.

Handschriftenfunde wie jene von Nag Hammadi werfen jedoch in der Gegenwart immer wieder Fragen nach den Kriterien und der Rechtmässigkeit der Kanonbildung auf.

_ AUSGELEGT

Die gute Botschaft der Wahrheit

Das Evangelium der Wahrheit steht als dritte Schrift im Codex Jung. Sie wurde als erster der Nag-Hammadi-Texte herausgegeben und übersetzt. Der Titel der Schrift ist aus ihren Anfangsworten erschlossen: *Die gute Botschaft (Evangelium) der Wahrheit ist Freude für die, die vom Vater der Wahrheit die Gnade empfangen haben, ihn zu erkennen.* In der Antike war es – wie heute noch bei päpstlichen Enzykliken – üblich, Schriften nach ihren ersten Worten zu benennen.

Wenn dieses *Evanglium der Wahrheit* identisch ist mit der von Irenäus erwähnten gleichnamigen Schrift, die, wie er berichtet, bei der gnostischen Gruppierung der Valentinianer in Gebrauch gewesen sei und dort sehr grosses Ansehen genossen habe, könnte man es bereits auf das Jahr 150 datieren. Die Angaben des Irenäus bezüglich des Inhalts sind zwar zu spärlich, um ganz sicher zu sein, dass es sich um dieselbe Schrift handelt, aber es spricht eigentlich nichts dagegen.

Bei diesem Text geht es nicht um ein Evangelium im neutestamentlichen Sinn. Er berichtet nicht vom Leben und Sterben Jesu. Der Titel Evangelium bezieht sich hier nicht auf die literarische Form, sondern auf den besonderen Inhalt: Das Evangelium der Wahrheit will eine gute Botschaft sein. Der Form nach ist es eher eine Predigt. Der Verfasser entfaltet darin kein vollständiges mythologisches gnostisches System, er arbeitet vielmehr mit Bildern und Codeworten. Zentrale Gedanken werden in ihren unterschiedlichen Aspekten aufgegriffen und mit immer neuen Bildern verdeutlicht. Wie in vielen anderen Nag-Hammadi-Schriften werden Kenntnisse über den gnostischen Mythos vorausgesetzt, und es wird erwartet, dass die Leser und Leserinnen den Code entschlüsseln können. Insofern ist das Evanglium der Wahrheit eine esoterische Schrift, die vielleicht ursprünglich in den Kontext eines gnostischen Schulbetriebs gehört hatte. Sie fasst den geistlichen Sinn des ganzen valentinianisch-gnostischen Denkgebäudes zusammen, ohne direkt auf die Figuren des Mythos Bezug zu nehmen. Kernstück ist eine Formel, die ähnlich auch bei Irenäus überliefert ist. Sie lautet: *Da der Mangel,* an anderer Stelle *das Vergessen, entstanden ist, weil der Vater nicht bekannt war, deswegen wird, wenn der Vater bekannt ist, von diesem Zeitpunkt an der Mangel* oder *das Vergessen nicht länger existieren.* Bei Irenäus heisst es: *Während nämlich durch Unwissenheit Mangel und Leiden entstanden, wird durch Erkenntnis (Gnosis) der Zustand, den die Unwissenheit verursachte, aufgelöst.* Im Evangelium der Wahrheit wird dies als Kern der Guten Botschaft bezeichnet: *Dies ist das Evangelium dessen, nach dem man sucht, welches Jesus, der Christus, dank dem Erbarmen des Vaters den Vollkommenen offenbart hat als ein verborgenes Mysterium.*

Obwohl die Sätze auch so mehr oder weniger verständlich sind, haben Gnostiker sie auf dem Hintergrund ihrer Kenntnis des gnostischen Mythos noch ganz anders einordnen können. Was den Leserinnen und Lesern auf den ersten Blick als Beschreibung innerpsychischer Vorgänge begegnet, hat auf dem Hintergrund des gnostischen Systems kosmische Dimensionen.

Der Verfasser spricht gegen Ende dieser Schrift einmal von sich, allerdings ohne irgendeinen biographischen Hinweis zu geben. Vielmehr gibt er Auskunft über seinen Erkenntnisstand: *Die andern mögen an ihren Orten wissen, dass es sich für mich nicht geziemt, nachdem ich an dem Ruheort gewesen bin, über etwas anderes zu sprechen. Aber er ist es, in dem ich sein werde, um mich allezeit dem Vater des Alls zu widmen und den wahren Brüdern, über die sich die Liebe des Vaters ergiesst und in deren Mitte kein Mangel an ihm ist.*

Themen und Leitbegriffe

Die ausgewählte Textpassage aus dem Evangelium der Wahrheit beschreibt mit unterschiedlichen gnostischen Begriffen, die teilweise auch aus neutestamentlichen Texten bekannt sind, die Erlösung der hoffnungsvoll wartenden Menschen. Auf die Themensetzung (Zeilen 1–3) folgt eine genauere Beschreibung der Situation (4–9): Dem Warten der Menschen in einer durch Mangel gekennzeichneten Lage entspricht das Kommen der göttlichen *Fülle.* Der gnostische Erlösungsmythos wird nur dunkel angedeutet (10–16). *Irrtum, Scheitern, Schwierigkeiten* sind Leitworte, die auf seine Dramatik hinweisen.

Es ist anzunehmen, dass die Adressaten des Textes diese Anspielungen mit ihrem gnostischen Hintergrundwissen genauer verstanden, als dies heute möglich ist. Die folgenden Zeilen (17–33) kann man als begründenden und erläuternden Kommentar zum Mythos verstehen. Dieser betont die aktiv erlösende: die heilende (21), vergebende (19), beruhigende (18) Tätigkeit Gottes gegenüber dem bedürftigen: dem sündigen (18), kranken (21), Mangel leidenden (27), minderwertigen (29) Menschen. Das *doch jetzt* (31) leitet über zur Beschreibung eines Zustandes der Erlösung, schillernd zwischen der Vergangenheitsform der Mythoserzählung und dem Zuspruch, der für die Gegenwart der Leserinnen und Leser gilt: Das wahre Licht ist unveränderlich (33).

Der ganze Text arbeitet mit Leitbegriffen, die sich zwei Bereichen zuordnen lassen: Den Welt-Begriffen *Stoffliches, Mangel, Sünde, Irrtum, Krankheit, Minderwertigkeit* stehen die Erlösungsbegriffe *Fülle, Vergebung, Licht (ohne Schatten), Ruhe, Wort, Gnade* gegenüber.

Gott wird wie im Neuen Testament Vater genannt (vgl. Einheit 17). Er ist unvergänglich und grenzenlos, macht sich aber selbst auf, um den Sündern – das sind die Menschen als Geschöpfe des Handwerkers zwangsläufig – nachzugehen. Zum Erlösungsvorgang gehört die Umkehr. Sie ist jedoch im gnostischen Sinn verstanden und meint weniger ein Bereuen falscher Handlungen als ein neues Selbstverständnis aufgrund der Erkenntnis.

_ VEREHRT

Das gnostische System Valentins

Das Evangelium der Wahrheit wird entsprechend seinem Inhalt der valentinianischen Richtung der Gnosis zugerechnet, ja von einzelnen Forschern sogar dem Theologen Valentinus selbst zugeschrieben. Er stammte aus Ägypten, wurde in Alexandrien ausgebildet und kam um 140 nach Rom, wo er etwa 15 Jahre lang als gnostisch geprägter philosophisch-christlicher Lehrer auftrat und nach Art anderer Philosophen eine eigene «Schule» begründete. Von ihm selbst sind über Zitate bei den Kirchenvätern nur wenige Textfragmente erhalten. Seine Schüler wandelten nach seinem – vielleicht durch die Pest in Rom (166) bedingten – Weggang nach Zypern seine Lehre immer mehr in Richtung der Gnosis ab. Irenäus berichtet von einem grossen mythologischen System der valentinianischen Gnosis, das sich bereits bis nach Lyon verbreitet hatte (um 185). Valentinianische Texte tauchten noch bis ins 7. Jahrhundert auf, obwohl die Blütezeit dieser gnostischen Schule mit der Konsolidierung der christlichen Staatskirche um 450 zu Ende ging.

Das valentinianische System besteht im Wesentlichen aus einer Vor- und Nachgeschichte zu den biblischen Schöpfungs- und Erlösungserzählungen. Dabei setzt es die platonische Prinzipientheorie und die neupythagoräische Zahlenspekulation voraus. Der oberste Gott trägt in diesem System den Namen *Bythos*, was *Abgrund* oder *Tiefe* bedeutet. Dies weist darauf hin, dass er selbst unergründlich und nur durch die Offenbarung seines Sohnes zugänglich ist. Dieses Gottesbild entspricht nicht nur einigen neutestamentlichen Schriften (vgl. Joh 1,18; 14,6; 17,25) sondern auch manchen antiken Philosophien. Wie in der platonischen Ideenlehre treten aus diesem unnahbaren Gott weitere Wesen oder göttliche Teilaspekte hervor, *Ewigkeiten, Aionen,* genannt, die verschiedene Himmelsebenen bevölkern und im Mythos als Handelnde auftreten. Die Bezeichnungen einiger dieser Aeonen sind aus dem Johannesprolog (Joh 1,1–18) bekannt: Wahrheit, *Wort Logos,* Leben (vgl. Einheit 21). Sie alle bilden zusammen die göttliche Fülle, das Pleroma. Was in der christlichen Literatur Bezeichnungen oder Eigenschaften Gottes und seines Sohnes Christus sind, werden in der narrativen Variante des gnostischen Systems, im Mythos, zu Wesen, die auf verschiedenen Ebenen handeln.

So wird etwa auch *Christus, der Erlöser,* in verschiedene Instanzen aufgeteilt, die auseinander hervorgehen: Zunächst geht aus Gott der *Eingeborene* hervor (Joh 1,14.18). Nachdem die Weisheit, *Sophia,* die versuchte, aus eigenem Antrieb und ohne Vermittlung durch einen Erlöser, den unergründlichen Gott zu erkennen, aus der göttlichen Fülle stürzte (vgl. Gen 3), bringt der Eingeborene als weiteres Wesen *Christus* hervor. Aus Christus und Weisheit entsteht der *Handwerker, der Demiurg,* der in Unkenntnis seiner göttlichen Herkunft die Welt erschafft. Dorthin entlässt Christus schliesslich den *Tröster,* den *Paraklet* (Joh 14,26) oder *Erlöser* (Joh 4,42).

Einem Teil der vom Handwerker als Leib und Seele geschaffenen Menschen wurden von der Weisheit heimlich Teilchen des aus der göttlichen Fülle stammenden *Geistes,* des *Pneuma,* eingepflanzt. Diese sind zur Erkenntnis fähig und sehnen sich nach der Rückkehr in die göttliche Fülle. Sie werden am Ende vom Tröster eingesammelt und zurückgeführt. So wird schliesslich die göttliche Fülle wieder vollendet und «der Irrtum Welt» behoben.

Das Muster dieses Dreischrittes von der Überheblichkeit und Unwissenheit zum Fall und endlich zur Erlösung wiederholt sich auf verschiedenen Ebenen des Kosmos und in verschiedenen Phasen des Mythos, wird aber eigentlich als gleichzeitig gedacht. So lässt sich das gnostische System als dynamisches Ineinander und Auseinander göttlicher Wesenheiten vorstellen.

Abgrenzung zwischen Gnosis und Christentum

Für nicht Eingeweihte mochte dies auch damals sehr verwirrlich erscheinen. Die valentinianischen Gnostiker erklärten sich mit dieser Geschichte zum einen, was der vollkommen jenseitige Gott in seiner jenseitigen Fülle mit der Welt und den Menschen zu tun habe, und zum anderen, inwiefern Jesus als Erlöser der Menschen bezeichnet werden könne. Die christlich-theologischen Aussagen

und Ausdrücke, die jede Vernunft übersteigen, erhielten so für Menschen, die mit der platonischen Philosophie vertraut waren, eine gewisse Plausibilität.

Für Christen hingegen war es teilweise schwierig, diese Gedanken einzuordnen, weil die Gnostiker die vertrauten theologischen Begriffen verwendeten, dabei aber etwas ganz Eigenes meinten und zu diesem Verständnis die Kenntnis ihres ganzen Systems voraussetzten. Sie unterschieden zudem nicht zwischen Offenbarung durch Gott und Reflexion durch Menschen, sondern liessen ihr Gedankengut unkontrolliert in alle Richtungen wachsen. Da die Valentinianer sich auch in christlichen Gemeinden bewegten und sich über diese verbreiteten, sind die experimentelle und diffuse theologische Situation in dieser Zeit, aber auch die entsprechend harten Abgrenzungsbemühungen der Kirchenväter verständlich. Für Irenäus geht es in einem gewissen Sinn tatsächlich um Leben und Tod: *Obwohl sie Ähnliches sprechen wie die Gläubigen, verstehen sie darunter nicht nur Unähnliches, sondern sogar Entgegengesetztes und durchaus Gotteslästerliches, und sie töten dadurch die, welche durch den Gleichlaut der Worte das Gift ihrer ungleichen Gesinnung in sich aufnehmen.*

Erlösung

Der typisch gnostische Gegensatz von Gott und Welt wird in der valentinianischen Version auf eine bestimmte Phase innerhalb des Mythos beschränkt. Da letztlich alles aus Gott hervorgeht, ist die Erschaffung der Welt, obwohl sie schlecht ist, nur ein tragischer Teil der innergöttlichen Geschichte, die mit der Erlösung der Geistteilchen eine positive Wendung nimmt. Unwissenheit und Bosheit, aber auch das Materielle, sind damit nicht als widergöttliche Mächte, sondern als mögliche Wendungen der göttlichen Eigenbewegung erklärt. Erlöst wird, so könnte man den gnostischen Mythos zuspitzen, am Ende Gott selbst von seiner eigenen Geschichte des Irrtums und Scheiterns. Die Erkenntnis dieser Zusammenhänge verhilft nicht nur dem Erkennenden zur Erlösung, sondern auch diesem ganzen System, das *Gott* heisst.

Während im Alten Testament Gott als der Erlöser bezeichnet werden kann, allerdings im Sinn des Auslösens aus Verhängnissen, fehlt ihm dieses Attribut im Neuen Testament. Die entstehende Kirche hat von Beginn an darüber nachgedacht, inwiefern das, was Jesus Christus tat und erlitt, eine erlösende Bedeutung für die Gläubigen aufweise. Dabei hat sie sich mit dem gnostischen Erlösungsmythos auseinander gesetzt, sich jedoch letztlich von ihm distanziert. Vor allem zwei Aussagen unterscheiden die christliche Auffassung von der gnostischen: Gott ist Schöpfer und Vollender, womit die Zuweisung der Welterschaffung an einen untergeordneten, schlechten und von der Erkenntnis ausgeschlossenen *Demiurgen* abgelehnt wird. Christus ist ganz Mensch geworden, er hat nicht nur als göttliches Wesen vorübergehend seine Erlösungsmission auf der Welt vollbracht. Mit diesen theologischen Entscheidungen widersetzte sich die entstehende christliche Kirche der gnostischen Versuchung, sich durch ein dualistisches Denken die Orientierung in der komplexen Wirklichkeit zu erleichtern. Sie wählte den schwierigeren Weg, in Christus zusammenzudenken, was auf den ersten Blick nicht zusammengehört: Mensch und Gott, Leiden und Vollendung, Schöpfung und Erlösung.

_ NACHGEFRAGT

Vom Text her

_ Was bedeutet für Sie Erkenntnis?

_ Was ist für Sie wichtig zu wissen?

_ Haben Sie Zugang zu Wissen, das vor anderen Menschen geheim gehalten wird? Wie ist das für Sie?

_ Wird vor Ihnen Wissen geheim gehalten, das Sie auch gerne hätten? Wie ist das für Sie?

_ Wie erwerben Sie Wissen? Wie behalten Sie es? Was sagt Ihnen das moderne Wort Wissensmanagement?

_ Was tun Sie mit Wissen, das Sie nicht mehr brauchen?

_ Was hat für Sie Glauben mit Wissen oder Erkennen zu tun?

_ Wie beantworten Sie für sich die Grundfragen der Gnostiker: *Wer waren wir? Wer sind wir geworden? Wo waren wir? Wohinein sind wir geworfen? Wohin eilen wir? Wovon sind wir befreit? Was ist Geburt? Was ist Wiedergeburt?*

_ Ist die Welt für Sie gut oder böse? Was daran? Warum?

_ Wovon möchten Sie erlöst werden? Durch wen?

_ Wie stehen Sie zur Vorstellung, die Menschen – oder einige von ihnen – trügen in sich ein göttliches Teilchen oder einen Lichtfunken? Woran könnte man dies erkennen oder erspüren?

_ Gibt es für Sie Menschen, die religiös begabter sind als andere? Worin zeigt sich das? Zählen Sie sich dazu? Warum (nicht)?

Zum Gottesbild hin

_ Was fasziniert Sie an der Esoterik? Was stösst Sie ab?

_ Was ist Christus für Sie? Ein Mensch, eine Kraft, ein Gott, ein Prinzip, ein Geistwesen? Was sonst?

_ Spüren Sie eine religiöse Sehnsucht? Wonach?

_ Glauben Sie daran, dass – wenn schon – alle Menschen erlöst werden? Oder gibt es Ausnahmen?

_ GELESEN

_ Klaus Berger und Christiane Nord, Das Neue Testament und frühchristliche Schriften; Frankfurt 2001 (5. Aufl.): darin: Evangelium Veritatis, Kapitel 21; Seite 1061 (Text).

_ Micha Brumlik, Die Gnostiker. Der Traum von der Selbsterlösung des Menschen; Berlin/Wien 2000.

_ Werner Ekschmitt, Ugarit – Qumran – Nag Hammadi. Die grossen Schriftfunde zur Bibel; Mainz 1993.

_ Johann E. Hafner, Selbstdefinition des Christentums. Ein systemtheoretischer Zugang zur frühchristlichen Ausgrenzung der Gnosis; Freiburg i.B. 2003.

_ Jan Heldermann, Die Anapausis im Evangelium Veritatis; Leiden 1984.

_ Hans Jonas, Gnosis. Die Botschaft des fremden Gottes; Frankfurt/Leipzig 1999.

_ Christoph Markschies, Die Gnosis; München 2001.

_ Kurt Rudolph, Gnosis und Spätantike Religionsgeschichte; Leiden 1996.

_ Gerd Theissen, Die Religion der ersten Christen; Gütersloh 2000.

_ Karl-Wolfgang Tröger, Die Gnois. Heilslehre und Ketzerglaube; Freiburg i.B. 2001.

GOTT GIBT SICH
DREIFACH ZU ERKENNEN.
DIE TRINITÄT

GOTT GIBT SICH
DREIFACH ZU ERKENNEN.
DIE TRINITÄT

1 Wir glauben an den einen Gott.

2 Den Vater, den Allmächtigen,

3 der alles geschaffen hat,

4 Himmel und Erde,

5 die sichtbare und die unsichtbare Welt.

6 Und an den einen Herrn Jesus Christus,

7 Gottes eingeborenen Sohn,

8 aus dem Vater geboren vor aller Zeit:

9 Gott von Gott,

10 Licht vom Licht,

11 wahrer Gott vom wahren Gott,

12 gezeugt, nicht geschaffen,

13 eines Wesens mit dem Vater.

14 Durch ihn ist alles geschaffen.

15 Für uns Menschen und zu unserem Heil

16 ist er vom Himmel gekommen,

17 hat Fleisch angenommen

18 durch den Heiligen Geist

19 von der Jungfrau Maria und ist Mensch geworden.

20 Er wurde für uns gekreuzigt unter Pontius Pilatus,

21 hat gelitten und ist begraben worden,

22 ist am dritten Tage auferstanden nach der Schrift

23 und aufgefahren in den Himmel.

24 Er sitzt zur Rechten des Vaters

25 und wird wiederkommen in Herrlichkeit,

26 zu richten die Lebenden und die Toten.

27 Seiner Herrschaft wird kein Ende sein.

28 Wir glauben an den Heiligen Geist,

29 der Herr ist und lebendig macht,

30 der aus dem Vater und dem Sohn hervorgeht,

31 der mit dem Vater und dem Sohn angebetet

32 und verherrlicht wird,

33 der gesprochen hat durch die Propheten.

34 Und an die eine, heilige, allgemeine und apostolische Kirche.

KONZILIEN:
DAS BEKENNTNIS
VON NICÄA UND
KONSTANTINOPEL
(RG 264)

35 Wir bekennen die eine Taufe zur Vergebung der Sünden.

36 Wir erwarten die Auferstehung der Toten

37 und das Leben der kommenden Welt.

38 Amen.

Einheit in Dreiheit

Vom dreieinen Gott, sagte unser Kursleiter, könne man nicht reden, ohne von Bewegung und Begegnung zu reden. Darum stehe uns ein bewegter Abend bevor. Daran schloss er einführende Gedanken zur *Drei-Einheit* Gottes an. Drei, so sagte er, sei die Zahl der spirituellen Universalität und damit nicht nur im Christentum die Zahl für das Göttliche. Von daher sei es nicht überraschend, wenn auch die christliche Kirche Gott als Dreiheit gedacht habe (vgl. Einheit 6). Wir sollten uns Gott aber nicht als drei Personen vorstellen, sondern als eine Einheit, die sich auf dreifache Weise den Menschen zuwendet. Der Begriff *Person* stamme vom lateinischen *persona* und meine einerseits die Maske, die ein Schauspieler im antiken Theater wechseln kann, um den Zuschauern auf verschiedene Weise zu begegnen. Andererseits bezeichne der Begriff rechtlich die verschiedenen Parteien eines Bundes. Beides hätte mit unserem deutschen Personbegriff wenig gemeinsam. Und das sei für den heutigen Abend entscheidend.

Diese Einführung überraschte mich, weil sie mir im Unterschied zu meinen früheren Vorstellungen von den drei Personen Gottes plausibel und hilfreich vorkam. Bisher habe ich gedacht, Gott besteht sozusagen aus drei Göttern, die irgendwie verbunden sind. Das kann ich mir allerdings überhaupt nicht vorstellen. Aber nun versprach der Abend interessant zu werden.

Dreiheiten im Alltag

Der Kursleiter forderte dazu auf, uns ein Phänomen auszudenken, bei dem eine Einheit untrennbar und unvermischt aus dreierlei besteht. Eine echte Herausforderung! Ich dachte an Mischgewebe, bei denen jeder Faden aus drei Materialien besteht; Seide–Leinen–Polyamid zum Beispiel. Aber ich fand das Beispiel nicht befriedigend, weil es mir zu materiell erschien.

Der Dreiklang aus Do-Mi-So ist nicht materiell, und das Ohr hört alle drei Töne gleichzeitig. Aber es lässt sich auch ein einzelner Ton hören und geniessen.

Eine Rosenblüte, die ich sehen, anfassen und riechen kann, fiel mir ein; aber schliesslich kam mein eigenes Leben mir in den Sinn. Ich bin ja auch vielerlei zugleich: Ich bin Tochter und Mutter, habe einen Chef und bin selbst in gewissem Masse weisungsbefugt. Insofern bin ich Teil einer Hierarchie, und das alles bin ich auch, wenn gerade keine dieser Funktionen gefragt sind. Daneben bin ich als Ehefrau, Freundin und Schwester, als Nachbarin, Stimmbürgerin und Chorsängerin aber auch ebenbürtige Partnerin, die Beziehungen pflegt, Gedanken austauscht, Freude bereitet und empfängt und Verantwortung trägt.

Und schliesslich bin ich einfach ich selbst, mit meinen ganz persönlichen Träumen, Hoffnungen, Gaben und Mängeln, Vorlieben und Abneigungen, Bedürfnissen und Ängsten.

Als wir uns zu dritt zusammenfanden, um uns über unsere Vergleiche auszutauschen, präsentierte ich dieses letzte Bild, während ein anderer Wasser in den drei Aggregatzuständen Eis, Flüssigkeit und Dampf erklärte, und die Dritte in unserer Gruppe eine Rechnung vorlegte: 1x1x1=1. Mich beeindruckt ja immer wieder, wie viele Bilder und Vorstellungen zusammenkommen, wenn man zuerst denkt, es komme einem bestimmt gar nichts in den Sinn!

Bewegte Bilder

Schon bekamen wir die nächste Aufgabe: Aus den drei Vergleichen sollten wir einen auswählen und ihn in eine Bewegung umsetzen. Aber wie lassen sich Eis-Wasser-Dampf darstellen? Oder die verschiedenen Beziehungsqualitäten, in denen ein Mensch steckt? Darum entschieden wir uns für das Rechnungsbeispiel: 1x1x1=1. Klar war uns, dass diese Gleichung nicht statisch dargestellt werden kann, und der Auftrag hiess ja auch Bewegung. Aber damit waren die Klarheiten auch schon vorbei. Wie lassen sich Multiplikationen darstellen? Natürlich fiel uns doch etwas ein, und es blieb sogar genug Zeit, es einzuüben, denn Übung war dieses Mal nötig. Wir stellten uns in einen lockeren Kreis, der noch Berührungen zuliess. Dann führten wir alle drei gleichzeitig die genau gleichen Bewegungen aus, bei denen aber niemand tonangebend sein sollte. Dazu mussten wir die beiden andern sehr genau im Blick behalten und auf jede Veränderung sofort reagieren. Dann drehten wir uns abrupt um, streckten die Arme aus und gingen im Gleichschritt auf die Umstehenden zu und verneigten uns einmal vor der nächstbesten Person. Dann kehrten wir noch einmal um, und gingen in die ursprüngliche Position zurück. Es hat mich verblüfft, wie deutlich die anderen Teilnehmenden gesehen und wahrgenommen haben, dass wir im ersten Schritt die Beziehung zueinander darstellen wollten, das Gleiche und Zusammengehörende und anschliessend eine Wirkung nach aussen zeigen wollten – auch wenn sie unser Ausgangsbeispiel nicht erraten konnten!

Eine andere Gruppe hatte auf die Schnelle einen Würfel aus Papier gebastelt, dessen gegenüberliegende Seiten immer dieselbe Farbe hatten. Diesen rollte die Gruppe in der Mitte des Raumes herum. Und offenbar war jede Farbe einem Gruppenmitglied zugeordnet, denn wenn der Würfel liegen blieb, jubelte jeweils eine Person, bevor sie den Würfel wieder ins Rollen brachte. Dass sie damit Raum mit drei Dimensionen darstellen wollten, leuchtete mir sofort ein.

Noch einmal eine andere Gruppe präsentierte uns eher eine Skulptur: Eine lag in Bauchlage auf dem Boden und umklammerte die Füsse einer zweiten Person, die ganz aufrecht stand. Die dritte holte einen Stuhl, stell-

tip
Mittel:
Lesung des Textes auf CD V/24; im Reiseführer der Ausflug Freundschaft

Besuch:
in Florenz die Kirchen Santa Maria Novella mit dem Wandbild von Masaccio (Fresko, Italien 1425–28) und Santissima Annunziata mit dem Wandbild von Andrea del Castagno (Fresko, Italien um 1455); im Unterengadin die Kirche von Lavin mit der Darstellung der Trinität (Wandmalerei, Schweiz um 1500); in Moskau die Staatliche Tretjakow-Galerie mit Ikonen der Ostkirche

Lied:
RG 269–271

Bild:
Manuskript Matenadaran, Taufe Jesu (Miniatur, Armenien 1038); Landgrafenpsalter, Dreifaltigkeit (Buchmalerei, Deutschland 1213); Andrej Rubljow, Dreieinigkeit (Ikone, Russland 1427); Roland Peter Litzenburger, Trinität (Tuschzeichnung, Deutschland 1952); Ferdinand Gehr, Gott-Vater/Gott-Sohn/Gott-Geist (Aquarelle, Schweiz 1972); Serge Brignoni, Trinité féminine (Gemälde, Schweiz 1974/1984/1990); Jürgen Goertz, Zwischen Himmel und Erde (Mischtechnik, Deutschland 1990)

Buch:
Granum Sinapis oder Das Senfkorn (Mystisches Gedicht, Deutschland um 1300); Annette von Droste-Hülshoff, Am ersten Sonntage nach Pfingsten. Dreifaltigkeit (Gedicht, Deutschland 1851); Kurt Marti, credo und pierrot-le-suisse / psalm (Gedichte, Schweiz 1966/2004); Dorothee Sölle, Credo (Gedicht, Deutschland 1969)

Klassik:
Giacomo Carissimi, Sancta et individua Trinitas (Motette, Italien um 1650); Johann Sebastian Bach, Gelobet sei der Herr. Kantate zu Trinitatis (Kantate, Deutschland 1725); Johann Sebastian Bach, Symbolum Nicenum; in: h-moll Messe (Messe, Deutschland 1749)

Pop:
Mani Matter, Mir hei e Verein (Chanson, Schweiz 1969); Reinhard Mey, Bevor ich mit den Wölfen heule (Chanson, Deutschland 2003)

te sich ganz nah vor die zweite Person auf den Stuhl und breitete die Arme aus, während die zweite die dritte eng umschlang. Dann begann die dritte Person, den Oberkörper mit den Armen zu bewegen. Leicht, wie im Wind, mit nach oben geöffneten Händen. Dann sanken die Arme, und die Hände liessen etwas los. Ein Baum kam mir in den Sinn mit Wurzel, Stamm und Krone, aber als jemand *Blüte-Frucht-Reife* sagte, nickte die Gruppe auch dazu.

Noch eine Gruppe ist mir in Erinnerung geblieben. Diese setzte sich in einen sehr engen Kreis, das rechte Bein über das Knie der Nachbarin gelegt. Dann drehte eine den Oberkörper nach aussen, griff scheinbar nach einem Faden, fädelte ihn in eine Nadel, gab ihn an die Nachbarin weiter, die eine Wellenbewegung damit ausführte und ihn an die Dritte weitergab. Diese nahm den Faden und warf ihn hinter sich. Das, erklärten sie zuletzt, solle die drei Schicksalsschwestern, die Nornen Urd, Skuld und Werdandi darstellen, die als Vergangenheit, Zukunft und Gegenwart das Schicksal jedes Menschen weben. Von den Nornen hatte ich vorher noch nie etwas gehört. Jemand aus der Runde meinte, die würden den römischen Parzen oder griechischen Moiren entsprechen. Die Zeit als Beispiel für Drei-in-Eins gefiel mir gut. Mir war vorher gar nicht bewusst gewesen, wie oft dieses Drei-in-Eins als Phänomen in unserer Welt und Vorstellung auftritt!

Ein nachdenklich stimmendes Geschenk

Zuletzt verteilte der Kursleiter kleine *Surrli*, Kreisel mit einer flachen Oberseite. Dazu bekam jede teilnehmende Person ein Blatt, auf das der genaue Umfang des Kreisels kopiert war, ebenso die Mitte. Nach all dem, was wir heute über die Trinität erfahren hätten, sagte er, sollten wir unsere ganz persönlichen Gedanken zur Dreieinheit Gottes auf dem Papier darstellen – es seien genug Kopien da, um mehrere Versuche zu starten. Wie stark wir die Dreiheit betonen wollten, wie deutlich wir die Einheit hervorstreichen würden, sei uns überlassen. Zuletzt sollten wir den Papierkreis ausschneiden und über den Surrli legen. Ich entschied mich, die drei Grundfarben zu wählen, drittelte die Scheibe und malte jedes Drittel mit einer Farbe aus, wobei die Übergänge weich waren. «Und nun», wurden wir aufgefordert, «bring Deinen Surrli in Bewegung, beobachte zuerst seine Kreiselbewegung am Ort, aber dann schick ihn auf den Weg. Wo immer er ankommt, wird ein anderer Mensch ihn in Empfang nehmen, seine Dreieinheit neugierig und staunend entgegennehmen und als kleine, zum Nachdenken anregende Erinnerung nach Hause tragen.»

So war es auch: Der Surrli, der bei mir ankam, hat mich wirklich nachdenklich gemacht. Denn da standen in wunderschönen Buchstaben, die jeweils in einer Linkskurve von innen nach aussen führten, neun Worte: *Gott ist gross – ich ähnele Gott – Gott ist Sinn.* Es war bestimmt gut, dass wir einander dazu nicht befragen konnten, denn so habe ich wirklich weiter daran herumzudenken. Zu Hause habe ich meine Farbscheibe auch noch einmal gemalt. Nun kann ich den Surrli und meine Gedanken einmal so und einmal anders in Bewegung setzen!

_ VERORTET

Kirchenbildung

Die christlichen Gemeinden wuchsen im ganzen Römischen Reich sehr schnell. Daraus ergab sich ab dem dritten Jahrhundert die Notwendigkeit, aus den vielen einzelnen christlichen Gemeinschaften eine gemeinsame christliche Kirche aufzubauen und dafür gemeinsame Glaubensgrundsätze zu formulieren. Überall rund um das Mittelmeer, in Kleinasien und weit in den Vorderen Orient hinein waren zum Teil grössere regionale Körperschaften mit gemeinsamer Leitung und gemeinsamen theologischen Grundhaltungen entstanden.

Nun war es Konstantin (306–337 im Amt), der als Kaiser eines riesigen, kaum regierbaren Reiches eine gemeinsame Ideologie für dieses Reich schaffen musste, eine geistige Mitte, mit der das Reich zusammengehalten werden konnte. Dazu bot sich das noch junge, politisch unverbrauchte Christentum an. Konstantin lag viel daran, eine einige Reichskirche zur Stärkung seines Herrschaftsbereiches zu haben. Innerchristliche Streitigkeiten um theologische Fragen dienten ihm wenig. So rief er zum Konzil nach Nicäa zusammen (325). Dort wurde eine gemeinsame Formulierung für das gesucht, was fortan als christlich gelten sollte. Eine so geartete religiöse *unité de doctrine* sollte das Reich festigen. Dazu gehörte eine Ordnung für die verschiedenen Aufgaben und Verantwortlichkeiten innerhalb der Gemeinden, die Ämter, und eine theologisch-philosophische Diskussion über die unverzichtbaren Inhalte christlichen Glaubens, die Dogmen.

Ethik und Parusie

Von Anfang an hatte es grosse Auseinandersetzungen innerhalb der christlichen Bewegung gegeben, wie christliches Leben auszusehen habe (Gal 2,1–10; Apg 15,1–33; 1Kor 3). Dabei spielte christliche Ethik zunächst die wesentliche Rolle: Wie können wir als Christusnachfolgende angemessen zusammenleben? Konnten die unterschiedlichen Auffassungen in der Anfangszeit noch in persönlichen Gesprächen geklärt und bereinigt werden, so war der Horizont verschiedenster ethischer Haltungen, theologischer und philosophischer Überlegungen und absichtsgesteuerter Überzeugungen und Erkenntnisse enorm gross geworden und die Vielfalt der Anschauungen bald unübersehbar. Solange die christlichen Gemeinden mit der unmittelbar bevorstehenden Wiederkunft Christi rechneten, mussten entstehende Konflikte nicht grundsätzlich, sondern je von Fall zu Fall gelöst werden. Da konnte jede offenbarungsgeleitete Erkenntnis als christlich angesehen werden. Das galt bis etwa zur Zeit, als das Lukasevangelium verfasst wurde (um 90n).

Doch bald wurden sich die Gemeinden bewusst, dass die unmittelbare Wiederkunft Christi, die Parusie, ausblieb. Dies wird *Parusieverzögerung* genannt. Damit bekam die Spannbreite christlicher Auffassungen ein neues Gewicht. Mit der Einsicht, dass die Wiederkunft Christi sich um Monate, Jahre, Jahrzehnte und Jahrhunderte verzögerte, wuchs die Notwendigkeit, einen kleinsten gemeinsamen Nenner zu formulieren und für verbindlich zu erklären. Die bislang ethische Frage, die stark von der Erwartung geprägt war, dass die Wiederkunft Christi unmittelbar bevorstehe, bekam mit der Parusieverzögerung neu die Funktion, das gemeinsame Christliche zu formulieren und vor Erosionen zu schützen. Der ursprüngliche, wahre Glauben sollte festgehalten und bewahrt werden.

Die grossen Konzilien des 4. Jahrhunderts hielten in Bekenntnistexten fest, wie der Konsens des gemeinsamen Glaubens an den Gott formuliert werden könne, der sich dem Volk Israel als väterlicher Schöpfer, als Geist der Vollendung und in Jesus Christus als menschgewordener Bruder und Gottes Sohn erwiesen hatte. Diese Bekenntnisse entstanden ihrerseits aber nicht im luftleeren Raum, sondern beriefen sich auf biblische Grundlagen, auf das gemeinsame gottesdienstliche Leben, auf katechetische Vorlagen zur Taufunterweisung und auf Taufbekenntnisse wie das (verlorene) Romanum und das (erhaltene) Apostolicum (RG 263).

Die Dreiheit Gottes

Von der Trias Gottes spricht erstmals der Kirchenvater Athenagoras (um 160): Die Christen *kennen Gott und seinen Logos, wissen was die Einheit des Sohns mit dem Vater ist, was die Gemeinschaft des Sohnes mit dem Vater ist, was der Geist ist, was die Einheit dieser Trias, der Geist, der Sohn und der Vater ist und was ihre Unterscheidung in der Einheit ist.* In Anlehnung an Athenagoras' Trias taucht der Begriff *Trinität* bei Tertullian auf (220 gestorben), der als erster den lateinischen Begriff *trinitas* verwendet, um Gott zu beschreiben. In der Nachfolge seines Zeitgenossen Origenes (185–252) verwendet der Osten die griechischen Begriffe *hypostasis*, die Verwirklichung, *ousia*, was Grundlage, Substanz, Wesen und Natur bedeutet, und *panhagia trias*, die allheilige Dreiheit.

Erstaunlich ist, dass dieser Begriff ohne Ausnahme von Anfang an Schöpfer-Christus-Geist meint und keine anderen Dreiheiten diskutiert werden, etwa Schöpfer-Christus-Logos oder Schöpfer-Christus-Sophia (vgl. Einheit 21). Alle späteren Bekenntnistexte greifen auf diese Trias zurück, ohne dass eindeutig zu sagen wäre, wann und wo die Vorstellung von den drei Seinsweisen Gottes begonnen hat.

Heilige Schriften und theologische Fragen

So entstand mit der Ausformulierung einer christlichen Theologie langsam ein übergreifendes Gebilde aus christlichen Gemeinden: die Kirche etablierte sich in einem intensiven Prozess. Ihre Aufgabe war es, die Überlieferungen zu sichten, abzuwägen und zu sichern. Dazu gehörte auch, den Kanon der christlichen Schriften verbindlich festzulegen, die zusammen mit dem seit ungefähr 100 definierten Kanon der jüdischen Bibel die heilige Schrift Alten und Neuen Testamentes bildeten. Bischof Cyrill von Jerusalem (348–386 im Amt) und Gregor von Nazianz (330–390) führten um 350 einen Kanon auf, der bis auf die Offenbarung des Johannes alle Bücher des Neuen Testaments enthielt. Der Kirchenvater Athanasios, Bischof von Alexandrien (328–373 im Amt), hatte am Konzil von Nicäa teilgenommen und war dort den wichtigen Kirchenmännern seiner Zeit begegnet. Er nannte erstmals alle Bücher des bis heute gültigen Kanons des Neuen Testaments, wich aber im Alten Testament noch geringfügig von der heute üblichen Liste ab (367).

Neben der definitiven Festlegung der heiligen Schriften und der Etablierung der Kirche war das vierte Jahrhundert auch von grossen dogmatischen Fragen geprägt: Leidet Gott am Kreuz? Stirbt Gott am Kreuz, wenn Jesus Christus Gott ist? Wie kann die in sich kreisende, transzendente Trinität sich dem Menschen zuwenden? Wie kann Jesus Christus zugleich wahrer Gott und wahrer Mensch sein, der springende Punkt der *Zwei-Naturen-Lehre*? Ist der Sohn dem Vater wesensähnlich oder wesensgleich? Und was ist mit dem Heiligen Geist? Was ist sein Wesen und seine Beziehung nach innen und aussen? – In welchem inneren Verhältnis stehen die göttlichen Aspekte zueinander?

Theologische Auseinandersetzungen

Diese Fragen wurden äusserst unterschiedlich beantwortet. Hier seien nur drei besonders wichtige und bis heute immer wieder auftauchende Vorstellungen wiedergegeben. Zwei davon, der *Adoptianismus* und der *Subordinatianismus*, sind von der Mehrheit der Theologen als unbiblisch angesehen und darum von den Kirchenvätern als abweichend abgelehnt worden, als *häretisch* gegenüber der gemeinsamen Lehre; aber immer wieder einmal wurden sie neu gedacht und propagiert. Dagegen hat sich die dritte Vorstellung, der *Modalismus* oder das modalistische Modell, in der westlichen lateinischen Theologie weitgehend durchgesetzt.

Das erste häretische Modell ist der Adoptianismus: Dieser lehrt, dass Gott, der Vater, Jesus als Sohn adoptiert und ihn mit Heiligem Geist zum Christus salbt. Der Heilige Geist ist in diesem Konzept ein persönliches Wesen, nicht blosse Gotteskraft. Als biblische Belege werden insbesondere ein Königspsalm und die Jesustaufe herbeigezogen: *Kundtun will ich den Beschluss des Herrn: Er sprach zu mir: Mein Sohn bist du, ich habe dich heute gezeugt.* (Ps 2,7); und im Evangelium: *Und siehe da: Eine Stimme aus dem Himmel sprach: Das ist mein geliebter Sohn, an dem ich Wohlgefallen habe.* (Mt 3,17) – Heute findet sich dieses Modell dort, wo Jesus Christus als ein guter Mensch, ein Vorbild und Prophet angesehen wird, der mindestens bis zur Auferstehung ganz und gar Mensch gewesen sei. Die Schwäche des Modells liegt darin, dass die Trinität Gottes auf ein binäres Modell reduziert wird. Jesus als *wahrer Gott* kommt darin nicht vor. Absurd wird das Modell in der Frage, wie denn von dem einen Sohn Gottes anders zu reden sei als von allen anderen Söhnen und Töchtern Gottes.

Das zweite häretische Modell ist der Subordinatianismus: Dieser lehrt, dass der göttliche Christus das erste Geschöpf ist. Darum heisst er präexistent, weil er schon vor allem Geschaffenen dagewesen ist. Aber er ist dem Vater untergeordnet. Er inkarniert sich, verkörperlicht und vermenschlicht sich im menschlichen Jesus aus Nazaret. Der Heilige Geist wiederum ist dem Vater und dem Sohn untergeordnet. Als biblische Belege werden besonders Stellen aus dem Johannesevangelium herangezogen: *Wer den Sohn nicht ehrt, ehrt auch den Vater nicht, der ihn gesandt hat ... Ich kann von mir aus nichts tun ..., weil ich nicht meinen Willen suche, sondern den Willen dessen, der mich gesandt hat.* (Joh 5,23.30); und weiter: *Der Fürsprecher aber, der heilige Geist, den der Vater in meinem Namen senden wird ...* (Joh 14,26) – Heute findet sich dieses Modell dort, wo die Meinung vertreten wird, der Christusgedanke habe sich in Jesus eine Gestalt gesucht. Jesus sei sich des göttlichen Funkens in ihm bewusst gewesen. Die Schwäche des Modells liegt darin, dass an die Stelle des wahren Menschen Jesus von Nazaret ein abstrakter, nichtpersonaler Christusgedanke tritt und es eine strenge Hierarchie aufstellt. Absurd wird das Modell, wenn es analog zur Hierarchie von Hauptmann-Leutnant-Korporal eine hierarchische Gottesvorstellung vorantreibt, die den militärischen, straffen Strukturen im Römischen Reich näher ist als der Beziehungshaftigkeit Gottes.

Das Modell, das sich in der westlichen Lehre durchsetzen konnte ist der moderate Modalismus: Dieser lehrt, dass der eine Gott verschiedene Namen und Aspekte hat: Jesus Christus ist die irdische Erscheinung Gottes, der Heilige Geist ist das in Jesus Christus verborgene göttliche Wesen des Vaters. Beide sind durch den Vater geworden. Als biblische Belege werden besonders die Aussagen *Ich und der Vater sind eins.* (Joh 10,30) und: *Der Herr aber, das ist der Geist; und wo der Geist des Herrn ist, da ist Freiheit.* (2 Kor 3,17) herbeigezogen. – Heute findet sich dieses Modell in der Vorstellung,

dass Gott eine Person mit drei Wirkweisen und Wirksamkeiten, so auch drei Benennungen sei; wobei die Rede von «Personen» in die Irre führen könne, die von «Gesichtern» hilfreicher sei. Dieses Modell ist schwierig zu denken. Darum ist es in Gefahr, umgangen zu werden und scheinbar verständlicheren Denkmodellen weichen zu müssen.

Das Konzil von Nicäa

Konstantin (306–337 im Amt) berief, um in diesen Fragen eine gemeinsame Überzeugung, vor allem aber eine gemeinsame öffentliche Haltung herbeizuführen, das Konzil von Nicäa ein (325). Das *Apostolische Glaubensbekenntnis* (RG 263) dürfte diesem Konzil bereits vorgelegen haben und bekannt gewesen sein. Apostolisch heisst es (ab 380), weil die Legende erzählt, die zwölf Apostel selbst hätten je einen Teil zum zwölfteiligen Text beigetragen. In Nicäa flammt die Frage nach der Natur Jesu Christi erneut auf. Ist Christus, gemäss der Lehre von Athanasios, dem Vater wesensgleich und mit ihm wesenseins (9.12.13.) oder nur gottähnlich, wie Arius (265–336) es lehrte? Arius begründete die arianische Lehre, nach der Jesus als wahrer Mensch ein Geschöpf und nicht gezeugter Sohn Gottes sei. Diese Frage wird im Nicäno-Konstantinopolitanischen Glaubensbekenntnis (NK) definitiv beantwortet: Vater und Sohn sind wesenseins. Das hatte Auswirkungen auf die Trinitätsvorstellungen.

Das Ringen um die richtige Bezeichnung des *einen persönlichen Gottes mit seinen drei Seinsweisen* ist seither weitergegangen. Diese Formulierung Karl Barths ist ein modernes Beispiel für eine modalistische Trinitätstheologie. Das Wort *Trinitas* ist eine Neuschöpfung aus *tres-drei* und *unitas-Einheit* und betont die *DreiEINigkeit* Gottes gegenüber der in der Westkirche stärker betonten *DreiFALTigkeit*, mit der die Auffaltung in die verschiedenen Personen Gottes hervorgehoben wird. Daran musste sich die innere Beziehung Gottes zu sich selbst erweisen, was zu heftigem Streit unter Theologen geführt hat. Im neunzehnten Jahrhundert entzündete sich der Streit wieder zwischen positiver und liberaler Christologie. Er ist bis heute zwar nicht zum Stillstand kommen, aber in den Hintergrund getreten. Das in Nicäa formulierte Bekenntnis ist vom jederzeit möglichen Streit ein beredtes Zeugnis.

Ebenfalls in dieser Zeit wurde der Sonntag zum Ruhetag erklärt, als die wöchentliche Feier der Auferstehung Christi und *erster* Tag der neuen Schöpfung, also neutestamentlich und *christologisch* von der zweiten Person Gottes aus begründet, was möglicherweise mit der Absicht zu tun hatte, sich vom Judentum abzugrenzen. Für das Judentum ist der siebte Schöpfungstag als *letzter* Tag der Woche der Ruhetag (Gen 2,2). Dies bezieht sich darauf, dass auch der Schöpfer, die erste Begegnungsweise Gottes, am siebten Tag ruht, ist also alttestamentlich und *theologisch* von der ersten Person Gottes aus begründet. Das Christentum aber feiert mit dem ersten Tag der Woche jede Woche die Neuschöpfung durch die Auferstehung Christi (Gen 1,3–5; Mt 28,1) und kommt ganz von der zweiten Begegnungsweise Gottes her. Es ist ein kleines, wöchentlich wiederkehrendes Osterfest, mit dem gefeiert wird, dass sich die gute Schöpfung Gottes mit dem ersten Licht des neuen Weltzeitalters vollendet. Die Woche als Zeiteinheit wird auf diese Weise trinitarisch verortet.

354 wurde auch das Fest der Geburt Christi in unmittelbarer Nähe zur Wintersonnenwende platziert, und gleichzeitig die Erinnerung an Johannes den Täufer in Anlehnung an Joh 3,30 auf die Sommersonnenwende fixiert. Der Jahreskreis erhielt eine erste christliche Neu- und Umdeutung, die mit Christus als dem *neuen Adam* (Röm 5,12–18; 1Kor 15,22.45) nicht nur den Blick auf die zweite trinitarische Person lenkt, sondern auch auf die erste, die sich in der Schöpfung zu erkennen gibt.

Das Konzil von Konstantinopel

Auf dem Konzil in Konstantinopel (381) wurde das Osterdatum auf den ersten Sonntag festgelegt, der auf den ersten Frühlingsvollmond nach der Tag-und-Nacht-Gleiche folgt. Der Ort, dies festzustellen, war und ist Alexandrien in Ägypten. Damit bekam das Sonnenjahr eine weitere christliche Note: Die Feier der Auferstehung Christi wurde zum jährlich wiederkehrenden Ereignis, und so wurde auch der Jahreskreis trinitarisch gedeutet. – Davon leitet sich die Errechnung des Auffahrt-Termins ab: Nach der Apostelgeschichte war der Auferstandene vierzig Tage mit dem Jüngerkreis zusammen, bevor er sie am vierzigsten Tag verliess (Apg 1,3) und zum *Vater zurückkehrte* (Joh 14,1–6). Zu Auffahrt rückt die Beziehung zwischen Vater und Sohn ins Zentrum der Betrachtung und Verehrung. – Auch Pfingsten wird von der Auferstehung her berechnet: Nach der Apostelgeschichte ereignete sich das Geistwunder fünfzig Tage nach Ostern (Apg 2,1). So begann ein liturgischer Rhythmus, der den christlichen Gemeinden weltweit eine gemeinsame, trinitarische Struktur des Kirchenjahrs ermöglichte und darin das Bewusstsein der Zusammengehörigkeit stärkte. Darum wurde das Pfingstfest von der Trinität her als Fest des Heiligen Geistes gedacht und zugleich als Geburtsstunde der Kirche (34 in 28–37).

Das Konzil von Konstantinopel rang darum, wie die Wesenseinheit von Vater, Sohn und Geist ausgesprochen werden konnte. Es formulierte, dass der Geist *mit dem Vater und dem Sohn zugleich angebetet und verherrlicht wird* (31–32). Darin blieb die Wesenseinheit des Geistes mit Vater und Sohn unausgesprochen. Theologisch reagierte das Konzil sicherlich auf das neuplatonische Weltbild des Philosophen Plotin (204–270). Plotin geht davon aus, dass alle Dinge aus einem vollkommenen und darum unveränderlichen, aus dem guten, gött-

lichen Einen kommen. Dieses *Eine*, griechisch *to hen*, ist die oberste Stufe des Seins. Sie fliesst über in die Stufe des Geistes, der die Seele abbildet. Die Natur bildet die unterste Stufe des Seins und ist der Ebene der Seele untergeordnet. Entscheidend ist dabei, dass die Natur bestrebt ist, sich in die höheren Sphären hinaufzuschwingen, was auch möglich ist. Auf den ersten Blick könnte die christliche Trinitätslehre als Übernahme dieses Weltbildes verstanden werden, wobei das Eine, der Geist und die Seele Gott entsprächen und der Mensch der Natur zuzurechnen wäre. Der fundamentale Unterschied zwischen diesem spätantiken Weltbild und der christlichen Trinitätslehre ist aber, dass die drei göttlichen Wirkweisen einander eben nicht unter- beziehungsweise übergeordnet sind, sondern als ebenbürtige und gleichwertige Grössen zueinander in Beziehung stehen. Damit bricht die Lehre von der Dreieinigkeit Gottes das antike Welt-Schema auf. Nicht der Mensch strebt aus dem vielen Irdischen hinauf zum einen Göttlichen, sondern Gott ist Mensch geworden.

Spätere Konzilien

Das Konzil von Konstantinopel erhob die Trinität zum Glaubenssatz, und das Bekenntnis von Nicäa wurde bestätigt. Erst auf dem Konzil von Toledo (589) wurde das Wort *filioque* ergänzt, das den Ursprung des heiligen Geistes aus dem Schöpfer *und dem Sohn* festhält. Diesen Zusatz konnten die Ostkirchen nicht akzeptieren. Sie hielten an der Gleichwertigkeit aller trinitarischen göttlichen Personen fest, bei der keine einer anderen übergeordnet ist. Diese Unvereinbarkeit in Vorstellung und Lehre führte zum endgültigen Bruch zwischen der griechisch-orthodoxen Ostkirche und der lateinisch-römischen Westkirche (1054), doch blieb die Vorstellung von der Unterordnung des Geistes unter Vater und Sohn auch in der Westkirche umstritten.

Auf dem Konzil von Chalzedon (451) wurde das Bekenntnis präzisiert, um die Zwei-Naturen-Lehre von der wahrhaften Gottheit und wahrhaften Menschheit Christi zu betonen: Wie kann Christus zugleich wahrer Mensch sein, wenn er dem Wesen nach göttlich ist? Die Grundtendenz der Frage war bereits angelegt (7–12.17.19) und entbrannte nun vollends.

Papst Johannes XXII. widmete der Dreieinigkeit Gottes ein eigenes Fest *Trinitatis* (1334). Es wird in den Westkirchen am Sonntag nach Pfingsten gefeiert; in der Ostkirche bezeichnenderweise an Pfingsten selbst.

_ EINGEREIHT

Bekenntnisse

Unter den gottesdienstlichen Texten ist das Bekenntnis eine Urform (vgl. Einheit 5). Beide Testamente der Bibel überliefern solche Texte. Bekenntnisse sind vor allem liturgische Texte, doch werden sie mit unterschiedlichen gottesdienstlichen Funktionen eingesetzt: Das *Apostolische Glaubensbekenntnis* stammt aus der Taufunterweisung des dreijährigen Glaubensunterrichts und wurde bei der Taufe den Täuflingen zur Wiederholung vorgelesen. Darum ist es als eine Ich-Aussage formuliert: *Ich glaube*, was lateinisch *credo* heisst und die liturgische Bekenntnisgattung des Credo begründet hat. Das NK ist ein Text der gemeinsamen Bekräftigung und war von Anfang an für den gottesdienstlichen Gebrauch bestimmt. Darum ist es als kollektive Wir-Aussage formuliert (1). Bekenntnisse formulieren aber in beiden Fällen, ob Ich oder Wir, den Kernbestand dessen, worauf sich die Gemeinschaft der Glaubenden gründet. Bekenntnisse sind die Aktualisierung des Grundsätzlichen in je einer konkreten geschichtlichen Situation. Sie waren die Verdichtung dessen, was ein erwachsener Täufling bekennen sollte, um die Taufe zu empfangen und die gemeinsame Erinnerung an die je eigene Taufe im Gottesdienst. Bald wurde das Bekenntnis als Tauferinnerung und Vergegenwärtigung des Glaubens vor jedem Abendmahl gemeinsam gesprochen und gehörte damit zum Bestand eines christlichen Gottesdienstes, so auch bis ins derzeitige Gesangbuch hinein der vorliegende Text (RG 264).

Die apologetischen, verteidigenden und rechtfertigenden Aspekte kamen erst in zweiter Linie hinzu, als über das gemeinsame und verbindliche Bekenntnis häretische, abweichende Lehren ausgegrenzt wurden. So gibt es bei Bekenntnissen, typologisch gesehen, erstens zwei Entstehungsweisen: die persönliche einer Bekehrung (ich glaube) oder die gemeinsame einer Beratung (wir glauben); zweitens zwei Verwendungszwecke: den katechetischen zur Unterweisung nachwachsender Gemeindeglieder (Langform des Katechismus) und den liturgischen zur Vergewisserung erwachsener Gemeindeglieder (Kurzform des Credo); und drittens zwei Zielrichtungen: nach innen die Herstellung und Erhaltung einer gemeinsamen Identität im Glauben (Identitätsbekenntnis) und nach aussen die Profilierung und Klärung gegenüber irrigen theologischen Ideen (Kampfbekenntnis). Wer nur die letztgenannte Zielrichtung mit der Gattung Bekenntnis verbindet, tut dies auf Kosten ihres grossen Reichtums.

Biblische Bekenntnisse

Schon in der Tora gibt es Bekenntnistexte, die für das Judentum unverzichtbar sind: Das erste ist das *Shemá Jisraél* (Dtn 6,4–5), dem unmittelbar die Aufforderung folgt, die Kinder in das Bekenntnis *Höre Israel* einzuführen, der zentrale Text, der an jedem Türpfosten in der *Mesusá* aufbewahrt, zum Gebet um Stirn und Arm gewickelt und so ständig erinnert wird (vgl. Einheit 12). Das zweite ist das *Kleine geschichtliche Credo* (Dtn 26,5b–10a), die Herleitung des Segens im Lande aus

der Befreiung durch Gott (vgl. Einheit 5). Auch das Mirjamlied ist ein Bekenntnis (Ex 15,21b), vielleicht sogar das älteste biblische Bekenntnis überhaupt, das von der Prophetin Mirjam als Siegeslied gesungen wird. – Doch fällt auch auf, dass in der hebräischen Bibel Gott selbst sich bekennt: zu den Menschen (Gen 8,21–22), zur Welt und besonders zu seinem Volk (Jes 43,1).

Im Neuen Testament werden einerseits die alten Bekenntnisse in Zitaten wiederholt (Ps 118,22–23.25–26 in Mk 12,10–11; Mt 21,9), und andererseits werden bereits bei Paulus kürzeste Bekenntnisrufe zitiert, die sich in den christlichen Gemeinden längst gebildet haben: *Kyrios Christos / Herr ist Christus* (Röm 10,9; 2Kor 4,5; Lk 2,11; Apg 2,36) oder *Christus gestorben und wieder lebendig* (Röm 6,4; 14,9; 1Kor 15,3–5) sind Beispiele für älteste Bekenntnisrufe (vgl. Einheiten 17 und 20). Dazu bilden sich schon bei Paulus und dann in den synoptischen Evangelien individuelle und formelhafte Bekenntnisse heraus: am überraschendsten vielleicht das Bekenntnis des römischen Hauptmannes unter dem Kreuz, der begreift. *Dieser Mensch war tatsächlich ein Gerechter!* (Lk 23,47), dann aber besonders die Bekenntnisformel *Ich glaube* (2Kor 4,13; Joh 9,38; Lk 11,28). Solche Formeln werden mit Vorliebe Simon Petrus in den Mund gelegt (Mt 16,16; Joh 6,66–69), aber auch Martha (Joh 11,27). Eine Erwähnung verdient *Ich glaube, hilf meinem Unglauben!* (Mk 9,24) Hier ist die Möglichkeit formuliert, seinen Glauben nicht allein verantworten zu müssen, sondern sich in allen Zweifeln und Unsicherheiten gemeinsam mit der Gemeinde dem Gott anzuvertrauen, der auch die Grenzen des eigenen Glaubenvermögens kennt und aufnimmt.

Apostolisches Glaubensbekenntnis

Wann und wo das Apostolische Glaubensbekenntnis (RG 263) seinen Anfang genommen hat, lässt sich nicht mehr feststellen. Sicher ist aber, dass es im Grundbestand älter ist als das NK. Diese beiden altkirchlichen Bekenntnisse sind sehr ähnlich, nämlich trinitarisch, aufgebaut und berufen sich damit beide auf die doxologische Formel, die Paulus am Ende des zweiten Briefes an die Gemeinde in Korinth zur Ehre Gottes (doxa) zitiert: *Die Gnade des Herrn Jesus Christus / und die Liebe Gottes / und die Gemeinschaft des Heiligen Geistes sei mit euch allen!* (2Kor 13,13) Die Formel hat sicher bereits zu jener Zeit zum liturgisch Selbstverständlichen gehört. In vielen Kirchenliedern kehrt sie wieder: *Ehre sei dem Vater und dem Sohn und dem Heiligen Geist* (RG 227–228; 57,7; 61,6; 99,7).

Während sich das Apostolicum weitgehend auf die Wiedergabe neutestamentlicher Stichwörter beschränkt, fast so, als wäre es eine Themenliste für die mündliche Prüfung nach dem dreijährigen Taufunterricht, legt das NK den darin ausgedrückten Konsens theologisch deutend aus.

Vertrauen ausdrücken

Bekenntnisse dienen der Vergewisserung, der Beheimatung, dem Vertrauen. Sie werden mantrisch wiederholt, damit der einzelne Mensch – unabhängig von seiner eigenen Vorstellungskraft – am gemeinsam ausgedrückten Vertrauen der Glaubensgemeinschaft teilhat und so einen Zugang zum Glauben finden kann, ohne jedes Wort selbst verantworten zu müssen. Damit ist der einzelne Mensch der überfordernden Verantwortung enthoben, jedes Wort des gemeinsamen Bekenntnisses selbst zu rechtfertigen. Was gemeinsam gesprochen wird, lässt viel Deutungsfreiraum, enthebt der Pflicht, jede Bekenntnisaussage selbst denken zu müssen und lädt auch in Zeiten des persönlichen Zweifelns in die Gemeinschaft der Bekennenden ein.

So verstanden, ist das Bekenntnis eine Kraftquelle, die den Glauben stärkt und ermutigt, ihn kritisch zu hinterfragen. Jedes Bekenntnis muss für das eigene Verstehen und Mitsprechen gedeutet, sein Sinn geklärt und für die Gegenwart ausgelegt werden. Ein Gegenbeispiel mag das Bekenntnis des Jona sein (Jona 1,9): Er plappert, was er gelernt hat, ohne es für sich mit Sinn zu füllen. Er merkt nicht, dass die Absicht seines Verhaltens der Aussage seines Bekenntnisses diametral widerspricht. Damit ist er für die anderen Menschen auch kein glaubwürdiger Zeuge seines Glaubens. Erst wer es spricht, macht das Bekenntnis glaubwürdig.

_ AUSGELEGT

Zeitgemässe Aneignung

Bei kaum einem der bisher behandelten Texte ist eine doppelte Lesart von historischer Exegese und gegenwärtigem Verstehen so zwingend wie beim NK. Einerseits gilt es zu verstehen, was die Konzile von Nicäa und Konstantinopel meinten und vertraten, und andererseits ist eine aktuelle Lesart dessen, womit Menschen ihren Glauben ausdrücken, unabdingbar. Beides ist nötig, das Wissen um die altkirchlichen Lehren ebenso wie die persönlich-zeitgemässe Deutung und eine entsprechende Lebenshaltung. Da bleibt nur eine Paraphrasierung, eine Wiedergabe in eigenen, deutenden Worten. Um trotzdem den Rahmen nicht zu sprengen, wird nicht Satz für Satz reflektiert, sondern einzelne Wendungen sollen exemplarisch betrachtet werden. Doch gilt der erste Blick dem Ganzen.

Das NK ist trinitarisch aufgebaut und widmet sich je einzeln den verschiedenen Wirkweisen Gottes: als dem Vater (2–5), als dem Sohn Jesus Christus (6–27) und als dem Heiligen Geist (28–37). Dabei fällt auf, wie ungleich der Umfang dessen ist, was über die einzelnen Wirkweisen gesagt wird: Dem Vater sind nur gerade vier Zeilen gewidmet; vom Sohn reden die meisten, nämlich 22 Zeilen; und vom Geist zehn Zeilen, genau genom-

men aber auch nur sechs (28–33). Gerahmt ist dieser trinitarische Kern durch das Bekenntnis zum einen Gott (1) und seiner Bedeutung für die Welt (34–36), die sich in die Zukunft hinein auszieht (37). Das *Amen* stellt es einem Gebet gleich (38).

Die Vielen und der Eine

Die erste Zeile setzt zu Beginn das Signal, dass nicht an ein individuelles Bekenntnis eines einzelnen Menschen gedacht ist, sondern an die Gemeinschaft der Glaubenden: Jede einzelne Person wäre mit solch einem Bekenntnis überfordert, doch eingebettet in die Gemeinschaft kann sich die Einzelne auch dann mittragen lassen, wenn das individuelle Vertrauen erschüttert und in die Krise geraten ist oder nicht jede Zeile verstanden oder unterschrieben werden kann. – Bereits mit dem ersten Wort wird der Bogen zur Kirche (34) gespannt, die sich auf jene Menschen beruft, die das Osterereignis erlebt haben: die Apostelinnen und Apostel. Hier setzt das NK einen Gegenakzent zum Apostolicum.

Die Formulierung an *den einen Gott* (1) stellt den christlichen Glauben ausdrücklich und ohne Einschränkung in die Kontinuität des jüdischen Glaubens: Es ist kein Gott ausser dem einen lebendigen Gott JHWH. Doch wie ist dieser eine Gott zu verstehen? Als der eine Gott, der Vater (1–2), der im Sinne des Adoptianismus den Sohn adoptiert hat? Oder im Sinne der Subordination, wonach der Vater dem Sohn und dem Geist übergeordnet ist? Oder im Sinne des Modalismus (13.31) als der eine Gott, der sich dreifach offenbart? Die nachdrückliche Betonung der Geburt von Gott dem Vater her (7–8) und der Wesenseinheit Gottes (11.13) weist den Adoptianismus deutlich zurück. Für die Lesart der Subordination spricht wenig (8) oder nichts (24): Jesus Christus ist zwar präexistent aus dem Vater geboren. Er sitzt aber auf dem Ehrenplatz zur Rechten des Vaters, wenn auch nicht mit dem Vater auf dem Thron. Die enge Beziehung der ersten zwei Begegnungsweisen Gottes (11.13.30) spricht von der Ebenbürtigkeit des Sohnes mit dem Vater, doch bleibt der Geist merkwürdig untergeordnet. So wird der Modalismus modifiziert: Die drei Gesichter Gottes sind einander zwar ebenbürtig, aber doch deutlich beigeordnet.

Vater

Gott der Vater (2) erweist sich vor allem als derjenige, der alles – und besonders das Leben – schafft (3). Darin liegt seine Allmacht (2), dass er Himmel und Erde (4), Sichtbares und Unsichtbares (5) verantwortet und regiert (vgl. Einheit 16). Doch steht das Bekenntnis zum elterlichen und Leben spendenden Gott offensichtlich nicht im Zentrum des Interesses: Zu tief verwurzelt ist diese Vorstellung im Judentum, als dass dem noch Eigenes und Neues hinzugefügt werden müsste (vergleiche Einheit 17).

Jesus Christus

Die stärkste Aufmerksamkeit wird Gott, dem Herrn Jesus Christus (6), entgegengebracht. Das ist ein Signal dafür, dass hier am meisten Konfliktstoff liegt. Was im Apostolicum noch eine knappe Aufreihung von Geburt, Passion und Auferstehung Jesu Christi war, ist hier eine längere Auslegung wert: Jesus Christus ist der einzige aus Gott selbst gewordene Sohn (7) und darum nach altkirchlichem Verständnis kein Geschöpf (12), sondern wesenseins (13) mit dem Vater (*genitum non factum*). Die Übertragung des lateinischen *unigenitum* mit *eingeboren* (7) verleiht dem Schöpfer und Vater weibliche Züge und überrascht besonders, weil die Übersetzung *einziggezeugt* ebenfalls möglich wäre. Dass Jesus Christus aus dem Vater geworden sei, signalisiert die Fülle der Schöpfungsmacht Gottes: Der Vater ist nicht nur der, der den Sohn zeugt (12), er ist es auch, der den Sohn gebiert (8). Damit ist der Sohn durch vorzeitliche Zeugung göttlicher Natur, durch die Geburt in die Zeit hinein zugleich aber menschlicher Natur: durch den Heiligen Geist von der Jungfrau Maria (18–19). Er ist also Gott nicht nur ähnlich und vergleichbar, sondern von derselben Art (11). Darum wird auch festgehalten, dass Christus an der Schöpfung teilhat (14). Es ging den Verfassern dabei weniger um die Unberührtheit der Jungfrau Maria (19), als darum, das eigentlich Undenkbare zu formulieren: dass Jesus Christus ganz und gar Gott (9) und ebenso ganz und gar Mensch (19) ist. Dabei wurden die konkreteren Formulierungen des Apostolicums: *empfangen durch den Heiligen Geist, geboren von der Jungfrau Maria* theologisch umgewichtet: Wichtiger als der physische Vorgang ist hier die heilsgeschichtliche Bedeutung (17.19). *Und ist Mensch geworden* (19) kann als Mitte des Bekenntnisses angesehen werden. Darum braucht sich niemand an der Formulierung Jungfrau Maria zu stossen: Nicht ihre Unberührtheit steht im Zentrum der Botschaft, sondern ihr Status als unverheiratete, junge Frau. Das war für jene Zeit schon anstössig genug.

Ähnliches gilt auch für die knappe Passionsgeschichte: Im Vergleich mit dem Apostolicum fällt auf, dass nach dem Leiden (21) die Feststellung des Todes fehlt und übergangslos das Begräbnis folgt. Das gilt auch für die Auferstehung: Die Betonung *auferstanden von den Toten* fehlt hier (22). Statt dessen wird das *für uns* betont (15.20): Christus ist der Gott für uns, der menschliches Schicksal in aller Konsequenz und ohne Ausweichmöglichkeit teilt (*pro nobis*). Gerade als Ebenbürtiger wird er Gericht halten (26), denn er weiss vom Leben der Menschen am eigenen Leib. Die Passage über die zweite Person oder die andere Begegnungsweise Gottes ist gegliedert durch einen dreifachen Hinweis auf die Wesenseinheit von Vater und Sohn: *aus dem Vater geboren vor aller Zeit* (8), *durch ihn* (den Sohn) *ist alles geschaffen* (14), *seiner Herrschaft wird kein Ende sein* (27).

Heiliger Geist

Dass Gott, der Heilige Geist (28), *aus dem Vater und dem Sohn hervorgeht* (30) ist jene, erst 1014 in Rom definitiv und verbindlich eingefügte Ergänzung, die 1054 zur endgültigen Trennung von Ost- und Westkirche geführt hat. Die Ostkirche hält bis heute am ursprünglichen Text fest, wonach der Geist allein dem Schöpfer untergeordnet, Christus aber ebenbürtig ist. Sie konnte die Unterordnung des Geistes unter Vater und Sohn (*filioque*) nicht akzeptieren, weil sie die Ebenbürtigkeit der göttlichen Wirkweisen untergräbt und den Geist unterordnet.

Abgesehen davon, wird – im Unterschied zum Apostolicum – dem heiligen Geist durchaus grosse Bedeutung zugesprochen: Die Geistkraft wird ebenso wie Jesus Christus (6) *Herr* genannt (29), und ihr wird die Qualität zugesprochen, lebendig zu machen, also zum Leben zu erwecken. Das ist überraschend, da diese Qualität gewöhnlich mit der Leben spendenden Schöpferkraft Gottes, also allein mit dem Schöpfer, verbunden wird. Hier werden die Schöpfungskraft (3) und die Leben stiftende Kraft (29) deutlich voneinander getrennt und verschiedenen Begegnungsweisen des trinitarischen Gottes zugeschrieben. Das lässt die Ebenbürtigkeit von Vater und Geist erkennen, die beide über Lebenskraft verfügen. Diese ist wiederum dem Sohn übergeordnet, denn es ist der Geist, der Christus auferweckt hat. Diese Lesart wird bekräftigt in der Formulierung: *der mit dem Vater und dem Sohn angebetet und verherrlicht wird* (31–32). Die Ebenbürtigkeit der göttlichen Wirkweisen wird so betont.

Ebenso, dass Gott auch im heiligen Geist ein personales Du ist, genau wie im Schöpfer und in Christus: Gott ist in jeder Wirkweise, in jeder Begegnungsform ein Gegenüber für den Menschen, das angesprochen werden kann, an das der Mensch sich wendet. Auch im Geist wird Gott nicht zu einer abstrakten Idee, zu einem Prinzip oder zu einer anonymen höheren Macht. Die Vorstellung vom Geist als einem personalen Du ist – schon von der Antike her – eher fremd, wird doch der Geist wie Atem, Hauch und Wind eher als etwas Unpersönliches verstanden (Gen 1,2). Doch dass der Geist lebendig macht, macht ihn zu einem personalen Gegenüber. Anbetung und Verherrlichung sind nur in Bezug auf ein personales Du denkbar: Wird Gott als Geist angebetet, dann nicht als abstrakte Idee oder als Prinzip, sondern in einer persönlichen Dimension der Zuwendung.

Mit dem Rückbezug auf die Propheten (33) wird die Kontinuität vom jüdischen zum christlichen Volk Gottes festgehalten. Der trinitarische Gott ist kein anderer als JHWH, der einzig lebendige Gott, und wenn im Alten Testament festgehalten wird, dass Gott zu und durch Propheten gesprochen hat, dann eben mit der Begegnungsweise, mit dem Gesicht des Heiligen Geistes. Gerade dadurch wird der Heilige Geist zum Garanten der

Anwesenheit und Gegenwart Gottes, der die Beziehung zwischen Gott und Mensch aufrechterhält, der begleitet und tröstet, der Erkennen und Verstehen vermittelt. Im Johannesevangelium wird er auch ein Paraklet, ein Beistand und Fürsprecher, genannt (Joh 14,16).

Kirche

Mit dem letzten Abschnitt über die Kirche (34–38), der allerdings trinitarisch Gott als Geist zugeordnet ist (in 28–37), knüpft das Bekenntnis an die erste Zeile an: Wer sagen kann *Wir glauben an Gott*, ist Teil und Baustein dieser einen Kirche.

Auch hier fallen Unterschiede zum Apostolicum auf: Während jenes die christliche Kirche sprachlich fast zum Synonym für den Heiligen Geist macht, wird hier die Apostolizität, die ununterbrochene Tradition und konsequente Nachfolge seit den Tagen der Jüngerinnen und Jünger Jesu betont. Es wird der Anspruch auf eine gültige und verbindliche Lehre geltend gemacht. So soll «wahrer» von «falschem» Glauben unterschieden werden. Während das Apostolicum von der Gemeinschaft der Heiligen als der Gemeinschaft derer spricht, die sich zu Gott gehörig erfahren, verweist das NK auf die *eine Taufe* (35). Diese wird zum Grundkriterium für die Zugehörigkeit zur Kirche. Wer getauft ist, gehört zur christlichen Gemeinschaft. Daran orientieren sich bis heute weltweit nahezu alle Kirchen. Eine Ausnahme bilden die reformierten Kirchen der Schweiz, welche die Kirchenmitgliedschaft rein formal und nicht theologisch formulieren. Das führt zu ökumenischen Spannungen, weil für andere Kirchen nicht nachvollziehbar ist, wie Kirchenmitgliedschaft ohne Taufe möglich sein kann. Die Getauften bilden die Gemeinschaft der Heiligen in der Kirche Christi.

Sie definiert sich mit vier Adjektiven (34), den vier Kennzeichen der Kirche schlechthin (*notae ecclesiae*): als *einig* (*una*), nämlich weder zerstritten noch zersplittert, wohl das Schwierigste aller Kennzeichen; als *heilig* (*sancta*), nämlich zu Gott gehörig und nicht von Menschen gemacht; als *katholisch* (*catholica*), nämlich allgemein, weltumspannend und für alle Menschen offen; und als *apostolisch* (*apostolica*), nämlich in der Tradition der ersten Jüngerschaft Jesu. Bereits in der alten Kirche hat die Auslegung dieser Begriffe zu gegenseitigen Verwerfungen und Verketzerungen, zu Trennungen und Abspaltungen geführt. Bis heute ist es nötig, darauf zu verweisen, dass auch evangelische Kirchen im Sinne der weltweiten Offenheit katholisch sind und diese Qualifikation nicht allein der römischen Kirche zusteht. Unterschiedliche Deutungen dessen, wie die Kennzeichen einig, heilig, allgemein, apostolisch verstanden werden sollen und in der Kirche gelebt werden können, führen in der Ökumene regelmässig zu hitzigen Debatten.

In der Taufe wird die *Vergebung der Sünden* (35) vermittelt und damit jeder getaufte Mensch geheiligt. Mit Sünde ist das grundsätzliche Verpassen Gottes und seines Willens gemeint, ein Versäumen, bei dem der Mensch sich verirrt, weil er zu sich selbst mehr Vertrauen hat als zu Gottes Zuneigung und Liebe. Sünde kennzeichnet eine Haltung, die sich am Scheitern, Versagen und Verpassen erkennt und doch von sich selbst verlangt, genügen zu müssen. Dagegen ist mit Schuld das konkrete Fehlverhalten eines einzelnen Menschen gemeint, die böse Tat, die Unterlassung, die absichtsvolle Handlung gegen die Lebensperspektive, die Gott gegeben hat. Vergebung bezieht sich darum zunächst auf die Sünde, entlastet von Selbstüberschätzung und Selbstüberforderung, weil sie die Zuwendung Gottes zusagt. Sündig sind Menschen in Bezug auf Gott, schuldig werden sie aneinander. Wo ein Mensch Gottes Vergebung annehmen kann, entstehen neue Möglichkeiten, auch Schuld abzutragen und zu vergeben. Hier garantiert die Vergebung auch die Einheit Gottes (2.6.28) mit seiner Kirche (34.35).

Sie wird aber nicht als selbstverständlich erlebt. Zu sehr klaffen die Erwartungen an die Gemeinschaft der Heiligen und die Erfahrungen mit der sichtbaren Kirche auseinander. Darum ist der eschatologische Ausblick auf die *Auferstehung der Toten* (36) und das *Leben der kommenden Welt* (37) wichtig: Davon erwartet und erhofft die Kirche sich die Teilhabe an Gottes Lebensfülle, an seiner Vollkommenheit und seinem Heil.

_ VEREHRT

Biblische Vorläufer

Gott begegnet als der Eine in drei Begegnungsweisen. Gott offenbart sich den Menschen auf verschiedene, aber einander bedingende Weise. Darum spricht die christliche Tradition von der Trinität Gottes. Warum es gerade drei Weisen oder Gesichter (*personae*) sind, mit denen Gott den Menschen begegnet, hat die Theologen seit der Alten Kirche bis heute beschäftigt. Dass der eine Gott mehrere Wirkweisen hat, bildet die Erfahrungen mit Gott ab und lässt sich aus christlicher Perspektive bereits in der hebräischen Bibel nachlesen. So kommt es zu einer trinitarischen Relecture des Alten Testaments. Dieses Verständnis deutet ausgesuchte Stellen absichtsvoll.

Lasst uns Menschen machen sagt Gott am sechsten Schöpfungstag (Gen 1,26): Zu wem könnte er das sagen ausser zum Geist (Gen 1,2) und dem vor aller Zeit (8) geborenen Christus? – Drei Männer besuchen Abraham in Mamre (Gen 18,2), doch nur der eine Gott sagt zu Abraham: *Warum lacht Sara?* (Gen 18,13), nachdem er beiden den langersehnten Sohn angekündigt hat: Die Vorstellung von der Dreizahl der Gäste Abrahams ist für die Ostkirche ein zentrales Symbol für die Trinität Gottes. – Unter Nebukadnezzar überleben drei Männer die

Andere Gottesbilder im Text
_ Der Eine (1): Ex 3,14; Ex 20,2–3; Jes 44,6; Joh 10,30
_ Der Allmächtige (2): vgl. Einheit 16
_ Der Schöpfer (3–5): vgl. Einheit 13
_ Das Licht (10): vgl. Einheit 2
_ Der Geist (28): Gen 1,2; Joh 14,16–26; 15,26; Röm 5,5

Anderes Gottesbild im Umfeld
_ Der Fürsprecher: Joh 14,16–17.26; Joh 15,26; Joh 16,13–15

tödliche Hitze im Feuerofen: Schadrach, Meschach und Abed-Nego; und was als Gericht gedacht war, wird zum Gottesbeweis (Dan 3).

Im Neuen Testament wird Gott zwar an keiner Stelle dreieinig genannt, doch gibt es Dreierformulierungen, die sicher für die Bildung der Trinitätsvorstellung prägend gewesen sind und nachträglich trinitarisch ausgelegt worden sind: Petrus schlägt nach der Verklärung Jesu vor, drei Hütten zu bauen, je eine für Jesus, Mose und Elija (Mt 17,4). Damit spielt er deutlich auf das Gotteszelt an, das in der Wüstenzeit das Heiligtum beherbergt hatte (2Sam 11,11).

Der Trinitätslehre am nächsten stehen erstens der sogenannte Taufbefehl *Tauft sie auf den Namen des Vaters / und des Sohnes / und des heiligen Geistes!* (Mt 28,19); zweitens die Segensformel am Ende des Zweiten Briefs an die Korinther *Die Gnade des Herrn Jesu Christi / und die Liebe Gottes / und die Gemeinschaft des heiligen Geistes sei mit euch allen!* (2Kor 13,13); drittens der Beweis für die Gotteskindschaft aller Christinnen und Christen *Weil ihr aber Söhne und Töchter seid, hat Gott / den Geist / seines Sohnes in unsere Herzen gesandt; den Geist, da ruft: Abba, Vater!* (Gal 4,6); und viertens das Gebet Jesu: *In dieser Stunde frohlockte er erfüllt vom Heiligen Geist / Ich preise dich, / Vater, Herr des Himmels und der Erde ...* (Lk 10,21a)

Die metaphorische Dreiheit aus *Glaube-Hoffnung-Liebe* (1Kor 13,13) ist später ebenso wie die Dreiheit der Taufe aus *Geist, Wasser und Blut* (1Joh 5,8) beigezogen worden, um die Trinitätslehre zu stärken. Sie gelten als Beispiele dafür, wie Gott sich in drei verschiedenen Weisen offenbart, den Menschen auf verschiedene Weise begegnet oder eben: drei Gesichter hat, und doch immer Derselbe und der Eine ist (13). Er ist der eine Gott, der sich in drei Personen als Aspekten seiner Offenbarung erweist: elterlich, geschwisterlich und geistesverwandt als der Lebendige. Darum ergänzen und bedingen sich diese Aspekte gegenseitig. Wo einer überflüssig zu sein scheint oder den anderen deutlich übergeordnet wird, entsteht für den Menschen im Gegenüber zu Gott eine Schräglage, die weder Mensch noch Gott gerecht werden kann. Sie zeigt sich in der Haltung gegenüber anderen Menschen und gegenüber einem selbst.

Dreifaltigkeit

Das Symbol für die Trinität sind im Hochmittelalter drei ineinander verschlungene Kreise in einem grösseren Kreis: Die Auffaltungen des Dreipasses, wie das dreiblättrige Kleeblatt in gotischen Masswerken genannt wird, weisen auf die Dreifaltigkeit des einen Gottes hin, wobei jeweils eine der Begegnungsweisen Gottes auf die Erde oder zum Himmel weist. Die drei Kreise sind identisch und übereinstimmend und betonen damit die Einheit des trinitarischen Gottes (1).

Wo sich die drei Kreise in der Mitte überschneiden, bildet sich eine gleichseitige geometrische Figur mit Winkeln von mehr als 60 Grad, wie sie ebenfalls aus gotischem Masswerk bekannt ist. Dieser innerste Kern als gemeinsame Menge aus den drei verschlungenen Kreisen wird zu einem weiteren Symbol für den drei-einen Gott: Das gleichseitige Dreieck, oft mit dem Auge als Symbol der Beziehung und Begegnung in der Mitte, ist das zweite tief in der christlichen Tradition verwurzelte Symbol für Gottes Dreieinheit. Die Tradition hat die Trinität Gottes auf dreifache Weise gedacht. Die Drei wurde zum Strukturprinzip des Denkens und der Kunst.

Gottes Beziehung zu sich selbst

Gott hat in sich selbst immer schon ein personales Gegenüber durch die ewige gegenseitige Zuwendung der drei Personen. Somit erweist sich Gott in sich selbst als *gesellige Gottheit* (Kurt Marti). Gott ist kein einsamer Gott. Er ist Einheit und hat Gemeinschaft in sich, ist zugleich sein *Ich-Du-Wir* und kann darum kein autokratischer Gott sein, denn er hat in sich selbst Beziehung und Gesellschaft. In diese gesellige Beziehung nimmt er die Welt und den Menschen hinein.

Der liebende Vater (7.12) ist dem Sohn ein strenges und kontrollierendes, zugleich aber auch fürsorgliches und ermöglichendes Gegenüber und sendet den Geist aus. Gott kann demnach innergöttlich fordern und gewähren. Dies ist das Eltern-Ich Gottes. – Der betende Sohn ist dem Vater ein Gegenüber (8), das gehorsam (16) und geduldig ist. Dies ist das Kind-Ich Gottes, wobei allerdings an ein erwachsenes, mündiges Kind zu denken ist, wie die Gleichnisse Jesu zeigen (Lk 15,11–32). Innerhalb von Gottes innerem Wesen ist Christus der Sohn des Vaters und kann darum auch Sohn Gottes genannt werden, auch wenn Jesus selbst diesen Titel nie für sich gebraucht hat. – Der bezeugende Geist ist Vater und Sohn gleichermassen ein Gegenüber (30), das umsetzen und verwirklichen will (29). Er bezeugt deren Geistesverwandtschaft. Dies ist das Selbst-Ich Gottes. Solche Aussagen über Gott sind unumkehrbar. Die alte Kirche konnte formulieren, dass der Sohn ewige Zeugung, der Heilige Geist ewige Einhauchung und der Vater ewiger Ursprung von allem sei. Thomas von Aquin (1226–1274) hielt für das christliche Abendland fest, dass keine Heilstat exklusiv nur einer der drei Personen zugeordnet werden könne: Alle drei handeln in einem einzigen Akt.

Gottes Beziehung zur Welt

Gott ist für sich kein anderer als in seiner Offenbarung für uns (15.20). Darum ist er auch den Menschen gegenüber die gesellige Gottheit. Gott sucht die Beziehung, die Begegnung, ja die liebevolle Gemeinschaft mit den Menschen. Von Gott lässt sich für den Menschen nichts anderes sagen, als dass er elterlich-lebenspendend, geschwisterlich-ebenbürtig und freundschaftlich-befreiend begegnet und wirkt.

Gott stiftet und erschafft Leben (3): Daran orientiert sich menschliche Mutter- und Vaterschaft. Darum erleben Menschen, die alle von einem Vater und einer Mutter abstammen, auch Gott als elterlich und nennen Gott Vater (2) und Schöpfer (3) von allem. Insofern ist es völlig legitim, wenn die feministische Theologie von Gott als Mutter spricht (vgl. Einheit 14). Wo Menschen über das Leben staunen, es als Wunder neugierig entdecken, die schier grenzenlose Grösse und Vielfalt erschreckend und verwirrend finden und sich selbst dabei klein fühlen angesichts der gigantischen Schöpfung, suchen sie beim elterlichen Gott nach Geborgenheit und Sicherheit, aber auch Begrenzung und Zurechtweisung wie ein Kind bei seinen Eltern Schutz und Grenzen sucht (Ps 8).

Gott leidet, teilt und erwirbt Leben «am eigenen Leib» (17.20–22): Daran wird deutlich, dass der ewige Gott den Menschen Verstehen und Mitgefühl entgegenbringen kann, solidarisch mit menschlichem Ergehen ist. Darum erfahren Menschen Gott als geschwisterlich und nennen ihn in Jesus Christus Menschensohn, Sohn der Menschenmutter Maria und menschlichen Bruder (19). Wo Menschen am Leben verzweifeln, scheitern und sterben, sich verletzt und verraten fühlen, suchen sie beim geschwisterlichen Gott Verstehen, Mitgefühl und Gemeinschaft. In der Geschwisterlichkeit mit Jesus Christus ist die Gottebenbildlichkeit (Gen 1,27) eines jeden Menschen sogar da zu begreifen, wo das Leben schwer und verletzend ist. In diesem Sinne heisst der Sohn des Menschen auch der Versöhner und Erlöser, denn er befreit zum erwachsenen Bewusstsein der Gottebenbildlichkeit (vgl. Einheit 23).

Gott begleitet und vermittelt Leben in der Fülle der Schöpfung (29): An der Frage, in welchem Geist etwas geschehe, scheiden sich die Geister: Es kommt auf die Haltung an, in der Leben gelebt wird. Darum entdecken Menschen Gott als Geistkraft und nennen ihn Heiligen Geist. Wo Menschen sich ihrer Würde und ihres Wertes bewusst sind und in diesem Bewusstsein den aufrechten Gang einüben, in dieser Weise ihr Leben gestalten und aus einem *neuen und beständigen Geist* (Ps 51,12) heraus leben und handeln, begegnen sie einander freundschaftlich. Sie finden aneinander Unterstützung für ein Leben in Freiheit und Selbstverantwortung, in Ermutigung, Stärkung und Zuversicht. Darin liegt die Selbst-Verwirklichung. Gott hat die Menschen *zur Freiheit berufen* (Gal 5,1.13), und diese gilt es mit allen Sinnen und grosser Verantwortung, spirituell, geistlich und geistig zu gestalten. Als Vollender ist es der Heilige Geist, der Menschen zu einem solchen Leben ermächtigt und befähigt.

Diese Aussagen über Gott machen deutlich, wie hilfreich es ist, sich ihn mit drei Begegnungsweisen vorzustellen: Es kann im Leben eines Menschen Zeiten geben, in denen er Gott fast ausschliesslich mit dem elterlichen, dem geschwisterlichen oder dem freundschaftlichen Gesicht wahrnehmen kann, doch führt diese Einseitigkeit dazu, dass Gott missverstanden wird: Wenn Gott nur elterlich wahrgenommen wird, wird er schnell als machtsüchtiger Popanz und Despot verstanden, der die Menschen unterdrücken will und eifersüchtig über seine Rechte wacht. Solch ein Gott kann sehr bedrohlich sein. Wenn Gott nur geschwisterlich wahrgenommen wird, ist er bald nicht mehr Gott. Er wird Freund, Vorbild, Weiser und allen guten Menschen gleichgestellt. Damit steht er auf einer Stufe mit Gandhi, King, Mandela und vielen anderen. Wenn Gott nur freundschaftlich wahrgenommen wird, liegt es nahe, ihn für eine Projektion des eigenen Verstandes zu halten. So kann jeder Mensch zu seinem eigenen Gott werden, wenn er seinen Geist mit dem Gottes verwechselt. – Erst im Bewusstsein, dass alle drei Begegnungsweisen des einen Gottes immer als Ganzheit wirken, ist eine lebensförderliche Beziehung von Mensch zu Gott möglich. Dafür ist es hilfreich, sich des beweglichen Gleichgewichts bewusst zu sein, in dem die drei Begegnungsweisen Gottes balancieren.

Thomas von Aquin sagte dazu, Gottes Taten seien Taten von Vater, Sohn und Geist; aber nicht in gleicher Weise: Nur der Vater erschafft die Welt, nur der Sohn ist Mensch geworden, nur der Geist ist ausgegossen.

Die Beziehung des Menschen zum trinitarischen Gott

Der Mensch antwortet auf Gottes Gegenwart, indem er glaubt (1). Mit Glauben ist kein «Für-wahr-Halten» gemeint, sondern vertrauensvolle Treue. Diese ist auch da bereit, an der Beziehung festzuhalten, wo sie verdeckt ist und vom Menschen nicht erkannt werden kann. Wer Gott mehr traut als den eigenen Fähigkeiten und Gaben, wird in lebendiger und Leben fördernder Bewegung bleiben.

Im Vertrauen auf den elterlichen Gott ist ein Mensch bereit, sich Gott unterzuordnen, sich von ihm herausfordern, erziehen und belehren, ermutigen und behüten zu lassen. Diese hierarchische Beziehung ermöglicht, sich in die Gemeinschaft der Glaubenden einzuordnen (Lk 15,18–20.29–31) und Teil der einen Kirche zu sein (34), die sich zu Gott gehörig weiss und darum heilig heisst, die nicht auf ein Volk oder eine Glaubensform reduziert werden kann, sondern weltumspannend und vielfältig ist und darum katholisch, nämlich allgemein heisst, die sich auf die ersten Jüngerinnen und Jünger Jesu beruft und darum apostolisch heisst.

Im Vertrauen auf den geschwisterlichen Gott ist der Mensch bereit, seine Gottebenbildlichkeit im Sohn und Bruder Jesus Christus zu erkennen und ebenbürtige Partnerschaften in menschlichen Beziehungen einzugehen. Menschen reagieren auf Gottes Zuspruch und Anspruch und bewegen sich in diesem Spannungsfeld, indem sie einander gleichberechtigt und ebenbürtig begegnen, gegenseitige Machtansprüche aufgeben (Mt 22,35–40) und solidarisch Erfahrung und Nähe miteinander teilen. Die Taufe zur Vergebung der Sünde (35) ist das Siegel dafür, dass vor Gott alle Menschen gleich sind.

Im Vertrauen auf den freundschaftlichen Gott ist der Mensch bereit, die ihm verliehene Kraft zur Selbstbestimmung wahrzunehmen und zu nutzen. Dankbar kann gelebt werden, weil der Tod seine einschüchternde Macht verloren hat (36). Autonom, zärtlich, und verantwortlich kann der Mensch Beziehungen zu Mitmenschen und zur Welt pflegen. Diese öffnen den Horizont und haben nicht nur die eigene Freiheit im Blick. Toleranz wird lebensermöglichend, weil sie nicht nur von anderen erwartet wird, sondern aus Anteilnahme und Neugier wächst. Das eigene Tun wird kreativ, ohne nach Gewinn und Gegenleitung zu schielen. Nicht zaghaft, sondern liebevoll und besonnen (2Tim 1,7), grosszügig und zum Leben befreiend wird gewürdigt und geehrt, was Gott geschaffen hat. Der Mensch antwortet Gott vertrauensvoll durch sein Verhalten den Mitmenschen und der Welt gegenüber.

Thomas von Aquin überlegt dazu, dass Gottes Werke nach aussen hin nicht nach seinen Wirkweisen unterscheidbar sind. Darum betet der Mensch immer das eine Du des dreieinen Gottes an, auch wenn im Einzelfall eine der Personen konkret angerufen wird.

_ NACHGEFRAGT

Vom Text her

_ Was meinen Sie, wenn Sie *Ich glaube* sagen?

_ Wer kann Sie etwas glauben machen? Was glauben Sie gern? Und was ist für Sie kaum zu glauben?

_ Woran glauben Sie? Worauf verlassen Sie sich? Worin liegen für Sie die Unterschiede zwischen beidem?

_ Wie fassen Sie Ihren Glauben in Worte? Wie haben sich diese im Lauf der Zeit verändert? Können Sie die Worte anderen Menschen mitteilen?

_ In welchen Zusammenhängen begegnet Ihnen das Wort *bekennen* im Alltag? Wozu bekennen Sie sich, zum Beispiel politisch, modisch, sozial? Wie bekennen Sie sich zu etwas? Woran merken andere das?

_ In welchen Situationen fällt es Ihnen leicht, zu Ihrer Meinung zu stehen? Wann fällt es Ihnen besonders schwer?

_ Dürfen Ihre Freunde, Ihre Partnerin oder Ihr Partner wissen, wie Sie abstimmen?

_ Hat Ihr Betrieb, Ihr Verein, Ihre Partei ein Leitbild? Was steht darin? Und wie stehen Sie dazu?

_ Wie gehen Sie mit dem um, was Sie in alten Glaubensbekenntnissen (RG 261–268) nicht mitsprechen können? Welches Glaubensbekenntnis entspricht Ihnen im Augenblick am ehesten?

_ Welche Haltung haben Sie zu einem gemeinsamen Bekenntnis im Gottesdienst? Welche Kompromisse würden Sie bei der Formulierung eines gemeinsamen Bekenntnisses eingehen? Welche auf keinen Fall?

_ *Und es passt, was ich mir denke, / auch wenn ich mich sehr beschränke, / nicht auf einen Knopf an meiner Brust:* Wie reagieren Sie auf dieses Bekenntnis von Reinhard Mey?

Zum Gottesbild hin

_ Wenn Sie an Ihre Beziehungen denken: Welche haben hierarchische Anteile, welche partnerschaftliche, welche reflexive?

_ Finden Sie *dreieinig* oder *dreifaltig* besser? Wieso? Oder geht für Sie beides? Warum?

_ Was stellen Sie sich unter einer *geselligen Gottheit* (Kurt Marti) vor?

_ Wie würden Sie die Formel *eins aber nicht Einer* anderen Menschen erklären?

_ Welches Gesicht Gottes berührt Sie im Augenblick am meisten? Warum? Ist Ihnen ein Gesicht Gottes zur Zeit besonders unverständlich? Warum?

_ Hat es in Ihrem Leben schon Zeiten gegeben, in denen eine bestimmte Begegnungsweise Gottes Sie besonders betroffen gemacht hat? In welchen Lebenssituationen?

_ Hat Gott für Sie ein Gesicht, das in die Trinität Gottes nicht aufgenommen ist? Welches? Was fehlt dem dreieinen Gott dadurch?

_ GELESEN

_ Hans-Martin Barth, Sehnsucht nach dem Heiligen?
Verborgene Quellen ökumenischer Spiritualität;
Stuttgart 1992.

_ Eberhard Busch, Credo. Das apostolische Glaubensbekenntnis; Göttingen 2003.

_ Lin Hong-Hsin, Die Person des heiligen Geistes als
Thema der Pneumatologie in der reformierten
Theologie; Frankfurt 1990.

_ Matthias Krieg / Gabrielle Zangger (ed.), Die Reformierten. Suchbilder einer Identität; Zürich 2003.

_ Ulrich Kühn, Was Christen glauben. Das Glaubensbekenntnis erklärt; Leipzig 2004.

_ Jürgen Moltmann, Kirche in der Kraft des Geistes;
München 1975.

_ Dietrich Ritschl, Zur Logik der Theologie;
München 1984.

_ Reinhard Staats, Das Glaubensbekenntnis von Nizäa-
Konstantinopel. Historische und theologische
Grundlagen; Darmstadt 1996.

_ Lukas Vischer (ed.), Geist Gottes – Geist Christi;
Frankfurt 1981.

GOTT EMPFÄNGT
DEN WERBENDEN.
DIE GELIEBTE

1 Auf der zwölften Stufe der Demut   62

2 bewahrt der Mönch die Demut nicht bloss im Herzen,

3 sondern gibt sie auch nach aussen kund,

4 sogar in seiner Körperhaltung.

5 Mit anderen Worten: 63

6 Beim Gottesdienst, im Oratorium, im Kloster,

7 im Garten, unterwegs, auf dem Feld,

8 wo immer er sitzt, geht oder steht:

9 Stets neige er sein Haupt

10 und schlage die Augen nieder.

11 Wegen seiner Sünden halte er sich jederzeit für schuldig   64

12 und sehe sich schon jetzt vor das schreckliche Gericht gestellt.

13 Er wiederhole im Herzen die Worte des Zöllners im Evangelium: 65

14 *Herr, ich Sünder bin nicht würdig, meine Augen zum Himmel zu erheben.*

15 Und er sage mit dem Propheten: 66

16 *Ich bin gekrümmt und tief gebeugt.*

17 Wenn aber alle Stufen der Demut erstiegen sind,   67

18 gelangt der Mönch bald zu jener *Gottesliebe,*

19 *die vollkommen ist*

20 *und die Furcht vertreibt.*

21 Alles, was er vorher nur mit Angst beobachtet hat,   68

22 wird er kraft dieser Liebe zu halten beginnen,

23 ganz mühelos und natürlich

24 und wie aus Gewohnheit,

25 nicht mehr aus Furcht vor der Hölle,   69

26 sondern aus Liebe zu Christus,

27 weil ihm das Gute zur Gewohnheit

28 und die Tugend zur Freude wurde.

MÖNCHTUM:
DIE REGEL DES   29 Der Herr wird dies durch den Heiligen Geist   70
BENEDIKT   30 gnädig an seinem Arbeiter erweisen,
(RB 7,62–70)   31 wenn er einmal frei ist von Sünden und Fehlern.

_ ERLEBT

Unten durch

Spiele waren angekündigt. Unsere Gruppe war erst skeptisch. Bibelseminar und Spiele, das passte für einige von uns nicht zueinander. Doch die Leiterin blieb bestimmt und brachte Spiele mit. Sie waren alle verschieden, aber alle vom gleichen Typ. *Leiterlispiel* heisst er bei uns in der Schweiz. Zu dritt sassen wir vor unserem Karton. Auf ihm war der Parcours gezeichnet. Natürlich wollten wir alle drei gleichzeitig vom Start zum Ziel. Mit Würfeln kam ich ganz gut weiter. Ich wollte hinauf! Wie gewöhnlich lag der Anfang unten und das Ende oben. Dazwischen wand sich der Weg, auf dem Gefahren lauerten. Nur nicht auf eines der eingefärbten Felder geraten. Niemand wusste, ob das nächste Feld der Ereignisse negativ oder positiv wäre. Nur nicht wieder hinab! Plötzlich musste ich dreimal aussetzen und durfte nicht mitwürfeln. Dann wieder wurden mir acht Punkte geschenkt, und ich kam weiter. Nicht lange, und es ging drei Felder zurück. Zudem gab es mindestens ein Feld, von wo aus man zurück an den Anfang geschickt wurde. Nur das nicht!

Das war aber noch nicht alles. Jede von uns bekam ein Blatt Papier. Darauf sollten wir nachher, solange wir es noch spüren würden, notieren, wie es uns beim Spielen ergangen sei, welche Gefühle wir gehabt hätten und worauf es im Spiel ankomme. Selbstbeobachtungen wollte unsere Kursleiterin von uns haben. Sobald ein Dreierteam fertig gespielt und geschrieben habe, solle es sich über die mitgeschriebenen Notizen unterhalten und zum Schluss, wenn noch Zeit bleibe, auch über die Frage diskutieren, welches Gesamtbild vom Leben ein *Leiterlispiel* in Erinnerung rufe oder vermitteln wolle.

Meine Gefühle wurden zwar geschüttelt, blieben aber eigentlich einfach: Ging es aufwärts, war alles gut; ging es abwärts, kam Ärger auf. Das Ziel ganz oben übte eine unwiderstehliche Anziehungskraft aus. Da wollte ich hin wie die anderen. Was dabei störte und hinderte, musste irgendwie überwunden werden. Wenn ich gleich mehrmals aussetzen musste oder rückwärts gehen sollte, spürte ich einen Groll gegen das Schicksal, das mir der Würfel mit seinen schwarzen Augen bereitete. Immer aber galt es, mich erneut aufzuraffen und den Weg unter die Füsse zu nehmen. Würde ich aussteigen, käme ich niemals an. Stillstand war Rückschritt. Ankommen war alles.

Unser Dreiergespräch offenbarte gleichartige Wahrnehmungen. Interessant wurde es erst bei der Frage, worauf es ankomme: *Geduld* war das gemeinsame Wort. Diesen Parcours besteht, wer geduldig ist, das Schicksal mit Geduld auf sich nimmt, mit Duldermiene die Aufs und Abs des Weges durchlebt. Ärger und Begeisterung würden sich durch Geduld auf einem mittleren Niveau einpendeln. Übermässige Begeisterung ob eines erheblichen Fortschritts hingegen sei ebenso ein Zeichen von Ungeduld wie übermässige Verärgerung ob einer beträchtlichen Rückversetzung. Die *contenance* wahren, dieser alte Ausdruck fiel einer Kollegin ein, *Disziplin* üben einer anderen.

Hoch hinaus

Unser Plenargespräch ging einen Schritt weiter. Das Gesamtbild vom Leben war gefragt, das hinter *Leiterlispielen* stehe. Die *Karriereleiter* wurde als erstes genannt. Auch ein Bild, aber eines, bei dem aus leichtem Spiel plötzlich harter Ernst wird: Manche in der Gruppe hatten eine solche Leiter hinter sich, waren zwar oben angekommen, aber auch am Ende. Andere wieder waren irgendwann auf halbem Weg eingebrochen und seither *ausgesteuert*. – Und dann erst die Frauen in unserer Gruppe: Manche hatten ihren Männern die Leiter gehalten, durch Familienarbeit und Haushaltung, damit «nachher», dann, wenn das Ziel erklommen wäre, noch eine Familie samt Haus und Garten vorhanden sei. Und manche hatten erleben müssen, wie ihr Verzicht auf eine eigene Leiter nicht etwa einen gemeinsamen Gewinn erbracht hatte, sondern eher einen Zusammenbruch aller einst gemeinsamen Visionen. Wer wirklich aufgestiegen war, blieb offen. Doch darum ging es auch nicht.

Die Leiter und ihre Sprossen wurden im Gespräch zum Bild für den Lebensweg. Ein zwiespältiges Bild, fanden viele, aber irgendwie unwiderstehlich. Ob man *Fortschritt* sagt oder *Aufstieg*, von *Rückständigkeit* redet oder von *Vorwärtskommen*, ob man *Entwicklung* als Grundbewegung alles Lebendigen ansieht oder bei Weichenstellungen *Nachhaltigkeit* verlangt, die Richtung nach vorn und nach oben ist dominant. Das wurde allen klar. Das *Leiterlispiel* bildet spielerisch nach, was Menschen treibt und zieht. Es zeigt den Motor, der uns in Bewegung setzt und hält. Ob Evolution oder Revolution, ein *volvere*, ein Rollen ist wichtig. Stillstand, Einbruch der Spannung, ein Absinken des Tonus unters vitale Niveau wären tödlich.

Per aspera ad astra hätten die Römer solches Denken genannt, wusste eine alte Lehrerin: Durch die *Rauheiten* des realen Lebens führe der Aufstieg hinauf *zu den Sternen* des Himmels. Ein Slogan der Spätantike. Ohne Mühe, ohne ständige Bemühungen, ohne die Erfahrung all des Mühsamen und Mühseligen im Leben gebe es kein Ankommen im Himmel der Erfüllung. – Damit landete unser Gespräch bei den Haltungen, mit denen die Stufen oder Sprossen zu nehmen wären: Meine Gruppe brachte *Geduld* und *Disziplin* ein, andere nannten *Selbstbewusstsein* und *Rückgrat*, auch *Ausdauer*, *Zuversicht* und *Ehrgeiz* wurden notiert. Beim Stichwort *Ergebung* entbrannte eine heisse Diskussion. Die Leiterin regte zum Schluss des Gesprächs an, die genannten Haltungen, die man auch *Tugenden* nennen könnte, auf einer Leiter aufzureihen. Mit wenigen Strichen zeichnete sie eine Leiter mit zwölf Sprossen auf ein Plakat, und gemeinsam legten wir von unten nach oben die Reihenfolge der erforderlichen Tugenden fest.

tip
Mittel:
Lesung des Textes auf CD V/25; im Reiseführer die Ausflüge Lust und Freundschaft

Besuch:
in der Stiftsbibliothek des Benediktinerklosters St. Gallen die Sammlung von 471 Pergamentcodices (Schweiz 450–1150), die grösste von Bibelhandschriften in Europa; im Reformationsmuseum von Genf die Bedeutung der Bibel für die Reformierten

Lied:
RG 654,2.5; 659,1; 662,1–3; 682,1–2.7

Buch:
Max Wehrli (trad./ed.), Glaube und Geistliche Minne, in: Deutsche Lyrik des Mittelalters (Gedichte, Deutschland 1250–1350); Jacobus di Voragine, Legenda Aurea (Heiligenlegenden, Italien um 1280); Gustave Flaubert, Die Versuchung des heiligen Antonius (Roman, Frankreich 1874)

Klassik:
Félicien David, Le Désert (Symphonische Dichtung, Frankreich 1844); Werner Egk, La Tentation de Saint Antoine (Kantate, Deutschland 1952)

Das Grundmuster

Das alte *Leiterlispiel* und die gängige Karriereleiter seien nur eine Metapher einer ganzen Reihe verwandter oder ähnlicher, die alle mit Aufstieg und Fortschritt, Ankunft und Erfüllung zu tun hätten. Ob uns andere in den Sinn kämen?

Eine Mutter nannte die Computerspiele ihrer Kinder, bei denen man sich mit Geschick, Geduld und Geschwindigkeit den Aufstieg auf einen zweiten *Level* verdienen könne, und dann immer weiter bis zum obersten Level, den in einer Schulklasse aber höchstens einer erreiche, während sich die anderen auf unteren Levels herumquälten und zu Hause den Computer besetzt hielten, immer in der Hoffnung, auch einmal ganz oben anzukommen.

Jemand, der den Jakobsweg nach Santiago de Compostela absolviert hatte, wies auf den *Pilgerweg* und die *Wallfahrt* hin. Den einen gehe man allein, die andere mache man in der Menge. Beide aber führten wahrlich *per aspera ad astra*, und am Ziel winke deshalb, wenn man nur recht katholisch sei, auch ein zünftiger Ablass.

Schliesslich erinnerte sich (gewiss zur Freude der Kursleiterin) jemand an den fünften und sechsten Kursabend des Bibelseminars, an denen es um *Israel in der Wüste* gegangen war, um jene mythische Zeit der vierzig Jahre, die das Gottesvolk in der Härte der Wüste verbringen musste, mit allen Versuchungen und Entbehrungen, aber auch mit der positiven Erfahrung der Reduktion, der Begrenzung, des Verzichts, als Weg vom überfliessenden Vielen zum überlebenswichtige Einen, bevor endlich das Ziel erreicht war, das Land von Milch und Honig. Jesus sei auch in der Wüste gewesen, bemerkte eine noch.

Ganz am Ende des Plenargesprächs fehlte auch Jakob nicht mit seinem *Traum von der Himmelsleiter* und Elija nicht mit seinem vierzigtägigen *Gang zum Horeb* in die Wüste, wo ihm Gott widerfuhr wie ein Hauch.

_ VERORTET

Vom Horeb nach Qumran

Seit 1850 beschäftigte sich die damals noch junge Archäologie mit den Ruinen in Chirbet Qumran am Nordende des Toten Meeres. Die einen vermuteten dort ein römisches Kastell, andere das untergegangene Gomorra (Gen 19,24–28). Beide Thesen waren falsch. Fast hundert Jahre lang kam man nicht weiter.

Beduinen entdeckten 1947 ganz in der Nähe zufällig eine Höhle mit Schriftrollen. 1949 förderten Grabungen in ihr weitere Schriften zutage, darunter eine Rolle, die heute *Sektenkanon, Sektenregel* oder *Gemeinderegel* genannt wird. 1951–56 wurden dann die seit hundert Jahren bekannten Ruinen endlich systematisch ausgegraben und untersucht. Dabei wurde Erstaunliches freigelegt: ein Hauptgebäude mit Wirtschaftsanbauten und Schreibstube, ein Versammlungssaal, ein Speisesaal mit Geschirr-kammer für rund tausend Gedecke, ein rituelles Bad, ein komplexes Wasserleitungssystem, ein Friedhof mit rund tausend Gräbern. Erst als die Datierungen der Gebäude und Texte auf die Zeit von 120v–68n sicher waren, kam eines zum andern: Die Ruinen zeugen von einer abgesonderten, vorklösterlichen Gemeinschaft, und die Höhlen bargen deren gesammelte, versteckte Schriften.

Das war die richtige These. Es musste sich um jene *Essener* handeln, von denen der römische Enzyklopädist Plinius (24–79) und der jüdische Historiker Josephus (37–100) berichteten und deren Bauten von den Römern im Jüdischen Krieg (66–73) zerstört wurden (68), zwei Jahre vor Jerusalem. Geblieben sind von diesen Zeitgenossen Jesu die vor den Römern versteckten Schriften. Neben Eigentexten, die gute Einblicke ins vorklösterliche Leben der Qumran-Essener geben, bieten die Rollen die ältesten erhaltenen Abschriften fast aller Texte, die wenig später als *Altes Testament* kanonisiert wurden.

Aus den aufgefundenen Eigentexten und den zeitgenössischen Zeugnissen geht allerlei hervor, das heute typisch monastisch wirkt: Die Gruppe hatte sich aus dem modernen Jerusalem in die Wüste zurückgezogen. Die griechisch orientierte Besatzungsmacht hatte aus der alten Davidstadt eine kulturell und sittlich hellenistische Polis gemacht (vgl. Einheit 16). Direkt unter der Stützmauer des Tempels übten sich nackte Jünglinge in griechisch-römischen Sportarten. Ein wahres und unverfälschtes Priestertum nach Art des Zadok, ein wahres und kompromissloses Israel nach Art der Tora, das war die Vision der Essener. Die dafür einstehenden Schriften abzuschreiben, die solches verheissenden Texte zu erhalten, das war ihr Mittel. Um in die Gruppe der Abgesonderten aufgenommen zu werden, durchlief man zuerst einen Wartestand, das Postulat, dann eine zweijährige Probezeit, das Noviziat. Eigentum wurde mit der Aufnahme kommuniziert. Reinigungsriten spielten eine besondere Rolle, und ein Gelübde wurde abgelegt. Die Gemeinschaft hatte eine flache Hierarchie mit dem *Lehrer der Gerechtigkeit* als Leiter. Essen, Beten und Beraten geschahen gemeinsam. Der Tageslauf war geregelt und durch Gebetszeiten und Schriftstudien strukturiert. Die beiden Regeln (1QS und 1Qsa) wiesen den Weg.

Von Qumran nach Ägypten

Von der jüdischen Bewegung der Essener und ihrem Konvent in Qumran führte kein direkter Weg zu den Anfängen des christlichen Mönchtums, wohl aber ein indirekter: der Gang in die *eréme*, der Rückzug in die Wüste, der Weg in die Askese. Ihn sind die ersten christlichen Männer ab etwa 250 gegangen, wenig später auch die ersten christlichen Frauen. Für die vielen unbekannten Eremiten steht der Name des Antonius. Kurz nach seinem Tod (356) hat ihm Athanasius von Alexandrien mit einer Biographie ein nachhaltiges Denkmal gesetzt. Daraus wurde die Legende von der *Versuchung des heiligen Antonius* zu einem beliebten Motiv der christlichen Kunst. Das Mönchtum begann mit dem *Einzelnen*, dem *monachós*, begann mit dem *Mönch*, der als Einsiedler in seiner Eremitage lebte, irgendwo in den Wüsten Ägyptens.

In Palästina schlossen sich gelegentlich mehrere zu einem lockeren Bund von Einsiedeleien, einer *Laura*, zusammen. Weil aber nur wenige die Härte der Einsiedelei ertrugen und nur wenige den Versuchungen des Alleinseins standhielten, bildete sich bald schon die zweite und fortan bestimmende Form des monastischen Lebens heraus: die Lebensweise der *Koinobiten* im Gegensatz zu den *Eremiten*, die *Gemeinsamlebenden* im Unterschied zu den *Einzelnlebenden*. Wie der Ägypter Antonius für die Eremiten stand, wurde der Ägypter Pachomius bald nach seinem Tod (346) zum Urvater der Koinobiten.

Mit dem religiösen Phänomen des Mönchtums gingen die religiösen Phänomene der Wallfahrt und Pilgerschaft einher: Wer selbst nicht auf Dauer in die Wüste gehen wollte, konnte doch auf Zeit in Berührung mit ihr kommen, indem er sie als Pilger erlebte. Der Wallfahrer wurde vorübergehend zum Mönch, der Mönch andauernd zum Stellvertreter des Nichtmönchs. Conversus, Konvertit, Bekehrter, Christgewordener: So nannte man nun nicht mehr jeden neuen Christen, sondern nur noch den Mönch. Der Erfolg des Mönchtums hing am Gedanken der Stellvertretung. Den Klöstern gab man von seinen Gütern und ebenso von seinen Kindern, weil Mönche und Nonnen das lebten, was eigentlich alle leben sollten und doch nur wenige leben konnten: ein Leben in Weltreduktion und Gottesnähe. So wurden die Klöster zur Lebensversicherung des Mittelalters.

Von Ägypten nach Irland

Die Ausbreitung des Mönchtums von 300–600 war eine kaum mehr vorstellbare Erfolgsgeschichte des jungen Christentums. Sie begann in Ägypten mit einem solchen Zulauf zu den Pachomiusklöstern, dass manche zu überbevölkerten Wohngemeinschaften und wirtschaftlichen Grossunternehmen ausarteten. Man expandierte nach Westen und Norden. Ganze Klosterlandschaften mit jeweils eigenen Prägungen entstanden.

Für die palästinische war die Laura typisch, so die Bezeichnung für die eher dörfliche Gemeinschaft in einem engen Wadi der Wüste Juda. Oben an dessen schroffen Wänden hatte jeder Einsiedler seine eigene Höhle oder Zelle. Unten an dessen Grund standen einige gemeinsame Gebäude. Die Laura war ein Mischmodell aus Eremitentum und Koinobitentum, das Jahrhunderte später bei den Karthäusern des Bruno von Köln wieder auflebte.

Unter dem Bischof und Kirchenvater Ambrosius (339–397) wurde der Grossraum von Mailand zu einer Klosterlandschaft. Sie war von der Unterstützung durch die Aristokratie und den Episkopat geprägt. Bürgerfamilien und Bischöfe pflegten ihre Klöster. Sie waren damit gesellschaftlich anerkannt und boten einen sozialen Aufstieg.

Im spätantiken und vorislamischen Nordafrika war der Einfluss des Bischofs und Kirchenvaters Augustinus (354–430) ausschlaggebend. Nach seiner Bekehrung in Mailand und seiner Rückkehr nach Thagaste (heute in Tunesien) wandelte er sein Elternhaus in ein Kloster um. Typisch für die afrikanische Klosterlandschaft war, dass sich die römische *villa*, das aristokratische Landhaus, ins monastische *claustrum*, die eingefriedete «Wüste», verwandelte und die *vita philosophica*, der geistige Lebensstil des Gebildeten der Antike, in die *vita monastica*, den geistlichen Lebensrhythmus des Christen der Spätantike. Das Kloster wurde zu einer Bildungsinstitution.

Das alte Gallien hatte seine Klosterlandschaft in der Provence. Das Rhonetal und Marseille, vor allem die Insel Lérins (ab 410), wurden zu Zentren, die weit ausstrahlten. Die Geschichte der Klosterregeln wurde von hier aus wesentlich beeinflusst.

In Irland waren Christianisierung und Monastisierung seit Patrick (etwa 410–460) so identisch und so erfolgreich, dass man von der *Insel der Heiligen* sprach. Überall gab es Klostergründungen. Insbesondere die Irland und Schottland westlich vorgelagerten Inseln im rauhen Atlantik wurden zur irischen «Wüste». Historisch greifbar sind Colum Cille (521–597), der das Kloster auf Iona gründete (563), heute ein schottisch-reformierter Konvent, und Columban (543–615), der mit Gallus und anderen die Insel verliess (587), um die *peregrinatio* anzutreten, das *Gehen in die Fremde*, die typisch irische Variante des Wegs in die Wüste.

Von Irland zum Zürichsee

Der *consuetudo peregrinandi* der Iren und Schotten, ihrer *Gewohnheit, missionierend durch die Lande zu ziehen*, verdankte sich die Klosterlandschaft des Bodenseeraums: Columban und Gallus zogen über die Vogesen, wo sie das Kloster Luxeuil gründeten (590–1790 bewohnt), in den Bereich der heutigen Schweiz, wo sie der Limmat flussaufwärts folgten. Am Zürichsee besuchten sie den römischen Militärposten Turicum (Zürich) und wechselten auf die alte Römerstrasse, um sich vorübergehend in Tuggen niederzulassen. *Aber der bösartige Charakter der Einwohner missfiel ihnen*, wie die *Vita sancti Galli* (680) berichtet. Jedenfalls mussten sie vor dem Volkszorn fliehen, nachdem sie in gut prophetischer Tradition begonnen hatten, *die Heiligtümer der Heiden in Brand zu stecken und die den Götzen dargebrachten Opfergaben in den See zu versenken*. Ihr Weg ging nach Arbon. Während Columban über Bregenz nach Bobbio bei Pavia weiterzog, blieb Gallus und gründete seine Eremitage im Tobel der Steinach (612) beim späteren Sankt Gallen. Die Christianisierung der nördlichen und östlichen Schweiz begann.

Als der Mönch Benedikt, der Verfasser der Benediktsregel, um 570 in Italien starb, war der Mönch Gallus, der Missionar der Nordostschweiz, in Irland bereits geboren.

Mit Columban (543–615) und Gallus (etwa 550–650) kamen Mönchtum und Christentum, Bibelkenntnis und Bibelüberlieferung aus Irland übers Burgund in den Bodenseeraum (um 610). Heute beherbergt die Stiftsbibliothek des Benediktinerklosters von Sankt Gallen europaweit den wertvollsten Schatz alter bebilderter Bibelabschriften.

Vom Eufrat zum Rhein

Die letzte Einheit des Seminars zur Zürcher Bibel deckt gut drei Jahrhunderte ab: die Epoche von 300–600, mit der die sogenannte Spätantike endet. Ihr folgt, im Bodenseeraum mit Galus und anderswo mit anderen Missionaren des mediterranen oder irischen Christentums, überall aber mit der Durchsetzung der Regel Benedikts, die Epoche des Frühmittelalters. In ihm tun sich viele andere Zentren neuer, junger Kulturen auf, während das eine, alte Rom an Einfluss verliert. Die Regula Benedicti (RB) steht am Ende einer Entwicklung und gehört noch in die Spätantike. Ihre geistigen Wurzeln gehen durchwegs auf biblische Traditionen zurück, und möglicherweise war eine Bewegung wie die von Qumran, die zur Zeit Jesu lebendig war, so etwas wie ein reales Vorbild.

Das Seminar begann vorbiblisch etwa 2600v mit Sumer und am Eufrat. Es endet nachbiblisch etwa 600n im Gebiet der heutigen Schweiz und am Rhein. 3200 Jahre Erleben, wie Gott ist, und Nachdenken, was er bedeutet, haben zu einer Fülle von Gottesbildern und Glaubensaussagen geführt. Nur ein Bruchteil davon konnte hier dargestellt werden, als Ineinander von erfahrener Geschichte und reflektierter Religion, als Ineinander von spirituellem Erleben und intelligenter Wiedergabe, als Ineinander von Leben und Glauben, das niemals endet, sondern weitergeht, solange Menschen Gottes Wort aus den Wörtern der Bibel vernehmen.

Die Brücke von der Spätantike zur Reformation haben das benediktinische Mönchtum und seine Verzweigungen gebaut. Wie die führenden Nonnen und Mönche die Bibel lasen, so hat das Mittelalter gedacht. Ihre Denktraditionen bildeten auch die Schule der Reformatoren.

_ EINGEREIHT

Vorstufen

Nicht die Eremiten, wohl aber die Koinobiten brauchten für ihre anspruchsvolle Lebensweise ein schriftliches Leitbild. Erste Vorformen einer Mönchsregel finden sich bei Pachomius. Von den drei Gelübden des Gehorsams, der Armut und der Enthaltsamkeit kommen die ersten beiden bereits in seiner Regel vor. Von Augustinus sind gleich drei Texte überliefert, die bis heute offen lassen, welcher als die Augustinerregel zu gelten habe. Die erste Regel für ein Frauenkloster stammte von Caesarius, dem Mönch von Lérins und Bischof von Arles (470–542). Der Regel des Benedikt ging die vermutlich auf Lérins (um 480) entstandene Regel des Magisters voraus, denn ein Viertel ist von ihr übernommen, und zwei weitere Viertel sind stark von ihr beeinflusst.

Über Benedikt von Nursia informiert Papst Gregor der Grosse (590–604 im Amt) im zweiten Buch seiner Dialoge (um 593). Demnach stammte er aus dem Hochtal von Nursia in Umbrien, studierte in Rom, floh die Dekadenz der spätantiken Metropole und ging nach Subiaco in eine Einsiedelei. Von dort wurde er vertrieben, gründete auf dem Montecassino ein Kloster (529) und schrieb dort für seinen Konvent die Regel. Seine Lebensdaten (etwa 480–570) können nur erschlossen werden. Belege gibt es nicht.

Vorbilder

Die geistigen Wurzeln des Mönchtums sind in der Bibel zu finden. Im Alten Testament entdeckte man die Vorbildfiguren, die in die Wüste gegangen waren, um Gott nahe zu sein. Und im Neuen Testament fand man die Mustertexte, die das Leben in der Wüste bestimmen, um das Nahesein zu üben.

Noah, der vierzig Tage lang die Flut überstanden hatte (Gen 8,6); Mose, der vierzig Tage lang auf dem Berg Gottes geblieben war (Ex 24,18) und das Volk Gottes vierzig Jahre lang durch die Wüste geführt hatte (Ex 16,35); die zwölf Kundschafter, die vierzig Tage lang im gelobten Land recherchierten (Num 13,26); David, der vierzig Jahre lang als Gottes Gesalbter dessen Volk regiert hatte (1Kön 2,11); vor allen Elija, der vierzig Tage lang fastend zum Gottesberg Horeb in die Wüste gewandert war (1Kön 19,8), und Jesus, der vierzig Tage lang fastend in der Wüste die Versuchungen des Teufels überstanden hatte: Das war die biblische Schar vorbildhafter Männer. Jedes mönchische Leben sollte vierzig Jahre währen und so irdisch-physische Vollkommenheit erlangen. Vier ist die Symbolzahl dafür.

Die Einladung Jesu, ihm trotz allem, was einen halten könnte, zu folgen (Mk 10,17–31; Mt 6,19–21; 10,17–22); der Rat des Paulus, mit allem, was man haben kann, so umzugehen, als hätte man es nicht (1Kor 7,31); und die Beschreibung des Lukas, wie die ersten Christen das Gemeinsame statt des Eigenen betonten (Apg 4,32–35): Diese Mustertexte prägten das Leben in der Wüste.

Der griechische Begriff askese und der lateinische Begriff disciplina bedeuten fast dasselbe: Übung durch Beschränkung und Wiederholung. Wüste, das ist die Welt der Reduktion. Wenige Tierarten und wenige Pflanzenarten, kaum Farben und kein Laut. Harte Lichtkontraste, extreme Temperaturen, freie Bahn für Wind und Sturm. Wer in die Wüste geht, ist ganz bei sich und zugleich ganz ausser sich, ist eingekehrt und ausgesetzt. Wüstenwanderung, das ist der Weg vom Vielen zum Wenigen und vom Wenigen zum Einen. Wer dort leben und gehen will, braucht Überlebenshilfen, Inspiration durch Vorbilder und Übung durch Wiederholung. So wenig werden, dass man alles findet, das ist der asketische Weg des Mönchs in die Wüste. Immer ist es ein gestufter Weg, immer *voraus* und *hinauf*.

Klosterliteratur

Davon ist die Literatur der Mönche geprägt. Neben diversen Regeln, die als Leitbilder für Konvente gedacht waren, entstanden auch andere monastische Literaturgattungen. Inspiration durch Vorbilder war das Ziel der *Hagiographien*, frommer Lebensbeschreibungen der Mönche wie die erwähnten über die Leben des Antonius, Benediktus oder Gallus.

Übung durch Wiederholung war das Thema monastischer Weisheitsliteratur, die sich vor allem der Meditation und dem Gebet widmete. Davon ist die *Philokalia* eine eindrückliche Sammlung. Der Athosmönch Nikodemos (1748–1819) hat sie aus Schriften von 38 Mönchen der Zeit von 350–1350 zusammengestellt. 1782 ist sie in Venedig auf Griechisch und 1793 in Petersburg auf Kirchenslawisch erschienen. Seither gilt die *Liebe zur Schönheit* als das asketische Hauptwerk des östlichen Mönchtums und der orthodoxen Kirchen.

Eine Brücke vom Osten zum Westen und von der Spätantike zum Mittelalter wurde das Werk des Dionysios Areopagita aus dem 5. Jahrhundert: Ein Unbekannter, vermutlich Mönch, kleidete sich literarisch ins Gewand des namentlich erwähnten Zuhörers in Athen, der sich durch die Rede des Paulus auf dem Areopag bekehrte (Apg 17,34), eines *conversus* also. Unter diesem programmatischen Pseudonym publizierte er Schriften, die den philosophischen Weg in die Wüste propagieren, den Aufstieg vom wahrnehmbaren Vielen zum göttlichen Einen. Der Areopagite wurde zu einer von zwei Hauptquellen der mittelalterlichen Mystik: zur philosophischen neben der biblischen, die in den 88 Hoheliedpredigten Bernhards von Clairvaux entsprang.

Regula

Von den vielen Regeln der Spätantike setzte sich im Frühmittelalter nur die *Regula Benedicti* (RB) durch. Damit wurde ein Zug verstärkt, der das Kloster von der Frühzeit bis in die Gegenwart auszeichnet: seine personelle und spirituelle Internationalität. Wo Klosterleute weltweit zusammenkommen, haben sie ein gemeinsames Leitbild. Das benediktinische Mönchtum war und blieb dadurch ein Bildungsfaktor und Kulturmotor ersten Ranges.

Seine Vorherrschaft endete erst mit den Zisterziensern. Dabei wollte Bernhard von Clairvaux (1090–1153), ihr Vordenker, eigentlich keinen neuen Orden schaffen, sondern eine Reform der Benediktiner durchführen, nachdem sie in der Epoche von Cluny über ihrem Erfolg und Einfluss mehr die Macht als die Wüste gesucht hatten. Bernhard regulierte seine Klöster durch Rückbesinnung und Reduktion: auf die biblischen Grundlagen, auf die Regel des Benedikt, auf die allegorische Deutung des Hohelieds, auf die Verehrung der Maria als Gottesmutter. Zisterzienserklöster entstanden, indem ein zu gross gewordenes Mutterkloster zwölf Männer in die «Wüste» des burgundischen Urwalds schickte, um ein Tochterkloster zu gründen. In Anspielung auf die Farbe ihrer Tracht und im Wissen um Bernhards Vision nannte man die Zisterzienser die *weissen Benediktiner*.

Aus der grossen katholischen Tradition waren für die Reformatoren drei Mönche von besonderer Bedeutung: der spätantike Augustinus aus Nordafrika, der hochmittelalterliche Bernhard aus dem Burgund und der spätmittelalterliche Thomas aus dem italienischen Aquino. Deren Geistigkeit und Spiritualität war unbestritten. Bis zur Reformation war auch Zürich eine Stadt der Klöster und ein Ziel von Wallfahrten. Kappel am Albis, wo der Zürcher Reformator Heinrich Bullinger 1523 eine Lehrerstelle antrat und Huldrych Zwingli 1531 starb, war ein Zisterzienserkloster. Am 15. Januar 1525 wurden auf dem Gebiet von Zürich die Klöster zwar aufgehoben, doch der biblisch geprägte Geist des Mönchtums war nicht aufzuheben. Im Gegenteil: Die Bibelübersetzung des Professorenkreises um Zwingli war und ist der besondere reformierte Beitrag zur Epoche der *Renaissance*: die *Wiedergeburt* der biblischen *Wahrheit*, der *veritas Hebraica sive Graeca*, durch Annäherung an den ursprachlichen Text, diesmal allerdings ohne Stellvertretung, für jede Frau und jeden Mann, der lesen kann und sie, die ganze Bibel, auch lesen soll.

_ AUSGELEGT

Einordnung des Ausschnitts

Die Benediktsregel hat 73 Kapitel. Nimmt man die Grundlegung zu Beginn (RB 1–7) und die Nachträge am Schluss (RB 67–73) weg, so bleiben 59 Kapitel, die das Klosterleben regulieren: Priorität hat das gemeinsame Beten (RB 8–20). Ihm folgen in zwei grossen Blöcken Bestimmungen über die innere Organisation des Klosters (RB 21–52) und seine Schnittstellen zur Aussenwelt (RB 53–66). Nach innen werden Fragen der Disziplin, der Wirtschaft, des Essens, der Strafen und des Verhältnisses von Beten und Arbeiten, des berühmten benediktinischen *ora et labora* (RB 48), beantwortet. Nach aussen geht es um die Regelung der Kontakte, des Nachwuchses und des Zugangs zum Kloster.

Der ausgewählte Textabschnitt beendet das lange siebte Kapitel *de humilitate / Über die Demut* und damit auch den Einleitungsteil zur Grundlegung der Regel: Von ihr sind die ersten drei Kapitel der Grundstruktur des Klosters gewidmet, nämlich der Definition des Klostertyps (Koinobiten), der Rolle des Abts und dem Charakter des Konvents (RB 1–3). Das eigentliche intellektuelle und spirituelle Anliegen wird in den vier Kapiteln zur Askese entfaltet (RB 4–7): Zuerst werden 74 Instrumente, das Gute zu tun, aufgelistet (RB 4,1–74), ein klösterlicher Tugendkatalog, den Benedikt *ars spiritalis* nennt (RB 4,75). *Die Werkstatt aber (officina), wo wir dies alles sorgfältig ausführen sollen, sind die Abgeschiedenheiten (claustra) des Klosters und die Beständigkeit (stabilitas) in der Gemeinschaft.* (RB 4,78). Dem Katalog folgen drei Kapitel zu drei hervorgehobenen Mönchstugenden: zum Gehorsam (RB 5 gemäss 4,61), zur Schweigsamkeit (RB 6 gemäss 4,51–54) und zur Demut (RB 7 gemäss 4,60).

Das lateinische Wort *humilitas* kommt von *humus* und bezeichnet die Tugend, auf dem Boden zu bleiben und zu lieben, was sich auf dem Boden bewegt. Das deutsche Wort *Demut* meint den Mut und die Haltung, stets allem und jedem ohne Ansehen der Person dienen zu können. Das Kapitel zur Demut ist quasi die Schlagader mönchischen Lebens: Benedikt beginnt mit einer Einleitung (RB 7,1–9), in der er an Jesu Wort über Selbsterhöhung und Selbsterniedrigung (Lk 14,11) und an Jakobs Traum von der Leiter in den Himmel (Gn 28,12) erinnert. Damit formuliert er die hermeneutische Grundfigur mönchischen Daseins, den Schlüssel zum Verständnis des benediktinischen Mönchtums: *humilitate ascendere statt exaltatione descendere* (RB 7,7), durch Demut aufsteigen statt durch Selbsterhöhung hinabsteigen. Oder noch paradoxer: Es gelte, den *culmen summae humilitatis*, den Gipfel höchster Demut, zu erklimmen.

Die Leiter hat zwölf Sprossen, der Aufstieg zwölf Etappen. Benedikt beschreibt sie sorgfältig (RB 7,10–66). Hier wiedergegeben sind die zwölfte Stufe (1–16) und die Ankunft am Ziel (17–31).

Bibel als Regel

Die Regel sei eine Kurzfassung der Heiligen Schrift. Die trockene Feststellung von Abt Georg Holzherr, dem Abt des Klosters Einsiedeln zu Beginn seiner kommentierten Ausgabe (1980), spricht Bände: Das Leitbild der christlichen Organisation namens Kloster ist durch und durch biblisch, eine Fortschreibung der Bibel für einen besonderen Zweck.

In den siebzig Versen des siebten Kapitels sind mindestens 75 Zitate oder Anspielungen untergebracht (hier kursiv gesetzt). Im ausgewählten Abschnitt (RB 7,62–70) handelt es sich um vier Zitate, nämlich von Lk 18,13 und Mt 8,8 (in 14), von Ps 38,7 (in 16) und von 1Joh 4,18 (in 18–20), sowie um drei Anspielungen, nämlich auf Jh 19,30 (in 9), Ps 119,107 (in 16) und Röm 5,5 (in 29–31). Die Benediktregel zeigt, wie man in der Spätantike die Bibel las und verstand.

Stufen der Demut

Die oberste Stufe der Demut macht allen, die es sehen wollen, jederzeit die Erniedrigung des Mönches durch seine Körperhaltung kenntlich (1–8). Zuoberst angekommen, ist seine nonverbale Sprache die von zuunterst (9–

16). Er wird dem sterbenden Jesus gleichförmig (9–10). Er stirbt mit Jesus. Doch dann ist das Ziel der Askese auch erreicht. Der Weg aus Demut und Erniedrigung ist vergessen, sobald der Himmel betreten ist (17–28). Benedikt hält dieses Ziel für erreichbar. Es ist Gottes Verheissung (29–31). Der Mönch auf diesem höchsten *level* tut zwar dasselbe wie beim Anstieg, doch nun ohne Anstrengung und Mühe, nun nicht mehr motiviert durch Drohung und Angst, nun aus reiner und vollkommener Gewohnheit. Er ist nun ein *perfectus* (19).

Das Schlüsselwort für den himmlischen Stand ist *Liebe* (18.22.26). Interessanterweise verwendet Benedikt dafür zwei verschiedene lateinische Wörter. Die Liebe Gottes, der den Mönch oben an der Leiter empfängt, ist *caritas*, die fürsorgliche Liebe des Vaters für sein Kind (17–20). Die Liebe, mit welcher der Mönch weiterhin die gebotenen Tugenden übt, ist ebenso *caritas*, die fürsorgliche Liebe des Bruders im Konvent der Brüder (21–24). Doch die Liebe zu Christus, die ihn nun motiviert, ist *amor*, die erotische Liebe zwischen lebenslang verbundenen Partnern (25–28).

Darin versteckt sich die allegorische Auslegung des Hohelieds, in deren Folge aus handfester irdischer Erotik ein spirituelles Liebesspiel wurde, aus körperlicher Hingabe ein metaphysischer Akt. Der sexuell enthaltsame Mönch findet libidinöse Erfüllung im *amor Christi* (26), in reiner Gottesliebe. Üblich war die Allegorisierung des Hohelieds, also die Einszueins-Übertragung aller Elemente einer Aussage aus ihrer realen in eine spirituale Bedeutung, seit der Zeit der Essener und Pharisäer. Es galt, das Reale als Verschlüsselung eines Spiritualen zu dechiffrieren. Es handelte sich um ein wesentliches Stück der *ars spiritalis* (RB 4,75), der geistlichen Kunst theologischer Schriftauslegung. Nicht *carnalis*, nach der Weise des irdisch gebundenen Daseins, war die Liebeslyrik des Hohelieds zu verstehen, sondern *spiritalis*, nach der Weise des geistlich erfassten Daseins. Der Himmel der *unio mystica*, der erotisch-mystischen Verschmelzung des Gläubigen mit dem Geglaubten, basiert auf der allegorischen Auslegung des Hohelieds.

_ VEREHRT

Metaphysische Erotik

Man kann es drehen oder wenden, wie man will: Das Weibliche an diesem Gottesbild bringt man nicht weg. Am nächsten zum biblischen Text liegt stets, dass der Mönch sich als der Bräutigam des Hohelieds versteht und Gott entsprechend als seine Braut. Mönch und Gott, das wäre jenes allegorische Paar, das sich in den alten Liebesliedern Israels, die ursprünglich schlicht erotisch gemeint waren und nun die lautere Liebe der Frömmigkeit meinen, gegenseitig mit lauterer Lust besingt. Die Gottesminne des Einsiedlers in der Klause, die Glaubenserotik des

Mönchs im Kloster, die Wüstenliebe der Allentsagenden gilt Gott, «die» ihm Braut ist, «die» Angebetete, «die» Allereinzige. Die Gottesminne ist eigentlich *amor Dei*, wie Augustin sie unbefangen nannte (vgl. Einheit 3).

Die Verwegenheit dieses Gedankens brauchte offenbar Schutz. Auch den gab wie so oft die wendige Allegorie: So war es denn bald einmal nicht der Mönch selbst, sondern in ihm seine *anima religiosa*, *die fromme Seele*, dieses weiblich vorgestellte Glaubensorgan im männlichen Mönch, die als Braut mit Gott oder vor allem mit Jesus Christus als ihrem Bräutigam die *unio mystica* suchte, jene Verschmelzung des Physischen mit dem Metaphysischen, für die ältere Religionen im Umfeld des alten Israel bereits den Mythos des *hieros gamos*, der *Heiligen Hochzeit*, kannten. So meidet Benedikt den Begriff des *amor Dei* und setzt an dessen Stelle den des *amor Christi* (26), womit das gewissermassen entschärfte Paar «Seele-Christus» anstelle des gewagten Paars «Mönch-Göttin» vorausgesetzt ist.

Weibliche Versuchung

Dass das Weibliche im Gottesbild trotz männlicher Übermalung gegenwärtig blieb, bezeugen schon Einsiedlerlegenden wie jene von der *Versuchung des heiligen Antonius*, denn dort ist es ja, egal ob Frau oder Dämonin, jedenfalls immer die weibliche Verführerin, die ihn als Mann von seiner Gottesliebe abbringen will, indem sie sich an Gottes Stelle anbietet. Die Stellvertreterin bezeugt damit das Geschlecht der Vertretenen. Jacobo de Voragine (1230–98), der Dominikaner und Erzbischof von Genua, der in seiner *Legenda Aurea* die Heiligenlegenden der frommen Tradition gesammelt hat, überliefert dazu völlig Eindeutiges.

In der Legende des Einsiedlers Paulus, angeblich der erste Einsiedler überhaupt, heisst es, er sei vor den Christenverfolgungen des Kaisers Decius (249–251 im Amt) in die Wüste gegangen und habe sechzig Jahre in einer Höhle gehaust. Anlass seiner Flucht seien zwei Folterungen gewesen, die er hätte ansehen mussen: *Der andere wurde an lieblichem Ort auf ein weiches Lager gelegt; es umgaben ihn milde Luft, das Murmeln von Bächen, Vogelsang und Blumenduft; doch war der Jüngling mit Stricken, die mit Blumen umwunden waren, derart festgebunden, dass er sich weder mit den Händen noch mit den Füssen helfen konnte. Da erschien ein schönes, aber schamloses Mädchen und begann den von Liebe zu Gott (amor Dei) Erfüllten auf schamlose Art zu betasten. Als aber der Jüngling an seinem Leib Regungen verspürte, die der Vernünftigkeit widersprechen, und er keine Waffen hatte, mit deren Hilfe er sich vom Feind losreissen konnte, biss er sich die Zunge ab und spie sie der Schamlosen ins Gesicht.* Diese Erinnerung plagt den Einsiedler und gefährdet seinen *amor Dei*.

Von Antonius überliefert de Voragine zwar keine eindeutige Szene, doch haben die Maler für Klarheit gesorgt, indem sie die vielen Versuchungen des Antonius auf einen gemeinsamen und eindeutig erotischen Nenner brachten: von Hieronymus Bosch (1505), Matthias Grünewald (1515) und Niklaus Manuel (1520) über Johann Liss (1626) und Jan Brueghel d.J. (nach 1626) bis zu Salvador Dalí (1973). Immer ist es das verführerische Weib, das den *amor* des Mönchs gewinnen will.

Von Benedikt selbst wissen die Legenden ähnliches: Einmal *führte ihm der Teufel das Bild einer Frau, die er einst gesehen hatte, vor die Augen seines Geistes und brachte durch diesen Anblick ein solches Feuer in sein Herz, dass ihn die Lust fast überwand und er sich schon überlegen wollte, ob er seine Einöde nicht verlassen sollte.* Der Urvater der Benediktiner habe sich daraufhin in dornigen Büschen gewälzt und so *die Wunden des Geistes durch die Wunden des Leibes überwinden* können.

Leidenschaftlicher Glaube

Warum nahmen jene, die den alttestamentlichen Kanon festlegten, das Buch Hohelied auf? Sollten sie wirklich nicht gewusst haben, dass dies eine Anthologie erotischer Liebeslieder ist? Sollten sie, wenn sie allegorisch an diese Gedichte herangingen, wirklich nicht gewusst haben, was sie taten? Kaum. Es wird die Leidenschaftlichkeit der Liebe gewesen sein, für die das Hebräische nur ein Wort hat: *ahava*. Wer wirklich liebt, steht leidenschaftlich in Beziehung. Die Leidenschaftlichkeit der Liebe wurde zum Bild für die Leidenschaftlichkeit des Glaubens.

Glaube und Erotik, *fides* und *amor*, Gottesminne und Menschenliebe: Nie seit den frühen Zeiten des Mönchtums waren sie ganz zu trennen. Auch war die Leidenschaftlichkeit der Versuchung von der Leidenschaftlichkeit der Hingabe nur die andere Seite. So leidenschaftlich «carnale» Liebe abgelehnt wurde und in jeder Ablehnung doch da war, wenn auch negativ, so leidenschaftlich wurde die «spirituale» Liebe ersehnt. Es war dieselbe Leidenschaft. Hinter jeder allegorischen Umkehrung, ob der Mönch «die fromme Seele» war, die ihren «Christus» sucht, oder «die anbetende Kirche», die ihren «Gott» verehrt, hinter jeder allegorischen Wendung, die ihn zur «Braut» eines «Bräutigams» macht, steckte das natürliche Original, in dem der männliche Mönch sich leidenschaftlich einem weiblichen Gott hingibt und «ihr» mit seiner vollen Leidenschaft seinen Glauben schenkt.

Glaube und Erotik: Was ihnen gemeinsam bleibt, ist die Intimität. Glaube ist so intim wie die Liebe, ebenso verletzlich und ebenso unaufgebbar. Ohne Liebe stirbt der Mensch, und ohne Glaube kann er nicht leben. Beide sind fragil. Beide erfordern ein Höchstmass an Sensibilität. Grobheiten können sie abstumpfen. Wie es in der Liebe hundertfach Verirrungen geben kann, Seitensprünge und Fehltritte, vergebliches Werben und abgründige Enttäuschung, selige Erfüllung und wunderbare Treue, so auch im Glauben. Wie die Liebe entblösst und trivialisiert werden kann, käuflich und prostitutiv, zur Ware ge-

Andere Gottesbilder im Text
_ Der Richter (11–12): vgl. Einheit 8
_ Der Herr (29): vgl. Einleitung

Andere Gottesbilder im Umfeld
_ Die Göttin: vgl. Einheit 3
_ Die Jugendliebe: Jes 54,6
_ Der Bräutigam: Jes 62,5; Hos 2,22

macht und als Kapital objektiviert oder auch nur schon zum Gegenstand von Kitsch erniedrigt wird, genauso auch der Glaube. Immer schon gab es die Vermarktung von beiden. Es gab und gibt zu allen Zeiten auch religiösen Kitsch und religiöse Pornographie, und nicht selten suchen ganze Wellen davon ehemals christliche Kulturen heim wie eine der Plagen Ägyptens.

Mönch und Nonne suchen die reine und wahre Gottesliebe. Die ist weder einfach platonisch noch einfach unerotisch. Im Gegenteil: Ihr Leben ist eine einzige Werbung um Gott, deren Erfüllung wahrlich ein spirituelles Liebesspiel. In der Reduktion, die sie für ihr Leben gewählt haben und für die das Bild der Wüste steht, sind ihnen Glaube und Liebe, fides und amor, nahezu dasselbe.

_ NACHGEFRAGT

Vom Text her

_ Was vom Kloster fasziniert Sie, auch wenn Sie nicht eintreten?

_ Warum gehört das Wort Demut (nicht) zu Ihrem Wortschatz? Was müsste geschehen, dass dies (nicht mehr) der Fall ist?

_ Wann verlieren Sie den Boden unter den Füssen? Was erniedrigt, was erhöht Sie?

_ Fallen Ihnen Erfahrungen ein von Triumph und Fülle «ganz unten» und von Leere und Absturz «ganz oben»? Wie war das? Was half, damit umzugehen? Was bleibt davon?

_ Welche Kritik haben Sie an einem Denken in Treppen und Leitern, die hoch hinaus führen? Wo kommen Sie selbst an solchen Bildern nicht vorbei?

_ Wie viele Sorten «Liebe» unterscheiden Sie? Haben die Gemeinsames? Wodurch gelingen Ihnen klare Abgrenzungen?

Zum Gottesbild hin

_ Kommen Ihnen beim Wort Gott klare und kühle Gedanken? Oder weiche und warme Gefühle? Wie können Sie die beschreiben?

_ Was könnte Sie schaudern lassen bei der Vorstellung von Erotik im Gottesverhältnis? Inwiefern ist das ohnehin nur etwas für die anderen und Ihnen deshalb ungefährlich?

_ Was geschah mit Ihnen, als Sie erstmals von Gottes Weiblichkeit hörten? War das mit Gottes Männlichkeit anders? Wie ist das heute?

_ Können Sie erotisch beten? Wie wäre Ihr Gebet beschaffen, wenn es Werbung um Gott wäre?

_ GELESEN

_ Matthias Dietz (trad./ed.), Kleine Philokalie. Belehrun-
gen der Mönchsväter der Ostkirche über das Gebet;
Zurich 1989.

_ Johannes Duft (trad./ed.), Die Lebensgeschichten der
Heiligen Gallus und Otmar; St.Gallen 1988.

_ Karl Suso Frank, Grundzüge der Geschichte des christlichen Mönchtums (Grundzüge 25); Darmstadt 1975.

_ Georg Holzherr (trad./ed.), Die Benediktsregel. Eine
Anleitung zu christlichem Leben. Der vollständige Text
der Regel übersetzt und erklärt; Zürich 1993;
Seiten 118–119 (Text).

_ Endre von Ivánka (ed.), Dionysius Areopagita. Von den
Namen zum Unnennbaren; Einsiedeln 1981.

_ Jacques Laager (trad./ed.), Jacobus de Voragine.
Legenda Aurea; Zürich 1982.

_ Jacques Lacarrière, Les hommes ivres de Dieu;
Paris 1975.

_ Johann Maier / Kurt Schubert (trad.), Die Qumran-Essener. Texte der Schriftrollen und Lebensbild der
Gemeinde; München 1973.

_ Peter Ochsenbein, Die Bibel im mittelalterlichen Bene-
diktinerkloster St. Gallen; in: Urs Joerg / David Marc
Hoffmann (ed.), Die Bibel in der Schweiz; Basel 1997.

_ Basilius Steidle (trad./ed.), Die Benediktusregel latei-
nisch-deutsch; Beuron 1975.